France, Espagne
et Navarre

Biarritz.
P. Jacques/hemis.fr

Les microrégions du guide :
(voir la carte à l'intérieur de la couverture ci-contre)

D1701548

SOMMAIRE

Khrizmo/iStock

NOS INCONTOURNABLES

NOS COUPS DE CŒUR

NOS ITINÉRAIRES

DÉCOUVRIR LE PAYS BASQUE ET LA NAVARRE

1 LA CÔTE BASQUE ET LE LABOURD

2 LA BASSE-NAVARRE ET LA SOULE

3 ST-SÉBASTIEN ET LA PROVINCE DE GUIPÚZCOA

4 BILBAO ET LA BISCAYE

5 VITORIA-GASTEIZ ET LA PROVINCE DE L'ÁLAVA

6 LA NAVARRE

COMPRENDRE LE PAYS BASQUE ET LA NAVARRE

LE PAYS BASQUE ET LA NAVARRE AUJOURD'HUI

NOS INCONTOURNABLES

★★★
Musée Guggenheim

Joyau architectural de Frank O. Gehry et symbole de **Bilbao**★★, ce musée abrite une superbe collection d'art contemporain. **Voir p. 248.**

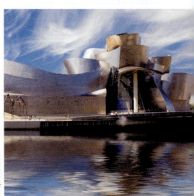

luisrphoto/iStock

★★★
Les chemins de Saint-Jacques

Parcourus dans le cadre d'une expérience spirituelle ou d'une simple randonnée, ils traversent de magnifiques paysages.
Voir p. 143 et **p. 369.**

Nachosuch/iStock

Leamus/iStock

★★★
La baie de la Concha

L'endroit idéal, à **St-Sébastien**★★, pour une délicieuse promenade en fin de journée, au soleil couchant, quand le ciel se pare de vives couleurs rouges et orangées. **Voir p. 185**.

★★
Biarritz

Berceau du surf en France, « la reine des plages et la plage des rois » conserve de superbes témoignages architecturaux de son passé. **Voir p. 54.**

tulj888/iStock

Photon-Photos/iStock

★★
Olite

Cette ville gothique au château impressionnant abrite un centre-ville piétonnier animé, où l'on déguste le vin de la région dans l'une des nombreuses bodegas. **Voir p. 389.**

★★★

La Rhune

La montagne emblématique du Pays basque se découvre au rythme d'un train à crémaillère et domine le joli port de **St-Jean-de Luz★★**. **Voir p. 96.**

A. Le Bot / Photononstop

★★

Pampelune

La capitale de la Navarre espagnole est connue dans le monde entier pour les courses de taureaux et les festivités des Sanfermines qui s'y déroulent chaque année en juillet. **Voir p. 332.**

E. Blancó/age fotostock

rabel/iStock

ProsTime/iStock

CSP_stable/age fotostock

Vitoria-Gasteiz

La capitale du Pays basque espagnol se distingue par sa qualité de vie et son architecture préservée. **Voir p. 294.**

Bárdenas Reales

Classé réserve de biosphère par l'Unesco, ce parc naturel aux confins de la Navarre abrite des paysages lunaires aux couleurs extraordinaires. **Voir p. 402.**

Bayonne

Bonne vivante et conviviale, la ville est une porte d'entrée idéale pour découvrir l'histoire et la culture du Pays basque. **Voir p. 30.**

NOS COUPS DE CŒUR

Initiation au surf.

TOP 5 Nature et paysages

1. Le saut du Nervión (p. 306)
2. La Rhune (p. 96)
3. Les Bárdenas Reales (p. 402)
4. La baie de la Concha (p. 185)
5. La corniche basque (p. 79)

Le saut du Nervión.
David González Rebollo/iStock

❤ **S'installer au comptoir** d'une taverne à St-Sébastien, Vitoria-Gasteiz, Bilbao ou Pampelune, et découvrir les fameux *pintxos*. Le nom de ces petites tapas servies sur des tranches de pain vient de « pinchar » (piquer), les ingrédients étant tenus empilés par des cure-dents. Vous serez surpris par l'étonnante variété des recettes, des formes et des couleurs… Il y en a pour tous les goûts. **Voir p. 197, 265, 309 et 344.**

❤ **Goûter aux crus** de la Rioja Alavesa dans les bodegas des environs de Laguardia, qui sont aussi pour certaines de beaux exemples d'architecture contemporaine. **Voir p. 324.**

❤ **S'initier au surf** sur les plages de Zarautz. Ce lieu très branché du littoral basque est considéré comme l'un des meilleurs spots d'Europe pour pratiquer ce sport. De nombreux cours sont proposés à destination des débutants. **Voir p. 208 et 214.**

❤ **Trouver chaussure à son pied** à Mauléon-Licharre. Capitale de la Soule, la bastide du 13e s. est aussi la patrie de l'espadrille, soulier typiquement basque, avec sa semelle en corde et son dessus en toile. **Voir p. 171.**

J. Larrea/age fotostock

Le marché d'Ordizia.

❤ **Remonter le temps**
à Ujué. Ce petit village de Navarre
a conservé un aspect médiéval
intact avec ses ruelles tortueuses qui
conduisent à la magnifique église
Sta-María-la-Real. **Voir p. 392.**

❤ **Apprendre les secrets
de fabrication** du gâteau
basque en visitant le musée consacré
à cette spécialité incontournable
à Sare puis en suivant un cours de
cuisine. **Voir p. 104.**

La villa Arnaga où vécut Edmond Rostand.

TOP 5 Culture basque

Les Sanfermines de Pampelune.
M. Snell/robertharding/iStock

❤ **Plonger dans les entrailles** de la Terre à La Verna : la troisième plus grande cavité connue au monde, découverte en 1953, abrite un univers inattendu et impressionne par ses proportions et ses reliefs. **Voir p. 168.**

❤ **Faire son marché** à Ordizia. La petite cité accueille tous les mercredis le plus vieux marché du Pays basque : on y trouve des produits d'une variété et d'une qualité irréprochables, à commencer par le fromage de brebis Idiazabal, produit dans la région du Goierri. **Voir p. 225.**

❤ **Prendre les eaux** à Cambo-les-Bains, station thermale que fréquentèrent nombre de célébrités de la Belle Époque comme Sarah Bernhardt et Isaac Albéniz. C'est dans ce cadre idyllique qu'Edmond Rostand, père de Cyrano de Bergerac, aimait se retirer et construisit la belle villa Arnaga. **Voir p. 114.**

❤ **Faire une indigestion de chocolat** à Bayonne : à elle seule, la rue Port-Neuf compte quatre des meilleurs chocolatiers de la ville. Bouchées, boissons, caramels, gâteaux… Goûtez à tout ! **Voir p. 45.**

Le chocolat de Bayonne.
J.-C. Amiel/hemis.fr

Le château d'Abbadia.

❤ **Observer les oiseaux**
de la lagune de Pitillas, vaste zone
marécageuse dans la région d'Olite,
idéalement située sur les routes
migratoires de nombreux volatiles.
Voir p. 394.

❤ **Voyager exotique**
à Hendaye. Conçu par l'architecte
Viollet-le-Duc, le château-
observatoire du « savanturier »
Antoine d'Abbadie est une curiosité
architecturale néogothique entourée
d'un magnifique parc planté
d'essences exotiques qui s'ouvre sur
l'océan. **Voir p. 90.**

❤ **Sillonner les gorges
de Kakuetta,** impressionnantes,
grâce à un parcours de passerelles
et de passages taillés à pic dans le
calcaire : cascade, canyon verdoyant,
grotte ornée de stalactites et de
stalagmites géantes, rien ne manque !
Voir p. 168.

Reproduction de Guernica de Picasso.
ClickAlps/mauritius images/agefotostock/©Succession Picasso 2018

TOP 5 Avec des enfants

1. Les plages, l'aquarium et la Cité de l'océan à Biarritz (p. 54)
2. Le musée basque du Chemin de fer à Azpeitia (p. 236)
3. Albaola La Faktoria maritime basque à Pasaia (p. 207)
4. TOPIC, centre international de la marionnette à Tolosa (p. 221)
5. Les gorges de Kakuetta (p. 168)

L'Aquarium de Biarritz.
J. Larrea/age fotostock

❤ **Rencontrer des sorcières** à Zugarramurdi : elles ont, dans ce village associé depuis des siècles à la sorcellerie, un musée et une grotte ! **Voir p. 109.**

❤ **Se recueillir à Guernica.** La ville dévastée en 1937 par les bombardements et immortalisée par Picasso accueille un émouvant musée de la Paix. **Voir p. 276.**

❤ **S'immerger en pleine nature** à deux pas de la ville de Vitoria-Gasteiz. L'Anneau vert qui entoure la ville traverse six parcs, dont un marécageux. Vous y découvrirez une végétation exubérante. **Voir p. 303.**

La lagune de Pitillas.
Meynuit/iStock

Le pont transbordeur de Biscaye à Portugalete.

💙 **Tout apprendre de la fabrication du cidre,** boisson très appréciée dans la région. Visitez la Maison du cidre basque à Astigarraga puis faites un repas typique dans une cidrerie pour découvrir un cérémonial aussi précis que convivial. **Voir p. 194.**

💙 **Marcher dans les pas des pèlerins** de St-Jacques-de-Compostelle. Le chemin français et les chemins du nord de l'Espagne sont inscrits au Patrimoine mondial de l'Unesco. Une expérience physique et spirituelle forte. **Voir p. 143 et 369.**

💙 **Admirer l'ingéniosité** déployée dans le pont transbordeur de Biscaye. Inauguré en 1893, le pont conçu par Aberto de Palacio, contemporain de Gustave Eiffel, enjambe le Nervión entre Getxo et Portugalete. **Voir p. 261.**

💙 **Randonner dans le parc naturel de Valderejo.** Cet espace préservé aux confins de l'Álava réserve aux marcheurs de belles surprises dont le défilé de Purón ponctué de grottes, avec à la clé la découverte inattendue d'une église en ruines qui a conservé ses fresques gothiques. **Voir p. 305.**

TOP 5 **Églises**

1. Sanctuaire St-Ignace-de-Loyola (p. 232)
2. Ermitage de La Antigua (p. 234)
3. Sanctuaire d'Arantzazu (p. 235)
4. Église de L'Hôpital-Saint-Blaise (p. 173)
5. Église St-Jean-Baptiste à St-Jean-de-Luz (p. 77)

Le sanctuaire d'Arantzazu, par les architectes Francisco Javier Sáenz de Oiza et Luis Laorga.
B. Boensch/imageBROKER/age fotostock

Chemin du pèlerinage de St-Jacques-de-Compostelle.
Bepsimage/iStock

Préparez votre voyage en retrouvant tous nos coups de cœur sur notre site internet **voyages.michelin.fr**

Retrouvez-nous également sur Facebook® **fr-fr.facebook.com/MichelinVoyage**

NOS ITINÉRAIRES

L'Adour, entre littoral et montagne
en 6 jours

En bref : 130 km au départ de Bayonne, entre littoral et montagne.

● J-1 & 2 Bayonne

Visite de Bayonne, de la cathédrale Ste-Marie et des chocolatiers (**p. 30**). Fin d'après-midi à Anglet (**p. 48**). Le lendemain, explorez l'arrière-pays : La Bastide-Clairence (**p. 126**), les grottes d'Isturitz (**p. 131**), et la route impériale des cimes (**p. 132**) à Hasparren. Nuits à Bayonne.

● J-3 Biarritz

Matinée à Biarritz (**p. 54**), cité des vagues au passé mondain. L'après-

La haute saison à Biarritz.
aprott/iStock

midi, pause sur une plage de Bidart (**p. 63**), avant de rejoindre St-Jean-de-Luz (**p. 74**), où passer la nuit.

● J-4 La Rhune

Visite de St-Jean-de-Luz puis route vers Ascain (**p. 98**), point de départ pour monter à la Rhune (**p. 96**). Nuit à St-Jean-de-Luz.

● J-5 Hendaye

Prenez la route vers Hendaye (**p. 87**) en vous arrêtant au château d'Urtubie (**p. 79**). Faites aussi un détour pour visiter le château-observatoire Abbadia (**p. 90**). Nuit à Hendaye.

● J-6 Hondarribia

Passez la frontière et filez à N.-D.-de-Guadalupe (**p. 217**) d'où partent des sentiers de randonnée. Redescendez vers l'Océan en passant par le cap du Figuier et regagnez Hondarribia (**p. 215**) et ses bars à *pintxos* si vivants le soir. Nuit à Hondarribia.

Conseils : Prolongez votre séjour vers l'arrière-pays à Cambo-les-Bains (p. 114) et Espelette (p. 111).

Vitoria-Gasteiz et la Rioja Alavesa
en 4 jours

Mimadeo/iStock

En bref : 310 km entre culture, nature et gastronomie.

● J-1 Vitoria-Gasteiz

Vitoria-Gasteiz mérite une pleine journée (**p. 294**), notamment pour son quartier historique, l'Artium et ses animations culturelles. Nuit sur place.

● J-2 Saut du Nervión

Rejoignez le saut du Nervión (**p. 306**), d'où se déploie un splendide panorama sur le canyon de Delika et la chaîne Cantabrique. Au retour, passez par le sud pour voir l'église de Tuesta (**p. 305**). Quelques kilomètres plus loin, visitez les salines de Gesaltza-Añana (**p. 304**) avant de rejoindre Vitoria-Gasteiz, où dormir.

● J-3 Rioja Alavesa

Une fois passée la chaîne Cantabrique, la région est réputée pour ses vignobles, concentrés autour de Labastida (**p. 324**) et de Laguardia (**p. 322**). Goûtez aux crus locaux dans des bodegas à l'architecture très design comme Ysios ou Marqués de Riscal à Elciego. Nuit à Laguardia.

● J-4 L'Álava

Prenez la direction de Logroño pour rejoindre Viana (**p. 384**), étape sur la route de Compostelle. Son église abrite de très beaux retables. Rejoignez Vitoria-Gasteiz en passant par le Parc naturel d'Izki (**p. 388**).

Conseils : Vous pouvez poursuivre ce circuit par la découverte de Pampelune (p. 332), en passant par Estella-Lizarra et Puente-la-Reina, ou par le circuit en Navarre (p. 21).

Laguardia et ses vignes en automne.
I. Egibar/age fotostock

La Biscaye, entre mer et terre
en 6 jours

Mimadeo/iStock

En bref : 240 km au départ de Bilbao.

● J-1 & 2 Bilbao

Explorez Bilbao : la ville mérite bien deux jours. Voir le programme proposé (**p. 251**).

● J-3 Guernica

Suivez le fleuve jusqu'à la Réserve naturelle de Urdaibai (**p. 278**), puis partez vers l'est en suivant la côte : Getxo (**p. 260**), les plages de Plentzia (**p. 274**), Bermeo (**p. 273**)… Nuit à Guernica.

Façades typiques de Bilbao.
ultraforma/iStock

● J-4 Durango

Visite de Guernica (**p. 276**), puis cap vers le sud en direction du belvédère de la Biscaye (**p. 279**). Reprenez la route vers l'est, voyez la collégiale de Zenarruza (**p. 279**), les palais d'Elorrio (**p. 283**) avant d'arriver à Durango et sa magnifique basilique, pour passer la nuit (**p. 281**).

● J-5 Parc naturel d'Urkiola

Randonnée dans le parc naturel d'Urkiola (**p. 282**). En fin d'après-midi, faites une pause à Otxandio (**p. 284**), petit village typique, et rentrez à Bilbao pour la nuit.

● J-6 Las Encartaciones

Rejoignez Balmaseda (**p. 285**), capitale des Encartaciones, région de collines et de tours fortifiées (**p. 287**), puis découvrez la vallée de Karrantza, plein ouest (**p. 288**) et les stalactites de la grotte de Pozalagua.

Conseils : Vous pouvez prolonger votre séjour en empruntant le circuit en Guipúzcoa (p. 20).

Entre Iraty et Arbailles
en 4 jours

En bref : 200 km pour découvrir la nature en majesté.

● J-1 St-Jean-Pied-de-Port

Découvrez St-Jean-Pied-de-Port (**p. 149**) le matin. L'après-midi, rejoignez la collégiale de Roncevaux (**p. 354**), autre étape vers Compostelle. Vous pouvez aussi arpenter la vallée boisée d'Aezkoa (**p. 356**), avant de revenir à Roncevaux pour y passer la nuit.

● J-2 Forêt d'Iraty

Orbaizeta ou Ochagavía permettent d'accéder aux principaux sentiers de la forêt d'Iraty (**p. 164**). Nuit à Roncevaux ou dans la forêt d'Iraty.

● J-3 La Soule

Après une halte à l'église Nuestra Señora de Muskilda (**p. 360**), rejoignez Larrau (**p. 167**) pour déjeuner dans les environs. À l'est se trouvent les crevasses d'Holçarté et les gorges de Kakuetta (**p. 168**). Visitez Ste-Engrâce et sa petite église romane (**p. 168**). Nuit sur place autour de Larrau.

● J-4 Forêt des Arbailles

Le matin, visitez la grotte de La Verna (**p. 168**), toute proche. Puis direction Mauléon-Licharre (**p. 171**), capitale de l'espadrille. Vous pourrez déjeuner dans les environs. Dirigez-vous ensuite vers Ordiarp (**p. 178**), et pénétrez à pied dans la forêt des Arbailles (**p. 176**). La route, très belle, vous ramène à St-Jean-Pied-de-Port.

Conseils : Vous pouvez prolonger votre séjour à Pampelune ou en Navarre espagnole. Voir le circuit p. 21.

La Nive à Saint-Jean-Pied-de-Port.
D. Schneider / Photononstop

Une tournée en Guipúzcoa
en 6 jours

I. Caperochipi//iStock

En bref : 230 km au départ de St-Sébastien, entre farniente et traditions.

● **J-1 & 2 St-Sébastien**

Consacrez deux jours à St-Sébastien, ses plages et ses bars à *pintxos* (**p. 184**). Nuits à St-Sébastien.

● **J-3 Route des plages**

Suivez la côte vers l'ouest en faisant étape dans les charmants ports de Orio, Zarautz, Getaria et Zumaia (**p. 207**), puis bifurquez vers l'intérieur des terres pour passer la nuit à Zestoa (**p. 211**) ou Azpeitia (**p. 237**).

● **J-4 Les trois temples**

Découvrez le sanctuaire de Loyola (**p. 232**) ; visitez ensuite Zumárraga (**p. 234**) et, si vous êtes en forme, prolongez jusqu'à Arantzazu (**p. 235**). Nuit à Oñati (**p. 239**).

● **J-5 Le Goierri**

Explorez les « Highlands basques » (**p. 225**), région de collines dont les petites villes comptent palais et vieilles églises : Ordizia et son célèbre marché du mercredi matin, Idiazabal, Segura et ses édifices majestueux, Zegama, porte d'entrée du parc naturel d'Aizkorri-Aratz, Zerain et son palacio Jauregi. Nuit à Segura, Albiztur ou Tolosa.

Conseils : Prolongez le séjour dans le Goierri si vous voulez randonner.

● **J-6 Tolosa**

Tolosa (**p. 219**) mérite qu'on y passe une journée. Le marché du samedi est mémorable.

Port de Zarautz.
I. Caperochipi/age fotostock

Pampelune et la Navarre
en 7 jours

En bref : 340 km au départ de Pampelune, cités historiques et merveilles naturelles.

● J-1 & 2 Pampelune

Prenez deux jours pour visiter Pampelune (**p. 332**) et ses innombrables bars à *pintxos*.

● J-3 & 4 Olite

La ville gothique d'Olite (**p. 389**) se trouve au cœur d'une région vinicole (profitez-en pour déguster les crus locaux). À proximité, la cité médiévale d'Ujué (**p. 392**) mérite le détour, et la lagune de Pitillas, pour son observatoire d'oiseaux (**p. 394**). Nuits à Olite.

● J-5 Tudela et les Bárdenas Reales

Fondée au 9ᵉ s., Tudela (**p. 396**) conserve de nombreuses traces de son passé arabe et juif. Montez sur la colline du Sagrado Corazón ou en haut de la tour arabe Monreal pour admirer la ville. C'est aussi la porte d'accès aux Bárdenas Reales (**p. 402**), dont les paysages évoquent l'ouest américain. Nuit à Tudela.

● J-6 & 7 Sur le chemin de St-Jacques

Sur le *camino francés* (**p. 372**), découvrez Viana (**p. 384**), Estella-Lizarra (**p. 377**), Cirauqui (**p. 375**), Puente-la-Reina (**p. 374**), l'harmonieux sanctuaire de Sta-María-de-Eunate (**p. 376**) à Muruzábal. Nuits à Viana ou Estella-Lizarra.

Conseils : De retour à Pampelune, vous pouvez poursuivre vers Roncevaux (p. 354) et la France, ou enchaîner avec le circuit de la Rioja Alavesa (p. 325).

Désert des Bárdenas Reales.
Philippe Paternolli/iStock

De Saint-Sébastien à Pampelune
en 10 jours

J. Larrea/age fotostock

En bref : 330 km à la découverte des villes basques et navarraises.

● J-1 & 2 St-Sébastien

La capitale mondiale du *pintxos* séduit par son site remarquable, sa gastronomie réputée et son art de vivre (**p. 184**). Promenez-vous dans la vieille ville et le quartier de Gros en pleine mutation, visitez le musée San Telmo, admirez le superbe panorama depuis le sommet du mont Igueldo et en fin de journée, le soleil couchant sur la baie de la Concha. Nuits à St-Sébastien.

« Al Hilo del Tiempo » (IMVG Au Fil du Temps), à Vitoria-Gasteiz.
M. Ramírez/age fotostock

● J-3 La côte de Guipúzcoa

Longez le littoral en suivant la route des plages (**p. 207**), qui passe par Orio, Zarautz et Getaria, et la route du Flysch (**p. 211**), qui étire ses étonnantes falaises jusqu'à Mutriku (**p. 212**). Nuit à Zarautz.

● J-4 La côte de Biscaye

À Ondarroa (**p. 270**), vous entrez dans la province de Biscaye. Suivez la côte jusqu'à Bermeo (**p. 273**), et ne manquez pas de vous arrêter au passage au petit port d'Elantxobe (**p. 272**), à Guernica, tristement célèbre pour ses bombardements (**p. 276**) et sur la surprenante presqu'île de San Juan de Gaztelugatxe (**p. 274**). Nuit à Bermeo ou Lekeitio.

● J-5 & 6 Bilbao

La capitale de la Biscaye a laissé son passé industriel derrière elle et a trouvé un nouveau souffle grâce à l'art contemporain, incarné dans le musée Guggenheim de Frank O. Gehry, et les constructions architecturales avant-gardistes. Ne manquez pas non plus l'animation de la vieille ville et les allées du marché de la Ribera. Voir programme suggéré (**p. 251**). Nuits à Bilbao.

● J-7 & 8 Vitoria-Gasteiz

Arpentez le quartier historique et découvrez l'Artium (**p. 295**). Le lendemain, flânez le matin dans les parcs de la ville en empruntant l'anneau vert (**p. 303**), et partez à la découverte du Jardin botanique Sta Catalina à Trespuentes l'après-midi (**p. 304**). Nuits à Vitoria-Gasteiz.

● J-9 & 10 Pampelune

Comptez deux jours pour visiter Pampelune (**p. 332**) et ses innombrables bars à *pintxos*. Le musée de Navarre vaut le détour, tout comme la cathédrale Sta María La Real et les jardins de la citadelle. Un peu plus loin, la chênaie d'Orgi et le sanctuaire Saint-Michel d'Aralar vous invitent au dépaysement. L'ambiance lors des Sanfermines, en juillet, y est exceptionnelle. Nuits à Pampelune.

Conseils : De retour à Pampelune, pourquoi ne pas continuer en Navarre en explorant les vallées du Baztan et de la Bidassoa (p. 346) ?

La presqu'île de San Juan de Gaztelugatxe.
DieterMeyrl/iStock

DÉCOUVRIR LE PAYS BASQUE (France, Espagne) ET LA NAVARRE

Saint-Jean-de-Luz, panorama depuis le clocher de l'église Saint-Jean-Baptiste.
J.-M. Barrère/hemis.fr

La Côte basque et le Labourd 1

Carte Michelin Région n° 524 - Département n° 342 - Pyrénées-Atlantiques (64)

Biarritz, plage du Port-Vieux et rocher de la Vierge.
J.-D. Sudres/hemis.fr

LA CÔTE BASQUE ET LE LABOURD

0   3 km

GOLFE DE

Pointe St-Marti

Grande Plage

Rocher de la Vierge

Port-Vieux   **Biarritz**

GASCOGNE   Côte-des-Basques

Bidart

CÔTE BASQUE   Guéthary   Arbonne

D 810

Corniche basque   Socoa   **St-Jean-de-Luz**

Abbadia   D 912   **Ciboure**

Hendaye   **Urtubie**

Urrugne   PYRÉNÉES

D 810   Vallée de la Nivelle   D 918   St-Pée-sur-Nivelle

A 63   Nivelle

Biriatou   D 4   **Ascain**   D 4   **Maison Ortillopitz**

A 8   **3**   Col de St-Ignace 169   **Sare**

IRÚN   DONOSTIA SAN SEBASTIAN / ST-SÉBASTIEN

GUIPÚZCOA   Bidassoa   **COL D'IBARDIN** 317   900   Musée du Gâteau basque

N   **LA RHUNE**

NAVARRA   N 121ª   250 Col de Lizuniaga   Parc animalier Etxola

Zugarramurdi

Col de Lizarrieta 441   Grottes de Sare   **Grotte des Sorcières**

6

Légende	
⇒	Ville de départ du circuit
→	Route impériale des Cîmes
→	Les villages de l'arrière-pays biarrot
→	La route des monts
→	La vallée de la Nivelle

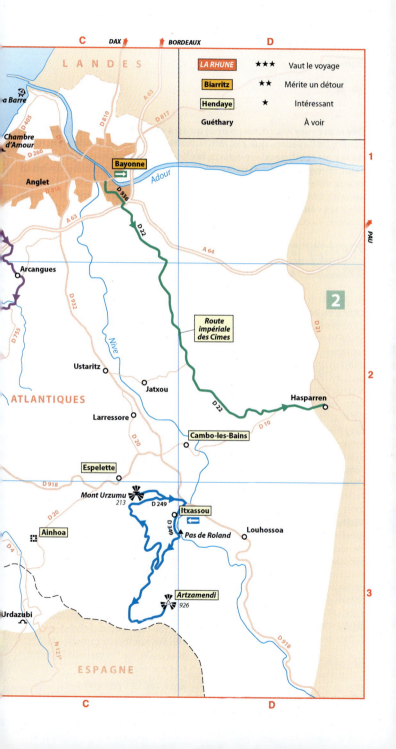

LANDES

C · DAX · BORDEAUX · D

LA RHUNE ★★★ Vaut le voyage

Biarritz ★★ Mérite un détour

Hendaye ★ Intéressant

Guéthary À voir

a Barre

Chambre
d'Amour

Bayonne

Anglet

Adour

1

Arcangues

PAU

Route
impériale
des Cimes

2

Nive

Ustaritz

Jatxou

2

ATLANTIQUES

Larressore

Hasparren

D 22

Cambo-les-Bains

D 10

Espelette

Mont Urzumu
213

D 249

Itxassou

Ainhoa

D 369

Pas de Roland

Louhossoa

Urdazubi

Artzamendi
926

3

ESPAGNE

C · D

Bayonne

Baiona

48 178 Bayonnais - Pyrénées-Atlantiques (64)

Dès le premier abord, on ne peut qu'être séduit par l'atmosphère particulière de Bayonne, due à sa remarquable unité architecturale. Enserrée dans trois ceintures de remparts, la cité s'est en effet développée en hauteur : immeubles élevés et étroits, façades à colombages sang-de-bœuf et aux volets colorés, ruelles exiguës souvent piétonnes qui donnent au centre historique charme et caractère. Bien sûr, Bayonne est connue pour ses célébrissimes fêtes ; mais c'est aussi la porte d'entrée de l'âme basque, sa culture, son folklore et sa gastronomie.

NOS ADRESSES PAGE 41
Hébergement, restauration, achats, activités, etc.

S'INFORMER

Office du tourisme de Bayonne – *25 pl. des Basques - 64100 Bayonne - ☎ 05 59 46 09 00 - www.bayonne-tourisme.com - juil.-août : 9h-19h, dim. 10h-13h ; mars-juin et sept.-oct. : tlj sf dim. 9h-18h30, sam. 10h-13h, 14h-18h ; reste de l'année : tlj sf dim. 9h-18h, sam. 10h-13h, 14h-18h - fermé certains j. fériés.*

City Pass Bayonne Pays basque – *Valable 1 jour (12 €), 3 jours (16 €) ou 7 jours (20 €), il donne l'accès gratuit à l'ensemble du réseau Chronoplus, aux musées, à une visite guidée et à des réductions chez certains commerçants (rens. à l'office de tourisme).*

Visites guidées – *Bayonne porte le label Ville d'art et d'histoire. L'office de tourisme organise des visites-découvertes thématiques, animées tte l'année (sf 1er Mai) par des guides conférenciers : visite thématique (6 €, -12 ans gratuit), visite gourmande (10 €, -12 ans 4 €), visite du Musée basque (10 €, -18 ans gratuit) - rens. à l'office de tourisme.*

SE REPÉRER

Carte de microrégion C1 (p. 28-29) et plan de ville (p. 32) – Les trois quartiers de la vieille ville sont délimités par la confluence de ses deux cours d'eau : l'Adour et la Nive. Le Grand et le Petit Bayonne se trouvent au sud et le quartier St-Esprit au nord. Le Nouveau Bayonne, où se situent les arènes de Lachepaillet, jouxte quant à lui le Grand Bayonne.

SE GARER

Le centre-ville est piétonnier ou parcouru de ruelles qui rendent difficile le stationnement. Garez-vous dans l'un des nombreux parkings aménagés au bord des deux cours d'eau ou en périphérie des vieux quartiers : la Navette de Bayonne vous conduit au centre *(dép. ttes les 8mn - tlj sf dim. et j. fériés 7h30-19h30, gratuit).*

À NE PAS MANQUER

Les ruelles du Grand Bayonne ; le Musée basque.

ORGANISER SON TEMPS

Balade et shopping dans le Grand Bayonne le matin, visite du Musée basque l'après-midi, et soirée dans l'un des nombreux cafés bordant la Nive ou les ruelles du Petit Bayonne, très animées.

AVEC LES ENFANTS

Le parcours de l'Atelier du chocolat et la plaine d'Ansot.

Les quais de la Nive pendant les fêtes de Bayonne.
Delpixart/iStock

Se promener Plan de ville

▶ *Circuit tracé en vert sur le plan de ville (p. suiv.) - comptez 2h30. Partez de la place de la Liberté, sur la rive gauche de la Nive, à hauteur de son confluent avec l'Adour.*

★★ GRAND BAYONNE

Le Grand Bayonne, centre historique de la cité, est le siège de la cathédrale et du Château-Vieux du 12e s. (ainsi nommé par comparaison au château dit « Neuf » construit au 13e s. au Petit Bayonne). De tradition marchande, c'est ici que sont installés les boutiques et les chocolatiers. Enserrée dans des remparts, la ville n'eut d'autre choix que de se développer en hauteur. Cela explique l'extraordinaire homogénéité du quartier. Les immeubles à pans de bois, dont la largeur est strictement réglementée (5 m maximum) ont été édifiés du 17e au 19e s.

Place de la Liberté AB1

Située au débouché du pont Mayou, qui traverse la Nive à l'entrée de la vieille ville, elle est bordée par l'hôtel de ville et le théâtre. Les armoiries et la devise de la ville sont dessinées sur le pavage de marbre : *nunquam polluta*, « jamais souillée ». C'est ici, du balcon de la mairie, que sont lancées les fêtes de Bayonne.

Depuis la place, engagez-vous dans la rue Port-Neuf.

Rue Port-Neuf A1-2

Le nom de cette charmante artère piétonne, bordée de maisons des 18e et 19e s., s'explique par le fait qu'elle occupe, comme beaucoup d'autres ruelles du quartier, l'emplacement d'un canal qui servait autrefois de port.

LA BAÏONNETTE

Certains ferronniers et armuriers de la ville se sont rendus célèbres en inventant la **baïonnette**, utilisée par l'infanterie française à partir de 1703.

LA CÔTE BASQUE ET LE LABOURD

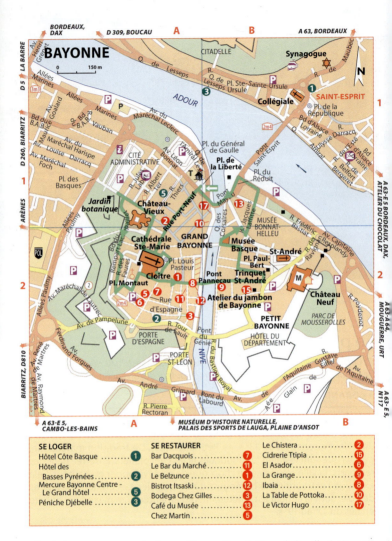

SE LOGER	SE RESTAURER	
Hôtel Côte Basque .... ❶	Bar Dacquois .... ❼	Le Chistera .... ❷
Hôtel des	Le Bar du Marché .... ⓫	Cidrerie Ttipia .... ⓯
Basses Pyrénées .... ❷	Le Belzunce .... ❶	El Asador .... ❻
Mercure Bayonne Centre -	Bistrot Itsaski .... ⓬	La Grange .... ❾
Le Grand hôtel .... ❺	Bodega Chez Gilles .... ❸	Ibaia .... ❽
Péniche Djébelle .... ❸	Café du Musée .... ⓭	La Table de Pottoka........ ❿
	Chez Martin .... ❺	Le Victor Hugo .... ⓱

Elle abrite sous ses arcades les meilleurs **chocolatiers** de la ville *(voir encadré p. 38)* et mène à un lacis de petites rues commerçantes qui constituent le cœur du Grand Bayonne. Notez la belle maison à colombages, à l'angle de la rue de la Monnaie et de la rue Orbe.
La rue de la Monnaie, dans le prolongement, conduit à la cathédrale.

★ Cathédrale Ste-Marie A2

Pl. Mgr-Vansteenberghe - ✆ *05 59 59 17 82 -* ♿ *- 7h-19h, dim. et j. fériés 7h30-13h,16h-20h - pas de visite pendant les offices.*
La cathédrale a été bâtie du 13e au 16e s., dans le style un peu sévère des églises du Nord. Au 19e s., on ajouta la tour nord et les deux flèches.
À l'intérieur, remarquez les vitraux Renaissance, en particulier la *Prière de la Chananéenne* qui date de 1531 *(dans une chapelle à gauche quand on fait face à l'autel)*. Dans la 6e chapelle, une plaque commémorative de 1926 rappelle le miracle de Bayonne (🕯 *p. 36, siège de 1451).*

De l'axe central de la nef, on peut juger des belles proportions et de l'harmonie de l'édifice avec son élévation à trois niveaux.

Gagnez le déambulatoire. Adoptant le parti architectural champenois, les voûtes en ogive rejoignent celles des cinq chapelles absidiales rayonnantes, décorées à la fin du 19e s. Les peintures murales (19e s.) du déambulatoire font l'objet d'une campagne de restauration qui révèle leurs couleurs extraordinaires.

Ne manquez pas, dans le bras gauche du transept, sur la porte, le heurtoir ciselé (13e s.) appelé « anneau d'asile » ; on raconte que le criminel pourchassé qui y posait les doigts était en sécurité.

★ Cloître A2

Pl. Louis-Pasteur - 𝄞 05 59 46 11 43 - ♿ - du 3e w.-end de mai au 3e w.-end de sept. : 9h-12h30, 14h-18h ; reste de l'année : 9h-12h30, 14h-17h - fermé 1er janv., 25 déc. - possibilité de visite guidée - entrée libre.

Édifié entre le 13e et le 14e s., ce cloître forme un bel ensemble gothique avec ses baies jumelées. Il a longtemps servi de lieu de réunion pour le Conseil de la ville, mais aussi de forum pour les marchands. De la galerie sud, vue sur la cathédrale.

Revenez au portail de la cathédrale et, par la rue des Gouverneurs, gagnez le Château-Vieux et les remparts.

Château-Vieux A1

𝄞 0820 42 64 64 - visite guidée (1h30) 3-4 fois par an organisée par l'office de tourisme - fermé j. fériés - 6 € (-12 ans gratuit).

Construit au 12e s., puis retouché par Vauban au 17e s., le Château-Vieux témoigne encore de l'architecture militaire médiévale. Il se visite rarement (domaine militaire oblige), mais si la porte est ouverte, vous pourrez au moins en apercevoir la cour intérieure.

Jardin botanique A1

Allée des Tarides - 𝄞 05 59 46 60 93 - ♿ - de mi-avr. à mi-oct. : 9h30-12h, 14h-18h - fermé dim.-lun. et j. fériés - gratuit.

Niché dans les remparts, à sept mètres au-dessus de la ville, il a des allures japonisantes et regroupe quelque mille espèces de plantes.

Revenez au rempart Lachepaillet et prenez la rue des Faures depuis la rue des Prébendés, afin de rejoindre la place Montaut.

Place Montaut A2

Cette place jouxte un quartier un peu endormi et pourtant typique du Grand Bayonne, avec ses habitations anciennes (maison du 18e s. au n° 51 de la rue des Faures, ou du 17e s. aux nos 14-16, 21 et 23 de la rue Douer). Les noms de ces rues (Douer pour « tonnelier », Vieille-Boucherie) indiquent une activité artisanale ancienne, qui se maintient vaille que vaille.

Prenez la rue de Luc et la rue de la Poissonnerie pour rejoindre le pont Pannecau.

★ PETIT BAYONNE

Face au Grand Bayonne, de l'autre côté de la Nive, le Petit Bayonne conserve son atmosphère populaire et étudiante. Ambiance festive le soir, grâce à ses bars animés.

Pont Pannecau B2

Autres temps, autres mœurs : les femmes infidèles ou de mauvaise vie étaient autrefois jetées de ce pont dans une cage en fer… Aujourd'hui, vous le traverserez paisiblement pour rejoindre le Petit Bayonne.

1

Admirez au passage l'harmonie des façades 18e et 19e s. des maisons quai Galuperie *(à gauche)* et quai Chaho *(à droite)*.
Par la rue Pannecau, ralliez la place Paul-Bert.

Place Paul-Bert B2

Deux édifices notables occupent cette place, dont le **Château-Neuf**. Élevé après la prise de Bayonne par les Français et remodelé au 19e s., il abrite aujourd'hui l'université de Bayonne ; son esplanade arrière offre un très beau point de vue sur l'Adour et la ville.

À deux pas se dresse l'**église St-André**, édifiée de 1856 à 1862 dans un style néogothique *(messe en basque dim. 9h30)*. Tableaux de Léon Bonnat et Eugène Pascau à l'intérieur.

Revenez sur vos pas rue Pannecau et prenez la première ruelle à droite (rue du Jeu-de-Paume). Au bout se trouve l'entrée du Trinquet St-André.

Trinquet St-André B2

Ce trinquet des 17e et 18e s. témoigne de l'évolution du jeu de paume. On y joue encore des parties de *pala* et, chaque jeudi à 16h, d'octobre à juin, des parties à main nue *(🦽 p. 425)* y sont aussi organisées *(🦽 p. 46)*. Admirez la vieille charpente.

Continuez rue des Tonneliers puis prenez à droite dans la rue Pontrique ; poursuivez par la rue Marengo.

★★ Musée basque et de l'Histoire de Bayonne B2

37 quai des Corsaires - 📞 05 59 59 08 98 - www.musee-basque.com - 🦽 - juil.-août : 10h-18h30, jeu. 10h-20h30 ; avr.-juin et sept. : tlj sf lun. et j. fériés 10h-18h30 ; reste de l'année : tlj sf lun. et j. fériés 10h30-18h- fermé fêtes de Bayonne (juil.) - possibilité de visite guidée (1h30) - 6,50 € (-26 ans gratuit) - gratuit 1er dim. du mois.

Ce musée a investi la belle **maison Dagourette**, l'une des plus anciennes de la ville (fin 16e s.), qui témoigne de l'opulence des marchands bayonnais aux 17e et 18e s. Elle abrita un couvent de visitandines de 1640 à 1680, puis devint hôpital civil jusqu'au Second Empire avant d'être dévolue à l'administration des douanes.

Rassemblées par William Boissel dans le souci de conserver la tradition basque, les collections d'origine ont été enrichies et sont présentées dans trois bâtiments à l'intersection desquels le jour descend par un puits de lumière. Loin d'être un lieu figé, le musée est un espace de vie et de rencontres : il s'y passe toujours quelque chose, conférence, projection, concert… À travers vingt salles réparties sur trois niveaux, le visiteur est invité à découvrir la **société basque** d'aujourd'hui avec les objets et les rites d'hier.

On peut prendre en main certaines pièces, et se faire une idée, par exemple, du poids des pelotes utilisées dans les différents jeux basques !

En guise d'introduction, on se familiarise avec plusieurs mots-clés du Pays basque (eau, chemin, maison, bois, etc.), accompagnés d'illustrations, qui serviront de fil conducteur à la visite. Le rez-de-chaussée présente les traditions de l'**agropastoralisme**.

Premier étage – On voit comment est organisée et meublée une **maison basque**, pivot de l'organisation sociale et économique. On découvre son fonctionnement, son contenu mais aussi l'artisanat et le costume traditionnel. Une magnifique **tapisserie** (*Trois groupes de femmes*, 16e s.) renseigne par exemple sur le langage des coiffes féminines : la coiffe corniforme portée baissée signalait une veuve, redressée, une femme mariée. On apprend également que les fameux **tissages basques** étaient à l'origine utilisés pour

Banda lors des fêtes de Bayonne.

Le Musée basque et de l'Histoire de Bayonne.

Enseigne traditionnelle basque.

Longtemps anglaise, presque espagnole

DOT DE PRINCESSE

Au 12ᵉ s., Bayonne fait partie du duché quasiment indépendant d'Aliénor d'Aquitaine, épouse quelque peu volage du triste roi de France, Louis VII. Lorsqu'elle se remarie avec Henri II Plantagenêt (1152), héritier du trône d'Angleterre, la ville devient donc anglaise et le restera trois siècles. Durant la guerre de Cent Ans, les flottes bayonnaise et anglaise courent bord à bord, le port regorge de marchandises et la ville est florissante.

Lorsque, le 20 août 1451, les troupes françaises cernent la ville, les habitants voient une croix blanche dans le ciel. Un tel miracle en faveur de la reddition anglaise ne peut qu'être un bon présage. L'avenir ne sera malheureusement pas à la hauteur de leurs espérances. L'intégration de Bayonne au domaine royal français, après 1451, ne va pas sans grincements de dents : non seulement il faut payer une indemnité de guerre, mais les rois de France empiètent sur les libertés locales plus largement que ne le faisaient les lointains souverains anglais. C'est ainsi que les actes et lois ne doivent plus être rédigés en gascon, mais en français. Les Bayonnais en garderont du ressentiment. Fort heureusement pour la prospérité de la ville, Charles IX décidera de rendre vie au port ensablé (l'embouchure de l'Adour s'étant déplacée 30 km au nord) : un chenal direct vers la mer est ouvert en 1578.

COURSES LOINTAINES

Au 18ᵉ s., le dynamisme de Bayonne atteint son apogée. Les échanges avec l'Espagne, la Hollande et les Antilles, la pêche à la morue sur les bancs de Terre-Neuve et les chantiers de construction entretiennent une grande activité dans le port. La ville est déclarée port franc en 1784, ce qui triple son trafic. Les prises de guerre sont fabuleuses et les bourgeois arment maints bateaux corsaires. Les ministres de Louis XIV fixent par ordonnance le mode de partage du butin : un dixième à l'amiral de France, les deux tiers aux armateurs, le reliquat à l'équipage. Une somme est retenue pour les veuves, les orphelins et le rachat des prisonniers.

DÉCLIN ET RENOUVEAU

Après la Révolution et les guerres napoléoniennes, Bayonne sombre dans une douce léthargie. Par chance, sous le Second Empire, grâce à l'attachement de l'impératrice Eugénie de Montijo à la Côte basque, la ville bénéficie de quelques travaux. L'impératrice fait notamment aménager une gare dans le quartier St-Esprit, dès lors rattaché officiellement à la ville : les premiers « touristes » font leur apparition. Il faut attendre 1899 pour que les remparts soient démantelés. Jusque-là, les Bayonnais n'avaient d'autres ressources que de surélever les maisons, mais avec l'aménagement de nouveaux quartiers, Bayonne peut davantage respirer. Dès lors, malgré quelques aléas économiques, la cité se développe, entretient son patrimoine et se tourne avec dynamisme vers des activités de service où le tourisme se taille la part du lion.

protéger les bœufs des insectes et de la chaleur ; les paysans les plus modestes se contentaient d'une toile indigo, tandis que les plus riches utilisaient des toiles marquées de sept rayures correspondant aux sept provinces basques. Ne manquez pas le spectaculaire **plan-relief** de Bayonne (1800) et les salles consacrées au commerce.

Second étage – Les **pratiques sociales** (jeux, sports, musique, danses, etc.) et **religieuses** (processions, rites, etc.) y sont évoquées. Saviez-vous que les abeilles jouaient autrefois un rôle lors des décès ? Lorsque quelqu'un mourait dans une ferme, le voisin le plus proche allait taper sur les ruches pour exciter les abeilles, lesquelles, énervées, sortaient et semaient la panique parmi le bétail. Le message passait ainsi chez tous les voisins qui prenaient en charge les détails pratiques pour laisser la famille se consacrer à son deuil.

La visite s'achève par une partie dédiée à l'histoire et à la redécouverte du Pays basque, s'intéressant notamment au **style néobasque**.

Des fenêtres des salles sous les combles, point de vue magnifique sur les flèches de la cathédrale.

Les rues Marsan et Jacques-Laffitte mènent ensuite au musée Bonnat.

Musée Bonnat-Helleu, musée des Beaux-Arts de Bayonne B1

5 r. Jacques-Laffitte - ℘ *05 59 46 63 60 - www.museebonnat.bayonne.fr - fermé pour travaux de rénovation. Réouv. prévue en 2019.*

Richement décoré dans un style éclectique, ce bâtiment a été spécifiquement conçu en 1897 par l'architecte Charles Planckaert pour recevoir les collections et les œuvres de l'artiste bayonnais **Léon Bonnat** (1833-1922). Il abrite en particulier des dessins de Paul Helleu, des esquisses de **Rubens** mais aussi des tableaux d'Ingres, Degas, Delacroix, Flandrin, Géricault, Puvis de Chavannes, Rembrandt, Rubens, Tiepolo, etc., sans oublier un riche fonds de peinture espagnole (Murillo, Goya, Greco…).

Revenez place de la Liberté par les allées Boufflers (le long de l'Adour) et le pont Mayou.

Vous pouvez continuer la promenade en franchissant l'Adour par le pont St-Esprit qui conduit au quartier du même nom.

L'Atelier du jambon de Bayonne Pierre-Ibaïalde B2

41 r. des Cordeliers - ℘ *05 59 25 65 30 - www.pierre-ibaialde.com - mai-sept. : tlj sf dim. ; avr. et oct. : tlj sf sam. apr.-midi et dim. ; nov.-déc. : tlj sf w.-end ; janv.-mars : tlj sf w.-end et lun. - visite guidée (40mn) ttes les h, 11h-18h (horaires précis sur le site Internet) - gratuit.*

Après la visite de cette conserverie artisanale *(30mn)*, le jambon n'aura plus aucun secret pour vous. Pierre Ibaïalde vous explique les étapes de sa fabrication, vous montre le saloir et le séchoir, et fait déguster ses produits. Jambon et foie gras sont en vente dans la boutique attenante.

QUARTIER ST-ESPRIT AB1

Annexé à Bayonne en 1857 et déployé au pied de la citadelle *(elle ne se visite pas)*, ce quartier mêle toutes les époques architecturales, du 18ᵉ s. jusqu'à nos jours. Sa **collégiale**, d'origine romane (11ᵉ s.), concentre différents styles architecturaux. Le porche actuel date de 1891, les auvents côté gare ont été élevés en 1950, mais, à l'intérieur, le chœur est de style gothique flamboyant et l'on peut y admirer un bois sculpté polychrome du 15ᵉ s. représentant la Fuite en Égypte. Autre monument incontournable de cette rive : la **synagogue** néoclassique *(35 r. Maubec)*, construite en 1837, qui conserve sa vocation cultuelle.

1

Sa présence rappelle que la communauté juive fut une composante sociale locale importante après l'arrivée de marchands juifs chassés de la péninsule Ibérique en 1492. Interdits de séjour dans la ville, ils s'installèrent à St-Esprit où ils implantèrent bientôt les premières fabriques de chocolat.

★ L'Atelier du chocolat Hors plan

7 allée de Gibéléou - ☏ 05 59 55 70 23 - www.atelierduchocolat.fr - ♿ - juil.-août : 10h-18h30 ; reste de l'année : 10h-12h30, 14h-18h - dernière visite 1h30 av. la fermeture - fermé dim., 1er janv., 1er Mai - possibilité de visite guidée sur demande (1h30) - 6 € (-12 ans 3 €) - avec dégustation et ateliers 4-12 ans.

🙂 Si vous voulez voir les artisans chocolatiers à l'ouvrage, prévoyez une visite avant 16h du lundi au vendredi (en dehors de ces horaires, ce sont des vidéos qui montrent l'activité de chaque atelier).

👥 Le chocolatier Andrieu a élaboré un parcours didactique allant des origines géographique et historique du chocolat jusqu'au produit fini, en passant par toutes les étapes de sa fabrication : composition, enrobage, moulage, tablage, décoration et emballage. Agréablement éclairé et très olfactif, le circuit alterne astucieusement panneaux explicatifs, découverte des ateliers, exposition de machines anciennes et film pédagogique afin d'illustrer au mieux cette filière gourmande. Des quizz et une dégustation clôturent la visite.

La Nive B2

🚶 Promenade incontournable pour tout Bayonnais, le bord de la Nive se rallie au niveau du ponton du club d'aviron (pont du Génie, B2). Suivant le tracé d'une ancienne voie de halage, le chemin peut conduire les plus motivés jusqu'à **Ustaritz**, à environ 11 km de là.

👥 Plaine d'Ansot Hors plan

Au sud de la ville - ☏ 05 59 42 22 61 - www.ansot.bayonne.fr - ♿ - de mi-avr. à mi-oct. : mar.-vend. 9h-19h, w.-end 9h30-19h ; reste de l'année : mar.-vend. 9h-17h30, w.-end 9h30-17h30 - fermé lun., certains j. fériés - entrée libre - possibilité de visite guidée sur demande (2h).

🙂 L'accès se fait par le pont Blanc (piétons et cyclistes uniquement). Laissez votre voiture au parking Floride au bout de l'av. Raoul-Follereau. Navette gratuite depuis le parking jusqu'au site les merc. et sam. de 14h30 à 16h30 (17h30 en été).

🚶 2h30. Depuis le pont Blanc, un premier sentier *(1 km)*, agrémenté de panneaux sur l'écologie, vous mène à la **maison des Barthes**, une ferme du 18e s. devenue centre d'accueil du public : *☏ 05 59 42 22 61 - http://ansot.bayonne.fr - de mi-avr. à mi-oct. : 10h30-12h30, 13h30-18h ; reste de l'année : 13h30-17h, w.-end*

L'ESPRIT DU CHOCOLAT

Découvert par les *conquistadores*, le « xocoatl » des Aztèques n'aurait sans doute jamais séduit autant de gourmands si les Espagnols n'avaient eu l'idée de lui adjoindre du sucre, de la vanille et de la cannelle pour l'adapter au goût européen. Depuis 1585, les Sévillans détenaient le monopole de sa fabrication. Ce fut en toute logique une Espagnole, la reine Anne d'Autriche, qui le fit connaître et apprécier en France. Les premiers chocolatiers de Bayonne, des juifs espagnols et portugais chassés de leur pays par l'Inquisition, s'installèrent au début du 17e s. dans le quartier St-Esprit. En 1854, on ne comptait pas moins de 31 fabricants de chocolat à Bayonne. Ils sont aujourd'hui moins nombreux, mais les principaux tiennent encore boutique sous les arcades de la rue Port-Neuf, surnommée par les Bayonnais la « rue des Chocolatiers » (🍫 *Nos adresses p. 45*).

Faire la fête à Bayonne

Les fêtes de Bayonne ont lieu du mercredi au dimanche, à la fin du mois de juillet. Des animations précèdent l'ouverture officielle : braderies, concerts, Foulée du Festayre (course à pied de 12 km de Biarritz à Bayonne - *www.fouleedufestayre.com*), championnat du monde d'omelette aux piments, régates d'aviron, etc. : de quoi se mettre en jambe avant cinq jours de fête !

🖑 Point Info Fêtes, situé devant l'hôtel de ville et ouvert de 9h30 à 2h sans interruption du mercredi au dimanche.

Procurez-vous dès votre arrivée la brochure *L'Indispensable des Fêtes* à l'OT - 📞 *05 59 46 09 00 - www.fetes.bayonne.fr*

INFORMATIONS PRATIQUES

Code vestimentaire : tenue blanche, foulard et ceinture rouges !

Pour venir aux fêtes, privilégiez les transports en commun mis en place pour l'occasion : le train des fêtes depuis Dax ou Hendaye, les bus des fêtes jour et nuit depuis les communes avoisinantes. Le centre-ville étant fermé aux voitures, il est très difficile, voire impossible, de circuler dans Bayonne. Un parking dans chaque quartier est néanmoins accessible 24h/24, mais coûteux.

En matière d'hébergement, il faut bien sûr réserver longtemps à l'avance, mais pour les *festayres* de dernière minute, il existe un camping sans réservation, dont la localisation varie chaque année (*1 500 empl. - 72 €/2 pers. ; rens. à l'OT*).

La fête se termine à 3h pour reprendre à 9h et les *festayres* récalcitrants peuvent être exclus de la ville de manière musclée. Soyez vigilant pour passer des fêtes en toute sécurité : restez en groupe, évitez les ruelles isolées de l'animation ; le vendredi soir, les hommes et les femmes s'amusent chacun de leur côté, ce qui peut occasionner quelques bagarres.

DÉROULEMENT DES FESTIVITÉS

Les fêtes sont inaugurées place de la Liberté le mercredi à 22h par le maire et des personnalités qui confient aux habitants les **trois clés de la ville**, une clé par quartier. Une mascleta (pétards) est alors tirée. Tous les matins se promène la cour des Géants et, à midi, on célèbre le lever du **roi Léon**, le roi des fêtes de Bayonne, appelé à grand renfort de chansons. Les journées sont bien remplies par les fanfares, concerts, danses, concours de pétanque et surtout de pelote. Le soir, les danseurs s'approprient les places. Le jeudi est la journée des enfants.

Les **courses de vaches** ont lieu place Paul-Bert tous les après-midis. Ici, contrairement à Pampelune, on peut toucher et taquiner les bestiaux ; on se mesure aux vachettes en contrant leurs charges à plusieurs, on bâtit des pyramides humaines dont elles testent l'équilibre, on les fait passer sous de longs ponts de bras, et on les attire même dans les bars !

Le samedi à 22h a lieu le **corso**, défilé de chars illuminés préparés par les *peñas*. Le dimanche, plusieurs messes sont célébrées ; les fêtes s'achèvent officiellement à minuit par un grand feu d'artifice et le départ du roi Léon.

LE ROI LÉON

C'est en 1949 que **Léon Dacharry**, figure locale, interprète de répertoire lyrique et commis-vendeur d'imperméables, fut proclamé « roi de Bayonne et des couillons » par la *banda* des Batsarous. Maintes chansons s'appliquent à le réveiller chaque jour des fêtes.

11h-12h30, 13h30-17h - fermé lun., certains j. fériés - gratuit (sf si animations le soir). Trois autres sentiers thématiques *(2,5 à 3 km)* procurent d'agréables promenades à la découverte de la faune et de la flore de ces barthes, zones humides où s'épanchent les crues de la Nive et qui protègent ainsi le Petit Bayonne des inondations. Le site (100 ha) abrite une tour d'observation des oiseaux.

Muséum d'histoire naturelle - ✆ *05 59 42 22 61 - http://ansot.bayonne.fr -* ♿ *- de mi-avr. à mi-oct. : 10h30-12h30, 13h30-18h ; reste de l'année : mar.-vend. 13h30-17h, w.-end 11h-12h30, 13h30-17h - fermé lun., 25 déc.-1ᵉʳ janv. - possibilité de visite guidée sur demande (45mn) - gratuit.* Au rdc sont présentés les spécificités des barthes de la Nive et leur fonctionnement. Une maquette en 3D du bassin versant de la Nive illustre simplement l'effet des pluies et des marées, tandis qu'un accès au site Vigicrues ancre ces informations dans l'actualité. Remarquable animation interactive du fonctionnement hydraulique de la zone humide. À l'étage ainsi que de l'autre côté de la passerelle, les mammifères, poissons et insectes naturalisés vous montrent le type de faune qui peuple la plaine et les Pyrénées, ainsi que la nécessité de protéger cette biodiversité. Les enfants pourront caresser la peau d'un renard avant de se retrouver nez à nez avec un impressionnant ours brun, un silure glane carnivore ou un imposant gypaète barbu.

Circuit conseillé Carte de microrégion

★ **ROUTE IMPÉRIALE DES CIMES** C1-D2

▶ *Circuit de 30 km qui relie Bayonne à Hasparren, tracé en vert sur la carte de microrégion (p. 28-29) - comptez env. 1h30. Sortez de Bayonne par la D 936. Quittez cette route après St-Pierre-d'Irube pour la D 22, à droite.*

Napoléon Iᵉʳ fit aménager cette route sinueuse, tronçon d'une liaison stratégique de Bayonne à St-Jean-Pied-de-Port, par les hauteurs. La **vue**★ se dégage sur la Côte basque et les sommets des Pyrénées proches de l'Océan : la Rhune, les Trois Couronnes et le Jaizkibel qui, de cette distance, donne l'illusion d'une île escarpée. Aux abords d'Hasparren (◖ *p. 132)*, les Pyrénées basques s'étendent au loin.

BAYONNE

NOS ADRESSES À BAYONNE

Voir le plan p. 32.

TRANSPORTS EN COMMUN

Train – Le forfait **Passbask** permet de voyager librement entre Bayonne et St-Sébastien, sur le réseau SNCF et sur le réseau espagnol. *En vente dans toutes les gares d'Aquitaine et celles d'EuskoTren - ☎ 0 800 872 872 - www.ter.sncf.com/aquitaine - billet valable du jour du compostage jusqu'à minuit le lendemain, utilisable tlj en juil.-août et le w.-end le reste de l'année - 12 € (-12 ans 8 €, -4 ans gratuit).*

Chronoplus – *☎ 05 59 52 59 52 - www.chronoplus.eu.* Ce vaste réseau de bus dessert l'agglomération de Bayonne et ses environs. Il gère notamment la Navette de Bayonne qui relie gratuitement les principaux sites des Grand et Petit Bayonne *(2 parcours, lun.-sam. 7h30-19h30 sf j. fériés).* Le circuit Pass'Adour traverse l'Adour *(Mairie-Gare - 6h30-21h30 tlj sf j. fériés - gratuit).*

Vélo – Plusieurs stations de vélos gratuits sont réparties dans la ville *(prêt à la journée, caution de 150 € et dépôt d'une pièce d'identité par vélo - rens. à l'OT).*

HÉBERGEMENT

Attention, réservez longtemps à l'avance pour les fêtes de Bayonne.

PREMIER PRIX

Hôtel Côte Basque – B1 - *2 r. Maubec - ☎ 05 59 55 10 21 - www.hotel-cotebasque.fr - P (7 € de midi à midi) - 40 ch. 69/86 € - ☐ 9 €.* Juste à côté de la gare, cet élégant hôtel propose, sur cinq étages organisés autour d'un grand escalier de bois, des chambres entièrement refaites, spacieuses, calmes et confortables. Certaines

sont climatisées. L'accueil est agréable. Ascenseur.

BUDGET MOYEN

Hôtel des Basses Pyrénées – A2 - *12 r. de Tour-de-Sault - ☎ 05 59 25 70 88 - http://hotel-bassespyrenees-bayonne.com - 25 ch. - 100/120 € - ☐ 14 € - ✖.* Idéalement situé dans une rue piétonne du Grand Bayonne, cet hôtel de charme propose des petites chambres très bien tenues, à la décoration traditionnelle. Très calme et beaucoup de cachet (l'hôtel est construit en partie dans une tour des remparts gallo-romains). Accueil charmant. Restaurant de bonne tenue.

Le Poteau Rose – Hors plan - *51 av. Louis-de-Foix - ☎ 05 59 55 36 01 - www.lepoteaurose.com - 4 ch. 90/130 € ☐.* Dans cette vaste maison, construite autour d'un patio et agrémentée de terrasses sur jardin, les grandes chambres, en duplex, lumineuses et colorées, sont décorées d'œuvres d'art et de meubles design. Celle de la Réserve se trouvant dans le dépôt du couvent des Méduses, un espace d'exposition, vous dormirez au milieu d'œuvres bientôt ou déjà exposées. Un lieu atypique, à l'ambiance cosy et surprenante, au calme, en dépit du bruit de l'avenue.

POUR SE FAIRE PLAISIR

Mercure Bayonne Centre - Le Grand hôtel – A1 - *21 r. Thiers - ☎ 05 59 59 62 00 - www.legrandhotelbayonne.com - 54 ch. 132/198 € - ☐ 16 €.* Difficile de faire plus central que cet établissement. Les chambres, toutes différentes, sont de bon standing et certaines jouissent d'une vue sur les flèches de la cathédrale située à deux pas. Le bar, à l'ambiance feutrée, est agréable, tout comme la salle couverte d'une verrière où est servi le petit-déjeuner.

Péniche Djébelle – B1 - *Face au 17 quai de Lesseps - Supprimé complément qui était faux - ☎ 05 59 25 77 18 - www.djebelle. com - 2 ch. 150 € ⌣ - se rens. pour les périodes d'ouv. de nov. à fév.* Amarrée dans le quartier de la gare, sur la rive droite de l'Adour, cette embarcation abrite deux superbes chambres d'hôtes, occasion d'un séjour aussi agréable qu'original à Bayonne. Aux beaux jours, il fait bon profiter du jacuzzi et des ponts où sont installés tables et transats.

Okko Hôtel – *22 bd du BAB -* Hors plan *- ☎ 05 59 42 88 38 - www.okkohotels.com - 92 ch. - à partir de 130 € - P 15 €/nuit.* Ce tout nouvel hôtel (le 6ᵉ de la chaîne) renouvelle le concept de l'hôtellerie : ici, tout est fait pour que vous ne restiez pas dans votre chambre. Celle-ci est pourtant confortable (design moderne, machine à café Nespresso…). Mais le point fort de l'établissement est le « club », vaste salon situé au 9ᵉ étage, avec vue sur toute la ville. Canapés, fauteuils, bibliothèque, on s'y sent comme à la maison. On y sert toute la journée des snacks (produits locaux) et des boissons (inclus dans le prix), le moment le plus convivial étant l'apéritif, qui peut constituer un dîner complet ! Petit bémol : l'hôtel est un peu excentré (à 10mn à pied de la cathédrale).

RESTAURATION

Entre le pont Mayou et le pont du Génie, les quais de la Nive comptent plusieurs restaurants sympathiques et bon marché *(plat du jour à moins de 10 €, menus 13-16 €)*, généralement en terrasse à la belle saison.

Bistrot Itsaski – A2 - *43 quai de l'Amiral-Jauréguiberry - ☎ 05 59 46 13 96 - www.lebistrotitsaski.com - 12h-14h, 19h-21h - fermé mar. et merc. - formule 15/20 € - carte 33,50 €.* Derrière le comptoir de ce joli bistrot, des bouteilles de vins d'ici et d'ailleurs sont alignées en bon ordre. Autant de flacons pour arroser viandes et poissons d'une cuisine française bien dans son assiette.

Le Bar du Marché – A2 - *39 r. des Basques - ☎ 05 59 59 22 66 - service de 12h à 14h30 - fermé dim. - carte 20 €.* Bien dans son jus, cette adresse vintage maintient le cap de la tradition avec un cochon de lait rôti, des joues de porc confites au vinaigre de cidre ou des omelettes proposées en plusieurs versions. Dans un joyeux coude-à-coude, un incontournable !

Le Chistera – A1 - *42 r. Port-Neuf - ☎ 05 59 59 25 93 - www.lechistera. com - fermé lun. sf en été - menu 16,50 € - 25/30 €.* Restaurant familial sans prétention dans une maison du 17ᵉ s. au cœur du vieux Bayonne. La décoration, qui met la pelote à l'honneur, est un peu vieillotte, mais cette adresse reste d'un bon rapport qualité-prix pour déguster des spécialités basques.

Bar Dacquois – A2 - *48 r. d'Espagne - ☎ 05 59 59 29 61 - tlj 9h-2h - carte 20 €.* Dans une rue piétonne, ce bar resté dans son jus semble ne pas avoir changé depuis les années 1960. Du café matinal au dernier verre, on est toujours très bien accueilli, et on y savoure une cuisine basque familiale (axoa, chipirons, salade paysanne). Une adresse authentique, dans une rue pourtant touristique.

Cidrerie Ttipia – B2 - *27 r. des Cordeliers - ☎ 05 59 46 13 31 - http://ttipia.364.fr - été : soir seult ;*

reste de l'année : midi et soir sf dim. soir et lun. midi - formule 10,50/31 €. Voyage au cœur des cidreries espagnoles : grandes tablées, poutres et pierres apparentes, vieux objets et surtout tonneaux, desquels coule à flots le sagardoa (cidre). On vient ici pour l'ambiance et la cuisine. Le menu traditionnel comprend omelette à la morue, merlu à l'espagnole, côte de bœuf, salade, fromage de brebis, noix, pâte de coing, café et cidre à volonté, dont on se sert au tonneau.

BUDGET MOYEN

Café du Musée – B1 - *25 r. Frédéric-Bastiat - ☎ 05 59 59 16 39 - fermé dim. - ouv. midi et le soir sur réserv. - formule 23/25 € - menu-carte 35 €.* Avec ses murs clairs, ses tables en marbre et sa petite collection de miroirs anciens, ce bistrot a une bonne bouille. Cuisine maligne renouvelée chaque jour. Quand le sans prétention vire à la belle surprise !

Le Belzunce – A2 - *6 r. de la Salie - ☎ 05 59 25 66 50 - http://lebelzunce. allcommerces.com - fermé dim. - formule 22/29 €.* À mi-chemin entre le restaurant et le salon de thé (longue carte des desserts), cet établissement tout simple étonne par sa qualité (quiches, grandes salades, risotto, etc.). Un repas savoureux ou une pause gourmande dans la salle un peu rustique, ou dans le patio.

Le Victor Hugo – B1 - *1 r. Victor-Hugo - ☎ 05 59 25 62 26 - www. levictorhugobayonne.fr - midi et soir - menu 18,50/26 € - 25 €.* Une carte terre/mer et des menus renouvelés marient, à table, au bar ou en terrasse, différentes spécialités basques bien préparées et généreusement servies : merlu au chorizo, *chipirones*, aixoa, etc. Musique *live* et piste de danse lors de certains

événements (14 juillet, etc.) !

Ibaia – A2 - *45 quai Jauréguiberry - ☎ 05 59 59 86 66 - mar.-sam. 10h-14h, 18h-2h - carte 25 €.* La plus vieille bodéga de Bayonne, le long des quais, propose des *pintxos* (tapas basques) raffinés et variés : tataki de thon, chipirons, feuilleté de boudin, etc. Tout est frais, délicat, bien présenté. Bonne sélection de vins au verre, dont quelques crus bios. Ambiance jeune. Une très bonne adresse.

La Grange – B2 - *26 quai Galuperie - ☎ 05 59 46 17 84 - fermé dim. sf exceptions, se rens. - menu 24,50 €/39,50 € - carte 57 €.* Grande terrasse bordant la Nive. En cuisine, le maître mot est qualité ; les produits du terroir, selon les arrivages du marché, sont privilégiés dans des plats qui révèlent toutes leurs saveurs : filet de maigre et légumes en tempura, côte de veau cuite au sautoir et purée au lait, asperges farcies au tourteau, etc.

Bodega Chez Gilles – A2 - *23 quai de l'Amiral-Jauréguiberry - ☎ 05 59 25 40 13 - www. bodegachezgilles.com - 25/30 €.* Un endroit qui ne manque pas d'ambiance, un joli bar, une équipe sympa, des pierres apparentes et une belle terrasse confèrent à la bodega son caractère bayonnais. Au menu, de savoureuses spécialités locales, à découvrir par exemple dans de grandes assiettes-dégustation qui composent un repas *(17 €)*.

El Asador – A2 - *19 r. de la Vieille-Boucherie - ☎ 05 59 59 08 57 - de mar. midi à sam. soir 12h15-14h, 19h30-21h30 - formule déj. 22 € - carte 35/40 €.* Beaucoup de poissons issus de la pêche locale, souvent cuisinés à la plancha, mais aussi des viandes du terroir. Ambiance feutrée mais pas guindée dans la salle joliment décorée d'affiches évoquant

1

les fêtes de la Saint-Firmin. Intéressante carte des vins, dont beaucoup viennent d'Espagne, et belle terrasse.

Chez Martin – A2 - *29 r. d'Espagne -* ℘ *05 59 55 84 41 - www.chezmartin-restaurant.com - fermé dim. et lun. soir - 21/35 €.* Lumière tamisée et décoration soignée, l'ambiance est plutôt calme chez Martin, ce qui n'exclut pas la convivialité. La cuisine est fine et originale, la carte souvent renouvelée et la cave réputée. Petite terrasse en été. L'un des meilleurs brunchs (23 €) de Bayonne.

POUR SE FAIRE PLAISIR

La Table de Pottoka – B1 - *21 quai de l'Amiral-Dubourdieu -* ℘ *05 59 46 14 94 - www. latabledepottoka.fr - fermé merc. et dim. - menu 21/26/37/48 €.* Le chef Sébastien Gravé s'approvisionne auprès des producteurs locaux en primeurs, poissons et viandes. Il travaille les saveurs terre et mer, et propose une cuisine d'auteur singulière et généreuse : ravioles de chèvre, sarrasin et velouté coco-artichauts, épaule d'agneau servie avec petits pois et chipirons. De la grande cuisine dans l'air du temps.

PETITE PAUSE

Chocolaterie Pascal - Salon de thé – *32 quai Galuperie -* ℘ *05 59 52 96 49 - mar.-sam. 10h-19h.* Le chocolat sous toutes ses coutures, en tablettes, bonbons, bouchées… À emporter ou sur place, pour siroter un délicieux chocolat chaud bercé par une bande son 100 % jazzy.

Pâtisserie Lionel Raux – *7 r. Bernadou -* ℘ *05 59 59 34 61 - 9h-19h30, sam. 8h-19h30, dim. 9h-13h - fermé apr.-midi des j. fériés et du dim.* Pâtissier, chocolatier, traiteur et salon de thé sont

réunis sous cette enseigne proche des halles. Spécialités de la maison, les gâteaux de voyage : fondant à l'orage et Balthazar au citron.

Salon de thé Chocolat Cazenave – *19 r. Port-Neuf -* ℘ *05 59 59 03 16 - www.chocolats-bayonne-cazenave.fr - mar.-sam. 9h-12h, 14h-19h - fermé dim.-lun. hors vac. scol.* Attenant à la boutique, l'atelier de chocolaterie a été transformé en élégant salon de thé. On y déguste le fameux chocolat chaud moussé à la main dans de la porcelaine de Limoges.

BOIRE UN VERRE

Chez Pantxo – *Quai du Commandant-Roquebert - Les Halles -* ℘ *05 59 46 12 12 - lun.-sam. 7h-19h, dim. 8h30-13h30.* Dans le bâtiment des Halles, cette brasserie fait le plein tous les samedis, jour de marché. Les habitués ne rateraient l'apéro pour rien au monde, à base de vin et de petites assiettes de cochonnailles.

La Karafe à vins – *25 quai de l'Amiral-Jauréguiberry -* ℘ *05 59 25 69 26 - http://lakarafe-bayonne. fr - vend.-sam. 11h-14h, lun.-sam. 18h-2h - fermé dim.* Bois blond et pierres apparentes, ce bar à vins nouvelle génération a de l'allure. Cette cave convaincante de 200 références propose une dizaine de vins au verre pour escorter tapas et pintxos.

Xurasko – *16 r. de la Poissonnerie -* ℘ *05 59 59 21 77 - mar.-sam. 9h-2h.* Lève-tôt et couche-tard, cette bonne mine de bistrot avec terrasse accompagne les Bayonnais et les touristes à toute heure de la journée. Cuisine traditionnelle au déjeuner, tapas et raciones à partir de 19h, mojito et concerts en extérieur en été.

Péniche Talaia - L'Ontzi Bar – *quai Pedros -* ☏ *05 59 44 08 84 - www.peniche-bayonne.com - rest. fermé dim.-lun. - jeu.-sam. et veilles de j. fériés 19h-4h45.* Un bar discothèque sur une péniche. Vue magnifique sur les monuments illuminés de la ville. Du jeu. au sam. à partir de 19h, soirée tapas.

EN SOIRÉE

Le **Petit Bayonne** est le quartier jeune de la ville, où l'animation bat son plein les nuits de fin de semaine. Aux premières chaleurs estivales, l'ambiance tourne irrésistiblement à la fête, grâce aux bars et restaurants situés entre la rue des Cordeliers, la rue Pannecau et celle des Tonneliers.

Bar Chai Ramina – *11 r. de la Poissonnerie -* ☏ *05 59 59 33 01 - mar.-jeu. 9h30-20h, vend.-sam. jusqu'à 2h.* Fondé par Jacques « Ramina » Gardet, un ancien joueur de rugby bayonnais, ce bar de vieux copains a changé de propriétaire sans perdre sa bonne ambiance. La maison propose sa spécialité, le zoulou, un cocktail à base de rhum et de piment d'espelette ; pour l'accompagner, des planches de charcuteries. Les supporters de l'Aviron bayonnais s'y rendent en masse les jours de match.

La Luna Negra – *7 r. des Augustins -* ☏ *05 59 25 78 05 - www.lunanegra.fr - merc.-sam., spect. à 20h30 - fermé août et dern. sem. de déc. - 4/17 €.* Lancé en 1996, ce lieu culturel de proximité offre au public une programmation de qualité, à la fois audacieuse et populaire, tournée vers le café-théâtre, les musiques du monde, la musique acoustique et la chanson.

Scène nationale du Sud-Aquitain - Théâtre de Bayonne – *Pl. de la Liberté -* ☏ *05 59 59 07 27 - www.scenenationale.fr -* ♿ *- rens. et réserv. : mar.-vend. 10h-14h, 14h45-17h30, sam. 10h-13h - 8/30 € selon les spect.* Ce théâtre de 580 places accueille des spectacles variés : théâtre, danse, musique, humour, jeune public, etc.

ACHATS

Direction **rue Port-Neuf** pour goûter à la spécialité typiquement bayonnaise, **le chocolat**. Au n° 15, **Daranatz** (1890) propose plus de 20 sortes de tablettes et 50 bonbons au chocolat ; au n° 19, **Cazenave** (☕ *p. 44*).

L'Atelier du Chocolat – *37 r. Port-Neuf -* ☏ *05 59 25 72 95 - www.atelierduchocolat.fr - 9h30-19h (19h30 en août) - fermé dim.* Depuis sa fondation, en 1950, cet atelier a acquis une réputation enviable grâce aux créations de Serge Andrieu, dont les succulents bouquets. Possibilité aussi de visiter la fabrique et le parcours-découverte, au 7 allée de Gibéléou (☏ *05 59 55 70 23*).

Maison Pariès – *14 r. Port-Neuf -* ☏ *05 59 59 06 29 - www.paries.fr - lun.-sam. 9h-19h (19h30 en été), dim. 9h-13h (19h30 en été et vac. de Noël et de Pâques).* Créée en 1895, la maison fait accourir les gourmets pour ses mouchous, sorte de macarons, et ses kanougas, caramels fondants au chocolat.

Les Halles – *Quai du Cdt-Roquebert -* ☏ *05 59 59 21 81 - lun.-sam. 7h-13h30 (sam. 14h en été), dim. 8h-13h30.* Ces halles de type Baltard bordent le cours de la Nive. Primeurs, boulangers, pâtissiers et poissonniers y côtoient les charcutiers-traiteurs venus proposer leurs produits

1

à base de porc noir basque. Quelques petits producteurs des environs s'installent aussi à l'extérieur du bâtiment le samedi matin.

Maison Montauzer – *17 r. de la Salie - ℰ 05 59 59 07 68 - www.montauzer.fr - tlj 7h-19h15 sf lun. 9h30-13h, 14h-19h15. fermé dim.* Parmi les spécialités de cette charcuterie, boudin, tripes et jambons proviennent de porcs élevés exclusivement au Pays basque et nourris aux céréales. Une spécialité : le jambon ibaïama qui, conformément à la tradition, est séché de 15 à 18 mois à l'air vivifiant du pays.

Loreztia Boutik'Expo – *52 quai des Corsaires - ℰ 05 59 59 55 37 - www.loreztia-miel.com - juil.-août : 10h-20h ; reste de l'année : tlj sf dim.-lun. 10h-13h, 14h30-18h30 - fermé 1er janv., 25 déc. - possibilité de visite guidée sur demande (30mn) - entrée libre.* Ici, miel, gelée royale et autres produits de la ruche, confitures artisanales, dont les fameuses aux cerises noires, vous feront succomber. Expo historico-ethnographique sur l'homme et l'abeille en Pays basque. Dégustations gratuites.

M. Leoncini – *37 r. Vieille-Boucherie - ℰ 05 59 59 18 20 - téléphoner pour vérifier la présence de M. Leoncini.* M. Leoncini est l'un des derniers artisans à perpétuer la tradition du makhila, une canne basque en bois de néflier (sculpté à vif) renfermant une lame effilée. On l'utilise pour la marche et pour la défense.

Elkar – *Pl. de l'Arsenal - ℰ 05 59 59 35 14 - www.elkar.eus - tlj sf dim. 10h-19h.* On trouve tout dans cette grande librairie : guides de randonnée pédestre et VTT, ouvrages sur la faune et la flore des Pyrénées, recueils d'itinéraires de balades, cartes, sans compter les livres sur le Pays basque et bien sûr, les ouvrages de littérature générale.

ACTIVITÉS

Trinquet Moderne – *60 av. Dubrocq - ℰ 05 59 59 05 22 - www.trinquet-moderne.com - à partir de 9h - fermé dim. soir, lun. soir. - 8/24 €.* De nombreuses parties de main nue (l'une des 22 disciplines de la pelote basque), où les Français excellent lors des compétitions de niveau international, se déroulent entre les parois de verre de ce trinquet couvert. Restaurant.

Trinquet Saint-André – *1 r. du Jeu-de-Paume - ℰ 05 59 25 76 81 - 9h-22h - fermé dim.* Ce trinquet du 17e s. est l'un des plus vieux de France. Les Basques viennent y faire leur partie de *pala* avant de se retrouver au bar. Des compétitions de main nue ont lieu le jeudi (*oct.-juin, 16h*). Les palettes en bois sont louées à l'heure. C'est aussi un restaurant et un bar à vin proposant d'appétissantes assiettes de produits régionaux.

Adour Loisirs – *4 r. du Coursic - ℰ 05 59 25 68 89 ou 06 32 64 11 42 - http://adour.loisirs.free.fr - sans réserv., tte l'année, 4 sorties de 1h à 3h (12/21 €, enf. 9,80/17 €).* En saison, autres croisières, plus ou moins longues, et excursions. Un bateau-mouche de 55 places assises vous emmène à la découverte de l'Adour et de ses affluents. Les croisières, commentées, empruntent différents parcours. Parmi les escales sur les rives de l'Adour : Urcuit, Urt et Peyrehorade.

Tennis club Aviron bayonnais – *2 av. André-Grimard - ℰ 05 59 63 33 13 - www.tennisavironbayonnais.com - tlj à partir de 9h, se rens. pour la fermeture - fermé j. fériés.* Le cadre dans lequel se situe ce club de tennis, les anciennes fortifications de Vauban, est suffisamment insolite pour ne pas manquer la visite, à défaut d'aller y jouer. Le club existe depuis 1922. Il est doté de 11 courts.

Rugby – *Calendrier et billetterie en ligne sur le site du club : www. abrugby.fr.* Champion de France en 1913, 1934 et 1943, l'Aviron bayonnais (célèbre pour sa mascotte Pottoka) se distingua longtemps par son jeu élégant, qualifié par les spécialistes de « manière bayonnaise ». Ambiance festive et chaleureuse au stade Jean-Dauger. Inutile de dire qu'avec le Biarritz Olympique les derbys sont chauds !

Arènes – *Av. des Fleurs - ℰ 09 70 82 46 64 - de mi-sept. à juin : visites lun.-vend. 9h-12h, 14h-18h sf les j. de spectacles ou de corridas - programme et réserv. pour les corridas : www.corridas. bayonne.fr.* Construites en style hispano-mauresque, ces arènes d'une capacité de 10 000 places ont été inaugurées en 1893. Elles accueillent corridas et novilladas pour les fêtes de Bayonne (*fin juil.*), la feria de l'Assomption (*autour du 15 août*) et la feria de l'Atlantique (*1er w.-end de sept.*). Des concerts et spectacles y sont aussi organisés (Les Arènes en fête, *juil.-août*).

AGENDA

Semaine des restaurants – *Mars.*
Foire au jambon de Bayonne – *4 jours à partir du jeu. de Pâques, autour du Carreau des Halles.* Depuis 1426, le rendez-vous annuel des fermiers qui vendent leur production sur les quais de la Nive.
ℰ *www.bayonne-tourisme.com*
Fêtes de Bayonne – *5 jours fin juillet.* ℰ *p. 39.* Après les courses de vaches landaises à St-André, les corridas et le corso lumineux, on danse sur les grandes places au son des *txirula* (flûtes) et des *ttun-ttun* (tambours).
Journées du chocolat – *Oct.* Animations dans les rues autour du chocolat courant octobre. Au programme : visites guidées, expositions, démonstrations de « trempage de chocolat » et dégustations !

1

Anglet

Angelu

38 633 Angloys - Pyrénées-Atlantiques (64)

Qu'est-ce qui fait le charme d'Anglet ? Son littoral, unique au Pays basque, avec ses 4,5 km de plages de sable fin. Mais aussi sa belle pinède. Venir à Anglet, c'est prendre un grand bol d'air pur ! Avec ces deux principaux atouts, la petite station balnéaire fait figure de poumon vert de la Côte basque, d'où son surnom de « paradis vert ». Les sportifs, notamment golfeurs ou surfeurs, sont comblés, et la ville est très animée à la fin du printemps et en été. À vous les vagues, les balades sous les pins et les soirées festives !

😊 NOS ADRESSES PAGE 51
Hébergement, restauration, achats, activités, etc.

🔎 S'INFORMER

Offices de tourisme d'Anglet :
Cinq Cantons – *1 av. de la Chambre-d'Amour - 64600 Anglet - 🖉 05 59 03 77 01 - www.anglet-tourisme.com - juil.-août : 9h-19h ; reste de l'année : lun.-vend. 9h-12h30, 14h-18h, sam. 9h-12h30 - fermé dim., 1er janv., 1er Mai, 25 déc.*
Chambre d'Amour – *Plage des Sables-d'Or (av. des Dauphins) - 64600 Anglet - 🖉 05 59 03 93 43 - www.anglet-tourisme.com - juil.-août : 10h-19h ; printemps et automne : lun.-vend. et dim. 10h-12h30, 14h30-18h, sam. 14h30-18h ; fév.-mars : 14h-17h ; autre période se rens.*

🧭 SE REPÉRER

Carte de microrégion C1 (p. 28-29) et plan Biarritz/Anglet (p. 56) – Anglet assure la jonction entre Bayonne, à l'est, et Biarritz au sud-ouest. Selon votre point de départ, vous y accéderez par l'avenue de Bayonne et la D 810, ou l'avenue de Biarritz et la D 910. Pour rejoindre les plages, visez les quartiers de la Chambre d'Amour, de Chiberta ou de La Barre. En suivant les panneaux Montbrun ou Chiberta, vous trouverez la forêt du Pignada. Quant à celle du Lazaret et au port de plaisance, vous les dénicherez à Blancpignon.

🅿 SE GARER

Le stationnement est gratuit mais limité dans le temps (1h30) dans plusieurs zones bleues notamment dans le secteur des Cinq-Cantons ou sur le parking devant les commerces de la place de la Chapelle. Si vous n'avez pas de disque, vous pouvez vous en procurer un dans les commerces aux abords des zones concernées, en grande surface, dans l'un des deux bureaux de l'office de tourisme ou à la police municipale.

😊 À NE PAS MANQUER

La plage de la Chambre d'Amour ; les vagues de la plage des Cavaliers, particulièrement impressionnantes en automne.

🕐 ORGANISER SON TEMPS

Une petite promenade dans le quartier de la Chambre d'Amour offre un premier contact animé avec Anglet. Vous pouvez ensuite vous diriger vers les plages ou découvrir la forêt du Pignada et ses sentiers. Les activités sportives ne manquent pas : natation, surf, golf, équitation, VTT ou marche.

👫 AVEC LES ENFANTS

Les plages et le parcours aventure dans la forêt du Pignada.

Surfeurs sur la Côte basque.
R. Campillo/age fotostock

Se promener Plan de ville de Biarritz-Anglet (p. 56)

Le site d'Anglet présente les mêmes caractéristiques que les stations de la Côte d'Argent landaise du nord de l'Adour *(🍃 Le pays de l'Adour, p. 127)* : un terrain plat, une côte basse bordée de dunes et un arrière-pays planté de pins.

LES PLAGES

La promenade de 4,5 km du littoral angloy longe les 11 plages de sable fin, pour certaines de renommée internationale. Elle relie le quartier de la Chambre d'Amour (au sud) à celui de La Barre (au nord).
De Pâques à la Toussaint, des cabanons installés sur la plage servent des spécialités basques : très sympa et fréquenté aussi par les locaux *(🍃 Nos adresses)*.

Plages de la Petite Chambre d'Amour et du Club A1

La plage de la Petite Chambre d'Amour doit son nom à la présence, non loin de là, de la Grotte du même nom *(voir encadré p. 50)*. La silhouette et les détails du bâtiment du club Belambra, accosté sur la plage, évoquent un paquebot.

LA RÉVOLUTION DU 19ᵉ S.

La canalisation de l'Adour, décidée en 1578, ne bouleversa pas la vocation nourricière d'Anglet (sous domination anglaise, dès le 12ᵉ s., la ville fournissait Bayonne en produits de bouche) en dépit de la submersion de terres arables. Ce n'est qu'au 19ᵉ s. qu'Anglet se réorganisa en raison de l'intérêt porté à la côte par Napoléon III et l'impératrice Eugénie. Grâce à eux, la forêt du Pignada et de nouvelles infrastructures virent le jour. Après la construction d'un hippodrome sur le site de La Barre, un établissement de bains (1884) et des villas se déployèrent sur le littoral pour former le quartier de la Chambre d'Amour. À ceci s'ajouta l'amélioration des moyens d'accès : la ville fut très tôt reliée par le chemin de fer (1877), puis par l'avion (dans les années 1930).

LA TRAGÉDIE DE LA CHAMBRE D'AMOUR
Selon la légende, Saubade et Laorens s'aimaient, mais leurs familles étaient rivales. Les deux jeunes gens avaient donc pris l'habitude de se retrouver en cachette dans la grotte. Mais, suite à un orage, la marée monta plus vite que de coutume et les noya…

La seconde, la plage du Club, accueille le très réputé Anglet Surf Club. Ses locaux ont trouvé place dans l'**établissement des bains**, bâtiment emblématique des années 1930, réhabilité en 2007 pour accueillir une salle de réception, l'Espace Océan. Entre les deux, la **grotte de la Chambre d'Amour** attire les romantiques de tous horizons.

Plages des Sables d'Or et des Corsaires A1
Ces deux plages sont le terrain de prédilection des familles angloyes. En juillet, la plage des Sables d'Or accueille l'Anglet Beach Rugby Festival et, en août, le Surf de Nuit. La « Bibliothèque des Plages » s'y installe en juillet et août. Située entre les deux, la plage de **Marinella** est fréquentée par les familles et un public cosmopolite.

Plages de la Petite Madrague, de la Madrague, de l'Océan et des Dunes A-B1
Ces étendues de sable fin sont les plus tranquilles du littoral angloy en raison de l'environnement, plus sauvage, et de la proximité du golf de Chiberta, voulu par le duc de Windsor et conçu par Tom Simpson en 1927. Un blockhaus, vestige du mur de l'Atlantique érigé à partir de 1942, veille encore sur les flots. La plage de la Petite Madrague a la réputation d'être la plus branchée d'Anglet, tandis que celle des Dunes, moins accessible, est surtout fréquentée par les surfeurs *(ces deux dernières plages ne sont pas surveillées)*.

Plage des Cavaliers B1
Cette plage est un spot de surf reconnu à travers le monde pour ses vagues puissantes. Elle est bordée par de nombreux espaces verts et par le complexe de thalassothérapie Atlanthal. Aire de jeux pour les enfants.

Plage de La Barre B1
Située à l'embouchure de l'Adour, c'est la plage la plus septentrionale d'Anglet. Elle doit son nom à une vague mythique, cassée aujourd'hui par la digue construite dans les années 1970. Côté terre, deux lacs marquent l'emplacement de l'ancien hippodrome inauguré en 1870. Un skate-park y a été aménagé.
Le **parc écologique Izadia** (14 ha), doté d'une Maison de l'environnement, permet de découvrir le fragile écosystème des zones humides littorales. *297 av. de l'Adour -* 𝄞 *05 59 57 17 48 -* ♿ *- avr.-nov. : 10h-12h30, 14h-18h - fermé lun., 1ᵉʳ Mai - possibilité de visite guidée (2h) 5 € (enf. 3 €) - gratuit - prêt du kit naturaliste pour les enfants et de jumelles pour les adultes.*

LES FORÊTS

Autre atout d'Anglet, les 250 ha de pinède qui ont été plantés sous le Second Empire. Ils se répartissent entre les forêts du Pignada au nord, la plus grande, du Lazaret à l'est et de Chiberta le long de la côte.

★ Forêt du Pignada B1
Son nom lui vient des pommes de pin, les « pignes ». Elle comprend des aires de pique-nique, des voies vertes et des sentes que l'on peut arpenter à

pied, à cheval ou à VTT. Un parcours sportif de 2,5 km a été aménagé en son centre et, à l'angle de la promenade de La Barre et de l'avenue de l'Adour, dans la forêt de Chiberta, un **parcours aventure** propose, dans les arbres, des itinéraires adaptés à chacun (5 parcours). *℘ 05 59 42 03 06 - www.office-des-sports-du-pays-basque.com - juil.-août : 10h-18h30 ; vac. de Pâques et vac. de la Toussaint : 14h-17h ; mai-juin et de déb. sept. aux vac. de la Toussaint : w.-end et j. fériés 14h-17h - tarif selon le parcours et l'âge.*

Forêt du Lazaret B1

L'allée de l'Empereur, l'avenue du Prince-Impérial… autant de dénominations qui rappellent que Napoléon III fut à l'origine de la pinède d'Anglet. Aujourd'hui, cette partie de la forêt est circonscrite à 20 ha, mais elle reste toujours aussi agréable à parcourir.

Fabrique de chisteras Gonzalez A2

6 allée des Liserons - ℘ 05 59 03 85 04 - ♿ - visite guidée (1h30) lun., merc. et vend. 17h - fermé j. fériés - 4 € (-18 ans gratuit).

Depuis 1887, la fabrique Gonzalez confectionne manuellement des chisteras. Pour tout savoir sur l'histoire et la fabrication de la pelote et du **chistera**.

😊 NOS ADRESSES À ANGLET

1

Voir le plan p. 56-57.

HÉBERGEMENT

PREMIER PRIX

Camping Bela Basque – B2 - *2 allée Etchecopar - ℘ 05 59 23 03 00 - www.camping-belabasque.com - de Pâques à la Toussaint - ♿ - réserv. conseillée - 157 empl. 41 € - 120 locatifs 28,50/165 € - ⚓.* C'est le seul camping hôtellerie de plein air d'Anglet où l'on puisse réserver pour une nuit (*hors sais.*) ou une semaine dans des locations variées en confort et en prix. Nombreux services proposés, de la piscine avec toboggan aux animations, sans oublier le bar-restaurant à la décoration très design.

Hôtel Arguia – B1 - *9 av. des Crêtes - ℘ 05 59 63 83 82 - http://psevrain.wixsite.com/arguia - 🅿 - 15 ch. (hôtel) et 5 ch. d'hôte 44/76 € - ☕ 4,50 €.* Cette maison d'architecte construite dans les années 1920 se trouve dans une rue calme à environ 500 m de l'Océan. Réparties dans deux bâtiments, les chambres, très simples, donnent sur le jardin.

Chambre d'hôte La Musica – B2 - *4 r. Thalie - ℘ 06 13 67 16 87 - www.maisonlamusica.fr - 🅿☄ - fermé janv.-fév. - 4 ch. 70/85 € ☕.* La propriétaire de cette charmante villa basque vous accueille comme si vous étiez des amis. Elle propose trois chambres, pas très grandes mais totalement indépendantes. La plage, le golf et le centre-ville sont à deux pas. Partenariat avec la thalasso Atlanthal et le golf Makila (*remise de 10 %*).

UNE FOLIE

Château de Brindos – B2 - *1 allée du Château - ℘ 05 59 23 89 80 - www.chateaudebrindos.com - fermé fév. - rest. fermé 1-5 mars, 10-22 déc. et dim. soir et lun. sf de Pâques à la Toussaint - 🅿 - 22 ch. 350 €, 7 suites 385/600 € - ☕ 18 € (en chambre)/26 € (au rest.).* Dans la quiétude d'un domaine de 14 ha, cet hôtel Relais & Châteaux propose des chambres de grand confort, dont terrasses et balcons donnent sur un superbe lac privé. Nombreux services et activités sportives. Au restaurant (menu déj. 26/35 €, menu dîner à partir de 54 €, carte 69/89 €), le chef John Argaud réinterprète de manière créative les produits locaux.

RESTAURATION

☺ Situé face à l'Océan, l'incontournable quartier d'Anglet joliment baptisé **Chambre d'Amour** concentre de nombreux restaurants. C'est également ici que se situent les boutiques de surf. De Pâques à la Toussaint, des restaurants éphémères sont installés dans des cabanons de plage : tapas, poissons, grillades, cuisine exotique, il y en a pour tous les goûts. Un incontournable de l'été angloy.

PREMIER PRIX

L'Avant-Scène – B2 - *allée de Quintaou - ☏ 05 59 01 70 95 - midi (sf lun.) et les soirs de spectacle - menu 17/25 €, carte 8-18 €.* Dans le vaisseau ultra-contemporain qui sert d'écrin au Théâtre Quintaou, cette table design et lumineuse est menée par une équipe de talent. Résultat ? Des assiettes bien faites pour un bon rapport qualité-prix.

BUDGET MOYEN

L'Indigo – A1 - *5 esplanade des Gascons- ☏ 05 59 03 01 32 - www. restaurant-indigo64.com - tlj midi, vend.-dim. soir - formules 15,90/19,90 €, carte 40 €.* Face à l'Océan, cette brasserie moderne sert une cuisine typique des bords de mer : poissons, huîtres et fruits de mer. Mais les amateurs de viande seront également comblés (veau aux échalotes confites par exemple). Desserts maison. Une adresse pratique, cuisine bien faite et service impeccable. Salon de thé l'après-midi.

BOIRE UN VERRE

Kostaldea – *esplanade Yves-Brunaud - ☏ 05 59 42 66 97 - 8h-0h (jusque 2h en été).* Le point fort de ce bar de plein air ? Sa terrasse en surplomb avec vue sur les plages d'Anglet, le phare de Biarritz et le grand large. Du café du matin aux tapas de l'apéro, choisissez votre heure pour profiter du panorama.

Lagunak – *Promenade des Sources - ☏ 06 61 76 19 03 - 9h-0h.* Une des destinations phares de l'été. Impossible d'être plus près de la mer, car ce bar de plein air est bâti devant la plage de la Petite Chambre d'Amour. Au « menu », café, snacking et apéro en prise directe avec l'Océan.

The Beach House – *26 av. des Dauphins - ☏ 05 59 15 27 17 - http:// beachhouseanglet.com - de avr. à déc. - fermé le dim. soir et lun.-mar. (sf en juil.-août) - 12h30-14h, 19h30-22h (22h30 vend. et sam.) ; brunch 11h30-14h30 (dim.) - carte 8/24 €.* Restaurant, guinguette, bar à cocktails… Cette adresse originale et très attachante est tout ça à la fois. Le décor ? Une jolie maison blanche, entourée de terrasses en bois posées sur le sable… On y resterait bien flâner la journée entière, alangui sur un transat au bord de la piscine.

ACHATS

Chocolaterie Henriet – *3 av. de Bayonne - ☏ 05 59 63 86 16 - http://chocolaterie-henriet.com - 9h30-19h30 (dim.-lun. 19h).* La maison Henriet est une référence en matière de chocolat et de spécialités gourmandes. ♿ *p. 72.*

Lames de Sames – *1 av. de l'Adour - ☏ 06 08 28 50 83 - www. couteau-basque.com - mar.-sam. 9h-12h, 14h-18h.* L'atelier de Christophe Lauduique fabrique des couteaux basques pliants selon un système à deux clous, en corne ou en bois, souvent gravés.

ACTIVITÉS

👥 Plages – Les plages de
La Barre, des Cavaliers, de l'Océan
(juil.-août seult), de la Madrague,
des Corsaires, Marinella, des
Sables d'Or et de la Petite
Chambre d'Amour sont surveillées
de mi-juin à mi-sept.
♿ Détail des périodes et des
horaires de surveillance sur www.
anglet-tourisme.com et sur www.
plagescotebasque.com.
Les plages du Club, de la Petite
Madrague et des Dunes ne sont
pas surveillées.
Atlanthal – *153 bd des Plages -
☎ 05 59 52 75 85 - www.atlanthal.
com - 9h-21h, dim. 9h-12h30, 14h30-
20h.* Centre de thalassothérapie et
espace de remise en forme.
Club de la Glisse – *Av. des
Goélands - plage Marinella -
☎ 06 12 81 55 95 - http://
ecoledesurf-anglet.com - ouv. d'avr.
à oct. - se rens. pour les horaires.*
Ce club propose notamment des
cours au coucher du soleil, ainsi
que des stages à la carte. Pour
débutants et confirmés.
**👥 Yacht-Club Adour
Atlantique d'Anglet** – *118 av.
de l'Adour - ☎ 05 59 63 60 31 -
www.ycaa-voile.fr - sorties en
mer : consulter le planning sur
le site - 25/60 €.* Initiation ou
perfectionnement à la pêche
sportive à moins de 5 km des
côtes. Initiation à la voile le
w.-end, stages en juil.-août.
Golf de Chiberta – *104 bd des
Plages - ☎ 05 59 52 51 10 - www.
golfchiberta.com - tlj sf jeu.
8h-18h30 (se renseigner selon la*
*saison) - 84 € (96 € non-licencié) -
Index inférieur à 35 obligatoire.*
Adossé aux dunes, ce golf
bénéficie d'un bel environnement.
La partie la plus intéressante
borde le lac de Chiberta.
Complexe hôtelier.
**👥 Patinoire municipale de
la Barre** – *299 av. de l'Adour -
☎ 05 59 57 17 30 - www.anglet.fr -
ouv. tlj - fermé six sem. entre mai et
juin (se rens.) - entrée et patins : 7 €
(tarif unique).* Pour expérimenter
d'autres sensations de glisse !

AGENDA

Tournoi Pilotarienak – *En mai -
24 promenade du Parc-Belay
(trinquet de verre de Haitz Pean).*
Tournoi de pelote à main nue
avec la participation des meilleurs
joueurs classés en Élite Pro.
**Festival international du film
de surf** – *Mi-juil. - sur le front
de mer à la Chambre d'Amour.*
Rendez-vous incontournable
des amateurs de films de
surf : 16 films internationaux
en compétition durant quatre
jours.
Anglet Beach Rugby Festival –
3 j. fin juil. Le plus ancien (plus de
20 ans) tournoi de beach rugby en
France.
Surf de Nuit Anglet – *Mi-août.*
Compétition de surf de nuit.
WQS Pro Anglet – *Fin août.*
Une des plus grosses compétitions
professionnelle de surf de la Côte
basque. Plus de 200 concurrents.
Elle se déroule entre les plages de
la Petite Chambre d'Amour et des
Sables d'Or, selon les conditions
des vagues.

1

Biarritz

★★

24 713 Biarrots - Pyrénées-Atlantiques (64)

**Cité des vagues et des embruns, la « reine des plages et plage des rois »
conserve, avec ses villas, ses salles de casino, ses bâtiments Art déco
et son architecture paillettes, les témoignages d'un passé glorieux et
mondain, où artistes et têtes couronnées se mêlaient dans des fêtes
somptueuses. Pourtant Biarritz n'est pas restée figée dans la nostalgie : à
chaque coin de rue, vous croiserez jeunes et moins jeunes, planche sous
le bras, prêts à défier inlassablement les rouleaux. Incontestablement
tournée vers l'Océan, l'ancienne cité baleinière profite également d'une
vie culturelle intense, où la danse se taille la part du lion.**

😊 NOS ADRESSES PAGE 66
Hébergement, restauration, achats, activités, etc.

 S'INFORMER

Office du tourisme de Biarritz –
*Square d'Ixelles - 64200 Biarritz -
📞 05 59 22 37 10 - http://tourisme.
biarritz.fr - juil.-août : 9h-19h ; avr.-juin
et de déb. sept. à mi-oct. : 9h-18h,
w.-end 10h-18h ; reste de l'année : se
rens. - fermé 1ᵉʳ janv., 25 déc.
Accueil mobile en saison dans toute la
ville et sur les plages.*
Navettes gratuites – Réseau
Chronoplus - *📞 05 59 52 59 52 -
www.chronoplus.eu.* Quatre circuits :
Port-Vieux - Côte des Basques
(en été) ; centre-ville ; Saint-Charles
(en été), Iraty/centre-ville. Sur le
réseau des lignes régulières, la nᵒ 10
dessert la cité de l'Océan et le musée
du Chocolat.

Petit train touristique – *📞 06 07 97
16 35 - http://petit-train-biarritz.fr -
juil.-août : 9h30-23h ; juin et sept. :
10h-19h ; reste de l'année : 14h30-18h -
5,50 € (-12 ans à 4 €) - Départ du casino,
de la Grande Plage ou du rocher de la
Vierge - durée 30mn.*

▶ **SE REPÉRER**

Carte de microrégion B1 (p. 28-29)
et plan de ville (p. 56-57). Station
balnéaire située à 8 km de Bayonne,
par la D 810 et la D 910, Biarritz forme
aujourd'hui avec Anglet, Bayonne,
Bidart et Boucau une même et
grande agglomération.

🅿 **SE GARER**

Circuler dans Biarritz demande
beaucoup de patience, quelle

Cabines sur la grande plage de Biarritz.
G. Azumendi/age fotostock

que soit la saison. Malgré la présence de quelques parkings en centre-ville, mieux vaut donc laisser sa voiture aux abords immédiats (par exemple, près du phare) et circuler avec les navettes gratuites puis marcher : c'est encore le meilleur moyen de découvrir la ville.

À NE PAS MANQUER
Le rocher de la Vierge, l'Aquarium de Biarritz.

AVEC LES ENFANTS
L'Aquarium de Biarritz, la Cité de l'Océan, Planète musée du Chocolat.

1

Se promener Plans de ville I et II

LES PLAGES

L'application « Biarritz Info plages » permet de suivre l'état quotidien des plages de la ville (météo, couleur des drapeaux, qualité de l'eau, etc.). Également, de mi-juin à mi-sept., par téléphone (0 805 20 00 64). Les plages sont surveillées de mai (ou juin) à sept.

« Quand on se prend à hésiter entre deux plages, l'une d'elles est toujours Biarritz », disait Sacha Guitry. Fleurie d'hortensias, la station doit une partie de son charme à ses jardins aménagés à flanc de falaise, sur les rochers et le long des trois principales plages, rendez-vous internationaux des surfeurs et hauts lieux de l'animation biarrote, de jour comme de nuit.

Grande Plage D1
Dominée par le **casino municipal**, de style Art déco (Alfred Laulhé, 1929), c'est la plus mondaine. Au 18e s., on y emmenait se baigner les aliénés. Elle en a gardé son nom de « Côte des Fous ». Les fameuses cabines en toile sont ins-tallées de juin à septembre, et donnent à la Grande Plage une allure de carte postale. On peut les louer, même si beaucoup sont réservées d'une année sur l'autre. 06 03 75 62 96 - location de mi-juin à mi-sept., sur la Grande Plage. Elle est prolongée, au nord, par la **plage Miramar**. Cette plage, abritée et tranquille, est très appréciée par les locaux ; le surf y est réglementé.

Plage du Port-Vieux C1
C'est ici qu'étaient dépecées les baleines. Abritée au fond d'une baie protégée par des rochers, cette petite plage garde un intérêt local et familial *(plage non-fumeur)*. Les enfants peuvent s'y initier à la nage en toute sécurité. C'est aussi le repaire des « Ours blancs », un club, devenu mythique, de nageurs courageux et passionnés qui se baignent par tous les temps, toute l'année.

SE LOGER		SE RESTAURER	
Camping Bela Basque	①	L'Avant-Scène	⑩
Chambre d'hôtes Arima	②	Chéri Bibi - La Conserverie	⑫
Chambre d'hôte La Ferme de Biarritz	④	L'Indigo	⑭
Chambre d'hôte La Musica	③	Philippe	⑪
Chambre d'hôte Nere-Chocoa	⑬	Les Rosiers	⑬
Château de Brindos	⑩	La Table d'Aranda	⑮
Hôtel Arguia	⑤		
Hôtel Azureva	⑦		

★ **Plage de la Côte-des-Basques** C2

La plus sportive et la plus exposée des plages de Biarritz, au pied d'une falaise périodiquement protégée contre les éboulements. Elle doit son nom à un « pèlerinage à l'Océan » qui, le dimanche suivant le 15 août ou le 2e dimanche de septembre, rassemblait jadis pour un bain collectif les Basques de l'intérieur des terres. Aujourd'hui, on y voit surtout des surfeurs (ce fut le premier spot en Europe). À marée haute, la baignade est impossible !

Plus au sud, on trouve les **plages de Marbella** (accès par un long escalier) et de la **Milady**, appréciée des bodyboarders (aire de jeux pour les enfants et promenade aménagée). La Cité de l'Océan est toute proche (♿ p. ci-contre). Plus au sud, on trouve la **plage de Marbella** (A2, accès par un long escalier).

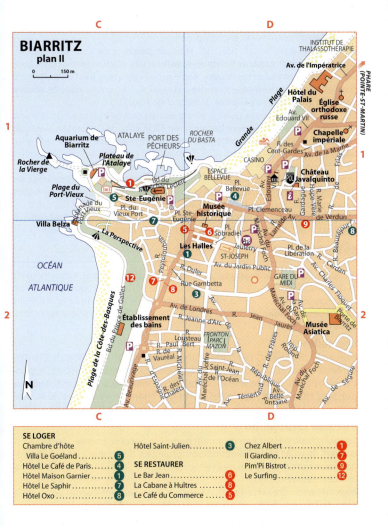

Plage de la Milady A2

👥 Cette grande plage à l'écart du centre est très appréciée des Biarrots : elle dispose en particulier d'un aire de jeux pour enfants et d'un accès direct à la mer pour le handisurf. À marée montante, faites attention au *shore break* (vague qui éclate tout près du rivage) !

★ Cité de l'Océan A2

1 av. de la Plage - la Milady - 📞 *05 59 22 75 40 - www.citedelocean.com -* ♿ *- été : 10h-22h ; de Pâques à la Toussaint, vac. d'hiver et Noël : 10h-19h ; reste de l'année : 14h-19h - fermé 3 sem. en janv., 25 déc. - possibilité de visite guidée sur demande (1h30) - 11,90 € (6-12 ans 7,50 €, 13-17 ans 8,90 €) - 19,90 € (6-12 ans 13,50 €, 13-17 ans 15,50 €) billet combiné avec l'aquarium de Biarritz.*

👥 Ouverte depuis 2011, la cité de l'Océan est d'abord un incroyable bâti-ment conçu par l'architecte américain Steven Holl comme une grande vague entre ciel et terre, non loin de la plage de la Milady. Sur les hauteurs se dresse le château d'Ilbarritz *(voir encadré p. 63)*.

Ici, vous ne verrez pas de poissons et aucun parcours ne vous sera imposé. Grâce à différents **espaces ludiques et interactifs**, l'Océan prend corps, avec ses sautes d'humeur et ses secrets. Berceau de l'évolution, il est un partenaire que les hommes doivent apprendre à connaître, une entité vivante, **source de vie**, d'une richesse infinie et d'une grande fragilité.

Vous déambulerez à votre guise, embarquant dans un bathyscaphe (sous-marin pour explorer les fonds) pour découvrir en 3D le gouf de Capbreton, véritable canyon dans le golfe de Gascogne. Vous pénétrerez dans la timonerie d'un bateau échoué ou dans les entrailles d'une baleine pour comprendre les origines de la vie, vous écouterez Christophe Colomb parler de son expérience sur la mer des Sargasses et un pilote américain raconter le triangle des Bermudes. De nouvelles attractions autour du surf viennent compléter l'expérience : *toy boards* (planches pour les enfants), surf virtuel (en 5D : muni d'un casque de réalité virtuelle, vous montez sur une planche mobile ; tout y est, le vent, les embruns…). Et de nouvelles animations doivent être mises en place chaque trimestre.

ENTRE TERRE ET MER

À Biarritz, tout est récifs écumants, tourelles, arcades, donjons, escaliers, tours et détours. On découvre en se baladant cet éclectisme baroque, à l'occasion Art déco, témoignant de l'euphorie architecturale de la grande époque des « bains de mer », auquel sont venues s'ajouter au fil des ans quelques constructions moins heureuses.

Les Halles D2

Marché tlj 7h-13h30. Cœur battant matinal de la ville, les Halles de Biarritz, parées à l'intérieur de rouge et de blanc, occupent deux bâtiments : le principal est habillé de brique et de métal (1885), tandis que le second, dédié au poisson, affiche une façade basque et une charpente en bois (1920). Tout autour des Halles, des cafés très sympas et animés *(voir Nos adresses p. 67)*.

Château Javalquinto D1

Square d'Ixelles. Haut lieu mondain depuis le Second Empire, Biarritz s'est couvert de villas et de résidences somptueuses, dont celle-ci, de style néo-gothique, dessinée par son propriétaire, le duc d'Osuna. Elle abrite aujourd'hui l'office de tourisme.

Avant de rejoindre la rue Pellot, passez par celle des Cent-Gardes pour voir la **Tête de Régina**, du sculpteur espagnol Manolo Valdés (né en 1942).

★ Chapelle impériale D1

R. des Cent-Gardes - ✆ 05 59 22 37 10 - juin-sept. : jeu. et sam. 14h-18h ; avr.-mai et oct. : sam. 14h30-18h ; reste de l'année : sam. 14h-17h - fermé janv.-fév., 25 déc. - possibilité de visite guidée sur demande (20mn) - entrée libre.

Édifiée en 1865 non loin de la résidence du couple impérial, c'est le seul vestige intact datant du Second Empire. Cette chapelle au décor travaillé, vouée

---

PROMENADE DU LITTORAL

Commencez la découverte de Biarritz par une promenade matinale sur le splendide circuit depuis la plage de la Côte-des-Basques jusqu'au phare de pointe St-Martin. Un vrai bonheur ! Le chemin, très bien aménagé entre jardins, belvédères et quelques passerelles permettant d'atteindre les îlots rocheux, serpente entre les tamaris et l'océan. On longe les rochers, les plages, les criques et de belles bâtisses avec les montagnes en toile de fond.

La façade Art déco de l'ancien Musée de la mer, aujourd'hui l'Aquarium.
J.-D. Sudres/hemis.fr

à la célèbre Vierge mexicaine de Guadalupe, mêle styles roman-byzantin et hispano-mauresque.

Avenue de l'Impératrice A2

Hôtel du Palais – *1 av. de l'Impératrice - www.hotel-du-palais.com.* Surplombant l'Océan, ce palace – l'un des plus beaux d'Europe – se dresse à l'emplacement de la **villa Eugénie**, élégante demeure offerte par Napoléon III à l'impératrice en 1854. C'est depuis 1893 un hôtel prestigieux fréquenté par les grands de ce monde, dont l'impératrice Sissi et la reine Victoria. Reconstruit en béton armé après un incendie en 1903, l'édifice a conservé ses façades auxquelles l'architecte a donné un style néo-Louis XIII. Il a conservé en particulier sa spectaculaire salle de restaurant en rotonde et son salon impérial couvert de boiseries et de fresques allégoriques.

Église orthodoxe russe – *8 av. de l'Impératrice -* ☎ *05 59 24 16 74 - www.eglise-orthodoxe-biarritz.com - mar., jeu. et dim. 15h30-18h30, sam. 15h30-17h30.* L'église fut construite en 1892, année de l'alliance franco-russe, pour répondre à la demande des Russes qui venaient en villégiature à Biarritz. De style byzantin, elle est placée sous la protection de la Vierge et de saint Alexandre Nevski, et abrite des icônes provenant de St-Pétersbourg. Elle est progressivement restaurée (mais reste ouverte pendant les travaux).

Villa La Roche Ronde – *15 av. de l'Impératrice (ne se visite pas).* Construite en 1884, elle se reconnaît à son pur style néogothique avec ses toits crénelés et son échauguette en proue.

Phare A1

Espl. Élisabeth-II - ☎ *05 59 22 37 10 - http://tourisme.biarritz.fr - juil.-août : 10h30-13h, 14h-19h ; avr.-juin et sept. : 14h-18h ; reste de l'année : se rens. - fermé 1er janv., 25 déc. - 2,50 € (-16 ans 2 €) - Le phare peut être fermé en raison des conditions météorologiques.*

À 73 m au-dessus du niveau de la mer, le phare offre une belle **vue**★ sur la ville et les Pyrénées basques. Vous ne regretterez pas d'avoir monté les 248 marches !

Reine des plages…

Au début du 19e s., Biarritz n'est qu'un petit port, autrefois tourné vers la pêche à la baleine, perdu dans la lande. Lorsque les Bayonnais prennent l'habitude de venir s'y baigner, le trajet se fait à dos d'âne ou de mulet…

ÉLUE DES PRINCES

Mais voilà que la fille d'un grand d'Espagne, contrainte à l'exil pour ses sympathies françaises, y séjourne durant son enfance : la chose serait anecdotique si cette Eugenia de Guzmán (1826-1920), alias Eugénie de Montijo, n'était devenue en 1853 impératrice des Français. **Eugénie** décide **Napoléon III** à l'accompagner en 1854 sur la Côte basque. L'empereur est séduit et fait construire la villa Eugénie (aujourd'hui l'hôtel du Palais), qui devient la résidence estivale du couple impérial.

Biarritz est alors lancée. Charme, luxe et casino attirent maintes têtes couronnées : peu de stations balnéaires offrent un livre d'or aussi riche que Biarritz, qui entre même dans l'histoire de la diplomatie lorsque Bismarck vient y rencontrer l'empereur, en 1865. Séduits par le climat, des Anglais fortunés, puis des aristocrates russes y séjournent. Les palaces se multiplient tandis que les villas, surplombant la mer, rivalisent de luxe. Elles témoignent de cet engouement de la jet-set pour la ville, qui ne se démentira ni à la Belle Époque ni durant les Années folles. On assiste aux courses hippiques, on joue au golf et au tennis. **Jean Borotra** (1898-1994), dit le « Basque bondissant », l'un des fameux « Mousquetaires » qui remportèrent six fois la coupe Davis entre 1927 et 1932, était biarrot. Les grandes maisons de couture parisiennes y ont toutes une succursale. Biarritz attire aussi les artistes. Sarah Bernhardt et Lucien Guitry s'y produisent, Rostand, Ravel, Stravinsky, Loti, Cocteau et Hemingway y séjournent, de même que Charlie Chaplin.

NOUVELLE VAGUE

En 1956, le scénariste américain Peter Viertel tourne dans la région *Le soleil se lève aussi*, sous la direction d'Henry King, d'après le roman d'Hemingway. Il se fait envoyer de Californie une curieuse planche qui nargue les rouleaux. La mode du **surf** déferle bientôt sur Biarritz comme une vague de fond… Cinquante ans plus tard, ce sport est une option du baccalauréat en Aquitaine, et la station porte désormais le surnom de « capitale européenne du surf ». Un titre qui lui va bien car les compétitions de surf qui se déroulent sur ses vagues ne se comptent plus. Son établissement des bains Art déco, lieu de naissance du premier club de surf de France en 1959, le Waikiki Surf Club, a été reconstruit à l'identique et accueille (entre autres) plusieurs écoles de surf. À la Cité de l'Océan, de nombreuses activités autour du surf réjouiront les amateurs (surf virtuel pour les plus timorés !).

Depuis 1998, Biarritz abrite aussi un **Centre chorégraphique national**, dont les studios sont installés dans l'ancienne gare du Midi (🕭 *Nos Adresses p. 71*). Dirigée depuis son ouverture par le chorégraphe **Thierry Malandain**, cette institution est à l'origine d'une nouvelle activité culturelle pour la ville, incarnée notamment dans un prestigieux festival, Le Temps d'aimer la danse, organisé chaque année en septembre.

UNE VILLE CINÉGÉNIQUE

Depuis les années 1980, on retrouve Biarritz dans les salles obscures grâce à quelques cinéastes : André Téchiné et *Hôtel des Amériques* (1981), Éric Rohmer et *Le Rayon vert* (1986), Andrzej Zulawski et *Mes nuits sont plus belles que vos jours* (1989), Jean Dujardin et *Brice de Nice* (2005), les frères Larrieu et *Les Derniers Jours du monde* (2009) ou encore Patrice Leconte et *Voir la mer* (2011).

Juste à côté, la **villa Etchepherdia** est construite sur le modèle des fermes basques.

Revenez vers le centre-ville par la plage et l'allée Winston-Churchill.

Dans le jardin de la Grande Plage se dresse l'**Arbre-Main**, sculpture en bronze haute de 4,50 m réalisée par l'artiste polonaise Magdalena Abakanowicz (1930-2017). Au bout de la plage, après le casino, le boulevard du Général-de-Gaulle passe en contrebas de la place Bellevue, réaménagée par l'architecte **Jean-Michel Wilmotte**. Elle est ornée d'une sculpture géométrique de **Jorge Oteiza** (1908-2003), *La Ferme basque* (⚓ p. 341).

Continuez en direction du rocher de la Vierge.

On passe devant l'**église Sainte-Eugénie** de style néogothique (fin 19e-déb. 20e s.).

Plateau de l'Atalaye C1

Ici s'élevait une tourelle d'où l'on guettait l'arrivée des baleines ; des feux y étaient allumés pour donner l'alerte aux pêcheurs. Vue sur le minuscule abri du **port des Pêcheurs**, coincé entre le rocher du Basta et le promontoire où se dressait une *atalaye* (« promontoire » en espagnol). En bas, le petit port est charmant avec ses maisons de pêcheurs aux couleurs vives, les « crampottes ».

★ Rocher de la Vierge C1

Napoléon III eut l'idée de faire creuser ce rocher, entouré d'écueils, et de le relier à la falaise par un pont de bois. Aujourd'hui, il est rattaché à la côte par une passerelle métallique sortie des ateliers d'Eiffel qui, par gros temps, est inaccessible, les fortes vagues balayant la chaussée. Surmonté par une statue immaculée de la Vierge, le rocher est devenu le symbole de Biarritz.

★★ Aquarium de Biarritz C1

Espl. du Rocher-de-la-Vierge - ☎ 05 59 22 75 40 - www.aquariumbiarritz.com - ♿ - juil.-août : 9h30-0h ; de Pâques à la Toussaint, vac. d'hiver et de Noël : 9h30-20h ; reste de l'année : 9h30-19h - fermé 25 déc. - possibilité de visite guidée sur demande (1h30) - 14,90 € (4-12 ans 10,50 €, 13-17 ans 11,90 €) - 19,90 € (6-12 ans 13,50 €, 13-17 ans 15,50 €) billet combiné avec la cité de l'Océan.

😊 *Attention, l'aquarium est littéralement pris d'assaut les jours de mauvais temps. Privilégiez une visite nocturne (ouv. jusqu'à minuit tlj en juil.-août).*

👥 Ce magnifique aquarium, attraction majeure du Pays basque, est l'un des plus grands de France. Il a pour origine le musée de la Mer, inauguré en 1935, dont il conserve une grande partie de la décoration intérieure de style Art déco, et une splendide fontaine en céramique signée Cazaux (une famille de céramistes biarrote, ⚓ p. 72). Servi par une muséographie très bien faite, le propos demeure le même : présenter le biotope marin, les activités humaines qui y sont attachées et, d'une façon générale, les liens privilégiés qui unissent Biarritz et l'Océan depuis des siècles.

Sous-sol – Une vingtaine d'**aquariums** présentent la faune particulièrement riche des différentes zones du **golfe de Gascogne** : les évolutions des gracieux hippocampes ne laissent personne indifférent !

Niveau 1 – Étayée par une présentation sur la pêche à la baleine, la **galerie des Cétacés** expose des moulages et des squelettes d'animaux échoués ou capturés sur la Côte basque (rorquals, orques, dauphins). Maquettes d'embarcations et instruments de navigation complètent la section consacrée aux techniques de pêche.

Niveaux 2 et 3 – Le visiteur fait connaissance avec les **phoques** de l'Aquarium, et notamment l'espiègle Noëlla, née en 2009 *(repas à 10h30 et 17h)*.

Terrasse – On profite d'une **vue** plongeante sur le rocher de la Vierge et d'un vaste panorama embrassant la côte depuis sa partie landaise jusqu'au cap Machichaco. Elle donne accès à la nouvelle aile du musée.

Nouvelle aile – Après un détour par le **bassin tactile**, où a été recréée une zone de marnage (estran), un parcours invite à un voyage imaginaire en suivant le **Gulf Stream** du golfe de Gascogne à l'Atlantique Nord, les Caraïbes et, au-delà du cap Horn, jusqu'à la zone indo-pacifique. Vingt-cinq bassins reconstituent les différents milieux naturels et leurs espèces – dont les impressionnantes murènes vertes des Caraïbes. Le clou de la visite réside dans le **bassin des requins** où se côtoient sept espèces parmi lesquelles les rarissimes requins marteaux, très difficiles à acclimater : c'est de fait le seul aquarium en France qui les montre.

Villa Belza C2

Perchée sur un piton rocheux à la pointe de la côte des Basques, cette villa de style éclectique, à laquelle une tourelle circulaire (un ajout ultérieur) donne sa silhouette caractéristique, a été bâtie en 1880. Son nom (*belza* signifie « noir » en basque) et son allure en firent le lieu de tous les fantasmes des amateurs d'ésotérisme et de sorcellerie. Louée ensuite, en 1923 par le beau-frère du pianiste et compositeur Igor Stravinsky (1882-1971), elle devint, sous le nom de « Château basque », un cabaret russe réputé dans les Années folles.

★★ Perspective C2

Sur cette promenade tracée au-dessus de la plage de la Côte-des-Basques se trouve l'**établissement des bains**, un ancien bâtiment Art déco reconstruit à l'identique (bar en terrasse à la belle saison). **Vue★★** dégagée jusqu'aux trois sommets basques : la Rhune, les Trois Couronnes et le Jaizkibel.

Toute l'année, le littoral s'illumine de la tombée de la nuit à 1h du matin en hiver et à 3h en été. Retournez vers le centre par la rue Gambetta.

Musée historique D2

R. Broquedis - ☎ 05 59 24 86 28 - www.musee-historique-biarritz.fr - ♿ - juil.-août : 10h30-13h, 14h30-18h30 ; reste de l'année : 10h-12h30, 14h-18h30 - fermé dim.-lun. et j. fériés - 4 € (-10 ans gratuit) - le musée organise différentes manifestations (conférences, concerts…) et des visites guidées à travers la ville.

Installé dans la première église anglicane de la ville (1861), ce musée évoque l'histoire de Biarritz, en particulier la glorieuse période du Second Empire, lorsque Napoléon III et l'impératrice Eugénie établirent leur résidence d'été – quelques objets leur ayant appartenu sont exposés –, et les Années folles.

Reprenez la rue Gambetta jusqu'à la place Georges-Clemenceau, elle aussi réaménagée par Jean-Michel Wilmotte.

À voir aussi Plan de ville II

★ Musée Asiatica D2

1 r. Guy-Petit - ☎ 05 59 22 78 78 - www.musee-asiatica.com - ♿ - juil.-août et vac. scol. : 10h30-18h30, w.-end 14h-19h, j. fériés 14h-18h ; reste de l'année : 14h-18h30,

LE BARON PERCHÉ

À Ilbarritz se trouve un château perché face à la mer, le **château d'Ilbarritz**, aussi étonnant que le baron **Albert de l'Espée** qui le fit construire en 1890. Misanthrope, obsédé par l'hygiène et immensément riche, cet organiste passionné conçut son château autour d'une pièce centrale qui accueillit le plus grand orgue jamais construit par la maison Cavaillé-Coll. La propriété, vaste de 60 ha, était à l'image de son extravagant propriétaire : des souterrains reliaient le château à un établissement de bains et à sept cuisines disséminées pour pouvoir se restaurer à tout endroit ; des galeries couvertes protégeaient les promeneurs des intempéries ; une usine hydro-électrique alimentait le château…

La demeure ne fut pourtant pas destinée à recevoir des invités ; le baron y vécut de 1890 à 1898 avec sa maîtresse, Biana Duhamel, à qui il fit construire la villa des Sables. Il entretenait avec elle une relation exclusive et possessive, enfermant la belle comédienne dans sa prison dorée. Quand elle le quitta, il vendit orgue et château.

Plan de ville A3 - *Ne se visite pas.*

w.-end 14h-19h, j. fériés 14h-18h - possibilité de visite guidée sur demande (2h) - 10 € (-25 ans 8 €) - audioguide disponible.

Passionné par l'Asie et notamment par l'Inde, où il a longtemps vécu, Michel Postel est dépositaire d'une fabuleuse collection, la deuxième du genre en France après celle du musée Guimet de Paris. Plus de mille pièces sont présentées dans un fouillis bien organisé : des vitrines chargées sont agencées par zones géographiques, ce qui permet d'embrasser les pratiques religieuses et la vie quotidienne des différentes cultures représentées. Parmi les points forts : la collection du Tibet, première au monde par sa richesse et sa qualité, les pierres sculptées du Cachemire, les arts gréco-bouddhique, satrapique et de l'Himalaya. Le lieu, à la fois calme et passionnant, est complètement hors du temps et déconnecté du monde actuel…

Planète musée du Chocolat A2

14-16 av. Beaurivage - ℘ 05 59 23 27 72 - www.planetemuseeduchocolat.com - ♿ - juil.-août : 10h-19h ; vac. scol. (sf juil.-août) : 10h-12h30, 14h-18h30, dim. se rens. ; reste de l'année : tlj sf dim. 10h-12h30, 14h-18h30 - fermé 1er janv., 1er Mai, 25 déc. - possibilité de visite guidée sur demande (1h) - 6,50 € (enfant 5 €) - ateliers enf. vac. scol. : tlj sf w.-end 15h-17h.

Créé par Serge Cozigou, un ancien de chez Henriet (⬤ p. 72), ce tout petit musée ne peut que séduire les gourmands ! On y entre, alléché par l'odeur, et on se retrouve plongé dans le chocolat jusqu'au cou : outils anciens, affiches de réclame, moules, sculptures, etc. Dégustation (et boutique) en fin de visite. Visite de l'atelier de fabrication le matin.

À proximité Carte de microrégion

Bidart B1-2

Bidart se situe à 6 km au sud-ouest de Biarritz par la D 911.

R. Errétégia - 64210 Bidart - ℘ 05 59 54 93 85 - www.bidarttourisme.com - juil.-sept. : 9h-19h, dim. et j. fériés 9h30-12h30 ; reste de l'année : tlj sf dim. 9h-12h30, 14h-17h, sam. 9h-12h - fermé 1er janv., 1er Mai, 1er et 11 Nov.

Cette petite commune côtière aurait pu se faire dévorer par sa célèbre voisine Biarritz, mais Bidart a réussi à préserver son identité et son authenticité.

Il suffit de s'attabler à l'une des terrasses de sa place centrale, face à l'église et à la mairie, pour s'en convaincre.

Station la plus haut postée de la Côte basque, Bidart est nichée au bord de la falaise. De la chapelle Ste-Madeleine, située sur la corniche *(accès par la r. de la Madeleine, au centre du village)*, le **panorama**★ englobe le Jaizkibel (promontoire fermant la rade de Hondarribia), les Trois Couronnes et la Rhune.

La **place centrale**, avec sa trilogie église-mairie-fronton, est égayée par les terrasses de café. Des compétitions et parties de pelote très suivies ont lieu au fronton principal.

L'**église** au clocher-porche est caractéristique du pays : beau plafond en bois et galeries superposées. Immense retable rutilant de dorures, du 17e s.; fonts baptismaux en marqueterie et bel orgue.

La rue de la Grande-Plage et la promenade de la Mer, rampe en forte descente, mènent à la **plage du Centre**. Le sentier du littoral, qui permet de rejoindre Hendaye, démarre de la plage d'Erretegia *(accès en voiture)*.

Guéthary B2

▶ *À 3 km au sud-ouest de Bidart par la D 810.*

🛈 *74 r. du Comte-de-Swiecinski - 64210 Guéthary - ☏ 05 59 26 56 60 - www. guethary-tourisme.com - &. - juil.-août : 9h-12h30, 14h-18h30, dim. 10h-13h ; avr.-juin et sept. : tlj sf dim. 9h-12h30, 14h-17h30, sam. 9h-12h30 ; reste de l'année : tlj sf w.-end 9h-12h30, 14h-17h30 - fermé certains j. fériés - il propose un plan comprenant 2 promenades qui permettent de découvrir le village.*

La plus petite commune de la Côte basque dispose d'atouts de poids pour contrebalancer l'attrait de ses voisines. Le « joyau de la Côte basque » a su préserver son calme tout en accueillant l'année durant les surfeurs, attirés par ses spots réputés. La station se concentre entre la D 810 et la mer, descendant en pente plus ou moins douce vers les plages et son **petit port**.

Musée de Guéthary – *117 av. du Gén.-de-Gaulle - parc municipal André-Narbaïts - ☏ 05 59 54 86 37 - www.musee-de-guethary.fr - &. - juil.-août : 10h-12h, 15h-19h ; mai-juin et sept.-oct. : 14h-18h - fermé dim. et mar., 14 Juil., 15 août - possibilité de visite guidée sur demande - 2 € (-26 ans gratuit) - gratuit 3e sam. du mois.* La villa Saraleguinea, belle maison de style néobasque (1900), édifiée pour un Basque ayant fait fortune en Amérique, accueille le musée qui présente les œuvres du sculpteur d'origine polonaise **Georges Clément de Swiecinski** (1878-1958). Arrivé en France en 1902, ce chirurgien s'installe en 1919 à Guéthary pour s'adonner à sa véritable vocation : la sculpture. Les collections regroupent aussi des livres et des lettres du poète Paul-Jean Toulet, ainsi que l'épitaphe funéraire romaine attestant de l'origine ancienne du bourg. La visite se poursuit dans le parc qui est parsemé de Laminak *(👣 p. 177)*, réalisés par le mosaïste local Michel Duboscq *(son atelier se visite)* et le sculpteur Claude Viseux.

DU PORT DE PÊCHE À LA STATION BALNÉAIRE

Les premières traces d'activités humaines à Guéthary remontent à l'époque romaine, avec la présence de saloirs attestée par une épitaphe du 1er s. Mais sa principale source de richesse a toujours été la mer. Jusqu'au 19e s., on y chassait notamment la **baleine** franche noire, qui évoluait dans le golfe de Gascogne. L'animal était ramené au port où on le dépeçait sur le plan très incliné, encore visible aujourd'hui. Les pêcheurs pistaient aussi les bancs de thons et de sardines, mais leur port ne bénéficiant pas de mouillage, l'activité disparut progressivement au 20e s. Aujourd'hui, les villas de style labourdin ont remplacé le quartier des pêcheurs et les surfeurs ont investi ses eaux. Guéthary a réussi sa reconversion !

Le charmant petit port de Guéthary.
P. Giocoso/Sime/Photononstop

Église St-Nicolas – Au-delà de la D 810, sur la hauteur d'Elizaldia, l'**église** renferme un Christ en croix et une Pietà du 17ᵉ s., ainsi que le monument de Mgr **Pierre Mugabure** (1850-1910), enfant du pays parti comme missionnaire au Japon, où il deviendra le premier archevêque de Tokyo.

Circuit conseillé Carte de microrégion

LES VILLAGES DE L'ARRIÈRE-PAYS BIARROT

▶ *Circuit de 21 km (28 km avec le détour) tracé en violet sur la carte de micro région (p. 28-29) - comptez 1h30. Depuis Biarritz, prenez la D 654, la D 254 puis la direction d'Arcangues (8 km).*

Arcangues C2

Ce village, avec son église, son fronton et son auberge, compose un décor pittoresque. L'église fut édifiée à la fin du 12ᵉ s. puis remaniée au début du 16ᵉ s. À l'intérieur, galeries sculptées (déb. 18ᵉ s.), grand lustre Empire et bas-relief illustrant la décollation de saint Jean-Baptiste, patron de la paroisse. Le cimetière paysager aux nombreuses stèles discoïdales offre un **panorama★** sur les Pyrénées basques. Remarquez, à l'extrême gauche de la première terrasse en descendant, la tombe (toujours abondamment fleurie) de Mariano Eusebio González Garcia, plus connu sous le nom de **Luis Mariano**, prince de l'opérette décédé le 14 juillet 1970.

Château d'Arcangues – ☏ 05 59 43 04 88 - www.chateaudarcangues.com - ♿ - *visite guidée (45mn) de mi-oct. à fin déc. : 10h-12h, 14h-18h - fermé lun. - 8 €*. Seules les salles du rez-de-chaussée de ce château construit en 1900 se visitent. Elles dévoilent d'intéressantes pièces de mobilier du 18ᵉ s., des tapisseries d'Aubusson et des Gobelins, une collection d'autographes, dont le plus ancien est une lettre patente de Louis XIII reconnaissant la validité du titre de marquis d'Arcangues. La chambre de Wellington conserve la même disposition qu'à l'époque où le duc y dormit (1813).
Prenez la route secondaire à droite après Alotz.

Arbonne B2

Ce joli bourg était au Moyen Âge la résidence d'été des évêques de Bayonne. Aujourd'hui, son charme rural et sa proximité avec l'agglomération en font un lieu vivant et attractif.

La grande **église St-Laurent** a été construite au 12e s. Sa forme actuelle résulte des agrandissements effectués au fur et à mesure de la croissance de la population locale ; son clocher-pignon à arcades est doté d'un abat-son en bois, identique à celui du 12e s. À l'intérieur, remarquez les deux niveaux de galeries sculptées du 17e s., une Pietà en bois polychrome du 16e s. et un retable de 1790. Le bénitier extérieur au sud était réservé aux **cagots** (🔗 p. 461). Le cimetière comprend de belles **stèles discoïdales** dont les plus anciennes datent du 16e s.

Benoîterie – 🕿 05 59 41 88 40 - été : 15h-18h30, dim. 10h-12h, 15h-18h30 ; reste de l'année : 14h30-18h, dim. 10h-12h, 14h30-18h - fermé lun.-mar., oct. et 23 déc.-4 janv. La petite maison de la benoîte (femme qui s'occupait de l'entretien de l'église), vraisemblablement du 17e s., complète l'ensemble. Elle abrite une présentation des benoîtes et des vieilles maisons d'Arbonne et accueille des expositions d'artistes locaux.

Revenez à Biarritz par la D 255.

😊 NOS ADRESSES À BIARRITZ

Voir le plan p. 56-57

HÉBERGEMENT

À Biarritz

PREMIER PRIX

Chambre d'hôte La Ferme de Biarritz – A2 - 15 r. Harcet - 🕿 05 59 23 40 27 - www.fermedebiarritz.com - 🅿 - 🛏 - 5 ch. 70/85 €/nuit ; studio-kitchenette 85/100 €. Près de la plage, ferme basque du 17e s. bien restaurée. Coquettes chambres mansardées aux meubles anciens. Petit-déjeuner servi dans le jardin ou devant la cheminée.

BUDGET MOYEN

Hôtel Saint-Julien – D2 - 20 av. Carnot - 🕿 05 59 24 20 39 - http://hotel-saint-julien-biarritz.fr - ♿ 🅿 (sur réserv. 10 €/15 € en été) - 20 ch. 90/180 € - 🍴 12 €. Tout près des Halles, cet hôtel bâti en 1895 révèle, derrière sa belle façade blanche et rouge, une grande élégance sans ostentation. Chambres très plaisantes et de grand confort. Terrasse-jardin.

Chambre d'hôte Nere-Chocoa – A2 - 28 r. Larreguy - 🕿 06 08 33 84 35 - www.nerechocoa.com - 🅿 🛏 - 3 ch. 95 €, 2 suites 135/145 € 🍴. Cette maison au milieu des chênes a hébergé des hôtes illustres, dont l'impératrice Eugénie. Vastes chambres soignées, galerie d'art exposant sculptures et peintures, agréable salon pour soirées musicales.

Hôtel Le Saphir – C1 - 3 r. Gaston-Larre - 🕿 05 59 24 12 23 - www.hotel-lesaphir.com - ♿ - 15 ch. 104/128 € - 🍴 7/8 €. Au milieu des ruelles du vieux Biarritz, cet hôtel est revêtu de bleu saphir : il dispose de petites chambres confortables, accessibles par un ascenseur, dont une avec balcon. Paisible terrasse arrière pour le petit-déjeuner.

POUR SE FAIRE PLAISIR

Chambre d'hôte Arima – A2 - 13 bis av. du Parc-Bon-Air - 🕿 06 88 46 78 46 - www.arima-biarritz.com - fermé janv.-mars - 3 ch. 110/125 € - 🍴. Dans une maison d'architecte construite en 2017, au calme sur les hauteurs mais à 10mn à pied du centre-ville, les 3 chambres d'hôtes avec entrée indépendante ont été décorées dans un style contemporain épuré. Une petite piscine chauffée accueille les hôtes à l'apéritif.

Hôtel Oxo – D1 - *38 av. de Verdun - ℘ 05 59 24 26 17 - www.hotel-oxo. com - ♿ - 20 ch. 114/124 € - ☕ 8 €.* Très bien situé, à moins de 500 m de la plage et du casino, au calme dans une rue semi-piétonne, cet hôtel à la décoration zen et design est l'occasion d'un séjour agréable. De taille moyenne, les chambres sont parfaitement équipées et toutes différentes. Petite terrasse pour prendre le soleil et accueil charmant.

Hôtel Maison Garnier – C2 - *29 r. Gambetta - ℘ 05 59 01 60 70 - www.hotel-biarritz.com - 7 ch. 125/175 € - ☕ 13 €.* Située à deux pas des Halles, cette jolie maison de ville (1876), bordée de lauriers, conserve de belles boiseries bichonnées par leurs propriétaires, Patrick et Joanne. Ravissant parquet d'origine. Chambres aux tons blanc et chocolat, salles de bains aux robinetteries à l'ancienne et salon à l'anglaise chauffé par une cheminée joliment kitsch.

Hôtel Le Café de Paris – D1 - *5 pl. Bellevue - ℘ 05 59 24 19 53 - www. hotel-cafedeparis-biarritz.com - ♿ - 19 ch. à partir de 147 € ☕.* Emplacement idéal (sur une place piétonne), chambres luxueuses avec vue sur l'Océan, petit-déjeuner savoureux : l'étape au Café de Paris est inoubliable !

Chambre d'hôte Villa Le Goéland – C1 - *12 r. Grande-Atalaye - ℘ 05 59 24 25 76 - www. villagoeland-biarritz.com - 🅿 - 4 ch. 190/270 € ☕.* Dans une des villas les plus extraordinaires

et emblématiques de Biarritz, de ravissantes chambres d'hôtes décorées d'objets anciens disposent d'une vue exceptionnelle allant de l'Espagne aux Landes. Balcons privatifs.

À Bidart

Chambre d'hôte Irigoian – A2 - *1415 av. de Biarritz - ℘ 05 59 43 83 00 - www.irigoian.com - 🅿 - 5 ch. 115/135 € - ☕ 10 € - 🍽.* Cette ancienne ferme du 17ᵉ s. se trouve à 300 m des plages, en lisière d'un golf. Chambres du meilleur goût, chacune d'une couleur différente, avec beau plancher ancien et spacieuses salles de bains. Espace forme (accès 15 €/couple) : piscine intérieure chauffée, hammam, salle de gym et massage à la demande.

RESTAURATION

À Biarritz

Il Giardino – C2 - *5 r. du Centre - ℘ 05 59 22 16 41 - www.ilgiardino-biarritz.com - fermé dim. et lun.- ouv. tlj en juil.-août - Carte 10/20 €.* Petit restaurant italien aux couleurs acidulées. Les plats, composés selon les saisons, sont authentiques, généreux et à prix doux.

Le Café du Commerce – D2 - *1 r. des Halles - ℘ 05 59 41 87 24 - www. hotel-saintjames.com/le-cafe-du-commerce - fermé le lun. (de Pâques à la Toussaint), fermé mar., merc. hors sais. - formule 15 €, carte 30 €.* Esprit bistrot et cuisine du marché dans l'ambiance conviviale du quartier des Halles.

La Cabane à Huîtres – C2 - *62 r. Gambetta - ℘ 05 59 54 79 65 - www.cabane-a-huîtres.com - fermé dim. soir et lun.* Cette agréable cambuse marine sert des fruits de mer et rien d'autre, à déguster crus ou à la plancha. Quoi de mieux que quelques huîtres accompagnées d'un verre de blanc pour commencer la soirée ?

Chéri Bibi - La Conserverie – A2 - 50 r. d'Espagne - ☎ 05 59 41 24 75 - lun., mar., jeu. et vend. 11h-14h, 18h-22h - merc. et sam. 17h-22h, fermé merc. (sf en été) et dim. - déj. 10/15 €, dîner 20/25 €. Cave-bar à vins-épicerie, cette charmante adresse qui a conservé la faïence d'une poissonnerie des années 1950 sait tout faire : sélectionner de merveilleuses conserves de poissons, servir des vins remarquables, ficeler des petits plats pleins d'esprit à déguster à l'intérieur ou en terrasse. L'accueil ? Tout sourire !

BUDGET MOYEN

Le Bar Jean – D2 - 5 r. des Halles - ☎ 05 59 24 80 38 - www.barjean-biarritz.fr - 10h-16h30 (sf merc. hors vac. scol.) et 18h30-1h30 - fermé mar. - tapas 2-6 €, carte 20-30 €. Cette institution biarrotte ne désemplit pas. Sa salle restée presque en l'état depuis les années 1930 n'arrive pas héberger tous les habitués, qui squattent la terrasse même quand il ne fait pas si chaud. Tapas variés, gastronomie basque (délicieux chipirons), paëlla. Excellent accueil. Un incontournable ! ♿ p. 71.

Le Surfing – C2 - 9 bd du Prince-de-Galles - ☎ 05 59 24 78 72 - www.lesurfing.fr - tlj 9h-22h - env. 30 €. Face à la plage de la Côte-des-Basques, Le Surfing, à la vue imprenable et décoré selon un thème cher à Biarritz, répond à toutes les envies de la journée. Pour le petit-déjeuner, pour avaler un copieux hamburger à midi, une assiette de serrano à l'apéritif, un poisson à la plancha ou un plat plus recherché le soir. Excellent accueil.

La Table d'Aranda – A2 - 87 av. de la Marne - ☎ 05 59 22 16 04 - www.tabledaranda.fr - fermé dim. et lun. hors sais. - menus 16/22/30/57 € - carte env. 40 €. Le bouche-à-oreille soutient cette table au cadre rustique et basque, située dans les murs d'une ancienne rôtisserie. Cuisine personnelle et inventive, maniant avec brio le sucré-salé. Le menu change chaque semaine.

Pim'Pi Bistrot – D2 - 14 av. de Verdun - ☎ 05 59 24 12 62 - www.lepimpi-bistrot.com - fermé dim. (sf août) - formules 14,50/19/37 €. Une carte courte (c'est bon signe !) pour ce bistrot rassembleur dont le chef cuisine les produits frais avec inspiration. Et pourquoi pas un boudin noir de chez Ospital et des queues de gambas snackées ?

POUR SE FAIRE PLAISIR

Chez Albert – C1 - 51 bis allée du Port-des-Pêcheurs - ☎ 05 59 24 43 84 - www.chezalbert.fr - fermé merc. sf en juil.-août et en janv.-fév. - 40/59 €. Les produits de la mer sont à l'honneur dans ce restaurant animé et décontracté, d'où l'on aperçoit le petit port de pêche. Terrasse très prisée en été.

Philippe – A2 - 30 av. du Lac-Marion - ☎ 05 59 23 13 12 - www.restaurant-biarritz.com - ouv. le soir merc.-dim. (tlj en août) - menu 39/85 € - carte 59 €. Dans une cuisine ouverte sont préparés agneau, cochon de lait et plats inventifs, à déguster dans un décor de meubles années 1950-1970, sans cesse renouvelé. Terrasse et jardin d'aromates l'été. Un restaurant surprenant et séduisant, où vous pourrez même acheter votre chaise, puisque le mobilier est en vente.

UNE FOLIE

Les Rosiers – A2 - 32 av. Beau-Soleil - ☎ 05 59 23 13 68 - www.restaurant-lesrosiers.fr - fermé lun. et mar. - formule déj. 39 €, menu *dégustation 85 € - carte 71/87 €.* Accueillante maison tenue par un couple (dont la femme est la première « Meilleur Ouvrier de France » de l'histoire) qui réalise à quatre mains une cuisine séduisante et raffinée. La carte change tous les deux mois. Décor sobre et élégant.

À Bidart

PREMIER PRIX

Restaurant du Moulin de Bassilour – *ZA Bassilour - ☎ 05 59 41 94 01 - www. moulindebassilour.com - 11h-0h - formule 13 € - carte 20 €.* Les tables sont dressées à l'ombre de grands arbres et de quelques parasols. La carte propose des spécialités locales : charcuterie, *axoa*, omelette au piment doux, thon en piperade, etc. Une adresse tout indiquée avec des enfants. Dans le moulin en activité depuis 1741, on fabrique artisanalement des gâteaux basques fourrés à la crème ou à la cerise noire…

BUDGET MOYEN

Elements – *1247 av. de Bayonne - ☎ 09 86 38 08 51 - www.restaurant-elements.com - fermé dim.-lun. et sam. midi - carte 20/25 €.* Située à la limite de Bidart et de Biarritz, cette chaleureuse adresse, ambiance bistrot, mérite vraiment le détour. Les plats varient selon les fraîches trouvailles du jour : poissons de la criée de St-Jean, viandes du Pays basque cuites au feu de bois, légumes de la région, mariés et relevés avec brio. Belle sélection de vins naturels, à siroter dans une atmosphère décontractée.

Le Restaurant des Sœurs Ahizpak – *av. de Biarritz, Résidence Océanic - ☎ 05 59 22 58 81 - fermé merc. midi et dim. - menus 11/32 €, carte 30 €.* C'est ici le repaire de trois *ahizpak* (« sœurs », en basque) absolument charmantes.

La plus jeune d'entre elles, Yenofa, travaille de superbes produits du terroir basque au bon vouloir des arrivages et des saisons ; ses plats, en plus d'être fins et goûteux, témoignent d'une générosité sans faille. Pensez à réserver !

POUR SE FAIRE PLAISIR

Mahaina – *5 r. de la Madeleine - ☎ 05 59 26 89 55 - tlj soir (19h-23h30) - fermé lun.-mar. hors saison - carte 37 €.* Ce restaurant propose une courte carte de plats préparés avec soin, à partir de produits de saison et locaux : mille-feuille de tourteau au parmesan et wasabi, merlu de ligne en croûte de chorizo, omelette norvégienne exotique. Et proposition végétarienne. Réservation conseillée.

À Arcangues

BUDGET MOYEN

Restaurant du Trinquet – *Le bourg - ☎ 05 59 43 09 64 - www. trinquetdarcangues.com - fermé lun.-mar. - formules déj en sem. 12/26 € - carte 32/44 €.* Une copieuse cuisine traditionnelle est servie dans cette salle ouverte sur la cancha où se disputent les parties de pelote – souvent des défis organisés par le patron des lieux. Chants basques en sus pour accentuer la couleur locale.

À Guéthary

☺ L'office du tourisme de Guéthary voisine avec plusieurs petites adresses proposant des casse-croûte, assiettes et salades tout à fait honnêtes, souvent servis en terrasse.

PREMIER PRIX

Kostaldea – *Plage de Parlementia - ☎ 06 16 61 61 00 - ouv. quand il fait beau, en continu - téléphoner pour vérifier l'ouverture- pas de réserv. - 15/20 €.* Les pieds dans l'eau, en terrasse uniquement car la cabane n'héberge que la cuisine, on déguste des sardines grillées ultra fraîches, des frites maison brûlantes, arrosée d'un petit verre de blanc, et on termine par un riz au lait onctueux. Le paradis.

BUDGET MOYEN

Le Madrid – *563 av. du Gén.-de-Gaulle -* ☎ *05 59 26 52 12 - www. lemadrid.com - fermé janv.-fév. - mi-avr.-fin oct. : tlj 12h-14h30 (15h dim. et juil.-août), 19h30-22h30 (23h sam. et juil.-août) - fermé lun.-mar. nov.-mars.- carte 29/42 €.* Deux grandes terrasses, l'une côté village, l'autre côté plage, pour apprécier un repas de qualité. La carte, qui change tous les 15 jours, compte des plats inventifs et de belles assiettes de produits locaux. Soirées souvent animées.

UNE FOLIE

Briketenia – *142 r. de l'Église -* ☎ *05 59 26 51 34 - www.briketenia. com - fermé mar. hors sais. et 2 sem. en nov. - menu déj. (sf dim. et j. fériés) 35 € - 60/98 €.* Installé dans une maison du 17e s. qui abrite aussi un bon hôtel, ce restaurant gastronomique conjugue les talents de deux générations de chefs. Ils préparent une savoureuse cuisine traditionnelle nouvelle manière. Belle terrasse avec vue sur l'Océan et la montagne.

PETITE PAUSE

À Biarritz

Glacier Lopez – *Grande Plage -* ☎ *05 59 26 82 33 - http:// glaceslopez.fr - été 10h-2h - fermé déc.-janv.* À l'extrémité sud de la Grande Plage, à côté du casino et en face du Rocher des Enfants, situation stratégique pour cette échoppe qui rafraîchit les étés biarrots depuis plus de 30 ans !

Le Café N - Hôtel Régina – *52 av. de l'Impératrice -* ☎ *05 59 41 33 08 - été 9h-minuit, hors. sais. 10h-23h.* Surnommé « le Petit Palace », voilà l'un des plus beaux hôtels Belle Époque de la ville. À défaut d'y séjourner, on peut profiter de l'ambiance chic et feutrée de son bar, le Café N, en dégustant un cocktail à la hauteur comme le fameux Ginger Spleen.

Pâtisserie Miremont – *1 bis Pl. Georges-Clemenceau -* ☎ *05 59 24 01 38 - www.miremont-biarritz. com - tlj 9h-20h (en été, vente à emporter jusque 0h).* Fondée en 1872, cette institution sucrée a toujours une foule d'inconditionnels. Dans le salon de thé, on se régale en laissant son œil s'échapper vers la Grande Plage et l'Océan.

L'Amuse-Gueule – *Les Halles -* ☎ *05 59 41 28 24 - tlj 7h-13h30, le dim. 8h-13h30.* Un attrayant comptoir dissimulé dans un coin de la halle principale, où vous pourrez apprécier l'animation du marché. La patronne, Marie, sait satisfaire sa clientèle d'habitués : boissons chaudes, sangria et tapas maison.

Crampotte 30 – *30 allée du Port-des-Pêcheurs -* ☎ *05 35 46 91 22 - 11h-14h30, 18h-22h30 - fermé les jours de pluie - env. 15 €.* Terrasse idéalement située, au calme, face au vieux port. Sophie et Stéphane concoctent d'irrésistibles tapas qui honorent les meilleurs producteurs basques.

Bar Impérial (Hôtel du Palais) – *1 av. de l'Impératrice -* ☎ *05 59 41 64 00 - www.hotel-du-palais. com -* 🅿 *- 9h-0h.* La plus belle terrasse de Biarritz, face à l'Océan, où vous vous laisserez rêver aux fastes d'antan, une coupe de champagne à la main. Service de table « Palais impérial ». Et si vous vous attardez à l'intérieur, un pianiste joue chaque soir entre 19h30 et 23h30.

Etxola Bibi – *Sq. Jean-Baptiste-Lassalle -* 📞 *06 09 63 15 98 - 8h-23h - fermé nov.-avr.* Le plus bel emplacement de Biarritz ? Peut-être bien. Perchée sur la falaise qui surplombe la plage de la Côte-des-Basques, cette « paillote » regarde l'Océan et l'Espagne, au loin. Café-croissant, planches de charcuterie pour un apéro à rallonge. L'endroit surfe sur un énorme succès, et pas seulement pour les couchers de soleil à tomber.

À Bidart

Les cafés et bars de la place du village sont très accueillants à toute heure de la journée.

EN SOIRÉE

À Biarritz

🐦 À Biarritz, plusieurs bars vous attendent au **port des Pêcheurs**, dont La Casa de Juan Pedro, très agréable à l'heure de l'apéritif. En ville, la **place Georges-Clemenceau** est bordée de brasseries et de bodegas. Les rues autour des **Halles** sont toujours animées : le Bar Jean *(voir ci-dessous)*, le Bar du Marché *(voir ci-dessous)*, le Café Jean *(au 13 r. des Halles)*, le Comptoir du foie gras *(1 r. du Centre)*. Enfin, la **Grande Plage** présente de nombreux atouts, en journée et en soirée : l'Océan, le Café de la Grande Plage et du **casino**.

Bar Jean – ♿ *p. 68*. Une des adresses mythiques autour des Halles depuis les années 1930. Encore beaucoup de monde juste avant le baisser de rideau, sur les coups de 2h. Plus calme mais pas moins sympathique en journée.

Bar du Marché – *8 r. des Halles -* 📞 *05 59 23 48 96 - jusqu'à 2h - fermé dim. soir, lun., mar. midi hors été.* La petite terrasse fait souvent le plein… Une marée humaine

déferle ici, pour s'attabler devant les plats de cuisine traditionnelle, et pour attraper quelques tapas à la volée. De joyeux apéros qui peuvent durer, durer, durer…

L'Artnoa – *56 r. Gambetta -* 📞 *05 59 24 78 87 - www.lartnoa. com - 10h-13h, 16h30-23h - fermé dim. soir et lun. hors sais.* La « maison des vins à Biarritz » est aussi un lieu d'exposition ouvert aux artistes contemporains. On y boit évidemment de très bons vins, accompagnés d'une assiette de charcuterie ou de fromages. Accueil chaleureux.

Arena Café – *Plage du Port-Vieux -* 📞 *05 59 24 88 98 - www. arima-biarritz.com - fermé mar. soir et merc. hors sais.- plat du jour 13 € (menu -12 ans 11,50 €) - carte 33/51 €.* Superbe terrasse sur l'Océan. Un lieu incontournable des soirées biarrotes.

Gare du Midi – *23 av. du Mar.-Foch -* 📞 *05 59 22 44 66 - www. biarritz.fr -* ♿ *- ouv. les soirs de spectacles - billetterie gérée par l'office de tourisme.* C'est la principale salle de spectacles de la ville (1 400 places). Toutes sortes de représentations y ont lieu : spectacles d'humoristes, pièces de théâtre, concerts de variétés, ballets… La Gare du Midi abrite également les studios du Malandain Ballet Biarritz.

Le Bar basque – *1 r. du Port-Vieux -* 📞 *05 59 24 60 92 - www.bar-basque.fr - 18h-2h.* Tapas, cocktails, soirées à thème régulières, voilà, au cœur de Biarritz, l'un des piliers de l'apéro et des soirées locales. En été, la terrasse est bondée.

Le Bar de la Plage – *4 pass. Gardères -* 📞 *05 59 22 31 32 - tlj (fermé mar. et merc.) 12h-15h, 19h45-2h - tlj juin-sept. et en journée continue juil.-août.* À quelques mètres de la Grande Plage, cette adresse s'est imposée comme l'une des plus tendance de

1

Biarritz, pour sa terrasse en vue ou ses soirées mises en musique par de bons DJ.

À Bidart

Le Blue Cargo – *Plage d'Ibarritz - Avenue du lac - www.bluecargo. fr -* 🅿 *- avr.-sept. : tlj à partir de 12h.* De jour, une plage agréable pour déjeuner léger et siroter des cocktails. De nuit, un lieu ultra-branché, qui plaira à ceux qui aiment faire la fête jusqu'au petit matin. The place to be, là, juste au bord de l'eau.

ACHATS

À Biarritz

Les Halles – *R. des Halles - 🕿 05 59 41 59 41 - http://halles-biarritz.fr - 7h30-14h.* Inauguré en 1885, le marché couvert de Biarritz a fait peau neuve. Étals alléchants et terrasses animées.

Art of Soule – *28 r. Gambetta - 🕿 06 87 11 76 07 - www.artofsoule. com - mar.-sam. 10h-13h, 15h-19h - été tlj 10h-20h.* La maison voue un culte aux espadrilles fabriquées de manière artisanale en France (seul établissement à le proposer à Biarritz), qu'elle décline en de multiples couleurs et motifs. Un souvenir original.

Boutique 64 – *16 r. Gambetta - 🕿 05 59 26 82 45 - www.64.eu - tlj 10h-19h. sf en été 21h, et 22h le merc.* Hommes, femmes, enfants, bébés… Il y en a pour tout le monde dans cette boutique de la marque 64, vêtements et accessoires très courus. Pourquoi 64 ? En référence au numéro du département des Pyrénées-Atlantiques.

Chocolaterie Henriet – *Pl. Georges-Clemenceau - 🕿 05 59 24 24 15 - http://chocolaterie-henriet. com - 9h30-19h30 (dim. 19h).* La maison Henriet est une référence en matière de chocolat et de spécialités gourmandes.

Maison Pariès – *1 pl. Bellevue - 🕿 05 59 22 07 52 - www.paries.fr - 9h-13h, 14h30-19h* ♿ *p. 46 et 84.*

Maison Adam – *27 pl. Georges-Clemenceau - 🕿 05 59 26 03 54 - www.maisonadam.fr - 9h-13h, 14h-19h.* La famille Telleria-Adam tient cette pâtisserie depuis le 17e s., soit 12 générations. Les macarons Adam auraient même été servis lors du mariage de Louis XIV et de Marie-Thérèse en 1660. ♿ *p. 84.*

Daranatz – *12 av. du Mar.-Foch - 🕿 05 59 24 21 91 - www.daranatz. com - tlj sf dim. 10h-13h, 14h-19h (lun. 15h-19h).* Encore du chocolat ! ♿ *p. 45.*

Galerie Cazaux Biarritz – *10 r. Broquedis - 🕿 06 76 28 75 77 - www.cazauxbiarritz.com - 10h-13h, 14h30-19h.* Potiers céramistes depuis le 18e s., l'atelier Cazaux est installé à Biarritz depuis 1893. Dans le respect de la tradition de sept générations, Joël et son père Jean-Marie proposent des créations personnalisées, émaillées, à la commande.

À Bidart

Le Moulin de Bassilour – ♿ *p. 69.* Fabrication et vente de délicieux gâteaux basques.

ACTIVITÉS

À Biarritz

Biarritz Olympique – *stade Aguilera - 🕿 05 59 43 71 38 - www. bo-pb.com.* Courts de tennis, piste d'athlétisme, salles de musculation, de fitness, de danse, etc., autour du stade de rugby du Biarritz Olympique.

Fronton Euskal Jaï Fernand Pujol – *R. Cino-del-Duca - Parc des sports Aguilera - 🕿 05 59 23 91 09 - www.cesta-punta.com - 10h-12h, 16h-19h.* Cette école de pelote basque propose des initiations, et organise des compétitions (juin-sept., lun. et merc.) ; hors saison, galas et tournois le jeudi.

Sobilo – 24 r. Peyroloubilh - ☎ 05 59 24 94 47 - www.sobilo-scooters.com - 9h-19h. Location de vélos, scooters et motos.

Sofitel Biarritz Le Miramar Thalassa Sea & Spa – 13 r. Louison-Bobet - ☎ 05 59 41 30 01 - www.thalassa.com. Ce centre de thalassothérapie est idéalement situé face à l'Océan.

Thalmar – 80 r. de Madrid - ☎ 05 59 41 75 43 - www.thalmar.com. Centre de thalassothérapie doté d'une piscine de détente et d'un Jacuzzi. Espace fitness.

👥 **Lagoondy École de surf** – Établissement des bains - plage de la Côte-des-Basques à Biarritz ; 7 r. de l'Étape à Bidart - ☎ 05 59 24 62 86 - www.lagoondy.com - cours de surf : initiation (1h30) 40 €, 5 cours 170 €. École de surf. Location de planches à la plage du Pavillon Royal à Bidart.

Golf de Biarritz Le Phare – 2 av. Edith-Cavell - ☎ 05 59 03 71 80 - www.golfbiarritz.com - fermé mar. sf vac. de printemps et vac. de Noël - 58/78 €. L'ancien British Golf Club (inauguré en 1888) propose un parcours de 18 trous et a l'avantage d'être situé en pleine ville.

À Bidart

😊 Sur les six **plages** de Bidart, seules deux sont accessibles en voiture : l'**Ilbarritz** et l'**Uhabia**. Restaurants et boutiques longent cette dernière.

Labellisée « Ville de **surf** 2 étoiles » par la Fédération française de surf, Bidart dispose de 9 écoles pour débutants et confirmés. Rens. www.bidarttourisme.com.

Les amateurs de golf ont, quant à eux, l'embarras du choix.

Centre international d'entraînement au golf d'Ilbarritz – Av. du Château - ☎ 05 59 43 81 30 - www.golfilbarritz.com - fermé lun. hors sais. (sf vac. scol.) - 38 €. Ce golf 9 trous bénéficie d'une superbe vue sur la mer et d'un concept original permettant de recréer autour d'un espace circulaire toutes les situations qu'un joueur pourrait rencontrer sur un parcours traditionnel.

Golf d'Arcangues – Jaureguy Borde - 64200 Arcangues - ☎ 05 59 43 10 56 - www.golfdarcangues.com - 8h-19h - fermé lun. de nov. à mars - 75 €.

À Guéthary

😊 La **plage de Parlementia**, que se partagent Guéthary et Bidart, est sans aucun doute la plus agréable du coin. Surveillée en juillet et en août, elle est longée par un chemin piétonnier. Les plages de **Cenitz** et de **Harotzen Costa** (sentier près du port) ne sont pas surveillées.

👥 **École de surf de Guéthary** – 582 av. du Gén.-de-Gaulle - ☎ 06 08 68 88 54 - http://surf.guethary.free.fr - cours initiation 44 €/2h, stage 180 €/5 j. École de surf et de bodyboard, où l'on enseigne aussi le stand up paddle.

AGENDA

À Biarritz

Surf Maïder Arosteguy – W.-end de Pâques. Compétition de surf.

Festival des Arts de la rue – Mai.

Festival Biarritz Années folles – Juin.

Festival Le Temps d'aimer la danse – Sept.

Semaine des restaurants – Oct.

À Bidart

Tournoi Pilotari Master à grand chistera – tous les mardis d'août.

Fêtes d'automne – Sept.

Tournoi de pelote à main nue – 3e w.-end d'oct.

Saint-Jean-de-Luz

Donibane Lohitzune

13 431 Luziens - Pyrénées-Atlantiques (64)

Face à l'Océan, dotée d'une baie superbe, la ville où se maria Louis XIV était prédestinée à être gagnée par le tourbillon mondain né à Biarritz dans les années 1850. Les villas balnéaires poussèrent aux côtés des maisons basques en bois peint, des grosses demeures d'armateurs et des palais du 17ᵉ s. Il se dégage aujourd'hui de cet heureux mélange de styles une exquise douceur de vivre, que l'on savoure en farniente sur la Grande Plage ou en balades dans le petit port de pêche.

NOS ADRESSES PAGE 81
Hébergement, restauration, achats, activités, etc.

S'INFORMER

Office du tourisme de St-Jean-de-Luz – *20 bd Victor-Hugo - 64500 St-Jean-de-Luz -* ☏ *05 59 26 03 16 - www.saint-jean-de-luz.com - juil.-août : 9h-13h, 14h-19h, dim. et j. fériés 10h-13h, 15h-19h ; de mi- à fin juin et de déb. à mi-sept. : 9h-12h30, 14h-19h, dim. et j. fériés 10h-13h, 15h-19h ; de déb. avr. à mi-juin et de mi- à fin sept. : 9h-12h30, 14h-19h, dim. et j. fériés 10h-13h ; reste de l'année : se rens. - fermé 1ᵉʳ janv., 1ᵉʳ Mai, 25 déc.*

Visite guidée – *avr.-oct. : jeu. 10h (sur réserv.) - 7 € (-13 ans 5 €).*

Train touristique – ☏ *06 85 70 72 85 - http://petit-train-saint-jean-de-luz.com - juil.-août : 10h30-19h30 ; avr.-juin et sept.-oct. : 11h-12h30, 14h30-18h - 6 € (-12 ans 3 €) - circuit de 30mn - dép. du rd-pt du port de pêche.*

Navette maritime – *Le Passeur relie en quelques minutes St-Jean-de-Luz (port et digue aux Chevaux), Ciboure et Socoa.* ☏ *06 11 69 56 93 - www.ciboure-paysbasque.com - avr.-sept. - 1 dép./h, horaires se rens. - traversée 2,80 €, tour de la baie 5 €, carte 10 passages 22 €.*

SE REPÉRER

Carte de microrégion B2 (p. 28-29) et plan de ville (p. 76) – À 17 km au sud de Biarritz par la D 810 et l'A 63. L'animation se concentre entre le port et les plages, et autour de la rue Gambetta où les boutiques sont ouvertes tous les jours de l'année *(sf 1ᵉʳ Mai)*.

SE GARER

Garez-vous place du Mar.-Foch, à deux pas de la place Louis-XIV et du port. En été, des navettes gratuites vous emmènent depuis les parkings relais, à l'entrée de la ville, jusqu'au centre-ville.

À NE PAS MANQUER

La splendide église St-Jean-Baptiste.

ORGANISER SON TEMPS

Visite du centre-ville le matin ; plage l'après-midi ; sentier botanique en fin de journée et apéro sur le port, voilà le programme idéal d'une journée à St-Jean-de-Luz.

AVEC LES ENFANTS

Tour de la ville en petit train ; activités nautiques et plage.

Port de Saint-Jean-de-Luz.
Khrizmo/iStock

Se promener Plan de ville

★ Port A2

Le temps des baleines est fini, mais le port reste important pour la sardine, le thon et l'anchois. C'est un vrai port de carte postale, avec ses bateaux de couleurs vives et ses pêcheurs œuvrant sur le quai auprès des filets amoncelés, avec, en plus, une odeur de saumure et un délicieux concert cristallin joué par le ponton sur pilotis, qui roule avec la marée.

De l'autre côté du port se dressent l'église St-Vincent et les maisons de **Ciboure** (☞ « *À proximité* », p. 78).

Maison de l'Infante – *1 r. de l'Infante.* Dite **Joanoenia** (A2), cette riche demeure en brique et pierre, avec ses galeries à l'italienne, accueillit la reine mère Anne d'Autriche et l'infante Marie-Thérèse d'Autriche, avant son mariage avec le jeune Louis XIV. Dans la grande salle 17ᵉ s., cheminée monumentale sculptée et peinte ainsi que des poutres décorées de peintures de l'école de Fontainebleau.

Rue Mazarin A2

Domaine des armateurs au 17ᵉ s., la langue de terre isolant la rade du port fut réduite des deux tiers par le raz-de-marée qui, en 1749, anéantit 200 maisons de la ville. Elle conserve quelques nobles demeures, comme la **maison St-Martin** (A2), au nº 13.

★ Maison Louis XIV A2

Pl. Louis-XIV - ☏ 05 59 26 27 58 - www.maison-louis-xiv.fr - visite guidée (40mn) juil.-août : 10h30-12h30, 14h30-18h30 ; juin et de déb. sept. à mi-oct. : 11h, 15h, 16h et 17h ; reste de l'année : se rens. - fermé mar., nov.-avr. - 6 € (-16 ans 3,80 €).
Dite **Lohobiague enea**, cette noble demeure fut construite pour l'armateur Joannis de Lohobiague en 1643-1645. Demeure privée, elle appartient d'ailleurs à la même famille depuis sa construction. À l'intérieur, le caractère « vieux basque » est donné surtout par l'**escalier** à volées droites, travail robuste de

charpentier de marine : comme pour tous les planchers anciens des pièces d'habitation, les lattes sont fixées par de gros clous apparents, qui interdisent le rabotage et le ponçage.

Du palier du 2e étage, une passerelle intérieure conduit aux appartements, où la veuve de Lohobiague reçut Louis XIV en 1660. En passant dans la **galerie à arcades**, prenez le temps de savourer le panorama des Pyrénées basques. Dans la salle à manger aux lambris verts, table de marbre Directoire et cadeau de l'hôte royal à la maîtresse de maison : un service de trois pièces en vermeil décoré d'émaux niellés.

Centre-ville AB1-2

Avec son quartier piéton *(r. de la République et Gambetta, dans le prolongement de la r. Mazarin)*, il a beaucoup de caractère. Au nº 17 de la rue de la République se trouve la plus vieille maison de la ville ; en pierre de taille, elle contraste avec les maisons basques voisines.

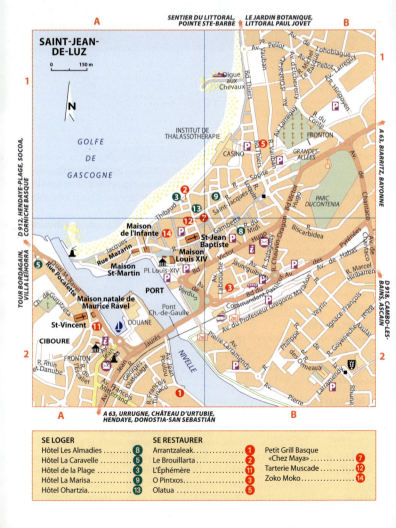

SE LOGER		SE RESTAURER			
Hôtel Les Almadies	8	Arrantzaleak	1	Petit Grill Basque «Chez Maya»	7
Hôtel La Caravelle	5	Le Brouillarta	2	Tarterie Muscade	12
Hôtel de la Plage	3	L'Éphémère	11	Zoko Moko	14
Hôtel La Marisa	9	O Pintxos	3		
Hôtel Ohartzia	13	Olatua	5		

Plage et promenade Jacques-Thibaud A1

De la superbe plage, on voit sur la gauche le fort et la digue de Socoa et sur la droite la pointe Ste-Barbe. Les maisons, séparées de la promenade par une rue en contrebas, sont reliées à la plage par des passerelles très pittoresques.

★★ Église St-Jean-Baptiste A2

R. Gambetta - ☏ 05 59 26 08 81 - www.paroissespo.com/wordpress - ♿ - mai-sept. : 8h30-18h30, j. fériés 8h15-19h30 ; reste de l'année : 8h30-18h, dim. et j. fériés 8h15-19h30 - possibilité de visite guidée (45mn) - messe bilingue dim. 8h30.
♿ *ABC d'architecture, p. 439.*

C'est ici que se marièrent Louis XIV et Marie-Thérèse, le 9 juin 1660 *(voir encadré ci-dessous)*. Extérieurement, elle est d'une architecture très sobre, presque sévère avec ses hautes murailles percées de maigres ouvertures et sa tour massive sous laquelle se glisse un passage voûté. Un bel escalier à rampe en fer forgé donne accès aux galeries.

L'intérieur, somptueux, date pour l'essentiel de son agrandissement de 1649, effectué par l'architecte bayonnais Louis de Milhet. Trois étages de galeries de chêne (cinq au mur du fond) encadrent la nef unique que couvre une remarquable voûte en carène lambrissée. Le chœur très surélevé, clos par une belle grille de fer forgé, porte un **retable★** (vers 1670) resplendissant d'or. Entre les colonnes et les entablements qui l'ordonnent en trois registres, des niches abritent une foule de statues : saints populaires locaux, apôtres, saint Benoît et la grille des monastères. Remarquez en outre la chaire (19ᵉ s.) supportée par six monstres ailés à gueules de loup ; dans l'embrasure de la porte murée, statue parée de **N.-D.-des-Douleurs** et, à côté, petite Vierge de rosaire en tenue de cérémonie.

À voir aussi Plan de ville

Sentier du littoral hors plan par B1

🌿 St-Jean-de-Luz donne accès à deux portions du sentier du littoral, totalement différentes : vers Hendaye, la promenade dévoile les montagnes et

---

LE MARIAGE DU ROI-SOLEIL

Prévu par le **traité des Pyrénées** (♿ *p. 463 et 90*), le mariage de Louis XIV avec l'infante d'Espagne Marie-Thérèse a lieu à St-Jean-de-Luz. Accompagné de sa suite, le roi arrive le 8 mai 1660 et loge à la maison Lohobiague. Le 9 juin, entre les Suisses qui font la haie, le cortège royal s'ébranle en direction de l'église. Derrière deux compagnies de gentils-hommes, le cardinal Mazarin, en costume somptueux, ouvre la marche, suivi par Louis XIV en habit noir orné de dentelles. À quelques pas derrière, Marie-Thérèse, en robe tissée d'argent et manteau de velours violet, la couronne d'or sur la tête, précède Monsieur, frère du roi, et l'imposante Anne d'Autriche. Toute la cour suit. Le service, célébré par Mgr d'Olce, évêque de Bayonne, dure trois heures, dans une église en construction. La porte par laquelle sort le couple royal sera murée quelques années après la cérémonie, le portail principal ayant été ouvert. Le cortège regagne la maison de l'Infante. Puis les époux soupent à la maison Lohobiague en présence de la cour. Une étiquette rigoureuse les conduit jusqu'au lit nuptial dont la reine mère ferme les rideaux en donnant la bénédiction traditionnelle. Marie-Thérèse restera toute sa vie dans l'ombre du Roi-Soleil. Quand elle mourra, Louis XIV dira : « C'est le premier chagrin qu'elle me cause. »

surtout la **Corniche basque★★** (🐾 *p. 79*), mais elle longe la route, tandis que vers Bidart, elle traverse des espaces naturels, urbains ou semi-urbains. On part alors du jardin de la pointe de Ste-Barbe, au bout de la promenade des Rochers.

Jardin botanique littoral Paul Jovet hors plan par B1

Au nord-est du centre-ville - 31 av. Gaëtan-Bernoville - ℰ 05 59 26 34 59 - www. jardinbotanique-saintjeandeluz.fr - juil.-août : 11h-19h ; reste de l'année : w.-end, j. fériés et merc. 11h-18h - fermé nov.-mars - 4 € (-12 ans 2 €) - livret d'aide à la visite disponible.

Sur la falaise d'Archilua, dans ce jardin de 2,5 ha, on découvre au gré d'une promenade les plantes des différents écosystèmes de la Côte basque : chênaie, lande littorale, dunes colonisées par la végétation, zones humides, mais aussi des spécimens du monde entier. Petit labyrinthe botanique et jardin des simples.

À proximité Carte de microrégion

★ **Ciboure**/Ziburu A2

▶ *À 1 km de la place Louis-XIV : de l'autre côté du port, par le pont Charles-de-Gaulle qui franchit l'estuaire de la Nivelle.*

🛈 *5 pl. Camille-Jullian - 64500 Ciboure - ℰ 05 59 47 64 56 - www.ciboure.fr - juil.-août : 9h-12h30, 14h-18h30, dim. et j. fériés 10h-13h ; avr.-juin et sept. : tlj sf dim. 9h-12h30, 14h-17h30 ; reste de l'année : tlj sf w.-end 9h-12h30, 14h-17h30 - fermé certains j. fériés - l'office de tourisme propose des visites guidées (tarif, se rens.).*

Petite sœur de St-Jean-de-Luz, la charmante Ciboure gravit, entre ciel et mer, une colline sur la rive sud du port. Voyez la **maison natale de Maurice Ravel** (né en 1875, c'est ici qu'il composa son fameux Boléro), au n° 27 du quai portant son nom. Au bout du port, le phare de Ciboure fait face à son jumeau de St-Jean-de-Luz. Tous deux ont été conçus par André Pavlovsky en 1936 dans un style néobasque. Les marins se servent de leur alignement pour s'orienter vers le port. De l'autre côté de celui-ci se dresse la silhouette de l'ancien couvent des Récollets, construit en 1610, dont la chapelle a été rénovée *(des expositions et manifestations y sont occasionnellement organisées - rens. à l'office de tourisme).* Des habitations et les Affaires maritimes ont investi son cloître, qui conserve une fontaine, offerte par Mazarin en 1660.

La **rue Pocalette** mêle les maisons labourdines à pans de bois (maison de 1589 à encorbellement au coin de la rue Agorette) et de hautes demeures de pierre plus nobles, comme le n° 12, au chevet de l'église.

Église St-Vincent – On aperçoit de loin l'original clocher de charpente à deux étages. Cette église du 16e s. est accessible latéralement par un beau parvis dallé, porteur d'une croix en pierre de 1760. L'intérieur abrite un joli retable aux tons bleus, ainsi qu'une triple galerie qui avance sur la nef.

Villa Leïhorra – *1 imp. Muskoa - ℰ 06 87 68 32 10 - www.villa-leihorra.com - visite guidée (1h) avr.-sept. : lun. et jeu. 11h - 8 € (-6 ans gratuit).* Construite en 1926-1929 par l'architecte **Joseph Hiriart**, cette villa est de style **Art déco**, tant dans son architecture que dans sa décoration intérieure. Il est possible de la louer et, parfois, de visiter les jardins *(rens. à l'OT).*

Tour Bordagain – *Empruntez la route de Socoa et tournez à gauche au panneau indiquant la tour. Au rond-point, prenez à gauche et encore à gauche au carrefour suivant (en direction de l'hôtel) -* Sur la colline de Bordagain se dresse une tour octogonale adossée à une ancienne chapelle du 12e s. D'abord clocher, ensuite tour de guet, elle a probablement aussi servi d'*atalaye* pour prévenir les pêcheurs de la présence de baleines près des côtes.

Le fort de Socoa dans la baie de Ciboure.
R. Campillo/age fotostock

1

Socoa A2

▶ *3 km à l'ouest de St-Jean-de-Luz, 2 km à l'ouest de Ciboure, par la D 912. Laissez la voiture sur le port et poursuivez vers la jetée (45mn à pied AR).*

L'entrée de la baie de St-Jean-de-Luz était défendue autrefois par le fort de Socoa, construit sous Henri IV et remanié par Vauban. La tombe de l'auteur de *L'Atlantide*, **Pierre Benoit**, se trouve dans le cimetière de l'Untxin à Socoa.

Chai Egiategia – *Zone Portuaire -* 📞 *05 59 54 92 27 - https://www.egiategia.fr - visite guidée sur demande préalable (45mn) mar. et vend.-sam. 11h-18h - fermé j. fériés - 15 €.* La Maison des Blocs de Socoa accueille désormais les chais du seul vignoble de la région à s'épanouir au bord de l'Océan. Emmanuel Poirmeur a planté plusieurs hectares de vignes sur la Corniche (commune d'Urrugne) et produit un délicieux vin blanc qui possède la particularité d'être vinifié dans des cuves immergées à 15 m de profondeur dans la baie de St-Jean-de-Luz ! La visite permet d'y goûter (les enfants ont droit à du jus de raisin), avec plusieurs formules dont l'une peut inclure une tournée dans les vignes.

🐾 ★★ **Corniche basque** – *Depuis le parking du port de Socoa, prenez la voie de sortie, puis tournez immédiatement à droite dans la rue du Phare, très pentue, puis à gauche dans la rue du Sémaphore. Garez-vous au sémaphore et poursuivez à pied.* **Vue**★★ au sud-ouest sur la Côte basque, du cap du Figuier (cabo Higuer) en Espagne jusqu'à Biarritz. Au premier plan, les falaises plongent en oblique leurs roches feuilletées vigoureusement attaquées par les flots. Le site est particulièrement beau les jours de tempête.

Prenez la D 912 qui longe le littoral jusqu'à Hendaye.

La route sinueuse, bordée d'ajoncs, se rapproche des falaises de Socoa. Au gré des échappées s'ouvrent de jolies **vues**★★ sur l'Océan qui vient battre les rochers. Le point de vue face au camping Juantcho est le lieu idéal pour observer aux jumelles la vague **Belharra** (🔎 *encadré p. 80*) quand elle se forme.

★ Château d'Urtubie, à Urrugne A2

▶ *Rue Bernard-de-Coral (à 3 km au sud-ouest de St-Jean-de-Luz) par la D 810 -* 📞 *05 59 54 31 15 - www.chateaudurtubie.net - de mi-juil. à fin août : 10h30-18h30;*

de déb. à mi-juil. et sept. : 10h30-12h30, 14h-18h30 ; avr.-juin et oct. : tlj sf lun. 10h30-12h30, 14h-18h - possibilité de visite guidée (40mn) - 7 € (-16 ans 3,50 €).

Du simple donjon construit par autorisation du roi Édouard III d'Angleterre en 1341, ce château est devenu au fil des âges une élégante demeure classique avec ses **toits à l'impériale** coiffant les deux tours qui, au 14e s., encadraient le pont-levis. Dans la tour centrale, remarquable **escalier à vis suspendu** datant du 16e s. Dans la chapelle édifiée au 17e s., au chœur redoré au 19e s., une salle de bains fut aménagée derrière la sacristie en 1830.

L'intérieur du château est décoré de grandes **tapisseries** de Bruxelles du 16e s. (grand salon), d'un ensemble de chaises et de fauteuils espagnols de l'époque Louis XIV (salle à manger) ainsi que de divers meubles et bibelots ayant appartenu depuis des générations aux châtelains d'Urtubie. Dans la **salle de chasse**, au rez-de-chaussée, plusieurs pièces (coffre, armoire) évoquent le mobilier basque traditionnel.

Le château (en partie reconverti en hôtel 🍃 *Nos adresses*) s'inscrit aujourd'hui au cœur d'un agréable parc à l'anglaise. *L'orangerie accueille des expositions.*

Urrugne/Urruña A2

🔹 *À 5 km au sud-ouest de St-Jean-de-Luz par la D 810.*

🔹 *Pl. René-Soubelet - 64122 Urrugne - ℰ 05 59 54 60 80 - www.urrugne.fr - juil.-août : 9h-12h30, 14h-18h30, dim. et j. fériés 10h-13h ; du w.-end de Pâques à fin juin et de déb. sept. à la Toussaint : tlj sf dim. 9h-12h30, 14h-17h30, sam. 9h-12h30 ; reste de l'année : tlj sf w.-end 9h-12h30, 14h-17h30 - fermé certains j. fériés.*

La commune d'Urrugne relie Ciboure et Hendaye, et s'étend de la côte à la frontière espagnole. Socoa en fait partie. Son petit centre-ville a pourtant une atmosphère de village. L'**église St-Vincent**, de style Renaissance, garde à l'extérieur une allure militaire. Elle s'adosse à un clocher-porche du 16e s., qu'orne un cadran solaire affichant la devise *Vulnerant omnes, ultima necat* (« Toutes les heures blessent, la dernière tue »). Son vaisseau peu ajouré et joliment peint affiche une hauteur de 22 m, ornée par de nombreuses galeries en bois sculpté.

Notre-Dame-de-Socorri – *Sur la grand-place d'Urrugne, prenez le chemin en montée vers N.-D.-de-Socorri.* Joli **site★** de chapelle de pèlerinage, dans l'enclos d'un ancien cimetière. Vue sur un paysage mamelonné dominé par l'éperon de la Rhune et, à l'horizon, sur le Jaizkibel et les Trois Couronnes.

Col d'Ibardin A3

🔹 *À 12 km au sud d'Urrugne par la D 4, puis une route secondaire.*

La route qui mène au col depuis Herboure est étroite et sinueuse, et surchargée le week-end. Elle offre une jolie **vue** sur le territoire d'Urrugne. Au col, une étrange araignée métallique semble posée sur le versant et vous invite à d'autres réjouissances que d'admirer le paysage : c'est un centre commercial, avec sa station service, jouxtant d'autres boutiques où affluent les acheteurs, attirés par les différences de prix entre la France et l'Espagne. Le col est aussi un départ de randonnées et de parcours VTT.

LA DIVA DES VAGUES

Surfée pour la première fois en 2002, **Belharra** est la plus grosse vague de la Côte basque et… d'Europe ! Une vague qui sait se faire désirer puisqu'elle se forme généralement une fois par an, au large de la **corniche d'Urrugne**, si trois conditions sont réunies : un vent d'est, un fort coefficient de marée, une marée basse. Elle peut atteindre plus de 10 m de haut. Autant dire que seuls les *big wave riders* chevronnés dévalent cette montagne au-devant d'un gigantesque déferlement de mousse !

😊 NOS ADRESSES À SAINT-JEAN-DE-LUZ

Voir le plan p. 76.

HÉBERGEMENT

À St-Jean-de-Luz

BUDGET MOYEN

Hôtel Ohartzia – A1 - *28 r. Garat - 📞 05 59 26 00 06 - www.hotel-ohartzia.com - ♿ - 15 ch. 95/135 € - 🍽 12 €. Bien que située en plein centre-ville, cette demeure aux volets bleus dégage un charme bucolique. Les chambres ne sont pas très grandes, mais certaines donnent sur le jardin planté de platanes et de fleurs.*

Hôtel Les Almadies – B2 - *58 r. Gambetta - 📞 05 59 85 34 48 - www.hotel-les-almadies.com - 🅿 10 € - mi-nov.-25 déc. - 7 ch. 105/115 € - 🍽 12 €. Décor soigné dans ce charmant petit hôtel mêlant touches design et mobilier rustique. Chambres impeccables, terrasse fleurie.*

Chambre d'hôte Nun Obeki – Hors plan - *6 r. Élie-de-Sèze - 📞 05 59 26 30 71 - www.nunobeki.com - 🚭 🅿 (selon disponibilités) - 5 ch. 75/100 € 🍽. Cette grande maison basque peut s'adapter à maintes demandes d'hébergement. Chambres simples, petit appartement ou pavillon (deux appartements) : les possibilités de séparer ou de regrouper les différentes pièces sont nombreuses. Autres atouts : le décor basque, chaleureux, la proximité de la plage et du centre, et surtout la quiétude du jardin.*

POUR SE FAIRE PLAISIR

Hôtel de la Plage – A1 - *Prom. Jacques-Thibaud - angle 33 r. Garat - 📞 05 59 51 03 44 - www.hoteldelaplage.com - 🅿 15 € (service voiturier) ♿ - 22 ch. 109/209 € - 🍽 12 € - 5 nuits mini du 5 juil. à mi-sept. - fermé nov.-avr. sf pdt les vac. scol. Très bien placé, juste au-dessus de la plage, cet hôtel de charme propose plusieurs catégories de chambres spacieuses et impeccables dont certaines ont un balcon sur l'Océan. Excellent accueil. Le restaurant Le Brouillarta est une des grandes tables de la ville.*

Hôtel La Marisa – B1 - *16 r. Martin de Sopite - 📞 05 59 26 95 46 - www.hotel-lamarisa.com - 🅿 9/11 €, box fermé 15 € (selon disponibilités) ♿ - 16 ch. 128/178 € - 🍽 12 € - réserv. 2 (juin et sept.) ou 3 (juil.-août) nuits mini - fermé janv.-vend. av. st-valentin. Dans une petite rue calme, à deux pas de la plage, cet établissement abrite des chambres bien équipées, coquettes et rustiques, avec quelques accents contemporains. Une belle bibliothèque est mise à la disposition des clients et le patio ombrageux est délicieux pour prendre le petit-déjeuner.*

À Ciboure

BUDGET MOYEN

Hôtel La Caravelle – A2 - *1 bd Pierre-Benoit - 📞 05 59 47 18 05 - www.hotellacaravelle-stjeandeluz.com - 18 ch. 65/120 € - 🍽 9 €. De l'extérieur, cette petite maison blanche aux volets bleus passe inaperçue. Mais on est charmé à l'intérieur par l'élégance des pierres taillées et par la décoration des chambres, toutes différentes. Vue sur la mer, balcon sur le jardin, terrasse intérieure, Jacuzzi. Un peu bruyant côté mer à cause de la proximité de la route.*

Hôtel Agur Deneri – Hors plan - *14 impasse Muskoa - 📞 05 59 47 02 83 - www.hotel-agur-deneri.com - 🅿 - 17 ch. 70/155 € - 🍽 10 € (inclus ds le prix de la ch. 9 juil./3 sept.). À deux pas de la villa Leïhorra, cet hôtel qui surplombe*

1

Ciboure a un air de vacances. Transats sur les terrasses privées, décoration colorée et superbe vue. Les chambres sur l'Océan ou avec terrasse sont équipées d'une baignoire balnéo ou d'une douche hydromassante. Certaines chambres ont un balcon. Buffet copieux au petit-déjeuner. Clientèle d'habitués.

À proximité de St-Jean

PREMIER PRIX

Camping Les Tamaris-Plage – *720 rte des Plages - à 4 km du centre-ville - St-Jean-de-Luz nord - ☎ 05 59 26 55 90 - www.tamaris-plage.com - ⌣ - avr.-fin des vac. de la Toussaint - 79 empl. 36/41 € - 39 locatifs 55 €/j. (2/4 pers.) - loc. uniquement la sem. en hte sais. (911 €/2 pers.).* Idéalement situé à deux pas de la plage, ce camping à l'ambiance familiale propose, en plus des emplacements pour tentes ou caravanes, un grand choix de formules d'hébergement (mobile-homes, bungalows toilés et 5 studios). Pour les loisirs : piscine chauffée, sauna, hammam, Jacuzzi 14 places, tous couverts. Château gonflable pour les enfants.

BUDGET MOYEN

Chambre d'hôte Villa Argi Eder – *58 av. Napoléon-III - à 4 km du centre-ville par la D 810 et rte secondaire - ☎ 05 59 54 81 65 - www.chambresdhotes-argi-eder.com - ⊠ 🅿 ♿ - 4 ch. 80 € ⌣ et studio.* Une adresse conviviale, à deux pas de la plage, mais loin de la foule. Vastes et paisibles, les chambres de plain-pied ouvrent sur des terrasses privées très agréables pour le petit-déjeuner.

À Urrugne

POUR SE FAIRE PLAISIR

Château d'Urtubie – *r. Bernard de Coral - ☎ 05 59 54 31 15 - www.*chateaudurtubie.net - avr.-oct. - 🅿 - 10 ch. 115/175 € - ⌣ 12 €.* Sur la route de l'Espagne, ce château fort du 14e s. remanié au fil du temps (♿ p. 79) abrite un hôtel aux vastes chambres, décorées de tableaux et de meubles anciens. La ferme Lizarraga, dépendance du château, propose la demi-pension au dîner (28 €).

RESTAURATION

À St-Jean-de-Luz

PREMIER PRIX

Tarterie Muscade – A2 - *20 r. Garat - ☎ 05 59 26 96 73 - www.tarteriemuscade.com - 12h-16h, 18h-22h - fermé lun. et nov.-janv.* Une très bonne adresse pour déguster toutes sortes de tartes salées et sucrées à petits prix. On savoure des parts copieuses, attablé au comptoir ou à de petites tables. Vente à emporter.

BUDGET MOYEN

Olatua – B1 - *30 bd Thiers - ☎ 05 59 51 05 22 - www.olatua.fr - fermé lun.-mar. hors j. fériés et vac. scol. - menu 25 € - rations 6/14 € - carte 30/35 € bc.* Institution locale revisitant le répertoire culinaire basque dans un cadre frais et coloré. Intérieur d'une belle dominante rouge, décoré de photos de St-Jean et d'expositions temporaires de peintures ; terrasse d'été protégée en bois exotique et jardin couvert.

Petit grill basque « Chez Maya » – AB1 - *2 r. St-Jacques - ☎ 05 59 26 80 76 - fermé lun. midi, jeu. midi et merc. - menu 22/31,50 € - carte 35 €.* Incontournable, cette auberge basque ! Fresques et assiettes de Louis Floutier, cuivres, amusant système de ventilation manuelle et… plats régionaux dans toute leur authenticité.

Le Brouillarta – A1 - *48 prom. Jacques-Thibaud - ✆ 05 59 51 29 51 - www.restaurant-lebrouillarta.com - fermé mi-nov.-janv. (ouv. pdt les fêtes de fin d'année), lun.-mar. - formule midi 16 €, menu midi 25 €, dîner menu-carte 39 €.* Le restaurant de l'hôtel de la Plage jouit d'une vue imprenable sur l'Océan et la digue centenaire de l'Artha. On y sert une cuisine inventive à base de produits régionaux : cochon manex, poisson de la criée de Ciboure ou œuf de la ferme Goyhenetxia. La carte évolue selon les produits du moment.

O Pintxos – B2 - *7 bd du Commandant-Passicot - ✆ 05 59 23 47 59 - www.gastrobar-opintxos.fr - fermé lun. (et dim. hors juil.-août) - menu déj. 15,90 €, carte autour de 25 €.* Dans ce restaurant moderne (sol en béton ciré, lumière tamisée, déco noire et rouge) tout près des halles, vous dégusterez des *pintxos* (tapas basques) raffinés, à base de produits locaux et souvent bios : vous serez surpris par une explosion de saveurs et de textures, les créations sont aussi belles que bonnes ! Le chef, passionné, participe à des concours gastronomiques à St-Sébastien. Bonne sélection de vins au verre.

POUR SE FAIRE PLAISIR

Zoko Moko – A2 - *6 r. Mazarin - ✆ 05 59 08 01 23 - www.zoko-moko.com - fermé dim. soir (sf juil.-août), lun. - formule et menu déj. 20/26 € (sf dim. midi), menu-carte 45 €.* On vient ici pour se délecter d'une cuisine basque gastronomique, dans une belle maison du 18e s. où les pierres apparentes et la cheminée contrastent avec le mobilier design mais confortable. Les menus changent au fil des saisons, mais la table est toujours très raffinée.

À Ciboure

POUR SE FAIRE PLAISIR

Arrantzaleak – A2 - *18 av. Jean-Poulou - ✆ 05 59 47 10 75 - fermé lun., mar. (sf le soir en été) - menus 37/48 €.* Sur les bords de la Nivelle, dans un cadre rustique, une institution où l'on vient surtout déguster poissons et fruits de mer fraîchement pêchés et préparés avec simplicité : anchois frais, *chipirones*, turbot, merlu, etc., le meilleur de la pêche locale.

L'Éphémère – A2 - *15 quai Maurice-Ravel - ✆ 05 59 47 29 16 - www.lephemere-ciboure.fr - fermé mar.-merc. hors j. fériés et vac. scol. - menu-carte 29 € - menus 45/58 € - carte 50 €.* Considéré comme l'une des grandes tables de la région, ce restaurant est installé dans une belle maison dont la terrasse embrasse la mer. Le chef Sylvain Mauran propose une cuisine raffinée et créative, préparée exclusivement avec des denrées achetées chez les producteurs locaux. La carte, courte, est renouvelée au fil des saisons et les amateurs de viande comme de poisson seront comblés.

EN SOIRÉE

ⓢ Autour de la **place Louis-XIV** s'étalent de nombreuses terrasses. Lieu de rendez-vous des Luziens, cette place vit en été au rythme des manifestations et concerts.

Casino Joa de St-Jean-de-Luz – *Pl. Maurice-Ravel - ✆ 05 59 51 58 58 - www.joa-casino.com - 10h-2h, w.-end et veilles de j. fériés 10h-3h.* Ce casino est doté d'une salle pour les jeux et d'un espace pour machines à sous. Animations musicales un samedi sur deux au restaurant-bar à tapas Le Comptoir Joa, qui bénéficie d'une vue magnifique sur la mer.

1

ACHATS

À St-Jean-de-Luz

Halles – Bd Victor-Hugo -
℘ 05 59 51 61 71 - halles ouv. ts les
matins 7h-13h ; marché alimentaire
autour des halles les mar. et vend.
matin, le sam. matin en juil.-
août. Ces halles de type Baltard,
fraîchement rénovées, réunissent
des « indépendants » de la région
venus vendre leur production.

Maison Adam – 6 place
Louis XIV - ℘ 05 59 26 03 54 - www.
maisonadam.fr - 8h-12h30, 14h-
19h30 - fermé fév. et 15 jours en nov.
(se rens.) - ouv. tlj fériés sf le 1er mai.
La famille Telleria-Adam tient
cette pâtisserie depuis le 17e s.,
soit 12 générations. C'est dire si
elle a vu défiler les gourmands !
Les macarons Adam auraient
même été servis lors du mariage
de Louis XIV et de Marie-Thérèse
en 1660. Gâteaux basques,
tourons et chocolats mettent
l'eau à la bouche. Au n° 4, la
même famille tient une **épicerie
basque** : pains maison, produits
de la mer, salaisons, fromages,
confitures, cave à vin.

Maison Thurin – 32 r. Gambetta -
℘ 05 59 26 05 07 - tlj 9h-13h, 14h30-
19h15. Cette boutique de poche
renferme des produits du terroir
dénichés de part et d'autre de
la frontière franco-espagnole :
excellent jambon de Bayonne,
goûteux fromages de brebis,
piments d'Espelette, bon foie
gras. Mini-cave de vins basques.

Maison Pariès – 9 r. Gambetta -
℘ 05 59 26 01 46 - www.paries.fr -
8h30-19h30, jusqu'à 23h en été. La
maison créée à Bayonne (👍 p. 45)
figure parmi les références
gourmandes de la région :
mouchou basque (macaron à base
d'amandes), kanouga (caramel
tendre), 50 sortes de chocolat aux
saveurs exotiques… L'atelier de
production situé à **Socoa** (Zone de

Putillenea) se visite - 5 € - rens. au
05 59 22 06 00.

Comptoir du pêcheur – Quai
du Maréchal-Leclerc - ℘ 05 59 26
84 47 - www.lecomptoirdupecheur.
com - 10h-12h30 (13h sam.-dim.)
et 14h30-19h - fermé dim. de nov.
à mars. Sur le port de St-Jean,
cette coopérative propose des
conserves de la mer (anchois,
sardines, thon…) d'excellente
qualité ainsi que des spécialités
régionales. Autre boutique à
Ciboure (port de Larraldénia -
℘ 05 59 47 13 54 - été, tlj sf dim.
9h15-12h30, 14h15-19h) qui
propose des vêtements marins
(pulls, cabans, cirés, etc.),
du matériel de pêche et de la
déco.

À Ciboure

Marché – Pl. Camille-Jullian - face à
la mairie - dim. matin. Marché aux
produits régionaux.

Le Comptoir Cibourien – 19
quai Maurice-Ravel - ℘ 05 59 22
58 40 - lun.-sam. 10h-12h30,
15h30-19h, dim. 10h-12h30 - fermé
janv. Cette boutique propose
des productions locales : linge
basque, liqueurs, cidres et vins,
mais l'adresse vaut surtout pour le
large choix de produits de la mer
luziens (bocaux, conserves).

ACTIVITÉS

À St-Jean-de-Luz

Hélianthal – Pl. Maurice-Ravel -
℘ 05 59 51 51 51 - www.thalazur.
fr - parcours : 9h-19h45 (dim.
9h-13h, 14h15-19h45) - salle de
fitness : 9h-19h15 (dim. 9h-12h30,
15h45-18h). Ce centre de
thalassothérapie propose tout un
choix de formules à la carte, de
la demi-journée à la semaine en
passant par le w.-end découverte,
pour traiter toutes sortes de maux.
Bel hôtel sur place et plusieurs
restaurants ouverts aux non
résidents.

Jaï Alaï – *18 av. André-Ithurralde - 𝄞 05 59 51 65 36 - www.cestapunta. com - ouv. 15 juin au 31 août - tlj sf w.-end 9h-19h - 13 € (-10 ans gratuit).* La cesta punta est le sport emblématique du Pays basque : elle se joue sur un fronton espagnol couvert (*jaï alaï*) à trois murs (devant, derrière et à gauche). De juillet à fin août, des matchs professionnels de *cesta punta* ont lieu à cette adresse les mardi et jeudi à 20h45.

Trinquet Maïtena – *42 r. du Midi - 𝄞 05 59 26 05 13 - www.trinquet-maitena.fr - 9h-22h.* Même si les Basques pratiquent volontiers d'autres sports, ils en reviennent tous à la pala, qu'ils pratiquent dans un trinquet (petite salle couverte). Après une partie, c'est à cette adresse qu'ils se retrouvent pour se désaltérer.

👤👤 **Luzean** – *1 av. André-Ithurralde - 𝄞 05 59 26 13 93 - www.luzean.fr - ouv. juil.-sept. - animations lun., merc. 21h15-23h15 (juil.août) - sept. : se rens. - initiation pelote basque : 10 € (matinée lun.-vend. en juil.-août).* De juillet à septembre, parties de chistera le lundi et de grand chistera le vendredi (à 21h15), voire compétitions de jeux de force basque, souvent accompagnées de chants et de danses. Ouvert à tous en dehors des compétitions, le fronton est souvent occupé par des ateliers de pratique encadrés pour enfants et adultes.

👤👤 **Sports Mer** – *http://sportsmer. fr - secrétariat : 7 bd Thiers - base nautique : digue aux Chevaux, face au 58 bd Thiers - 𝄞06 80 64 39 11 - juil.-août : 10h-20h - à partir de 8 €.* Stand-up paddle, bouée tractée, *flyboard*, qui permet d'être projeté au-dessus de l'eau. Poussée d'adrénaline assurée ! Locations de kayak et de planches de surf. Bateau-école (permis bateau) tte l'année.

👤👤 **Nivelle V** – *Embarcadère du Port-de-Pêche - 𝄞 06 09 73 61 81 - www.croisiere-saintjeandeluz. com - de déb. avr. à mi-oct. (réserv. obligatoire en juil.-août) - croisière 45mn dép. 16h, 10 € (-10 ans 8 €) ; croisière 1h45 mar.-jeu., dép. 10h30 (juil.-août) et 14h, 17 € (-10 ans 14 €).* Le Nivelle V vous fera prendre la mer pour une croisière au large de la corniche d'Urrugne *(45mn)* ou plus loin, jusqu'à Hendaye et l'Espagne *(1h45)*. Organisation de matinées de pêche en mer *(dép. 8h, retour 11h30, 35 €)* - cannes et appâts fournis.

Golf de Chantaco – *Rte d'Ascain - 𝄞 05 59 26 14 22 - www.chantaco. com - sais. : 8h30-19h ; hors sais. : 9h-18h - fermé mar. de nov. à mars.- 79 €.* Parcours de 18 trous renommé, dessiné par Harry Colt. Les 9 premiers sont tracés en forêt. Practice équipé ouvert à tous les joueurs, membres et visiteurs, seul practice plat de la région et vue sur la Rune.

À Ciboure et Socoa

👤👤 **EVI Nautika** – *Parking de Socoa - 𝄞 05 59 47 06 32 - www. evi-nautika.com - 9h-19h (20h juil.-août)- paddle 15 € (1h) - stage de voile (5 1/2 j.) 135 € - bouée tractée 15 € le tour.* Cette école propose des stages de voile, des tours de ski nautique, bouée tractée ou *wakeboard*, la location de catamaran, ainsi que des stages et croisières sur monocoque habitable.

👤👤 **Atlantic Pirogue** – *Port de Socoa - 𝄞 05 59 47 21 67 - www. atlantic-pirogue.com - tte l'année sur RV ; juil.-août : 4 départs par jour - 2h de pirogue ou kayak 31 € (-18 ans 25 €) - session vagues 35 €.* Balades de 2h en pirogue hawaïenne ou kayak de mer. Pour les fans de glisse, session vagues en *wave-rafting* (stand up géant 3/9 pers.), kayak-surf. Stand-up paddle.

1

Yacht-Club Basque – *Parking dériveurs Socoa -* 📞 *05 59 47 18 31 - www.ycbasque.org - juil.-août : 9h-19h30 ; hors sais. : 9h-17h.* Ce club ouvert toute l'année organise des stages de voile durant les vacances scolaires à bord de Hobie Cat 16, d'Open 5.70 et en planche à voile. Les enfants peuvent se former sur le traditionnel Optimist ou à bord d'un petit catamaran nommé Colibri. Sorties-découvertes en Open 5.70. Bon vent !

École de plongée Odyssée Bleue – *Chemin des Blocs - hangar 4 -* 📞 *06 63 54 13 63 - www.odyssee-bleue.com - baptême 55 € ; plongée encadrée 37/42 € (5 plongées 176/200 €) ; snorkeling 25 €.* La Côte basque regorge de surprises aquatiques avec ses grottes, ses failles et ses épaves. Le pack découverte de 3 séances de plongée avec bouteille vous donnera un aperçu de ces merveilles. L'école organise aussi des balades palmées commentées, dans la baie, avec tuba et masque (2h). Tech-Océan propose les mêmes services, incluant en plus la plongée de nuit pour les initiés - *45 r. du Commandant-Passicot -* 📞 *05 59 47 96 75 - www.tech-ocean.fr.*

Golf de la Nivelle – *Pl. William-Sharp -* 📞 *05 59 47 18 99 - http://golfnivelle.com/fr - été : 7h-20h30 ; hors sais. : 9h-18h.- 72 €.* Ce sport a toujours compté parmi les plus populaires au Pays basque. Ici, on découvre un parcours de 18 trous avec des vues sur l'Océan et les montagnes.

AGENDA

Rens. à l'office du tourisme de Saint-Jean-de-Luz - 📞 *05 59 26 03 16 - www.saint-jean-de-luz.com.*

Semaine des restaurants – *Mars.*

Festiorgues – *Avr.-déc. - rens. dans les offices de tourisme ou au 05 59 26 92 71 -12 € (-18 ans gratuit).* Concerts d'orgue sur les différents instruments de la région, particulièrement ceux de St-Jean-de-Luz, d'Urrugne et d'Hendaye.

Festival andalou – *W.-end de Pentecôte.* Danses, concours de sévillanes et restauration.

Fête de la St-Jean – *Juin, w.-end de la St-Jean.* Grand-messe, concerts, pelote basque, force basque, feux de la St-Jean, bal, *toro de fuego*, etc.

Toro de fuego – *Juil.-août, ts les merc. et dim.* Course à la poursuite d'un taureau de bois enflammé, puis spectacle pyrotechnique.

Fête du thon – *2ᵉ sam. de juil.* Animations, dégustation de thon-piperade, *bandas* et bals.

Internationaux professionnels de cesta punta – *Juil.-août.*

Musique en Côte basque – *3 sem. en sept. - rens. 05 59 26 03 16 - www.musiquecotebasque.fr.* Concerts classiques à St-Jean-de-Luz, Hendaye, Biarritz, etc.

Festival international du film – *Oct. - www.fifsaintjeandeluz.com.*

Hendaye

Hendaia

16 783 Hendayais - Pyrénées-Atlantiques (64)

Posée entre mer et montagne, Hendaye est connue pour son immense plage abondamment fleurie ponctuée par la silhouette emblématique des Deux-Jumeaux, idéale pour la baignade, la planche à voile et le surf. Les abords de son port de plaisance, les jolies rives de la baie et son centre-ville discret sont autant de lieux agréables. La ville n'est séparée de l'Espagne que par la Bidassoa. Autant dire que les soirées estivales, partagées entre la station française et ses voisines Irun et Hondarribia, aux multiples bars à pintxos, sont animées !

NOS ADRESSES PAGE 91
Hébergement, restauration, achats, activités, etc.

ⓘ S'INFORMER

Office du tourisme d'Hendaye – *67 bis bd de la Mer - 64700 Hendaye - ℰ 05 59 20 00 34 - www.hendaye-tourisme.fr - juil.-août : 9h-19h, dim. et j. fériés 10h-13h, 15h-18h ; juin et sept. : 9h-12h30, 14h-18h30, sam. 9h-12h30, 14h-18h, dim. et j. fériés 10h-12h30 ; reste de l'année : se rens. - fermé 1er janv., 1er Mai, 25 déc. - 2e bureau bd de Gaulle (face à la gare) - lun.-mar. et jeu.-vend. 9h-12h30, 13h30-17h.*

Visites commentées – *L'office de tourisme propose deux visites guidées de mi-avr. à fin sept. et vac. de la Toussaint : l'une autour du bourg historique, et l'autre côté plage - mar. et jeu. 10h30 - sur réserv. - 4 € - enf. 2 € - 7 € chasse au trésor (7-12 ans).*

◉ SE REPÉRER

Carte de microrégion A2 (p. 28-29) – À 31 km au sud de Biarritz par la D 810, l'A 63 et la D 811. Située sur la rive droite de la Bidassoa qui se jette dans l'Océan, Hendaye est formée de trois quartiers : Hendaye-Gare, Hendaye-Ville et Hendaye-Plage.

🅿 SE GARER

Les places de parking de la plage et des rues voisines sont pratiques mais payantes ; le stationnement est gratuit quand on s'éloigne de la plage.

⌾ À NE PAS MANQUER

Le château-observatoire Abbadia.

👪 AVEC LES ENFANTS

La longue plage en pente douce et le centre nautique restent des valeurs sûres pour les plus jeunes qui sont particulièrement choyés dans la station *(voir programme des activités à l'OT).*

Se promener Carte de microrégion

Hendaye-Plage

Si une chose ne manque pas à Hendaye-Plage, c'est bien le vert : dans les jardins ou sur les avenues, magnolias, palmiers, tamaris, eucalyptus, mimosas et lauriers foisonnent.

Dans l'ancien casino de style mauresque (1884), vous flânerez entre boutiques, cafés et restaurants. Il marque le point de départ du GR 10 qui traverse les Pyrénées d'ouest en est.

1

Au nord-est de la plage, se dressent les rochers des Deux-Jumeaux, au large de la pointe de Ste-Anne ; à l'opposé, le **cap du Figuier★** (cabo Higuer), déjà en Espagne, marque l'embouchure de la Bidassoa.

👤👤 N'hésitez pas à marcher jusqu'au bout de la digue, d'où vous aurez une belle vue sur le littoral hendayais.

Entre le boulevard du Gén.-Leclerc et la rue des Oliviers, en arrière de la plage, vous pourrez admirer les maisons de **style néobasque** (déb. 20e s.) qui caractérisent le patrimoine architectural d'Hendaye : il y en a plus de soixante-dix, classées, dont beaucoup sont dues à l'architecte **Edmond Durandeau** (1878-1960), Hendayais d'adoption.

Le quartier Sokoburu, entre la plage et le port de plaisance, regroupe salle des congrès, espace culturel, centre de thalasso, casino et restaurants avec terrasse ; il accueille également les marchés et foires, dont les Nuits du port, en été (🍃 *Nos adresses*).

Baie de Txingudi

L'estuaire de la Bidassoa forme à marée haute un lac tranquille : la baie de Chingoudy, où l'on peut pratiquer toutes sortes d'activités nautiques.

Port de plaisance avec navettes pour **Hondarribia** (🍃 *p. 215*). Jolie vue sur le port et la baie depuis le quai de la Floride.

Chemin de la Baie

🐾 Du port de plaisance à l'île de la Conférence, cette promenade de 15 km autour de la baie de Txingudi offre une belle vue sur les villes d'Irun et Hondarribia.

Port de Caneta

Depuis le bd du Gén.-de-Gaulle, tournez dans la rue de la Liberté ; parking en contrebas.

Joli petit port de pêcheurs surplombé par une fortification Vauban, détruite dès le premier assaut espagnol en 1793. À la fin de sa vie, Pierre Loti habitait dans la maison de style mauresque.

Église St-Vincent

Les harmonieuses proportions de cette église typiquement basque, située au cœur d'un dédale de ruelles, dominent la baie de Txingudi et l'estuaire de la Bidassoa. Sa présentation actuelle – fragments de retable détachés de leur meuble, statues en bois polychrome – permet de détailler chaque œuvre.

SAUVÉE PAR LE RAIL

De par sa situation stratégique en bord de fleuve, Hendaye a toujours fait office de ville-frontière et en a subi les inconvénients. Jusqu'au 18e s., la cité se trouve en effet régulièrement en conflit avec ses voisines Irun et Hondarribia, notamment à propos des droits de pêche sur le fleuve et dans le golfe. Cela lui vaut même d'être détruite en 1793. La prospérité ne revient qu'à partir de 1864, avec l'arrivée du chemin de fer. Hendaye voit alors se construire le château Abbadia (1864), le casino de style mauresque (1884), un golf et l'hôtel Eskualduna (1911), ainsi que de nombreuses villas d'inspiration basque témoignant de son attrait balnéaire. Mais son atout économique est avant tout lié au train, puisque la ville devient un nœud ferroviaire incontournable entre l'Espagne et la France (notamment en raison de la différence d'écartement des rails entre les deux pays, ce qui nécessitait des arrêts).

Coucher de soleil sur la plage d'Hendaye.
J. Larrea/age fotostock

ILLUSTRES HENDAYAIS

L'écrivain **Pierre Loti** est mort à Hendaye le 10 juin 1923, dans une modeste maison basque *(r. des Pêcheurs)*. La station est aussi la ville natale de **Bixente Lizarazu**, champion du monde avec l'équipe de France de football en 1998 et aujourd'hui consultant télé et radio. En 2010, la jeune Hendayaise **Pauline Ado** est devenue championne d'Europe junior de surf après un titre de championne du monde junior l'année précédente.

À droite, un baptistère a été installé dans une niche à fronton du 17e s. ; un bénitier roman décoré de la croix basque sert de cuve. La première galerie des tribunes supporte un petit orgue dont le buffet doré est décoré d'une Annonciation. Remarquez, dans la chapelle du St-Sacrement, un grand **crucifix★**, œuvre sereine du 13e s.

À proximité Carte de microrégion

Sentier du littoral (🐾 *St-Jean-de-Luz, p. 74*)

🐾 Sur 25 km, parcourez le sentier en découvrant la faune et la flore au fil des stations d'interprétation.

Domaine Abbadia A2

Éloignez-vous de la plage par la route de la Corniche et, au rond-point, tournez à gauche en suivant le fléchage. Plusieurs formules de visites commentées sont proposées (voir site Internet). Prévoir des jumelles pour observer les oiseaux. Site accessible 24h/24. Chiens, VTT et cueillette sont interdits.
Bureau d'accueil à la Maison de la Corniche basque, Asporotsttipi - ☎ 05 59 74 16 18 - www.abbadia.fr - juin-sept. 10h-13h, 14h-18h30 ; oct.-juin 10h-12h et 14h30-17h30, fermé dim. et lun.
À la pointe Ste-Anne, le domaine Abbadia est un site naturel protégé aux caractéristiques de la Côte basque : prairies couvertes de landes à ajoncs et à

UNE ÎLE EN PARTAGE

Le 7 novembre 1659, Mazarin et son homologue espagnol, Luis de Haro, signent à Hendaye le **traité des Pyrénées**, mettant officiellement fin à la guerre de Trente Ans. Symboliquement, la cérémonie se déroule sur l'**île des Faisans**, posée au milieu de la Bidassoa entre Hendaye et Hondarribia. Grâce au traité, le royaume de France s'empare du Roussillon, du Vallespir, du Conflent, du Capcir, de la Cerdagne, de l'Artois ainsi que de quelques places fortes de Flandres et de Lorraine. Une frontière est tracée entre les deux territoires. Clause annexe : le jeune roi de France, Louis XIV, épousera l'infante d'Espagne, Marie-Thérèse, l'année suivante à St-Jean-de-Luz… et s'engage à renoncer à ce que ses héritiers briguent le trône espagnol. La dot de Marie-Thérèse n'ayant jamais été versée, Louis XIV revendiquera plus tard la couronne d'Espagne, ravivant les guerres entre les deux peuples. Depuis le traité des Pyrénées, l'île des Faisans (ou île de la Conférence) est toujours un condominium, soit une copropriété divisée, dont la gestion est assurée à intervalle de six mois par chacun des pays.

---

bruyères s'arrêtant en falaises abruptes sur la mer. Vous pouvez voir les rochers des Deux-Jumeaux et, à l'aide de jumelles, observer les oiseaux migrateurs, tels le pluvier argenté, le busard cendré, l'outarde canepetière et le milan royal.

★★ Château-Observatoire Abbadia A2

Suivez la D 912 que vous quitterez à gauche pour entrer dans le parc du château. *☎ 05 59 20 04 51 - www.chateau-abbadia.fr - visite guidée juil.-août : 10h-11h30, 14h-16h45 ; avr.-mai et juin : 10h-12h, 14h-18h, w.-end et j. fériés 14h-18h ; reste de l'année : tlj sf lun. 14h-18h - visite libre (seult juil.-août) 14h-18h - visite guidée 8,90 € (-14 ans 4,50 €) - 23 € billet famille (2 adultes + 2-3 enf.) - visite libre 7,50 € (-14 ans 3,60 €), 20 € billet famille - fermé 1ᵉʳ Mai, 24-25 et 31 déc.*

Étonnant bâtiment néogothique excentrique, ce château fut la demeure d'**Antoine d'Abbadie** (1810-1897), un « savanturier », explorateur, géodésien, géographe, astronome, linguiste, philologue, ethnologue, mécène de la culture basque… Après dix années passées à cartographier l'Éthiopie, il choisit la pointe Ste-Anne pour faire bâtir un château digne de ses rêves africains. Afin de satisfaire son goût pour le Moyen Âge et pour la science, il fit appel à l'architecte **Viollet-le-Duc** et à son élève Edmond Duthoit.

Le mélange ne manque pas de piquant : tours crénelées à la médiévale, façades ponctuées d'un bestiaire fantastique et toits en poivrière dominent le parc planté d'essences et de plantes exotiques, dessiné par les **frères Bühler**. Dans toutes les pièces – peintes, ornées de fresques, tendues de cuir de buffle… –, on peut lire des vers, des devises en anglais, en basque et en amharique (langue éthiopienne). Dans le grand salon, pièce circulaire à dominante bleue, on découvre le blason et la devise d'Antoine, « Plus être que paraître », son monogramme et celui de son épouse Virginie ; tous deux reposent dans la crypte aménagée sous la chapelle du château..

Bibliothèque – Placée au cœur de la demeure, lieu de travail et de réflexion, l'impressionnante bibliothèque garnie de rayonnages du sol au plafond comptait plus de 10 000 volumes.

Observatoire – Instrument servant principalement à déterminer la position des étoiles dans le ciel, la lunette méridienne fut utilisée par les astronomes jusqu'en 1975. L'observatoire prend toujours des mesures sismographiques. Dans le château en perpétuelle rénovation, l'un des prochains chantiers le concerne ; on projette d'y installer une nadirane version 21ᵉ s., un instrument unique destiné notamment à détecter les faibles secousses telluriques, avec l'ancêtre duquel Antoine d'Abbadie effectua de nombreuses observations. Mort sans héritier, Antoine d'Abbadie légua son château à l'Académie des Sciences dont il était un correspondant. Loin d'être un musée figé, le château-observatoire Abbadia est un lieu vivant où il se passe toujours quelque chose : visites thématiques, concerts, etc.

À proximité Carte de microrégion

Biriatou/Biriatu A2

À 5 km au sud-est. Quittez Hendaye par la route de Béhobie.
Une placette à fronton avec son auberge attenante, quelques marches et une église, voilà une image de carte postale. Du village, la vue s'étend sur les montagnes boisées, la rivière-frontière en contrebas et l'Espagne de l'autre côté. Jadis, l'activité de ce lieu était en grande partie consacrée à la contrebande, et d'anciennes traditions se perpétuent encore. Le **jeu de l'oie** en est un exemple : des jeunes gens à cheval doivent trancher ou arracher le cou d'un de ces malheureux volatiles, rite initiatique nécessaire pour devenir un homme. Ce jeu se déroule durant les fêtes du village *(autour du 11 novembre)*.

😊 NOS ADRESSES À HENDAYE   1

TRANSPORTS

Train – Le forfait **Passbask** permet de voyager librement entre Bayonne et St-Sébastien, sur le réseau SNCF et sur le réseau espagnol. *En vente dans toutes les gares SNCF d'Aquitaine et celles d'EuskoTren - ☎ 0 800 872 872 - www.ter-sncf.com/aquitaine - billet valable du jour du compostage jusqu'à minuit le lendemain, utilisable tlj en juil.-août et le w.-end le reste de l'année - 12 € (-12 ans 8 €, -4 ans gratuit).*

Bus – Deux lignes de bus *(lun.-sam. 8h-12h, 14h-19h, dim. 8h-12h, 1 dép./h.)* desservent notamment pour l'une le château Abbadia, pour l'autre la plage, le quartier du port de plaisance, et passent par l'office de tourisme.

Hegobus – La ligne n°4 relie Irun (Plaza San Juan) à Hendaye (Grande Plage, Abbadia) en 30mn - *☎ 0800 891 091 - http://hegobus.fr - lun.-sam. 7h30-21h30, dim. 8h40-14h15, 1 dép./h. - ticket unitaire 1 €, ticket journée 5 €, -6 ans gratuit.*

Navette ferroviaire – Le petit métro aérien **Topo** relie Hendaye à St-Sébastien en 35mn - *dép. tlj du bâtiment à gauche de la gare SNCF, ttes les 3 et 33 de chaque heure : 7h03, 7h33… 22h33 - ☎ (+ 34) 902 543 210 - www.euskotren.es - 4,90 € AR.*

Navette maritime – Un bateau relie le port d'Hendaye à Hondarribia en 5mn - *dép. ttes les 15mn 10h-1h en juil.-août - 1,90 €.*

Aéroports – Voir Bayonne-Anglet-Biarritz (à 25mn) et St-Sébastien-Hondarribia (à 10mn).

HÉBERGEMENT

PREMIER PRIX

Hendaye compte sept campings de 2 à 4 étoiles parmi lesquels :
Camping Dorrondeguy – *Rte de la Glacière - à 5 km au nord-est par D 912 et D 658 à dr. - ☎ 05 59 20 26 16 - www.camping-dorrondeguy. com - de déb. avr. à mi-oct. - 🅿 ♿ ⛱ - réserv. conseillée - 127 empl. 30 € - 48 locatifs 290/720 €/sem. (2 pers.).* Très agréable, ce camping propose des emplacements bien

ombragés et séparés par des haies. Mobile-homes récents et charmant petit village d'une dizaine de chalets. Parmi les activités, un fronton de pelote basque et une piscine chauffée. En haute saison, snack-épicerie et navette gratuite pour Hendaye.

Camping Eskualduna – *Rte de la Corniche -* ℘ *05 59 20 04 64 - www. camping-eskualduna.fr - mi-avr. à fin sept. -* ♿ ⛱ *- 330 empl. 41 € - 80 locatifs 65/125 € (2 nuits mini) hors sais.; seult à la sem. en sais. 495/780 €* ⌑. Cette institution, née dans les années 1960, propose de nombreux loisirs : parc aquatique, terrain multisports, club enfants et animations en soirées autour du bar-restaurant. Préférez les emplacements les plus éloignés de la route. Navette gratuite pour la plage en juil.-août.

BUDGET MOYEN

Hôtel Valencia – *29 bd de la Mer -* ℘ *05 59 20 01 62 - www. hotel-valencia-hendaye.com -* ♿ *- fermé 20 déc.-31 janv. -* 🅿 *- 20 ch. 75/145 € -* ⌑ *9 €*. Seule la route sépare cet hôtel de la Grande Plage d'Hendaye. La salle où est servi le petit-déjeuner, située au 1er étage, et quatre chambres bénéficient de la vue sur l'Océan et les côtes espagnoles. Décor et mobilier sobrement fonctionnels. Bar et salon de thé au rez-de-chaussée. Hébergement possible dans des studios et appartements très bien aménagés.

Hôtel Uhainak – *3 bd de la Mer -* ℘ *05 59 20 33 63 - www.hotel-uhainak.com - fermé déc.-janv. -* 🅿 ♿ *- 14 ch. 82/150 € -* ⌑ *8 €*. Cet hôtel donne sur la Grande Plage d'Hendaye. Les chambres et les salles de bains possèdent de beaux volumes. Celles du premier étage ont un balcon (à choisir de préférence côté Océan) et sont meublées dans un style

chaleureux et contemporain. Accueil simple et convivial.

Résidence Azureva – *175 bd de l'Empereur - 64700 Hendaye - Galbarreta -* ℘ *05 59 48 26 26 - www.azureva-vacances.com - info. et réserv. centralisées au* ℘ *0 825 825 432 (0,15 €/mn) - fermé déc.-mars. -* 🅿 ♿ ⛱ *- 120 ch. 546/644 €/pers./sem. en P complète (-14 ans 491/580 €, -6 ans 328/386 €) - poss. de séjours courts et de réserv. à la nuitée en dehors de la haute sais. et des vac. scol.* Ce village de vacances récent compte neuf bâtiments, disséminés dans un parc qui domine l'Océan, où sont aménagées des chambres vastes et confortables, avec terrasse ou balcon. La plage se trouve à moins de 400 m et les prestations sont excellentes : piscine chauffée couverte, salle de sports, équipements sportifs, jeux et animations pour les enfants, boutique, navettes gare ou aéroport… Parfait en famille pendant la haute saison et nettement plus calme en dehors des vacances scolaires !

Les Jardins de Bakea – *1134 r. Herri-Alde - 64700 Biriatou -* ℘ *05 59 20 02 01 - www.bakea. fr - fermé dernière sem. de nov.- 1re sem. déc. et mi-janv.-1re sem. fév. (se rens.) -* 🅿 ♿ *- 20 ch. 85/137 €, junior suite 150 € -* ⌑ *13 €*. Cette maison régionale du début du 20e s. a fait peau neuve et propose des chambres « prestige », ainsi qu'une junior suite. Quatre chambres mansardées, quatre traditionnelles avec mobilier basque, quatre Charme et quatre Jardin. Nouveau restaurant *(voir Restauration)*.

POUR SE FAIRE PLAISIR

Hôtel Villa Goxoa – *32 av. des Magnolias -* ℘ *05 59 20 32 43 - www.hotel-hendaye. com -* ♿ ⛱ *- 7 ch. 90/150 €, suite*

130/175 € - 🍽 10 €. Cette belle villa traditionnelle, dans une rue calme à deux pas de la plage, abrite un hôtel de charme qui tient de la chambre d'hôte. L'ambiance est sereine et raffinée, à l'image des chambres impeccables et design, pourvues pour certaines d'une petite terrasse privative ou d'un balcon. L'établissement dispose d'un espace bien-être et possibilité de massages thérapeutiques. Parking couvert payant à proximité *(12 €/j)*.

Hôtel Lafon – *99 bd de la Mer - ☎ 05 59 20 04 67 - www.hotel-lafon.com -* ⚫ *- 14 ch. 106/116 € -* 🍽 *7,50 €.* Face à la mer, cet hôtel entièrement rénové propose de jolies chambres aux salles de bains spacieuses. Préférez celles face à la mer ou celles qui, côté rue, ont un balcon. L'accueil est amical et le petit-déjeuner est servi dans une agréable salle donnant sur la mer. Terrasse-bar en été.

RESTAURATION

PREMIER PRIX

La Cidrerie – *Maison Camino Berry D 810 - ☎ 05 59 20 66 25 - www.restaurant-cidrerie.fr - fermé 2 sem. fin oct., 2 sem. fin déc.-déb. janv., 1 sem. en juin, dim. soir et mar. soir sf juil.-août et lun. -* 🅿 ⚫ *- menus 12,50/17/19,50/24/26 €, menu cidrerie 30 € (réserv. 24h à l'avance).* À La Cidrerie, vous boirez bien sûr le cidre de la propriété, que vous accompagnerez d'une copieuse côte de bœuf ou d'une daurade grillées, spécialités de la maison. Le décor est simple – murs blancs, bois et petites fenêtres – et le service sans chichi. Possibilité d'acheter du cidre toute l'année.

BUDGET MOYEN

Le Battela – *5 r. d'Irun - ☎ 05 59 20 15 70 - www.battela-restaurant.com - fermé apr. les fêtes de fin*

d'année jusqu'à la fête des grand-mères (déb. mars), 2 sem. fin nov., dim. soir et merc. (hors sais.), mar. (juil.) - ouv. tlj en août - menu midi (sf dim. et j. fériés) 21 € - 35 €. Ce petit établissement situé dans une rue perpendiculaire à l'Océan est apprécié des Hendayais pour son poisson ultrafrais et ses recettes originales : ravioles de crabe txanguro, salade de *chipirones* et de salicorne, authentique soupe de poisson, à savourer dans une salle à l'ambiance intime.

La Pinta – *121 bd de la Mer - port de Sokoburu - ☎ 05 59 48 12 12 - www.lapintasergeblanco.com - 12h-14h30, 19h30-22h - fermé 3 sem. en déc. et mar. sf juil.-août - menus 18/32 €.* Cette *bodega-sidreria* à la chaleureuse décoration rouge et blanc est l'occasion de goûter comme il se doit au menu complet qu'offre toute bonne cidrerie. On y trouve d'autres bonnes choses, dans le respect des traditions basques : poissons à la plancha, *axoa* au piment d'Espelette, etc. Également belle terrasse sur la marina.

Hegoa Café – *2 bd de la Mer - ☎ 05 59 20 64 82 - fermé Noël-début fév. - ouv. tlj midi et soir en sais. (1er avr.-15 nov.), fermé le soir (sf vend.-dim.) hors sais. - menus 18,10/29,50 € - 15/30 €.* On pourrait se croire en croisière sur un bateau dans ce restaurant avec ses boiseries claires, ses rampes et ses objets en cuivre. Et par ses larges baies vitrées, la baie d'Hendaye, l'estuaire de la Bidassoa, la mer et… l'Espagne. Dans l'assiette, les poissons tiennent la vedette, mais on sert aussi de bonnes pizzas.

POUR SE FAIRE PLAISIR

Les Jardins de Bakea – *1134 r. Herri-Alde - 64700 Biriatou - ☎ 05 59 20 02 01 - www.bakea.fr - fermé dernière sem. de nov.-1re sem. déc. et mi-janv.-1re sem. fév.*

1

(se rens.) - formule déj. 29 € - menu 38/74 €. La table des Jardins de Bakea offre une belle vue sur la montagne et une jolie terrasse sous les platanes. Ici, on savoure une cuisine qui va à l'essentiel, à l'image de cette délicieuse salade gourmande de homard et de haricots verts et de ce soufflé à l'alcool de poire.

EN SOIRÉE

Les noctambules français prolongent souvent leurs sorties festives à **Irun**, de l'autre côté de la frontière. L'animation se concentre autour de la place San Juan et de la rue de Karrika Nagusia, où des dizaines de bars à tapas restent ouverts jusqu'à des heures indues.

Casino de Sokoburu – *121 bd de la Mer -* 📞 *05 59 48 02 48 - www. casino-hendaye.com - dim.-jeu. : 11h30-1h (vend. 2h, sam. 3h).* Dans ce casino situé face à la plage et à proximité du centre de thalassothérapie, on tente fortune sur les 50 machines à sous, dont la roulette électronique… Black-jack en soirée. Animations et lotos tout au long de l'année.

ACTIVITÉS

Complexe de thalassothérapie Serge Blanco – *125 bd de la Mer -* 📞 *05 59 51 35 35 - www. thalassoblanco.com - fermé 3 sem. en déc. - &.* Week-end initiation thalasso comprenant une nuit en pension complète *(203/249 €)*, 3 soins d'hydrothérapie (sam.) et l'accès libre à l'espace de remise en forme (dim.). Forfaits remise en forme ou beauté au Spa.

L'Hendayais II – *Port de Plaisance de Sokoburu -* 📞 *06 50 67 03 44 - www.hendayais.com - fermé nov.-mars - 10/17 € (enf. 5/9 €) selon la croisière - durée des sorties : 45mn/1h30.* La découverte de la Côte basque à bord de L'Hendayais-II montre tour à tour les falaises de schiste, la petite baie de Loya au pied du château Abbadia et les contreforts des Pyrénées. Si vous le souhaitez, vous pouvez aussi participer à une pêche en mer.

Centre nautique Hendaye Itsasoko Haizea – *Bd de la Baie-de-Txingudi -* 📞 *05 40 39 85 43 - www.centrenautique.hendaye. com - mai-mi-sept. : tlj - mars-mai et sept.-mai. du lun. au vend. - horaires : se rens.* Stages et cours particuliers de voile (Optimist, Déclic, Hobie Cat Advance, New Cat F2 - *initiation 30/45 € 1h, stages 5 séances 120/160 €*), d'aviron et de planche à voile. Location de kayaks *(10 €/h)*, planches à voile *(15 €/h)* et petits voiliers.

Memphis Jet – *r. des Orangers - port de pêche, chai n° 29 -* 📞 *06 21 06 40 28 - www. memphis-jet.com - rando de 90 € (45mn) à 200 € (2h) en jet-ski - location de 100 € (1h) à 300 € (1 j.) - à partir de 20 €/pers. pour les engins tractés.* En compagnie d'un moniteur, jet-ski sans permis, le long des côtes d'Hendaye, de St-Jean-de-Luz, de St-Sébastien et de Biarritz. Sessions de *fly fish*, banane ou bouée tractée.

Onaka – *12 r. des Mimosas -* 📞 *05 59 20 85 88 - www.onaka. fr - des vac. de Pâques aux vac. de la Toussaint - 8h-21h en sais., 9h-19h vac. scol., 10h-18h hors sais., (se rens. selon la météo) - cours 35 €/1h30.* École de surf proposant des cours collectifs ou particuliers. Location de surfs et combinaisons à l'heure, à la journée ou à la semaine.

Planet Ocean – *r. des Orangers - port Floride -* 📞 *06 62 63 66 27 - www.planetocean.fr - baptême de plongée en mer précédée par une plongée en bassin 140 € (-13 ans 120 €) - baptême de plongée en mer 70 € (-13 ans*

60 €) - randonnée palmée 28 €.
École de plongée proposant des
baptêmes, des stages, des sorties
exploration et des randonnées
palmées à la découverte de la côte
et de ses merveilles aquatique.

**👤👤 Oihana - Parc d'aventures
et paintball** – *Rte de la Glacière -
64122 Urrugne - 📞 06 03 40 52 31 -
www.oihana-64.com - juil.-août :
10-19h ; vac. de printemps : 10h30-
19h ; vac. de la Toussaint : 13h-18h ;
reste de l'année : merc. 13h-18h,
w.-end et j. fériés 10h30-18h - 24 €
(6-11 ans 18 €) - réserv. obligatoire -
parcours en nocturne en juil.-août
33 €, sur demande.* Sept parcours
pour plus de 2h30 d'aventures
dans les arbres ! Tyroliennes
géantes, saut de Tarzan, surf des
cimes et *base jump,* un saut de
plus de 15 m ! Activité de paintball
également proposée.

AGENDA

Fêtes de la Bixintxo – *Mi-janv.* En
l'honneur de saint Vincent, patron
de la ville.
**Festival international du film de
la mer Filmar** – *Avr. - Auditorium*
*Sokoburu - 📞 05 59 20 00 34 - www.
filmar-hendaye.fr - gratuit.*

👤👤 Semaines des enfants –
*📞 05 59 20 00 34 - www.hendaye-
semaines-des-enfants.com - vac. de
printemps et d'automne - gratuit sur
inscription.* Animations et ateliers
pour les enfants à partir de 4 ans.
Mai du théâtre – *Autour du
3ᵉ w.-end de mai - http://theatre-
des-chimeres.com/wordpress/.* Des
spectacles dans différents lieux
de la ville.
Marché artisanal nocturne – *Pl.
Sokoburu - juil.-août : lun. soir à
partir de 19h30 et jeu. à partir de
20h.* Marché nocturne d'art et
d'artisanat sur le port.
Toro de fuego – *21 juil., 15 et
25 août.* Course à la poursuite
d'un taureau de bois enflammé,
puis spectacle pyrotechnique.
**Hendaye fête l'été/Fête du
chipiron** – *Grande Plage -
10/13 juil.* 4 j. de spectacles de rue.
Fête basque – *2ᵉ w.-end d'août.*
Fêtes de la Saint-Martin –
Biriatou - autour du 11 Nov. Fête
du village durant une dizaine de
jours.

1

La Rhune

Larrun

Pyrénées-Atlantiques (64)

La Rhune, montagne emblématique du Pays basque, identifiable entre toutes à la pointe qui occupe son sommet, domine le paysage. On l'admire au rythme du train à crémaillère qui y mène, ou on la mérite en gravissant son versant à pied. Elle offre une vue embrassant toute la région et un aperçu de la beauté des villages qu'elle surplombe, à la fois liés à l'Océan et à la montagne.

NOS ADRESSES PAGE 100
Hébergement, restauration, achats, activités, etc.

S'INFORMER

Bureau d'accueil touristique d'Ascain – *23 r. Oletako-Bidea - 64310 Ascain - ℘ 05 59 54 00 84 - juil.-août : 9h-12h30, 14h-18h30, dim. et j. fériés 10h-13h ; avr.-juin et sept.-oct. : tlj sf dim. 9h-12h30, 14h-17h30 ; nov.-mars : tlj sf w.-end 9h-12h30, 14h-17h30 - fermé 1er janv., 1er et 8 Mai, 1er et 11 Nov., 25 déc.*

Bureau d'accueil touristique de Sare – ⚬ *p. 103.*

Bureau d'accueil touristique de St-Pée-sur-Nivelle – *Pl. du Fronton - 64310 St-Pée-sur-Nivelle - ℘ 05 59 54 11 69 - www.saint-pee-sur-nivelle. com - juil.-août : 9h-12h30, 14h-18h30, dim. et j. fériés 10h-13h ; avr.-juin et sept. : tlj sf dim. 9h-12h30, 14h-17h30, sam. 9h-12h30 ; reste de l'année : tlj sf w.-end 9h30-12h30, 14h-17h30 - fermé certains j. fériés.*

Point Informations Touristiques de la Rhune – *en face de la gare du train à crémaillère, à l'entrée du parking - juil.-août : tlj 8h-18h ; avr.-juin et sept.-oct. : tlj 9h-17h.*

SE REPÉRER

Carte de microrégion B3 (p. 28-29).
À 23 km au sud de St-Jean-de-Luz par la D 704 puis la D4. Pour accéder au sommet, rejoignez le col de St-Ignace sur la D 4 entre Ascain et Sare.

Hegobus - *℘ 0 800 891 091 - http:// hegobus.fr - ticket unitaire 1 €, ticket journée 5 €.* La ligne n°21 relie St-Jean-de-Luz (Halte routière) au col de St-Ignace, point de départ du train de la Rhune, en 20mn *(lun.-sam. 9h-18h35, dim. 9h-16h, 1 dép. ttes les 2h env.).* La ligne n°22 relie St-Jean-de-Luz (Halte routière) à Ascain en 10mn et au lac de St-Pée-sur-Nivelle en 30mn *(lun.-sam. 8h30-19h, 1 dép. ttes les 2h env.).*

SE GARER

Parkings gratuits au col de St-Ignace, près de la gare (attention, insuffisants en cas de forte affluence).

ORGANISER SON TEMPS

Il vaut mieux faire l'ascension de la Rhune tôt le matin quand il y a moins de monde. Pensez à réserver vos billets *(en juil.-août, sur le site www.rhune.com, reste de l'année dans les bureaux d'accueil).* Enchaînez avec la maison Ortillopitz et le circuit de la Nivelle.

AVEC LES ENFANTS

L'ascension de la Rhune en train, en évitant si possible les périodes trop chargées ; la maison Ortillopitz ; l'écomusée de la Pelote et du Xistera ; la base de loisirs du lac de St-Pée-sur-Nivelle.

Le train à crémaillère de la Rhune.
D. Zylbering/hemis.fr

Se promener Carte de microrégion

★★★ La Rhune B3

Renseignez-vous sur la visibilité au sommet (inutile de monter par temps couvert) et prévoyez un vêtement chaud. Pour vous rendre au sommet de la Rhune, vous avez le choix entre 2 options :

Le train à crémaillère – *Col de St-Ignace - 64310 Sare - ☏ 05 59 54 20 26 - www.rhune.com - de mi-juil. à fin août : 8h20-17h30, dép. ttes les 40mn ; de mars (se rens.) à mi-juil. et sept.-oct. : 9h30-12h, 14h-16h - 18,50 € (-12 ans 11,50 €) - achat des billets à la gare ou sur le site Internet.*

Le sentier du train de la Rhune – *Balisé en jaune, il faut compter 2h30 à 3h pour la montée, 2h pour la descente. Équipez-vous de bonnes chaussures.*

À certaines périodes, des animations sont organisées au sommet : vac. scol. et w.-ends de mai-juin et sept., se rens. sur le programme au ☏ 05 59 54 20 26 ou par mail : train.rhune@epsa.fr.

La Rhune (en basque, *larrun* : « bon pâturage ») est la montagne emblématique du Pays basque français. De son sommet-frontière où trône un émetteur de télévision, le **panorama**★★★ porte jusqu'à l'Océan, la forêt des Landes, les Pyrénées basques et, au sud, la vallée de la Bidassoa.

Un obélisque rappelle que l'impératrice Eugénie en fit l'ascension à dos de mulet en 1859.

En haute saison, la route qui y mène est littéralement prise d'assaut. Si vous partez assez tôt, peut-être pourrez-vous profiter tranquillement du trajet qui s'élève au-dessus d'un gracieux vallon jusqu'au **col de St-Ignace** (alt. 169 m). Là, le petit chemin de fer à crémaillère de 1924 mène en 35mn au sommet. Son allure (8 km/h) laisse tout le loisir d'admirer les vautours fauves, les **pottoks** et les **manechs** (brebis locales à tête noire) qui paissent tranquillement. À l'arrivée, vous trouverez trois *ventas*, gigantesques supermarchés détaxés situés sur la frontière.

Depuis le col, une petite route mène à la maison Ortillopitz (1 km).

★ Maison Ortillopitz B2

Col de St-Ignace - rte de la Platrière - ☏ 05 59 85 91 92 - www.ortillopitz.com - ouv. de mi-avr. à mi-oct., horaires des visites se rens. - fermé sam. et cert. dim. - visite guidée (45mn) - 10 € (14-18 ans 8 €, 6-13 ans 5 €).

👥 C'est une belle et grande ferme (600 m² sur trois étages) labourdine du 17ᵉ s. que fit construire un armateur, d'où le confort des lieux. Sa visite permet d'entrer dans la vie quotidienne d'une famille basque. À noter : l'escalier droit en bois sur le modèle d'un bateau, la cuisine avec son four à pain, la belle charpente du grenier (qui nécessita 600 arbres !) ; à l'extérieur : le pressoir avec son impressionnante poutre maîtresse et le lavoir.

Ortillopitz possédait 18 ha de terres alentour qui assuraient une vie en autarcie. Vous découvrirez à votre gré le potager, le verger, les vignes, les parcelles de maïs, de chanvre et de piment. Vente des légumes du potager en été.

Circuit conseillé Carte de microrégion

★ LA VALLÉE DE LA NIVELLE B2-3

▶ *Circuit de 23,5 km tracé en rouge sur la carte de microrégion (p. 28-29) - comptez 3h. Depuis le col de St-Ignace, Ascain est à 3,5 km sur la D 4 ; depuis St-Jean-de-Luz, Ascain est à 7 km par la D 918.*

★ Ascain/Azkaine B2

Construit au bord de la Nivelle, le bourg est dominé par trois sommets : la Rhune, l'Esnaur et le Bizkarzun. Le sommet de la Rhune à un jet de pierre, une place de village on ne peut plus basque, des maisons labourdines où le bleu, le vert ou le rouge tranchent sur les crépis blancs, et l'inévitable fronton de pelote où jouent les enfants : voilà Ascain en toutes saisons, un lieu propice à la flânerie !

N.-D.-de-l'Assomption – ☏ *05 59 54 00 84 - 8h-18h (en dehors des offices) - fermé dim., certains j. fériés - gratuit.* Un massif clocher-porche dresse sa silhouette au bord de la place. Il marque l'entrée de l'église, inaugurée par Louis XIII en 1626. Admirez les trois étages de galeries, la voûte peinte, les pierres funéraires en granit de la Rhune et le retable du 18ᵉ s. Dans le cimetière, ne manquez pas la stèle discoïdale de 1657 (à droite, entourée de végétation).

🥾 Derrière l'église, les parkings marquent le départ de plusieurs chemins de randonnée : celui des Bergeries, celui de St-Ignace et celui des Sommets. *Pour rejoindre les autres sites, prenez la voiture. Derrière l'église, empruntez le chemin des Carrières et suivez-le jusqu'au parking du sentier de la Rhune, où vous laisserez votre véhicule. Empruntez la route qui monte avant le parking ; plus loin, vue sur le village.*

Pont romain – Cet ouvrage de 40 m a été édifié au 17ᵉ s. mais en suivant la méthode romaine, reconnaissable aux arches inégales et à la chaussée à deux pentes. Une pierre sculptée en tête de personnage, surnommée « César » (visible à marée basse), sert d'indicateur pour le niveau de l'eau.

Sur la rive opposée, vous ne pourrez manquer une étrange villa rose, semblant importée directement de Santa Fe. Vue d'avion, cette « maison du fou » a une forme de revolver. Elle est en fait la réplique d'une villa de Malibu et appartenait à l'original Ferdinand Pinney Earle, célèbre décorateur de cinéma hollywoodien, qui vécut là de 1930 à 1940.

Revenez vers le centre-ville et prenez la 1ʳᵉ à droite, puis la r. Ernest-Fourneau à droite, puis tout droit au rond-point.

Portua – Ancien port local ancré sur la Nivelle, au nord du bourg. Les canoës ont remplacé les gabares, autrefois chargées de pierres ou de produits manufacturés et agricoles.
Reprenez la D 4, puis empruntez la D 918 en direction de St-Pée.

St-Pée-sur-Nivelle/Senpere B2
Il suffit de se promener dans les rues de St-Pée, bordées de maisons traditionnelles aux volets peints, pour se rappeler que l'on est bien en terre basque… Les plus vieilles demeures entourent l'église, dressée en bordure de Nivelle.
Église St Pierre – Admirez la voûte en cul-de-four dont la forme rappelle pour les uns un soleil levant, pour les autres une coquille. Elle domine un très beau **retable** aux tons dorés et bleu pâle du 17e s., réalisé en l'honneur de saint Pierre, patron de la paroisse. Le panneau de gauche montre la scène du reniement au chant du coq et celui de droite, sa libération d'une prison par un ange. Les portes du tabernacle mettent en scène saint Antoine de Padoue. Notez la nef plate et peinte en bleu, ainsi que la beauté des galeries.
Moulin – Plazako-Errota - *𝄂 05 59 54 19 49 -ouv. J. des moulins (juin) et J. du patrimoine - entrée libre.* Ce moulin à eau du 15e s. fonctionne avec deux roues horizontales en fonte actionnant deux paires de meule.
Écomusée de la Pelote et du Xistera – Pl. du Fronton - *𝄂 05 59 54 11 69 - www. ecomuseepelotebasque.fr - & - juil.-août : 9h30-11h30, 14h-17h30, dim. et j. fériés 10h-12h ; avr.-juin et sept. : tlj sf dim. 9h30-11h30, 14h-16h30, sam. 9h30-11h30 ; reste de l'année : tlj sf w.-end 9h30-11h30, 14h-16h30 - fermé certains j. fériés - possibilité de visite guidée sur demande (45mn) - 5 € (-12 ans 2,50 €).* La visite de ce petit musée se révèle dense en informations et incontournable pour comprendre et apprécier l'art de la pelote. On y fait la connaissance de Gantxiki, ce Senpertar qui, à 13 ans, inventa le **chistera** en utilisant un panier d'osier pour recevoir la pelote. Les méthodes de fabrication du chistera ou des pelotes, les différents trinquets et murs, les divers jeux (*pala, xare, pasaka*, chistera, grand chistera), leurs règles, le nom des champions et les défis relevés par les premières équipes féminines n'auront plus de secret pour vous !
Château – *En direction de Cambo, ne se visite pas.* Appartenant jadis aux seigneurs de St-Pée, l'une des plus puissantes familles de la région, il fut le théâtre de procès en sorcellerie menés par Pierre de Lancre *(voir encadré p. suiv.).* Incendié en 1793, il n'en reste qu'une massive tour carrée des 15e et 17e s., ainsi que des bâtiments du 18e s.
La D 918 ramène à St-Jean-de-Luz en longeant la Nivelle.

ASCAIN, ENTRE TERRE ET MER
Proche de l'Océan, Ascain a fourni de nombreux marins aux flottilles régionales. Le village disposait d'un port sur la Nivelle et constituait un important centre de construction navale qui faisait venir le chanvre du Nord et le bois des Landes ou des Pyrénées. Mais son économie était également pastorale du fait de son implantation au pied des sommets pyrénéens. Les Azkaindar ont longtemps vécu de cette double richesse.
Une tradition d'accueil – La frontière espagnole étant toute proche, Ascain s'est trouvé lié aux Basques de Guipúzcoa aussi bien par le commerce que par l'histoire. Pour preuve, l'accueil prodigué aux exilés ibériques lors des guerres carlistes du 19e s. et pendant la guerre civile de 1936-1939. À l'inverse, les sentiers de contrebande servirent de points de passage pour ceux qui fuyaient la France entre 1940 et 1945. Actuellement, Ascain offre l'hospitalité aux visiteurs curieux de découvrir une authentique communauté labourdine.

1

PIERRE DE LANCRE, L'INQUISITEUR

Pierre de Rosteguy, seigneur de Lancre (1553-1631), fut l'instigateur d'une terrible chasse aux sorcières dans le Labourd. Formé en droit et théologie, et conseiller au parlement de Bordeaux, il fut chargé par Henri IV en 1609 de lutter contre les pratiques de sorcellerie et les mauvaises mœurs dans la région (les femmes de marins, seules une partie de l'année, semblaient bien trop libres!). Depuis le château de St-Pée, il organisa de nombreux procès, avec interrogatoires et torture, et 60 à 80 personnes, dont des prêtres, furent brûlées sur le bûcher! Mais quand les hommes rentrèrent de Terre-Neuve en septembre et découvrirent les exécutions, de violentes émeutes éclatèrent. La mission de Pierre de Lancre prit fin le 1er novembre. En 1612, il publia un ouvrage s'appuyant sur son expérience : *Tableau de l'inconstance des mauvais anges et démons.*

😊 NOS ADRESSES LE LONG DE LA NIVELLE

HÉBERGEMENT

À St-Pée-sur-Nivelle

PREMIER PRIX

Camping Goyetchea – *Quartier Ibarron - à 3,8 km à l'ouest de St-Pée-sur-Nivelle par la D 918 et la D 855, rte d'Ahetze à Ibarron -* 📞 *05 59 54 19 59 - www.camping-goyetchea.com -* &. 🏊 *- mai-sept. - réserv. conseillée - 140 empl. 17/30 € (avec électricité) - locatifs 40/59 € (4 pers.), 2 nuits mini en hte sais. - sem. 180/740 € (4 pers.).* Terrain très apprécié des amateurs de silence. Vraiment isolé au milieu des champs, il offre des emplacements ombragés et quelques mobile-homes de bon confort à louer à la nuitée ou à la semaine. Salle TV, snack et jeux pour enfants sont là pour agrémenter le séjour.

BUDGET MOYEN

Hôtel-restaurant Bonnet – *Quartier Ibarron -* 📞 *05 59 54 10 26 - www.hotel-bonnet-paysbasque. com -* 🅿 🏊 *- 70 ch. 80/90 € -* 🍽 *8 € -* ✗ *52 € - menu 12 € midi (lun.-sam.) - menu 25 € midi et soir.* Un hôtel sans prétention aux chambres simples et confortables. Une vingtaine d'entre elles ont été rénovées; les autres, propres, ont un air plus vieillot. L'hôtel dispose d'une piscine et d'un court de tennis. On déjeune dans la salle du devant aux nappes colorées, on dîne dans une salle plus traditionnelle aux poutres apparentes et lustre en fer forgé. Cuisine simple, portions généreuses!

À Ascain

PREMIER PRIX

Chambre d'hôte Arrayoa – 📞 *05 59 54 06 18 - www.arrayoa. com -* 🅿 *- 4 ch. 62 € ⌷. Ferme d'élevage de brebis et de canards située à l'écart du village. Accueil charmant, grande salle commune dotée d'un coin cuisine et d'une bibliothèque, chambres au mobilier campagnard, fronton privé et prix raisonnables en font une adresse très courue. Vous pourrez repartir avec quelques conserves maison (confits ou foie gras).

Hôtel Axafla-Baïta – *Rte d'Olhette -* 📞 *05 59 54 00 30 - www.hotel-achafla-baita.com - fermé du 11 Nov. à mi-déc., dim. et lun. soir en basse sais. -* 🅿 &. *- 11 ch. 61/75 € -* ⌷ *7 € (-9 ans 6 €) - 1/2 P 60/68 €/pers. - menus 17,50/24,50/32,50 €.* La famille Inda tient cet établissement depuis trois générations. Onze chambres sobrement et confortablement aménagées, dont certaines ont vue sur la montagne. À table, recettes basques servies, selon la saison, sur la belle terrasse ou devant la cheminée.

RESTAURATION

À St-Pée-sur-Nivelle

BUDGET MOYEN

Ttotta – *Espace Ibarrondoan - 64310 St-Pée-sur-Nivelle - ℘ 05 59 47 03 55 - www.ttotta.fr - fermé 3 sem. entre fév. et mars, mar. soir hors sais. et merc. - formule déj. 13 € - menus 19/26 € - carte 33/48 €.* Sur la route de St-Jean-de-Luz, ce sympathique restaurant fait honneur au Pays basque! Dans un décor contemporain, on déguste une cuisine du terroir avec de beaux produits du marché. Mention spéciale pour la viande et la charcuterie locales. Le tout accompagné de vins du Sud-Ouest. Une bonne adresse.

UNE FOLIE

L'Auberge Basque – *Quartier Helbarron - ℘ 05 59 51 70 00 - www.aubergebasque.com - ℗ ☆ - fermé 17-25 déc. et 2-9 janv. - juin-sept.: fermé lun. et mar. midi - reste de l'année et j. fériés: se rens. - menu midi 38 €, menu midi et soir 75/94 € - carte 91 €.* Cette ferme du 17ᵉ s. cache une aile très contemporaine, ouverte sur la Rhune et la campagne… Même alliage en cuisine: le chef signe des mets très inventifs, dont les racines plongent dans le terroir. Assiettes pleines de saveurs et de couleurs! Chambres confortables; petit-déjeuner copieux tout en gourmandises…

À Ascain

PREMIER PRIX

Etorri – *R. Ernest-Fourneau - Bidehandia - ℘ 05 59 54*

02 78 - avr.-sept.: tlj sf merc.; reste de l'année: tlj à midi sf merc., le soir le w.-end - menus 13,90/16,90 €. Un petit resto qui ne paye pas de mine mais qui propose de bons plats régionaux, copieux et à prix sympas. La salle, très simple, se trouve à l'arrière. Service agréable.

BUDGET MOYEN

Cidrerie artisanale Txopinondo Sagarnotegia – *D 918, rte de St-Jean-de-Luz - ZA Lan Zelai - ℘ 05 59 54 62 34 - www.txopinondo. com - ☆ - fermé 5-21 janv. - vac. scol. des 3 zones: tlj midi et soir; reste de l'année: du jeu. midi au dim. midi (ouv. dim. soir si lun. férié) - formule pintxos bc. 11,50 €; plats (+ patatas et piquillos) 16/27 € - visites de la cidrerie avr.-oct.: lun.-sam. 10h30-12h, 15h-19h; nov.-mars: mar.-vend. 15h-19h.* Au milieu des chais, de longues tables vous accueillent pour un festin basque. *« Txotx! »* C'est le signal: le *sagardoa* (cidre) jaillit d'une barrique. *Pintxos*, cassolette de thon ou *txuleta* (côte de bœuf) grillée au charbon de bois dans la salle, à partager (25,50 €). Monsieur Lagadec, seul artisan cidrier du Pays basque côté français à faire visiter ses installations au public, fabrique de savoureuses spécialités: *sagardoa*, *muztioa* (jus), *dultzea* (pâte de fruits accompagnant le fromage de brebis) et *patxaka* (liqueur anisée aux pommes sauvages). Il a installé un petit musée-atelier du goût dont la découverte est un bon prélude au repas!

ACHATS

À St-Pée-sur-Nivelle

Maison Pereuil – *Chemin Karrika - 64310 St-Pée-sur-Nivelle - en face du fronton - ℘ 05 59 54 10 05 - www. maison-pereuil.com - 8h30-12h30, 15h-19h - fermé merc. sf juil.-août.* Seulement deux parfums de gâteau basque dans cette maison créée en 1876 : cerise noire ou crème. La recette est transmise de mère en fille, sa réputation sans doute aussi !

À Ascain
Cidrerie artisanale Txopinondo – ♨ *Restauration.*

L'Art Dit Vin – *R. Ernest-Fourneau - ℰ 05 59 54 84 52 - www.caviste-saintjeandeluz.fr - lun. 10h30-13h, 16h-19h, merc.-sam. 10h-13h, 15h-19h30, dim. 10h-13h.* Sympathique caviste proposant vins de pays et de région. Le bar à vin voisin, avec ses jolis tonneaux colorés, organise des dégustations ainsi que des cours d'œnologie et de sommellerie *(se rens. pour le calendrier, 27 €/pers.).*

Lartigue 1910 – *ZA Larre-Lore - rte de St-Jean-de-Luz (D 918) - ℰ 05 59 26 81 81 - www.lartigue1910.com - boutique : sais. : 9h-19h (dim. 9h30-12h30, 14h30-18h30) ; hors sais. : 9h30-12h30, 14h30-18h30 ; fermé le dim. - visite guidée (gratuite) atelier lun.-sam. : avr.-sept. : 10h, 11h, 14h30, 15h30, oct.-avr. : 10h et 14h30 - fermé 1 sem. fin janv.-déb. fév. (se rens.). pour les groupes, se rens.* Avec Ona Tiss à St-Palais (♨ *p. 142*), Lartigue est l'un des deux derniers ateliers de tissage du Pays basque encore en activité. L'entreprise familiale, née en 1910 et spécialisée dans les toiles à espadrilles, s'est diversifiée. Ses belles toiles colorées déclinées en **linge** de maison ne sont vendues que dans deux boutiques, dont celle-ci, et en ligne. La visite de l'atelier (40mn) permet de comprendre le long processus de fabrication.

Brasserie Akerbeltz – *D 918 en dir. d'Ascain - ZA Larre Lore - ℰ 05 59 23 84 21 - www.akerbeltz.*

fr - ♿ - avr.-déc. : tlj sf dim.14h-19h (bar jusqu'à 21h le vend., ts les jours juil.-août) ; fermé lun. nov.-déc.) ; fév.-mars : merc.-sam. 14h-19h - visite de la brasserie : juil.-août : vend. 17h (sur réserv. ; autres dates : min. 10 pers. (se rens).- 7 €. Ambrée, blanche, blonde, bière de Printemps et de Noël, les bières naturelles Akerbeltz, sans OGM ni conservateurs, sont fabriquées selon une méthode qui sublime la délicatesse des arômes et les rendent uniques… Vous êtes invité à assister à leur fabrication, à les goûter dans un espace bar très sympathique et à les acheter !

ACTIVITÉS

À St-Pée-sur-Nivelle
Le Lac – *64310 St-Pée-sur-Nivelle - base de loisirs - ℰ 05 59 54 18 48 - lacsaintpee.jimdo.com - base de loisirs ouv. uniquement en juil.-août.* Ce lac de 12 ha, que l'on nomme ici « la petite mer intérieure », est alimenté par quatre sources. Plage surveillée, pédalos (15 €/h.), canoës (10 €/h.), kayak (8 €/h.), toboggan aquatique, jeux pour les enfants, tennis, minigolf, pêche, parcours de santé (tour du lac, 3 km), promenades en poney, aires de pique-nique et divers points de restauration.

Aquabalade – *Muntxola - 64310 Ascain - D 918 au km 5 - ℰ 06 24 04 45 66 - www.aquabalade.com - ✉ - juil.-août : 10h-18h ; reste de l'année sur RV - à partir de 10 € pour le canoë et de 20 € pour le paddle.* Location de canoës insubmersibles de 1 à 4 places. Dépaysement, silence, découverte de la faune et de la flore font le charme d'une balade sur la Nivelle.

Sare

Sara

2 596 Saratars - Pyrénées-Atlantiques (64)

Posé au pied de la Rhune, Sare, haut lieu de la préhistoire, a soigneusement préservé son authenticité basque avec son grand fronton, ses rues ombragées et sa belle église aux galeries de bois. Connue pour ses festivités, l'attachement de ses habitants à leurs traditions et pour sa gastronomie, Sare est aussi l'une des cités les plus vivantes du Pays basque.

NOS ADRESSES PAGE 106
Hébergement, restauration, achats, activités, etc.

S'INFORMER

Bureau d'accueil touristique de Sare – Herriko-Etxea - 64310 Sare - ☎ 05 59 54 20 14 - www.sare.fr - janv.-mars : lun.-vend. 9h-12h30, 14h-17h30 ; avr.-juin et sept. : lun.-vend. 9h-12h30, 14h-17h30, sam. 9h-12h30 ; juil.-août : lun.-sam. 9h-12h30, 14h-18h30, dim. et j. fériés 10h-13h - fermé certains j. fériés - visites guidées du village (7 €) et du clocher de l'église (5 €).

SE REPÉRER

Carte de microrégion B3 (p. 28-29). À 3 km de la frontière espagnole et à 14 km au sud-est de St-Jean-de-Luz *via* Ascain, par la D 918 puis la D 4.

Hegobus - ☎ 0 800 891 091 - http://hegobus.fr - ticket unitaire 1 €, ticket journée 5 €. La ligne n°21 relie St-Jean-de-Luz (Halte routière) à Sare en 30mn et aux grottes en 45mn *(lun.-sam. 9h-18h35, dim. 9h-16h, 1 dép. ttes les 2h env.).*

SE GARER

Parking devant la mairie ou à l'entrée de la ville.

AVEC LES ENFANTS

Les grottes de Sare ; le musée du Gâteau basque ; le parc animalier Etxola ; le sentier à la découverte du porc basque.

Se promener

Église St-Martin

Elle abrite trois étages de galeries et de riches retables. La chaire peinte surplombant l'assemblée est du 18e s. Remarquez à gauche de la nef la plaque en l'honneur de **Pedro Axular**, auteur de *Guero*, un classique de la littérature basque paru en 1643. À l'extérieur, notez les fenêtres découpées dans l'épaisseur du mur, ainsi que l'escalier donnant accès aux galeries. Des concerts y sont donnés régulièrement *(rens. à l'OT).*
Depuis la place du Fronton, remontez la rue qui passe devant l'hôtel Arraya. En haut de la côte, une belle vue embrasse la campagne environnante. *Au rond-point, poursuivez tout droit (D 4) et prenez tout de suite à gauche.*

Quartier Ihalar

Cet ensemble de maisons à flanc de colline forme un des plus vieux quartiers de Sare ; ses fermes labourdines avec leurs toits à deux versants et leurs arrangements de pierre et de bois datent des 16e et 17e s.

Visiter

Musée du Gâteau basque

Sur la D 406 - quartier Lehenbiscay - Maison Haranea - ✆ 06 71 58 06 69 - www. legateaubasque.com - ♿ - visite guidée (1h) d'avr. à sept. et vac. de la Toussaint. - 8 € (-12 ans 6 €) - ateliers (1h30 ou 2h30), se rens. sur le site Internet - atelier pdt 1h30 16 €, atelier pdt 2h30 28 € - fermé 1er Mai et w.-end, sf boutique ouv. sam. mat. 10h-12h45.

👥 La *sukalde* (cuisine), garnie de meubles et d'objets d'époque, vaut déjà le détour, et la suite vous réserve bien des surprises… Vous aurez le choix entre deux visites : dans la « visite découverte », le chef pâtissier vous donnera quelques conseils en réalisant devant vous ce gâteau traditionnel *(1h - 8 €)*. Les ateliers vous permettent de préparer vous-même le fameux dessert et de l'emporter à la fin du cours. Un « Pass journée » *(ts les jeu. sur réserv., de 11h30 à 17h, 46 €)* permet d'allier découverte gourmande et culturelle dans la vallée de Sare, comprenant la « visite découverte », un déjeuner le midi et l'atelier de 2h30. Passez à la boutique *(10h-18h en période d'ouverture du musée et sam. mat.)* pour faire quelques emplettes et cadeaux !

★ Maison Ortillopitz (♿ p. 98)

Le chemin indiqué en contrebas de Sare pour aller à cette maison vous conduit du côté du col de St-Ignace.

À proximité Carte de microrégion

Parc animalier Etxola B3

▶ *Rte des Grottes - ✆ 06 15 06 89 51 - www.etxola-parc-animalier.com - juil.-août : 10h-19h ; reste de l'année : 10h-17h - fermé nov.-avr. - 5 € (enfant 4 €) - visite libre (45mn) sur un parcours d'environ 1 km à pied. Possibilité d'acheter du pain à l'entrée pour les animaux.*

👥 Les clapiers à lapins côtoient les enclos à poules, les cages des calopsittes (perruches) jouxtent celles des dindons et des poules huppées, et les pigeons frisés de Hongrie voisinent avec les sabelpoots (poules naines). Quant au cochon vietnamien, il dort non loin du parc à chèvres tandis que le mouton de Valachie partage son pré avec celui de Jacob. Yacks et highlands paissent sous le regard dédaigneux des lamas et dromadaires. Bref, c'est une véritable arche de Noé que vous découvrirez, sans doute presque aussi rustique que l'originale.

Grottes de Sare (Sarako Lezea) B3

✆ 05 59 54 21 88 - www.grottesdesare.fr - ♿ - visite guidée (1h) août : 10h-19h ; avr.-juil. et sept. : 10h-18h ; oct. : 10h-17h ; fév.-mars et nov.-déc. : 14h-17h, w.-end 13h-17h - fermé 1er janv., 25 déc. - 8,50 € (5-13 ans 5 €, 14-17 ans et étudiants 7,50 €) - 27 € billet famille (2 adultes + 3 enf.).

> ## LA PALOMBIÈRE DE SARE
>
> La chasse au pigeon ramier prend des allures de sport national. Elle a lieu en automne, quand les palombes venues des pays nordiques descendent vers des horizons plus cléments. Les volatiles font halte dans les forêts landaises ou pyrénéennes. Depuis les palombières (tours-cabanes placées sur les lieux de passage des oiseaux), on les rabat en effet à grand renfort d'appelants (pigeons ou palombes dressées) et de raquettes (imitant le vol des prédateurs) vers les filets tendus ou, usage de plus en plus fréquent, vers les canons des fusils. *(♿ p. 472)*

> ### LE PATRIARCHE DE LA CULTURE BASQUE
>
> Entré au séminaire de Vitoria en 1906, le jeune **José Miguel de Barandiarán** (1889-1991) se passionne pour la culture mégalithique après avoir découvert des dolmens près de sa ville natale (🔊 *p. 469*). Voyageant en Allemagne en 1913, il suit à Leipzig un enseignement sur la psychologie des peuples, ce qui l'incite à entreprendre à la Sorbonne des études d'ethnologie, d'anthropologie et de paléontologie. Ordonné prêtre à son retour en Espagne, il enseigne à Vitoria et Salamanque, multiplie les recherches et les publications scientifiques, puis crée la Société d'études basques. Mais survient la guerre civile : contraint de s'expatrier, il se fixe à Sare où il poursuit ses travaux avant d'être assigné à résidence en Normandie. De retour en Espagne en 1953, il poursuit son activité inlassablement… au point de mettre la dernière main à un atlas ethnographique alors qu'il a atteint l'âge canonique de 100 ans ! Le musée des Grottes de Sare lui est aujourd'hui dédié.

Faisant partie d'un vaste réseau de galeries creusées dans du calcaire dur, une des cinq grottes préhistoriques de Sare est ouverte à la visite : le travail de corrosion et d'abrasion a fait apparaître toutes sortes de cavités karstiques, dont une monumentale spirale creusée par l'eau dans la roche. Passé le vaste porche, on suit pendant une heure un parcours de 900 m, sur deux niveaux de galeries, mis en valeur par un son et lumière sur fond de *txalaparta* (instrument ancestral de la culture basque). Géologie, préhistoire, mythologie et culture basque sont abordées tout au long de la visite.

La visite s'achève par le **musée** *(visite libre)* qui retrace l'occupation de la grotte par l'homme de la Préhistoire à nos jours. Sont exposés les outils de silex (grattoirs, haches, pointes de sagaie, etc.) et débris d'os découverts témoignant d'une occupation humaine, dont la phase la plus dense a été située au Périgordien de Burin de Noailles (20 000 ans av. J.-C.). Sont également évoqués les travaux de l'ethnologue basque José Miguel de Barandiarán (1889-1991, 🔊 *encadré ci-dessus*). Enfin, le **parc mégalithique** attenant à la grotte présente des reconstitutions de sites funéraires, dolmens, monolithes et cromlechs (cercles de pierres), selon deux modalités, le rite d'inhumation et le rite d'incinération.

2h AR. Le sentier des Contrebandiers mène aux grottes de Zugarramurdi en Navarre. 🔊 *p. 109.*

Col de Lizarrieta B3

À 9 km au sud-ouest par la D 406, sur la frontière espagnole, vers Etxalar. Alt. 441 m.

La route qui y conduit est étroite ; au col, pas de centre commercial mais une seule *venta* et une vue apaisante sur les collines en contrebas. Le col est très animé à l'époque de la chasse à la palombe : les postes de guet et de tir sont nombreux le long du chemin de crête (🔊 *encadré ci-contre*).

Sentier à la découverte du porc basque

2h AR - départ de la gare du train de la Rhune (p. 97). Ce sentier balisé est jalonné de panneaux explicatifs ludiques qui vous dévoileront tout sur le fameux porc basque de race pie noir. La promenade, facile, conduit à travers un paysage magnifique jusqu'au col du Suhalmendi (un des plus beaux panoramas de la Côte basque) et mène aux abords de quatre parcs à porcs.

★★★ La Rhune B3 (🔊 *p. 96*)

À 3 km au nord-est de Sare, sur la route d'Ascain (D 4) jusqu'au col de St-Ignace.

😊 NOS ADRESSES À SARE

HÉBERGEMENT/RESTAURATION

PREMIER PRIX

Hôtel-Restaurant Baratxartea – *Quartier Ihalar - ☎ 05 59 54 20 48 - www.hotel-baratxartea. com - 🅿 ♿ - fermé de mi-nov. à mi-mars - 22 ch. 60/78 € - 1/2 pens. 50/60 € pers. - 🍽 8,50 € - menu 22/26 €.* Dans ce havre de tranquillité qu'est le quartier Ihalar, entouré de prairies et de collines, le mot « apaisant » vient immédiatement à l'esprit. Les chambres, bien qu'un peu anciennes, sont agréables et calmes ; certaines ont une terrasse privative. Le restaurant, avec ses nappes rouges et ses serviettes à carreaux, propose de bonnes spécialités locales. Excellent rapport qualité-prix et très bon accueil.

Chambre d'hôte Ttakoinenborda – *sur la D 306 av. l'embranchement vers les grottes de Sare - ☎ 05 59 47 51 42 - www. chambredhotebasque.fr - fermé déc.-fév. - 🚭 🅿 - 4 ch. 62 € (juil.- août 65 €) 🍽.* La partie la plus ancienne (1680) de cette jolie ferme en bord de ruisseau a été aménagée en chambres d'hôtes. Colorées, élégantes et spacieuses, elles disposent d'une entrée indépendante. Le petit-déjeuner, composé de pain et de confitures maison, vous sera servi à l'extérieur si le temps le permet. Cet endroit bucolique est très demandé, pensez à réserver tôt !

BUDGET MOYEN

Maison Olhabidea – *Quartier Ste-Catherine (près du centre équestre) - ☎ 05 59 54 21 85 - www. olhabidea.fr - fermé déc.-janv.- 🅿 - 5 ch. 85 € 🍽 - rest. fermé mar. hors sais. et lun. - menu soir, dim. midi et j. fériés 45 €.* Au bord de la rivière, dans cette ferme posée au milieu de la montagne, vous trouverez plusieurs chambres d'hôtes jolies et confortables, parfaites pour se reposer, sans TV mais avec une grande bibliothèque à disposition. On peut aussi venir y déguster un menu concocté avec les produits du potager, comme le risotto aux cèpes et foie gras à l'automne ou la meringue au mascarpone et fraises gariguettes en été. Terrasse aux beaux jours.

POUR SE FAIRE PLAISIR

Arraya – *Pl. du Village - 64310 Sare - ☎ 05 59 54 20 46 - www. arraya.com - fermé nov.- mars - 🅿 ♿ - 16 ch. 95/155 €, 2 suites 165/195 - 🍽 12,50 €.* Cet ancien relais de Compostelle, d'architecture traditionnelle, abrite des chambres coquettes (mobilier en bois, tissus cousus main), certaines ouvrant sur le jardin classé. Décor basque au restaurant, avec terrasse ombragée : plats régionaux et boutique gourmande.

ACTIVITÉS

Ferme équestre Olhaldea – *Zalditokia - ☎ 05 59 54 28 94 - www.olhaldea.com - ouv. tte l'année - balade découverte 35 € (2h).* Ce centre organise des promenades équestres de 1h à une journée et, pour les passionnés de grands espaces, des randonnées itinérantes de 2 à 7 jours avec guide. Stages possibles.

AGENDA

Fêtes de Sare – *2ᵉ dim. de sept. pendant 4 j.*

Chants basques, concours et démonstrations de jeux – *En haute sais. (rens. à l'OT).* Force basque, pelote, etc.

Maisons traditionnelles dans le village de Sare.
M. Viard/Photononstop

Ainhoa

664 Ainhoars - Pyrénées-Atlantiques (64)

Il suffit de parcourir les rues d'Ainhoa pour reconnaître qu'il s'agit d'une ancienne bastide, comme en témoigne son plan rationnel. Mais c'est aussi et surtout le village basque par excellence. Tout y est : maisons rouge et blanc, fronton de pelote faisant presque corps avec l'église, cimetière hérissé de stèles discoïdales. Au coucher du soleil, la montagne elle-même prend une teinte « rouge basque ». Charme assuré !

NOS ADRESSES PAGE 110
Hébergement, restauration, achats, activités, etc.

S'INFORMER

Maison du patrimoine – *R. Principale - 64250 Ainhoa - 05 59 29 93 99 - www.ainhoa. fr - - visite guidée (25mn) juin-août : 9h-12h, 14h-18h, dim. et j. fériés 10h-12h30 ; reste de l'année : tlj sf w.-end 9h-12h, 14h-17h - fermé certains j. fériés - 3 € (-12 ans gratuit) - projection d'un film de 25mn sur l'histoire d'Ainhoa et du territoire de Xareta.*

SE REPÉRER

Carte de microrégion C3 (p. 28-29). À 8 km au sud-ouest de Cambo-les-Bains, dans le Labourd. La petite D 20 mène au centre de ce village-rue.

Hegobus – *0 800 891 091 - http:// hegobus.fr - ticket unitaire 1 €, ticket journée 5 €.* La ligne n°22 relie St-Jean-de-Luz (Halte routière) à Ainhoa en 55mn *(lun.-sam. 8h30-19h, 1 dép. ttes les 2h env.).*

À NE PAS MANQUER

Le site de la grotte des Sorcières (Cueva de las Brujas), à Zugarramurdi.

ORGANISER SON TEMPS

Le village constituant un point de départ de randonnées ou d'excursions vers la vallée du Baztan, on pourra le visiter avant de partir en promenade ou en fin d'après-midi, lorsque la lumière le rase et l'enflamme.

AVEC LES ENFANTS

Découvrez les grottes des environs (*Sare également, p. 104*).

Se promener

★ Rue principale

Cette ancienne bastide est un lieu vraiment plaisant ! Haie de maisons des 17e et 18e s., toits débordants, façades de guingois sous une chaux datant de la dernière St-Jean, volets et colombages colorés, poutres ornées de frises et d'inscriptions : on ne sait où poser son regard ! Les vastes *lorios* (porches) des maisons conservent des anneaux d'attache pour les mules, souvenirs du temps où Ainhoa était, outre une halte pour les pèlerins, un relais pour les marchands transitant par la frontière espagnole.

Église – Précédée d'un clocher-porche, elle est dédiée à N.-D.-de-l'Assomption. Son agencement et sa décoration sont typiquement basques : boiseries dorées du chœur (17e s.), nef à double galerie et plafond à caissons.

Prenez la rue à gauche de la mairie et suivez le balisage du GR 10.

LE PAYS DE XARETA

En 2004, Sare, Ainhoa, Zugarramurdi et Urdazubi-Urdax se sont regroupés dans l'association Xareta, « vallée boisée », selon le nom donné à la région par José Miguel de Barandiarán (🕮 *p. 105*). Ces quatre villages, entre lesquels a été tracée la frontière franco-espagnole, sont liés par leur histoire, leur culture et leurs rapports familiaux. Le réseau des routes faisait d'ailleurs fi des postes-frontières et l'activité de contrebande était prospère. Depuis les années 1990, ils développent en commun leurs activités touristiques.

N.-D.-d'Aranzazu (N.-D.-de-l'Aubépine)

Comptez 1h30 AR. Pèlerinage lun. de Pentecôte avec messe en basque à 10h30 - 📞 *05 59 29 93 99.*

🥾 Sur le tracé du GR 10, ce chemin vous mène à la chapelle, construite sur les lieux où la Vierge serait apparue dans un buisson d'aubépine. Ce lieu de pèlerinage est l'occasion d'une belle promenade. En haut, vue sur Ainhoa et panorama sur la rade de St-Jean-de-Luz et Socoa. Plus loin apparaissent les premiers villages espagnols au pied des hautes montagnes navarraises.

À proximité Carte de microrégion

Zugarramurdi B3

▶ *À 7 km au sud-ouest par la D 20, puis la NA 4401 après la frontière.*

Difficile d'imaginer, en parcourant ce charmant village, que son nom est associé depuis des siècles à la sorcellerie. Pourtant, en 1610, plus de 300 personnes y furent arrêtées par l'Inquisition de Logroño et une quarantaine condamnées pour avoir organisé des messes noires dans la grotte.

Musée des Sorcières (Museo de las Brujas) – 📞 *948 599 004 - 15 juil.-15 sept. : mar.-dim. 11h-19h30 ; 1re quinz. de juil. et 2e quinz. de sept. : merc.-dim. 11h-19h ; reste de l'année : merc.-vend. 11h-18h30, w.-end 11h-19h - fermé lun.-mar. et 1re quinz. de janv. - 4,50 € (6-12 ans 2 €).* Ce petit musée retrace les événements de 1610.

★ **Grotte des Sorcières** (Cueva de las Brujas/Akelarrenlezea) – *Panneau directionnel sur la place de l'église.* 📞 *948 599 305 - 15 juil.-15 sept. : tlj sf lun. 10h30-20h ; 1re quinz. de juil. et 2e quinz. de sept. : tlj sf lun. 11h-19h30 ; reste de l'année : tlj sf lun. 11h-18h - 4 € (6-12 ans 2 €).* 👥 Un parcours balisé mène au canyon creusé par le ruisseau de l'Enfer, lieu de réunion des sorcières. Tout autour, plusieurs sentiers empruntent d'anciens chemins de contrebande. Une très belle vue sur le village attend les plus motivés depuis le mirador aménagé en haut de la colline.

Urdazubi/Urdax C3

▶ *À 5,5 km au sud-ouest par la D 20 puis, en Espagne, par la N 121B et la NA 4402.*

Des petits canaux et une rivière sillonnent ce village dont le nom signifie « eau et pont ». Il conserve quelques maisons anciennes, signalées par la massive silhouette de l'église San Salvador, dernier vestige d'un monastère prémontré, autrefois hôpital pour les pèlerins en route vers Compostelle.

Grottes d'Urdazubi (Cueva de Urdazubi/Gruta de Ikaburu) – *Tournez à droite avant d'arriver au village, puis à nouveau à droite à l'embranchement 500 m plus loin -* 📞 *948 599 241 - http://cuevasurdax.com/fr/- juil.-août : 10h30-18h ; sept.-oct. et mars-juin : tlj sf lun. 11h-18h ; nov.-fév. : tlj sf lun. 11h-17h15 (janv.-fév. 11h-13h15 hors w.-end) - fermé 25 déc., 1er janv. et du 7 au 22 janv. - 5 € (enf. 2,50 €).* 👥 Patiemment sculptée par l'Urtxurme (« ruisseau humble ») dans lequel évoluent toujours truites et anguilles, cette grotte déploie de fascinants tableaux de silex, de marbre, de colonnes de calcite (dont la crèche) et de racines d'arbres prises dans des gangues de calcaire.

😊 NOS ADRESSES À AINHOA

🦯 *Voir aussi Nos adresses dans la vallée de la Bidassoa p. 352.*

HÉBERGEMENT/RESTAURATION

PREMIER PRIX

Hôtel-Restaurant Etchartenea – *Dancharia -* 📞 *05 59 29 90 26 - www.hotel-etchartenea.com -* 🅿 *- fermé merc. - 6 ch. 60 € 🛏, poss. 1/2 P 95 €/2 pers. - menu uniquement soir 18 €.* Une halte originale que cet hôtel-restaurant situé sur la frontière. Les chambres sont simples et impeccables, la terrasse, sous les arbres et au bord de l'eau, est fort sympathique. En empruntant le petit pont enjambant le ruisseau, vous vous retrouvez en Espagne ! Cuisine familiale.

BUDGET MOYEN

Maison Ohantzea – *R. Principale -* 📞 *06 43 29 27 01 - www.ohantzea. com - fermé janv. - 3 ch. 70/80 € 🛏.* Cette pâtisserie salon de thé réputée pour ses gâteaux basques aux noix et à l'abricot propose aussi trois belles chambres d'hôtes, le tout dans une hostellerie de la fin du 17e s. pleine de charme.

La Maison Oppoca – *au bourg -* 📞 *05 59 29 90 72 - www.oppoca. com - fermé du 7 janv. au 20 mars et de fin nov. à mi-déc. -* 🅿 ♿ *- 10 ch. 89/150 € - 🛏 11/17 € -* 🍴 *21/68 €.* Les murs de cette demeure basque datent de 1663. Ils accueillent des chambres confortables où règne une ambiance d'autrefois. Dès l'arrivée des beaux jours, le jardin offre un cadre parfait pour le petit-déjeuner. Au restaurant, cuisine gastronomique. L'établissement dispose aussi d'un salon de thé et d'un espace sauna et jacuzzi pour une détente parfaite.

ACHATS

Pierre Oteiza – *R. Principale -* 📞 *05 59 29 30 43 - www. pierreoteiza.com - 10h-12h30, 14h-18h30 - fermé lun. et janv.-mi-mars.* Fabrication artisanale de succulents jambons de porc pie noir de la vallée des Aldudes et de plats cuisinés basques.

Pains d'épice d'Ainhoa – *R. Principale -* 📞 *05 59 29 34 17 - www.pain-epice.net - 10h-13h, 14h-19h - fermé janv.* Sous un porche, à côté de L'Atelier de l'artis'âne, vous verrez la mascotte de ce fabricant, un petit bonhomme de pain d'épice à béret rouge, que vous pourrez déguster. À peine entré, on est enivré par l'odeur du miel à laquelle se mêlent, selon la saison, de nombreux parfums : pain d'épice nature, orange, thé bergamote, pruneaux-noix-armagnac, gingembre confit et piment d'espelette, toute l'année, et figue fraîche en saison, mais aussi chocolat-piment d'espelette et figue sèche à Noël.

EN SOIRÉE

😊 **Dancharia**/Dantxarinea est le lieu de la fête les soirs de fin de semaine. Les habitants de la région s'y retrouvent dans les restaurants, bodegas, bars, salles de jeux, bowlings et dans la grande discothèque La Nuba (www.la-nuba.com).

AGENDA

Fêtes d'Ainhoa – *Mi-août.* La grande fête du village se déroule durant 3 ou 4 jours autour du 15 août.

Zikiro-jate – *Le 18 août.* À Zugarramurdi, repas populaire autour d'un agneau rôti à la broche, en commémoration des anciens sabbats.

Espelette

Ezpeleta

2 101 Ezpeletars - Pyrénées-Atlantiques (64)

Espelette fait partie de ces lieux dont le nom fait frétiller les papilles des gourmets : c'est bien entendu le piment qui lui vaut cette réputation quasi universelle, et les images des guirlandes rouge foncé des piments mis à sécher en automne sur les façades ont fait le tour du monde. Cela mis à part, vous ne regretterez pas une flânerie dans les rues tortueuses et pentues de ce charmant village plein de vie…

NOS ADRESSES PAGE 113
Hébergement, restauration, achats, activités, etc.

S'INFORMER

Office du tourisme d'Espelette – *145 rte Karrika-Nagusia - 64250 Espelette - ℘ 05 59 93 95 02 - www.espelette.fr - juil.-août : 9h-12h30, 14h-18h30, sam. 9h30-12h30, 14h-18h, dim. 9h-13h ; avr.-juin et sept.-oct. : tlj sf dim. et j. fériés 9h-12h30,14h-18h, sam. 9h-12h30 ; reste de l'année : tlj sf w.-end et j. fériés 9h-12h30, 14h-17h.*

SE REPÉRER

Carte de microrégion C2 (p. 28-29). À 6,5 km au nord-est d'Ainhoa par la D 20, à 5 km au sud-ouest de Cambo-les-Bains par la D 918 et la D 20.

SE GARER

Plusieurs parkings dans le village pour laisser votre véhicule et découvrir Espelette à pied.

ORGANISER SON TEMPS

Le marché a lieu le merc. matin (et le sam. matin en été).

AVEC LES ENFANTS

L'Atelier du piment.

Se promener

Village du piment, Espelette est aussi celui du **pottok** (prononcez *pottiok*). Ce petit cheval docile, trapu et pansu, habitué à une vie semi-sauvage sur les versants inhabités des montagnes, était jadis utilisé comme auxiliaire dans les mines (☞ p. 415). Il s'est aujourd'hui reconverti dans le tourisme puisqu'il accompagne les randonneurs dans leurs excursions en qualité de porteur de bagages (Attention : on ne monte jamais un pottok !).

La balade dans le village vaut à elle seule le détour, mais l'église du 17e s. et l'ancien château méritent une attention particulière.

LE PAPA DU PANDA

Espelette a donné le jour à un ecclésiastique dont la personnalité sort de l'ordinaire. **Armand David** (1826-1900) a mené des explorations en Chine entre 1866 et 1874. Naturaliste tout autant que missionnaire, collaborateur du Muséum d'histoire naturelle de Paris, il est le premier Occidental à avoir rencontré, en 1869, un panda géant… charmant animal qui fut longtemps appelé « l'ours du père David ».

1

LA PLANTE À TOUT FAIRE

Provenant d'Amérique et arrivé dans la région *via* l'Espagne au 17e s., le **piment** devient vite le condiment favori des Basques. Séché au soleil avant d'être réduit en poudre, on le met d'abord dans le chocolat, puis il remplace le poivre dans la cuisine locale : poulet basquaise, boudins de veau *(tripotxa)*, émincé de veau *(axoa)*… Le piment d'Espelette gagne ses lettres de noblesse en décrochant l'AOC en 2000 et l'AOP en 2002 (ces appellations concernent dix villages). Cette reconnaissance a relancé son exploitation, le nombre de producteurs passant d'une trentaine en 1997 à 161 en 2012. Mais le terroir ne fait pas tout, il faut soigner les semis : certains se fient à la Lune, pour d'autres, c'est le jour de la St-Joseph qu'il faut pratiquer cette délicate opération… L'épice est la plante à tout faire des Ezpeletars : en bain de pieds, ce fruit soigne même les grippes et les bronchites !
♿ *www.pimentdespelette.com*.

Un **centre d'interprétation** du piment d'Espelette a ouvert ses portes en 2017 : explications sur la culture et l'exploitation du piment, espace dégustation, animations culinaires (merc.) : *25 pl. du Marché - ☎ 05 59 93 88 86 - ♿ - juil.-sept. lun.-vend. 10h-18h30, sam. 10h-13h et 14h-17h ; mars-nov. lun.-vend. 10h-13h et 14h-17h - fermé déc.-fév.*

Église

En bas d'Espelette. Fortifiée et dotée d'un massif clocher-porche depuis 1627, elle présente les galeries traditionnelles des églises basques. Dans la chapelle des Ezpeleta, beau retable du 16e s. À voir également, les stèles discoïdales des 17e et 18e s. dans le cimetière attenant.

Château des barons d'Ezpeleta

Karrika-Nagusia - ☎ 05 59 93 95 02 - www.espelette.fr - ♿ - juil.-août : 8h30-12h30, 14h-18h30, sam. 9h30-12h30, 14h-18h, dim. 9h-13h ; reste de l'année : tlj sf dim. et j. fériés 8h30-12h30, 14h-18h, sam. 9h30-12h30 - gratuit.
Mairie et office de tourisme sont installés dans ce château, élevé au 11e s. et plusieurs fois remanié. **Expositions** permanentes sur le « piment dans le monde » et sur le père Armand David (♿ *encadré p. 111*).

L'Atelier du piment

Chemin de l'Église - ☎ 05 59 93 90 21 - www.atelierdupiment.com - ♿ - mai-oct. : 9h-19h ; reste de l'année : 10h-18h - fermé 1er janv., 11 Nov., 25 déc. - gratuit.
👥 Dans cette exploitation de piments, vous pourrez vous promener dans les champs, pénétrer dans l'atelier de transformation et déguster toutes sortes de produits à base de piment. Vente de produits et de spécialités régionales (piquillos, liqueur de Patxaran, confitures, etc.).

😊 NOS ADRESSES À ESPELETTE

HÉBERGEMENT

BUDGET MOYEN

Hôtel Euzkadi – *285 rte Karrika-Nagusia -* ☏ *05 59 93 91 88 - www.hotel-restaurant-euzkadi.com - sais. (mai-sept.) : rest. fermé lun. - hors sais. : hôtel et rest. fermés lun.-mar. -* 🅿️ ♿ 🏊 *- 27 ch. 81/92 € -* ☕ *10 € - 1/2 P 75,50/81,50 €/pers. - menus 20/36 €.* On ne peut rater cette adresse typiquement basque tant le rouge de sa façade se voit de loin. Chambres climatisées, d'un réel confort, et cuisine régionale.

RESTAURATION

BUDGET MOYEN

Pottoka – *Pl. du Jeu-de-Paume -* ☏ *05 59 93 90 92 - www.restaurant-pottoka-espelette.com - ouv. ts les midis (sf lun.), sam. midi et soir ; soir en sem. sur réserv. uniquement - fermé de mi-fév. à mi-mars - formule déj. 15 € - menus 24/26 €.* De magnifiques piments d'Espelette décorent ce restaurant de produits du terroir. Goûtez donc l'*axoa* (épaule de veau hachée, assaisonnée du piment local), la sole aux cèpes ou le gâteau basque. Un régal. Terrasse couverte.

ACHATS

Marché – *Merc. matin (et sam. matin en juil.-août).*
Maison Bipertegia – *Pl. du Jeu-de-Paume -* ☏ *05 59 93 97 21 - www.bipertegia.com - juin-sept. : 9h45-19h ; reste de l'année : tlj sf dim. 10h-12h30, 14h-18h.* Organise des dégustations de piment. Sitôt en bouche, qu'il soit séché, en poudre, en purée ou en gelée, son goût se diffuse en même temps qu'une douce chaleur. À découvrir aussi : le goxoki, une sauce pour grillades, l'huile d'olive pimentée, la confiture de piment doux et la piperade maison.

Ttipia – *Pl. du Marché -* ☏ *05 59 93 97 82 - www.ttipia.fr - été : 10h-19h30 ; reste de l'année : 10h-12h30, 15h-18h30 - fermé 5 sem. apr. vac. de Noël.* Spécialité locale à l'honneur, mais aussi foie gras, conserves de canard, vin d'Irouléguy, confiture de cerise noire, fromages, jambons, etc.

Ferme Kukuluia – *Rte d'Itxassou -* ☏ *05 59 93 92 20 - www.ferme-kukulu.fr - lun.-dim. 9h-20h (19h hors sais.) - visite guidée (gratuite) : mar. et jeu. apr.-midi 15h-19h, départ ttes les 30mn de la ferme.* Le fromage de brebis fabriqué ici a obtenu maintes récompenses, grâce à la grande qualité du lait et de l'affinage (de 4 à 16 mois). Autres spécialités basques à vendre, dont le *mamia* (caillé de brebis).

ACTIVITÉS

Randonnées au clair de lune – *En sais. : mar.-merc. 19h-23h. Inscription à l'office de tourisme - 28 € (-16 ans 18 €).* Promenades en soirée en montagne pour découvrir le pastoralisme, la contrebande, la Côte basque de nuit... Lampes et casse-croûte inclus.

AGENDA

Foire au pottok – *Derniers mar. et merc. de janv. - rens. à l'OT.* Ambiance de foire agricole très authentique.
Fête du piment d'Espelette – *Dernier dim. d'oct. - rens. à l'OT.*
Course des Crêtes du Pays basque – *Déb. juil. - www.coursedescretes.com.*

Cambo-les-Bains

Kanbo

6 785 Camboars (Kanboars) - Pyrénées-Atlantiques (64)

Dans un superbe cadre naturel, Cambo-les-Bains, connue pour ses eaux curatives et la douceur de son climat, dévoile le charme un peu nostalgique des stations thermales du début du 20ᵉ s. Si de prestigieuses ombres du passé (Sarah Bernhardt, Anna de Noailles, Isaac Albéniz, etc.) la peuplent encore, c'est bien sûr à Edmond Rostand que l'on pense tout d'abord, tant l'auteur de Cyrano est lié à la cité où il avait choisi de s'installer.

NOS ADRESSES PAGE 118
Hébergement, restauration, achats, activités, etc.

S'INFORMER

Office de tourisme – *Av. de la Mairie - 64250 Cambo-les-Bains - ☏ 05 59 29 70 25 - www.cambolesbains.com - de déb. juil. à mi-sept. : 10h-18h30, dim. et j. fériés 9h-13h ; mars-juin et de mi-sept. à fin oct. : tlj sf dim. 10h-12h30, 14h-18h ; reste de l'année : tlj sf dim. 10h-12h30, 14h-17h30, sam. 9h-13h, jeu. 14h-17h30 - fermé certains j. fériés.*

SE REPÉRER

Carte de microrégion D2 (p. 28-29). À 5,5 km au nord-est d'Espelette par la D 20 et la D 918. À 30 km à l'est de St-Jean-de-Luz par la D 918. Le Haut-Cambo, quartier administratif, commerçant et résidentiel, groupe ses propriétés et ses hôtels sur le rebord d'un plateau qui domine la Nive ; le Bas-Cambo, vieux village basque, est situé près de la rivière. En amont se trouve le quartier thermal (direction Hasparren).

À NE PAS MANQUER

La villa Arnaga.

ORGANISER SON TEMPS

Une fois la maison d'Edmond Rostand et l'église visitées, Cambo peut servir de point de départ pour rayonner, à la demi-journée ou à la journée, dans le Pays basque.

AVEC LES ENFANTS

Le musée de la Chocolaterie Puyodebat ; la forêt des Lapins à Itxassou.

Se promener

Thermes

Dans un parc planté de palmiers *(ouvert au public)*, l'établissement thermal est un petit bijou de style néoclassique (1927) paré de mosaïques Art déco et de ferronneries. Les deux sources thermales sourdent aux abords du parc.

Église St-Laurent

Une magnifique galerie sculptée et un retable baroque en bois doré du 17ᵉ s., niché dans un chœur chaudement coloré, caractérisent cette église dominant la Nive. Profitant de l'excellente acoustique, des concerts y sont organisés tout au long de l'année *(rens. à l'OT)*.

La villa Arnaga où vécut Edmond Rostand.
N. Thibaut/Photononstop

Colline de la Bergerie
Depuis l'avenue d'Espagne, prenez la rue de la Bergerie jusqu'au parking.

🚶 *20mn AR*. En arrivant au sommet de cette colline boisée, vous aurez l'occasion d'admirer, à l'ombre d'un chêne centenaire, un beau panorama sur les sommets alentours.

Visiter

★★ Villa Arnaga
Av. du Dr-Alexandre-Camino - 📞 05 59 29 83 92 - www.arnaga.com - juil.-août : 10h-19h ; avr.-juin et de déb. sept. à la fin des vac. de la Toussaint : 9h30-12h30, 14h-18h - possibilité de visite guidée (40mn) - 8 € (-18 ans 4 €) - balade théâtralisée juil.-août : mar. et vend. 10h30, visite commentée des jardins juil.-août : lun. et jeu. 15h30. 🅰 ABC d'architecture, p. 445.

« Toi qui viens partager notre lumière blonde… n'entre qu'avec ton cœur, n'apporte rien du monde », écrit Edmond Rostand sur le seuil de sa villa Arnaga. « Je ne mesure que les beaux jours », lui répond un cadran solaire, de l'autre côté de la maison. Lumineuse, elle l'est en effet, cette belle demeure. Clarté et chaleur des lambris boisés, fraîcheur des peintures décoratives et des frises de carreaux, raffinement des faux marbres et des trompe-l'œil, éclat des vitraux de couleur… On y verra aussi de nombreux documents sur la famille Rostand et la carrière du dramaturge : dessins originaux des costumes de *Chantecler*, épées d'académicien d'Edmond et de Jean Rostand, lettres de Léon Blum, Jules Renard, Cocteau… et même le César obtenu par Gérard Depardieu pour *Cyrano de Bergerac*. Conçue par Rostand lui-même grâce aux droits de son *Cyrano*, l'immense villa de style basque-labourdin s'élève sur un promontoire aménagé en jardins à la française. La perspective vers les montagnes d'Itxassou s'achève sur un pavillon à pergola évoquant la gloriette (pavillon ou temple à l'antique) du château de Schönbrunn à Vienne.

Musée de la Chocolaterie Puyodebat

Av. de Navarre (direction Itxassou) - ☎ 05 59 59 48 42 - www.chocolats-puyode-bat.com - &. - avr.-oct. : 14h-18h - fermé dim. - boutique 9h30-12h30, 14h-19h, dim. 9h30-12h - possibilité de visite guidée sur demande (1h15) - 7 € (-12 ans gratuit).

Ce petit musée pédagogique, qui retrace l'histoire de la production du chocolat au Pays basque, recèle une intéressante collection de machines anciennes, d'affiches publicitaires et, surtout, de **chocolatières** et **tasses à moustaches** (19e-20e s.). En fin de visite, vous pourrez observer les ouvriers au travail, tout en dégustant les spécialités de la maison (craquinette à base de crêpe dentelle bretonne et ganache au piment).

À proximité Carte de microrégion

Larressore/Larresoro C2

▶ À 3,5 km au nord-ouest par la D 932 en direction de Bayonne, puis, au rond-point, la D 650 à gauche.

★ **Atelier Ainciart-Bergara** – *Fronton - ☎ 05 59 93 03 05 - www.makhila. com - 8h-12h, 14h-18h, sam. 7h-12h, 14h-17h - fermé dim. et j. fériés - possibilité de visite guidée - atelier : entrée libre, Maison du makhila : sur RV.* Fondé avant la Révolution, il est aujourd'hui animé par des artisans de cette même famille qui, selon des méthodes d'antan, fabriquent des **makhilas**. Il s'agit de cannes en bois de néflier, finement ouvragées, symboles de liberté pour le peuple basque. Le makhila est à la fois un bâton de marche et une arme de défense (une pointe d'acier acérée est dissimulée dans le manche). Que son pommeau soit d'or, d'argent ou de maillechort, le « makhila cuir » est gainé dans sa partie supérieure de cuir tressé ; le « makhila d'honneur », quant à lui, a un manche de métal. Tressage du cuir, coloration naturelle du bois et montage des pièces restent des secrets de famille bien gardés.

En face de l'atelier, ne manquez pas l'**espace d'exposition** avec un documentaire sur les étapes de sa fabrication (30mn).

Jatxou/Jatsu C2

▶ À 6 km au nord-ouest par la D 932 en direction de Bayonne, puis, au rond-point, la D 650 à dr.

Église St-Sébastien – Construite au 13e s., cette église a été agrandie en 1782. Son porche comprend une salle capitulaire où se réunissait l'assemblée paroissiale. À l'intérieur, admirez le beau plafond de bois peint, au centre duquel se détachent la mitre papale et les évangélistes. Le retable du 18e s. est dédié à saint Sébastien.

Ustaritz/Ustaritze C2

▶ À 6,5 km au nord-ouest par la D 932 en direction de Bayonne.

Après que Richard Cœur de Lion décida de séparer Bayonne du Labourd à la fin du 12e s., le village resta capitale de la province jusqu'en 1790. À partir de 1451, il accueillit le **biltzar**, une assemblée locale qui avait pour charge d'administrer les biens collectifs, de répartir les impôts et de gérer les rapports entre communautés. Quelques belles maisons traditionnelles à colombages avec leurs volets rouges ou verts subsistent dans le centre du bourg. Si vous flânez dans les alentours immédiats, vous verrez également certaines des villas construites à la fin du 19e s. par les « Américains », ces Basques revenus des Amériques après y avoir fait fortune.

> **UN DRAMATURGE ET UN « PELOTARI »**
> Venu à Cambo soigner une pleurésie à l'automne 1900, **Edmond Rostand** (1868-1918) tombe sous son charme et décide de s'y installer. Son œuvre théâtrale *Chantecler*, née de ses promenades à travers la campagne basque, et la villa Arnaga suffiront, jusqu'en 1910, à matérialiser ses rêves. Peut-être a-t-il eu l'occasion de vibrer aux exploits de **Joseph Apesteguy** (1881-1950) ? Surnommé « Chiquito de Cambo », ce célèbre *pelotari* mit à l'honneur le jeu de pelote basque dit « au grand chistera ». Il était très en vogue, à l'époque, de venir y assister… d'autant que l'on risquait d'y croiser Édouard VII, roi d'Angleterre (1841-1910).

★ **Itxassou**/Itsasu C3

▶ *À 4 km au sud de Cambo-les-Bains par la D 918 et la D 932, ou à 6 km au sud-est d'Espelette par la D 249.*

Itxassou baigne dans une lumière douce où ciel et pentes verdoyantes se mêlent pour donner un paysage immuable et mystérieux.

Les hameaux du village sont dispersés parmi des centaines de cerisiers *(Fête des cerises,* 🍴 *Nos adresses).* Le quartier de la Place, qui comprend le fronton et la mairie, est en surplomb, tandis que celui de l'Église s'est développé près de la Nive, dans un bassin verdoyant entouré d'une couronne de monts.

★ **Église St-Fructueux** – Très bel édifice du 17ᵉ s., doté de trois étages de galeries, d'une chaire aux beaux réchampis (ornements ressortant du fond) dorés et d'un **retable★★** en bois doré sculpté à la mode espagnole du 18ᵉ s. Tous ces éléments, ainsi que les confessionnaux et les bancs du fond, sont classés. Notez la statue de la Vierge, polychrome et dorée (17ᵉ s.), à gauche dans la nef, et les stèles discoïdales et tabulaires le long de l'église, à l'extérieur.

La forêt des Lapins – *Fléchage en forme de lapin au niveau de l'entreprise de carrosserie (à droite sur la D 918 dir. Louhossoa, avant le pont routier). 2690 Urrizmeheko-Bidea -* 📞 *05 59 93 30 09 - de mi-juin à fin sept. : 10h-18h30 ; reste de l'année : 14h-17h30 - fermé 1ᵉʳ janv., 25 déc. - possibilité de visite guidée (3h) - 7 € (-11 ans 4 €).* 👫 Point de sophistication ici, mais beaucoup de soins apportés aux 60 variétés de lapins et 30 races de cochons d'Inde qui peuplent les clapiers et les cages accrochés à flanc de colline. Ravissement assuré pour les enfants, les portées ayant lieu toute l'année. Les plus grands profiteront de l'agréable panorama sur les collines environnantes.

Louhossoa/Luhuso D3

▶ *À 4 km au sud-est d'Itxassou par la D 918.*

Fondé en 1684, ce village labourdin conserve un remarquable **retable** polychrome dans l'église de **N.-D.-de-l'Assomption** (17ᵉ s.). Admirez ses couleurs et, dans sa partie supérieure, la belle statue en bois polychrome représentant la Vierge portée par les anges. Des scènes de la Passion encadrent le tabernacle et des panneaux sculptés figurent les quatre évangélistes dans le chœur. Ce dernier déploie une jolie décoration de lierre et de tiercerons.

Circuit conseillé Carte de microrégion

LA ROUTE DES MONTS

▶ *Circuit tracé en bleu sur la carte de microrégion (p. 28-29) - comptez env. 2h. Depuis l'église d'Itxassou, descendez vers la Nive en passant à côté de l'hôtel du*

1

Chêne. Une fois sur la route principale, prenez à droite et suivez le panneau « Pas de Roland ». La D 349 mène au site.

Pas de Roland D3

Faites un arrêt sur l'élargissement peu après une petite croix sur le parapet, pour regarder en contrebas. Juste en dessous de la route, le rocher percé fut, selon la légende, ouvert par le chevalier Roland, neveu de Charlemagne selon la légende et poursuivi alors par les Vascons : un coup de sa fameuse épée, Durandal, suffit à ouvrir la brèche dans la pierre. Évitez les marches, assez dangereuses, et faites le petit détour par le sentier.

Poursuivez jusqu'à Laxia. Là, ne franchissez pas la rivière et tournez à droite pour monter jusqu'à Artzamendi. La route, très étroite, à fortes rampes et virages serrés (comptez 40mn de montée), traverse une forêt aux arbres et aux pierres couverts de mousse et de fougères. Prenez votre mal en patience si vous vous trouvez derrière un troupeau montant à l'estive. Le paysage récompensera largement votre attente !

★ Artzamendi C3

La route qui mène au sommet est en très mauvais état et il vous faudra laisser votre voiture en bas pour monter à pied. Comptez 1h AR.

Des abords de la station de télécommunications, le **panorama★** s'étend au nord sur la basse vallée de la Nive, le bassin de la Nivelle et ses hauts pâturages, et, au-delà de la frontière, sur les hauteurs de la vallée de la Bidassoa. Rapaces et vautours survolent souvent le sommet, occupé par les pottoks.

Redescendez vers Laxia et, à l'intersection qui précède le lieu-dit Fagola, tournez à gauche en direction d'Itxassou.

Mont Urzumu C3

De la table d'orientation, près d'une statue de la Vierge, panorama sur les Pyrénées basques et sur la côte, de la pointe Ste-Barbe à Bayonne.
Revenez à Itxassou par la même route.

NOS ADRESSES À CAMBO-LES-BAINS

HÉBERGEMENT

À Cambo-les-Bains
PREMIER PRIX
Hôtel-Café du Trinquet – *16 r. du Trinquet -* ☏ *05 59 29 73 38 - www.hotel-cambo-les-bains.fr -* ♿ *- fermé déc. - 12 ch. 65/100 € -* ☕ *8 €.* Dans une grande maison, chambres simples et bien tenues, dont quatre aménagées au-dessus d'un café. Les moins chères sont seulement équipées d'un lavabo. Ambiance familiale.
Auberge Chez Tante Ursule – *Frontondu Bas-Cambo - à 2 km au nord de Cambo -* ☏ *05 59 29 78 23 - www.auberge-tante-ursule.*

com - fermé mar. - 7 ch. 52/62 € - ☕ *8 € - rest. menu 28 € (-12 ans 10 €).* Établissement situé en bordure du fronton de Bas-Cambo. Chambres rustiques soignées. Cuisine régionale servie dans une salle à manger à l'âme basque (joli vaisselier).
Hôtel Ursula – *37 rte du Bas-Cambo - (gare à 600 m) -* ☏ *05 59 29 88 88 - www.hotel-ursula.fr -* 🅿 ♿ *- 15 ch. 69/89 € -* ☕ *9 €.* Ce petit hôtel familial et convivial, situé dans le pittoresque quartier du Bas-Cambo, dispose de grandes chambres personnalisées et bien tenues. Copieux petit-déjeuner avec produits du terroir.

Hôtel Laurent Rodriguez – *31-33 allée Anne-de-Neubourg - ☎ 05 59 59 38 10 - www.hotel-laurentrodriguez.com - fermé 20 déc.-10 janv. -* 🅿 ♿ *- 16 ch. 69/80 € - ☕ 8,50 € - pizzeria (fermé mar. soir, merc. et sam. midi) 31/35 €.* Ce vénérable édifice situé à l'entrée de la cité thermale dispose de petites chambres en camaïeu de gris, fonctionnelles et confortables.

À Itxassou

PREMIER PRIX

Camping Hiriberria – *Rte de Cambo-les-Bains et chemin à dr. - à 1 km au nord-ouest par D 918 - ☎ 05 59 29 98 09 - www.hiriberria. com -* 🅿 ♿ 🏊 *- réserv. conseillée - 228 empl. 26 € - 34 locatifs (de déb. mars à fin nov.) 45/60 €.* Arbres, haies taillées et fleurs délimitent agréablement les emplacements de ce camping. Mobile-homes et jolis chalets aux couleurs basques avec vue imprenable sur la montagne. Petit snack et piscine chauffée, couverte ou découverte en fonction de la météo.

Chambre d'hôte Soubeleta – *☎ 05 59 29 22 34 - www.gites-de-france-64.com/chambre-soubeleta -* ✉ 🅿 *- mi-nov.-mi-mars - 5 ch. 62/70 € ☕.* Sur les hauteurs, imposante demeure du 17e s. dont la tourelle et la façade sont restées intactes. Chambres spacieuses, meubles de famille et cheminée en marbre pour certaines. Cuisine commune. Aux beaux jours, le petit-déjeuner est servi sur la terrasse.

Hôtel Agian – *Pl. du Fronton - ☎ 05 59 29 75 21 - www.maison-bonnet.com/fr/l-hotel-agian.html - fermé du 11 Nov. à Pâques -* 🅿 ♿ 🏊 *- 11 appart. 71/79 €, 1 suite 90 € - ☕ 8 €.* Les appartements de cette résidence, tenue avec soin, s'ouvrent sur les montagnes : vous pourrez les apprécier du balcon, mais aussi depuis les grands lits à la literie confortable. Petit-déjeuner servi dans le restaurant Bonnet voisin, dont le chef est le propriétaire : confitures maison de cerise d'Itxassou, de pastèque, de pêche… Cuisine régionale délicate.

POUR SE FAIRE PLAISIR

Cabanes Legordia Borda – *Rte de l'Artzamendi - ☎ 05 59 29 87 83 - www.legordia.fr -* ✉ *- 3 ch. à partir de 125 € -* ☕ *9 € - table d'hôtes 25 €.* Hors du commun, ces trois cabanes perchées dans les arbres à côté de l'ancienne bergerie ! Elles abritent les chambres d'hôtes, un peu exiguës mais confortables, idéales pour un retour au calme, en pleine forêt. Petit-déjeuner et repas bio sont livrés dans un panier hissé à l'aide d'une corde. Une expérience !

À Ustaritz

BUDGET MOYEN

Chambre d'hôte Maison Bereterraenea – *469 Elizako Bidea - quartier Arrauntz - ☎ 06 81 26 91 82 - www.chambres-cote-basque.com - fermé Toussaint-Pâques -* ✉ 🅿 *- 3 ch. 70/80 € ☕ (2 nuits mini).* Tournée vers un verger de pommiers à cidre (vente à emporter), cette maison basque du 17e s. domine la vallée de la Nive. Simple et bien rénovée avec ses murs blancs et ses pierres de montagne, elle a retrouvé sa noblesse d'antan. Massages bien-être sur réserv.

À Louhossoa

BUDGET MOYEN

Chambre d'hôte Domaine de Silencenia – *Zilantzenia- Rte d'Hélette - ☎ 05 59 93 35 60 - www. domaine-silencenia.com -* ✉ 🅿 🏊 *- fermé du 11 Nov. à déb. mars - 5 ch. 90 € ☕ - table d'hôte 35 € merc. et sam. soir.* Une douce

1

quiétude règne en cette maison de maître du 18e s. où tout est synonyme d'un véritable art de vivre. Les richesses de la région sont mises en avant dans les chambres : Bayonne, vin, pêche, aux côtés d'une chambre cosy… La cuisine exalte les produits du terroir et s'accompagne de bons crus locaux.

RESTAURATION

À Cambo-les-Bains

PREMIER PRIX

Au déjeuner sur l'herbe – *Pl. Duhalde - ☎ 05 59 42 67 17 - tlj sf sam. 12h-19h - 12/15 €.* Impossible de résister aux tartes présentées en vitrine, salées ou sucrées. Petite terrasse centrale et colorée qui s'ouvre sur la verdure. Service souriant et avenant.

BUDGET MOYEN

Le Pavillon Bleu – *Thermes de Cambo - ☎ 05 59 29 38 38 - fermé de mi-déc. à mi-fév. - 27/38 €.* Belle architecture, décor intérieur en boiseries claires et terrasse donnant sur un jardin planté de palmiers. L'accueil est agréable, le service efficace, la cuisine associe recettes d'aujourd'hui et produits du terroir.

Le Bellevue – *29 r. des Terrasses (restaurant), 30 allée Edmond-Rostand (hôtel) - ☎ 05 59 93 75 75 - www.hotel-bellevue64.fr - fermé 8 janv.-12 fév. - 🅿 🛆 - menu déj. 15 € - menus 25/35 € - 6 appart. et 1 studio 80/115 € - ☕ 7,50 €.* Décor actuel et soigné autour d'une cuisine dans l'air du temps. Deux terrasses sont ouvertes aux beaux jours : la première donne sur le jardin, la seconde sur la jolie campagne environnante. Autre charme de cette maison du 19e s. bien rénovée, ses suites familiales d'esprit contemporain, sans oublier la piscine chauffée.

À Itxassou

PREMIER PRIX

Restaurant du Pas de Roland – *quartier du Laxia - rte de Beandotse - juste à côté des gorges du Pas-de-Roland - ☎ 05 59 29 75 23 - fermé en fév. (se rens.) et merc. - assiette combinée 13 € - menu 20 € - carte 26/36,50 €.* On déguste des truites provenant des environs, mais aussi magrets, confits de canard et de porc, piperade, etc.

BUDGET MOYEN

Venta Burkaitz – *sur la route d'Artzamendi - 12 km du village - ☎ 05 59 29 82 55 - fermé janv. et merc. hors sais. - le soir sur réserv. - 🚭 - menus 20/23 €.* Sur le versant espagnol, *venta* composée de deux salles : la plus authentique conserve son traditionnel comptoir où l'on peut prendre l'apéritif ou acheter alcools et conserves ; la seconde, en véranda, offre une jolie vue sur la vallée. Copieuse cuisine locale.

ACHATS

À Cambo-les-Bains

Domaine Xixtaberri – *Chemin de Macaye - ☎ 06 85 54 26 27 - http://myrtilles-cambo.com - ouv. pdt la cueillette (uniquement myrtilles) tlj 9h-13h (se rens. pour les dates).* En saison, sur les coteaux de ce verger biologique planté en myrtilles et cerises, on profite de la vue tout en cueillant les baies. L'exploitation produit confitures, coulis, jus et vinaigres.

👥 **Ferme Harizkazuia** – *dans le Bas-Cambo par la rte des Sept-Chênes - ☎ 06 63 79 43 54 - www.harizkazuia.fr - lun.-vend. sur réserv. - fermé vac. de Noël, vac. d'hiver et w.-end.* Découverte du laboratoire, vente de miel et de produits dérivés (hydromel, xipeztia, vinaigre de miel, etc.).

À Itxassou

🍒 Les **Cerises noires d'Itxassou** sont protégées par une appellation d'origine. Liste des producteurs sur le site Internet (*www.cerise-itxassou.com*). On cueille trois variétés de **cerises** : la *peloa*, cerise noire sucrée qui mûrit fin mai ; la *xapata*, acidulée de couleur rose, qui mûrit déb. juin ; la *beltxa* très foncée, cueillie à la mi-juin.

À Lohossoa

La Biscuiterie Basque – *le bourg -* 🕿 *05 59 70 50 63 - www. labiscuiteriebasque.com - 9h-19h.* C'est un festival de couleurs et de saveurs qui vous attend dans cette biscuiterie : sablés de maïs, macarons à la noisette, gâteau à la broche et gâteau basque… Un paradis pour les gourmands !

ACTIVITÉS

Chaîne thermale du Soleil – *5 av. des Thermes -* 🕿 *05 59 29 39 39 - www.chainethermale.fr - spa : 16h30-19h - fermé déc.-fév., jeu., dim. et j. fériés - 40/145 € forfaits Spa.* Cet établissement thermal, construit dans les années 1930, a bénéficié d'une cure de jouvence qui n'a pas dénaturé son joli cadre d'esprit Art déco.

Évasion – *quartier Errobi - 229 maison Errola - Errolako Bitea -* 🕿 *05 59 29 31 69 - www. evasion-sports-aventure.fr - ouv. tte l'année - 9h-12h, 14h-19h - sports d'eaux vives 35 € (6-17 ans 20/25 €) ; sports de montagne 25/60 €.* Cette base de loisirs organise des sessions de rafting, airyak, hydrospeed, canoraft, canyoning et aqua rando le long de la Nive. On peut aussi y pratiquer l'escalade, prendre des cours de surf et de pelote basque.

Base de loisirs du Baigura – ♿ *p. 139.*

Sur les traces des vautours – *randonnée organisée par l'OT : merc. et vend. matin en juil.-août, 14 € (enf. 8 €), réserv. oblig.* Thomas vous emmène à la rencontre de l'oiseau roi et vous livre tous les secrets de la montagne basque, sa faune et sa flore. Observation à la jumelle.

Au coucher du soleil – *randonnée organisée par l'OT : horaires et tarifs, se rens.* RDV sur les flancs de l'Ursuya où le panorama s'étend jusqu'à la Côte Basque. Randonnée accompagnée. À la tombée de la nuit, le retour prend des allures de contrebande.

AGENDA

À Cambo-les-Bains

Soirées basques, tournois de force et de pelote basques – *Juin-sept. : billetterie et rens. à l'office du tourisme de Cambo-les-Bains au 05 59 29 70 25.*

À Itxassou

Fête des cerises d'Itxassou – *1er dim. de juin.* Kermesse, messe, parties de pelote, repas, vente de cerises, etc. La cerise noire d'Itxassou sert à préparer la fameuse confiture dont on fourre souvent les gâteaux basques, ou que l'on mange avec le fromage de brebis.

Errobiko Festibala – *2e quinz. de juil. - www.errobikofestibala.fr.* Festival de musiques et danses du monde.

La Basse-Navarre et la Soule 2

Carte Michelin Région n° 524 - Département n° 342 – Pyrénées-Atlantiques (64)

La vallée verdoyante de Larceveau.
Club Photo Begi Rada/Office du Tourisme de Basse-Navarre

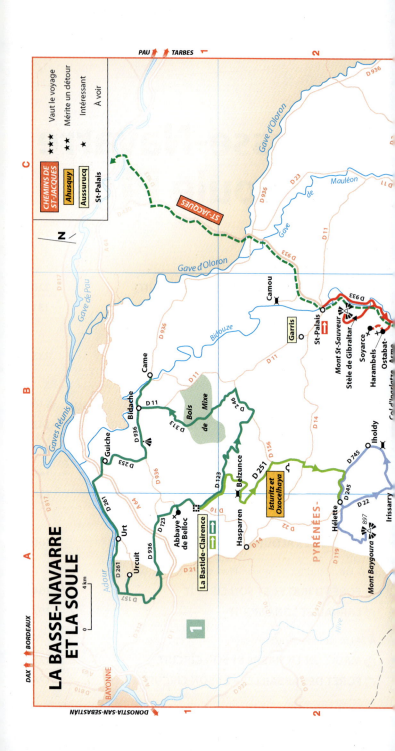

LA BASSE-NAVARRE ET LA SOULE

CHEMINS DE ST-JACQUES
Ahusquy
Aussurucq
St-Palais

★★★ Vaut le voyage
★★ Mérite un détour
★ Intéressant
À voir

ST-JACQUES

PYRÉNÉES-

Isturitz et Oxocelhaya

La Bastide-Clairence

Abbaye de Belloc

Mont Baygoura

Iholdy

Irissarry

Hélette

Hasparren

Camou

Garris

St-Palais

Mont St-Sauveur
Stèle de Gibraltar
Soyarce
Harambels
Ostabat-Asme
Col d'Ipralatze

Bois de Mixe

Bidache

Came

Guiche

Urt

Urcuit

PAU / TARBES

BORDEAUX

DAX

BAYONNE

DONOSTIA-SAN-SEBASTIAN

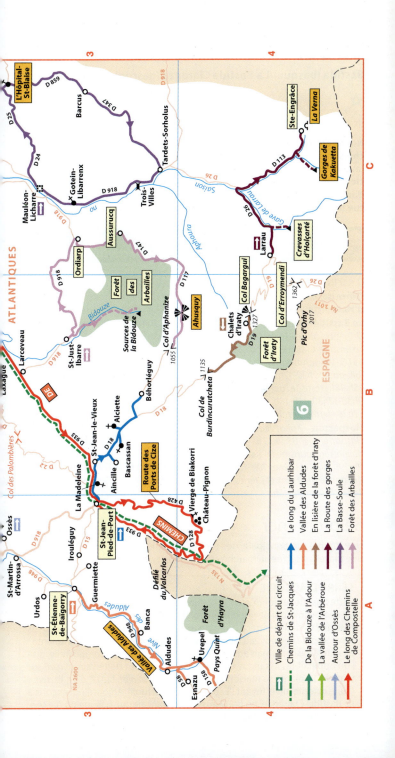

ATLANTIQUES

ESPAGNE

6

L'Hôpital-St-Blaise
D 859
Barcus
D 347
D 25
D 24
Maulé on-Licharre
Gotein-Libarrenx
D 918
Tardets-Sorholus
Trois-Villes
D 918

Ste-Engrâce
La Verna
Gorges de Kakuetta
D 113
D 26
Gave de Larrau
Larrau
Crevasses d'Holçarté

Aussurucq
Ordiarp
D 918
D 147
Forêt des Arbailles
D 117
Bidouze
Sources de la Bidouze
Col d'Aphanize
1055
Ahusquy

Col Bagargui
Chalets d'Iraty
D 19
1327
Forêt d'Iraty
Col d'Erroymendi
Pic d'Orhy
2017
1362
D 26
NA 2011

St-Just-Ibarre
Larceveau
Laxague
D 918

Béhorléguy
Alciette
St-Jean-le-Vieux
D 18
Bascassan
Ainciile
La Madeleine
Route des Ports de Cize
Col de Burdincurutcheta
1135

Col des Palombières
D 22

Ossès
D 918
St-Martin-d'Arrossa
D 948
Urdos
St-Étienne-de-Baigorry
D 15
Irouléguy
Guermiette
St-Jean-Pied-de-Port
D 933
CHEMINS
Vierge de Biakorri
Château-Pignon
D 128
D 428
Défilé du Valcarlos
N 135

Vallée des Aldudes
Aldudes
Banca
Nive des Aldudes
Forêt d'Hayra
Urepel
Esnazu
D 158
Pays Quint
NA 2600

Légende:

Ville de départ du circuit	Le long du Laurhibar
Chemins de St-Jacques	Vallée des Aldudes
De la Bidouze à l'Adour	En lisière de la forêt d'Iraty
La vallée de l'Arbéroue	La Route des gorges
Autour d'Ossès	La Basse-Soule
Le long des Chemins de Compostelle	Forêt des Arbailles

La Bastide-Clairence

Bastida (basque)/La Bastida Clarenza (gascon)

1 016 Bastidots - Pyrénées-Atlantiques (64)

Nous voici aux portes de la Gascogne ! Avec ses adorables maisons blanchies à la chaux, ses linteaux colorés et sculptés, sa petite église, son lavoir et sa place à couverts, cette bastide paraît comme figée dans l'ancien temps. L'impression est renforcée par les ateliers d'artisans installés dans la cité. La Bastide-Clairence, « plus beau village de France », constitue un point de chute idéal pour sillonner la région.

☺ NOS ADRESSES PAGE 129
Hébergement, restauration, achats, activités, etc.

🛈 S'INFORMER

Office de tourisme du Pays d'Hasparren - La Bastide-Clairence : **La Bastide-Clairence** – *Maison Darrieux - pl. des Arceaux - 64240 La Bastide-Clairence - ☎ 05 59 29 65 05 - www.hasparren-tourisme.fr - juil.-août : 9h30-12h30, 14h-19h, dim. 15h-18h ; reste de l'année : tlj sf w.-end 9h30-12h30, 14h-18h, merc. 9h30-12h30 - fermé certains j. fériés.* **Hasparren** – *2 pl. St-Jean - 64240 Hasparren - ☎ 05 59 29 62 02 - www. hasparren-tourisme.fr - juil.-août : 9h-19h, dim. et j. fériés 10h-12h ; reste de l'année : tlj sf dim. et j. fériés 9h-12h, 14h-17h, sam. 9h-12h.*

🧭 SE REPÉRER

Carte de microrégion A1 (p. 124-125) – Le village occupe une colline à une quinzaine de kilomètres à l'est de Bayonne par l'A 64.

😊 À NE PAS MANQUER

Les stèles sous abri de l'église.

🕐 ORGANISER SON TEMPS

Un après-midi suffira pour flâner dans la bastide, avant de partir de village en village à la découverte du Labourd et des berges de l'Adour.

👫 AVEC LES ENFANTS

Le bois de Mixe ; l'asinerie de Pierretoun *(voir Activités, p. 130).*

Se promener

Une longue rue principale, des ruelles perpendiculaires, et débouchant sur une place consacrée au marché : c'est le plan typique d'une bastide. Avec ses

> **TERRE D'ACCUEIL**
>
> Cette bastide fut fondée en 1312 dans la vallée de la Joyeuse par Louis Ier, roi de Navarre (qui devint ensuite roi de France sous le nom de **Louis X le Hutin**). Il désirait assurer à la région un débouché sur la mer. Attirée par les privilèges de ce nouveau village, une population composite s'y implanta : Basques, Gascons, mais aussi pèlerins de St-Jacques-de-Compostelle, que l'on appelait les « francos ». Chacun reçut un bout de terrain *(plaza)* sur lequel il implanta sa maison et son jardin, le *cazalot*. Le 17e s. vit l'arrivée d'une colonie juive, fuyant l'Espagne et le Portugal. Aujourd'hui encore, à La Bastide-Clairence, on parle aussi bien français que basque ou gascon, avec toutefois une petite avance pour le gascon.

maisons blanches barrées de rouge, cette rue a un air de village du Labourd. Amusez-vous à distinguer les maisons labourdines des maisons navarraises… Une quinzaine d'artisans d'art (potier, tisserand, ébéniste, photographe, etc.) y ont installé leurs ateliers, ouverts à la visite.

Église N.-D.-de-l'Assomption

Typiquement basque avec ses étages de galeries, elle est flanquée de deux allées couvertes et pavées de dalles funéraires des plus vieilles familles de La Bastide. On parle ici du « cimetière préau ».

Circuits conseillés Carte de microrégion

**DE LA BIDOUZE À L'ADOUR :
UNE ENCLAVE GASCONNE EN TERRE BASQUE**

Circuit tracé en vert foncé sur la carte de microrégion (p. 124-125) - comptez environ 1h30. Quittez La Bastide-Clairence par la D 123 en direction de St-Palais. À La Haranne, prenez à gauche la D 246 vers Orègue, puis la première à gauche (D 313) en direction de Bidache et roulez tout droit pendant environ 10mn. Parking aménagé en bordure de route, à gauche.

Bois de Mixe B1

Cette petite forêt de 800 ha permet de découvrir, en plus des essences endémiques (noisetiers, chênes, hêtres), des arbres importés tels que le chêne rouge d'Amérique ou le tulipier de Virginie. Un **sentier★** jalonné de panneaux permet de les repérer et de traverser la Patarena sur des plots ou des ponts suspendus *(1 h - départ à droite de la cabane à pique-nique)*.
Poursuivez par la D 313 et prenez la D 11, à gauche, en direction de Bidache.

Bidache/Bidàishen/Bidaxun B1

1 pl. du Fronton - 64520 Bidache - ℘ 05 59 56 03 49 - www.tourisme-pays-de-bidache.com - juil.-août : 10h-12h30, 14h-18h30 ; fév.-juin et sept.-oct. : tlj sf dim.-lun. 9h-12h, 14h-18h ; reste de l'année : merc. et vend.-sam. 9h-12h, 14h-18h.

L'unique rue aux maisons claires et percées de portes cintrées donne au bourg un aspect navarrais. Les seigneurs de Gramont établis là depuis le 14ᵉ s. tirèrent parti de la situation de leurs terres à la limite de la Navarre, du Béarn et du royaume de France pour s'ériger en princes souverains de Bidache, indépendance qui dura jusqu'à la Révolution. À l'époque de la paix des Pyrénées (1659), Antoine III, seigneur de Gramont et maréchal de France (le fameux de Guiche brocardé par Cyrano chez Rostand), y reçut Mazarin et se rendit en Espagne afin de demander la main de l'infante Marie-Thérèse pour Louis XIV. De cette époque restent les belles ruines du **château de Gramont** *(visite guidée (45mn) - nocturnes aux flambeaux et animations de fauconnerie avec vol d'oiseaux, se rens. au ℘ 05 59 56 03 49 - 6 €, enf. 2,50 €)*, ruiné dans un terrible incendie en 1796. Le donjon du 15ᵉ s. est un vestige du château médiéval et offre un panorama à 360° sur la vallée de la Bidouze et les Pyrénées.

Le tombeau des ducs se trouve dans l'**église**, construite au 19ᵉ s. Remarquez à l'intérieur le Chemin de Croix réalisé par **René-Marie Castaing** (1896-1943), Grand Prix de Rome en 1924.

Came/Càmer/Akamarre B1

À 3 km de Bidache, par la D 936.

Traversé par la Bidouze dont les berges sont aménagées en promenades, Came se consacre, depuis le 19ᵉ s., à la confection artisanale de **chaises**, utilisant des

2

bois comme le hêtre, le merisier, le chêne, le noyer et, pour le paillage, le jonc des marais de l'Adour. Plusieurs ateliers sont encore installés dans le village.

Musée – La Chaumière - D 936 - ℘ 05 59 56 05 12 - www.museedelachaise.fr - ♿ - visite guidée sur demande préalable (30mn). Tenu par un artisan, il retrace l'histoire des chaisiers de Came et présente l'outillage traditionnel.

Reprenez la D 936 en direction de Bayonne.

Après Bidache, la route monte au milieu des premières collines basques.

À Bardos, prenez la D 253 en direction de Guiche et tournez dans la rue Maulio (lieu-dit Aguerre).

On atteint bientôt la **butte de Miremont** dont l'observatoire domine de ses 20 m la vallée de l'Adour. La **vue★★** sur les Pyrénées jusqu'au pic d'Anie, premier sommet (alt. 2 504 m) de la haute chaîne, est splendide *(sur place, tables de pique-nique, aires de jeux).*

Revenez sur la D 253 en direction de Guiche.

Guiche/Guíshen/Gixune B1

▶ *À 14 km au nord-ouest de Came, par la D 936.*

Le parvis de l'**église St-Jean-Baptiste** offre un joli panorama sur les méandres de la Bidouze et le paysage moutonnant, caractéristique de ce coin du Labourd. Au-dessus de l'entrée du cimetière se trouve une amusante construction sur piles, dite **« le Pigeonnier »** (ancienne mairie). À l'intérieur de l'église, des vitraux modernes aux couleurs vives égayent la nef menant au retable des 17ᵉ et 18ᵉ s.

Plus bas, à Guiche-Bourgade, se dressent les ruines d'un **château** (12ᵉ-14ᵉ s.) avec un donjon carré. L'édifice appartient à la famille de Gramont depuis 1534, après avoir fait partie du système défensif anglais pendant la guerre de Cent Ans. Il domine le minuscule port de Guiche, à la confluence de l'Adour. Le chemin de Corisande (du nom de la maîtresse d'Henri IV, Diane d'Andoins, surnommée la belle Corisande), situé en face d'une embarcation traditionnelle, permet d'accéder au château à pied. L'ancien chemin de halage sur le côté droit du port (aujourd'hui transformé en parcours pédagogique sur 4,5 km) rappelle le temps où la cité, l'un des ports les plus importants du bas Adour, comptait huit ports… *Ponctué de panneaux d'interprétation, le circuit routier de l'Adour maritime passe notamment par là (rens. à l'office de tourisme et https:// paysbasque-adour.jimdo.com).*

Suivez la Bidouze pour longer ensuite l'Adour sur la D 261.

Urt/Ahurti A1

🛈 *Pl. du Marché - 64240 Urt - ℘ 05 59 56 24 65 - www.urt.fr - juil.-août : tlj sf dim. apr.-midi ; reste de l'année : jeu. 8h-12h - fermé j. fériés, 26 déc.*

Village typiquement basque avec son église blanche, au sobre intérieur rehaussé de galeries et d'orgues. On peut marcher le long de l'Adour en suivant la petite route asphaltée qui part de son port.

Rejoignez Urcuit par la D 261, puis la D 257.

Urcuit/Urketa A1

Comme sa voisine Urt, cette petite ville s'est mise à l'ambiance basque, avec sa charmante **église** à galerie extérieure. Stèles discoïdales dans le cimetière attenant.

Rejoignez Briscous, puis prenez la D 936 et la D 123 en direction de La Bastide-Clairence.

Avant d'entrer dans le bourg, remarquez sur une hauteur l'**abbaye de Belloc** fondée en 1875 et toujours en activité *(ne se visite pas).*

LA VALLÉE DE L'ARBÉROUE AB1-2

▶ *Circuit de 33 km tracé en vert clair sur la carte de microrégion (p. 124-125) - comptez env. 1h30. Sortez de La Bastide-Clairence par la D 123. Au quartier de Pessarou, tournez à gauche en dir. d'Ayherre.*

🎧 *Des MP3 vous accompagneront idéalement le long de ce circuit aux nombreuses bifurcations ; à télécharger sur www.hasparren-tourisme.fr, rubrique Patrimoine.*

Ce circuit traverse six villages de la vallée, reliés par de petites routes champêtres, où vous croiserez sûrement quelques troupeaux, et où vous profiterez de jolis panoramas sur les montagnes basques. Vous apprécierez en particulier le **château de Belzunce** à Ayherre, datant du 13ᵉ s., et l'**église** paroissiale de Saint-Esteben (17ᵉ s.).

🎧 NOS ADRESSES À LA BASTIDE-CLAIRENCE

HÉBERGEMENT

PREMIER PRIX

Résidence de tourisme Les Collines Iduki – *Rte de la côte - ☎ 05 59 70 20 81 - www.location-vacances-paysbasque.com -* 🅿 ♿ 🏊 *- 36 appart. 67/134 € (sem. 459/1 179 €), poss. de courts séjours hors sais. - formule midi 15 € - carte 37/48 €.* À la sortie du village, ces maisonnettes, souvent mitoyennes, disséminées dans la verdure séduisent par leurs couleurs et leur architecture basque. Les intérieurs spacieux sont décorés avec goût. À l'entrée, excellent restaurant (assiette Euskadi avec spécialités locales, charcuteries et fromages) avec terrasse.

Le Clos Gaxen – *Route d'Hasparren - ☎ 05 59 29 16 44 - www.leclosgaxen.fr -* 🏊 *- 3 ch. 65/75 € ⌷.* Posée au milieu d'une vaste propriété, cette belle ferme du 18ᵉ s. abrite de confortables chambres d'hôtes. Excellent accueil des maîtres de maison et petits-déjeuners mémorables (confitures, gâteau, yaourts maison, etc.).

BUDGET MOYEN

Maison Marchand – *R. Notre-Dame - ☎ 05 59 29 18 27 - http://maison.marchand.pagesperso-orange.fr - fermé du 1ᵉʳ Nov. au 31 mars - 3 ch. 75/85 € ⌷ (2 nuits mini, sinon suppl. 10 € et prévenir 15 j. av.) - repas 25 € (haute sais., juil.-sept. : lun., hors sais. : lun. et jeu.).* Cette maison du 16ᵉ s., rénovée dans son authenticité labourdine, abrite des chambres spacieuses avec de grands couchages. Jardin et terrasses à disposition pour se délasser. Possibilité de se joindre à la table d'hôtes.

RESTAURATION

PREMIER PRIX

Les Arceaux – *Pl. des Arceaux - ☎ 05 59 29 66 70 - dès 7h30 - fermé une sem. pdt les vac. de la Toussaint et pdt les vac. de fév. (zone A) - formule 11 €, menu déj. 14 €, assiette de pays et cidre basque 19 €.* On y vient dès 7h30 pour un café et un croissant, le midi pour déjeuner sur la terrasse ombragée, le soir pour déguster une assiette du pays dans la salle à l'arrière qui donne sur la nature. Bons produits et accueil très sympathique.

À Guiche

BUDGET MOYEN

Le Gantxo – *Quart Port, 64520 Guiche - ☎ 05 59 56 46 63 - www.restaurant-le-gantxo.fr - fermé mar. sf juil.-août, dim. soir et lun. - formule 13 €, menu 29 €, carte 34 €.*

2

Bienvenue en terre basque ! Ce Gantxo – du nom d'une passe de pelote – donne directement sur le trinquet, l'aire de jeu du célèbre sport local. En cuisine, le chef Laurent Miremont revisite la gastronomie basque de façon très personnelle ; il compose des plats au goût du jour, souvent copieux, toujours goûteux !

ACHATS

Marché fermier – *Pl. des Arceaux - juil.-août : vend. soir.*

Les Fermiers basques – *Bourg - 64240 La Bastide-Clairence - 𝄢 05 59 63 71 41 - www.producteurs-fermiers-pays-basque.fr - 10h-13h, 14h30-18h30 (18h hors sais., de nov. à Pâques) - fermé lun., mar. et le mat. (sf w.-end) hors sais.* Les produits produits vendus par ce groupement de producteurs sont d'une qualité exceptionnelle : fromage, miel, charcuterie, canard, vin d'Irouléguy, piments d'Espelette…

La Ferme Bethanoun – *GAEC du Lucq - 64240 La Bastide-Clairence - 𝄢 06 12 40 72 00 - www.lafermebethanoun.com - 10h-12h, 14h-18h - fermé dim. et j. fériés - visite de la ferme sur réserv.* Vente des produits de l'élevage de brebis et de blondes d'Aquitaine. Tomme d'Ossau-Iraty et, spécialité de la ferme, le « bethia » (fromage de brebis persillé) ainsi que différents produits à base de viande.

La Fabrique de Macarons – *R. Notre-Dame - 𝄢 06 11 88 81 05 - www.lafabriquedemacarons.fr - 10h-12h45, 13h45-19h - fermé de mi-nov. à fin mars.* Macarons aux amandes, aux noisettes, à la noix de coco et au citron… Vous pourrez non seulement savourer les douceurs de la maison, mais aussi voir les secrets de fabrication, dans le laboratoire situé juste à l'arrière. Autre boutique à St-Jean-Pied-de-Port.

SPORTS ET LOISIRS

Asinerie de Pierretoun – *Hameau de Pessarou - 𝄢 05 59 31 58 39 - www.anes-pays-basque.com - &. - juil.-août : 10h-13h, 15h-19h ; reste de l'année : merc. 14h-18h, w.-end sur demande -* Espèce un temps menacée, l'âne des Pyrénées est connu pour son aptitude au travail et la qualité de son lait. Vente de cosmétiques bio à base de lait d'ânesse (savons, soins visage et corps, gels douche, etc.).

AGENDA

Fête du village – *Fin juil.* Pendant 4 jours et 4 nuits, La Bastide-Clairence se pare de rouge et de blanc. *Bandas, encierros,* courses de vaches et méchoui, tous les éléments sont réunis pour de grandes fêtes à la basquaise !

Fête à l'ancienne du Pont de Port – *9 août.* Repas champêtre, abattage du blé, démonstration de métiers d'antan…

Grand marché potier – *12 et 13 sept.*

Grottes d'Isturitz et d'Oxocelhaya

★★

Pyrénées-Atlantiques (64)

Littéralement le « champ du loup » et le « lieu de la fontaine », ces grottes constituent l'un des plus riches sites préhistoriques d'Europe. De véritables cathédrales de calcaire aux colonnes monumentales et aux draperies majestueuses. Qui est à l'origine de ces merveilles ? Des artisans que l'on nomme l'eau, le calcaire… et le temps. Ces grottes plurent tout d'abord à l'homme de Neandertal venu s'y installer, puis à celui de Cro-Magnon, laissant tour à tour derrière eux de vrais trésors. C'est donc un étonnant voyage au centre de la Terre, aux tréfonds de la colline de Gaztelu, qui vous attend.

NOS ADRESSES PAGE 134
Hébergement, restauration, achats, activités, etc.

ⓘ S'INFORMER

Office de tourisme du Pays d'Hasparren-La Bastide-Clairence – *2 pl. St-Jean - 64240 Hasparren - ✆ 05 59 29 62 02 - www.hasparren-tourisme.fr - juil.-août : 9h-19h, dim. et j. fériés 10h-12h ; reste de l'année : tlj sf dim. et j. fériés 9h-12h, 14h-17h, sam. 9h-12h.*

▶ SE REPÉRER

Carte de microrégion B2 (p. 124-125) – Les grottes se trouvent à 14 km à l'est d'Hasparren et à 21 km à l'ouest de St-Palais. Accès par le village de St-Martin-d'Arberoue.

🅿 SE GARER

Parking aménagé aux abords du site (aire de pique-nique).

🕐 ORGANISER SON TEMPS

Entre la visite des grottes et celle d'Hasparren, comptez une demi-journée.

👥 AVEC LES ENFANTS

Les grottes ; la ferme Agerria.

2

Visiter les grottes

▶ *Depuis le parking, les grottes sont à 10mn à pied. La visite englobe les deux grottes.*

✆ *05 59 29 64 72 - www.grottes-isturitz.com - visite guidée (1h) juil.-août : 10h-12h, 13h-18h ; juin et sept. : 10h30-11h30, 14h-17h ; reste de l'année : 14h-17h, vac. scol. et j. fériés 11h, 14h et 17h - fermé de mi-nov. à mi-mars - 10,80 € (-14 ans à 4 €) - 30 € billet famille (2 adultes + 3 enf.) - température constante à 14 °C à l'intérieur des grottes. Visites thématiques : Préhistoire et Arts, découverte géologique, visite sonore « Résonances », visite « Photo », etc. Rens. et réserv. sur le site Internet.*

Les grottes, superposées, correspondent à deux niveaux, abandonnés, du cours souterrain de l'Arbéroue (qui coule à présent au troisième niveau).

★★ Grotte d'Isturitz B2

👥 On pénètre dans la montagne par cette grotte, dont l'intérêt est avant tout scientifique. Sur un **pilier** ont été gravés trois rennes superposés épousant le relief de la pierre, ainsi qu'un cheval. Achevées en 2010, les fouilles ont mis au jour des objets quotidiens mais aussi vingt-deux fragments de flûtes taillées dans des os de rapaces et de gypaètes (une espèce de vautours) ainsi que des objets d'art. Parmi ceux-ci, des baguettes demi-rondes sculptées et des gravures, dont vous pourrez admirer les copies dans l'espace-musée des grottes.

★★ Grotte d'Oxocelhaya/Otsozelaia B2

Quinze mètres plus bas se trouvent des salles décorées de **concrétions** dont les formes étranges et variées sollicitent l'imagination : stalactites, stalagmites, colonnes, draperies translucides, cascade pétrifiée scintillante.

En outre, deux reproductions illustrent la trentaine de **dessins** (contours au charbon de bois, raclage ou tracé au doigt sur argile) découverts sur les parois, qui ne sont pas montrés au public par mesure de préservation.

À proximité Carte de microrégion

Hasparren/Hazparne A2

▶ *À 10 km au nord-ouest par la D 251, puis la D 14.*

La « cité des chênes » est un bourg labourdin autrefois dédié à la tannerie. **Francis Jammes** (1868-1938) s'y installa en 1921 et vécut jusqu'à sa mort dans la maison Eyhartzea, signalée par une statue qui lui est dédié. Père de neuf enfants et sans le sou, ce poète admiré de Gide, Claudel, Rilke ou Kafka, parcourut le Béarn et le Pays basque à la recherche d'un toit qu'il finit par trouver à Hasparren, avec l'aide d'un père bénédictin.

PASSIONNANTES DÉCOUVERTES

En 1895, les ouvriers qui travaillent dans l'exploitation de phosphate de la **grotte d'Isturitz** trouvent des pierres taillées. En les examinant, le pionnier de la préhistoire, Édouard Piette, pressent l'importance de cette mise au jour. Une première campagne de fouilles (1912-1922) révèle une série de couches stratigraphiques. Elle est suivie d'une seconde opération qui atteste de 80 000 ans de présence humaine.

En 1929, la **grotte d'Oxocelhaya** est découverte par hasard. Devant la magnificence des lieux, le propriétaire des grottes, André Darricau, décide de l'ouvrir au public, faisant percer en 1953 un tunnel entre les deux grottes. Les représentations pariétales seront ensuite découvertes au fil des ans. Une troisième grotte, **Erberua**, découverte en 1973, reste encore fermée au public.

Les collections exceptionnelles d'objets sont exposées au musée d'Archéologie nationale de Saint-Germain-en-Laye et une série aurignacienne a rejoint le musée national des Eyzies. Depuis les premières découvertes, la volonté du propriétaire (prolongée par ses descendants qui ont pris la relève) est de faire partager ces richesses qui renseignent sur l'histoire de l'homme. Le **musée** didactique en est la preuve, tandis qu'un **espace culturel** permet à des artistes (musiciens, conteurs, plasticiens ou danseurs) de réaliser des performances *in situ (www.grottes-isturitz.com)*. Ces réalisations s'accompagnent d'un engagement fort de la famille Darricau en faveur d'un tourisme responsable, respectueux tant de l'environnement que des cultures humaines présentes ou passées.

Commencée en 2010, une campagne de fouilles s'est achevée en 2017, avec pour objectif d'appréhender la place de l'art pariétal au sein des sociétés préhistoriques (restitution topographique et en 3D des grottes, inventaire et datation par Carbone 14 des activités pariétales, etc.).

Les grottes d'Isturitz.
C. Levillain/© Grottes d'isturitz & oxocelhaya

Centre Culturel Eihartzea – *81 r. Francis-Jammes -* ☎ *05 59 29 43 36 - www. eihartzea.com -* ♿ *- Association Francis-Jammes -* ☎ *05 59 69 11 24 - www.francis-jammes.com - juin-sept. : tlj sf lun. 10h-12h, 15h-17h ; reste de l'année : 10h-12h, 15h-17h - fermé dim. et j. fériés - possibilité de visite guidée (45mn).*

Église Saint-Jean-Baptiste (16ᵉ s.) – *sais. : 8h-19h ; reste de l'année : 8h-18h - messe chantée en basque sam. 19h30.* Pouvant contenir jusqu'à 1 800 fidèles, l'église paroissiale d'Hasparren, remaniée au 19ᵉ s., est l'une des plus grandes du Pays basque français. Elle conserve d'élégantes galeries et un plafond voûté en bois, décoré de peintures (1895, œuvre de Daniel Saubès).

Chapelle du Sacré-Cœur – *fermée pour travaux. Réouv., se rens. à l'office de tourisme.* Édifice de 1933 construit pour la Maison des frères missionnaires : à l'intérieur, la nef est parée d'une grande fresque murale et le chœur est recouvert d'une **mosaïque** représentant le Christ Pantocrator néobyzantin, au milieu de laquelle s'insèrent des vitraux épousant la forme voûtée du plafond.

😊 NOS ADRESSES PRÈS DES GROTTES

HÉBERGEMENT

À Hasparren

PREMIER PRIX

Gîte d'étape Ferme d'Urkodéa – *Quartier Zelaï -* 🕿 *05 59 29 15 76 - https://urkodea.ffe.com -* 📷 📄 *- gîte 14 pers. - 6 ch. 20 €/pers. en colocation, 300 €/gîte/w.-end et tarifs dégressifs pour nuits suppl. et longs séjours.* Réhabilitée en gîte, cette ferme labourdine est aussi un centre de randonnée équestre, qui organise des sorties à travers la lande d'Hasparren et la vallée de la Joyeuse. Chambres à plusieurs lits, remarquables par leur propreté et leur calme.

Hôtel Les Tilleuls – *Pl. de Verdun -* 🕿 *05 59 29 62 20 - www.hotellestilleuls-hasparren.com -* ♿ *- fermé 2 sem. en fév.-mars (se rens.)., dim. soir et sam. de fin sept. à déb. juil. sf j. fériés - 25 ch. 65/85 € -* ☕ *8 € - poss. 1/2 P 110/115 €; formule déj. (sem.) 13 € - menus 15/25/30 €.* La maison qu'habita l'écrivain Francis Jammes est à deux pas de cette construction de style basque dont les chambres donnent donnent sur la place du village. Face à l'hôtel, le Relais des Tilleuls est doté de chambres plus grandes avec balcon ou terrasse privative et peut accueillir des groupes ou des familles. Sympathique salle de restaurant rustique où l'on vous proposera de goûter aux recettes régionales.

À Mendionde

BUDGET MOYEN

Chambre d'hôte Anderetea – *Quartier Greciette -* 🕿 *05 59 29 14 03 - www.anderetea.com - 2 ch. 75/90 €* ☕. Une maison chaleureuse et cosy, où les propriétaires Quentin et Karen vous proposent deux belles chambres spacieuses, mêlant pierre apparente et bois clair, et décorées de meubles de choix.

RESTAURATION

À Hasparren

BUDGET MOYEN

Ferme-auberge Komeiteko Borda – *Urcuray - (panneau depuis la D 10) -* 🕿 *05 59 20 00 01 - www.ferme-auberge-komeiteko-borda.fr -* 📄 *- merc.-dim., ts les midis et soirs (sf le dim.) - sur réserv. - menus 18/25 € (enf. 9 €).* Au sommet d'une charmante petite route en épingle, la ferme-auberge de la jeune Arantxa Lartigue met à l'honneur les viandes de l'exploitation familiale : gigot d'agneau fondant, filet mignon de porc, confit de canard… Et pour finir, crème brûlée originale, au lait de brebis. Magnifique panorama sur la plaine de l'Adour.

ACHATS

À St-Martin-d'Aréboue

👥 **Ferme Agerria** – *Quartier Corlorotz - D 4 -* 🕿 *05 59 29 45 39 - www.agerria.fr - visites tlj sf dim. 10h-11h30, 14h-18h30 - gratuit.* Cette ferme d'élevage vous fera connaître les brebis manech à tête rousse *(agnelage de nov. à mars, traite de déc. à juil.)* dont le lait est l'élément de base du fromage ossau iraty. Des porcs basques se promènent dans les prairies. À la fin de la visite, vous pourrez déguster les produits de la ferme : fromage de brebis, charcuterie, confits, jambons… Si les vacances à la ferme vous tentent, des emplacements pour camping-cars et un gîte pour 5 pers. *(280/600 €/sem.)* sont disponibles sur le site.

Ossès

Ortzaize

1 576 Ossessois – Pyrénées-Atlantiques (64)

À quelques tours de roue des sommets pyrénéens, ce village éclaté en différents quartiers sert de porte d'entrée aux collines verdoyantes de Basse-Navarre. Vous y découvrirez des maisons nobles à l'architecture typique et des paysages de prairies baignés d'une lumière éthérée.

NOS ADRESSES PAGE 139
Hébergement, restauration, achats, activités, etc.

S'INFORMER

Office du tourisme de St-Jean-Pied-de-Port-Baïgorry – *Pl. de la Mairie - 64430 St-Étienne-de-Baïgorry -* ☎ *05 59 37 47 28 - www. saintjeanpieddeport-paysbasque-tourisme.com - été : 9h-12h, 14h-18h, dim. 10h-13h ; reste de l'année : tlj sf w.-end 9h-12h, 14h-18h - vente d'activités (randonnée accompagnée, eaux vives, canyoning, spéléo). Espace randonnée : tablette tactile, carnet de circuits de randonnée, fiches randonnées et VTT.*
Office de tourisme du Pays d'Hasparren-La Bastide-Clairence – 🕭 *p. 126.*

SE REPÉRER

Carte de microrégion A3 (p. 124-125) – Ce village est posté au rebord du bassin dessiné par le confluent de la Nive des Aldudes et de la Grande Nive. On y accède par la D 918 depuis Cambo-les-Bains (22 km) ou St-Jean-Pied-de-Port (13 km). St-Étienne-de-Baïgorry n'est qu'à 10 km (D 948).

À NE PAS MANQUER
La randonnée des crêtes d'Iparla.

AVEC LES ENFANTS
La base de loisirs et le petit train du Baigura ; les sports d'eaux vives.

Se promener

Ossès se partage en sept quartiers différents *(voir les principaux ci-après)*. La plupart des maisons anciennes témoignent d'une double influence : labourdine par la présence de pans de bois et basse-navarraise par les murs latéraux en avancée, les auvents et les parements de pierre. On admire de très belles demeures nobles telles que l'imposante et opulente **maison Harizmendi**, reconnaissable à ses pans de bois et ses fenêtres à meneaux.

Église St-Julien

Le clocher de cet édifice du 16e s., orné d'une superposition de pierres blanches et rosées, comporte sept côtés (sans doute en référence au nombre de quartiers de la vallée). L'église abrite un retable baroque du 17e s. et un bel escalier à vis. Remarquez son portail, baroque lui aussi, construit en 1668 à la demande de Mgr d'Olce, évêque de Bayonne.

Sur la **place** bordée de vieilles maisons à l'architecture navarro-labourdine, un puits jouxte un petit bâtiment longé par une espèce de balustrade : cette dernière signale la présence d'une ancienne balance à peser les animaux ou les chargements.

2

Vers Irissarry
Prenez la route à gauche de l'église.

Il faut dépasser les maisons anciennes qui entourent l'église (1673, 1783) et se diriger vers la sortie du village pour voir la **maison Sastriarena**, autrefois résidence secondaire des évêques de Bayonne. Admirez sa façade en encorbellement et ses colombages ouvragés (1628 indique la date de réfection de la maison). Mgr d'Olce, évêque de Bayonne qui bénit le mariage de Louis XIV et de l'infante d'Espagne, Marie-Thérèse, le 9 juin 1660 (🍃 *St-Jean-de-Luz*), y aurait fini ses jours.

Quartier de Gahardou
En direction de St-Martin-d'Arrossa.

On aperçoit en bord de route quelques belles demeures traditionnelles dont les linteaux affichent souvent les noms et les dates de construction, remontant pour la plupart aux 17e et 18e s. Ne manquez pas la **maison Apalatzia** (1635) avec ses encadrements de grès rouge, au croisement des deux départementales (*D 8 et D 948*).

Quartier d'Eyharce
Au carrefour des D 948 et D 918.

Voyez la **maison Arrosagaray** du 16e s., repérable à ses fenêtres à meneaux, et la **maison Arrossa** (linteau de 1613).

Village d'artisans
Sur la D 918, en direction de St-Jean-Pied-de-Port.

Un potier, un ferronnier, un sandalier, des ébénistes et des producteurs de pays proposent directement le fruit de leur travail : fromages, miel, foie gras… Ce regroupement d'artisans a pris possession de la D 918 afin d'offrir l'éventail le plus large possible du savoir-faire basque. Certains ont aménagé leur espace de façon à montrer leur atelier : n'hésitez pas à pousser les portes.

À proximité Carte de microrégion

St-Martin-d'Arrossa/Arrosa A3
▶ *Sur la D 608 depuis le quartier d'Eyharce.*

Cet ancien quartier d'Ossès conserve quelques belles fermes anciennes et une église dont l'autel est en bois doré.

🥾 *812 m de dénivelé - 13 km, 7h AR, chemin balisé en jaune.* Depuis la voie de chemin de fer qui franchit la Nive à l'entrée du village, une randonnée conduit vers le nord en direction du mont Jarra.

Bidarray/Bidarrai A3
▶ *À 8 km d'Ossès par la D 918 en direction de Cambo ou par la D 608 dans le prolongement de St-Martin d'Arossa.*

En contrebas des crêtes d'Iparla, accroché au bord du plateau, le petit village de Bidarray, quartier d'Ossès jusqu'en 1791, surplombe la confluence de trois rivières, le Baztan et le Begieder se jetant dans la Nive. Depuis l'église et la place du fronton, belle **vue**★ sur les vallées.

La silhouette imposante de l'**église romane** du 12e s. domine le paysage, avec ses hauts murs de grès rose et son clocher-mur du 17e s. Cette chapelle appartenait à un prieuré sur la route de St-Jacques-de-Compostelle et jouxtait un hôpital dépendant de Roncevaux. Observez les figures des chapiteaux supportant le porche. Le cimetière abrite de belles stèles discoïdales.

La route qui descend de l'église mène au **pont Noblia** (14ᵉ s.). L'arche principale forme avec son reflet dans l'eau un cercle parfait ; à n'en pas douter, c'est là l'œuvre des Laminak (👤 *p. 177*) !

Le village était aussi réputé pour sa **source miraculeuse** du « Saint qui Sue », dont on dit qu'elle guérit les maladies de peau (👤 *p. 454 ; on l'atteint par le GR 10*).

🚶 *4h AR (7h jusqu'à St-Étienne-de-Baïgorry).* Le GR 10 vous emmène depuis Bidarray vers le pic d'Iparla. On marche sur la ligne de crête le temps d'une superbe randonnée au plus près du ciel. Le site est propice à l'observation des rapaces et des vautours, parfois très proches.

Circuit conseillé Carte de microrégion

AUTOUR D'OSSÈS

🔵 *Circuit tracé en bleu clair sur la carte de microrégion (p. 124-125) - comptez 1h. Quittez Ossès par la D 8.*

Irissarry/Irisarri AB2

Le village a conservé la **commanderie** des chevaliers de St-Jean-de-Jérusalem édifiée au 12ᵉ s. et reconstruite pour l'ordre de Malte au 17ᵉ s. Cet ordre assurait la sécurité et l'hébergement des pèlerins en route pour Compostelle, mais le bâtiment lui-même ne constitua jamais une étape du pèlerinage. Il représentait plutôt le siège de la puissance seigneuriale et fut saisi à ce titre sous la Révolution. Restauré, il accueille aujourd'hui **Ospitalea**, un centre d'exposition et d'éducation au patrimoine (*📞 05 59 37 97 20 - www.le64.fr/ospitalea.html - ♿ - juin-août : 10h30-12h30, 13h30-17h30 ; reste de l'année : tlj sf sam. 10h30-12h30, 13h30-17h30 - fermé dim. et j. fériés. - possibilité de visite guidée sur demande.* Remarquez les bretèches qui s'accrochent en surplomb aux angles du bâtiment. Il s'agit d'éléments défensifs, constitués d'une ouverture permettant de lancer des projectiles.

Église – Le plafond en berceau avec effet de caissons modernes abrite un orgue classique et un retable baroque représentant le baptême du Christ.

Poursuivre en direction d'Iholdy.

La D 8 se déploie dans un paysage de douces collines dont le vert est parfois ponctué de bosquets, plus sombres.

Iholdy/Iholdi B2

🔵 *À 6 km d'Irissarry.*

L'église, avec sa grande galerie extérieure en bois, et le fronton accolé forment un bel ensemble.

Château d'Iholdy – *Dans le bourg, un panneau indique le château à droite - 📞 05 59 37 51 07 - visite guidée (45mn) de déb. juin à mi-sept. : 14h30-18h - fermé merc. - 8 € (-16 ans 4,50 €).* Cette demeure mérite une visite autant pour Mgr Jean d'Olce, qui la fit rebâtir en 1664 sur un château de famille (14ᵉ s.), que pour ses actuels propriétaires qui ont sauvé de la ruine un bâtiment longtemps laissé à l'abandon. Vous pourrez apprécier le beau travail de restauration des plafonds à la française et surtout de récupération des stucs en relief (en vogue sous Louis XIV). À commencer par la chapelle avec son retable cannelé et le blason d'Olce qui orne le plafond, puis l'escalier monumental, à vide central (15 m de haut), avec sa coupole baroque. Chaque pièce s'orne d'une cheminée au décor plus ou moins chargé. L'ensemble est meublé 17ᵉ-18ᵉ s.

Quittez Iholdy par la D 745, en direction d'Hélette.

Hélette/Heleta A2

🔵 À 7,5 km.

Agour - Musée basque du Pastoralisme et du Fromage – *Sur la D 119, en direction de Louhossoa. ZA Ur-Xabaleta -* 📞 *05 59 37 63 86 - www.agour.com/ fromagerie-pays-basque/- ♿ - visite guidée (40mn) juil.-août : 9h, 10h, 11h, 14h, 16h et 17h, sam. 9h, 10h et 11h ; reste de l'année : 10h30 et 15h30, sam. 10h30 - fermé dim. et j. fériés - gratuit.* Quel meilleur moyen de mettre en valeur ses produits que d'organiser un musée pour en expliquer la fabrication ? C'est ce qu'a fait cette fromagerie sur son site de production. On peut écouter la voix du berger Joanes expliquer la tradition basque du pastoralisme et observer la reconstitution d'une *etxe* et d'une bergerie. La visite s'achève par un film sur les procédés actuels de fabrication et une dégustation, accompagnée au choix d'un verre d'Irouléguy ou de cidre. On peut voir les salles d'affinage à travers les vitres. Vous pouvez retrouver l'été leurs glaces au lait de brebis à Anglet *(plage Les Sables d'or, 13h-0h)* et à Biarritz *(Grande Plage, 13h-0h et plage Miramar, 13h-22h).*

Prenez la direction d'Herauritz, puis la D 119 jusqu'à la base de loisirs du Baigura.

Mont Baigoura/Baïgura A2

Petit train – *Au dép. de la base de loisirs de Mendionde - rens. et réserv. au* 📞 *05 59 37 69 05 ou 06 84 78 65 09 - www.baigura.com - de mi-juin à mi-sept. : 10h-11h, 14h-18h, dép. ttes les heures ; reste de l'année : 13h30-17h30 - 7,50 € (-13 ans 5,50 €).* 👥 Pour monter au Baigoura, rien de plus simple que ce petit train ! VTT et parapentes sont embarqués à l'arrière. L'arrêt à mi-pente se fait à l'entrée d'un **sentier de découverte** jalonné de panneaux d'interprétation, bon compromis pour ceux qui veulent découvrir la nature sans marcher depuis la base de loisirs. Du sommet, vous profiterez par beau temps d'une **superbe vue★** sur les villages de Basse-Navarre, la Côte basque et les montagnes pyrénéennes *(table d'orientation).*

Revenez à Herauritz. La D 22 ramène à Irissary, d'où l'on peut rejoindre Ossès par la D 8.

Rafting sur la Nive.
S. Lubenow/imageBROKER/age fotostock

😊 NOS ADRESSES À OSSÈS

HÉBERGEMENT/RESTAURATION

PREMIER PRIX

Hôtel-Restaurant Mendi-Alde – *Pl. de l'Église -* 📞 *05 59 37 71 78 - www.mendi.fr - fermé 10 j. déb. oct., 15 j. fin nov.-déb. déc. -* 🅿 🏊 *- 15 ch. 65/88 € -* 🍽 *11 € - poss. 1/2 P 126/160 € - formule déj. 12 € - 20/30 €.* Ce bel hôtel typique - le seul du village - réserve un accueil sympathique. Les chambres offrent un calme olympien. Espace détente (hammam, sauna, massages, etc.). Cuisine savoureuse : goûtez le merlu et sa ventrèche grillé sur une piperade, l'agneau cuit au four à bois et le gâteau basque… L'adresse est connue dans la région.

BUDGET MOYEN

Hôtel-Restaurant Eskualduna – *64780 St-Martin-d'Arrossa -* 📞 *05 59 37 71 72 - www.chezkatina. fr - fermé janv.-fév. -* 🅿 🏊 *- 36 ch. 78/94 €* 🍽 *- poss. 1/2 P 110/120 €/2 pers. - menu 19/45 €.* Avec un grand souci de confort et de détente (espace fitness, Spa, hydrothérapie, sauna, etc.), cet hôtel familial possède le charme et l'authenticité d'une maison privée. Et pour cause. Construit en 1745, ce relais de diligence a toujours appartenu à la même famille. Cuisine traditionnelle savoureuse.

ACTIVITÉS

👥 **Ur Bizia Rafting** – *RD 918 - Erramondeguya - 64780 Bidarray -* 📞 *05 59 37 72 37 - www.ur-bizia. com - descente 1h30 30 € - aquarando 3h 40 € - formule*

découverte : 4 descentes 1h30 100 €. Sports d'eaux vives et d'aventure, toute l'année.

👥 **Cocktail Aventure** – *RD 918 pont Noblia - 64780 Bidarray -* 📞 *05 59 37 76 24 - www.cocktail-aventure.com - sur réserv. - rafting en eaux vives 29 € 1/2 j. (-12 ans 19 €) ; canyoning à la 1/2 j. (à partir de 12 ans) 33 €.* 7 km de descente sur la Nive d'Ossès à Bidarray propices à la pratique des sports d'eaux vives : rafting, miniraft, hot-dog, hydrospeed et canyoning.

👥 **Ferme équestre Les Collines** – *Quartier Ahice -* 📞 *05 59 37 75 08 - www. fermelescollines.com - sur réserv. - balade 24 €/2h ; 34 €/1/2 j. ; 52 €/j.* Belles randonnées à cheval à travers le Pays basque. Proposition de randonnées de 3 à 7 jours.

👥 **Base de loisirs du Baigura** – *64240 Mendionde - D 117 -* 📞 *05 59 37 69 05 - www.baigura. com - fév.-oct. - initiation parapente 80 € - réserv. 3 j. avant ; VTT : circuit en boucle 30 €, descente 34 € ; « arapaho » : initiation 45mn 28 €, descente sportive 1h30 34 €.* Base de loisirs idéalement située au pied du Baigoura. Un petit train emmène au sommet débutants et amateurs de parapente, de VTT et d'arapaho, trottinette tout terrain (ou TTT). 45 km de sentiers sont balisés aux alentours, dont un sentier éducatif.

AGENDA

Fête-Dieu – *Juin - Iholdy ou Hélette.* Messe et processions costumées.

2

Saint-Palais

Donapaleu

1 858 Saint-Palaisins – Pyrénées-Atlantiques (64)

Vous voici dans un haut lieu du pèlerinage de Compostelle, l'ancienne capitale du royaume de Basse-Navarre. Sur une terre paisiblement vallonnée, cette bastide du 13e s. vibre toute l'année au rythme de ses traditions : galas de pelote, festival de force basque, courses en sac… sans oublier sa vocation commerciale qui fait d'elle un gros centre agricole de la région. Il s'y tient, tous les vendredis matin sur la place du Foirail, un important marché qu'il serait dommage de rater.

🙂 NOS ADRESSES PAGE 142
Hébergement, restauration, achats, activités, etc.

🛈 S'INFORMER

Office du tourisme de St-Palais – *Charles-de-Gaulle - 64120 St-Palais - ☎ 05 59 65 71 78 - www.saintpalais-tourisme.com - de mi-juil. à fin août : 10h-12h30, 14h-18h30, sam. 10h-12h30, 14h-18h, dim. et j. fériés 10h-12h30 ; de déb. avr. à mi-juil. et sept.-déc. : tlj sf dim.-lun. 10h-12h, 14h-18h, sam. 10h-12h, 14h-17h ; reste de l'année : tlj sf dim.-lun. 10h-12h, 14h-17h - fermé 25 déc.-1er janv., certains j. fériés.*

▶ SE REPÉRER

Carte de microrégion B2 (p. 124-125) – En lisière de Soule, cette cité de Basse-Navarre se rallie par la D 933 depuis St-Jean-Pied-de-Port (31 km au sud-ouest) ou par la D 11 depuis Bidache (23 km au nord-ouest).

🕑 ORGANISER SON TEMPS

Prévoyez une journée pour découvrir St-Palais et ses environs.

👫 AVEC LES ENFANTS

La visite du château de Camou.

Se promener

Départ devant la mairie, rue Gambetta. Partez à gauche vers l'église et prenez la première venelle qui s'ouvre à gauche.

Rue de la Monnaie

Adorable ruelle bordée de murs où serpentent les glycines. Face aux volets blancs et à la façade d'ardoise de la maison du fond, le temps s'arrête. *Tournez à droite dans la rue du Palais-de-Justice.*

Palais de justice

Après avoir servi de siège aux États de Navarre aux 16e et 17e s. ainsi que d'église réformée sous Jeanne d'Albret (1528-1572) et Henri IV (1553-1610), l'ancienne église St-Paul est devenue édifice civil sous la Révolution.

Maison des Têtes

Face au tribunal.

Ancienne maison noble Derdoy-Oyhenart (16e s.), elle se reconnaît aux cinq médaillons sculptés qui ornent sa façade. Ils caricaturent entre autres les rois de Navarre : Henri II, sa fille Jeanne d'Albret et le fils de celle-ci, futur Henri IV. Ceux du diable et de la femme au bandeau ont été rajoutés au 17e s.

UNE ANCIENNE CAPITALE

Le nom de Saint-Palais viendrait du culte d'un jeune Navarrais, Pelayo (Pélage), martyrisé à Cordoue en 925. Fondée au 13e s. comme ville neuve, la cité a été, à partir de 1512 (et jusqu'en 1620 lorsque Louis XIII intégra le royaume de Navarre à la France), capitale de la Basse-Navarre après que la partie espagnole du royaume eut été rattachée à la Castille. Elle a battu monnaie de 1351 à 1672. Vers elle convergeaient les pèlerins de St-Jacques en provenance du Puy, de Paris, de Tours et de Vézelay. C'est pourquoi la ville s'est développée autour de sa rue principale d'alors, autrefois bordée de remparts et fermée par les péages : l'actuelle rue du Palais-de-Justice.

Plus loin dans la rue, remarquez la maison en renfoncement, à gauche, dont le linteau affiche la date de 1660. Il s'agit de l'ancienne prison. Elle abrita la sénéchaussée de Navarre entre 1639 et 1790.

Revenez sur vos pas et dirigez-vous vers l'église.

Église

Édifice néogothique du 19e s. au tympan Art nouveau. À l'intérieur, bel orgue de Cavaillé-Coll.

La rue Gambetta ramène à la mairie.

À proximité Carte de microrégion

★ Garris B2

À 3 km au nord-ouest par la D 11.

Fondée sur la voie romaine de Bordeaux à Astorga, cette très ancienne petite cité est antérieure à St-Palais. Elle a forgé sa réputation au Moyen Âge grâce à ses foires, mais a toujours été moins importante que sa voisine, sauf pendant les cinq années durant lesquelles elle a organisé les états généraux de Basse-Navarre (18e s.). Subsistent aujourd'hui de sa prospérité la tradition de ses foires aux bestiaux et surtout un village au charme indéniable.

Arpenter la rue principale de cet adorable village admirablement entretenu revient à faire une promenade dans le temps. Ce n'est qu'une succession de maisons traditionnelles des 17e et 18e s., à pans de bois, en briques ou à encorbellement, la plupart donnant sur des bas-côtés pavés de galets. Les plus anciennes se trouvent à l'opposé de l'église. Remarquez les chevrons en têtes sculptées qui décorent la façade de la maison Sehabla (1641).

Château de Camou B2

À 5 km au nord par la D 29 - ℘ 05 59 65 84 03 - visite guidée sur demande préalable (1h30) - 3,50 € (-12 ans gratuit).

Sur une motte médiévale du 11e s., cette maison forte datée du 16e s. présente, par le biais de petites mises en scène réalisées avec des outils, les travaux et les jeux agricoles d'autrefois. À l'étage, le guide explique, démonstration à l'appui, les inventions de Léonard de Vinci et de Francesco di Giorgio.

2

NOS ADRESSES À SAINT-PALAIS

HÉBERGEMENT/RESTAURATION

PREMIER PRIX

Hôtel-Restaurant du Midi – *Pl. du Foirail -* 📞 *05 59 65 70 64 - www. hotel-midi.jimdo.com - fermé 3 sem. fin oct.-déb. nov., vac. d'hiver zone A, vend. soir et sam. hors sais. - 13 ch. 58 € -* 🍵 *7 € - menu 13,50/32 € - assiettes 13 €.* Une adresse toute simple, fréquentée par les gens du coin et les pèlerins. Dans l'assiette, palombes flambées au capucin *(de mi-oct. à mi-nov.),* ris d'agneau aux cèpes, etc. Aux beaux jours, jolie terrasse couverte. Marché sur la place le vend. matin.

Hôtel de la Paix – *33 r. du Jeu-de-Paume -* 📞 *05 59 65 73 15 - www. hotellapaix.com - rest. uniquement : fermé 1re sem. juil., 3e sem. oct., de mi-déc. à fin janv., dim. soir et sam. sf juil.-août - 27 ch. à partir de 70 € -* 🍵 *9 € - poss. de 1/2 pens. 134 €/2 pers. - menus 15/35,50 €.* Cette jolie façade ornée de briques rouges et de loggias en bois donne sur la place du Marché. Les chambres, certaines dotées d'un balcon, ont toutes bénéficié d'une rénovation réussie. Salle à manger rustique et terrasse ombragée. Cuisine traditionnelle.

BUDGET MOYEN

Chambre d'hôte La Maison d'Arthezenea – *42 r. du Palais-de-Justice -* 📞 *05 59 65 85 96 - www. gites-de-france-64.com/maison-darthezenea - fermé janv.-mars -* 🅿 *- 4 ch. 75/80 €* 🍵. On se sent comme chez soi dans cette demeure en pierre et son joli jardin. Chambres aux meubles anciens ou de style.

Le Trinquet - Le Bouchon Basque – *31 r. du Jeu-de-Paume -* 📞 *05 59 65 73 13 - http:// lebouchonbasque.com/- fermé vac.* scol. de Pâques zone A et dernière sem. sept.-1re sem. oct. - 8h30-0h (vend.-sam. jusqu'à 2h), dim. 8h30-15h - fermé lun. et mar. soir - formule déj. en sem. 13,70 € - carte 25/35 €, menu enf. 8 €. Sur la place centrale, cette maison, qui sort d'une cure de jouvence, est dotée d'un authentique trinquet de 1891. Carte régionale servie dans un décor moderne très agréable, dont la fameuse palombe flambée en automne. Également bar et cave à vins. Chambres refaites au goût du jour.

ACHATS

Ona Tiss – *23 r. de la Bidouze -* 📞 *05 59 65 71 84 - www.onatiss. com - juil.-août : tlj sf dim. 9h-12h, 14h-17h ; reste de l'année : lun.-jeu. 9h12h, 14h-17h - fermé j. fériés, vac. de la Toussaint et vac. de Noël - possibilité de visite guidée sur demande.* Vous pénétrez ici dans l'un des derniers ateliers de tissage traditionnel et artisanal du Pays basque. Créé en 1948, il fabriquait à l'origine la toile des espadrilles. La visite *(10mn),* gratuite, raconte l'histoire du linge basque.

Pâtisserie Franck Mendivé – *14 r. Thiers - 64120 St-Palais -* 📞 *05 59 65 74 50 - http://chocolats-mendive. com - 8h-12h30 (mar.-dim.), 15h-19h (mar.-sam.) - fermé lun.* Chocolat, gâteau basque et la spécialité locale : le croquant de Saint-Palais.

AGENDA

Fêtes de la Madeleine – *Juil.* Code couleur : bleu et blanc !
Foire de Garris – *31 juil.-1er août.* Foire agricole.
Festival de force basque – *3e dim. d'août - www. forcebasquesaintpalais.com.*

Les chemins de Saint-Jacques

Côté français

Pyrénées-Atlantiques (64)

Avancer sur les traces de ces milliers de pèlerins qui, depuis le 12ᵉ s., poussés par la foi ou le désir d'aventure, gravissent les Pyrénées pour rejoindre Saint-Jacques-de-Compostelle, est un voyage qui ne peut laisser indifférent. Chapelles perdues au milieu des champs, villages fortifiés et paysages à couper le souffle vous attendent le long des chemins. Que vous soyez croyant ou non, laissez-vous porter par la dimension mystique qui, de villages en montagnes, enveloppe chacune des étapes.

☺ NOS ADRESSES PAGE 148
Hébergement, restauration, achats, activités, etc.

🗓 S'INFORMER

Office du tourisme de St-Jean-Pied-de-Port-St-Étienne-de-Baïgorry – ⏱ *p. 135.*
Accueil St-Jacques – *39 r. de la Citadelle - 64220 St-Jean-Pied-de-Port - ☏ 05 59 37 05 09 - www.aucoeurduchemin.org - 7h30-13h, 14h-20h, vend.-sam. 7h30-13h, 14h-22h30.*
Réservation d'hébergements – *www.resa-camino.com.*

▷ SE REPÉRER

Carte de microrégion B2-A4 (p. 124-125). L'itinéraire relie St-Palais à St-Jean-Pied-de-Port par la D 933 (chemin de Vézelay). Une boucle qui emprunte cette départementale est effectuée sur les hauteurs de St-Jean. Utilisez aussi la carte Michelin Chemins de Compostelle n° 161.

☺ À NE PAS MANQUER

La chapelle d'Harambels et la route des Ports de Cize.

2

Circuit conseillé Carte de microrégion

★★★ LE LONG DES CHEMINS DE COMPOSTELLE

▷ *Circuit de 65 km au départ de Saint-Palais, tracé en rouge sur la carte de microrégion (p. 124-125) - comptez une journée. Quittez St-Palais par la D 933 en direction de St-Jean-Pied-de-Port.*

Stèle de Gibraltar B2

À l'entrée d'Uhart-Mixe, prenez à droite la D 302 qui marque un angle aigu. Laissez la voiture à un carrefour de chemins et empruntez le premier à droite. À flanc du mont St-Sauveur, ce monument (1964), surmonté d'une stèle discoïdale, marque le point de convergence de trois des principaux chemins de Compostelle (⏱ p. 493).

🥾 *10 km - 3h30. La stèle se trouve sur une petite boucle de randonnée dont le départ se prend à Uhart-Mixe, après le « château » qui longe la rivière, au-delà du petit pont de l'église, à gauche.*
Poursuivez en voiture le chemin qui monte depuis la stèle et tournez à droite vers le mont St-Sauveur. Laissez la voiture à la statue de la Vierge et poursuivez à pied sur le chemin.

Belle **vue** sur les monts blancs des Pyrénées au sud (massif du pic d'Anie et pic du Midi d'Ossau) et la campagne de la vallée de la Bidouze au nord.
Revenez à Uhart-Mixe et suivez la D 933, puis à droite une petite voie.

Harambels/Haranbeltz B2
Quartier Haranbeltz - ☎ 05 59 56 45 97 - www.lesamisdharanbeltz.fr/wordpress - du w.-end de Pâques à la Toussaint : mar. et jeu. 14h-18h - tarif libre.

À partir de la fin du 10ᵉ s., le pèlerinage de St-Jacques-de-Compostelle attire de plus en plus de voyageurs. Ils demandent asile dans les villages traversés. Les hôpitaux, financés par les seigneurs locaux, se multiplient le long du chemin. À Harambels, les paysans s'organisent en une communauté de donats qui se consacre à l'accueil des pèlerins et des pauvres. La réputation du village s'accroît.

La voie empruntée par les pèlerins passe alors sous le porche de la **chapelle St-Nicolas★** (fin 12ᵉ s.-déb. 13ᵉ s.). Sous celui-ci (pavage et arche du 17ᵉ s.), la porte à droite, très ancienne avec ses serrures et clous forgés, menait à l'hôpital aujourd'hui disparu. Arrêtez-vous un instant à l'entrée de la chapelle. Le tympan porte un **chrisme** de l'époque de construction de l'église ; vous y verrez les lettres grecques du nom du Christ, ainsi que l'alpha et l'oméga, symboles d'éternité. Il fait partie des chrismes très anciens les mieux conservés ; saluons le travail des artisans qui ont dû le recomposer car, fragilisé par le poids du clocher, il est tombé en 17 morceaux au moment des travaux de rénovation de la chapelle ! Au-dessus est sculptée une croix de Malte. Notez le visage taillé dans la pierre du montant latéral gauche : il s'agit sans doute d'un bloc provenant d'un temple païen réutilisé pour la chapelle.

L'intérieur de l'édifice est fascinant par ses **peintures en trompe-l'œil** (briques de la voûte, faux marbre) et par son **retable★★** aux colonnes torsadées (1736). Saint Nicolas y est représenté sur le bas-relief principal, dans son habit d'évêque, devant le saloir d'où s'échappent les trois enfants sauvés. Il est surmonté d'une colombe et d'un Christ en croix. La Trinité est complétée par Dieu le Père peint au plafond, encadré par la Lune et le Soleil. Parmi les saints représentés sur les **fresques sur bois**, remarquez saint Roch, pèlerin du 13ᵉ s. Le bas-relief de la Vierge date du début du 18ᵉ s., mais a été réalisé à la manière du 12ᵉ s.

🥾 *3 km AR - 45mn.* Au-dessus du hameau, le sentier (GR 65) mène à la **chapelle de Soyarce** (19ᵉ s.). Table d'orientation et jolie vue sur les Pyrénées.
Retournez sur la D 933 et prenez la direction d'Ostabat.

Ostabat-Asme/Oztibarre B2
Ostabat était autrefois une importante étape sur la route de St-Jacques : porte d'entrée de la Navarre, trois voies y convergeaient, venant de Tours, de Vézelay et du Puy-en-Velay. Au 12ᵉ s., on érigea là une bastide ; la partie basse accueillait les pèlerins pauvres et les malades, la partie haute, du fait de son droit d'entrée, était réservée aux marchands et pèlerins aisés. Prospère, la ville obtint en 1381 le droit d'organiser un marché ; des notaires s'installèrent et les hôtels se multiplièrent dans la ville haute. Mais son déclin commença lorsque les itinéraires des pèlerins se décalèrent vers la côte. Aujourd'hui, le village ne conserve de ses auberges et de ses deux hôpitaux que le souvenir. Quelques vestiges des remparts détruits en 1228 sont visibles près de la maison Portalia.

🥾 *6 km - 1h AR - le chemin peut se révéler boueux après la pluie.* Le sentier de randonnée (GR 65) part de l'église, descend la rue principale (escalier à droite de la maison) et tourne ensuite à gauche, hors du village. Il mène à la chapelle d'Harambels à travers la forêt communale.
Longez le versant par la D 508 qui monte vers le col d'Iparlatze (325 m).

Chemin de Saint-Jacques.
M. Dozier/hemis.fr

2

À votre gauche, en contrebas, vous pouvez admirer le **château Laxague**, château fort avec ses hautes murailles et son imposante tour d'entrée à la porte en arc brisé. L'ancienne demeure de Pees de Latsaga, chambellan du roi de Navarre, mort en 1394, est aujourd'hui une ferme en activité *(ne se visite pas)*.

🥾 *Boucle - 1h.* Depuis le haut du village, un sentier balisé en jaune passe non loin du château.

L'arrivée au col d'Iparlatze dévoile une belle vue sur les collines et la vallée de la Joyeuse.

Faites demi-tour au col pour revenir sur la D 933.

Si l'on souhaite s'éloigner des chemins de St-Jacques, la route qui continue depuis le col pour aller à St-Jean-Pied-de-Port par le col des Palombières (D 518) et Jaxu (D 22) est un itinéraire agréable avec de beaux paysages.

Larceveau/Larzabale B3

Centre d'interprétation des stèles discoïdales et de l'art funéraire basque – *Le Bourg* - ☎ 05 59 37 81 92 - *9h-19h - gratuit - demander la carte magnétique (carte d'identité demandée en caution) permettant l'accès aux commerces et restaurants voisins.* L'association Lauburu, qui travaille depuis 1972 à sauver le patrimoine lapidaire basque, expose ici, dans une ambiance de jardin zen, une belle collection de stèles, la plupart du 17ᵉ s. L'exposition et les 12 vidéos très pédagogiques visent à expliquer la symbolique des stèles, l'organisation des rites funéraires et la place de la mort dans la société basque ; un pan de la culture basque à la fois intime et très présent dans le paysage, dont on peut ainsi mieux comprendre la dimension spirituelle.

Reprenez la D 933 vers St-Jean-Pied-de-Port.

À la croix de Galtzetaburu (18ᵉ s.), à 4 km, on croise le chemin des pèlerins. *Poursuivez sur 9 km, un panneau à gauche vous indique La Madeleine.*

La Madeleine B3

L'église Ste-Madeleine-de-Beigbeder (Betbeder), joli bâtiment à vaisseau unique en pierre rose, fut construite au début du 13ᵉ s. Elle relevait de l'abbaye

de Lahonce. Croix navarraise près du parking. De l'autre côté du ruisseau Laurhibar, le moulin Peko Eihera, du 13ᵉ s. lui aussi (1249), a été entièrement rénové.

Par la D 933, on arrive à St-Jean-Pied-de-Port, étape importante avant l'ascension des Pyrénées.

★ St-Jean-Pied-de-Port A3 (🚶 p. 149)

★★ Route des Ports de Cize A4

Itinéraire à n'emprunter que par beau temps : mieux vaut renoncer à l'ascension si le brouillard se lève. Comme les pèlerins, quittez St-Jean-Pied-de-Port par la porte d'Espagne et empruntez la route de Napoléon (D 428).

Attention – Assourdis par le vent et concentrés sur leur marche, les pèlerins n'entendent pas les voitures arriver ; roulez prudemment et respectez leur effort.

La route doit son nom aux vestiges de redoutes qu'elle longe. Elle monte raide dans sa première partie et découvre rapidement les superbes **paysages** de la vallée de la Nive de Béhérobie. Après le deuxième virage en épingle à cheveux, là où le sentier rejoint de nouveau la route, une table d'orientation sur la gauche permet de se repérer.

La route passe à droite du pic d'Orisson (1 064 m) et de l'Itchachéguy (1 161 m). On atteint alors la **Vierge de Biakorri** (dite d'Orisson), surplombant le versant.

Revenez sur vos pas et prenez la route qui se détache vers l'ouest.

À gauche, sur le mont, la redoute de **Château-Pignon** n'est plus que ruines. Construite en 1512 par Ferdinand d'Aragon, elle servit à de nombreuses batailles (1521, 1793, 1813).

Peu après, laissez les pèlerins traverser la frontière au col (port) dit « passage de Cize » et prenez à droite (D 128).

Au col d'Héganzo, si l'on prend à droite puis à gauche, on peut redescendre par une route d'estive jusqu'à Arnéguy, avec une superbe vue sur la vallée. Tout droit, la D 128 permet de suivre au plus près le défilé du Valcarlos ; elle est plus longue et comporte de nombreux virages, mais elle traverse de beaux paysages.

Défilé du Valcarlos A4

Continuez sur la D 128.

À Ondarolle, on rejoint l'itinéraire de pèlerinage du Valcarlos, obligatoire par mauvais temps. Le chemin suit la D 128 jusqu'à Arnéguy.

De là, la D 933 ramène à St-Jean-Pied-de-Port en longeant la Nive d'Arnéguy.

Pèlerinage pratique

Préparez-vous physiquement et pensez à voyager léger. Limitez votre bagage au strict nécessaire : affaires de toilette, pharmacie, habillement adapté à la saison, poncho imperméable, chaussures de marche, gamelle et gobelet, duvet. Soyez prévoyant et renseignez-vous auprès de votre assurance. Demandez aussi la carte européenne d'assurance maladie pour d'éventuels frais médicaux en Espagne. Outre sa carte d'identité (s'il est ressortissant de l'espace Schengen), le vrai pèlerin doit aussi se munir d'un carnet appelé « créanciale » lorsqu'il est délivré par l'évêché (le sien ou celui du lieu de départ), ou **credencial** lorsqu'il est émis par une association laïque. Ce carnet fait office de passeport (sauf pour la frontière !), chaque étape du chemin étant tamponnée par une instance civile ou religieuse. Il permet d'avoir des réductions sur l'entrée de certains musées ou monuments, mais il est surtout indispensable, côté espagnol, pour accéder aux gîtes. Enfin, c'est sur sa présentation que sera délivrée la **compostela** à St-Jacques.

Autrefois, un réseau très complet d'**hospices** gérés par des **donats** facilitait le voyage et assurait l'hébergement et le bien-être spirituel des pèlerins. Actuellement, il s'agit de gîtes d'étape. Moins nombreux, ils jalonnent les itinéraires qui convergent en Basse-Navarre, à Ostabat, avant d'atteindre St-Jean-Pied-de-Port. Aujourd'hui encore, les pèlerins gagnent Roncevaux par la route des hauteurs.

🦽 *Organiser son voyage, p. 493.*
🦽 *Les chemins de St-Jacques, côté espagnol, p. 369.*

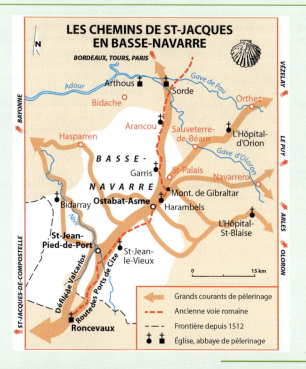

LES CHEMINS DE ST-JACQUES EN BASSE-NAVARRE

BORDEAUX, TOURS, PARIS

Adour — Arthous — Sorde — Gave de Pau — VÉZELAY

BAYONNE — Bidache — Orthez

Arancou — Sauveterre-de-Béarn — L'Hôpital-d'Orion — LE PUY

Hasparren — Gave d'Oloron

BASSE-NAVARRE — Garris — St-Palais — Navarrenx

Bidarray — Ostabat-Asme — Mont. de Gibraltar — Harambels — ARLES

St-Jean-Pied-de-Port — St-Jean-le-Vieux — L'Hôpital-St-Blaise — OLORON

Défilé Valcarlos — Route des Ports de Cize

ST-JACQUES-DE-COMPOSTELLE

Roncevaux

0 — 15 km

Grands courants de pèlerinage
Ancienne voie romaine
Frontière depuis 1512
Église, abbaye de pèlerinage

NOS ADRESSES SUR LES CHEMINS DE SAINT-JACQUES

Voir aussi Nos adresses à St-Jean-Pied-de-Port, p. 153.

HÉBERGEMENT

Réservation d'hébergements – *www.resa-camino.com.* Pour réserver ses nuits sur le chemin.

PREMIER PRIX

Les deux premières adresses indiquées ici sont destinées à l'accueil des pèlerins sur les chemins de St-Jacques : on y gagne souvent en convivialité ce que l'on perd en confort !

Refuge Orisson – *64220 Uhart-Cize - ℰ 05 59 49 13 03 - www.refuge-orisson.com - déb. avr.-mi-oct. - 28 lits - 36 € en 1/2 P.* Cet ancien *kaiolar* (bergerie) a plus d'un atout : trois chambres meublées de 6 lits superposés, un dortoir de 10 places, une vue panoramique et une table bien achalandée : rustique mais satisfaisant au terme d'une journée de marche ! Réservation conseillée.

La Coquille Napoléon – *Rte Napoléon - 64220 Uhart-Cize - à la sortie de St-Jean-Pied-de-Port - ℰ 06 62 25 99 40 - http://lacoquillenapoleon.simplesite.com - 2 ch. 48 € - 10 lits : dortoir 20 € - ☕ 4 € - dîner 12 €.* Située au sommet de la petite côte qui monte depuis la porte d'Espagne, cette auberge s'ouvre sur un somptueux panorama de montagnes, dont l'altier pic de Béhorléguy (1 265 m). Bixente et Lorna accueillent chaleureusement et toute l'année les pèlerins : dortoir original décoré d'un ancien lit clos breton, composé de 10 lits superposés dont 7 avec fenêtre s'ouvrant sur la verdure. Petit-déjeuner servi sur la grande table en terrasse, éclairé par le soleil levant au-dessus du beau sommet.

BUDGET MOYEN

Chambre d'hôte Oyhanartia – *64120 Larceveau - ℰ 05 59 37 88 16 - www.chambre-d-hote-pays-basque.com - fermé 5 sem. en déb. d'année (se rens.) - 5 ch. 73/78 € ☕ - table d'hôtes 30 € bc.* Elle était professeur de français, il était exploitant de jeux de bistrot. Ils ont changé de vie pour s'installer à Larceveau, au cœur des paysages verdoyants du Pays basque intérieur, et restaurer une ferme navarraise. C'est aujourd'hui une agréable maison d'hôtes, halte idéale sur le chemin de St-Jacques ou point d'ancrage pour découvrir la région. Atmosphère détendue et repos garanti, dans le salon-bibliothèque, abondamment pourvu, ou sur la terrasse, à l'ombre des platanes… Sur l'immense table en noyer de la salle à manger, Chantal sert une cuisine savoureuse, à base de produits du pays : un régal !

Saint-Jean-Pied-de-Port

Donibane-Garazi

1 553 Saint-Jeannais - Pyrénées Atlantiques (64)

Dans un superbe cadre de montagnes, posé comme son nom l'indique au pied du port de Roncevaux, voici la dernière étape française des pèlerins de Compostelle. Modelée par une histoire militaire agitée dont témoignent ses remparts et sa citadelle, l'ancienne capitale de Basse-Navarre est aujourd'hui une paisible cité, agréable et doucement animée : les maisons de grès rose se dorent paresseusement au soleil et seules viennent les envahir, aux beaux jours, des armées pacifiques de touristes… et, toujours plus nombreuses, de pèlerins.

NOS ADRESSES PAGE 153
Hébergement, restauration, achats, activités, etc.

S'INFORMER

Office du tourisme de St-Jean-Pied-de-Port-St-Étienne-de-Baïgorry – 📍 p. 135.
Accueil St-Jacques – *39 r. de la Citadelle - 64220 St-Jean-Pied-de-Port - 📞 05 59 37 05 09 - www.aucoeurduchemin.org - 7h30-13h, 14h-20h, 22h30 vend.-sam.*
Visites – Visites commentées par des Raconteurs de Pays *(se rens. à l'office de tourisme).*
Train touristique – *📞 05 59 37 00 92 - juil.-août : 11h-13h, 14h30-19h30 ; mai-juin et sept. : 11h-13h, 14h30-18h30 ; oct. : 11h-13h, 14h30-17h30 ; reste de l'année : sam.-lun. 11h-13h, 14h30-17h30 - fermé de nov. à mi-avr. - 5,50 € (-12 ans 2,50 €).*

SE REPÉRER

Carte de microrégion A3 (p. 124-125) et plan de ville (p. 151) – St-Jean-Pied-de-Port se trouve à 34 km au sud-est de Cambo-les-Bains, et à 61 km de St-Jean-de-Luz. La frontière espagnole est à 8 km.

SE GARER

Parkings aux entrées de la ville.

À NE PAS MANQUER

La vieille ville, les chapelles d'Alciette et de Bascassan, une promenade à la nuit tombée dans la rue de la Citadelle, quand tout est calme.

ORGANISER SON TEMPS

Une demi-journée pour la découverte de la ville, à prolonger par des excursions aux alentours.

2

SUR LE CHEMIN DE ST-JACQUES

Au Moyen Âge, St-Jean-Pied-de-Port, dernière étape avant l'Espagne, est un grand centre de regroupement de jacquets venus de tous les coins d'Europe. Dès qu'un cortège est signalé, la ville est en émoi : les cloches sonnent, les prêtres récitent des prières ; les enfants escortent les pèlerins vêtus du manteau gris, le bourdon à la main ; les habitants, sur le pas de leur porte, tendent des provisions. Le cortège s'éloigne en chantant des répons. Ceux qui sont trop las font halte rue de la Citadelle, où le monastère de Roncevaux leur a ménagé un abri.

Se promener Plan de ville

Encore toute ceinte de remparts, la cité se découvre depuis son **chemin de ronde★** : il vous dévoilera ses charmantes habitations et ses jardins secrets *(accès par la porte St-Jacques, la porte de France et la porte de Navarre).*

★ SUR LES PAS DES JACQUETS

▶ *Circuit tracé en vert sur le plan de ville ci-contre.*

Porte St-Jacques B1

Encore aujourd'hui, les pèlerins entrent dans la ville par cette porte du rempart médiéval, inscrite au Patrimoine de l'Unesco. Elle était autrefois dotée d'un péage.

★ Rue de la Citadelle B1

Dans le prolongement.
En descente vers la Nive, elle est très fréquentée tant par les touristes que par les pèlerins. Elle est bordée de maisons des 16ᵉ (remarquez au n° 32 la maison Arcanzola de 1510) et 17ᵉ s. avec de beaux portails arrondis et des linteaux droits sculptés au 18ᵉ s.
Prison des Évêques – 41 r. de la Citadelle - 𝄢 05 59 37 00 92 - juil.-août : 10h30-19h ; du w.-end de Pâques à fin juin et de déb. sept. à la Toussaint : tlj sf mar. 11h-12h30, 14h30-18h30 - possibilité de visite guidée sur demande - 3 € (-14 ans gratuit). Cet édifice, sans doute un ancien entrepôt où jamais nul évêque ne fut enfermé – la cité fut une cité épiscopale aux 14ᵉ et 15ᵉ s. –, fut utilisé comme prison du 18ᵉ au 19ᵉ s. Il abrite une exposition évoquant les chemins de St-Jacques au Moyen Âge, qui comprend notamment une collection de bourdons et de besaces sur lesquelles est accrochée la célèbre coquille.

Rue de l'Église A2

Elle mène à la porte de Navarre. Vous y verrez l'**ancien hôpital** et la **maison Jassu**, qui fut celle des ancêtres paternels de saint François Xavier (1506-1552).

Église N.-D.-du-Bout-du-Pont A2

Gothique, elle présente de beaux piliers de grès rouge. Sa fondation remonterait à Sanche le Fort, victorieux des Maures à Las Navas de Tolosa (1212). Sous le clocher s'ouvre la **porte Notre-Dame**.
Passez sous cette porte et franchissez la Nive.

Vieux Pont A2

Belle vue sur l'église et les vieilles maisons au bord de l'eau.
🐾 Le chemin qui remonte la Nive, sur la rive droite, mène au pont d'Eyheraberry *(10mn AR).*

UNE CITÉ DISPUTÉE

Ville neuve créée au 12ᵉ s. au confluent des trois Nive (la Nive d'Arnéguy, de Béhorléguy et le Laurhibar), St-Jean entre dans l'histoire en 1512 lorsque Ferdinand le Catholique, roi de Castille et d'Aragon, chasse le roi de Navarre, Jean d'Albret, au-delà des Pyrénées. Poursuivant leur avantage, les troupes espagnoles s'emparent de la ville en août 1512. Dès lors, la place forte sera l'objet de sièges perpétuels, Navarrais et Espagnols s'y succédant jusqu'en 1530. À cette date, Charles Quint, devenu roi de Castille et de León, l'estimant trop difficile à défendre, l'abandonne aux Albret et reconnaît du même coup l'indépendance de la Basse-Navarre.

SAINT-JEAN-PIED-DE-PORT

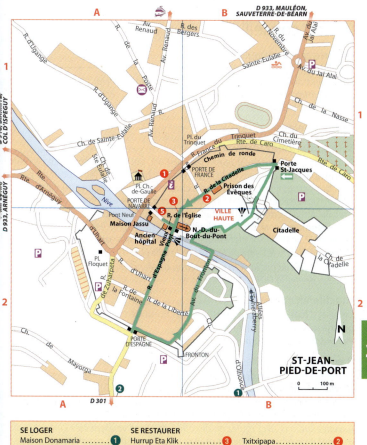

SE LOGER		SE RESTAURER		
Maison Donamaria .... ❶		Hurrup Eta Klik .... ❸		Txitxipapa .... ❷
Maison écologique		Paxkal Oillarburu .... ❺		
Tartasenia .... ❷		Les Pyrénées .... ❶		

Rue d'Espagne A2

Les maisons aux balcons de ferronnerie ouvragée se dressent fièrement dans la principale rue commerçante du bourg. Remarquez les linteaux sculptés évoquant les métiers, les maîtres de maison, les symboles religieux ou païens. Les pèlerins quittent la cité par la porte d'Espagne en direction des cols de Cize et Roncevaux.

Prenez à gauche l'avenue du Fronton et, après avoir à nouveau traversé la Nive, empruntez les escaliers derrière l'église pour monter à la citadelle.

Citadelle B2

Visite guidée sur demande préalable (se rens. à l'office de tourisme).

Cette citadelle, bâtie en 1627, fut ensuite consolidée par Vauban. Face à l'entrée du fort, de la demi-lune formant un belvédère – qui correspond à l'emplacement de l'ancien château fort –, vous pouvez voir tout le bassin de St-Jean et ses agréables villages *(table d'orientation)*.

Circuit conseillé Carte de microrégion

LE LONG DU LAURHIBAR B3

▶ *Circuit tracé en bleu foncé sur la carte de microrégion (p. 124-125) - comptez 1h30. Quittez St-Jean-Pied-de-Port par la D 933 en direction de St-Palais, puis obliquez à droite sur la D 18.*

La Madeleine (♿ p. 145) B3

St-Jean-le-Vieux/Donazaharre B3

Jusqu'à la fondation de St-Jean-Pied-de-Port, qui entraîna son déclin, c'était le principal centre urbain de la région et une halte importante pour les pèlerins, qui y trouvaient six églises ou chapelles. Aux alentours du village ont été retrouvées des traces de l'occupation romaine et le site d'un oppidum près de la rivière dont les résultats des fouilles sont exposés au petit **Musée archéologique** *(après 50 m dans le village en venant de St-Jean, tournez à droite) - ☎ 05 59 37 91 08 - www.placesfortes64.fr - 8h30-12h - fermé dim. - possibilité de visite guidée dans le cadre de la visite de la ville (3 €, -12 ans gratuit).*
Quittez le village par la D 18 en direction de Mendive. Après 1,5 km, tournez à droite et prenez la D 118.

Aincille/Ahintzila B3

L'église, d'extérieur sobre, conserve un chœur de style baroque (18e s.) ainsi qu'une jolie Vierge ancienne du 14e s.
Revenez sur la D 18 et, après environ 2 km, prenez à droite vers Bascassan.

Bascassan/Bazkazane B3

La petite **église St-André**, romane, en haut du hameau, présente des fresques naïves récemment restaurées. Plafond étoilé, retable du 16e ou 17e s. et baptistère peint : ses thèmes se retrouvent dans sa chapelle jumelle à Alciette *(se rens. auprès de l'office de tourisme pour les visites).*
Revenez sur la D 18 et roulez en direction de Mendive. Dépassez l'intersection menant à gauche sur Ahaxe et prenez la suivante sur la gauche (ne manquez pas le panneau !).

Alciette/Alzieta B3

Église St-Sauveur – Cette chapelle de campagne recèle des **décors peints sur bois★** touchants de naïveté, récemment restaurés. Notez le baptistère caché derrière des panneaux de bois dont les vantaux du haut représentent le baptême du Christ. *Pour y accéder, au carrefour central du hameau, prenez la voie de droite qui fait une courbe.*
Retournez sur la D 18 et roulez vers Mendive. Dans le village, prenez à gauche de l'église pour suivre la D 117.

Béhorléguy/Behorlegi B3

Pittoresque petit village accroché à flanc de colline, gardé par son église qu'entoure le cimetière (alignement de croix basques).
On peut poursuivre au-delà de Mendive : en continuant le long de la D 18, gagnez la forêt d'Iraty (♿ p. 164). En empruntant la D 417 à gauche, on peut partir à la découverte de la forêt des Arbailles (♿ p. 176).

😊 NOS ADRESSES À SAINT-JEAN-PIED-DE-PORT

Voir le plan p. 151.

HÉBERGEMENT

PREMIER PRIX

Chambre d'hôte Maison écologique Tartasenia – A2 - *1 rte du Maréchal-Harispe - 📞 06 85 34 41 01 - www.tartasenia. wordpress.com - 📠 - 4 ch. 60/80 € 🛏.* Dominant joliment le village, cette belle maison plusieurs fois centenaire a conservé son revêtement en grès rose et gris, au rez-de-chaussée, et ses portes d'origine. L'hôte des lieux, Arnaud, qui réside sur place, est passionné de terroir, d'œnologie et d'écologie (produits ménagers maison, petit-déjeuner bio, etc.). Vastes chambres dont une ouvre sur le jardin panoramique et une autre de 90 m² sous les combles. Mini-bambouseraie, mare et hamacs. À 1mn à pied de la porte d'Espagne.

BUDGET MOYEN

Chambre d'hôte Maison Donamaria – B2 - *1 chemin d'Olhonce - 📞 06 61 90 29 21 - www.donamaria.fr - 📠 - 5 ch. 90 € 🛏.* Le temps semble s'être arrêté dans cette grande demeure du 18ᵉ s. Ses chambres, véritablement coquettes, ouvrent leurs fenêtres sur la Nive, la petite cascade, le pont romain et le parc boisé. Le petit-déjeuner est servi sur la terrasse en surplomb de la rivière ou dans le salon près de la cheminée. Un pur bonheur !

À proximité

PREMIER PRIX

Camping Narbaïtz – *Rte de Bayonne - Ascarat (à 2,5 km au nord-ouest par la D 918 et chemin à gauche) - 📞 05 59 37 10 13 - www.camping-narbaitz.*

com - de déb. avr. à mi-sept. - 🅿 ♿ 🏊 - réserv. conseillée - 101 empl. 40 €/2 pers. (avec électricité) - mobile-homes 300/700 €/sem. - éco-gîte 470/1 235 €/sem. Face au vignoble d'Irouléguy, à 50 m de la Nive et au bord d'un ruisseau, ce camping se tourne résolument vers la nature. Location de gîtes de construction écologique confortables. À cela s'ajoutent tentes ou caravanes ainsi que des mobile-homes pour une nuit (basse saison) ou une semaine. Club enfants et piscine.

Chambre d'hôte Domaine Mourguy – *Ferme Etxberria - 64220 Ispoure (à 1,5 km au nord) - 📞 05 59 37 06 23 - 📠 🅿 - 4 ch. 57/62 € 🛏.* Dormez dans l'ancienne grange de cette ferme face à la campagne, à deux pas de St-Jean-Pied-de-Port. Chambres sobres, pas très grandes mais avec une mezzanine, idéale pour les enfants. Belle véranda pour un petit-déjeuner face aux vignobles d'Irouléguy. Balades en famille inoubliables à dos d'âne et prêt de vélos. Visite du chai, dégustation et vente du vin de la propriété.

UNE FOLIE

Cabane Spa 64 – *Quartier Cai Dorénéa - 64220 Lasse (à 3 km au sud-ouest) - 📞 06 32 62 41 69 - www.cabanespa64. com - 2 cabanes : 210 € (spa)/235 (spa+ sauna) 🛏 - dîner 48 € pr 2 pers.* Idéal pour un séjour romantique, ces confortables cabanes sur pilotis, dressées au milieu des chênes, disposent toutes deux d'un lit en aloe vera et d'une terrasse avec Spa, pour profiter en toute quiétude de la vue sur les environs. Dîner sur commande servi dans un panier à l'aide d'une poulie.

2

RESTAURATION

PREMIER PRIX

Hurrup Eta Klik – A2 - *3bis r. de la Citadelle -* ℘ *05 59 37 09 18 - fermé janv.-déb. mars, merc. (mars-juil.) et sam. (sept.-déc.) - menus 12/28 € (enf. 8 €).* Cidrerie moderne sans tonneaux, ce restaurant propose une cuisine locale simple mais bien menée. Vous pourrez choisir entre la salle aux murs de pierre ou sur la petite terrasse dans la cour, surplombée par le chemin de ronde des remparts.

Paxkal Oillarburu – A2 - *8 r. de l'Église -* ℘ *05 59 37 06 44 - fermé merc. soir et jeu. soir de déb. nov. à mi-fév. et mar. sf juil.-août - réserv. conseillée - menus 16,50/30 €.* Posé contre les remparts, ce restaurant joue le répertoire régional : garbure, ris d'agneau au chorizo et poivrons, truitelles d'Iraty au beurre aillé, chipirons, axoa d'agneau, etc.

Txitxipapa – B1 - *28 r. de la Citadelle -* ℘ *05 59 37 36 74 - http:// txitxipapa.over-blog.com - fermé jeu. (hors sais.) et merc. tte l'année- formule déj. 13 € - menu 30 € (enf. 9 €).* La maison de famille du chef Pierre vous fera découvrir une cuisine de mets locaux aux savoureuses influences du monde. Jolie salle traversante, avec cheminée en bois et ancien lit à baldaquin métamorphosé en meuble, où officie la maîtresse de maison Magali. Petite terrasse au calme à l'arrière, pour les beaux jours.

UNE FOLIE

Les Pyrénées – A1 - *19 pl. Ch.-de-Gaulle -* ℘ *05 59 37 01 01 - www. hotel-les-pyrenees.com - fermé déb. janv.-déb. fév. - fermé lun. soir (nov.-fin mars) et mar. (fin sept.-fin juin) ; ouv. tlj juil.-fin sept. - formule 28/32 € - menus 42/72/110 €.* Cette adresse pour gastronomes située en face des remparts, près de la porte de France, sait faire rimer délicatesse et générosité. Cuisine de saison orchestrée par le chef Philippe Arrambide : feuilleté d'asperges blanches, poitrine de canard aux épices et pannacotta de patate douce, poêlée de ris d'agneau de lait aux fèves, croustillant de bleu basque et sorbet à la cerise noire…

PETITE PAUSE

Café Ttipia – *2 pl. Floquet -* ℘ *05 59 37 11 96 - www.cafettipia. com - fermé mar. soir et merc. sf juil.-août.* L'une des plus jolies terrasses du bourg, au-dessus des eaux de la Nive et à l'ombre d'un platane. Snack à toute heure et service tardif.

ACHATS

Marché – *pl. Ch.-de-Gaulle - lun. (ou mar. si lun. férié) tte la j. - marché couvert seult mat.*

Étienne Brana – *Distillerie 3 bis av. du Jaï-Alaï ; cave 6 r. de l'Église -* ℘ *05 59 37 00 44 - www.brana.fr - cave juil.-août : 10h15-12h15, 14h15-19h ; reste de l'année : tlj sf dim. et mar. 10h15-12h15, 14h15-19h - fermé 1er janv., 25 déc. - possibilité de visite guidée sur demande préalable (1h30) - distillerie 9h-12h, 14h-18h - visite du vignoble et des chais à Ispoure juil.-août : 10h-12h30, 14h30-19h - fermé dim. - gratuit.* Au fil de la visite des chais, l'étendue de la gamme d'eaux-de-vie produites par ce domaine au charme indéniable se dévoile : connus et réputés, le marc d'Irouléguy, l'eau-de-vie de poire Williams et le Txapa à base de vin blanc, cerises et épices n'ont plus besoin de faire leurs preuves.

Poterie navarraise – *36 r. d'Espagne -* ℘ *05 59 37 34 46 - www.poterie-navarraise.info - de w.-end de Pâques à fin nov. : 9h-19h ;*

reste de l'année : tlj sf w.-end 9h-19h. Les rayonnages sont remplis d'objets, plats et autres ustensiles en terre cuite. Olivier Carriquiry façonne devant le public ses pièces selon les gestes transmis par son père ; les objets sont émaillés à la cendre de bois. L'atelier de poterie se trouve dans l'arrière-boutique.

Charcuterie et séchoirs Mayté – *Rte de Bourg - 64220 St-Jean-le-Vieux - 𝒫 05 59 37 10 02 - www. charcuterie-mayte.com - visite des séchoirs à jambon de mi-juil. à fin août : 11h, 15h, 16h et 17h ; de déb. avr. à mi-juil. et sept.-oct. : tlj sf sam. 16h - boutique 7h15-12h30, 14h15-19h15, sam. 8h-12h30, 15h-19h - fermé dim. et j. fériés.* Depuis 1884, la famille Mayté excelle dans l'art de la salaison et des cochonnailles. Vous pourrez visiter les séchoirs et remplir votre panier (jambons, saucissons, pâtés, terrines, etc.).

La Fabrique de macarons – *25 r. de la Citadelle - 𝒫 06 11 88 81 05 - www.lafabriquedemacarons. fr - 10h-13h, 14h-19h - fermé du 11 Nov. à fin mars.* Réalisés à base d'amande ou de noix de coco, nature ou aromatisés, les macarons de Christophe Berthold sont un hommage réussi à ceux que préparait sa grand-mère. La bonne odeur qui émane de la boutique ne trompe pas ! Autre boutique à La Bastide-Clairence.

Ferme Uhartia - GAEC Biok – *64220 Gamarte - Uhartia (accès par la D 933, dir. St-Palais) - 𝒫 05 59 49 19 73 - sam. 9h30-12h30 - mar.-sam.*

kaiku borda (Ossès) - vend. marché de St-Jean-de-Luz. Cette ferme bio produit une excellente tomme de vache (race holstein), à la saveur fruitée et persistante en bouche. Produits laitiers, *axoa*, etc. Les propriétaires disposent d'une halte des pèlerins à proximité immédiate, proposant sandwichs, gâteau basque, etc.

Fabrika Garazi – *56 r. de la Citadelle - 𝒫 05 59 37 59 91 - www. fabrikagarazi.com - tlj sf mar. 10h-12h30, 14h-18h - fermé apr. les vac. de Noël à fin fév.* Les œuvres d'une quarantaine d'artistes sont exposées sur les deux niveaux de cette boutique, où se mêlent les matières et les styles les plus divers : céramique, cuir, verre, osier, tissus, bijoux…

ACTIVITÉS

Mendi Gaiak - bureau des accompagnateurs du Pays basque – *Errobi-Baztera - 64780 St-Martin-d'Arrossa - 𝒫 05 59 49 17 64 - www. mendi-gaiak.fr - tte l'année sur demande.* Organisation et accompagnement, par des guides diplômés, de randonnées, escalade, canyoning, VTT, pêche…

AGENDA

Fête de St-Jean-Pied-de-Port – *4 j. autour du 15 août.* Bals, feu d'artifice depuis la citadelle, etc.

Mois de la photo – *Sept. - www. argian-photo.com.* À la prison des Évêques et dans toute la cité.

2

Saint-Étienne-de-Baïgorry

Baigorri

1 576 Baigorriars – Pyrénées Atlantiques (64)

C'est un lieu où il fait bon vivre, ne serait-ce que pour ses célèbres vins d'Irouléguy ! Des maisons typiquement basques, une belle place ombragée de platanes, un vieux pont romain : tous les ingrédients du pittoresque sont réunis dans ce village paisible. Avec, en outre, l'originalité de ses quartiers répartis de part et d'autre de la Nive des Aldudes. Autrefois secoués par des rivalités, ils perpétuent ensemble aujourd'hui traditions et particularismes d'une terre montagnarde, posée entre France et Espagne.

NOS ADRESSES PAGE 158
Hébergement, restauration, achats, activités, etc.

S'INFORMER

Office du tourisme de St-Jean-Pied-de-Port-St-Étienne-de-Baïgorry – *Pl. de la Mairie - 64430 St-Étienne-de-Baïgorry -* 𝄞 *05 59 37 47 28 - www.pyrenees-basques.com - été : 9h-12h, 14h-18h, dim. 10h-13h ; reste de l'année : tlj sf w.-end 9h-12h, 14h-18h - conseil, information, réserv. d'hébergement, vente d'activités (randonnée accompagnée, eaux vives, canyoning, spéléo). Espace randonnée : tablette tactile, carnet de circuits de randonnée, fiches randonnées et VTT. Accès Internet, wifi, borne extérieure.*

SE REPÉRER

Carte de microrégion A3 (p. 124-125) – À 11 km à l'ouest de St-Jean-Pied-de-Port par la D 15.

À NE PAS MANQUER

La belle église St-Étienne.

AVEC LES ENFANTS

La chocolaterie Laia.

Se promener

★ Église St-Étienne

𝄞 *05 59 37 47 28 -* ♿ *- 9h-12h, 14h-18h - possibilité de visite guidée sur demande - entrée libre.*

Classée monument historique, elle est construite au 18e s. sur une base romane. Elle est intéressante pour ses galeries sur trois niveaux, son chœur surélevé, dont les trois autels sont ornés de retables de bois doré, son orgue (contemporain) de style baroque et son **arc triomphal**, décoré de peintures aux motifs

SITUATION

La commune de St-Étienne-de-Baïgorry compte dix-sept quartiers dispersés le long de la vallée. Les plus importants sont celui de Mitchelene, en amont du pont romain sur la rive gauche, autrefois quartier des cagots (♿ p. 461), le quartier Urdos-Bastide, vers Bayonne, et enfin Guermiette, vers St-Jean-Pied-de-Port.

Saint-Étienne-de-Baïgorry.
Robert Harding Produc/robertharding/age fotostock

floraux. Notez, à droite de l'entrée principale, la porte des cagots avec le bénitier qui leur était réservé. Des concerts d'orgue y sont régulièrement organisés. *Passez sur l'autre rive.*

Château d'Etchauz/Etxauz

Ne se visite pas. Sur la rive gauche se dresse ce château au corps de logis rectangulaire flanqué d'échauguettes et de tours (11e et 14e s.). Après la Révolution, il passa à la famille Harispe (*p. 468*), puis fut racheté par la famille d'Abbadie d'Arrast *(voir le domaine d'Abbadie p. 90)*. Un projet est en cours pour en faire un centre du patrimoine et de la culture.

Pont romain

Il date en fait de 1661, mais porte ce nom en raison de son arche unique, inspirée de l'architecture romaine. Notez l'empreinte des charrois dans les galets qui recouvrent son tablier. Très beau point de vue sur le château.

À proximité Carte de microrégion

Guermiette/Germieta A3

En direction de St-Jean-Pied-de-Port, 200 m après la cave Irouléguy, prenez, à la fourche, la direction de Germieta.

UN PEU D'HISTOIRE

Le bourg et son territoire étaient rattachés à Pampelune et à la Navarre jusqu'au couronnement d'Henri IV. Ils tombèrent ensuite dans l'escarcelle du royaume de France. Cela n'a pas empêché la famille d'Etxauz de régner en maître sur le village et la vallée des Aldudes pendant des siècles. Certains de ses membres se distinguèrent par de prestigieuses carrières, comme Bertrand d'Etxaux, évêque de Bayonne entre 1599 et 1617, et qui fut premier aumônier des rois Henri IV et Louis XIII.

Fermes à l'abandon et maisons habitées se partagent ce hameau plein de charme où subsistent quelques demeures du 17ᵉ s. Elles se repèrent à leur linteau, souvent daté et parfois sculpté. Celui de la **chapelle** affiche 1668. Vous la dénicherez en prenant à droite du vieux lavoir.

Irouléguy A3
▶ *À 5 km à l'est par la D 15.*
Petit village typiquement basque avec des fermes et des maisons crépies de blanc aux volets rouges. Connu pour ses vins, classés AOC depuis 1970 (👆 *p. 495*), il n'est cependant pas noyé dans les **vignes** (185 ha) qui s'étagent plutôt à flanc de colline. Le village conserve en particulier la chapelle d'un ancien prieuré, datant du 12ᵉ s.

Urdos A3
▶ *En direction de Bayonne. Après Eyrehalde, prenez la première à gauche après avoir dépassé de quelques centaines de mètres un hameau doté d'un restaurant.*
Le hameau situé au pied d'Iparla comprend une petite chapelle du 17ᵉ s. dotée d'une voûte en trois plans, d'une double galerie et d'un retable de style classique. À deux pas se dresse la massive demeure des Jauregia, autrefois propriété des seigneurs d'Urdos ; elle abrite aujourd'hui des chambres d'hôtes.

😊 NOS ADRESSES À ST-ÉTIENNE-DE-BAÏGORRY

HÉBERGEMENT/RESTAURATION

PREMIER PRIX
Camping municipal Irouléguy – *quartier Borciriette (sortie nord-est par D 15, rte de St-Jean-Pied-de-Port)* - ☎ *05 59 37 43 96 - www. baigorry.fr - mars-nov. - 67 empl. 14 € (avec électricité).* Situé près de la piscine et derrière la cave coopérative du vin Irouléguy, ce petit camping municipal reste simple avec une belle pelouse et des emplacements bien ombragés.

Chambre d'hôte Jauregia – *Quartier Urdos (à 4 km du bourg)* - ☎ *05 59 37 49 72 - www.vacances-au-pays-basque.com - 🚭 🅿 - 3 ch. 65 € 🍽.* Cette imposante demeure du 16ᵉ s., jadis halte sur le chemin de Compostelle et ancienne propriété de Jeanne d'Albret, est aussi une ferme laitière. Ses vastes chambres, où se mêlent meubles anciens et modernes, sont desservies par un magistral escalier en chêne. Le patron, guide, organise des randonnées.

Hôtel Manexenea – *quartier Urdos (à 4 km du bourg)* - ☎ *05 59 37 41 68 - www. manexenea.com - fermé déc.-fév. -* 🅿 *- 9 ch. 70/80 € -* 🍽 *7 € - 1/2 P 66/73 €/pers. - menus 21/29 €.* Cette auberge compte quelques chambres simples qui donnent sur la belle campagne environnante. Le restaurant, protégé par les crêtes d'Iparla, et sa terrasse, ombragée de platanes et surplombant un ruisseau, offrent un cadre bucolique à souhait. Sa cuisine du terroir, à prix tout doux, ravira les papilles les plus difficiles.

Bar du Fronton – *place de la Mairie* - ☎ *05 59 37 48 00 - lun.-jeu. 06h30-19h, vend. 06h30-21h, sam. 7h-20h, dim. 7h-13h - carte 7,50-20 €.* Endroit idéal pour une pause revigorante autour de belles salades et omelettes, à base de produits frais. Si le temps le permet, vous vous régalerez à l'ombre de majestueux platanes.

Hôtel Juantorena – *Rte de Banca* - ☎ *05 59 37 40 78 - www. hotelrestaurantjuantorena.*

fr - 🅿 - fermé de mi-janv. à fin fév., rest. fermé merc. et dim. soir sf en août - 16 ch. 64/69 € - 🍽 7,50 € - formule déj. 12 €, menus 14/22 € (enf. 8 €). Joli hôtel non loin de l'église. Les chambres sont calmes avec une agréable vue sur les montagnes environnantes. Plats régionaux à prix raisonnables au restaurant et terrasse ombragée.

POUR SE FAIRE PLAISIR

Hôtel Arcé – *Route Colonel Ispéguy Baïgorry* - ✆ 05 59 37 40 14 - www.hotel-arce.com - ouv. avr.-oct. - fermé lun. midi sf août, merc. midi et jeu. midi (15 sept.-15 juil. sf férié) - menu 35 €, carte 38/69 €, menu enf. 13 €. Halte gourmande au pied du col d'Ispéguy ! Dans cet ancien trinquet, on savoure une jolie cuisine du marché : quasi de veau poêlé, garniture forestière et ail confit ; sardine en tarte fine… L'été, on s'installe sur l'agréable terrasse bordée de platanes.

ACHATS

Maison Petricorena – *Pont-Romain (au bourg)* - ✆ 05 59 37 41 36 - www.petricorena.com - juin-sept. : 9h-13h, 14h-19h (18h30 reste de l'année) - fermé le dim. en hors sais. Spécialités gastronomiques locales : produits traditionnels (jambons, saucissons et plats cuisinés), et créations maison : sauce sakari (huile, vinaigre, piment et aromates) et confiture de piments doux.

👥 **Chocolaterie Laia** – *R. de l'Église* - ✆ 05 59 37 51 43 - www.laia.fr - 14 juil.-15 sept. : 9h-12h15, 14h-19h ; reste de l'année : tlj sf dim.-lun. 9h-12h15, 14h-19h - fermé dernière sem. de janv. et 1re quinz. de fév. - visite libre et gratuite avec vidéo. Cette chocolaterie à côté de l'église est aussi un salon de thé.

Sur sa petite terrasse, c'est dans une ambiance de bistrot que vous dégusterez les chocolats chauds à l'ancienne et les ballotins de chocolats fins ! Vous êtes convié aussi à découvrir les différentes étapes de la fabrication du bonbon au chocolat : torréfaction, broyage et conchage.

GAEC Tambourin - Maison Enautenea – *Enautenea* - ✆ 05 59 37 40 64 - www.fromagetambourin.fr - ♿ - 9h-19h, dim. 9h-13h. M. et Mme Tambourin, avec leur fils Michel, entretiennent l'exploitation familiale fondée en 1718. Dans leur laboratoire, et grâce à leur élevage de brebis manech à tête rousse, ils fabriquent leur propre fromage fermier, onctueux et affiné comme il se doit : l'AOC ossau iraty. Le sésame de la maison ? Dites *ardi gasna*, autrement dit « fromage de brebis », et les portes s'ouvriront…

Domaine Ameztia – *Quartier Germieta* - ✆ 05 59 37 93 68 - ♿ - 10h-19h - visite gratuite avec dégustation. Héritier de la vigne parentale plantée dans les années 1960, Jean-Louis Costera a commercialisé sa première cuvée en 2001. Ses 7 ha donnent des vins rouges, blancs et rosés puissants. Le Domaine Ameztia plaira à ceux qui aiment les vins toniques.

Cave d'Irouléguy – *Rte de St-Jean-Pied-de-Port* - ✆ 05 59 37 41 33 - www.cave-irouleguy.com - avr.-sept. : 9h-12h, 14h-18h30 (18h nov.-fév. et fermé le dim. oct.-mars) - fermé j. fériés en basse sais. et durant les vendanges. La réputation de cette cave qui, depuis une cinquantaine d'années, vinifie et commercialise l'essentiel des vins d'AOC Irouléguy blancs, rouges et rosés, n'est plus à faire.

2

Vallée des Aldudes

Aldude

Pyrénées-Atlantiques (64)

Occupée depuis l'Antiquité, comme en témoignent les cromlechs du site d'Argibel, la vallée des Aldudes est une terre riche. D'abord indivis puis coupé par une frontière, le Pays Quint, dont elle faisait partie, fut le lieu de conflits d'intérêts locaux et internationaux. Aujourd'hui, elle est le berceau du renouveau de la race porcine basque, porté par la forte volonté des habitants des Aldudes. Quand la lumière rasante illumine les verts pâturages, vous apprécierez les randonnées en compagnie des brebis, des blondes d'Aquitaine et de ces cochons aux grandes oreilles noires.

NOS ADRESSES PAGE 163
Hébergement, restauration, achats, activités, etc.

S'INFORMER

Office du tourisme de St-Jean-Pied-de-Port-St-Etienne-de-Baïgorry – *Pl. de la Mairie - 64430 St-Étienne-de-Baïgorry - ℘ 05 59 37 47 28 - www.pyrenees-basques.com - été : 9h-12h, 14h-18h, dim. 10h-13h ; reste de l'année : tlj sf w.-end 9h-12h, 14h-18h - vente d'activités (randonnée accompagnée, eaux vives, canyoning, spéléo). Espace randonnée : tablette tactile, carnet de circuits de randonnée, fiches randonnées et VTT.*

SE REPÉRER

Carte de microrégion A3 (p. 124-125) – La vallée des Aldudes est contournée par la frontière. La D 948 suit la vallée de la Nive des Aldudes depuis St-Étienne-de-Baïgorry jusqu'à l'Espagne.

À NE PAS MANQUER

Une dégustation de jambon Kintoa.

AVEC LES ENFANTS

La ferme aquacole de Banca et le parcours découverte du porc basque à Aldudes.

Circuit conseillé Carte de microrégion

★★ VALLÉE DES ALDUDES

Circuit tracé en orange sur la carte de microrégion (p. 124-125) - comptez 1h30. Sortez de St-Étienne-de-Baïgorry par la D 948 en direction de Banca.

Banca/Banka A3

Le village qui s'étage à flanc de montagne s'est développé au 18e s. grâce à la fonderie située sur la rive gauche de la rivière, à l'entrée du village (aujourd'hui en ruine) : un **Centre d'interprétation du patrimoine minier** permet de voir l'aménagement du site au 19e s., à l'aide d'une maquette commentée. *℘ 05 59 37 40 40 - http://olhaberri.fr - & - juin-sept. : 10h-20h ; reste de l'année : tlj sf mar.-merc. 10h-18h - possibilité de visite guidée sur demande (1h) - gratuit.*
Ferme aquacole – *Rte des Aldudes - ℘ 05 59 37 45 97 - www.truitedebanka. com - & - de mi-juil. à fin août : 8h30-12h30, 14h-19h ; reste de l'année : 8h30-12h30,*

VALLÉE DES ALDUDES

Élevage de porcs basques aux Aldudes.
N. Thibaut / Photononstop

14h-18h - fermé dim., 1ᵉʳ janv., 25 déc. - gratuit. Elle occupe le site d'un moulin du 19ᵉ s. Ici, vous verrez comment la truite de Banka, issue d'une pisciculture pyrénéenne réputée, est élevée au plus proche de la nature, avec une nourriture saine et sans aucun antibiotique. Suivez le petit sentier qui longe les bassins pour voir évoluer les poissons dans une eau de qualité exceptionnelle, puis visitez le petit musée. La boutique vend des produits transformés (terrines, caviar et articles de maroquinerie en peau de truite), mais pas de truites fraîches !

🐛 *Après le village de Banca, prenez la deuxième à gauche ; la route s'enfonce dans la forêt d'Hayra jusqu'au mont Lindus.* La forêt de hêtres d'Hayra est un des joyaux de la vallée ; en arrivant au Lindus, vous serez surpris d'y trouver un paysage vallonné, propice à de belles randonnées.

LA RENAISSANCE DU PORC BASQUE

L'élevage du porc de race basque (Euskal Xerria) est intimement lié à l'histoire de la vallée. Au début du 19ᵉ s., cet élevage décline pourtant au profit des troupeaux de brebis, dont les pâturages remplacent les hêtraies, chênaies et châtaigneraies parcourues par les porcs. Des races porcines plus productives sont préférées pour un élevage intensif dans les plaines. En 1981, la race pie noir du Pays basque est finalement déclarée en voie de disparition ; elle ne compte plus que 25 femelles.

En 1988, Pierre Oteiza, éleveur et boucher des Aldudes, découvre la race au Salon de l'agriculture de Paris et décide de la réimplanter dans la vallée. Une dizaine d'éleveurs s'associent au projet et fondent en 1990 une association qui a pris, depuis, le nom de Filière Porc Basque. En 2000, le séchoir collectif de la vallée des Aldudes est créé.

Aujourd'hui, 80 éleveurs participent au développement de l'activité, et plus de 450 truies et 60 verrats vivent dans le périmètre fixé par le cahier des charges visant l'obtention de l'appellation d'origine contrôlée. Les porcs sont élevés en plein air, nourris de glands, châtaignes, herbes, racines et céréales, et abattus à un âge avancé, ce qui donne à la viande sa couleur foncée et son goût particulier. Preuve du succès de la réhabilitation, les jambons Kintoa s'exportent en Europe, au Canada, et même à Hong Kong et au Japon.

LA BASSE-NAVARRE ET LA SOULE

Aldudes/Aldude A3

Ce grand centre de la chasse à la palombe (💧 p. 472) s'organise autour d'une placette, où se dresse une église à la belle voûte de bois en berceau et aux galeries originales. Une grille fixée au sol précède l'auvent pour empêcher les animaux d'accéder à l'édifice. À voir, dans le cimetière, les stèles basques du 19e s., entreposées contre le mur.

★ **Randonnée du col de Lepeder** 🚶 *4 km - 2h - balisage jaune - départ avant la station-service (dir. Urepel), prenez l'escalier en retrait sur la gauche.* Une sente pierreuse et pentue marque le début de cette promenade qui dévoile de beaux **panoramas** sur la vallée verdoyante et la frontière espagnole, plus découpée. La fin du circuit passe devant des élevages de cochons pie noir.

👥 Vous ne pourrez manquer, dans les champs, ces étranges huttes de bois qui servent d'abri aux cochons.

🚶 *2,5 km, 1h.* L'entreprise Pierre Oteiza (💧 *Nos adresses ci-contre*) propose un **parcours découverte du porc basque** qui forme une boucle sur le versant. Accompagné d'un âne, vous passerez près des parcs d'élevage, de la « maternité » aux parcs en montagne. Le sentier vous offrira aussi un joli point de vue sur Roncevaux et le quartier pastoral d'Eznazu. Au lieu-dit Balcon de la vallée, **belle vue** sur celle-ci avec table d'orientation et espace pique-nique. En prenant la première à droite en sortant du village, vous arriverez à **Esnazu**, dont la petite église renferme un retable en bois doré du 17e s. provenant de l'ancienne église de Larressore.

🚶 *2 km - 40mn.* Possibilité de faire le tour du bourg et de ses fermes en suivant le balisage jaune qui commence à gauche de l'église. Après environ 20mn de marche, au bout du chemin de terre, tournez à droite, quoi qu'en dise le marquage. Jolies vues sur les hauteurs des Aldudes.

Revenez sur vos pas et reprenez la D 948 à droite.

LE PAYS QUINT, HISTOIRE D'UNE FRONTIÈRE

Le Pays Quint, composé des vallées des Aldudes, du Baztan et de l'Erro, doit son nom à l'impôt ordonné en 1237 par la couronne de Navarre. Cette région de pâturages indivis accueillait les troupeaux de porcs en transhumance ; un porc sur cinq était alors prélevé au titre de l'**impôt du « Quint »**, Kinto Real en espagnol, Kintoa en basque. À la fin du 16e s., la pression démographique poussa les cadets de St-Étienne-de-Baïgorry vers les hauteurs du Kintoa, créant les bourgs de Banca, des Aldudes et d'Urepel. La tension entre la France et l'Espagne sur l'occupation de la vallée augmenta alors, jusqu'à un accord en 1615, qui fixa l'utilisation des pâturages au profit de l'élevage bovin et porcin, puis supprima l'impôt féodal du Quint. Consensus bientôt remis en question avec la croissance du marché de la laine. Un nouvel accord franco-espagnol en 1785 traça une frontière au milieu du Pays Quint, coupant les zones d'estive et suscitant la grogne. Mais la Révolution et la guerre d'Espagne le laissèrent sans effet. C'est le **traité de Bayonne** du 2 décembre 1856, signé entre Napoléon III et Isabelle II, qui scella l'avenir de la région. Il confirma la frontière de 1785 et la fin de l'indivision des pâturages. La France conserva la vallée des Aldudes et les habitants obtinrent un droit de jouissance des pâturages du Pays Quint côté espagnol, moyennant une redevance annuelle et un fermage pour la partie sud, encore versés aujourd'hui par la France à l'Espagne.

Urepel/Urepele A4
À l'entrée du village, une stèle commémore un enfant du pays, Fernando Aire Etxart, dit **Xalbador** (1920-1976), berger et agriculteur, qui fut un *bertsolari* réputé (p. 421). Église intéressante avec sa voûte de bois et sa coupole. *Prenez la D 158 (6 km AR) qui s'amorce à hauteur de l'église d'Urepel.*
★ **Randonnée d'Hauzai –** *12 km - 5h30 - niveau difficile - balisage jaune.* Au départ de l'église du village, cette randonnée vous conduit sur les pas de la transhumance annuelle, des riches prairies de vallée jusqu'aux forêt d'altitude du col d'Hauzai (965 m), aux confins des Aldudes.

Pays Quint/Quinto Real/Kintoa A4
Ce territoire (*encadré ci-contre*) présente la particularité d'être reconnu à l'Espagne mais donné en bail perpétuel aux habitants de la vallée des Aldudes, les Quintoars (au nombre de sept familles), qui jouissent des pâturages en territoire espagnol et ont le statut de ressortissants français à l'étranger.

😊 NOS ADRESSES DANS LA VALLÉE

HÉBERGEMENT/RESTAURATION

PREMIER PRIX
Hôtel-restaurant St-Sylvestre – *64430 Les Aldudes - Esnazu -* 📞 *05 59 37 58 13 - www.hotel-restaurant-vallee-des-aldudes. com -* 🅿 *- fermé mi-déc.-fin janv.- sur réserv. de mi-nov. à déb. mars - 10 ch. 55/60 € -* 🍽 *7,50 € - 1/2 pens. (2 nuits mini) 88 €/2 pers. - menus 14/30 €.* En bord de route vers l'Espagne (D 58), cette grande maison est un pied-à-terre pratique pour randonner dans la vallée. Les chambres sont modestes mais confortables. Au restaurant, spécialités régionales.
Ferme-auberge Menta – *64430 Les Aldudes - Esnazu -* 📞 *05 59 37 57 58 - http://ferme-auberge-menta. com - 5 ch. 45/50 € - menu 20 €.* Perchée aux confins de la vallée, cette auberge propose depuis trois générations les viandes de la ferme familiale (veau, mouton, agneau) et les légumes du potager. Belle salle panoramique. Visite de l'exploitation (sur réserv.), située 300 m en amont.
Hôtel-restaurant Erreguina – *Rte de Pampelune - 64430 Banca -* 📞 *05 59 37 40 37 - www.*

auberge-pays-basque.fr/fr/accueil - fermé de mi-nov. à fév. - 🅿 *- 16 ch. 55/79 € -* 🍽 *7,50 € - menus 11/14,90/20,90 €.* Depuis 1925, la famille Bidart accueille ses hôtes dans des chambres bien insonorisées et rénovées en 2014 ; la plupart disposent d'un balcon. En cuisine, terrine de foie gras de canard aux pruneaux, truite de Banka poêlée et joue de cochon kintoa maison.

ACHATS

👥 **Maison Pierre Oteiza –** *Rte d'Urepel - 64430 Les Aldudes -* 📞 *05 59 37 56 11 - www. pierreoteiza.com - 10h-18h30.* C'est ici que sont élevés en liberté les porcs pie noir avec lesquels sont fabriquées les fameuses charcuteries. Le sentier de découverte permet de découvrir librement les élevages de la vallée. Une dégustation clôt la visite.

ACTIVITÉS

Syndicat Mendi Gaiak – *Nos adresses à St-Jean-Pied-de-Port, p. 155.* Balades pédestres nocturnes dans les Aldudes *(5h AR, niveau facile).*

2

Forêt d'Iraty

Bosque del Irati

Pyrénées-Atlantiques (64) et Navarre

À cheval sur la frontière, la hêtraie d'Iraty constitue l'un des plus vastes massifs de feuillus d'Europe. Dès le 18e s., elle fournissait des mâts aux marines de France et d'Espagne. Tendez l'oreille, vous entendrez peut-être le souffle des grandes batailles navales… La forêt est traversée par deux sentiers, les GR 10 et 11, qui enchanteront les amoureux de nature.

NOS ADRESSES PAGE 166
Hébergement, restauration, achats, activités, etc.

S'INFORMER

En France – Office du tourisme de Soule – *10 r. J.-B.-Heugas - 64130 Mauléon-Licharre -* 📞 *05 59 28 02 37 - www.soule-xiberoa.fr - juil.-août : 9h-13h, 14h-19h, dim. 10h-12h30 ; vac. de fév., du w.-end de Pâques à fin juin, de déb. sept. aux vac. de la Toussaint et vac. de Noël : tlj sf dim. 9h-12h30, 14h-18h ; reste de l'année : se rens. - fermé certains j. fériés.*

En Espagne – Office de tourisme et centre d'interprétation de la nature (Centro de Interpretación de la Naturaleza) – *Ctra Izalzu s/n - 31680 Ochagavía -* 📞 *948 890 641 - www.otsagabia.net ou www.irati. org - de mi-juin à mi-sept. : lun.-sam. 10h-14h, 16h-20h, dim. 10h-14h ; reste de l'année : vend.-sam. 10h-14h, 16h-19h, dim.-jeu. 10h-14h.*

SE REPÉRER

Carte de microrégion B4 (p. 124-125) – On atteint le nord de la forêt d'Iraty par la D 18 en provenance de St-Jean-Pied-de-Port (32 km à l'ouest). Côté espagnol, le massif forestier se rejoint par la NA 140 qui relie les trois vallées à l'est de Roncevaux. On parvient alors à la forêt depuis Orbaizeta ou, plus à l'est, depuis Ochagavía.

SE GARER

Versant français, laissez votre voiture aux Chalets d'Iraty ou un peu plus haut que le chalet de Cize, à proximité de l'embranchement avec la D 301 sur le parking herbeux à gauche de la route. Pour le massif sud, garez-vous à la Fábrica de Orbaiceta pour rejoindre le GR 11. Depuis Ochagavía, montez jusqu'à Nuestra Señora de las Nieves pour retrouver le GR 11. Mais vous pouvez déjà partir à pied de la ville.

ORGANISER SON TEMPS

Les randonnées dans le massif s'échelonnent de une à plusieurs heures, avec des degrés de difficulté différents. Le choix est donc très large.

Circuit conseillé Carte de microrégion

EN LISIÈRE DE LA FORÊT D'IRATY B4

Circuit tracé en marron sur la carte de microrégion (p. 124-125), au départ des Chalets d'Iraty - comptez 1h (sans les randonnées).

Chalets d'Iraty B4

Le petit village de loisirs des Chalets d'Iraty a été construit dans les années 1960 au cœur de la forêt d'Iraty. Entre 1 200 et 1 500 m d'altitude, les 45 km

UN POUMON VERT TRANSFRONTALIER

La plus grande hêtraie d'Europe couvre 17 195 ha de plateaux, de montagnes et de vallées, comme celles d'Aezkoa et de Salazar, en Navarre. Ses sommets pointent en moyenne à 1 300-1 400 m, mais le plus haut, le **pic d'Orhy**, qui est aussi le plus oriental, culmine sur la frontière à 2 021 m. La forêt et le massif d'Iraty tirent leur nom d'une rivière qui naît de la convergence des torrents Urtxuria et Urbeltza, au niveau de N. S. de las Nieves. De là, elle file se jeter dans le lac d'Irabia pour ensuite couler vers Orbaiceta/Orbaitzeta, puis vers le sud. À la même latitude que Pampelune, elle bifurque vers le sud-est en direction de Sangüesa, pour rencontrer l'Aragón.

Deux zones sont particulièrement préservées : la **Reserva Integral de Lizardoia**, au nord du lac d'Irabia, et la **Reserva Natural de Mendilatz**, au nord-ouest du même lac, vaste hêtraie-sapinière occupant un plateau karstique. Ces zones sont plantées de hêtres, de sapins, de houx ou de sorbiers, et constituent un habitat naturel idéal pour une foule d'animaux sauvages : oiseaux (roitelet triple-bandeau, rouge-gorge, pic noir et pic à dos blanc), petits mammifères (musaraigne, rat musqué, loir), petits carnassiers (chat sauvage, putois, belette, marte, renard, blaireau) ou seigneurs des forêts (cerf, sanglier, chevreuil). Au cours des siècles, les hommes ont trouvé matière à exploiter le massif forestier. Charbonniers, forestiers, forgerons, mineurs et bergers ont occupé ses pentes jusqu'au 20e s. Aujourd'hui, Iraty est surtout parcourue par les troupeaux et les randonneurs.

2

de pistes de ski de fond et les nombreux sentiers pédestres offrent une vue unique sur la montagne.

Plusieurs sentiers de randonnée partent du village, mais deux s'enfoncent dans la forêt : celui de la **crête d'Orgambideska**, qui mène à une altitude de 1 420 m *(1h, facile)*, et, dans son prolongement, celui du **pic d'Orhy** *(5h AR, relativement difficile, à n'entreprendre que bien équipé et par beau temps)* qui rejoint le sommet *(départ sur le chemin asphalté face à la réception)*. Les randonnées les plus faciles commencent quant à elles derrière le chalet d'accueil, en descendant vers le centre hippique.

★ Col Bagargui B4

Sur la D 19 entre les chalets d'Iraty et Larrau.

Vue★ à l'est sur les montagnes de la Haute-Soule et les hautes Pyrénées d'Aspe et d'Ossau. Proche sur la droite, la masse du pic d'Orhy où convergent les transhumances ; plus loin, les sommets calcaires du massif du pic d'Anie derrière lesquels se profile le pic du Midi d'Ossau. Sous les couverts de la forêt s'échelonne le village touristique des Chalets d'Iraty.

Col de Burdincurutcheta B4

À 9 km à l'ouest des Chalets d'Iraty, sur la route de St-Jean-Pied-de-Port, par la D 19 puis la D 18. Faites halte 1 km en contrebas au nord du col, à l'endroit où la route se rapproche d'une crête rocailleuse.

Vue sur les contreforts lacérés du massif-frontière, séparés par des vallons ; au loin s'épanouit le bassin de St-Jean-Pied-de-Port, centre du pays de Cize. Près de là, le **plateau d'Iraty** sert d'estive aux chevaux et autres têtes de bétail.

😊 NOS ADRESSES DANS LA FORÊT D'IRATY

HÉBERGEMENT

BUDGET MOYEN

Village-Vacances Les Chalets d'Iraty – *19 rte de St-Jean-Pied-de-Port - 64560 Larrau - à 14 km à l'ouest par D 19 - ☎ 05 59 28 51 29 - www.chalets-iraty.com - 40 chalets (2-29 pers.) - 340/450 €/sem. (chalets pour 2 pers.), 450/550 €/sem. (chalets pour 4 pers.) ; poss. de louer pour 2 nuits mini hors sais. 95 € (sem.), 155 € (w.-end) - loc. de vélo et VTT, matériel de ski, luges et raquettes, centre équestre ouv. en juil.-août - wifi à la réception des chalets.* Les amateurs d'espace, de grand air et de calme trouveront leur bonheur en louant un de ces chalets disséminés dans la forêt d'Iraty. Certains se trouvent tout près de l'accueil, du restaurant et de l'épicerie. D'autres sont totalement isolés. Les jours de neige, une chenillette est même nécessaire pour les rejoindre.

Le Chalet Pedro – *64220 Mendive - dans la forêt d'Iraty - ☎ 05 59 28 55 98 - www.chaletpedro.com - ouv. Pâques au 11 Nov., vac. scol. zone A - rest. fermé mar. sf juil.-août - 🚭 🅿 ♿ - 5 gîtes (4-5 pers.) 480/550 €/sem. ; poss. de louer pour courts séjours 2 nuits mini hors vac. scol. - menu 24/32 €.* À deux pas de la frontière espagnole, ce charmant chalet est niché dans un petit vallon au milieu de la forêt. Au restaurant : décor simple style bistrot familial avec ses tables en chêne. Au menu : truites de la rivière (en saison), anguilles, côte de bœuf aux *piquillos*, palombe rôtie, etc. La maison voisine abrite des gîtes

très confortables, avec cheminée, et s'est récemment dotée d'un espace détente Spa avec un jacuzzi et un sauna.

RESTAURATION

BUDGET MOYEN

Restaurant d'Iraty – *64560 Larrau - au col Bagargui sur D 19 - ☎ 05 59 28 55 86 - www.chalets-iraty.com - ♿ - 11h30-14h et 19h-22h - fermé 3 sem. en nov. - menu 22 €.* Ce restaurant jouit d'une situation exceptionnelle à 1 327 m d'altitude et en pleine forêt. L'hiver, les tables sont dressées autour de la cheminée centrale. L'été, la terrasse vous accueille pour profiter pleinement de la magnifique vue sur les Pyrénées. Dans l'assiette (fort bien garnie), goûteuses spécialités régionales.

ACTIVITÉS

Station de ski d'Iraty – *Au col Heguixouri - 64560 Larrau - ☎ 05 59 28 51 29 - www.chalets-iraty.com/decouvrez-iraty/ski-de-fond-et-raquettes/- w.-end et vac. scol. : 8h15-17h30 ; hors vac. scol. : 8h-12h, 13h30-19h - forfait journée 6,50 € (-16 ans 4 €), forfait hebdomadaire 32,50 € (-16 ans 20 €).* La station de ski de fond de Larrau offre 14 km de pistes de randonnée en raquettes et 28 km de pistes de ski nordique. Matériel de ski et raquettes peuvent être loués à la journée *(skis et pass adulte 15 €, 6-15 ans 10 €, -6 ans 5 €, luges 8 €, raquettes 10 €)* ou à la semaine *(skis et pass adulte 75 €, 6-15 ans 50 €, -6 ans 25 €, luges 40 €, raquettes 50 €).*

Larrau

Larraine

195 habitants - Pyrénées-Atlantiques (64)

Ancienne étape sur la route de Compostelle, Larrau a tout du village typique de la Haute-Soule : des toits pentus en ardoise, des maisons regroupées autour d'une église et un paysage grandiose. Niché au pied du pic d'Orhy, et face aux falaises noires du massif de Mendibelza, Larrau est un excellent point de départ pour de belles randonnées, en particulier pour découvrir les crevasses d'Holzarte.

NOS ADRESSES PAGE 170
Hébergement, restauration, achats, activités, etc.

S'INFORMER
Mairie de Larrau – 64560 Larrau - 05 59 28 62 80 - www.larrau.org - 9h-12h, 14h30-18h - fermé w.-end et j. fériés.
Mairie de Ste-Engrâce – Quartier de la Caserne - 64560 Ste-Engrâce - 05 59 28 60 83 - www.sainte-engrace.com - 9h-12h (sur place), 14h-17h30 (par téléphone) - fermé w.-end et j. fériés.

SE REPÉRER
Carte de microrégion C4 (p. 124-125) – Larrau se trouve à 43 km à l'est de St-Jean-Pied-de-Port, par la D 18 puis la D 19 (12 km après les Chalets d'Iraty), et à 31 km au sud de Mauléon-Licharre en suivant la D 918 puis la D 26.

SE GARER
Places près du fronton couvert.

À NE PAS MANQUER
Les crevasses d'Holçarte, les gorges de Kakuetta et la salle de La Verna, proche de Ste-Engrâce.

AVEC LES ENFANTS
Les gorges de Kakuetta.

Se promener

Église Saint-Jean-Baptiste
Son et lumière 2 € (25 ou 40mn) ; éclairage seul gratuit (10mn).
Fondée au 15e s. et retouchée en 1655, elle conserve une abside romane où est exposée une belle **Vierge à l'Enfant** en bois polychrome. La tribune occupe presque toute la nef. Du temps des pèlerins de Compostelle, l'église a fait office de prieuré puis d'hôpital.
Demandez le dépliant des randonnées à la mairie. On peut marcher sur les traces des pèlerins en suivant le chemin qui monte à l'ermitage St-Joseph, à 1 300 m *(départ derrière le fronton, comptez env. 2h).*

À proximité Carte de microrégion

★ Col d'Erroymendi B4
(Alt. 1 362 m). Vaste **panorama★** de montagne, illustrant la vocation pastorale et forestière du haut pays de Soule. Quelques pas vers l'est vous feront découvrir les vallées du haut Saison, affluent du gave d'Oloron, et, à l'horizon, le massif rocheux du pic d'Anie.

Circuit conseillé Carte de microrégion

LA ROUTE DES GORGES C4

▶ *Circuit de 37 km tracé en violet foncé sur la carte de microrégion (p. 124-125) - comptez 2h. Quittez Larrau en direction de Tardets-Sorholus et Mauléon-Licharre par la D 26. Aussitôt après le café et le pont de Laugibar s'amorce le GR 10 en direction des crevasses d'Holçarté.*

★ Crevasses d'Holçarté/Holzarte C4

🥾 *1h30 à pied AR par le GR 10.* Le site a été exploré en 1908 par le spéléologue **Édouard-Alfred Martel**. Après une montée rude, vous apercevrez l'entrée des « crevasses », gorges taillées dans le calcaire sur près de 200 m de hauteur. Le sentier passe au-dessus de la gorge affluente d'Olhadubi, qu'il franchit sur une passerelle lancée, en 1920, à 171 m de hauteur !

*Reprenez la direction de Mauléon. La route suit le **gave de Larrau**, encaissé et verdoyant. À l'intersection avec la D 113, tournez à droite en direction de Ste-Engrâce, village dispersé en divers hameaux. Continuez vers Ste-Engrâce-Bourg. La D 113 surplombe les gorges de Kakuetta, alimentées en eau par un barrage.*

★★ Gorges de Kakuetta C4

Parking le long de la D 113, route de Ste-Engrâce. Passerelles aménagées sur les 2 km du parcours (à reprendre au retour, comptez 2h). ☎ 05 59 28 60 83 - www. sainte-engrace.com - de mi-mars à mi-nov. : de 8h à la tombée de la nuit - 6 € (7-16 ans 4,50 €, -7 ans gratuit) - billets en vente au bar La Cascade. Prévoir de bonnes chaussures de marche et un pull.

👥 L'entrée du « Grand Étroit » est le passage le plus grandiose : ce splendide canyon verdoyant, taillé à pic dans le calcaire, large de 3 à 10 m et profond de plus de 200 m, mène à une cascade haute de 20 m formée par une résurgence. On franchit le torrent sur des passerelles. Ce superbe parcours s'achève par une grotte ornée de stalactites et de stalagmites géantes.

Reprenez votre voiture et revenez en direction de Ste-Engrâce.

Des niches, sur le bas-côté de la route, permettent d'admirer les gorges.

★ Ste-Engrâce/Santa Grazi C4

Ce village de bergers est entouré de montagnes boisées. Son église romane, une ancienne abbatiale du 11e s., dresse son toit asymétrique dans le **site★** pastoral de la combe supérieure de l'Uhaitza ; elle jalonnait autrefois un itinéraire vers St-Jacques. Le chœur montre des pieds de colonne sculptés de figures animales et humaines ainsi que des **chapiteaux★** richement ornés. À gauche : scènes de bateleurs ; au centre : scènes de chasse et une Résurrection ; à droite : Salomon et la reine de Saba. *Son et lumière : 2 €.*

🥾 *Sentier pédestre balisé et réservé aux bons marcheurs - 7h AR - 900 m de dénivelé.* Devant l'église, un panneau marque le point de départ d'une randonnée pour les gorges Ehujarre. Larges et grandioses avec leur profil en auge, elles ne sont pas aménagées pour la visite.

★★ Salle de La Verna C4

Espace accueil Arrakotchepia - quartier Calla - 64560 Ste-Engrâce - ☎ 06 37 88 29 05 - www.laverna.fr - visite guidée sur demande préalable (1h) horaires, se rens. - parking et accès en navette (20mn) ou pédestre (2h) - à partir de 17 € (-16 ans 11 €) - possibilité d'acheter ses billets en ligne. Différentes formules de visites sont proposées sur réserv. uniquement. Prévoir des chaussures fermées et des vêtements chauds car la température ambiante dans la salle est de 6 °C - visite déconseillée

Gorges de Kakuetta.
AGE/Photononstop

aux enfants de moins de 5 ans. Visites aussi en hiver (sur réserv.) avec possibilité d'accès en raquettes. Exposition sur le site et la région.

C'est en 1953 qu'une expédition de spéléologues pénétra pour la première fois dans La Verna, gigantesque grotte de 194 m de haut et 245 m de diamètre, soit une superficie de 4,3 ha. En découvrant cette salle extraordinaire, dans laquelle disparaît une rivière souterraine, on apprend l'histoire des pionniers qui, dès 1950, commencèrent l'exploration du karst de La Pierre-St-Martin, parfois au prix de leur vie, comme Marcel Loubens, mort dans un accident de treuillage en 1952. Des mannequins et des jeux d'éclairage donnent la mesure de l'immensité de l'espace – **la 3ᵉ plus grande cavité connue au monde** – qui pourrait contenir dix fois la cathédrale Notre-Dame de Paris (5 ha). Aujourd'hui, 456 km de réseaux souterrains et 1 600 gouffres, creusés par treize grandes rivières, ont été explorés. La Verna invite le visiteur à une exploration formidable du monde souterrain, grâce à un parcours vivant et documenté, servi par des spéléologues aussi sympathiques que compétents ; vous n'y serez d'ailleurs pas seul car, aussi incroyable que cela puisse paraître, une douzaine d'espèces animales vivent dans la grotte.

8 km - 2h30 AS. On peut également accéder au site par le GR 10 depuis Ste-Engrâce et le ravin d'Arphidia *(n'oubliez pas de réserver si vous souhaitez visiter la grotte).*

🙂 NOS ADRESSES AUTOUR DE LARRAU

🚶 *Nos adresses dans la forêt d'Iraty, p. 166.*

HÉBERGEMENT/RESTAURATION

PREMIER PRIX

Hôtel-Restaurant des Touristes – *64560 Licq-Athérey - au bourg (à 11 km au nord par la D 26) - ☎ 05 59 28 61 01 - www.hotel-des-touristes.fr - fermé une sem. en hiver (se rens.) -* 🅿️🛌 *- 10 ch. 70/90 € - ☕ 8 € - menus 18/25 €.* Le plus ancien hôtel de la Soule, tenu par la même famille depuis cinq générations, propose des chambres meublées à l'ancienne, certaines avec terrasse. À table, copieuse cuisine régionale. Piscine et activités proposées sur place (chasse, pêche, etc.).

Auberge Elichalt – *64560 Ste-Engrâce - à 20 km au sud-est par les D 26 et D 113, face à l'église - ☎ 05 59 28 61 63 - www.gites-burguburu.com -* 🅿️ *- mi-fév.-oct. - 5 ch. d'hôtes 50 € ☕ - 1 gîte d'étape (15 places) 15 €/pers., 1 gîte rural (4 pers.) sem. 400/450 € - ☕ 6 € - poss. 1/2 P 86 €/2 pers. - table d'hôtes 18 €, pique-nique à partir de 6 €.* L'auberge tenue par la famille Burguburu est fréquentée par un public d'habitués. Les chambres d'hôtes et le gîte rural sont bien aménagés. Cuisine familiale roborative. Accueil chaleureux et bons conseils.

Etchemaïte – *au bourg - ☎ 05 59 28 61 45 - www.hotel-etchemaite.fr -* ♿ *- fermé de déb. janv. à mi-fév. - menus 20/26/36 € (enf. 10 €) - 17 ch. 60/90 € - ☕ 10 €.* L'auberge bien nommée de la « Maison bien aimée » allie plaisirs gastronomiques et visions enchanteresses sur les montagnes alentours. Pierre et Cathy vous proposent une carte de saison, avec incontournables, dont l'assiette déclinée autour de l'agneau et le pavé de bœuf de Soule. Confortables chambres rénovées, avec grands lits et balcon pour certaines.

ACHATS

Ferme Elixabe – *Quartier Carçaya - ☎ 05 59 28 58 23 - tlj sf dim. 10h-13h, 15h-19h.* Plantée sur un piton, cette ferme offre une vue impressionnante sur les Pyrénées. Elle produit par ailleurs un excellent fromage d'AOC ossau iraty. Ce dernier est mis en vente à partir du 15 mars jusqu'à rupture du stock (en général fin septembre).

ACTIVITÉS

Canyoning Eau Sud – *64570 Arette - Labat de Gesta - ☎ 06 03 42 98 71 - www.eau-sud.com - 40 €/pers. demi-j., 60 € la j. ou au w.-end (se rens. pour les tarifs - dégressifs en fonction du nbre de pers).* Point d'accueil des activités : tardets, sur la place centrale, devant l'hôtel-rest. Le Piellenia. Rien de tel pour découvrir les environs des gorges d'Holçarté et de Kakuetta que de parcourir les torrents avec un guide, au cours de sessions d'une demi-journée, qui permettent de s'initier, ou d'une journée, plus complètes et accessibles à tous. Il existe aussi des canyons sportifs pour les connaisseurs !

Ski et randonnée – *64570 Arette - La Pierre-St-Martin (à 32 km au sud-est par les D 26, D 113 et D 132) - 1 650/2 200 m d'alt. - rens. à l'OT - Maison de La-Pierre-St-Martin - ☎ 05 59 66 20 09 - www.lapierrestmartin.com.* Station de ski familiale pour le ski alpin et, surtout, le ski de fond. En été, site idéal pour les randonnées à pied ou en VTT.

Mauléon-Licharre

Maule-Letxarre

2 994 Mauléonnais – Pyrénées-Atlantiques (64)

Au pied d'une colline où s'élèvent les ruines d'un château fort coule le Saison. Joli nom pour un gave. Sur ses rives, Mauléon-Licharre est la capitale de la plus petite des sept provinces basques : le rude pays de Soule. C'est dans cette bastide du 13ᵉ s. que vous trouverez chaussure à votre pied, l'ancienne place forte étant aussi la patrie de l'espadrille.

NOS ADRESSES PAGE 174
Hébergement, restauration, achats, activités, etc.

S'INFORMER

Office du tourisme de Soule –
10 r. J.-B.-Heugas - 64130 Mauléon-Licharre - ☎ 05 59 28 02 37 - www.soule-xiberoa.fr - juil.-août : 9h-13h, 14h-19h, dim. 10h-12h30 ; vac. de fév., du w.-end de Pâques à fin juin, de déb. sept. aux vac. de la Toussaint et vac. de Noël : tlj sf dim. 9h-12h30, 14h-18h ; reste de l'année : se rens.

SE REPÉRER

Carte de microrégion C3 (p. 124-125) – À 24 km au sud-est de St-Palais

par la D 11. Le quartier de Licharre s'étend sur la rive gauche, autour de la place des Allées, bordée par quelques édifices dont le château d'Andurain. La ville neuve se blottit vers l'aval tandis que le château fort domine la rive droite.

SE GARER

Sur la place des Allées.

À NE PAS MANQUER

L'église de L'Hôpital-St-Blaise.

Se promener

Château d'Andurain

1 r. du Jeu-de-Paume - ☎ 05 59 28 04 18 - visite guidée sur demande préalable (1h) de déb. juil. à mi-sept. : 11h, 15h, 16h15 et 17h30, dim. 15h, 16h15 et 17h30 - fermé jeu. et j. fériés - 6 € (-15 ans 2,50 €).
Cet édifice au décor Renaissance fut construit vers 1600 par un membre d'une illustre famille souletine, Arnaud Iᵉʳ de Maytie, évêque d'Oloron. Belles cheminées sculptées, mobilier des 17ᵉ-18ᵉ s. et exposition d'in-folio restaurés des 16ᵉ et 17ᵉ s. Les combles sont couverts de bardeaux de châtaignier, avec une belle charpente de chêne.

Château fort de Mauléon

Montée un peu raide à pied. Possibilité d'accès pour les voitures uniquement. Quartier de la Haute-Ville - ☎ 05 59 28 02 37 - www.soule-paysbasque.com - ♿ (cour seult) - vac. de Pâques et de mi-juin à fin sept. : 11h-13h30, 15h-19h ; de la fin des vac. de Pâques à mi-juin : w.-end et j. fériés 11h-13h30, 15h-19h - possibilité de visite guidée sur demande (30mn) - 2,50 € (-7 ans gratuit).
Élevé au 12ᵉ s. sur une colline surplombant la vallée du Saison, il aurait dû être démoli au 17ᵉ s. sur ordre royal. Dans la cour restent le puits et les bases de murs de bâtiments, mais on peut également voir le cachot et une salle de réserve. Sur le chemin de ronde, trois canons datant de 1685.
Le document de la visite décrit la bastide, que vous pourrez visiter ensuite (escalier sur la droite en descendant du château).

2

Une histoire tumultueuse

Mauléon, c'est le « mauvais lion ». Une façon affectueuse de rappeler la fonction défensive de la cité, ses résistances et ses coups de sang ? À l'origine, Mauléon est une bastide fondée en 1280 et dominée par son château fort, et c'est autour des murs de ce dernier que la capitale de la Soule vécut ses heures les plus mouvementées. La place forte résista en effet pendant cinquante ans avant de se rendre aux Anglais en 1307. Ces derniers y installèrent une capitainerie jusqu'à ce qu'ils la cèdent à la maison de Foix en 1449. C'est après que se focalisa sur Mauléon le mécontentement des croquants. En 1662, écrasés par les charges fiscales qu'impliquaient entre autres la démolition et la reconstruction de l'édifice, ces derniers suivirent Bernard de Goyhenetche, dit **Matalas**, curé de Moncayolles (🔖 *p. 469*), et refusèrent de payer leur dû. Ils furent écrasés par les troupes royales et seigneuriales, et leur meneur décapité à Licharre. Licharre était à l'époque une commune indépendante. Elle ne devint que récemment un quartier industriel de Mauléon, celui où sont concentrées les fabriques d'espadrilles. La mairie y est installée, dans l'ancien **hôtel de Montréal** (17ᵉ s.) qui servait de résidence au gouverneur de la Soule.

LA CAPITALE DE L'ESPADRILLE

Espartina en basque, cette chaussure de toile à la semelle de chanvre a été utilisée dès le 18ᵉ s. Elle fait vivre Mauléon depuis cent cinquante ans. D'abord fabriquée à domicile par les paysans en appoint de leurs travaux agricoles, elle est produite à l'échelle industrielle à la fin du 19ᵉ s., lorsque les premières usines ouvrent leurs portes vers 1880. On appelait *hirondelles* les jeunes Espagnoles qui venaient travailler dans ces usines pour la saison, de mai à septembre. Aujourd'hui, 70 % de la production française sort des manufactures mauléonnaises, qui souffrent de la concurrence internationale. Elles privilégient désormais des motifs originaux et des formes renouvelées pour transformer l'espadrille en un objet de mode, et la demande augmente !

CÉLÉBRITÉS LOCALES

Pierre Bordaçarré (1908-1979), natif de Trois-Villes, adopta le nom de plume d'**Etxahun Iruri**. Poète et musicien autodidacte, il a laissé une centaine de chansons. Un monument à son effigie se dresse devant le fronton de sa ville natale.

Qui l'eût cru ? Les **Mousquetaires** d'Alexandre Dumas ne sont pas qu'une invention. Certains d'entre eux étaient originaires de la Soule, cette terre située à la frontière entre le Pays basque et le Béarn, d'autres y ont passé une partie de leur vie. Ainsi, **M. de Tréville**, capitaine des mousquetaires dans le roman de Dumas, se nommait-il en réalité Arnaud-Jean du Peyrer, comte de Trois-Villes. Il fut nommé par le roi Louis XIII capitaine-lieutenant des mousquetaires en 1625. Isaac de Porthau, né à Pau en 1617 et devenu mousquetaire en 1643 après avoir été garde du roi, inspira le personnage de **Porthos**. Il avait une résidence à Lanne (sur la D 918 à l'est de Tardets). Quant à **Aramis**, c'est Henri d'Aramits, écuyer et abbé laïque d'Aramits (à 2 km de Lanne), entré chez les mousquetaires la même année que son acolyte.

Les espadrilles de Mauléon-Licharre.
dutourdumonde/iStock

Circuit conseillé Carte de microrégion

LA BASSE-SOULE C3

▶ *Circuit de 50 km tracé en violet foncé sur la carte de microrégion (p. 124-125) - comptez 1h30. Quittez Mauléon-Licharre par la D 24, puis la D 25.*

★★ **Église de L'Hôpital-St-Blaise**/Ospitalepea C3

✆ *05 59 66 07 21 - www.hopital-saint-blaise.fr - ⚹ - d'avr. à mi-nov. : 10h-19h - possibilité de visite audioguidée (1h) - tarif à l'appréciation des visiteurs.*

🕯 *ABC d'architecture, p. 435.*

☺ *Un spectacle son et lumière vous entraînera dans un voyage dans le temps original et surprenant, du 12ᵉ s. à aujourd'hui (de mai à oct., à 11h, 17h et 18h30 - 5 €, -12 ans 2,50 €).*

Ce minuscule village du pays de Soule se distingue par son **église** du 12ᵉ s., classée Monument historique depuis 1888 et aujourd'hui inscrite au Patrimoine mondial de l'Unesco. Érigée par les chanoines augustins de l'abbaye Ste-Christine-du-Somport, l'église est l'ultime vestige de l'ensemble édifié pour accueillir les pèlerins en route pour Compostelle. De construction romane très ramassée, elle est un précieux témoin de l'art hispano-mauresque au nord des Pyrénées. Les quatre corps de son plan en croix grecque contrebutent la tour centrale. La croisée est couverte d'une **coupole** à huit pans bandés de nervures en étoile. Admirez les bagues sculptées de façon naïve. Les grilles de pierre aux fenêtres sont d'inspiration espagnole.

Prenez le temps, en sortant de l'église, de flâner dans les rues du village. Vous verrez quelques belles demeures des 17ᵉ et 18ᵉ s.

Sortez du village en direction d'Oloron-Ste-Marie et prenez à droite la D 859.

Barcus/Barkoxe C3

L'intérieur de son **église** surprend par la richesse de sa décoration baroque et de son agencement : galeries de bois, murs peints et retable baroque doré figurant l'Ascension.

La D 347 qui vous mène à Tardets-Sorholus passe à travers les collines couvertes d'un patchwork de bocages dont les vaches n'ont cure, préférant paître en bord de route.

Tardets-Sorholus/Atharratz C3

🛈 **Office du tourisme de Tardets** – *R. Arhanpia - 64470 Tardets - 🕾 05 59 28 51 28 - www.soule-xiberoa.fr - juil.-août : 9h-13h, 14h-19h, dim. 10h-12h30. ; reste de l'année : tlj sf dim. 9h-12h30, 14h-18h - le village sert de point de départ pour différentes randonnées ou excursions (rens. à l'office de tourisme).*

Ancienne bastide pourvue d'une place centrale entourée de maisons à arcades du 17e s. Le village sert de point de départ pour différentes randonnées ou excursions *(rens. à l'OT).*

Reprenez la route en direction de Mauléon.

Trois-Villes/Iruri C3

Le nom, plus que le château Elizabea construit par Mansart entre 1660 et 1663, rappelle la carrière militaire et le personnage littéraire de M. de Tréville (🕮 p. 172). La demeure affiche deux avant-corps et des fenêtres à meneaux. Elle profite également de jardins à la française.

Continuez vers Mauléon-Licharre.

Gotein-Libarrenx/Gotaine Irabarne C3

Arrêtez-vous pour admirer le **clocher-mur** à trois pointes de cette église du 16e s. Il est typique de ce que l'on appelait auparavant les clochers trinitaires, formés d'un solide mur de pierre percé d'alvéoles pour les cloches et surmonté de trois frontons triangulaires, comme les clochers-calvaires. À l'intérieur, remarquez le beau retable en bois doré du 18e s., une jolie Vierge et un bénitier Louis XIII.

Le circuit s'achève à Mauléon-Licharre.

😊 NOS ADRESSES À MAULÉON-LICHARRE

HÉBERGEMENT

À proximité

PREMIER PRIX

Camping La Ferme de Landran – *64130 Ordiarp - quartier Larréguy à Ordiap (4,5 km au sud-ouest par D 918, rte de St-Jean-Pied-de-Port) - 🕾 05 59 28 19 55 - www.ferme-landran-location.com - mi-avr.-sept. - gîte de groupe 18 €/pers./nuit, 25 empl. 12 € (borne) 2,80 € - 2 chalets 60 €/ nuit, sem. 300/400 € - 🍽 6 €.* Petit camping à la ferme. Situé sur les hauteurs du Pays basque, chaque campeur bénéficie d'une vue dégagée sur les alentours. Idéal pour trouver le calme sous un agréable ombrage.

BUDGET MOYEN

Hôtel Chilo – *Barcus, à 15 km à l'ouest de Mauléon-Licharre par la D24 - 🕾 05 59 28 90 70 - www. hotel-chilo.com - fermé dim. soir, lun. et mar. hors sais. - rest. fermé nov., déc., fév.-mars : dim. soir, lun., mar. ; avr.-juin et oct.-janv. : dim. soir, lun. soir ; lun. midi tte l'année - 🏊 - 4 ch. 85/99 € - 🍽 10 € - menus 33/45 €, menu enf. 10 €.* C'est ici, entre les murs de cette belle maison blanche aux volets bleus, que le destin de la famille Chilo s'écrit depuis 1937. Le chef réalise une cuisine traditionnelle avec les produits du terroir local ; à déguster dans une salle ouverte sur le jardin et la piscine, face aux montagnes. Chambres coquettes.

RESTAURATION

À L'Hôpital-St-Blaise
Le petit village de L'Hôpital-St-Blaise abrite deux restaurants situés face à l'église romane : l'Auberge du Lausset et le restaurant St-Blaise. Les prix y sont similaires *(12/31 €)*.

À Tardets

BUDGET MOYEN

Les Pyrénées – *Pl. Centrale - ℘ 05 59 28 50 63 - www.restaurant-les-pyrenees.fr - 7h30-20h (22h30 qd le rest. est ouv. le soir) - w.end le soir sur réserv. 10 pers. (se rens.) - fermé mar. et le soir sf juil.-août - menu midi (en sem.) 14 € - menus 23/27 €.* Ne manquez pas de goûter à l'omelette du curé (particulièrement gourmand), accompagnée de foie poêlé sur toast feuilleté. Bon gâteau basque également. Terrasse sous les arcades et vaste salle à l'arrière, s'ouvrant sur le torrent.

ACHATS

À Mauléon-Licharre
Espadrilles Mauléon – *3 rue du Jeu-de-Paume - ℘ 05 59 28 28 48 - www.espadrilles-mauleon.fr - boutique : mi-mai-fin août lun.-vend. 9h30-12h, 14h30-19h ; sam. 9h30-19h ; dim. 10h-12h, 15h-19h ; avr.-mi-mai et sept.-oct. mar.-sam. 9h30-12h, 14h30-19h - atelier : juil.-août : sam. 10h-12h, 15h-18h ; mai-juin et sept.-oct. lun.-vend. 8h-12h, 14h-17h (18h juin et sept.).* Passez à la boutique faire quelques emplettes avant de découvrir comment ces chaussures traditionnelles cousues main sont fabriquées à l'atelier, grâce à une vidéo *(30mn)*.

À Trois-Villes
Ferme Gohetxea – *Au Bourg - ℘ 05 59 28 51 59 - juil.-sept. :*
mar.-vend. 15h-18h, et sam. mat. ; reste de l'année : selon disponibilités. Le magasin de cette vieille ferme datant de 1570 propose les produits d'une dizaine de fermes de la vallée : fromage de brebis, lait frais de vache, légumes maraîchers, saucisson, porc basque et gascon, mais aussi cidre, tisanes, etc. Animations en été sur place.

ACTIVITÉS

Cycles Poppe – *ZI de la Gare - ℘ 05 59 28 13 62 - tlj sf dim. et lun. 9h-12h, 14h-19h (18h sam.).* Pour découvrir Mauléon à bicyclette, ce magasin loue vélos et VTT à l'heure, à la demi-journée ou à la journée.

Rafting 64 – *64190 Navarrenx - Le Pont - ℘ 05 59 66 04 05 - www.rafting64.com - 9h-18h, uniquement sur réserv. - 32 € formule découverte 13 km (-15 ans 25 €) - pique-nique 10 € (-15 ans 8 €).* Descente du gave d'Oloron, entre Navarrenx et Sauveterre-de-Béarn (20 km), dans un raft pneumatique ou, pour des sensations plus fortes, à bord d'un miniraft de 2 ou 3 personnes. Si vous optez pour la sortie d'une journée complète, vous ferez une pause repas (grillades et gâteau basque) sur une plage sauvage.

AGENDA

Fête de l'espadrille – *15 août.*
La Mascarade – *Itinérant dans les villages - de mi-janv. à fin avr. - www.mauleon-licharre. fr.* Défilés costumés codifiés opposant les rouges, nobles et élégants, et les noirs, sales et vulgaires ; barricades, danses et mort et résurrection du *pitxu*. On mange, on boit et on colporte les nouvelles !

2

Forêt des Arbailles

Arballa

Pyrénées-Atlantiques (64)

Aucune route ne pénètre au cœur de ce massif que l'on découvre uniquement par les pistes pastorales. Mais qui s'en plaindrait ? C'est le meilleur moyen de capter la lumière mystérieuse de ses hêtraies, les effluves de mousse et de champignons et le son du vent malmenant les branches ou caressant l'herbe des clairières. C'est aussi la seule façon de rencontrer les Laminak, du moins s'ils le veulent bien…

😊 NOS ADRESSES PAGE 179
Hébergement, restauration, achats, activités, etc.

🔋 S'INFORMER

Office du tourisme de Tardets – *R. Arhanpia - 64470 Tardets - 📞 05 59 28 51 28 - www.soule-xiberoa. fr - juil.-août : 9h-13h, 14h-19h, dim. 10h-12h30. ; reste de l'année : tlj sf dim. 9h-12h30, 14h-18h - le village sert de point de départ pour différentes randonnées ou excursions (rens. à l'office de tourisme).*

Randonnées – *Pour préserver la forêt des Arbailles, les randonnées balisées restent limitées aux territoires de bordure (sources de la Bidouze ou d'Ahusquy). Si vous souhaitez vous enfoncer davantage, mieux vaut vous adresser à un guide (liste des guides disponible à l'office de tourisme). Topoguide de randonnées en vente à l'office de tourisme.*

🧭 SE REPÉRER

Carte de microrégion BC3 (p. 124-125) – Au sud de la route reliant St-Jean-Pied-de-Port à Mauléon-Licharre, la forêt s'étend sur les hautes surfaces (1 265 m au pic de Béhorléguy) d'un bastion calcaire bien détaché entre les sillons du Saison, du Laurhibar et de la Bidouze, à l'est de St-Jean-Pied-de-Port. À cette hêtraie, criblée de gouffres, succède, au sud, une zone pastorale s'achevant à pic face à la frontière.

😍 À NE PAS MANQUER
Le panorama depuis Ahusquy.

🕐 ORGANISER SON TEMPS
Le tour du massif forestier se fait en moins d'une journée.

Circuit conseillé Carte de microrégion

★ FORÊT DES ARBAILLES

🧭 *Circuit de 36 km au départ de St-Just-Ibarre, tracé en rose sur la carte de microrégion (p. 124-125) - comptez env. 2h.*

St-Just-Ibarre/Donaitxi-Ibarre B3

Ce village bas-navarrais posté en lisière de Soule compte sept quartiers, symbolisés par les sept bassins de la fontaine moderne dressée à côté de la mairie.

Maison de saint Michel Garicoïts – *Depuis l'église, descendez vers la rivière en passant derrière la mairie et franchissez le pont. À la fourche, prenez à droite, puis à gauche sur la départementale. Au hameau, suivez à droite la direction*

Un haut lieu de la mythologie basque

DES PAYSAGES VARIÉS

Les 4 535 ha des Arbailles s'étendent sur un grand massif calcaire parsemé d'énormes dolines (dépressions circulaires tapissées d'argile), de crevasses inattendues et de gouffres où l'eau circule, discrète. Cette diversité de reliefs explique la grande variété des paysages : hêtraies, pâturages, reliefs doux et crêtes ravinées.

Le secteur compte aussi de nombreuses grottes et autres abris rocheux qui servaient déjà de protection aux hommes préhistoriques, avant d'être utilisés comme bergeries ou caches de contrebande. Depuis bien longtemps, l'homme a su tirer parti de ce milieu naturel qui offre eau, bois de hêtre, gibier et champignons (cèpes et girolles).

LE ROYAUME DES LAMINAK

Sans doute impressionné par le brouillard fréquent qui confère aux lieux une atmosphère d'étrangeté, l'homme a également fait du massif le lieu de toutes les légendes. Selon la tradition, on y croiserait des **Laminak**, petits êtres malicieux au talent de bâtisseurs, qui habitent les grottes et les sources. Mais si les dames Laminak sont inoffensives et se contentent de peigner leurs longs cheveux à proximité des sources, il n'en va pas de même de leurs époux qui ont la regrettable habitude de s'attaquer à la vertu des innocentes bergères et sont capables de se transformer en araignée ou en serpent…

LES SEIGNEURS DE LA FORÊT

On dit aussi qu'on y croise parfois un **Basajaun** (ou **Baxajaun**, le terme signifiant « seigneur des forêts »), sorte de *yeti* local. Ce géant qui atteindrait une taille de 3 m et porterait une chevelure rouge lui descendant jusqu'aux genoux a de quoi impressionner ! Ce n'est pourtant pas un mauvais bougre puisqu'il protège les troupeaux en criant lorsque les loups s'en approchent. Il a aussi transmis aux hommes l'agriculture. Si d'aventure vous en rencontrez un, posez-lui une devinette : il a la réputation d'avoir l'esprit si lent que vous aurez tout le temps de vous enfuir pendant qu'il réfléchit à la solution ! Peut-être mettrez-vous la main sur ses richesses qu'il dissimule dans une des cavités de la forêt…

FATALE GOINFRERIE

Non loin de la source d'Ahusquy vivait un redoutable serpent à sept têtes du nom d'**Herensuge**. Il habitait la grotte d'Azalegi et se nourrissait des bergers et des troupeaux qui passaient à proximité de son antre. Lassé de voir régner la terreur sur les estives, le fils du comte Zaro imagina une ruse pour se débarrasser du monstre. Il emplit la peau d'une vache de poudre et d'allumettes, et l'incorpora à un troupeau destiné au festin de l'immonde bête. Celle-ci, comme à son habitude, aspira le tout et prit feu tout en s'envolant vers Itxasgorrieta, la mer rouge du couchant. Cet être maléfique aurait occupé d'autres lieux mythiques, comme le gouffre d'Aralar en Navarre.

« *Ibarre* ». *À l'entrée du village, un panneau à droite indique la maison. Entrée gratuite. Pas de parking.*

Les herbes folles envahissent le chemin menant à la maison natale de **saint Michel Garicoïts** (1797-1875), parfois appelé le « dernier saint du Pays basque » et fondateur des pères de Bétharram. La confiance est ici totale puisque la clé se trouve sur la porte ! Un autel est aménagé au centre de la pièce principale, sur laquelle donnent différentes portes de bois *(pour les ouvrir, passez le doigt dans l'orifice et soulevez le loquet)* : celle du débarras, celle de la chapelle et celle de la cuisine, avec son âtre, sa pierre à évier, sa table et son vaisselier. La visite donne une idée précise de l'architecture intérieure d'une humble ferme d'époque.

Sources de la Bidouze B3

🚶 *À la sortie de St-Just en direction du col d'Osquich et de Mauléon, prenez le premier embranchement qui descend vers la vallée et la rivière. Suivez les panneaux. Le départ, bien fléché, se fait à la hauteur du parking. 9 km - 3h AR - 350 m de dénivelé.*

Après avoir longé quelques prairies, le sentier s'enfonce dans les sous-bois et grimpe jusqu'à la grotte, d'où jaillit la rivière dans un paysage bucolique. Suivez bien le balisage, car l'endroit peut se révéler escarpé. *Balisage jaune.*
Revenez à St-Just jusqu'à la D 918 et prenez, à droite, la direction de Mauléon. Après 9 km, prenez à droite la D 348 en direction d'Ordiarp et d'Aussurucq.

★ Ordiarp/Urdiñarbe C3

Charmant village traversé par une rafraîchissante rivière où caquettent les canards. Le cours d'eau est bordé d'un seul côté par les traditionnelles maisons souletines aux toits d'ardoise. Un pont romain l'enjambe.
★ **Église** – Cette jolie église romane (12e s.) en surplomb de l'Arangorena arbore un original **clocher-mur** au clocheton carré. Elle est le seul vestige du relais hospitalier et de la commanderie des Augustins de Roncevaux, qui étaient installés dans ce village-étape du pèlerinage de Compostelle.

★ Aussurucq/Altzürükü C3

Pittoresque village composé de fermes anciennes, du château de Ruthie (tours du 15e s.) et d'une église entourée de son cimetière. Notez le clocher-calvaire, typique de la Soule.
Suivez la D 147 vers Ahusquy.

★★ Ahusquy B4

De ce lieu de rassemblement de bergers, établi dans un site panoramique, subsiste une auberge (rénovée). En montant par la piste, sur 1 km, vous pouvez vous rafraîchir à l'excellente source d'Ahusquy (derrière un abreuvoir nettement visible sur la pente) qui, jusqu'à la Seconde Guerre mondiale, justifiait des cures très courues (affections des reins et de la vessie).
🚶 *10 km - env. 5h30 AR - 420 m de dénivelé - balisage jaune.* Cette randonnée permet de rejoindre le plateau d'Elzarreko depuis la fontaine.
Continuez sur la D 117.

Col d'Aphanize B3

Dans les pacages autour du col évoluent librement des chevaux. Les pâturages servent de lieux d'estive pour de nombreux troupeaux. À 1 km à l'est du col, la **vue**★★ devient immense, embrassant le pic des Escaliers, immédiatement au sud, le pic de Ger, à l'horizon au sud-est, en passant par le pic d'Orhy, le pic d'Anie et le massif de Sesques (entre Aspe et Ossau).

😊 NOS ADRESSES AUTOUR DE LA FORÊT DES ARBAILLES

HÉBERGEMENT

PREMIER PRIX

Camping Inxauseta – *64120 Bunus - au bourg, près de l'église et du fronton - ☎ 05 59 37 81 49 - http://inxauseta.fr - de mi-juin à mi-sept. - 40 empl. 18 € (avec électricité).* Emplacements situés dans le parc ombragé d'une grande et belle maison basque qui ouvre son rez-de-chaussée pour des expositions temporaires (peintures, sculptures…). Une autre superbe salle rénovée sert de lieu de détente. Accueil charmant.

Chambre d'hôte Maison Elixondoa – *64120 Pagolle - quartier Elichoudoborde - ☎ 05 59 38 95 93 - www.elixondoa. com - fermé nov.-fév. - 🚭 🅿 🛁 - 4 ch. 65 € 🍽 - gîte (8/10 pers.) 1 100/1 800 €/sem.* Dans un petit village basque, cette ferme du 17e s. bien restaurée est parfaite pour méditer au calme en pleine nature. Campagne et collines pour décor extérieur, vieilles poutres, pierres apparentes et couleurs gaies à l'intérieur : un charme pastoral rare. Petite cuisine à disposition des hôtes près de la piscine.

Chambre d'hôte Biscayburu – *au bourg - 64470 Sauguis - ☎ 05 59 28 73 19 - www.chambres-hotes-pays-basque.com - fermé vac. de Noël - 🚭 🅿 🛁 - 4 ch. 60/70 € 🍽.* Cette

ancienne ferme restaurée dont le nom signifie « la maison en haut de la colline » offre un magnifique panorama sur la vallée et les Pyrénées. Ses chambres, décorées avec goût, sont très tranquilles. Le matin, l'odeur du petit-déjeuner, préparé par le patron, ancien boulanger, aide au réveil. Belle piscine pour lézarder.

RESTAURATION

PREMIER PRIX

Restaurant Eppherre – *au bourg - 64130 Aussurucq - ☎ 05 59 28 00 02 - fermé fév. et lun. - 🅿 - menus 13/29,50 €.* Cette petite auberge au centre du village propose une cuisine traditionnelle très copieuse, toujours élaborée avec des produits du terroir. La terrasse ombragée est bienvenue en été.

BUDGET MOYEN

L'Auberge d'Ahusquy – *64130 Ahusquy - Col de Burdin sur D 117 - ☎ 05 59 28 57 27 - ouv. de déb. mai au 11 Nov. : tlj midi et soir du 20 juin au 11 Nov., seult w.-end et j. fériés de mai au 20 juin - 🚭 - menus 23/37 €.* Seul le son des cloches suspendues au cou des vaches pourrait perturber votre repas. C'estdire si cette auberge isolée, nichée à plus de 1 000 m d'altitude, au col de Burdin, est tranquille. Vous y dégusterez une cuisine familiale, tout en profitant d'une vue imprenable sur les Pyrénées.

2

Saint-Sébastien et la province de Guipúzcoa 3

Carte Michelin Région n° 573 – Guipúzcoa

Paysage autour d'Oñati.
J. Larrea/age fotostock

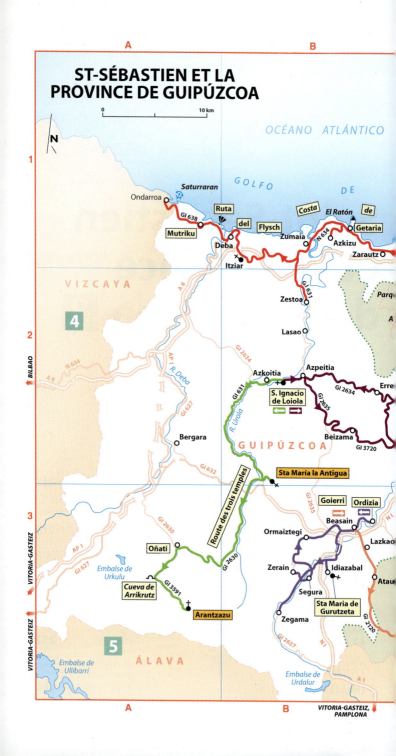

ST-SÉBASTIEN ET LA PROVINCE DE GUIPÚZCOA

0   10 km

OCÉANO ATLÁNTICO

GOLFE   DE   de

Saturraran

Ondarroa
GI 638
Ruta
del
Flysch
Costa
El Ratón
Getaria
Mutriku
Deba
Zumaia
N 634
Azkizu
Zarautz
Itziar
GI 631
Zestoa
VIZCAYA
Lasao
A 8
GI 2634
4
AP 1
R. Deba
Azkoitia
Azpeitia
Erre
N 634
GI 631
S. Ignacio
de Loiola
GI 2634
GI 627
R. Urola
GI 2635
BILBAO
A 8
Bergara
GUIPÚZCOA
Beizama
GI 3720
GI 632
Sta María la Antigua
Route des trois temples
Goierri
Ordizia
N I
GI 2635
Beasain
GI 2630
Ormaiztegi
Lazkao
Oñati
Zerain
Idiazabal
Atau
VITORIA-GASTEIZ
AP 1
GI 627
Embalse de
Urkulu
GI 2630
Segura
Cueva de
Arrikrutz
GI 3591
Sta Maria de
Gurutzeta
GI 2120
Arantzazu
Zegama
VITORIA-GASTEIZ
5
GI 2637
N I
ÁLAVA
Embalse de
Urdalur
Embalse de
Ullibarri
A 1
VITORIA-GASTEIZ,
PAMPLONA

C **D**

ST-JEAN-DE-LUZ / BIARRITZ

Cabo Higuer

**Hondarribia/
Fuenterrabía**

N.-S. de Guadalupe

FRANCE

HENDAYE

VIZCAYA

**Albaola
Faktoria**

Bidea Jaizkibel

Mte Ulía

**Pasaia/
Pasajes**

GI 3440

N 638

Corniche

Irún

233

A 63

1

Guipúzcoa

**Donostia/
San Sebastián**

Lezo

la

N 1

San Martzial

N 121ª / R. Bidasoa

Route

de

A 8

1

Orio

A 8

N 634

Errenteria/
Rentería

Astigarraga

PAMPLONA

HERNANI

atural
de
goeta

*Embalse de
Añarbe*

GI 131

Andoain

R. Oria

2

GI 2631

R. Urumea

NAVARRA

6

A 15

N 1

Tolosa

GI 2130

GI 2634

GI 3670

Abaltzisketa

A 15

PAMPLONA

2133

*Parque Natural
de Aralar*

**Donostia/
San Sebastián**

★★ Mérite un détour

ierra de Aralar

Mutriku

★ Intéressant

izarrusti
arketxea

622

Zumaia

À voir

3

Col de Lizarrusti

Ville de départ du circuit

Route de la corniche

NA 120

Route des plages

Le Goierri ouest

A 10

Vers le Parc naturel d'Aralar

Au centre du Guipúzcoa

VITORIA-GASTEIZ

La route des trois temples

C **D**

Saint-Sébastien

Donostia/San Sebastián

 ★★

186 064 habitants - Province de Guipúzcoa

Avec son cadre idéal (une large baie de sable fin, encadrée de deux collines), ses immeubles Belle Époque et son petit port de pêche, « Sanse », comme l'appellent affectueusement les Espagnols et les Aquitains, est une ville pleine de charme. C'est aussi la capitale du renouveau de la gastronomie basque. La réputation de ses pintxos et de ses grands chefs a dépassé les frontières, et les soirs de fin de semaine, il y a foule à pratiquer le « pintxo pote » : une balade de bar en bar, où l'on consomme au coude à coude un (petit) verre accompagné d'un (divin) pintxo. L'art de vivre à l'espagnole !

😊 NOS ADRESSES PAGE 196
Hébergement, restauration, achats, activités, etc.

🗄 S'INFORMER

Office de tourisme – *Boulevard, 8 - ☎ 943 481 166 - www.sansebastian turismo.com/fr - de mi-juin à fin sept. : lun.-sam. 9h-20h, dim. et j. fériés 10h-19h ; reste de l'année : lun.-jeu. 9h-13h30, 15h30-19h, vend. 10h-19h, sam. 10h30-19h, dim. et j. fériés 10h-14h - se renseigner pour les horaires pendant la Sem. sainte.*

Visites guidées thématiques – *Rens. à l'OT pour les jours, les horaires et les langues.* Promenades pédestres : Les Essentiels (2h, 10 €) ; pintxos de St-Sébastien (2h, 20 € avec dégustations) ; culturelle (2h, 10 €).

▶ SE REPÉRER

Carte de microrégion C1 (p. 182-183) et plan de ville (p. 186-187). Stratégiquement situé dans le golfe de Biscaye, St-Sébastien est à 25 km à l'ouest de la frontière avec la France. Ses quartiers : Gros à l'est, sur la rive droite du río Urumea, la Parte vieja, el Centro et Amara viejo sur la rive gauche, en prise directe avec la baie de la Concha ; à l'ouest de la baie, Antiguo, mitoyen d'Ondarreta au pied du mont Igueldo.

🅿 SE GARER

La voiture est à proscrire dans le centre-ville. Garez-vous dans l'un des parkings souterrains : Boulevard,

La baie de la Concha.
dmelnikau/iStock

La Concha, Zurriola (sous Kursaal), etc. Les motos ont interdiction de se garer sur les trottoirs (stationnements spécifiques).

🕐 **ORGANISER SON TEMPS**

Deux jours permettent de bien découvrir la ville et de profiter de la plage. Du jeudi au samedi soir, les bars à *pintxos* de la vieille ville, du centre et de Gros sont bondés.

😊 **À NE PAS MANQUER**

Le musée de San Telmo, le soleil couchant sur la baie de la Concha, les bars à *pintxos*.

👫 **AVEC LES ENFANTS**

L'aquarium, le musée de la Science, le petit parc d'attractions au sommet du mont Igueldo.

Se promener Plan de ville plan II

🚶 Les noms des rues sont indiqués en basque et en espagnol, un pâté de maison sur deux. Et comme les deux langues peuvent être radicalement différentes, cela peut prêter à confusion…

★★★ BAHÍA DE LA CONCHA (BAIE DE LA CONCHA) Plan II D2

▶ *Circuit* 1 *tracé en vert sur le plan de ville (p. 186) – Comptez 1h. Départ de l'Ayuntamiento.*
Commençant à l'hôtel de ville, cette promenade, mondialement réputée pour la vue qu'elle offre sur la baie, se déploie jusqu'au parc de Miramar.

Real Club Nautico (Club nautique) D1

Cet édifice moderniste en forme de paquebot, posé sur la baie à l'extrémité du port, héberge un bar et une boîte de nuit.

La Perla D2

Magnifique bâtiment Belle Époque, campé stratégiquement sur la plage, La Perla témoigne de l'engouement des bains de mer, appréciés de la reine Marie-Christine. Aujourd'hui, il abrite un centre de thalassothérapie (♿ *Nos Adresses, p. 199*).

Parc de Miramar B2

Ancienne résidence d'été de la famille royale, le parc s'élève entre les plages de la Concha et d'Ondarreta. Il a été dessiné par le jardinier franco-espagnol **Pierre Ducasse** (1836-1892) et la demeure de style anglais, par l'architecte Selden Wornum. Celle-ci accueille des expositions et un centre de musique,

SAINT-SÉBASTIEN ET LA PROVINCE DE GUIPÚZCOA

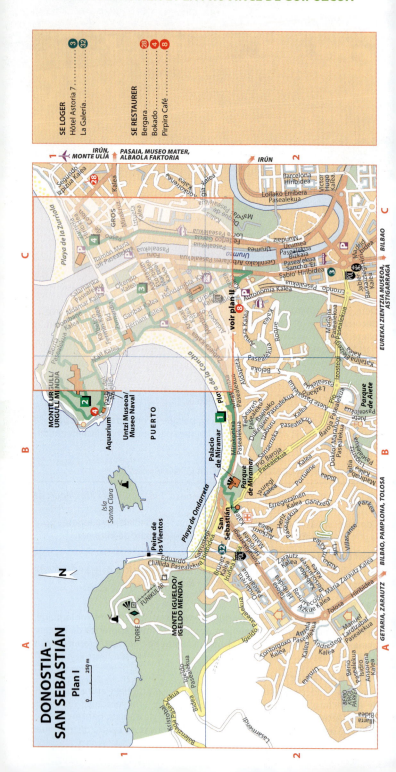

SE LOGER

Hôtel Astoria 7 .... ③
La Galería 32

SE RESTAURER

Bergara 28
Bokado 4
Pirpira Café 8

IRÚN,
MONTE ULÍA

PASAIA, MUSEO MATER,
ALBAOLA FAKTORIA

IRÚN

DONOSTIA-
SAN SEBASTIÁN
Plan I

250 m

N

MONTE IGUELDO/
IGELDO MENDIA

FUNIKULAR

TORRE

Peine de
los Vientos

Eduardo
Chillida Paseelekua

Isla
Santa Clara

Playa de Ondarreta

San
Sebastián

Palacio
de Miramar

Parque
de Miramar

Aquarium

Untzi Museoa/
Museo Naval

PUERTO

MONTE URGULL/
URGULL MENDIA

Playa de la Concha

Playa de la Zurriola

GROS

Parque
de Aiete

EUREKA! ZIENTZIA MUSEOA,
ASTIGARRAGA

BILBAO

GETARIA, ZARAUTZ

BILBAO, PAMPLONA, TOLOSA

voir plan II

BERIO
BIRGOL
PARKEA

Ilarra
Bidea

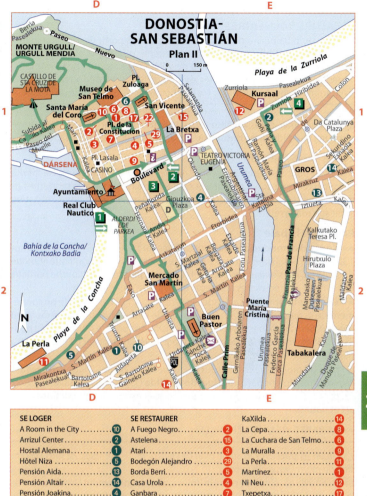

DONOSTIA-SAN SEBASTIÁN
Plan II

0   150 m

SE LOGER		SE RESTAURER			
A Room in the City	10	A Fuego Negro	2	KaXilda	14
Arrizul Center	2	Astelena	15	La Cepa	8
Hostal Alemana	1	Atari	3	La Cuchara de San Telmo	6
Hôtel Niza	5	Bodegón Alejandro	29	La Muralla	9
Pensión Aida	13	Borda Berri	5	La Perla	11
Pensión Altair	14	Casa Urola	4	Martínez	1
Pensión Joakina	4	Ganbara	7	Ni Neu	12
Pensión Koxka	6	Gandarías	10	Txepetxa	17
				Zeruko	22

3

UNE SITUATION REMARQUABLE

La **baie de la Concha** structure la ville. Quand on est face à la mer, on trouve à gauche le mont Igueldo et à droite le mont Urgull. Entre les deux, l'île Santa Clara. Le port se situe, quant à lui, au pied du mont Urgull. La **vieille ville** est coincée entre la baie et l'estuaire du río Urumea. **El Centro** déploie ses avenues à angle droit derrière la vieille ville (Boulevard marque la frontière entre les deux quartiers). De l'autre côté de la rivière se situe **Gros**, quartier populaire qui héberge Kursaal et la plage de Zurriola.

> **PLAISIRS BALNÉAIRES**
> La vocation balnéaire de St-Sébastien s'éveille à partir de 1865, lorsque la reine Marie-Christine (1858-1929), régente d'Espagne et veuve d'Alphonse XII, la choisit comme lieu de villégiature : tout le beau monde madrilène vient dès lors y passer les mois d'été. De cette époque, la ville a notamment conservé le palais Miramar, construit à la demande de la reine.

d'où les gammes et les vocalises qui s'en échappent parfois ! Son esplanade offre un splendide **panorama★★★** sur la baie et l'îlot de Sta Clara.

Église San Sebastián B2

Derrière le parc, sur la plaza Alfonso III accolée à Ondarreta. Cette église mérite le coup d'œil pour son intérieur très contemporain et la fresque moderne fermant la nef (à gauche, un homme tire ses chaînes ; à droite, saint Sébastien subit son martyre).

Plages de la baie

★★ **Kontxako hondartza** (Plage de la Concha) plan I B2-C1 – Elle s'étend sur 1 350 m, de l'hôtel de ville jusqu'au parc de Miramar. Cette magnifique étendue de sable fin, qui s'enflamme au soleil couchant, présente une courbe parfaite. Elle est très appréciée des amateurs de bains de mer et de soleil.

★★ **Ondarreta hondartza** (Plage Ondarreta) plan I B1-2 – Dans le prolongement de la précédente *(au-delà du parc)*, elle s'étend jusqu'au pied du mont Igueldo. Seul un rocher la sépare de sa voisine car, pour le sable comme pour l'ensoleillement, cette aristocratique plage reliée au quartier d'Ondarreta n'a rien à envier à sa rivale !

Au pied du mont Igueldo se trouve le *Peine de los Vientos* (Peigne des vents), œuvre du sculpteur basque **Eduardo Chillida** (1924-2002), installée en 1977 (🐾 *p. 447)*. Cet ensemble de sculptures en acier évoque les interactions entre art et nature.

★★ LA PARTE VIEJA (VIEILLE VILLE) D1

🐾 *Circuit ② tracé en vert sur le plan de ville (p. 187) – Comptez 2h sans l'ascension du mont Urgull, 3h avec.*

La vieille ville est enserrée entre le Boulevard (au sud), le mont Urgull (au nord), la baie de la Concha (à l'ouest) et le río Urumea (à l'est). Elle a été reconstruite après l'incendie du 31 août 1813 par les troupes de Wellington. Bien que les bâtiments datent du siècle dernier, ses rues étroites contrastent avec les larges avenues rectilignes de la ville moderne.

Partez du Boulevard et prenez la calle San Juan qui longe la halle couverte en direction du mont Urgull.

Plaza Zuloaga D1

En contrebas du mont Urgull, cette vaste place séduit par le contraste de ses architectures, les immeubles des 19e et 20e s. ainsi que la devanture moderne des cafés faisant face au **Museo San Telmo**, autrefois couvent de dominicains.

★★ Museo de San Telmo (Musée de San Telmo) D1

Pl. Zuloaga, 1 - 🕿 943 481 580 - www.santelmomuseoa.com - tlj sf lun. (sf j. fériés) 10h-20h - fermé 1er et 20 janv., 25 déc. - 6 € - visite guidée sam. 17h30 : 3 € (entrée non incluse) - audioguide gratuit particulièrement intéressant. Café avec terrasse et bon restaurant attenant (même maison que Bokado - 🐾 « Nos adresses »).

L'hôtel de ville de St-Sébastien.
G. Gräfenhain / Sime / Photononstop

Fondé au 16e s., ce couvent dominicain a été transformé en musée en 1932 et a fait l'objet d'une importante rénovation en 2011. Un édifice moderne a été ajouté, dont la façade perforée s'intègre dans le panorama rocheux du mont Urgull. Les collections invitent à un parcours à travers l'histoire et la culture basques. La remarquable muséographie interactive tire admirablement parti de l'organisation des lieux (plusieurs salles donnent sur le très beau cloître). Les collections permanentes sont essentiellement présentées dans la partie ancienne, tandis que la partie moderne accueille plutôt des expositions temporaires, des conférences et des activités culturelles.

Rez-de-chaussée – On découvre une exceptionnelle collection de **stèles discoïdales**, dont les plus anciennes sont antérieures à l'ère chrétienne. On y lit le lieu d'inhumation ou de décès, en cas de mort violente, et différents éléments pour identifier le défunt. Plusieurs salles évoquent l'histoire et le développement économique de la région au fil des siècles, et notamment la **chasse à la baleine**, avec tous les produits extraits du mammifère marin. C'est aussi à ce niveau que se trouve l'ancienne **église** du couvent. Elle est décorée de onze magnifiques panneaux, réalisés en 1929 par le Catalan **José María Sert** (1874-1945), qui figurent l'histoire, la vie et les activités des hommes en Guipúzcoa.

SAINT-SÉBASTIEN VU D'EN HAUT

Mont Igueldo Plan I A1 – *Accès par funiculaire -* ℘ *943 213 525 - www. monteigueldo.es/accueil - août : 10h-22h ; reste de l'année : se rens. sur le site Internet - fermé merc. en basse saison - 3,15 € AR (-7 ans 2,35 €).* 🚹🚹 Le sommet est occupé par un parc d'attractions et un restaurant. Splendide **panorama★★★** sur la mer, la rade avec l'île de Santa Clara et St-Sébastien dans son cirque de montagnes. Le soir, la ville illuminée offre un beau spectacle.

Mont Urgull Plan I B1 – Il est occupé par un jardin public et par le château de la Mota. Du sommet, superbe **panorama★★** sur la Concha et sur les monuments de la vieille ville.

3

1er étage – Une **section ethnographique** retrace l'évolution de la société basque, illustrée par de nombreux objets et vidéos : intéressant panorama couvrant cent ans d'art basque et l'effervescence artistique des années 1920, passionnant montage d'images filmées sur la lutte des classes, conquête de la reconnaissance de la langue et de l'identité, histoire de l'industrialisation moteur du changement, et nombreuses marques basques, de l'électroménager Fagor aux scooters Lambretta…

2e étage – Les salles présentent une centaine d'œuvres sur les quelque 1 400 que compte la **collection des beaux-arts** du musée, un peu à la manière d'une pinacothèque du 19e s. : beaucoup de peintres espagnols (Greco, Ribera, Cano, etc.) et quelques étrangers (Tintoret, Hubert Robert).

Engagez-vous dans la calle 31 de Agosto et tournez presque tout de suite à gauche.

Église San Vicente D1

San Vicente Kalea - ☎ 943 420 955 - 9h-13h, 18h-20h.

Cette église du 16e s. est l'édifice religieux le plus ancien de la ville. De style gothique, il abrite un remarquable **retable★** réalisé par Ambrosio de Bengoechea et Juan de Iriarte (16e s.). Remarquez à l'extérieur les statues de saint Vincent, patron de la paroisse, et de saint Sébastien, patron de la ville.

Descendez la calle Narica et tournez dans la rue Iñigo à droite.

Plaza Constitución D1

Entourée de maisons à hautes arcades, elle fut jadis utilisée comme arènes. Les numéros que portent encore les balcons rappellent qu'ils servaient alors de tribunes.

Traversez la place droit devant vous et engagez-vous sous le passage qui débouche sur la rue San Jerónimo. Tournez à droite et prenez la première à gauche, la Portu Kalea/calle Puerto. Elle croise la Kale Nagusia/calle Mayor qui aboutit à droite à l'église de Sta María del Coro.

Basilique Sta María del Coro D1

31 de Agosto Kalea, 46 - ☎ 943 423 124 - 10h15-13h15, 16h45-19h45.

On est frappé par l'exubérance de son **portail★** (fin 18e s.). La sobriété de l'architecture intérieure rend plus saisissante encore la profusion des autels baroques. Si vous vous retournez, vous apercevrez tout au bout de la perspective la cathédrale Buen Pastor, qui se situe dans El Centro.

Derrière l'église, un chemin grimpe au mont Urgull.

Monte Urgull (Mont Urgull) D1

Un jardin public couvre cette colline, couronnée par la statue du **Sagrado Corazón,** haute de 30 m. Non loin, le **château de la Mota** fut du 15e au 18e s. une importante place militaire ; il abrite la **Casa de la Historia**, petit musée d'histoire *(ouv. vac. scol. et haute sais. 11h-20h).* Sur son flanc nord se trouve le **cimetière des Anglais**, établi en hommage aux troupes britanniques pour leur participation aux guerres d'Indépendance et de Succession du 19e s.

LA TAMBORRADA

N'espérez pas fermer l'œil si vous vous trouvez à St-Sébastien le 20 janvier, jour de la Tamborrada ! En effet, le 19 janvier, aux douze coups de minuit, une centaine de groupes déguisés et munis de tambours se donnent rendez-vous sur la plaza de la Constitución avant de parcourir la ville sans discontinuer jusqu'à… minuit (24 heures plus tard !). Les habitants se mettent à l'unisson en frappant sur des tambours de fortune. Bref, un vacarme ahurissant, vestige probable de l'ancien carnaval.

LA DEUXIÈME VILLE LA PLUS ÉTOILÉE DU MONDE !

Réputée pour sa gastronomie, Saint-Sébastien réunit au total 16 étoiles au Guide Michelin (en 2017), ce qui la place au deuxième rang (après Kyoto) de ville la plus étoilée du monde par rapport à sa superficie. On y trouve trois chefs triplement étoilés : Juan Marí Arzak (en 1989), Pedro Subijana (en 2007) et Martín Berasategui (en 2001).

Bien caractéristique de ce goût des Donostiarras pour la bonne cuisine, une trentaine d'associations réunissent des amateurs de bonne chère. Les membres, uniquement des hommes, se confectionnent d'excellents repas qu'ils arrosent de cidre ou de *txakoli* (🌀 *p. 211 et 214*), un vin basque. Parmi les spécialités du lieu, évoquons les poissons (dorades, merlus, sardines) et les fameux *chipirones* (calamars).

Paseo Nuevo DE1 – Cette large promenade en corniche autour du mont Urgull offre de belles vues sur la mer Cantabrique et la baie. Elle débouche sur le port, trapu et coloré, où se côtoient bateaux de pêche et voiliers.

Puerto (Port) D2

Le port est séparé de la vieille ville par des vestiges de remparts. De petites maisons de pêcheurs aux façades blanches et volets verts bordent son quai. De nombreux restaurants servent la pêche du jour, déchargée le soir devant les badauds.

Le quai mène au **Musée maritime** et aboutit à l'**aquarium**★.

Longez le port vers la ville et dirigez-vous vers la plage.

Untzi Museoa/Museo Naval (Musée maritime) plan I B1

Kaiko Pasealekua/Paseo del Muelle, 24 - ☎ 943 430 051 - http://untzimuseoa. eus/fr - &. - mar.-sam. 10h-14h, 16h-19h, dim. et j. fériés 11h-14h - fermé lun., 1er, 6 et 20 janv., 25 déc. - 3 € (-14 ans gratuit) - visite guidée mar.-vend. 1 € (entrée non incluse).

Installé dans un édifice du 18e s. qui abritait autrefois la Bourse du commerce, il accueille chaque année une ou deux expositions temporaires qui soulignent l'importance de la mer dans l'histoire du Pays basque.

★ Aquarium plan I B1

Pl. Karlos Blasco de Imaz, 1 - ☎ 943 440 099 - http://aquariumss.com - &. - juil.- août : 10h-21h ; Sem. sainte-juin et sept. : lun.-vend. 10h-20h, w.-end et j. fériés 10h-21h ; oct.-Sem. sainte : lun.-vend. 10h-19h, w.-end et j. fériés 10h-20h - fermé 1er et 20 janv., 25 déc. - 13 € (4-12 ans 6,50 €, famille nombreuse 38 €).

👥 Le palais de la Mer abrite un **Musée océanographique** et un **aquarium**. La belle muséographie et la présence d'explications en français rendent la visite particulièrement intéressante.

2e étage – Le parcours débute dans la partie du musée qui évoque l'histoire des **activités de pêche et de commerce** dans la région. On découvre notamment l'importance du port, lequel accueillait les navires de la Compagnie royale guipúzcoana de Caracas. Fondée en 1728, elle détenait le monopole du commerce avec le Venezuela et possédait ses propres chantiers navals. De belles maquettes anciennes et de judicieux commentaires expliquent la construction des bateaux qui ont fait la prospérité de la ville, dotée à proximité des ressources nécessaires en bois et en fer.

1er étage – D'autres dioramas expliquent les différentes techniques de pêche. On accède ensuite à l'**aquarium** proprement dit, premier espace consacré aux sciences naturelles inauguré en 1928 à initiative de la Société océanographique

3

NAISSANCE DE MARTÍN ZALACAÍN

C'est à St-Sébastien qu'a vu le jour **Pío Baroja** (1872-1956), considéré comme le plus grand romancier de l'Espagne du début du 20e s. et dont l'influence fut considérable chez ses confrères de l'après-guerre. Inspiré par le roman populaire, il a laissé une œuvre importante, évoquant sa terre natale dans une trilogie basque d'où se détache *Zalacain l'aventurier* (1909).

---

de Guipúzcoa. La faune marine est présentée dans différents milieux reconstitués. Les visiteurs empruntent un tunnel à 360° qui passe sous l'**Océano-rium**, grand bassin où évoluent mérous, requins, tortues, raies, dorades, etc.

Ayuntamiento (Hôtel de ville) D1

Ce bâtiment, inauguré en 1897, était à l'origine un casino. Fermé en 1927 suite à l'interdiction des salles de jeux par le dictateur Miguel Primo de Rivera (1870-1930), il servit d'hôpital pendant la guerre civile, et ce n'est qu'en 1947 que St-Sébastien en fit son hôtel de ville.

Terminez votre promenade sur le Boulevard, ou bien prolongez ces instants de flânerie sur le front de mer.

EL CENTRO (LE CENTRE)

▶ Circuit 3 *tracé en vert sur le plan de ville (p. 186) – Comptez 1h.*

Surnommée le *barrio romántico* (quartier romantique), cette partie de la ville s'est développée à partir de la fin du 19e s., d'où l'influence prononcée de l'Art nouveau, appelé ici modernisme. C'est le quartier du shopping et des avenues résidentielles.

Départ du Boulevard.

Boulevard D1

Trait d'union entre les quartiers de la vieille ville et du centre, il occupe l'emplacement des anciens remparts et est en grande partie réservé aux piétons. Son **kiosque** à musique est typique de la Belle Époque.

Empruntez la rue Elkano (en face de l'office de tourisme), qui passe par la place de Guipúzcoa. Celle-ci abrite un joli jardin et le palais néoclassique de la Députation. Continuez jusqu'à la Askatasunaren Hiribidea/avenida de la Liberta, que vous prendrez à droite. Puis, la rue Loiola mène directement à la cathédrale, en passant devant le populaire marché San Martin.

Artzain Onaren Katedrala/Catedral del Buen Pastor

(Cathédrale du Bon Pasteur) E2

Pl. Buen Pastor - ☎ 943 464 516 - lun.-vend. 8h30-12h30, 17h-20h, w.-end pdt les offices (entre autres, messe en basque dim. 11h).

Sa tour culmine à 75 m de hauteur et sert de point de repère à presque toute la ville. Tout comme l'édifice, elle a été érigée en 1897 dans un style néogothique. Grande sobriété à l'intérieur. Notez les gigantesques coquillages à l'entrée en guise de bénitiers, dignes de *Vingt mille lieues sous les mers*.

Passez par la calle Urbieta (parallèle droite par rapport à la cathédrale) et descendez-la jusqu'à la plaza Centenario, bordée par un jardin public.

En vous retournant, vous aurez une belle perspective sur le mont Urgull.

Calle Prim E2

Première à gauche, à angle aigu avec la rue Urbieta.

Cette artère (et ses voisines immédiates) rassemble tout ce que l'architecture de la Belle Époque et de la première moitié du 20e s. a pu produire.

Bow-windows, vitraux et majoliques ornent certaines façades (n°s 10 et 17). L'œil repère d'autres détails cubistes ou Art nouveau (ornements du n° 28, ferronneries du n° 23). Il faut s'y promener le nez en l'air.

Votre promenade vous conduit au pont María Cristina. En continuant tout droit et en longeant la rivière Urumea, vous arriverez au Boulevard. Vous pouvez aussi franchir le pont et rejoindre le quartier de Gros (voir ci-dessous).

GROS

▶ *Circuit* 4 *tracé en vert sur le plan de ville (p. 186) – Comptez 30mn.*
De l'autre côté du río Urumea se déploie Gros, quartier populaire qui devient de plus en plus tendance depuis quelques années.

Kursaal E1

Symbole du renouveau architectural de la ville, cet édifice moderne, composé de deux cubes en verre, surveille la plage de la Zurriola et l'embouchure du río Urumea. Signé **Rafael Moneo**, inauguré en 1999, il accueille des congrès et des manifestations culturelles.

★ Zurriola hondartza (Plage de la Zurriola) E1

À l'embouchure du río Urumea, au-delà du Kursaal et le long du quartier de Gros.
La plage préférée des surfeurs. Elle est aussi plus conviviale et plus « intime » que celles de la baie *(voir ci-dessous),* car moins étendue. Sa promenade est bordée d'immeubles 19e s. et d'autres plus modernes.

Prenez la rue Peña y Goñi, et engagez-vous dans le Kolon Pasealekua/Paseo Colón, prolongé par le Frantzia Pasealekua/Paseo de Francia.

Frantzia Pasealekua/Paseo de Francia (Promenade de Francia) E2

Promenade longeant le fleuve, du pont Santa Catalina au pont María Cristina. Ornée d'une pelouse, plantée d'arbres et de palmiers, elle tire son nom des anciens hôtels particuliers « à la française » qui la bordent.

À votre droite, le pont María Cristina traverse le fleuve.

Puente María Cristina (Pont María Cristina) E2

Inauguré en 1905, il doit son nom à la reine Marie-Christine qui « lança » la ville. Ses obélisques portent l'écu de la cité et symbolisent la Paix et le Progrès.

Passez sous les voies ferrées (passage souterrain).

Tabakalera E2

Pl. Andre Zigarrogileen, 1 - ℘ 943 11 88 55 - www.tabakalera.eu - &. - lun.-jeu. 8h-22h, vend. 8h-23h, sam. 10h-23h, dim. et j. fériés 10h-22h - entrée libre.
L'ancienne manufacture de tabac abrite depuis 2015 le « centre international de culture contemporaine », qui a pour vocation de soutenir et diffuser la création artistique sous toutes ses formes. Il héberge résidences d'artistes, ateliers, salles de projection et expositions temporaires. C'est également un lieu de vie, avec un café branché et une boutique de créateurs. Du 5e étage, superbe vue sur la ville. Un restaurant et une auberge de jeunesse devraient ouvrir prochainement. Bien que l'immense bâtiment soit encore en devenir, il témoigne du renouveau de la ville et particulièrement de ce quartier.

★★ AIETE PARKEA/PARQUE CULTURAL DE AIETE B2

Accès en bus, lignes 19, 23, 31, 35. Entrée principale : été 8h-21h, hiver 8h-19h30; entrée nord : lun.-sam. 8h-22h, dim. 21h en été, 19h30 en hiver - gratuit.
Déployé sur une colline, ce magnifique parc a été conçu, comme le parc Miramar, par Pierre Ducasse. Il entoure un palais néoclassique construit en 1878,

3

résidence d'été de Franco, qui abrite depuis 2010 la **Maison de la paix et des droits de l'homme** (lun.-sam. 10h-14h, 16h-18h). Au pied du palais, des espaces bâtis en souterrain accueillent le **centre culturel d'Aiete** (☎ 943 481 920 - www.donostia.eus - mar.-vend. 16h-20h30, sam. 10h-14h, 16h30-20h, dim. 10h-14h) qui programme des expositions temporaires, des conférences et des projections. Le parc possède aussi un espace culturel dédié aux enfants, la **Tour des contes**, tandis que les écuries abritent un espace de réunion pour les personnes âgées, le **Topaleku**. Aires de jeux et bancs agrémentent les lieux.

À proximité Carte de microrégion

Eureka ! Zientza Museoa (Musée de la Science) hors plan par C2

Accès par le bus 28 (Amara-Hospitales), direct depuis le centre-ville (env. 20mn) - Mikeletegi Pasealekua, 43 - ☎ 943 012 478 - www.eurekamuseoa.es/fr - ♿ - juil.-août : lun.-vend. 10h-20h, w.-end 11h-20h ; reste de l'année : consultez le site Internet - 12 € (musée + planétarium) (4-17 ans 9 €). Comptez 1h30 à 2h de visite.

👥 Les principaux monuments de la province sont représentés en maquette à l'entrée du musée où chaque salle aborde un thème différent (lumière, énergie, effets mécaniques, etc.). Des expériences illustrent chaque phénomène. Les enfants apprécient beaucoup la visite qui se révèle didactique et amusante, notamment les simulateurs de Formule 1.

L'ensemble comprend également un planétarium *(juil.-août : séances en espagnol 13h et 19h, en basque 12h et 18h ; reste de l'année : consulter le site Internet - 3,50 € (-17 ans 2,50 €).*

★ Monte Ulía (Mont Ulía) C1

▶ *7 km à l'est de St-Sébastien, suivez la N 1 en direction d'Irun.*

Avant d'atteindre le sommet et de redescendre vers St-Sébastien, prenez la première route à droite. Après plusieurs lacets au cours desquels les vues se déploient sur la ville et son site, on atteint le sommet d'où un chemin à droite conduit, à travers un beau parc, au restaurant du mont Ulía.

Astigarraga C1

▶ *10 km au sud de St-Sébastien, dir. Hernani.*

Maison du cidre basque (Sagardoetxea) – *Centre-ville, à flanc de colline, repérable par le tonneau posé sur la rue - ☎ 943 550 575 - www.sagardourenlurraldea.eus - juil.-août : 11h-13h30, 16h-19h30 ; reste de l'année : mar.-sam. 11h-13h30, 16h-19h30, dim. et j. fériés 11h-13h30 - 4 € dégustation comprise (-10 ans gratuit).*

👥 Le Pays basque compte 53 variétés de pommes. Pour le cidre, ou *sagardoa* dont Astigarraga est la capitale basque, il en faut 80 % d'acides et 20 % de douces. Vous apprendrez tout sur l'élaboration de cette boisson très appréciée dans la région en arpentant le verger, où l'on greffe les pommiers, et l'allée du musée. Dégustation en fin de visite.

😊 NOS ADRESSES À SAINT-SÉBASTIEN

Voir les plans p. 186-187.

TRANSPORTS/EXCURSIONS

Train – Le forfait **Passbask** permet de voyager librement entre St-Sébastien et Bayonne, sur le réseau SNCF et sur le réseau espagnol. *En vente dans toutes les gares d'Aquitaine et celles d'EuskoTren -* ☎ *0 800 872 872 - www.ter-sncf.com/aquitaine - billet valable du jour du compostage jusqu'à minuit le lendemain, utilisable tlj en juil.-août et le w.-end le reste de l'année - 12 € (-12 ans 8 €, -4 ans gratuit).*

🚋🧍 Petit train touristique – *☎ 629 650 376 - http:// sansebastian.city-tour.com/fr - 45mn - dép. Paseo de Salamanca - de mi-mars à mi-nov. : ttes les h de 11h à 22h ; reste de l'année : w.-end, ponts et j. fériés ttes les h de 11h à 19h - 5 € (5-12 ans 3 €, -5 ans gratuit).*

Bus touristique City Tour – *☎ 629 650 376 - http:// sansebastian.city-tour.com/fr - de mi-mars à mi-nov. : 11h-21h ; reste de l'année : vend.-dim. et j. fériés 11h-17h (tlj 5 déc.-5 janv.) - dép. ttes les h en face du théâtre Victoria Eugenia - fermé fév. - 12 € (5-12 ans 6 €).*

Transports/Excursions – Plusieurs compagnies dont **Pesa** *(www.pesa.net)* et **Alsa** *(www.alsa. es)* relient les villes de la région toutes les heures *(St-Sébastien-Bilbao, 1h10 ; Vitoria via Zarautz, 1h15).*
Depuis Biarritz, St-Sébastien est à 1h de bus (Pesa).

HÉBERGEMENT

😊 La vieille ville compte un grand nombre de **petites pensions**, généralement aménagées dans de grands appartements en étage, parfois sans ascenseur et sans petit-déjeuner. Les chambres sur rue sont un peu bruyantes, celles sur cour, un peu sombres… La plupart des hôtels ont des accords avec des **parkings** et proposent à leurs clients des tarifs préférentiels entre 13 et 20 €/j.
😊 Pendant la Semaine sainte et en été, les prix grimpent.

PREMIER PRIX

A Room in the City – II D2 - *Easo 20, Manterola 15 -* ☎ *943 42 95 89 - www.aroominthecity.eu - dortoirs à partir de 26 €/pers., ch. privatives à partir de 70 €/nuit.* Très bien située, cette toute nouvelle auberge de jeunesse est une solution parfaite pour loger pas cher à St-Sébastien. Lits superposés conçus sur mesure, draps fournis, cuisine et toit terrasse idéal pour faire des rencontres.

BUDGET MOYEN

Pensión Joakina – II E1 - *Calle Camino, 4 - 4º dcha. -* ☎ *656 301 790 - www.pensionjoakina.com - 80/115 €.* Fondée en 1962 par Joakina, c'est aujourd'hui son fils Luis qui gère la pension. Les chambres sont colorées et modernes, toutes avec un balcon ; certaines avec une salle de bains.

Pensión Aida – II E1 - *Calle Iztueta, 9 -10 - con Calle Iparraguirre -* ☎ *943 327 800 - www.pensionesconencanto.com - 9 ch. 76/99 € + 4 studios (2-4 pers.) 132/167 € -* ☕ *5 € -* 🅿 *15 €.* Vous serez surpris par le confort de cette pension, située à quelques pas du centre historique et du Kursaal. Chambres et studios charmants et bien équipés où la pierre apparente et la couleur se mêlent parfaitement.

Pensión Altair – II E1 - *Calle del Padre Larroca, 3 -*

☎ 943 293 133 ▪ www.pension-altair.com - 8 ch. 88/95 € (w.-end : 2 nuits mini). Plus calme que celles de la vieille ville, cette pension située dans le quartier de Gros reste néanmoins proche de l'animation. Les chambres sont toutes différentes, modernes et confortables. Excellent rapport qualité-prix. Ordinateur à disposition (gratuit). Également des appartements à louer (2-4 pers., 125/175 € mini).

Pensión Koxka – II D1 - *Calle 31 de Agosto, 22 - ☎ 943 426 885 - www.pensionkoxkasansebastian. com - 7 ch. 45/120 € - 🍽 5 €.* Prenez l'ascenseur jusqu'au 2e étage pour atteindre la réception. Pas très grandes, les chambres sont néanmoins parfaitement équipées et joliment décorées selon des thèmes évoquant des monuments de la ville. Celles qui donnent sur la rue piétonne ont un petit balcon. L'accueil est très sympathique et l'emplacement stratégique.

Hotel Arrizul Center – II E1 - *Peña y Goñi, 1 - ☎ 943 322 804 - www. arrizulhotel.com - 🅿 20 € (Kursaal) payant - 12 ch. 65/269 € - 🍽 8,80 €.* Situé en face de Kursaal, cet édifice du 18e s. totalement modernisé offre un accueil tout à fait charmant. Les chambres sont modernes et confortables.

Hôtel Niza – II D2 - *Zubieta, 56 - ☎ 943 426 663 - www.hotelniza. com - 40 ch. 89/168 € - 🍽 12 € - menu 30 € - fermé dim. soir et lun.* L'entretien parfait et la décoration agréable de cet hôtel créent un cadre d'où émane un certain charme. Les chambres, aux tons clairs et au mobilier classique, ont pour la moitié d'entre elles un balcon avec vue sur la mer. Le très bon **restaurant Narru** est au pied de l'hôtel.

La Galería – I B2 – *Calle de la Infanta Cristina, 1-3 - ☎ 943 317*

559 - www.hotellagaleria.com - ⊟ 🅿 - 23 ch. 75/145 € - 🍽 8 €. Installé dans le cadre accueillant d'un bâtiment de la fin du 19e s. Garnies de mobilier d'époque, ses chambres confortables rendent hommage à des peintres célèbres.

POUR SE FAIRE PLAISIR

Hostal Alemana – II D2 - *San Martin, 53 - ☎ 943 462 544 - www.hostalalemana.com - 21 ch. 100/170 €.* Située au 1er étage de l'hôtel, la réception vous réserve un accueil charmant. De la salle des petits-déjeuners, on aperçoit la plage de la Concha. Chambres très tendance.

Hôtel Astoria 7 – I C2 - *Sagrada Familia, 1 - ☎ 943 445 000 - www. astoria7hotel.com - 🅿 14 € - 102 ch. 79/259 € - 🍽 15 €.* Situé à une quinzaine de minutes à pied de la vieille ville (3 arrêts de bus), ce bel hôtel moderne a toute sa place dans une cité qui possède un grand festival de cinéma ! Les chambres sont vastes et design, et rendent chacune hommage à un protagoniste du 7e art. Décoré sur le même thème, le bar est parfait pour faire une pause en savourant des pintxos ; excellent restaurant attenant (13/25 €).

RESTAURATION

St-Sébastien offre le meilleur de la cuisine basque. Ici les **pintxos** (cousins des tapas) composent des festins gourmands. Dans les **restaurants**, la qualité des produits est également à la hauteur : pêche du jour, légumes guipúzcoans, fromage de brebis ou kaiku (fromage caillé). La plupart des adresses sont concentrées dans le quartier historique.

Bars à pintxos

La cité s'anime tous les soirs, à l'heure de l'apéritif en particulier

3

dans les rues Portu, 31 de Agosto et Fermín Calbetón, autour de la plaza de la Constitución, le long du port, à Gros et autour du marché San Martin. Pour découvrir l'extraordinaire variété des *pintxos* de St-Sébastien, voilà quelques adresses qui permettent de pratiquer le *txikiteo* ou l'art de passer d'un bar à l'autre en consommant des *pintxos* autour d'un ou plusieurs *txiki* (petit verre de vin rouge). La plupart de ces établissements sont aussi de très bons restaurants. Les **prix des pintxos** varient selon qu'ils sont servis chauds ou froids, et de leurs ingrédients ; comptez en moyenne entre 2 et 5 € la pièce.
♾ *www.todopintxos.com.*

☺ **Pintxo-pote** – Sorte d'*happy hour* basque, le *pintxo pote* est une initiative des restaurateurs depuis la crise qui a vu les établissements être désertés. Les bars des différents quartiers de la ville proposent tour à tour, en général le jeudi soir, un verre *(pote)* et un *pintxo* autour de 2 €. La plupart du temps, on choisit son verre et le restaurant propose son *pintxo*.

Atari – II D1 - *Mayor, 18* - ☎ *943 440 792 - pintxo 2/5 €, ración 10 €.* Une étape incontournable pour les amateurs de soirées *txikiteo*. *Pintxos* et *raciones* alléchants, et plats chauds élaborés à la commande.

Gandarías – II D1 - *31 de Agosto, 23* - ☎ *943 426 362 - www. restaurantegandarias.com - 7j/7 : 11h-0h - fermé 31 déc.-1er janv.* De délicieuses brochettes de crevettes, du filet de bœuf grillé, un mille-feuilles de porc aux champignons *(milhojas de manitas de cerdo con hongos)* ou une crêpe à la morue *(crêpe de bacalao)* : des produits d'excellente qualité.

Casa Urola – II D1 - *Fermín Calbetón, 20* - ☎ *943 441 371 - www.casaurolajatetxea.es* - ⛼ :

13h-16h15, 20h-23h15 ; bar : 12h-23h30 - fermé mar. Une institution depuis 1956. Les plats sont élaborés à partir de produits de saison venant de producteurs locaux. Vous tomberez donc sous le charme des *pintxos temporada* (de saison).

La Cuchara de San Telmo – II D1 - *Abuztuaren 31, 28/Agosto 31, 28* - ☎ *943 435 446 - www. lacucharadesantelmo.com - fermé lun. et mar. midi.* Essayez les *pintxos* au foie et à la compote de pommes *(foie con compota de manzana).*

Borda Berri – II D1 - *Fermín Calbetón, 12* - ☎ *943 430 342 - merc.-sam. 12h30-15h30 et 19h30-23h - fermé lun.-mar.* Le manchon de canard laqué, accompagné d'une sauce mangue, miel et soja *(manchon lacado con mango)*, est un régal.

Astelena – II D1 - *Pl. de la Constitución - Euskal Herria, 3* - ☎ *943 425 867 - http:// restauranteastelena.com - mar.-merc. 13h30-15h, jeu.-sam. 13h30-15h, 20h30-22h30, dim. 13h30-15h - menu 25 €.* À tester : *chipirones a la plancha* (petits calamars).

Ganbara – II D1 - *Calle San Geronimo, 19* - ☎ *943 422 575 - www.ganbarajatetxea.com - fermé 2e quinz. de juin, 2e quinz. de nov., dim. soir et lun. - pintxo 2,20 €, ración 12 €.* Si son personnel nombreux donne du rythme au service, la qualité de ses brochettes a porté cet établissement au sommet du succès. Au sous-sol, une salle intime et accueillante vient compléter l'ensemble. Pour les amateurs de charcuterie, essayez le *holjadre de txistorra*, une sorte de saucisse en croûte.

A Fuego Negro – II D1 - *31 de Agosto, 31* - ☎ *650 135 373 - www.afuegonegro.com - menu dégustation 40 € - carte 20/25 €.*

Situé dans le quartier historique, ce bar très tendance élabore des menus *pintxos* créatifs, que vous dégusterez sur l'une de ses nombreuses tables. Suggestions proposées sur une grande ardoise. Beaucoup de préparations très originales comme le makobe, une sorte de mini-hamburger au bœuf de Kobé.

Zeruko – II D1 - *Pescadería, 10 - ☎ 943 423 451 - www.barzeruko. com - mar.-sam. 12h30-16h, 19h30-23h30, dim. 12h30-16h - fermé lun.* Même genre que le précédent, réputé pour ses *pintxos* peu classiques. Tentez la cassolette à la morue (*hoguera*).

La Cepa – II D1 - *Calle 31 de Agosto, 7 - ☎ 943 426 394 - www. barlacepa.com - 11h-0h - fermé mar. - menus déj. 18 € en sem., 30 € w.-end - pas de réserv.* Parfait pour avaler des *pintxos* chauds ou froids, ce bar se double d'un bon restaurant traditionnel où l'on sert des spécialités de la mer, comme le crabe farci basquaise, des plats de cèpes et du gibier en saison. Décor rustique et atmosphère chaleureuse.

Martínez – II D1 - *Calle 31 de Agosto, 13 - ☎ 943 424 965 - www. barmartinezdonosti.com - fermé 20 janv.-6 fév., 2-20 juin, jeu. et vend. midi.* Établissement familial aux installations soignées, situé dans la vieille ville. Ses tapas de grande qualité en ont fait un classique.

Txepetxa – II D1 - *Calle Pescaderia, 5 - ☎ 943 422 227 - www.bartxepetxa.com - mar.-dim. 12h-15h et 19h-23h - fermé lun. et mar. midi.* Ici, la spécialité, c'est l'anchois : vous le trouverez sous toutes ses formes, cru, cuit, salé, fumé, mariné, chaud, froid… mais toujours délicieux.

Bergara – I C1 - *Calle del General Artetxe, 8 (Gros) - ☎ 943 275 026 - www.pinchosbergara.es.* De nombreuses récompenses culinaires garantissent la qualité des produits. Petit bar à tapas qui comprend également une série de tables de type rôtisserie.

Restaurants

PREMIER PRIX

Piripa Café – I C1 - *Pl. Easo, 4 - ☎ 943 051 340 - 7h30-21h, w.-end 10h30-21h.* Les Donostiarras viennent ici prendre leur petit déjeuner en terrasse : jus, différents types de pain, pâtisseries maison… À l'intérieur, déco vintage et cosy dans une ambiance décontractée.

BUDGET MOYEN

Kaxilda – II D2 - *Arroka, 2 - Amara Zaharra - ☎ 943 571 987 - www. kaxilda.net - lun.-merc. 10h-21h, jeu. 10h-22h, vend.-sam. 10h-0h.* Un restaurant-librairie niché au fond d'une petite impasse, près de la gare. Un espace de rencontre, d'échange et de création artistique où « mordre les mots, alimenter la pensée » est la devise.

La Perla – II D2 - *Paseo de la Concha - ☎ 943 462 484 - www. la-perla.net/fr/restaurante/- 12h-23h non stop - fermé lun. soir et mar. d'oct. à mars - menu du jour en sem. (sf en août) 22 € - menu du soir en sem. (sf en août) 30,35 € (33,25 € en terrasse) - carte 45 €.* Dans le grand centre de thalassothérapie de la ville, un magnifique emplacement face à la plage de la Concha. Belle verrière ou terrasses avec vue sur la mer ; cuisine moderne et légère : lotte grillée sauce à l'ail, foie de veau à la mangue, etc.

POUR SE FAIRE PLAISIR

La Muralla – II D1 - *Embeltrán, 3 - ☎ 943 433 508 - www. restaurantelamuralla.com - 13h-15h30, 20h30-23h - fermé dim. soir sf été - menus 25/31 € (sem.), 36/39 € (w.-end) - réserv. conseillée.* Le jeune patron gère avec fierté son affaire. Derrière la discrète façade,

3

on découvre une petite salle au cadre soigné et contemporain, à l'atmosphère tranquille. La carte met l'accent sur les produits issus de la pêche locale : anchois frais, cabillaud, langoustines, etc.

Ni Neu – *II E1 - Calle Zurriola, 1 - ☎ 943 003 162 - www. restaurantenineu.com - mar.-jeu. 13h-15h30, jeu.-sam. 13h-15h30, 20h30-22h30 - menu dégustation 38 €.* Situé dans le Palais des congrès, ce restaurant branché est très agréable avec sa verrière et sa terrasse au bord de la ría. La carte s'articule autour des produits de saison. Le comptoir, chargé de *pintxos*, est une alternative informelle.

Bodegón Alejandro – *II D1 - Calle de Fermín Calbetón, 4 - ☎ 943 427 158 - www.bodegonalejandro. com - fermé 22 déc.-14 janv., dim. soir et lun. - menus 20/46 €, carte 41/66 €.* Si vous cherchez une adresse de la vieille ville fidèle aux valeurs basques et aux recettes traditionnelles, n'hésitez plus : ce restaurant offre qualité et dévouement.

UNE FOLIE

Bokado – *I B1 - Pl. Jacques-Cousteau, 1 - ☎ 943 431 842 - www. bokadomikelsantamaria.com - 13h30-15h30, 20h-23h - fermé dim. soir, lun. et mar. soir - menu 45/55 €.* Situé à côté de l'aquarium, ce restaurant très design vaut d'abord pour la vue panoramique époustouflante qu'il offre sur la baie. Tendance « nouvelle cuisine » basque.

PETITE PAUSE

Comme ailleurs en Espagne, les Basques sont friands de douceurs. Plusieurs pâtisseries, institutions locales, possèdent un comptoir ou une terrasse pour grignoter une spécialité avec un café. Parmi les plus célèbres :

Pastelería Izar – *Mayor, 2 - ☎ 943 423 438 - www. pasteleriaizar.es - 9h-14h, 16h-21h, w.-end 9h-21h.* Réputée pour ses millefeuilles depuis 1949.

Barrenetxe – *Pl. de Guipúzcoa, 9 bajo - ☎ 943 424 482 - www. barrenetxe.es - 7h30-20h30, dim. 7h30-14h30.* Pâtisserie tenue par la même famille depuis 1699 ! Il faut essayer le *txintxorro*, gâteau à base d'amande et d'orange.

Pastelería Otaegui – *Calle Narrica, 15 - ☎ 943 425 606 - www. pasteleriaotaeguionline.com - 9h30-14h, 17h-20h30 - fermé lun.* Une des plus anciennes de la ville (1886), réputée pour ses tourons et sa *pantxineta*, une base de pâte feuilletée, avec de la crème et des amandes, servie tiède.

Dry Bar San Sebastián – *Paseo Republica Argentina, 4 - Hotel María Cristina - ☎ 943 437 600 - www. dry-sansebastian.com - 11h-2h - 30 €.* À toute heure de la journée, le bar de l'hôtel María Cristina offre détente et douceur dans une atmosphère Belle Époque ; vous apprécierez les thés, petits fours et gâteaux.

EN SOIRÉE

Teatro Victoria Eugenia – *Paseo de la República Argentina, 2 - ☎ 943 481 160 - www.victoria eugenia.eus.* C'est le grand lieu des rendez-vous culturels de la ville depuis 1912 : musique, théâtre, danse. Programmation variée et de qualité.

Victoria Café – *Paseo de Argentina, 4 - Dans le théâtre - ☎ 943 420 344 - www.victoriacafe. es - mar.-jeu. 9h30-22h30, vend.-sam. 9h-6h30, dim. 9h30-23h - fermé lun. (sf en été).* Un endroit à fréquenter quelle que soit l'heure : bar branché et restaurant, discothèque *(vend.-sam.)*.

Coctelería Dickens – *Boulevard, 27 - ☎ 943 427 233 - www.cocteleria*

dickens.com et **Museo del whisky** - *Boulevard, 5 - ☎ 943 424 678 - www.museodelwhisky.com.* Deux bars agréables, réputés le premier pour ses cocktails, le second pour ses whiskies.

Altxerri Jazz Bar – *Reina Regente, 2 - ☎ 943 424 046 (galerie) et 943 421 693 (bar) - www.altxerri.eu - bar fermé lun.; galerie fermée dim.* Le rendez-vous incontournable des amateurs de blues et de jazz ainsi qu'une galerie d'art avant-gardiste réputée.

Dry Bar San Sebastián – *Voir coordonnées ci-contre.* Le soir venu, *pintxos* et cocktails sont de mise. Laissez-vous tenter par la star des cocktails : The Last Cocktail *(gin, jus de citron, vin pétillant et infusion de romarin et de poire)* ou par une des 10 variétés de Martini…

ACHATS

Marchés

Mercado La Bretxa – *Boulevard, 3 - Centro comercial la Bretxa - ☎ 943 430 336 - www.cclabretxa.com - lun.-sam. : marché 8h-21h; boutiques 9h30-21h30.* Tout près de la Parte Vieja, deux beaux édifices (fin 19e s.) encerclent la place de la Bretxa. L'un abrite le marché traditionnel sur 2 niveaux, l'autre donnant sur le Boulevard, des boutiques de mode. Sur la place, petit marché de producteurs chaque matin.

Mercado San Martín – *Loyola, s/n - ☎ 943 427 545 - www.msanmartin.es - lun.-sam. : marché 8h-20h; boutiques 10h-22h.* Situé au centre de la Parte Romántica, ce marché très moderne allie marché traditionnel et boutiques sur 5 niveaux. L'enseigne Zara tient d'ailleurs ici le plus grand emplacement d'Espagne. Autour du marché, toutes les rues sont piétonnes.

Mode

Minimil – *Calle Garibai, 3 - ☎ 943 428 677 - www.minimil.es - 10h-20h - fermé dim.* Depuis les années 1980, Contxu Uzkudun et ses deux filles ont créé cette marque basque de vêtements pour femme, conçus et réalisés à St-Sébastien. Coupes sobres et modernes, tissus de grande qualité. Accessoires et bijoux.

Pukas Surf Shop – *Mayor, 5 - ☎ 943 427 228 - www.pukassurf.com.* Cette famille de Zarautz *(voir p. 214)* vend des surfs, vêtements et accessoires depuis 1978. *Autre boutique av. Zurriola, 24 près du paseo Marítimo.*

Irulea – *Calle Mayor, 7 - ☎ 943 426 029 - www.irulea.com - lun.-sam. 10h-14h, 16h-20h.* Spécialisé dans les vêtements pour bébé et enfant, ainsi que la lingerie de maison, Irulea, en basque, signifie fileuse. Une affaire familiale depuis 1932. Pour l'anecdote, la petite princesse Charlotte Elizabeth Diana d'Angleterre, la fille de Kate et William, portait un bonnet en coton de la boutique à sa naissance (2015).

Gourmandises

Galparsoro – *Calle Mayor, 6 - ☎ 943 421 074 - www.galparsorookindegia.eu - 8h-14h et 16h30-20h.* Ouverte depuis 1933, on dit que c'est la meilleure boulangerie de San Sebastian. La file d'attente permanente l'atteste ! On y trouve notamment la *flauta*, sorte de grand gressin que les enfants grignotent.

Granel – *Larramendi, 23 - ☎ 943 112 765 - www.granelslowshop.com - lun.-vend. 10h-14h30, 17h-20h30 - fermé dim.* Alimentation responsable où vous trouverez du café, du thé, du riz, des céréales, des fruits secs…

Mimo – *Paseo Republica Argentina, 4 - ☎ 943 421 143 -*

3

https://sansebastian.mimofood. com - lun.-vend. 9h30-20h, w.-end 10h-19h - dégustation Pinxto 95 € - cours de cuisine 175 €. San Sebastian Food est installé dans un lieu mythique, l'hôtel María Cristina. Cette élégante boutique rassemble produits et souvenirs autour de la gastronomie basque, de qualité, mais assez cher. Également atelier de *pintxos* (145 €/4h - calle Okendo, 1).

Souvenirs
Room 278 – *Calle Larramendi, 7 - ℘ 943 840 588 - www.room278. eu - lun.-vend. 10h-13h30, 16h30- 20h, sam. 11h-14h - fermé dim.* Souvenirs, déco, jeux : les principaux points d'intérêt de la ville sont détournés de façon originale.
Koloreka – *Calle San Jeronimo 19 - ℘ 645 703 539 - www.koloreka. com - vend.-sam. 12h-20h, dim. 12h- 17h.* Nerea et Ramon souhaitent partager leur bonne humeur en vendant leurs illustrations, peintures et sérigraphies pleines d'humour et de couleurs.
Alboka – *Pl. de la Constitución, 8 - ℘ 943 426 300 - www.alboka artesania.com - 10h-13h30, 16h- 20h, sam. 10h30- 20h30, dim. 11h- 14h30.* Une caverne d'Ali Baba, depuis 1939, avec le meilleur de l'artisanat régional.

ACTIVITÉS

Pukas Surf Eskola – *Av. Zuriola, 24 - plage la Zuriola à côté du Kursaal - ℘ 943 320 068 - www.pukassurf. com - cours individuel privé : 5 cours/ sem. 209 €, 10 cours/sem. 385 € - cours en groupe : 5 cours/sem. 85 €, 10 cours/sem. 160 €. Cours* et location de surf. Cette école réputée a aussi des adresses à Getaria et Zarautz.
Parc d'attractions – *Sur le Monte Igueldo - prendre le funiculaire - été : 11h15-14h, 16h-20h (20h30 w.-end et j. fériés ; 23h30 Sem. sainte) ; printemps : w.-end et j. fériés 11h- 14h, 16h-20h30 : automne : w.-end et j. fériés 11h30-14h, 16h-20h (19h hiver) - jeux payants 1/2,50 €.* Toboggans, maison hantée, tram- polines, labyrinthe, montagnes suisses et balade à poney raviront les plus petits.

AGENDA

♿ www.donostiakultura.com.
Festival de jazz – *Fin juil. - ℘ 943 481 900 - http:// heinekenjazzaldia.eus.*
Semana Grande – *Sem. du 15 août - www.semanagrande. com.* Chaque soir, un feu d'artifice est tiré par l'une des plus grandes compagnies du monde. Installez-vous sur la plage de la Concha, vous serez aux premières loges !
Quincena musical – *Août - www. quincenamusical.eus.* Festival de musique classique.
Euskal Jaiak ou Fêtes basques – *1er et 2e dim. de sept. - ℘ 943 481 168.* Démonstrations de sports basques.
Kontxako Bandera – *Deux 1er s. w.-ends de sept.* Régate annuelle de traînières (depuis 1879).
Festival international du cinéma – *Fin sept. - au Kursaal - ℘ 943 481 212 - www. sansebastianfestival.com.*
Donastia Fashion week – *1 sem. en mai et 1 sem. en oct.* Semaine de la mode.

Côte de Guipúzcoa

Costa de Guipúzcoa/Guipuzkoa

Porte d'entrée de l'Espagne pour les voyageurs transfrontaliers, la côte guipúzcoane doit en partie sa notoriété à la ville de St-Sébastien. Moins préservée et sauvage que la côte de Biscaye, elle demeure toutefois attirante pour ses petits ports authentiques qui restent très attachés à la pêche, ses plages de sable fin et ses imposantes villas parsemées le long du littoral. Entre mer et colline, vous découvrirez un pays à l'identité bien marquée où la langue basque est très vivace.

😊 NOS ADRESSES PAGE 212
Hébergement, restauration, achats, activités, etc.

🛈 S'INFORMER

Office du tourisme d'Irun – *Plaza Luis Mariano, 3 - ☎ 943 020 732 - www.bidasoaturismo.com - Sem. sainte, ponts et de juil. à mi-sept. : mar.-sam. 10h-13h30, 15h30-20h, dim. 10h-14h ; reste de l'année : tlj sf dim. 10h30-13h30, 15h30-19h.*
Office du tourisme de la Bidassoa – *Minatera 9, Puerto Deportivo - 20280 Hondarribia - ☎ 943 645 458 - www.bidasoaturismo.com : juil.-sept. : tlj 10h-13h30, 15h30-20h ; reste de l'année : fermé dim. apr.-midi.*
♿ *Pour les autres offices de tourisme, se reporter aux localités décrites.*

▶ SE REPÉRER

Carte de microrégion AD1 (p. 182-183). Le circuit croise et recroise l'A 8, depuis Irun, à la frontière française, jusqu'à Mutriku, à 46 km à l'ouest de St-Sébastien.

👁 À NE PAS MANQUER

La corniche basque de Hondarribia à Pasaia.

🕐 ORGANISER SON TEMPS

Un long week-end peut suffire, étape à St-Sébastien comprise.

👨‍👧 AVEC LES ENFANTS

Le musée romain d'Oiasso, l'ensemble archéologique de Santa María La Real à Zarautz, Albaola La Faktoria maritime basque à Pasaia, les marais de Txingudi.

3

Se promener à Irun D1

IRUN/IRÚN D1

Au premier abord, cette ville-frontière, bien que cité natale de **Luis Mariano**, ne déborde pas de charme. Il faut dire qu'elle a subi de nombreuses destructions, tant durant les guerres carlistes qu'au cours de la guerre civile. Ses rues réservent cependant quelques surprises agréables.

N. S. del Juncal/Andra Mari del Juncal (Notre-Dame du Juncal)

Bel exemple d'église gothique basque du 16ᵉ s. Notez l'extérieur austère et massif, à l'exception du portail baroque. L'intérieur abrite un orgue Cavaillé-Coll et une statue gothique de la Vierge (la plus ancienne de la province).

Place de San Juan Harria

Bordée de vieilles demeures et de l'hôtel de ville baroque (18e s.), elle arbore une colonne datant de 1564, symbolisant l'indépendance de la ville (l'histoire dit qu'elle commémorerait la résistance à l'invasion française).

Museo Romano de Oiasso (Musée romain d'Oiasso)

Eskoleta, 1 (à deux pas de la plaza de San Juan Harria, à l'opposé de l'hôtel de ville) - ✆ *943 639 353 - www.oiasso.com - avr.-août : mar.-sam. 10h-20h, dim. 10h-14h ; reste de l'année : mar.-jeu. et dim. 10h-14h, vend.-sam. 10h-14h, 16h-19h - 6 € (6-14 ans 3,70 €) ; billet combiné avec celui de l'ermitage Santa Elena en visite guidée 10,70 €.*

Entrepôt, puis école, ce vaste bâtiment rénové abrite un musée consacré aux origines d'Irun. Des panneaux et quelques vestiges archéologiques replacent l'antique **Oiasso** dans le contexte romain et autochtone, avant d'aborder sa vie et son activité. Au premier étage, un film en 3D fait la joie des enfants qui peuvent se déplacer, par exemple, dans les thermes romains. Le deuxième étage s'attache à l'urbanisme et au port, plaque tournante du commerce impérial, à travers un film et les découvertes archéologiques faites à Irun.

Salle d'exposition Menchu Gal

Pl. Urdanibia - ✆ *943 505 152 - vend.-sam. 18h-21h, dim. 11h30-13h30 - gratuit.*
Installée dans l'ancien hôpital Sancho de Urdanibia, cette salle d'exposition possède une quarantaine d'œuvres de l'artiste **Menchu Gal**, originaire d'Irun. Les œuvres sont exposées au public sous forme d'expositions temporaires, offrant un dialogue renouvelé avec d'autres artistes basques.

Ermita Sta Elena (Ermitage Sainte-Hélène)

En lisière du centre-ville, à proximité du río Estebenea, après le petit pont de pierre sur la droite en direction de l'ermitage San Marcial et de la France. Billet combiné avec celui du musée romain d'Oiasso 10,70 €.
Des fouilles entreprises dans cet ermitage (le bâtiment actuel date du 14e s.) ont permis de mettre au jour les vestiges d'une nécropole romaine. Ceux-ci sont présentés à l'intérieur même de l'ermitage.
Face au pont, remarquez la fontaine Sta Elena, de style baroque.

Marais de Txingudi

Entre la voie ferrée et l'aéroport. Passez au-dessus des voies de chemin de fer, poursuivez tout droit jusqu'au rond-point et suivez le fléchage. ✆ *943 619 389 - www.euskadi.net/txingudi -* ♿ *- Centre d'interprétation (avr.-oct. : 10h-14h, 16h-19h ; reste de l'année : 10h-14h, 15h30-17h30 - fermé 1er et 6 janv., 30 juin, 24, 25 et 31 déc. - gratuit). Prêt de jumelles en échange d'une pièce d'identité.*

Déployé sur la baie de Txingudi, Hondarribia et Irun, cette réserve de 23,4 ha protège une zone de marécages riche en faune et en flore (jusqu'à 212 espèces d'oiseaux y nichent en période de migration). Les rives des étangs, où s'ébattent aigrettes, martins-pêcheurs et canards, sont jalonnées d'observatoires. Un sentier, ponctué de panneaux, ménage de belles vues sur la baie… comme sur la piste de l'aéroport située sur la rive opposée de la Bidassoa. Le centre d'interprétation présente toute la biodiversité et l'histoire du site.

À proximité Carte de microrégion

Ermita San Martzial (Ermitage San Marcial) D1

▶ *5 km au sud d'Irun. Prenez la direction Béhobie puis, au rond-point, prenez la 3ᵉ sortie et continuez tout droit sur la GI 3453.*

Une route étroite conduit au sommet boisé (225 m). De la terrasse près de l'ermitage, **panorama★★** qui s'étend de St-Sébastien à la plage d'Hendaye au loin et, plus près, de Hondarribia et Irun à l'île des Faisans ; celle-ci a été le cadre de différents faits historiques, dont la signature du traité des Pyrénées en 1659, stipulant le mariage de Louis XIV avec l'infante Marie-Thérèse.

Circuits conseillés Carte de microrégion

★ **ROUTE DE LA CORNICHE** CD1

▶ *Circuit de 43 km au départ d'Irun tracé en vert sur la carte de microrégion (p. 182-183) – Comptez env. 1h15. Quittez Irun par la N 638.*

★★ **Hondarribia/Fuenterrabía** D1 (♿ p. 215)
Sortez du bourg par la GI 3440.

★★ **Bidea Jaizkibel** (Route de Jaizkibel) D1

Le **parcours★★** sur cette route est magnifique, surtout au coucher du soleil. À 5 km, la **vue★**, depuis la chapelle de **Nuestra Señora de Guadalupe**, dévoile l'embouchure de la **Bidassoa** et la Côte basque française. La route s'élève ensuite dans les pins et les ajoncs, dominant la mer. À l'Hostal du Jaizkibel, situé à proximité du sommet du mont Jaizkibel (584 m), un belvédère offre une superbe **vue★★** *(table d'orientation)*.

La descente sur Pasai Donibane découvre des **aperçus★** magnifiques sur la côte déchiquetée, les monts Cantabriques et les monts Ulía, ainsi que sur Urgull et Igueldo, qui surplombent St-Sébastien.

★ **Pasaia/Pasajes** D1

🛈 *Casa de Vctor Hugo - Donibane, 63 -* ✆ *943 341 556 - www.oarsoaldeaturismoa. eus - juil.-août : 9h-14h, 16h-19h ; reste de l'année : mar.-sam. 10h-14h, 16h-18h, dim. 10h-14h - fermé 1ᵉʳ et 6 janv., 24-25 et 31 déc.*

Outre le point d'information touristique, la maison de **Victor Hugo** abrite un **musée** avec exposition et espace multimédia consacré au poète, qui a parcouru le Pays basque à deux reprises, une fois quand il était enfant et une autre en 1843. Entourant à l'embouchure de l'Oyarzun/Oiartzun une baie remarquablement abritée puisqu'elle ne communique avec l'Océan que par un étroit goulet, **Pasaia** comprend quatre quartiers de part et d'autre de l'estuaire : **Pasai Antxo** (port de commerce), **Pasai Donibane (ou Pasajes de San Juan)★**, où les façades au charme intact cachent une rue unique parsemée de restaurants, **Pasai San Pedro** et **Trintxerpe** (ports de pêche) où il y a une toute nouvelle criée. La côte est ici très abîmée par les infrastructures industrielles.

Pour accéder à Pasai Donibane, laissez la voiture à l'entrée du village ou prenez, à San Pedro, la vedette qui traverse la ría.

L'arrivée en vedette ménage une **vue** pittoresque sur les hautes façades aux balcons de bois peints de couleurs vives. Un certain Francisco Rabaneda, plus connu sous le nom de **Paco Rabanne**, y naquit en 1934. La voie se faufile entre les maisons et sous leurs voûtes, dévoilant au passage l'église St-Jean-Baptiste (17ᵉ s.) et de charmants petits embarcadères. Les grappes de chaloupes posées sur la *ría* sont toutes fabriquées à **Albaola★** *(voir ci-dessous)*.

🐾 *On peut longer la rade jusqu'à l'Océan par le chemin du Phare (45mn).*

★★ **Albaola La Faktoria maritime basque** – *Ondartxo Ibilbidea, 1 - Pasai San Pedro - ☎ 943 392 426 - www.albaola.com - Pâques-sept. : mar.-dim. 10h-14h, 15h-19h ; reste de l'année : mar.-dim. 10h-14h, 15h-18h - 7 € (-6 ans gratuit) - accès en bateau au dép. du port de Pasaia, St-Sébastien ou Hendaye le w.-end (☎ 630 448 813).* 🚶 *Retour possible par le chemin de St-Jacques (GR 121 - 2h).* 👥 C'est un lieu unique de création intellectuelle, de partage de connaissances et de transmission, animé par la folle ambition de Xabi, initiateur du projet, pour la reconstruction exacte du baleiner San Juan. Ce baleinier basque du 16ᵉ s., coulé dans la Red Bay à Terre-Neuve en 1565, fut retrouvé en 1978 puis étudié par le Canadien Robert Grenier, aujourd'hui parrain du projet. Ce chantier perpétue les techniques de construction navale ancestrales du Pays basque et a ainsi recréé plus de trente embarcations d'une grande valeur ethnographique. La visite inclut expositions et démonstrations artisanales en direct. Tout au long de la visite, les enfants suivent Txo, jeune personnage basquo-canadien, qui raconte l'histoire du rêve de Xabi.

Mater museoa – *Ap. Correos, 61 - Pasai San Pedro - ☎ 943 490 831/619 814 225 - www.matermuseoa.com - mar. et jeu. 17h et 18h, w.-end 12h et 13h - plusieurs options de visite à partir de 45mn : 5 € (5/14 ans 3 €).* À côté de l'embarcadère se trouve le thonier Mater dont la visite guidée vous éclairera sur son histoire et la vie à bord. 👶 Il est parfois possible de dormir à bord et de sortir en mer pour apprendre à pêcher et à faire des conserves d'anchois, ou encore pour observer les cétacés ! *(calendrier sur le site Internet ou à l'office de tourisme).*

En direction de St-Sébastien, traversez Lezo et prenez la sortie « Errenteria ».

Lezo D1

🛈 *Pl. Gurutze Santuaren, 1 - ☎ 943 524 650 - www.lezo.eus - lun.-vend. 8h-13h30.* Dans ce village, corsaires et constructeurs navals se partageaient la vedette. Sa basilique Sto Cristo du 16ᵉ s. abrite l'une des rares représentations en Europe d'un **Christ imberbe** (estimé 13ᵉ s.), avec celles de l'ermitage d'Azitain à Eibar et de Cracovie (Pologne). Impressionnante de sobriété et de jeunesse, la statue n'en est que plus émouvante.

Errenteria/Rentería D1

🛈 *Madalen, 3 - ☎ 943 494 521 - www.oarsoaldeaturismoa.eus - juil.-août : 9h-14h, 16h-19h ; reste de l'année : mar.-sam. 10h-14h, 16h-18h, dim. 10h-14h - fermé 1ᵉʳ et 6 janv., 24-25 et 31 déc.* Classé « ensemble monumental », le centre médiéval de la cité comprend une dizaine de rues et de ruelles alignant quelques manoirs des 16ᵉ, 17ᵉ et 18ᵉ s. Seul le blason les distingue des autres maisons anciennes, plus communes. Voyez l'hôtel de ville du 17ᵉ s., Nuestra Señora de la Asunción, qui conserve un retable néoclassique du 18ᵉ s. et un autre, l'« autel des âmes », de la fin du 15ᵉ s., ainsi que la basilique de Sta María Magdalena, un peu excentré. Arrêtez-vous aussi au **Jantziaren Zentroa** (centre du Costume) pour découvrir, dans une belle demeure du 18ᵉ s., plus de trois siècles d'histoire du vêtement basque. Le musée possède 300 pièces, exposées par roulement *(Kapitan Enea, 6 - ☎ 943 494 521 - w. end et j. fériés 11h-14h, 17h-20h - 3 €).*

★★ San Sebastián/Donostia (St-Sébastien) C1 (🕐 p. 184)

ROUTE DES PLAGES AC1-2

▶ *Circuit de 58 km au départ de St-Sébastien tracé en rouge sur la carte de micro-région (p. 182-183) – Comptez 1h. Quittez St-Sébastien par l'A 8 vers Bilbao. Prenez la sortie 33 et suivez la direction Orio.*

Orio C1

🅸 *Palacio Iturriaga - Nagusia, 17 -* 📞 *943 835 565 - http://turismo.orio.eus/fr/- été :
10h-14h, 16h-20h, dim. 10h-14h ; reste de l'année : mar. 9h30-13h, merc.-vend.
9h30-13h, 16h-19h, sam. 9h30-14h, 16h-19h, dim. 10h-14h.*

👁 Un centre d'interprétation du chemin de St-Jacques de Compostelle (Centro
de Interpretación del Camino de Santiago/Done Jakue Interpretazio zentroa)
occupe les 2e et 3e étages du bâtiment *(0,50 €).*

La ville est reputée pour sa recette de dorade rose grillée, que l'on fête pendant 4 jours lors de la Fiesta del besugo.

Église San Nicolás de Bari – *À l'orée du quartier médiéval ou Goiko Kale.* Cette
église, reconstruite à la Renaissance, conserve tout de même des allures de
forteresse, rappelant l'époque où elle servait de tour de guet.

La rue principale, kale Nagusia (calle Mayor), qui la longe est bordée de maisons anciennes des 15e, 16e ou 17e s., souvent blasonnées.

Parque natural de Aia Pagoeta (parc naturel d'Aia Pagoeta) BC2

www.gipuzkoamendizmendi.net. Ce parc couvre une superficie de 2 860 ha où
les zones de pâturages alternent avec les hêtraies ou les chênaies. Il doit son
nom au mont Pagoeta (678 m), sommet de la chaîne montagneuse côtière.

Sur la route de Zarautz, n'hésitez pas à faire un détour par la GI 2631 qui monte
à **Aia**. Ombragée, la route ménage de beaux points de vue sur la côte et passe
devant le jardin botanique d'**Iturraran** *(9h-19h),* lequel abrite aires de pique-nique, parcours fléché et surtout la Maison du parc.

Maison du parc d'Iturraran – 📞 *943 835 389 - https://parketxesarea.org - ♿ -
juil.-sept. : mar.-vend. 10h-14h, 16h30-18h30, w.-end 10h-14h ; reste de l'année : tlj
sf lun. 10h-14h - musée 1 € (5-12 ans 0,50 €).* Vous y trouverez une exposition et
toutes les informations nécessaires pour partir en randonnée.

Dans le parc, près du hameau de Manterola, vous pourrez découvrir les **moulins d'Agorregi** (18e s.) et la **forge** (15e s.) encore en fonctionnement *(11h-13h -
visite guidée à 11h30 - août : jeu.-dim. et j. fériés ; juil. et sept. : w.-end et j. fériés ;
mars-juin et de déb. oct. à déb. déc. : dim. et j. fériés ; Sem. Sainte du 17 au 21 avr. -
fermé du 9 déc. au 28 fév. et le 10 août).* À mesure que la visite avance, les moulins et la forge se mettent en marche.

Revenez sur la N 634.

Zarautz B1

🅸 *Nafarroa, 3 -* 📞 *943 830 990 - www.turismozarautz.eus -* été : lun.-sam. 9h-20h,
dim. et j. fériés 10h-14h ; hiver : lun.-sam. 9h30-13h30, 15h30-19h, dim. et j. fériés
10h-14h - fermé 1er et 6 janv., 9 sept. et 24, 25 et 31 déc. Demandez des informations
sur les balades thématiques pédestres, et notamment la route des anciens points
d'observation des baleines jusqu'à Getaria (Atalayas Ballenaras).

Cette station balnéaire, célèbre depuis que la reine Isabelle II en fit, au 19e s.,
sa villégiature, est agencée dans un site agréable où les collines voisinent
avec une immense **plage** plébiscitée par les surfeurs, la première plage où
l'on surfe en Espagne. Le centre piétonnier est agréablement aménagé. Les
façades colorées de la plaza Musika encerclent un joli kiosque ovale doté
d'une charpente en bois. Dans la calle Mayor, la **tour Luzea** (🅲 *ABC d'architecture, p. 443),* munie d'élégantes fenêtres, abrite aujourd'hui une banque. Le
marché couvert *(lun.-vend. 8h15-13h15, 17h-20h15, sam. 8h-13h30)* lui fait face
et apporte de l'animation à la ville.

La ville a également conservé un **palais** dominant la plage, celui du marquis
de Narros (16e s.), aux angles agrémentés d'échauguettes. À côté, à l'écart de
l'église de Sta María, s'élève le clocher.

Plage sur la route du Flysch et chapelle San Telmo.
G. Gräfenhain/Sime/Photononstop

Ensemble archéologique et monumental de Sta María La Real – *Elizaurre, 1 - ℰ 943 835 281 - www.menosca.com - juil.-août : mar.-sam. 10h-14h, 16h30-18h30, dim. et j. fériés 16h30-18h30 ; Pâques, 15-30 juin et 1er-15 sept. : mar.-sam. 10h-14h, 16h-18h, dim. et j. fériés 16h-18h ; 15 fév.-14 juin et 16 sept.-31 déc. : vend.-sam. 10h-14h, 16h-18h, dim. et j. fériés 16h-18h - possibilité de visite guidée - 2 € (-14 ans gratuit).* Il comprend la tour-clocher et l'église mitoyenne du 15e s., dans lesquelles ont été mis au jour des sépultures (visibles dans la nécropole avec vidéo et éclairages) et des gisements remontant pour certains à l'âge du fer. La tour présente l'histoire de la Côte basque et de Zarautz, ainsi que des expositions de peintures d'artistes contemporains. On peut voir aussi, à tous les étages, le mécanisme de l'horloge. La visite de l'église se fait à heures fixes avec un guide.

Photomuseum – *San Ignacio, 11 - ℰ 943 130 906 - www.photomuseum.es - tlj sf lun. 10h-14h, 17h-20h - 6 € (-18 ans 3 €), gratuit merc. et vend.* Espace consacré à l'art de la photo (paysages, portraits, surréalisme…) et à l'histoire de ses techniques, depuis la lithographie jusqu'au numérique avec appareils et clichés à l'appui, en passant par ses applications scientifiques en médecine, botanique, etc.

Après Zarautz, la route, taillée en **corniche**★★ au bord de l'Océan jusqu'à Zumaia, devient très pittoresque.

🔹 *3,5 km.* Une promenade bien aménagée longe la côte pour rejoindre Getaria où s'élève le rocher *(el Ratón,* « la souris », *ou île San Antón).* Le week-end, les gens prennent l'apéritif à Zarautz avant de rejoindre Getaria à pied pour déjeuner.

★ Getaria/Guetaría B1

🔹 *Parque Aldamar, 2 - ℰ 943 140 957 - www.getariaturismo.eus - juin-sept. : 9h30-13h30, 16h30-19h30 ; reste de l'année : mar.-jeu. 9h30-13h30, vend.-sam. 10h-13h30, 16h30-19h30, dim. et j. fériés 9h30-13h30 - demandez le plan de la ville pour la description des façades remarquables.*

Près du *ratón*, péninsule de la forme d'une souris à laquelle le relie une digue, Getaria est un joli petit **port de pêche** réputé pour ses *chipirones* (calamars) et ses poissons grillés. On n'y part plus pour la pêche à la baleine, ni pour les Indes comme **Juan Sebastián Elkano** (🎧 *p. 468*), natif du lieu ; celui-ci ramena des Philippines, où Magellan avait été assassiné, l'unique bateau survivant de l'expédition, concluant ainsi le premier tour du monde (1522).

Les rues piétonnes sont étroites et pavées. L'une d'elles mène à l'**église San Salvador** (14e-15e s.), dont la singularité est la pente qui monte vers le chœur. La **calle Mayor** (Nagusia en basque) passe sous celui-ci, d'où l'on peut apercevoir la crypte par une fenêtre qui abrite la chapelle. À l'intérieur, belle galerie de style flamboyant.

Des fouilles archéologiques, visibles depuis la calle Mayor, montrent des vestiges de l'époque romaine et du 14e s. (ancienne tour).

Musée Cristóbal Balenciaga – *Parque Aldamar, 6 - 🕿 943 008 840 - www. cristobalbalenciagamuseoa.com - juil.-août : 10h-20h ; mars-mai, juin,sept. : mar.-dim. 10h-19h ; nov.-fév. : mar.-dim. 10h-15h - fermé 1er janv., 25 déc. - 10 € (-18 ans 7 €).* Ce musée dédié au grand couturier **Cristóbal Balenciaga** (1895-1972), originaire de Getaria, est situé dans le palais Aldamar (19e s.), ancien lieu de villégiature de l'aristocratie locale. Il s'est doté d'une annexe contemporaine pour accueillir la collection permanente dédiée au célèbre créateur.

Très belle **vue** depuis le sommet de l'escalator sur le musée, les deux plages et le port de pêche de cette petite ville.

Maisor – *Edificio Astillero, Puerto 3 - 🕿 943 140 993 - http://maisor.com - juin-oct. : 10h30-14h, 16h-19h - atelier 1h, à partir de 16h (mini 6 pers.) - 25 €.* Cette conserverie familiale, située sur le port, ouvre son atelier au public pour lui faire vivre une expérience unique : visite et dégustation, élaboration d'anchois que l'on emporte… La boutique propose bien sûr à la vente ses conserves ainsi que des produits régionaux.

Fief de la production de **txakoli** *(voir ci-contre et Nos adresses pour les visites de caves, p. 214)*, célèbre vin blanc local, Getaria réserve aussi de belles balades entre les vignes pour les amoureux d'espaces verts.

À la sortie de Getaria, en direction de Zumaia, prenez la première route à gauche jusqu'à Azkizu.

Azkizu – 🌿🐾 Ce quartier de Getaria, encerclé de vignobles, que l'on peut rejoindre à pied par le chemin de St-Jacques à partir du centre, domine le village et l'Océan. Le fronton et la petite église San Martin de Azkizu à la nef unique ainsi que l'ancien béguinage (façade blanche aux volets verts) donnent un certain charme.

Zumaia B1

🛈 *Kantauri plaza, 13 - 🕿 943 143 396 - www.zumaia.eus - de mi-juin à mi-sept. : 10h-14h, 16h-20h ; reste de l'année : mar.-dim. 10h-14h, 16h-19h - fermé 1er janv. et 25 déc.*

😀 *Zumaia est facilement accessible au départ d'Hendaye par le train (30mn).*

À l'embouchure de l'Urola, Zumaia possède deux plages. La première, **Itzurun**, est enclavée, cernée par les falaises. On accède, depuis l'**église de San Pedro** (15e s.), à l'impressionnante nef unique (grand retable de Juan de Anchieta, 16e s.), par un passage bordé de très hauts murs. La meilleure vue sur ses **falaises** plissées s'obtient depuis le sanctuaire de San Telmo *(depuis San Pedro, par la rue San Telmo, prenez la 2e à gauche et suivez-la jusqu'au bout)*.

La seconde plage, **Santiago**, se trouve à l'entrée de la localité. C'est à proximité de celle-ci que vécut le peintre **Ignacio Zuloaga** (1870-1945).

> ## TXAKOLI
> Le txakoli de Getaria est un vin blanc fruité à l'acidité caractéristique. L'appellation Getariako Txakolina comprend le territoire historique du Guipúzcoa et compte 427 ha de vignoble, principalement sur la côte. La curieuse implantation des vignes, en hautains (les vignes grimpent le long d'arbres fruitiers ou d'échalas, à environ 1,10 m du sol), permet de faire circuler l'air. La façon de le servir en levant haut la bouteille fait partie du folklore, même si les puristes vous diront que c'est une aberration…
> *Terroirs et gastronomie p. 432 et Visites de caves dans Nos adresses p. 214.*

Espace culturel Ignacio Zuloaga – *Santiago Auzoa, 3 - ☎ 677 078 445 - www. espaciozuloaga.com - ouv. uniquement avr.-sept. : vend.-sam. 16h-20h - 10 €.* La maison de l'artiste a été convertie en musée. Ses œuvres, aux couleurs ardentes et aux tracés vigoureux, illustrant des thèmes réalistes et populaires, y sont exposées, ainsi que sa collection personnelle (tableaux de Goya et sculptures de Rodin, entre autres).

★ **La ruta del Flysh** (Route du Flysch)
Cet extraordinaire paysage de **falaises** brutes s'étend de Zumaia à Mutriku. Les formations géologiques en strates rocheuses successives révèlent des trésors de plus de 60 millions d'années et ont été déclarées biotope protégé depuis 2009.
Le Géoparc et les offices du tourisme de Deba, Zumaia et Mutriku proposent des visites guidées en bateau ou à pied (se rens.). *Voir aussi p. 471.*
Géoparc de la Côte basque (Geoparque de la Costa Vasca) – *Kantauri plaza, 13 - Zumaia - ☎ 943 143 396 - www.geoparkea.com - visites guidées de 45mn à 3h30, calendrier sur le site Internet - 8/25 € :* visites guidées, à pied ou en bateau, sorties géologiques, sorties thématiques…
Autres adresses : *Txurruka plaza z/g - Mutriku - ☎ 943 603 378 ; Ifar kalea, 4 - Deba - ☎ 943 192 452.*
Après Zumaia, faites un détour à l'intérieur des terres par la GI 631 jusqu'à Zestoa.

Zestoa/Cestona B2
🛈 *Portale, 1- ☎ 943 868 811- http://urolaturismo.eus/fr/- juil.-août : 10h-18h30 ; reste de l'année : lun.-sam. 9h30 -17h30, dim. et j. fériés 10h-18h30 - fermé 1er et 6 janv., 24, 25 et 31 déc.*
Cette petite station thermale dut sa renommée au 19e s. à l'infant Francisco de Paula Antonio, frère de Ferdinand VII. Très fréquenté jusqu'à la guerre civile, l'établissement de bains de la ville est encore en activité aujourd'hui.
Ekainberri – *Portale, 9 - ☎ 943 868 811 - www.ekainberri.com - guichet : 10h-13h30, 15h-17h30 - musée : mar.-vend. 10h-18h, w.-end, j. fériés et été : 10h-19h ; déc.-janv. mar.-dim. 10h-18h - 6 € (7-18 ans 5 €, -6 ans gratuit) - achetez vos billets à l'office de tourisme ou en ligne et retirez-les 30mn avant le début de votre visite ; comptez 20mn à pied pour atteindre l'entrée depuis le parking.* Situé à 1 km du centre-ville, le musée est une réplique exacte de la grotte originale d'Ekain *(ne se visite pas)*, découverte en 1969 par deux spéléologues d'Azpeitia, Andoni Albizuri et Rafael Rezabal, et classée au patrimoine mondial en 2008. On s'émerveille devant un bel ensemble de reproductions des peintures rupestres du paléolithique supérieur révélant des cerfs, des ours et en particulier des **chevaux**, souvent présents dans l'art franco-cantabrique.
☺ Tous les 2e dim. du mois, ne manquez pas Ekainfest *(voir Agenda p. 214).*
Revenez sur vos pas jusqu'à la N 634 et prenez à gauche pour atteindre Itziar.

Itziar/Icíar B1

Le sanctuaire-forteresse Nuestra Señora renferme, dans un retable en bois, une souriante Vierge romane du 12e s. habillée d'un somptueux manteau.

Deba/Deva B1

🛈 *Ifar, 4 - ☎ 943 192 452 - www.deba.eus - mai-sept. : 10h-14h, 16h-20h, dim. 10h-14h ; reste de l'année : 10h-14h, vend.-sam. 10h-14h, 17h-19h30, dim. et j. fériés 10h-14h - fermé 1er et 6 janv., 24, 25 et 31 déc.* Il abrite un petit espace, le **geopark corner**, où l'on peut découvrir les trésors du Géoparc de la Côte basque (🦶 *p. 211). Un train relie Deba à Zumaia ttes les h.*

🥾 *Le GR 121 permet également de rejoindre Zumaia à pied (AS 4-5h).*

À l'embouchure du Deba, on découvre ce petit village qui possède une belle plage familiale, idéale pour la pratique du surf. L'**église de Sta María la Real** cache, sous le porche de sa façade fortifiée, un beau **portail gothique★** dont la statuaire montre beaucoup de naturel. Son cloître présente des arcades composites. Le chemin de Saint-Jacques traverse le centre de Deba où est installée une auberge de pèlerins.

À Deba, prenez la GI 638.

Sur le trajet en **corniche★** de Deba à Lekeitio, du promontoire qui ferme l'estuaire du Deba, **vue★** splendide sur la côte.

★ Mutriku/Motrico A1

🛈 *Pl. Txurruka/Churruca - ☎ 943 603 378 - www.mutriku.eus - Sem. sainte et juil.-août : 10h-14h, 16h-19h ; reste de l'année : mar.-sam. 9h-14h, dim. 9h-14h, 16h-18h - fermé 1er et 6 janv., 24, 25 et 31 déc.*

Le centre de Mutriku, classé, ne manque pas d'attrait, entre ses maisons blasonnées et ses ruelles mystérieuses. Voyez notamment le palais Arrietakua (18e s.) à l'avant-toit joliment sculpté ou le palais Zabiel aux colonnes torsadées. Vous apercevrez aussi le magnifique blason du palais Olazarra-Mizquia (17e s.). La ville s'honore de posséder l'une des plages les plus enchanteresses de la Côte basque, la **plage de Saturraran**. Elle possède aussi un agréable port de plaisance où s'étend une plage dotée de deux piscines naturelles. *Poursuivez jusqu'à Ondarroa (🦶 p. 270).*

😊 NOS ADRESSES SUR LA CÔTE DE GUIPÚZCOA

HÉBERGEMENT

À Zarautz

PREMIER PRIX

Agroturismo Berazadi Berri – *Barrio Talaimendi - ☎ 943 833 494 - www.berazadiberri.es -* 🅿 *- 6 ch. 50/75 € -* 🍴 *3 €.* Située sur une colline dominant la ville à 5mn en voiture du centre et 20mn à pied de la plage, cette jolie maison traditionnelle est aussi un bon restaurant. Les chambres offrent une vue sur la mer. Calme et confortable.

BUDGET MOYEN

Hôtel Zarauz – *Calle Nafarroa, 26 - ☎ 943 830 200 - www.hotelzarauz. com - fermé mi-déc.-7 janv. -* 🅿 *- 75 ch. 75/135 € -* 🍴 *7,65 €.* Hôtel confortable et bien équipé. Chambres classiques, un peu vieillottes, mais compensées par des parties communes avenantes.

RESTAURATION

À Zarautz

POUR SE FAIRE PLAISIR

Gure Txocoa – *Calle Gipuzkoa 22 - ☎ 943 835 959 - www.restaurante*

guretxokoa.es - menus 25/60 € - carte 40/60 € - fermé 2 sem. en fév., 2 sem. en nov., dim. soir et lun. Établissement dirigé par un couple. Bar public à l'entrée et salle de style néorustique, où l'on offre une carte aux couleurs basques riche en poissons.

Elkano – *Herrerieta 2 - ☎ 943 140 024 - www. restauranteelkano.com - menu 75 € - carte 50/85 € - fermé nov. et avr., lun. soir, merc. soir et dim. Soir et mar. tte la journée. sf 15 juil.-fin août.* Maison familiale démontrant une extraordinaire connaissance des produits, sélectionnés quotidiennement à la halle. Elle mise sur quelques poissons et fruits de mer ainsi qu'une carte des vins soignée et accessible !

À Getaria

BUDGET MOYEN

Elkano Txiki – *Herrerieta 7 - ☎ 943 140 024 - 13h-15h45 - fermé lun. et merc. soir, mar. - pintxo 1,90/3,50 €.* Aitor Arregi, propriétaire du restaurant étoilé Elkano, vient de rouvrir ce petit bar mythique. Il a reconstitué, à l'identique, le bar de son enfance où sa grand-mère cuisinait. Les *pintxos* fabuleux sont réalisés à la demande à base de produits locaux.

Txoko – *Katrapona, 5 - ☎ 943 140 539 - www.txokogetaria. com - menu 20 €.* Très bon restaurant, sur le port. Cet ancien chef d'un trois étoiles de Saint-Sébastien concocte des plats savoureux.

POUR SE FAIRE PLAISIR

Mayflower – *Lugar Katrapona, 4 - ☎ 943 140 658 - fermé nov.-déc. - 35/45 €.* La terrasse surplombe le petit port de pêche. Les poissons sont grillés sous vos yeux par un chef affairé ! Et les calamares à la plancha sont dignes de leur réputation.

Iribar – *Aldamar Kalea - ☎ 943 140 406 - www.iribar.com - carte 40/55 € - 7 ch. 70 €.* Situé dans la vieille ville, ce restaurant propose une carte de spécialités basques riche en produits de la mer. Quelques chambres rénovées sont à disposition.

El Astillero – *Calle Portua, 1 - ☎ 943 140 412 - fermé dim. soir, mar. soir, 25 déc., janv. et 20 j. en fév. - 45/55 €.* Véritable cantine familiale où l'on se régale de poissons grillés à la braise. Contrairement à ses concurrents sur le port, cet établissement n'a pas de terrasse, mais c'est ici que l'on déguste les produits les plus frais.

À Irun

BUDGET MOYEN

Atalaia – *Aritz Ondo, 69 - Centro Comercial Txingudi - ☎ 943 629 433 - www.hotelatalaia. com - 13 ch - 24/24h - 🅿 - rest. 7/7j le midi (soir vend.-sam.) - fermé 25 déc. - menu 14/34 € - carte 29/47 €.* Dans la salle à manger de style actuel, on vous servira une cuisine basque traditionnelle et un bon menu dégustation. Agréable terrasse.

À Pasaia

POUR SE FAIRE PLAISIR

Txulotxo – *San Juan, 71 - Pasajes, San Juan - ☎ 943 523 952 - www. restaurantetxulotxo.com - menus 35/52 €.* En bord de mer, dans la rue la plus pittoresque de la ville, ce restaurant possède une salle à manger offrant une vue magnifique. Cuisine basque et de la mer.

À Deba

POUR SE FAIRE PLAISIR

Urgain – *Hondartza 5 - ☎ 943 191 101 - www.urgain. net - ♿ - menus 19/70 € - carte 46/71 € - fermé mar. soir (sf en été).* Ce restaurant sert des produits de

3

la mer issus directement de la côte de Guipúzcoa. Le décor en salle rappelle les dessins préhistoriques d'Ekainberri. Sur radio Arrate, le chef commente une recette chaque mardi à 11h30.

ACHATS

À Getaria
Salanort – *Mayor, 22 -* ℘ *943 140 624 - www.salanort. com - 15 juin-15 sept. : 10h-20h ; reste de l'année : 10h-19h.* Vous trouverez nombre de poissons (anchois, bonite, poulpe), sauces, piments… en conserves ou sous vide ainsi que du fromage et des vins de La Rioja Alavesa.
Maisor – ♿ *p. 210.*

Vistes de caves
Pour connaître les caves qui se visitent et où l'on peut déguster le txakoli (♿ *p. 211 et 432*), téléchargez la brochure sur le site : **www.getariakotxakolina.com**.

ACTIVITÉS

À Zarautz
Pukas Surf – *Calle Lizardi, 9 -* ℘ *943 890 636 - www.pukassurf. com - 5h de cours de groupe 78 €.* Quelques autres écoles : Pukas Surf Eskola Zarautz Good people surf - ℘ *943 536 627 - www.goodpeoplesurf.com* ; Moor Surf denda - ℘ *943 020 894/635 732 013 - www. moorsurfeskola.com* ; Zarauzko Surf Elkarteko Eskola - ℘ *943 890 225 ou 607 424 556 - www. zarauzkosurfelkartea.com*.

À Mutriku
Buceo Euskadi – *Puerto, s/n -* ℘ *943 195 088 - www. buceoeuskadi.com - lun.-dim. 10h30-20h30.* Le centre Buceo Euskadi propose aux débutants un programme baptisé « À la découverte de la plongée », très bien pensé. Les confirmés

peuvent quant à eux parcourir les fonds marins de l'Euskadi grâce aux nombreuses sorties en mer (tous niveaux).

À Zumaia
Begi-Bistan – *Calle Estación, s/n - 20810 Orio -* ℘ *657 794 677 - www.begi-bistan.com.* Parmi les propositions les plus intéressantes : visite culturelle de Zumaia, Getaria, Zarautz et Orio, trekking côtier, sorties naturalistes et activités nautiques (kayak, bateau, plongée…).

À Deba
Yako Debako Surf Eskola – *Cárdenas Pasealekua Ibilbidea, 1 -* ℘ *667 202 700 - www.yakosurf. com - 10h-20h - cours de surf 5j 95 €.* Cette école de surf et de stand up paddle met en place des cours d'initiation et de perfectionnement. Elle propose aussi des excursions le long des berges de la rivière.

AGENDA

San Antón à Getaria - *17 janv.* Journée du *txakoli* : dégustations, sports ruraux, concerts…
« Slow Zumaia » à Zumaia - *En juin.* Journées de la gastronomie et de la nature durables.
San Marcial Alarde à Irun - *30 juin.* Célébration en fanfare et à coup de fusils de la bataille de St-Martial perdue par les Français en 1522.
Euskal Jira à Irun - *1ᵉʳ sam. d'août - www.irungoeuskaljira.com.* Défilés, danses, expositions… toutes sortes de manifestations animent la « Tournée basque ».
Semana Vasca (Semaine basque) à Zarautz - *1ʳᵉ sem. de sept.* Dégustations et concours de danse.
Ekainfest à Zestoa – Tous les 2ᵉ dimanches du mois, Zestoa vit à l'heure préhistorique. Au programme, conférences, démonstrations, repas… Un voyage il y a 14 000 ans !

Hondarribia

Fuenterrabía

16 950 habitants

Séparée d'Hendaye par l'estuaire de la Bidassoa, Hondarribia a choisi l'un des plus beaux paysages côtiers du Guipúzcoa pour s'établir. Le charme de cette station balnéaire ne se limite pas à ses plages. Elle a conservé un quartier fortifié aux ruelles tortueuses qui s'appréhende le nez en l'air, pour ne manquer aucun détail architectural de ses vieilles maisons. Son port, quant à lui, n'a rien perdu de son authenticité et nombreux sont les autochtones ou les Français venus « tapear » dans ses nombreuses tavernes.

NOS ADRESSES PAGE 218
Hébergement, restauration, achats, activités, etc.

S'INFORMER
Offices de tourisme – *Minatera, 9 - Puerto deportivo* - 943 645 458 - *www.bidasoaturismo.com* - *juil.-sept. : 10h-13h, 15h30-20h ; reste de l'année : 10h-14h* ; *pl. de Armas, 9* - 943 643 677 - *juil.-sept. 9h30-19h30 ; reste de l'année : lun.-sam. 9h30-18h, dim. 10h-14h.* Vous trouverez dans ce dernier un mini-musée ainsi que des livres et ressources historiques sur la ville.

SE REPÉRER
Carte de microrégion D1 (p. 182-183). Hondarribia occupe une position stratégique sur l'embouchure de la ría de la Bidassoa, face au port français d'Hendaye. Son vieux quartier s'accroche à une colline tandis que la marina, quartier animé de pêcheurs, fait face à la mer.

SE GARER
Au pied de ses remparts ; dans le quartier de la marina.

À NE PAS MANQUER
Les vues depuis le sanctuaire de Nuestra Señora de Guadalupe.

ORGANISER SON TEMPS
Flânez dans la vieille ville jusqu'à l'heure des *pintxos* dans le quartier des pêcheurs, plus particulièrement dans la calle San Pedro où l'ambiance est très festive !

AVEC LES ENFANTS
Une promenade en bateau.

Se promener

★ CIUDAD VIEJA (VIEILLE VILLE)

Entre les effluves de lessive et les trilles mélodieux des oiseaux en cage, les ruelles escarpées de la vieille ville ne manquent pas de pittoresque, tandis que la marina déborde d'une activité plus festive avec ses boutiques et ses cafés. Sur la butte dominant la Bidassoa, l'ancienne place forte est entourée de remparts. Percée dans ces murailles qui datent du 15e s., la **puerta de Sta María** est surmontée des armes de la ville et de deux anges vénérant N.-D. de Guadalupe.

★ **Kale Nagusia/Calle Mayor** (Rue principale)
Étroite rue très pittoresque, bordée de maisons anciennes aux balcons de fer forgé et corniches en bois sculpté. Remarquez notamment les galeries des

UNE FORTERESSE CONVOITÉE

Du fait de sa situation stratégique en bord d'estuaire, Hondarribia n'a eu d'autre choix que de se fortifier très rapidement pour protéger sa position. Les plus anciennes traces de fortifications remontent ainsi au 7e s. Les remparts actuels datent quant à eux du règne des Rois Catholiques (fin 15e s.), et ils se révélèrent par la suite fort utiles pour résister aux assauts d'ennemis désireux de posséder ce port florissant qui commerçait avec les Flandres et l'Europe entière. En 1638, pendant la guerre de Trente Ans, la ville subit l'assaut des troupes françaises de Condé durant deux mois. Elle ne dut son salut qu'à l'intercession de N.-D. de Guadalupe : ses défenseurs tentèrent une sortie et parvinrent à chasser l'armée française. En souvenir de cet épisode et pour honorer la Vierge, Hondarribia organise chaque année une *alarde* (sorte de parade militaire) le 8 septembre (👣 *Nos Adresses*).

nos 26, 24, 22, les blasons de la Casa consistorial (mairie) au n° 28, les poutres travaillées du palais Zuloaga au n° 8, et la très belle porte ouvragée de la maison de Casadevante au n° 5, là où fut négociée la trêve du siège de 1638.

Église Sta María de la Asunción y del Manzano

Gothique, remaniée au 17e s. (tour baroque), l'église de Sta María est un édifice imposant étayé à l'abside par d'épais contreforts. C'est là que le 3 juin 1660, six jours avant la cérémonie solennelle à St-Jean-de-Luz, don Luis de Haro (1598-1661), ministre espagnol, épousa par procuration, au nom de Louis XIV, l'infante Marie-Thérèse.

Castillo (Château)

Ce château fut construit au 10e s. par le roi de Navarre Sanche II Abarca (vers 935-994). Et Charles Quint le fit restaurer au 16e s. Aménagé en parador (hôtel de luxe), il donne sur la place d'armes, qui offre une belle vue sur la mer.

MARINA

Le quartier des pêcheurs se déploie le long de la ría.

Rue San Pedro

Bordée de maisons de pêcheurs aux balcons et aux volets de bois colorés, cette rue dégage une atmosphère joyeuse. C'est ici, comme dans les rues adjacentes, que se concentrent tavernes et bars à *pintxos*. Trois rues la séparent du front de mer, caractérisées par des immeubles de taille modeste, dont les boutiques ont parfois deux entrées, une sur l'avant, l'autre sur l'arrière.

Front de ría (Front de mer)

Sans charme particulier en raison des immeubles en béton qui le ponctuent, le front de mer se déroule jusqu'au port de plaisance en longeant à un moment une sorte de jetée dont les pierres sont couvertes de croquettes pour chats (ces animaux y viennent en nombre).

DES VIKINGS BASQUES ?

Au cours d'un de leurs raids, des Vikings se seraient installés du côté de Hondarribia et auraient eu une grande descendance… C'est du moins ce que veut une légende locale qui explique ainsi le nombre anormalement élevé de blondes et de blonds dans la ville… dont les habitants ont pour sobriquet : *los Vikingos*.

Le quartier des pêcheurs d'Hondarribia.
C.S. Peyrera/age fotostock

Plage – Depuis la plage, on voit les bateaux de pêche sortir du port. Les jeunes viennent y décortiquer des *pipas* (graines de tournesol) et les retraités y promener leur chien.

Port de plaisance (Marina) – Belle **vue**, à travers une forêt de mâts, sur la vieille ville et le clocher de Sta María. À voir en fin de journée avec la chaîne des Pyrénées en toile de fond.

À proximité Carte de microrégion

3

Santuario Nuestra Señora de Guadalupe
(Sanctuaire Nuestra Señora de Guadalupe) D1

▶ *4 km à l'ouest de Hondarribia par la GI 3440, en direction de Pasai Donibane par le Jaizkibel. Laissez votre voiture au parking de l'église.*

🐾 *4 km - balisage blanc-rouge.* Cette chapelle, que jouxte l'enceinte d'un ancien fort, est le centre de convergence d'un vaste réseau de randonnées, allant du cap du Figuier (♿ *ci-dessous*) au mont Jaizkibel (♿ *p. 206*). La promenade menant à ce dernier débute par une forte pente et emprunte ensuite les crêtes, révélant d'époustouflantes **vues**★★ sur le littoral.

Cabo Higuer (Cap du Figuier) D1

▶ *4 km au nord. Quittez Hondarribia par la plage. Prenez la route de gauche.*
En montant vers le cap parmi les villas, la route offre une belle **vue**★ sur la plage, la ville et la jetée. De l'extrémité, on distingue la côte française et Hendaye.

😊 NOS ADRESSES À HONDARRIBIA

VISITES

👥 **Excursions Jolaski** – *Paseo Butrón* - ☏ *639 617 898* - *www.jolaski.com*. Visite guidée de Hondarribia et promenades en bateau. Trajet en bateau de Hondarribia à Hendaye - *1,80 € (10mn)*.

HÉBERGEMENT

PREMIER PRIX

Chambre d'hôte Maidanea – *Barrio de Arkoll* - ☏ *943 640 855* - *www.nekatur.net* - *6 ch. 60/70 €* - ☕ *6 €*. Les propriétaires ont insufflé une atmosphère particulière à cette maison de campagne, avec un salon-bibliothèque, une salle de petit-déjeuner et des chambres modernes.

BUDGET MOYEN

Hôtel Palacete – *Pl. de Gipúzkoa, 5* - ☏ *943 640 813* - *www.hotelpalacete.net* - *9 ch. 72/115 €* - ☕ *7 €*. Au cœur du quartier historique, cet hôtel occupe une vieille demeure de style médiéval. Le confort moderne des chambres se mêle au charme et à la sobriété du lieu.

POUR SE FAIRE PLAISIR

Hôtel Obispo – *Pl. del Obispo, 1* - ☏ *943 645 400* - *www.hotelobispo.com* - *16 ch. 96/168 €*. Cet hôtel de charme est installé dans un palais des 14e-15e s. Les chambres combinent avec bonheur le bois des poutres et la pierre des murs pour créer une ambiance très accueillante.

RESTAURATION

BUDGET MOYEN

Sardara – *San Pedro, 12* - ☏ *943 03 03 01* - *www.sardara.eu* - *tapas 3/8 €*. Ce restaurant propose de bons *pintxos*, frais, bien préparés et variés. La salle est sombre et chaleureuse. En terrasse, les mange-debouts accueillent les convives sur la rue piétonne.

Gran Sol – *Calle San Pedro, 63* - ☏ *943 213 251* - *www.bargransol.com* - *fermé lun.* - *pintxo 2/3,90 €*. Ce restaurant néorustique de tradition a été repris par le fils du propriétaire. Vous pourrez y déguster au comptoir de délicieuses brochettes très bien préparées.

Zeria – *Calle San Pedro 23* - ☏ *943 642 780* - *www.restaurantezeria.com* - *menu 22/60 €* - *fermé 21 j. en fév., 21 j. en nov., dim. soir et jeu. (sf en été). 13h-16h et 20h-23h*. Ancienne maison de pêcheurs qui a été réhabilitée avec maestria dans un style rustique accueillant et très soigné.

POUR SE FAIRE PLAISIR

Sebastián – *Calle Mayor, 11* - ☏ *943 640 167* - *fermé lun. et mar. midi* - *30/51 €*. Restaurant installé dans une demeure du 16e s. Succulents plats élaborés avec des produits de saison et pleins de créativité.

UNE FOLIE

Alameda – *Minasoroeta, 1* - ☏ *943 642 789* - *www.restaurantealameda.net* - *13h-15h30, 20h-23h* - *menu 60/98 €* - *réserv. conseillée*. Magnifique restaurant familial dont la cuisine a su s'adapter aux temps modernes. Terrasse et deux salles bien aménagées.

AGENDA

Feria medieval (Foire médiévale) - *2e w.-end de juin*. Artisanat, ateliers, expositions…
Fête de la Kutxa – *25 juil*. À l'occasion de la saint Jacques.
Alarde de armas – *8 sept*. Célébration d'une victoire sur la France en 1638.

Tolosa

19 175 habitants

Réputée pour être un bastion du séparatisme basque, Tolosa est aussi l'ancienne capitale espagnole du papier. Elle a su évoluer avec son temps tout en préservant ses traditions. Son centre historique abrite demeures anciennes, palais, églises et un moulin. Vous prendrez plaisir à arpenter ses marchés colorés et animés. Ne manquez pas de goûter les haricots qui font sa célébrité !

NOS ADRESSES PAGE 222
Hébergement, restauration, achats, activités, etc.

S'INFORMER

Office de tourisme – *Pl. Sta María, 1 - ℘ 943 697 413 - www.tolosaldea. eus - en sais. : 10h-14h, 15h-19h ; hors sais. : mar.-sam. 11h-14h, 16h-18h, dim. 10h-14h.* Possibilités de visites guidées en français et nombreuses brochures très bien faites comme le « Carnet de voyage » ou le plan pour partir à la découverte des sculptures contemporaines disséminées à travers la ville.

SE REPÉRER

Carte de microrégion C2 (p. 182-183). Étape incontournable entre St-Sébastien et Vitoria ou Pampelune, Tolosa est accessible de la côte par la N-1 (26 km).

SE GARER

Garez-vous au parking souterrain Alondegia (San Joan, 4), proche des rues piétonnes.

À NE PAS MANQUER

Le marché couvert (Mercado del Tinglado) du samedi et TOPIC.

ORGANISER SON TEMPS

On peut consacrer une bonne journée à Tolosa, qui constitue un point de rayonnement idéal pour découvrir la vallée de l'Oria et la région du Goierri (℘ p. 225).

AVEC LES ENFANTS

Le parc aventures d'Abaltzisketa et TOPIC.

3

Se promener

★ CASCO VIEJO (VIEILLE VILLE)

Le cœur de la cité est délimité au sud par la Triangulo Plaza, à l'est par le río Oria et à l'ouest par la Rondilla Kalea, un ancien bras de la rivière canalisé et couvert au 19ᵉ s. Commerces et marchés y entretiennent une animation quotidienne. *Départ depuis la Triangulo Plaza.*

Triangulo Plaza

Vous reconnaîtrez cette place à son plan triangulaire et surtout à la monumentale sculpture en métal de **Jorge Oteiza**, *Atauts*, qui précède la porte de Castille, seule rescapée des cinq portes qui perçaient autrefois les murailles de Tolosa. Elle marque la frontière entre la ville « moderne », où s'alignent, le long d'artères arborées, les belles villas qui appartenaient aux industriels du papier et de l'acier, et la ville médiévale, aux rues étroites.
Prenez tout droit la Solana kalea.

UNE POSITION STRATÉGIQUE

Fondée en 1256 par Alphonse X de Castille, dit « le Sage », et baptisée en hommage à Toulouse, Tolosa fut dès l'origine contrainte de se fortifier du fait de sa situation, au carrefour de trois royaumes : la Castille, la Navarre et la France. Mais l'avantage qu'elle en tirait compensait les agressions et les invasions, puisqu'elle prélevait un droit de péage qui fit sa richesse. Sévèrement endommagée par plusieurs incendies, notamment en 1503, Tolosa fut occupée par les troupes françaises pendant la guerre de la Convention (1794) puis par les armées napoléoniennes. Un temps capitale de la province (1856-1858), elle céda le titre à St-Sébastien.

Halles

Érigées au 19e s., elles bordent un alignement de façades colorées ainsi que la rivière Oria. Un important marché s'y tient le samedi, tradition qui remonte à l'époque médiévale. Une promenade a été aménagée sur les berges de l'Oria.
Au bout de la rue, tournez à gauche.

Plaza Zaharra

Le drapeau basque flotte au balcon de l'**ayuntamiento** (hôtel de ville) aux briques roses (17e s.), qui partage la place avec de vieilles demeures baroques et blasonnées.
Avant de prendre la rue qui part sur la droite de la mairie pour aboutir à Sta María plaza, jetez un œil sur votre gauche : au-delà du pont de Navarre se dresse la silhouette imposante du couvent Santa Clara (17e s.), toujours en activité.

Église Sta María

D'extérieur baroque (1761), l'édifice déploie à l'intérieur une architecture gothique basque. Avec ses 1630 m², c'est la deuxième plus grande église de la province de Guipúzcoa *(visites guidées : se rens. à l'office de tourisme).*
En sortant de l'église, prenez la rue de droite qui mène à la rivière.

Bords de l'Oria

Le **palacio Idiakez** (17e s.), propriété de Alonso de Idiakez qui fonda le couvent San Telmo à St-Sébastien *(voir p. 185)*, donne la réplique à la façade mi-ancienne, mi-moderne du **palacio Aramburu** (17e s.), reconverti en centre d'expositions *(mar.-sam. 17h30-20h30 - gratuit)*. Juste derrière, se trouvent l'**ancien moulin**, construction moderne qui abrite aujourd'hui une bibliothèque bâtie à l'emplacement de l'un des trois moulins que comptait la ville au Moyen Âge (on peut voir des vestiges du 15e s. sous une dalle de verre au rez-de-chaussée) et le **parc archéologique** *(Parque arqueológico ; accès libre)*

DU PAPIER AU BÉRET

En partie détruite par les Français en 1794, Tolosa retrouva une certaine prospérité avec l'industrialisation. La première usine de papier ouvrit ses portes en 1842 et la ville devint le plus grande centre de l'industrie papetière en Espagne. Cette industrie a aujourd'hui beaucoup diminué, ce qui ne signifie pas que toutes ont périclité, car Tolosa a su se diversifier, avec notamment la création de la zone industrielle d'Apattaerreka, à sa périphérie. Néanmoins une activité traditionnelle, dont la popularité ne se dément pas, perdure : la fabrication de bérets. Ils ont la réputation d'être les meilleurs du pays.

L'Oria à Tolosa.
A. Cano Miño /age fotostock

avec les vestiges de la muraille, de l'infrastructure hydraulique de l'ancien moulin et d'un palais Renaissance.

Rejoignez Sta María plaza et engagez-vous dans la kale Emperador. Au bout se trouve la Felipe Gorriti plaza ; prenez la kale Nagusia à gauche.

Kale Nagusia

Représentative des rues de la vieille ville, la « rue principale » est bordée de façades anciennes dont la plus significative est celle du **palacio Atodo** (16e s.) au n° 33, que vous repérerez à sa grande façade en pierre de taille, son blason, ses beaux balcons en fer forgé et à son double avant-toit. Remontez la rue, à droite, et passez devant la torre Andia (15e s.)

★ Plaza Berdura

Une halle couverte d'une **verrière** occupe le centre de la place bordée de maisons à arcades. L'endroit accueille un marché depuis le Moyen Âge.

Traversez-la et prenez à gauche dans la kale Korreo, puis à droite dans la kale Letxuga. Encore à droite, la kale Aroztegieta (marché le samedi matin) pour arriver enfin sur la Euskal Herria plaza.

Plaza Euskal Herria

Bordée d'arcades de style néoclassique, cette place est née dans le courant du 19e s., lorsque le centre historique de la ville repoussa ses limites à cette zone plantée de jardins qui était alors « hors les murs ». L'un de ses côtés est bordé par l'ancien palais de justice (aujourd'hui TOPIC), antérieur à la place.

★ TOPIC (Centre international de la marionnette)

Euskal Herria pl. ☎ 943 650 414 - www.topictolosa.com -15 juin-15 sept. mar.-dim. 10h-19h ; reste de l'année mar.-vend. 11h-13h, 16h-19h, w.-end et j. fériés 11h-14h, 16h-20h- 4 € (6-12 ans 3 €).

👫 TOlosa Puppet International Center : voilà ce qui se cache sous cet acronyme énigmatique. Ce lieu unique en Europe abrite un musée, un centre

de recherches, un centre d'activités pédagogiques et un beau théâtre. On y découvre près de 500 marionnettes sur les 2 000 que compte la collection. La **visite théâtralisée** permet de parcourir le temps et l'espace à la rencontre des marionnettes du monde entier – dont certaines, comme les *puppi siciliani* ou celles du *bunraku* du Japon sont inscrites au patrimoine immatériel de l'humanité de l'Unesco – et de leurs créateurs. Une visite pleine de surprises, de magie et de poésie à faire en compagnie de Mariona, la mascotte du musée. *Reprenez la kale Rondilla pour revenir à la Triangulo plaza.*
Pour prolonger la promenade, n'hésitez pas à flâner dans les autres rues parallèles à la kale Korreo.

À proximité Carte de microrégion

Abaltzisketa/Abalcisqueta C3
▶ *15 km au sud de Tolosa.*
À 1,5 km au sud d'Abaltzisketa, le chef-lieu de la commune, s'étend le hameau de Larraitz, au pied du mont Txindoki. La petite route qui y mène ménage de spectaculaires points de vue.
👥 Le village, inclus sur le territoire du Parc naturel d'Aralar (♿ *p. 229*), est équipé d'un parc aventure avec tyroliennes et de sentiers de randonnées balisés (♿ *Nos adresses p. 230*).

😊 NOS ADRESSES À TOLOSA

HÉBERGEMENT

PREMIER PRIX
Hôtel Oria – *Oria, 2 -* 📞 *943 654 688 - www.hoteloria. com -* 🅿 *- 45 ch. 45/90 € - ☕ 10 €.* Hôtel fonctionnel et confortable. Les chambres sont réparties dans deux bâtiments, l'un de construction moderne et l'autre datant du début du 20e s., qui ressemble à un chalet. Vaste restaurant, type rôtisserie, meublé de longues tables et décoré de tonneaux de cidre.
Agroturismo Korteta – *San Esteban auzoa -* 📞 *639 489 833 - www.agroturismokorteta.com -* 🅿 *- 6 ch. 50/60 € - ☕ 5 €.* Toute proche de la ville qu'elle domine depuis une colline ponctuée d'exploitations agricoles, cette belle maison traditionnelle abrite des chambres simples et bien équipées. Cuisine à disposition. Un bon choix pour dormir au vert !

RESTAURATION

BUDGET MOYEN
Botarri – *Oria, 2 (Bajo) -* 📞 *943 654 921 - www.botarri.com - fermé dim. - menu déj. 11 €, w.-end 26 € - carte 30/45 €.* Ce restaurant se trouve dans l'hôtel Oria, mais sa gestion est indépendante. Son décor intérieur, où domine le bois, rappelle celui d'une cidrerie traditionnelle. En cuisine, le chef travaille les produits de saison et élabore des menus équilibrés très bien présentés.
Solana 4 – *Zerkausia, 4 -* 📞 *943 017 636 - menus 25/30 €.* Situé face aux Halles et à la rivière, ce bar à tapas moderne est parfait pour manger un petit quelque chose du matin au soir. Les *pintxos* sont excellents et dans la cuisine ouverte, la chef prépare aussi quelques plats plus consistants. Belle carte des vins. Terrasse sur la rue et petit jardin à l'arrière.

POUR SE FAIRE PLAISIR

Frontón – *San Francisco, 4 - ℘ 943 652 941 - www. restaurantefronton.com - fermé dim. soir et lun. - menus 36/46 €.* Cet établissement occupe un édifice de 1930 de style rationaliste, avec accès direct au fronton de la ville. Vous y trouverez un bar à *pintxos* au rez-de-chaussée et un restaurant Art déco à l'étage.

Casa Nicolás – *Zumalacárregi, 7 - ℘ 943 654 759 - www. asadorcasanicolas.com - fermé dim. soir - carte 45/50 €.* Tenu de père en fils depuis 1960, ce restaurant est devenu une institution pour les amateurs de viande qui s'y régalent d'une côte de bœuf *(txuleta)* exceptionnelle. La carte des vins et la cave sont impressionnantes. Cadre raffiné (mais nappes en papier pour rappeler la spécialité locale), accueil charmant et conseils avisés.

Casa Julian – *Santa Klara, 6 - ℘ 943 671 417 - www. casajuliandetolosa.com - fermé dim., 15-31 mai - 45/50 €.* L'autre rôtisserie incontournable de Tolosa avec une autre grande dynastie de restaurateurs aux fourneaux. Les deux restaurants se font d'ailleurs presque face de chaque côté de l'Oria ! La carte est courte et la côte de bœuf est à l'honneur. Le décor est moins chic que chez Nicolás mais l'ambiance est au rendez-vous.

PETITE PAUSE

Pastelería Eceiza – *Calle Rondilla, 34 - ℘ 943 655 161 - www. pasteleriaeceizatolosa.com - 7h30-20h.* Ne quittez pas Tolosa sans avoir visité la délicieuse Pastelería Eceiza et goûté ses exquis *tejas y cigarillos* (tuiles aux amandes et cigarettes russes). Fondée en 1924, elle vend également de savoureux tourons, truffes, tartes artisanales et *bombas*, une spécialité locale à base de pâte à chou et crème chantilly… Sur place, vous pourrez déguster un café.

ACHATS

Tolosa est réputée pour ses **haricots noirs** *(alubia negra)*. Récoltée en octobre, sur les tables et les étals des marchés à partir de novembre, la « perle noire » se prépare généralement en ragoût avec du boudin.

Marché – *Zerkausia kalea - ℘ 943 697 521 - www. tolosakoazoka.com - sam. mat.* Mercado del Tinglado, Zerkausia, 9A : produits alimentaires ; Euskal Herria plaza : vêtements et produits alimentaires ; Berdura plaza : fleurs et plantes.

Boinas Elosegui – *Av. de Pamplona, 10 - ℘ 943 670 120 - www.boinaselosegui.com.* Cette illustre maison fabrique depuis 1853 les fameuses *boinas* (bérets) qui coiffent traditionnellement les bergers basques…

AGENDA

Carnaval de Tolosa – *Six jours en fév.*

Regates (Regatas) sur l'Oria – *En juin.*

Fiestas de San Juan (Fêtes de la St Jean) – *Plusieurs jours autour du 24 juin.* Danses, concerts, spectacles de théâtre de rue…

Certamen coral (Concours de chorale) – *Fin oct.-déb. nov.* Avec des chorales venues du monde entier.

Titirijai (Festival international de marionnettes) – *Fin nov. - www. topictolosa.com.*

Fiesta de la Txuleta (Festival de la côte de bœuf) – *6-8 déc.* La halle du Mercado del Tinglado se transforme en une rôtisserie géante (tables à réserver à l'office du tourisme).

3

Le Goierri

Comme le canton de Tolosaldea voisin, celui du Goierri incarne l'Euskadi rurale et authentique. Encadrée par deux parcs naturels majeurs, celui d'Aralar et celui de Aizkori-Arratz, la région, surnommée « Highlands basques », est placée sous le signe du tourisme vert. Son réseau de petites villes médiévales permet de remonter le temps et d'évoquer l'époque où elle était un point de passage stratégique pour le royaume de Castille. Patrie du fromage Idiazabal, le Goierri est aussi un paradis pour les gourmets !

😊 NOS ADRESSES PAGE 229
Hébergement, restauration, achats, activités, etc.

ℹ S'INFORMER
Goitur – ☎ 943 161 823 - www. goierriturismo.com. Site très complet (en français) qui recense tout ce qu'il faut savoir de culturel et de pratique sur la région. Il répertorie aussi les activités et les visites organisées par les différents prestataires touristiques du Goierri.

▶ SE REPÉRER
Carte de microrégion C2 (p. 182-183). Accessible facilement depuis la côte par la N 1, le Goierri (Ordizia)

se trouve à 41 km de St-Sébastien et 68 km de Vitoria-Gasteiz.

👁 À NE PAS MANQUER
Le marché d'Ordizia ; une dégustation de fromage Idiazabal et de cidre.

🕐 ORGANISER SON TEMPS
Faites en sorte de vous trouver à Ordizia un mercredi matin pour découvrir le marché.

👥 AVEC LES ENFANTS
La scierie hydraulique Larraondo et mine d'Aizpea à Zerain.

3

Circuits conseillés Carte de microrégion

LE GOIERRI OUEST

▶ *Circuit de 40 km tracé en violet sur la carte de région (p. 182-183), au départ d'Ordizia, qui se situe à 14 km au sud-ouest de Tolosa par la N 1.*

★ Ordizia B3
Porte de la *comarca* (région) de Goierri, Ordizia abrite un agréable quartier historique qui compte plusieurs demeures notables tels le palais Barrena du 17e s., le palais Zabala avec son balcon ouvert sur une double-fenêtre en arcs et le palais Abaria à l'angle de la plaza Mayor. Sur cette place, la halle, inaugurée en 1925, accueille le plus ancien **marché** du Pays basque *(voir Achats, p. 230)* mais aussi l'un des plus importants : c'est ici que sont fixés les prix des produits de la région. En 1512, Ordizia fut détruite par les flammes et c'est la reine Jeanne Ire de Castille, dite **Jeanne la Folle** (1479-1555), qui accorda à la commune le privilège de tenir un marché hebdomadaire afin de pouvoir se reconstruire.

ℹ **Centre d'interprétation du Goierri - D'elikatuz** (Centro de Interpretación del Goierri - D'elikatuz) – Santa Maria *(juste à côté du palais Barrena)*. ☎ 943

LA CARLINE À FEUILLE D'ACANTHE

Comme vous ne manquerez pas de le remarquer, en particulier à Segura, cette cousine de l'artichaut, également connue sous le nom de carda-belle, est souvent placardée aux portes des maisons pyrénéennes. Elle remplit plusieurs fonctions : baromètre car comme le tournesol, elle s'ouvre au soleil et se ferme quand arrivent l'humidité et le froid, peigne car les bergers se servaient de ses feuilles épineuses pour démêler la laine de leurs bêtes, mais surtout porte-bonheur et talisman car on lui prêtait le don de protéger les troupeaux et de repousser sorcières et esprits maléfiques.

882 290 - www.delikatuz.com - juil.-août, tous les merc. de l'année, tous les ponts, 2 sem. à Noël et 2 sem. à Pâques : lun.-vend. 10h-13h, 16h-19h, w.-end 11h-14h, 16h-19h ; reste de l'année : mar.-vend. 9h-13h, w.-end 10h-14h - 3,20 € (6-12 ans 2,20 €). L'office de tourisme abrite une boutique de produits régionaux et un musée moderne qui aborde la culture culinaire : le premier niveau présente les 18 villages de la *comarca* ; le deuxième, l'histoire de l'alimentation et l'art de bien doser ses repas (amusant plateau-repas à composer soi-même) ; quant au troisième, il recense les spécialités régionales et évoque l'histoire du mar-ché. Renseignez-vous sur les nombreuses visites guidées.
Quittez Ordizia par la N 1 en direction de Beasain, qui se situe à 3 km.

Beasain/Beasáin B3

Cette importante cité industrielle ne séduit pas au premier abord… Mais en prenant la direction de Zumarraga dans le centre-ville, vous passerez à proxi-mité de ce qui subsiste du hameau médiéval entouré d'immeubles modernes. Il s'agit, dans le *barrio* (quartier) de Igartza, de quelques **maisons anciennes** (13e-15e s.), dont certaines à pans de bois, qui se répartissent de part et d'autre de la rivière enjambée par un vieux pont. Souvent abandonnées, elles sont parfois hélas assez dégradées, en dépit de quelques efforts de réhabilitation. À droite de la route sont fléchés deux sanctuaires : celui de N. S. de Loinaz, sorte de petite chapelle campée à côté d'une maison et, plus loin, la basilique de San Martín.
Continuez par la N 1 en direction d'Altsasu/Alsasua et Vitoria, puis sortez à l'échan-geur 416 pour suivre la GI 637 en direction d'Idiazabal (env. 6 km).

Idiazabal

Sur les hauteurs de ce petit village tranquille, parsemé de quelques maisons des 13e et 14e s., se trouve le sanctuaire de **Sta María de Gurutzeta**★ *(fléché à partir de l'église, demandez la clé).* Accolé à une maison, il séduit par son charme rustique (la charpente est en bois brut, des volets ferment les fenêtres), sa Vierge du 13e s. et son retable du 16e s.

Centre d'interprétation et de dégustation du fromage Idiazabal (Centro de Interpretacion y Degustacion del Queso Idiazabal) – *Nagusia, 37, bajo Idiazabal - ☎ 943 188 203 - www.idiazabalturismo.com - juil.-août, ponts, Noël et 2 sem. à Pâques : 11h-14h, 16h-19h ; reste de l'année : w.-end et j. fériés 11h-14h, 16h-19h.* Le lieu qui remplit aussi la fonction d'office de tourisme permet de tout connaître sur le délicieux fromage de brebis qui porte le nom du village et fait la fierté de la région.
Suivez la GI 2637 pour rejoindre Segura (env. 5 km).
En route, vous découvrirez les pâturages puisque fermes traditionnelles et prés se succèdent dans la montée.

Segura

☒ Centre d'interprétation médiévale - Casa Ardixarra (Centro de Interpretacion medieval-Casa Ardixarra) – *Nagusia, 12 - ℘ 943 801 749 - été : tlj 11h30-13h30, 16h30-19h30, reste de l'année : vend. 17h30-19h30, w.-end et j. fériés 11h30-13h30, 16h30-19h30 - visites guidées du village en espagnol sam. 11h30 et 17h, en langue étrangère, sur demande - musée 2 €.* Cette belle maison à colombages (16ᵉ s.) qui abrite l'office du tourisme est un exemple unique d'architecture urbaine destinée à la classe moyenne au Pays basque. Elle abrite un petit musée consacré à la vie au Moyen Âge.

Fondée en 1256 par Alphone X de Castille (1221-1284) qui la dota de privilèges, Segura était une ville stratégique sur la route vers la France et les Flandres. Promenez-vous pour découvrir les vestiges de sa splendeur passée : les deux portes ouvertes vers les monts alentour, restes des remparts, et les palais qui bordent ses rues pavées, notamment le **palacio Guevara** (16ᵉ s.), identifiable à ses blasons et ses gargouilles ou la **casa Jauregia** (17ᵉ s.), avec sa façade symétrique, ses fenêtres à linteaux et les inscriptions religieuses datant de sa construction. Elles se situent sur la rue principale (*Nagusia kalea*) à quelques pas de l'imposante **église fortifiée N. S. de la Asunción** (portail Renaissance), qui renferme un superbe retable churrigueresque (♿ *p. 233*). Voyez également le palais Lardizabal (17ᵉ s.), reconverti en mairie.

Poursuivez sur la GI 2637 (env. 5 km).

Zegama

Bâtiments modernes et anciens se partagent le village, au cœur duquel se dressent la mairie à arcades et l'église au portail Renaissance.

Zegama est l'une des portes d'accès au **parc naturel d'Aizkorri-Aratz**, le deuxième de la province par la taille. C'est là que se trouvent les montagnes (point culminant Aitxuri, 1 551 m) qui marquent la ligne de partage des eaux Atlantique-Méditerranée. Arrêtez-vous au **Centre d'interprétation** (*Anduetza Baserria - San Bartolome, 13 - ℘ 943 802 187 - www.zegamaturismoa.net - été : mar.-sam. 10h-14h, 16h-18h ; reste de l'année : merc.-vend., dim. et j. fériés 10h-14h, sam. 10h-14h, 16h-18h*), installé dans une ancienne ferme, pour en savoir plus (*voir aussi Arantzazu, p. 235*).

Revenez sur vos pas et, après environ 3,5 km, prenez à gauche la GI 3520.

Zerain

Ce hameau isolé dans la montagne conserve quelques maisons typiques comme le palacio Jauregi, caractéristique de l'architecture rurale basque, non loin de la place de l'église (13ᵉ s., refaite au 18ᵉ s.).

Dans les environs, on peut encore voir la ferme Manxola où naquit en 1578 l'arrière-grand-père du peintre Francisco de Goya, qui émigra pour trouver du travail en Aragon.

Musée ethnographique (Museo etnografico) – *Herriko pl. - ℘ 943 801 505 - www.zerain.com - été : lun.-vend. 10h30-13h30, 15h30-18h30, w.-end et j. fériés : 11h-14h, 16h-19h ; reste de l'année : fermé apr.-midi - 3 € (5-14 ans 1,50 €).* Témoignage des efforts des habitants de Zerain pour conserver leur village vivant, cette maison abrite un musée mais aussi le cabinet médical, des salles de réunion municipales, des salles de classe… Au grenier (magnifique structure en carène de bateau), panneaux et objets expliquent le travail du bois, de l'élevage, de l'agriculture, du fromage, de la chasse, etc. Remarquez les fers que portaient autrefois les prisonniers qui travaillaient à la mine (*voir ci-dessous*).

Scierie hydraulique Larraondo et mine d'Aizpea (*visite guidée par l'office de tourisme uniquement - sur demande et 12h w.-end et j. fériés - 7 € - panneaux*

3

en français sur les deux sites). À moins de 15mn en voiture du village, on découvre deux sites historiques particulièrement intéressants. Dans la ferme Larraondo, deux frères mirent au point pour leur usage personnel à la fin du 19e s. une ingénieuse **scie hydraulique**. Dix appareils fonctionnent encore dans le modeste abri. Un peu plus loin, on visite la **mine d'Aizpea** qui ferma ses portes en 1951. L'ancienne maison de l'ingénieur abrite une exposition qui retrace l'histoire du lieu, puis on découvre les galeries, les hauts fourneaux et le système de transport du minerai de fer par funiculaire. À son apogée vers 1905, on extrayait plus de 36000 t par an et le minerai de la « montagne de fer » était exporté jusqu'en Angleterre.

Reprenez la GI 2637, dépassez Segura et prenez sur votre gauche la GI 3571 menant à Mutiloa puis Ormaiztegi.

Ormaiztegi

Musée Zumalacárregui – 943 889 900 - www.zumalakarregimuseoa.eus - *mars-oct. : merc.-dim. 10h-14h, 16h-19h ; reste de l'année : merc.-vend. 10h-14h, w.-end et j. fériés 10h-14h, 16h-19h - fermé 1er et 6 janv., 30 nov. et 25 déc. - 3 € (-14 ans et jeu. gratuit).* Installé dans une maison traditionnelle du 18e s. où Tomás de Zumalacárregui vécut quelques années, ce musée retrace l'histoire du Pays basque au moment des guerres carlistes et du mouvement libéral qui s'est développé dans les provinces au 19e s. Une vidéo de 10mn en castillan, des reproductions de gravures et des objets personnels du général ponctuent la visite d'un lieu qui honore un héros mal connu (en France du moins) de la cause carliste.

Revenez à Beasain en suivant la GI 632, puis la N 1.

VERS LE PARC NATUREL D'ARALAR BC3

Circuit de 15 km au départ de Beasain (voir p. 226) tracé en orange sur la carte de région (p. 182-183) – Comptez 1h. De Beasain, franchissez la N 1 et suivez le GI 2120 pour rejoindre Lazkao et ensuite Ataun.

Lazkao B3

Mieux préservé que Beasain, ce bourg rassemble quelques beaux monuments *(aucun ne se visite)* autour de l'église San Miguel (16e s.). Au plus près d'elle, le **palais de l'Infante** (palacio del Infantado) est entouré d'un agréable jardin. Admirez sa façade et son entrée, organisée en trois parties. Face à l'église, notez le blason du couvent des bernardines.

Suivez la GI 2120.

Ataun B3

Au musée Barandiarán - www.ataunturismoa.net.

Le village s'étire en fond de vallée et s'éparpille le long de l'Agauntza en divers quartiers. À l'entrée de celui de San Gregorio, contre le mur de la **maison Sare** (Sara) et devant elle sont disposées des œuvres d'art moderne en métal oxydé qui reprennent la forme des stèles discoïdales traditionnelles. Elles sont signées **Jon Iturrarte Artola** et ont été réalisées en 1990 pour le centenaire de l'anthropologue Joxemiel (José Miguel) de Barandiarán (1889-1991), natif du village.

Musée Barandiarán – 943 180 335 - http://parketxesarea.org/barandiaran/- *mai-sept. : mar.-dim. 10h-14h ; reste de l'année : jeu.-dim. 10h-14h - 1 € (5-12 ans 0,50 €).* Il est consacré à l'œuvre de l'anthropologue et à la mythologie basque.

Poursuivez sur la GI 2120 jusqu'au col de Lizarrusti.

À LA GUERRE COMME À LA GUERRE

Né à Ormaiztegi, **Tomás de Zumalacárregui** (1788-1835) participe à la guerre d'Indépendance de 1808-1814 contre les troupes napoléoniennes. À la mort de Ferdinand VII (1833), il entre dans l'histoire en embrassant la cause de l'infant don Carlos, frère du roi défunt. Alors en garnison à Pampelune, il se soulève contre les partisans d'Isabelle II, et don Carlos le nomme général en chef de son armée. Employant la tactique de la guérilla, et n'hésitant pas à user d'une certaine cruauté envers ses prisonniers qu'il fait volontiers fusiller, Zumalacárregui remporte quelques succès. Mais il est grièvement blessé alors qu'il inspecte les défenses de Bilbao qu'il s'apprête à assiéger. Mal soigné, il meurt quelques semaines plus tard.

Lizarrusti Parketxea

(Centre d'interprétation du Parc naturel d'Aralar) C3

📞 943 582 069 - http://parketxesarea.org/lizarrusti - ♿ - Sem. sainte : 11h-14h30 ; avr. et juil.-août : vend.-dim. 11h-14h30 ; mai-juin : w.-end 11h-14h30 ; sept.-oct. : dim. 11h-14h30.

On y découvre la flore et la faune du parc dont le point culminant, le Txindoki (1 346 m), est baptisé le « petit Cervin », ainsi qu'une maquette où est figurée la ligne de partage des eaux du Pays basque. Vous pourrez vous y procurer des cartes de randonnées. Certains parcours dédiés à la mythologie partent d'ici. Des excursions à pied dans le parc sont organisées le w.-end *(se renseigner)*.

🥾 Comptez 2h AR pour aller au **lac de Lareo**.

😊 NOS ADRESSES DANS LE GOIERRI

HÉBERGEMENT

À Albiztur

PREMIER PRIX

Segore Etxeberri – *Santa Marina Bailara - 20495 Albiztur* - 📞 943 580 976 - www.nekatur.net/segore - 6 ch. 55 € - 🍴 3,85 € - menu 11 €. Entourée de verts paysages, cette récente maison basque propose des chambres claires avec vue panoramique sur l'Aralar. Dans le grand jardin, des jeux divertiront les enfants. Préparés avec les produits du terroir, les repas sont servis dans la grande salle ou à l'extérieur.

À Segura

PREMIER PRIX

Casa rural Ondare – *Beheko Arrabal - Segura* - 📞 695 785 151 - www.agroturismondarre.es - 🅿 - 6 ch. 44/55 € - 🍴 4 €. Situé au nord de Segura, cette belle maison en pierre du 16e s. a été transformée en chambres d'hôtes, simples et confortables. Les parties communes sont très agréables. C'est aussi une exploitation agricole active (♿ p. 231).

BUDGET MOYEN

Hôtel Imaz – *Nagusia, 27 - Segura* - 📞 943 801 025 - www.hotelimaz.com - 9 ch. 80/90 €, 🍴 7 € - rest. menu sem. 12 €, w.-end 21,50 €, carte 30 € - fermé lun. Tout récemment ouvert dans un bâtiment ancien restauré, ce petit hôtel familial est une étape inattendue. Les chambres très modernes sont à la pointe de la domotique : l'établissement a été récompensé pour ses performances en matière de développement durable. Le restaurant est une des meilleures options de la petite ville. Belle terrasse avec vue sur la montagne.

3

À Zerain

PREMIER PRIX

Oiharte – *Irukaketa-gain auzoa - Zerain -* ☎ *680 171 291 - www. oiharte.com -* 🅿 *- 6 ch. 60/80 € - ☕ 5,50 € - rest. janv.-avr. : fermé lun.-jeu. midis et dim.-lun. soirs ; reste de l'année : fermé lun.-vend. midis et dim.-jeu. soirs.* Comme un certain nombre d'autres exploitations agricoles, Oiharte a quelques chambres d'hôtes. Ici, vous êtes confortablement hébergés dans une cidrerie (♿ p. 231). Au restaurant, un menu spécial cidrerie est proposé en saison *(30 € -janv.-avr.).*

À Bidegoian

POUR SE FAIRE PLAISIR

Iriarte Jauregia – *Eliz Bailara, 8 - 20496 Bidegoian -* ☎ *943 681 234 - www.iriartejauregia.com -* 🅿 *- 19 ch. 158/165 € ☕ - menus 50/65 € (fermé mar., merc. midi).* Ce palais du 17e s. entièrement restauré est entouré d'un beau jardin aux arbres centenaires. Les chambres confortables marient le style rustique et le mobilier moderne. En cuisine, les plats traditionnels sont à l'honneur.

SE RESTAURER

À Ordizia

PREMIER PRIX

Oiangu Basseria – *Parque de Oiangu - Ordizia -* ☎ *677 342 321 - www.oiangubaserria.com - menu 14 € - fermé lun., mar. et dim. soirs.* Au cœur d'un grand parc qui domine la ville, ce restaurant a été créé par cinq diplômés de la première promotion de l'Institut culinaire basque (BCC). Autant dire que la qualité et l'originalité sont au rendez-vous.

BUDGET MOYEN

Martinez – *Santamaria-Andre Mari, 10 - Ordizia -* ☎ *943 880 641 - www.martinez1890.com - menu déj. (en sem.) 12 €, w.-end 33,50 € - carte 30/40 € - fermé lun.* Tenu par la même famille depuis quatre générations, ce restaurant est une institution locale. Le fameux marché d'Ordizia est tout proche, et c'est là que le chef s'approvisionne chaque jour. Cuisine basque à la fois traditionnelle et originale. Grand choix d'excellents *pintxos* au bar.

À Zalbidia

POUR SE FAIRE PLAISIR

Lazkao Etxe – *Aiestaran erreka auzoa - Zalbidia (4 km au sud-est de Ordizia par la rue Zaldibibidea) -* ☎ *677 342 321 - www.lazkaoetxe. com - 6 ch. 54/60 € - menus 37/60 €, carte 35/45 € - ouv. seult w.-end, midi et soir.* Cette « casa rural » - ancienne fromagerie - en pleine nature propose des chambres très plaisantes mais c'est surtout une table réputée dans la région.

ACTIVITÉS

🚶 Les amateurs de randonnées peuvent se renseigner dans les parcs naturels et dans les offices de tourisme pour les différentes activités proposées.

Txindokiko Itzala – *Larraitz Auzoa - 20269 Abaltzisketa -* ☎ *943 654 757 - www. txindokikoitzala.com - juil.-août : tlj sf lun. 10h30-14h, 15h30-19h30 ; de fin mars à fin juin et sept.-oct. : w.-end et j. fériés et Sem. sainte : tlj sf lun. 10h30-14h, 15h30-19h30.* Randonnées, escalade et nombreuses activités proposées dans ce parc aventure. La boutique propose des produits locaux à la vente.

ACHATS

Marché – *Ordizia - merc. matin.* Le plus célèbre et le plus important des marchés de la région se tient ici depuis le Moyen Âge. Sous une structure couverte, tous les meilleurs producteurs du Goierri sont présents ! Marchés spéciaux en avr. (premiers fromages), en mai (foire médiévale), à Noël (foire artisanale).

Artzai-Gazta (Casa de Pastor) – *Nagusia, 37 - Idiazabal - ☎ 943 187 129 - http:// internationalcheesefestival.eus/ artzai-gazta/*. La coopérative Artzai-Gazta regroupe 120 fromagers du Pays basque espagnol et de Navarre. Plus connue sous le nom de Casa del pastor (maison du berger), elle est à la fois un Centre d'interprétation du fromage de brebis Idiazabal et un lieu de vente.

Ondare – *Segura (♿ p. 229)*. Le plus petit fromager de l'appellation Idiazabal est le propriétaire de la ferme Ondare (5ᵉ génération). Avec ses 120 brebis de la race Latxa, il produit, de janvier à juin, environ 1 500 fromages par an. On peut le voir au travail, visiter le petit musée agricole sur place et,

bien sûr, goûter et acheter ses excellents fromages… à déguster avec du vin blanc ou du cidre.

Oiharte – *Zerain (♿ p. 230) - w.-end 11h - 8 €*. Après la visite de la cidrerie, la boisson à bulles n'aura plus de secrets pour vous. Vous en saurez aussi plus sur le rituel de dégustation : le txotx !

AGENDA

Zegama Aizkorri Moutain Marathon – *Fin mai*. Le plus important marathon de montagne du monde. Arrivée à Zegama.

Feria medieval (Fête médiévale) de Segura – *En juil*.

Campeonato de baile suelto (Championnat de danse traditionnelle) de Segura – *En oct*. Beaucoup de festivités sont aussi liées aux **produits locaux** : journée de l'apiculteur *(avr., Zegama)*, journée du fromage *(mai, Idiazabal)*, concours de fromages et jour du berger *(sept., Ordizia)*, fête du boudin *(nov., Beasain)*.

3

Plateau de fromages basques.
canovass/iStock

Sanctuaire Saint-Ignace-de-Loyola

Dans un écrin de verdure entouré du massif d'Izarraitz se dresse le monumental sanctuaire dédié à saint Ignace de Loyola, fondateur de l'ordre des Jésuites. Sa maison natale, un manoir médiéval relativement modeste, est conservée comme une relique au centre du vaste complexe baroque qui l'englobe. Situé en bordure du fleuve Urola, le site attire de nombreux visiteurs venus contempler ce singulier ensemble architectural, ainsi que des fidèles du monde entier à la recherche d'une retraite spirituelle.

☺ NOS ADRESSES PAGE 237
Hébergement, restauration, achats, activités, etc.

🛈 S'INFORMER

Office du tourisme Comarcal - Sanctuaire de Loyola – *Bº Loiola - zestotia -* 🕿 *943 151 878 - www. urolaturismo.eus - juil. : mar.-sam. 10h30-13h30, 16h30-18h30, dim. 10h-14h ; août-oct. : mar.-sam. 10h-13h30, 15h30-18h30, dim. 10h-14h.*

▶ SE REPÉRER

Carte de microrégion B2 (p. 182-183). On accède au sanctuaire, au sud-ouest de St-Sébastien, par la N 1 au sud, *via* Tolosa et Azpeitia, ou bien par la côte en prenant, à la hauteur de Zumaia, la GI 631.

🅿 SE GARER

Devant le sanctuaire.

☺ À NE PAS MANQUER

La basilique ; l'ermitage de La Antigua ; Arantzazu.

🕓 ORGANISER SON TEMPS

Le sanctuaire et la visite de ses environs peuvent faire l'objet d'une journée d'excursion depuis la côte, avec la découverte de la ville et de ses musées en matinée, et celle des vallées avoisinantes l'après-midi.

👫 AVEC LES ENFANTS

Le passionnant musée basque du Chemin de fer à Azpeitia, le musée de l'Environnement.

Découvrir

★ SANTUARIO SAN IGNACIO DE LOYOLA/LOIOLA
(Sanctuaire Saint-Ignace-de-Loyola) B2

🕿 943 025 000 - www.santuariodeloyola.org - été : 10h-13h30 (dernière entrée 13h), 15h30-20h (dernière entrée 19h15) ; hiver : 10h-13h (dernière entrée 12h30), 15h30-19h (dernière entrée 18h15) - visite de la maison natale 4 €.
Dans ce qui est aujourd'hui un faubourg d'Azpeitia, à côté de l'ancien manoir de la famille de saint Ignace, les jésuites construisirent à la fin du 17ᵉ s., sur les plans de l'architecte romain Carlo Fontana, un **sanctuaire**, devenu un important lieu de pèlerinage. De grandes festivités s'y déroulent le 31 juillet, jour de la St-Ignace. Le lieu marque le kilomètre 0 du chemin ignacien (♿ p. 494).

Basilique de St-Ignace-de-Loyola.
J. Larrea/age fotostock

★★ **Basilique**

On doit ce splendide exemple d'architecture baroque aux plans de Fontana, retouchés par Martín de Zaldua. C'est le seul édifice religieux du Pays basque coiffé d'une coupole. Son inauguration eut lieu en 1738. Ne manquez pas d'étudier de près le **maître-autel★**, dessiné par Ignacio de Ibero, de style churrigueresque (interprétation espagnole du baroque, ce style a pris le nom de la célèbre fratrie d'artistes et d'architectes, réputée pour la profusion de ses torsades et de son ornementation). La richesse de sa marqueterie de pierre ne laisse pas d'impressionner le visiteur, quels que soient ses goûts. Une statue en argent de saint Ignace trône en son centre depuis 1758. Circulaire, elle

SOLDAT DE DIEU

Íñigo de Oñaz y Loyola, alias **Ignace de Loyola**, naît au château de Loyola en 1491, dans une famille d'ancienne, mais petite, noblesse. En 1521, devenu officier, il est blessé au siège de Pampelune. Pour occuper ses huit mois de convalescence, il s'adonne à la lecture d'ouvrages pieux et se transforme en « soldat de Dieu ». Il part, en 1522, en pèlerinage pour Arantzazu, puis Montserrat et se retire dans une grotte à Manresa en Catalogne où il écrit les *Exercices spirituels*. Il arrive à Paris en 1528. Au collège Ste-Barbe, il regroupe autour de lui le Savoyard Favre ainsi que deux compatriotes, Diego Laínez et le Navarrais Francisco de Javier, aujourd'hui connu sous le nom de François Xavier (🕭 *p. 469)*. En 1534, à Montmartre, tous jurent de se consacrer au prosélytisme et de rester unis. En 1537, ils sont ordonnés prêtres. Ignace a 46 ans. À Rome, il est reçu par le pape qui approuve les statuts de la Compagnie de Jésus en 1540. Il mourra en 1556. Saint Ignace a été canonisé en 1622 en même temps que saint François Xavier, saint Philippe Neri, sainte Thérèse d'Avila et saint Isidore le Laboureur.

🕭 Le site www.tierraignaciana.com est aussi une bonne source d'informations sur le personnage et les lieux qui lui sont attachés.

est surmontée d'une vaste coupole (65 m de haut) construite par **Joaquín Churriguera** (1674-1724).

Palais de Saint Ignace (Santa Casa)

Accolée à la basilique se trouve la demeure familiale de saint Ignace (1491-1556). Au premier niveau, on aperçoit les meurtrières de la tour du 15ᵉ s. La plupart des pièces ont été transformées en chapelles et surchargées de décorations. On visite ainsi la chambre où Ignace naquit, celle où il passa sa convalescence et où il se convertit. Un diorama présente la vie du saint, et des panneaux relatent la Compagnie de Jésus, qu'il fonda en 1534.

Le complexe abrite également un centre de spiritualité, une auberge de jeunesse, un hôtel, une bibliothèque et une station de radio.

Loyola est un faubourg d'Azpeitia. Si vous n'effectuez pas le circuit proposé « Au centre du Guipúzcoa » *(p. 236)*, vous pouvez tout de même faire une petite visite de la ville.

Circuits conseillés Carte de microrégion

★ LA ROUTE DES TROIS TEMPLES B2-A3

Circuit de 50 km tracé en vert clair sur la carte de région (p. 182-183) au départ du sanctuaire St-Ignace de Loyola. Prenez la direction d'Azkoitia par la GI 631.
Ce circuit fait partie du **chemin Ignacien** effectué en 1522, de Loyola à Manresa *(p. 494)*.

Azkoitia/Azcoitia B2

La vieille ville est piétonne le week-end. Beaucoup d'animations le samedi matin, jour du marché qui se tient au centre sous une halle couverte.

Tranquille bourgade dont le quartier ancien borde la rivière, à l'instar de la massive **casa Idiakaz Ederra** et de la **torre Idiaquez**, surgie de l'ancienne muraille, qui encadrent le parvis de l'église **Sta María la Real** (16ᵉ s.). Celle-ci s'enorgueillit d'accueillir l'un des derniers orgues construits en 1898 par la firme Cavaillé-Coll. Vous pourrez l'admirer uniquement pendant les offices.

La rue principale (kale Nagusia) relie l'hôtel de ville (18ᵉ s.) au vieux centre, où l'on peut encore admirer d'anciennes maisons fortifiées. La **promenade** plantée menant à San Ignacio de Loyola offre une vue magnifique sur le sanctuaire jésuite, dont le dôme contraste avec la rectitude des bâtiments.

Continuez jusqu'à Zumárraga ; la route serpente le long de la rivière Urola.

Vous pouvez effectuer une randonnée sur le GR 120 *(facile - 15 km - 4h)* jusqu'à La Antigua à Zumárraga, en suivant la voie verte de l'ancienne voie de chemin de fer longeant la rivière Urola. Il y a ensuite un fort dénivelé pour rejoindre Arantzazu *(difficile)*.

Après l'église de Zumárraga, prenez la 1ʳᵉ route qui monte à gauche sur 2 km.

★★ Ermitage de La Antigua à Zumárraga B2

Beloki Hiribidea, s/n - Zumárraga - www.tierraignaciana.com/fr/- de la Sem. sainte à fin oct. : mar.-dim. 11h30-13h30, 16h30-19h30 ; de déb. nov. à la Sem. sainte : w.-end et j. fériés 11h30-13h30, 16h-18h - fermé lun. - gratuit - messe : 1ᵉʳ sam. du mois 8h.

L'extérieur massif et les murs presque aveugles de cet ermitage du 15ᵉ s., qui fut la première église paroissiale de Zumárraga jusqu'à la fondation de l'église Sta María la Asunción (1576) dans le bourg, ne laisse pas soupçonner le côté aérien et chaleureux de sa nef unique. Celle-ci est en effet dominée par une galerie et une magnifique **charpente**★★ de bois dont tous les éléments sont visibles. Admirez les détails dans la sculpture des poutres et de la galerie. L'ensemble constitue un exemple éclatant d'architecture religieuse populaire. Il revêt une importance très particulière pour les gens de la région qui lui portent un véritable attachement et lui accordent une influence bienfaisante.

🔲 **Centro de interpretación de La Antigua** – *mar.-vend. 11h-14h, 16h-18h ; w.-end et j. fériés et Sem. sainte 11h-14h, 16h-19h - fermé lun. (sf lun. de Pâques) - visites guidées possibles*. Cet édifice flambant neuf abrite une exposition permanente très bien faite évoquant le site du 14e s. à nos jours ainsi que l'histoire de la région, notamment d'un point de vue économique, et les personnages célèbres qui y sont attachés parmi lesquels Miguel López de Legazpi, navigateur qui fit la conquête des Philippines pour le compte de la couronne d'Espagne. Expositions temporaires et petite boutique de spécialités et artisanat local. Un bar-restaurant est attenant *(voir Nos adresses p. 237)*.

👫 Jeux en bois pour les enfants et aire de pique-nique arborée à l'arrière du sanctuaire, au point de départ de sentiers de randonnée.

Prenez le temps de profiter du paysage (à l'exception de la vue sur Zumarraga l'industrielle).

Reprenez la route jusqu'au bas de Zumárraga. Tournez à gauche vers Legazpi et suivez la GI 2630 par Oñati, puis la GI 3591 et enfin Arantzazu.

Tout au long du **parcours**★ on suit la **route du fer** (Ruta Obrera) d'Azpeitia à Zumarraga, activité directement liée au río Urola. Vous rencontrerez de nombreuses anciennes usines. Le sanctuaire est perché à 800 m d'altitude dans un **site**★ élevé, au-delà du **mont Aizkorri**, l'un des points culminants de la province (1 549 m).

★★ **Arantzazu** A3

🔲 *Barrio Arantzazu, Oñati - 🕿 943 718 911 - www.turismodebagoiena.com - Sem. sainte et juin-sept. : 10h-14h, 15h-18h30 ; reste de l'année : seult w.-end et j. fériés 10h-14h.*

Sanctuaire (8h-20h) – Garez-vous sur le vaste parking aménagé devant l'église. 🕿 *943 796 463 - 9h-20h - entrée libre - visites guidées (sur réserv. visite en français ou en anglais) : en été 10h30, 11h30, 12h30, 16h et 17h ; reste de l'année : w.-end, j. fériés et ponts 10h30, 11h30, 12h30 ; lun.-vend. sur demande - 2 €.*

Cet impressionnant **édifice**★ moderne a pris la place d'un sanctuaire qui existait depuis le 15e s. C'est en 1950 que la décision fut prise de l'élever. Résultat : deux tours et un immense campanile en pierre calcaire taillée en pointes de diamant dressent leur silhouette dans un site à la fois verdoyant et minéral (selon l'horizon que l'on regarde).

On y accède par un escalier pavé en pente douce, qui conduit aux portes conçues par **Eduardo Chillida**, creusées dans la terre. Elles sont dominées par une frise comportant 14 silhouettes (les apôtres ?) signée **Jorge Oteiza**. Notez la façade en pointes de diamant : elles symbolisent les épines du buisson dans lequel la Vierge apparut au berger en 1468. *Arantzazu* signifie d'ailleurs « aubépine » en basque.

À l'intérieur, le regard est irrémédiablement attiré par le puits de lumière qui tombe sur le gigantesque **retable**★ de Lucio Muñoz. Ce dernier a travaillé le bois jusqu'à lui donner une apparence de rocher, si bien que sa fresque ressemble à une falaise, tourmentée à sa base et plus lisse au fur et à mesure que le regard monte à la lumière. Au centre, une niche abrite la statue de la Vierge, trouvée en 1468. Notez la forme originale des **vitraux**★ à dominante bleue dessinés par Xabier Alvarez de Eulate.

3

🐾 Le hameau sert de point de départ pour des randonnées dans la sierra de Alona-Aizkorri. Pour les pâturages d'Urbia, comptez 1h. Pour aller au-delà vers le sommet d'Aketegi (1 549 m), ajoutez 3h *(plaquette au centre d'informations d'Arantzazu).*

AU CENTRE DU GUIPÚZCOA B2

▶ *Circuit de 36 km tracé en violet foncé sur la carte de microrégion (p. 182-183) –, au départ du sanctuaire St-Ignace de Loyola. Comptez environ 1h. Du sanctuaire, prenez la direction d'Azpeitia. Une fois dans la ville, prenez la GI 2635, puis la GI 3720.*

La route à flanc de montagne révèle des bois et des prairies. Quelques fermes la bordent, signalées par la présence d'oies, de poules ou d'ânes sur la voie.

Beizama B2

Accroché à la pente, ce petit village se concentre autour de sa mairie (17e s.) et de son église Renaissance (16e-17e s.). Joli point de vue sur la vallée depuis le parvis.

Poursuivez jusqu'à Santutxo et prenez à gauche la vallée d'Errezil par la GI 2634.

Errezil/Régil B2

L'**église San Martí** (13e-16e s.), qui abrite un joli retable en bois doré, domine les toits de ce village posté au pied du mont Ernio (1 072 m). Ce dernier marque le centre géographique de la région.

La route continue jusqu'à Azpeitia dans un paysage de collines verdoyantes et de crêtes austères.

Azpeitia B2

Museo de Medio Ambiente (Musée de l'Environnement) – *Loiola-auzoa, 1 -* 📞 *943 812 448 - www.ingurugiroetxea.org -* ♿ *- lun.-vend. 10h-13h, 15h-17h30, sam. 10h-13h30, 15h30-17h30, dim. 10h-13h30 - fermé j. fériés sf Sem. sainte - gratuit.* 👥 Autrefois musée des Enfants, ce centre d'interprétation de l'environnement a ouvert ses portes en 1998 dans l'ancienne casa Egibar. Quatre salles sur deux niveaux replacent la Terre dans son contexte écologique, abordant, à travers des panneaux explicatifs et des maquettes, les questions du changement climatique, de la gestion des ressources naturelles (l'eau, notamment) et les problèmes de la sauvegarde de la biodiversité. Sans oublier les sources de pollution et les solutions possibles comme la notion de développement durable.

★ **Museo Vasco del Ferrocarril** (Musée basque du Chemin de fer) – *À 5 km sur la route de Zumaia -* 📞 *943 150 677 - www.bemfundazioa.org -* ♿ *- mar.-vend. 10h30-13h30, 15h-18h30, sam. 10h30 -14h, 16h-19h30, dim. et j. fériés 10h30-14h - 3 € (-5 ans gratuit). Circulation d'un train à vapeur entre Azpeitia et le musée : Pâques-1er nov. et quelques jours en déc., sam. 12h30 et 18h, dim. et j. fériés 12h30 (5 km, 35mn AR - 6 € incluant la visite du musée).* 👥 Voilà une reconversion plutôt réussie : Azpeitia a transformé sa gare désaffectée en musée, utilisant pour cela tous les bâtiments libérés, du hall de gare jusqu'aux ateliers d'entretien et aux hangars. On peut pour une fois traverser les voies sans risques et découvrir des espaces jusque-là réservés aux cheminots. Incontournable, le **hangar aux locomotives** : petit coup de cœur pour les wagons « salon » en bois d'*Ashbury* (1895) et le monstre rutilant qu'est la *Robert Stephenson* de 1887. Un tram fait un trajet de quelques mètres sur les rails, pour le plus grand plaisir des tout-petits. Le reste des bâtiments abrite les machines d'entretien, un musée des Uniformes et des distributeurs de billets.

Ne quittez pas la ville sans avoir fait un tour dans le centre qui compte plusieurs constructions anciennes intéressantes. Dans un petit périmètre, autour de la place principale (*pl. Nagusia*) où se dresse la **casa Consistorial,** construite au début du 18ᵉ s. pour servir de couvent aux Augustins puis siège du pouvoir municipal depuis le milieu du 19ᵉ s., vous pourrez voir la **casa Altuna** (*Santiago, 6*), bâtie au 16ᵉ s. pour la puissante famille éponyme et reconnaissable à la partie supérieure de sa façade en chevrons, ou encore la **casa Basozabal** (*Enparan, 20-22*), la plus ancienne de la ville, car elle date du 14ᵉ-15ᵉ s. Un peu plus loin, voyez l'**église San Sebastián de Soreasu** (16ᵉ-18ᵉ s.), où le jeune Ignace fut baptisé ; parmi les huit chapelles, celle de la Soledad (16ᵉ s.), inspirée du Panthéon de Rome, a été financée par Nicolás Sáez de Elola, compagnon de route du conquistador espagnol Francisco Pizarro (1475-1541). Nicolás Sáez de Elola, qui s'est fait enterrer ici, célèbre ses exploits au Pérou. Face à l'église, se trouve l'ancien **lavoir municipal** (1842).

😀 NOS ADRESSES PRÈS DU SANCTUAIRE

HÉBERGEMENT

À Azkoitia

PREMIER PRIX

Larramendi Torrea – *San Juan auzoa, 6*- 📞 *943 857 666 - www. larramenditorrea.com* - 🅿️ *6 € - 12 ch. 60/85 € -* 🍽️ *5,50 € - rest. 25/30 €.* Telle une oasis à l'entrée de la ville, à deux pas de la petite zone industrielle (repérez le supermarché Dia au rond-point, l'hôtel est tout proche), cet hôtel se cache derrière de hauts murs qui protègent un jardin et une tour du 15ᵉ s. superbement réaménagée. Les chambres sont sobres et dotées, pour certaines, d'une vue panoramique. Agréable restaurant en terrasse.

Près d'Azpeitia

BUDGET MOYEN

Larrañaga – *Ctra Urrestrilla s/n - à 3 km d'Azpeitia - 📞 943 811 180 - www.hotel-larranaga.com* - 🅿️ - *8 ch. 80/115 € petit-déj. inclus - menu du jour 12 €.* Chambres confortables dans une demeure du 14ᵉ s. entièrement rénovée. Les voûtes et la pierre ajoutent leur charme à l'endroit.

POUR SE FAIRE PLAISIR

À Zestoa

Balneario de Cestona – *Paseo de San Juan, 30 -* 📞 *943 147 140 - www.balneariocestona.com - 127 ch. 98/127 €.* Ce grand hôtel thermal (1895) prodigue des soins thérapeutiques renommés. Chambres, vastes et confortables. Deux ambiances dans le restaurant : mauresque ou classique.

RESTAURATION

À La Antigua

BUDGET MOYEN

Bidebide – *20700 Zumárraga -* 📞 *943 720 930 - lun.-jeu. 10h-19h, vend.-dim. 10h-0h - menu w.-end 26 €.* Dans le bâtiment du centre d'interprétation, ce restaurant propose salades, plats, *bocadillos* et hamburgers, avec vue sur la vallée.

À Legazpi

PREMIER PRIX

Katilu – *Pl. Euskal Herria, 12 -* 📞 *943 081 198 - www.katilu. es -* ♿ *- bar : lun.-vend. 8h-2h, w.-end 9h-3h ; rest. : 12h30-15h30,*

3

20h30-23h - menu du jour 11 €. Différents espaces aux ambiances colorées sur fond de musique agréable. *Pintxos* au bar et menu du jour en salle. Également plats à emporter.

À Azkoitia

BUDGET MOYEN

Joseba – *Aizkibel, 10 - ℰ 943 853 412 - www. josebajatetxea.com - menus 17/56 € - carte 22/54 € - fermé 24 déc.-7 janv., Sem. sainte, 19 août-1ᵉʳ sept., dim. soir, lun. et mar. soir.* Installé dans l'ancien palais Floreaga, il a été restauré dans un style à la sobriété affichée. Le service est soigné en salle.

À Zumarraga

POUR SE FAIRE PLAISIR

Kabia – *Legazpi, 5 - ℰ 943 726 274 - www. restaurantekabia.com - menu midi 19,80 €, menus 38/45 € - carte 36/56 € - fermé 1 sem. en août et lun.* Établissement modestement géré et plutôt axé sur le service du menu. Il propose également une carte suggestive. Réminiscences classiques et touches contemporaines pour un esthétisme original.

À Arrantzazu

POUR SE FAIRE PLAISIR

Zelai Zabal – *Carretera de Oñati - ℰ 943 781 306 - www.zelaizabal. com - menu 40 € - carte 35/50 € - fermé 23 déc.-15 fév., dim. soir et lun. - déj. seult -* 🅿. Un restaurant de longue tradition familiale jouissant d'une belle réputation, qui ouvrit ses portes en 1898 en tant qu'auberge. Cuisine basque classique enrichie de touches actuelles.

ACHATS

Pasteleria Egaña – *Goiko, 10 - ℰ 943 811 885 - fermé dim. apr.-midi.* Cette pâtisserie est réputée, en particulier pour ses… *ignacios,* délicieux gâteaux aux amandes. Il y a plein d'autres douceurs à découvrir (dont le *goxua,* dessert typiquement basque, à base de biscuit, crème pâtissière et caramel) et des tables pour se poser, par exemple à l'heure du petit-déjeuner.

AGENDA

Carnaval à Azpeitia – *En fév.* Particulièrement animé.

Fête patronale à La Antigua – *2 juil.* La Ste-Isabelle est l'occasion de nombreuses manifestations et de démonstrations de la danse populaire locale (*Ezpatadantza*).

Fête de la St-Ignace (Fiestas de San Ignacio) à Azpeitia – *De fin juil. à déb. août.* Les « Saninazios » sont ponctuées de feux d'artifice, de musique et de deux ou trois corridas aux arènes.

Festival de musique de La Antigua – *En sept.* Concerts le sam.

Fête de N.-D. de Arantzazu – *9 sept.* Manifestations en l'honneur de la sainte patronne de la province de Guipúzcoa.

Fête de la Ste-Lucie à Zumárraga – *En déc.* Expositions, marchés, dégustations…

Oñati

11 348 habitants

Au creux d'une vallée bucolique, Oñati, la « Tolède basque » pour reprendre l'expression du peintre Ignacio Zuloaga, est une jolie petite cité forte de ses palais, ses couvents et son ancienne université, ménageant au visiteur une paisible halte avant de partir à la découverte des sanctuaires et des petites cités alentour.

😊 NOS ADRESSES PAGE 243
Hébergement, restauration, achats, activités, etc.

🗓 S'INFORMER

Office de tourisme – *San Juan, 14 - ℘ 943 783 453 - www.onatiturismo. eus - juin.-sept. 9h30-14h, 15h30-19h ; reste de l'année : mar.-dim. 10h-14h, 16h-18h - fermé 1ᵉʳ et 6 janv., 29 et 30 sept., 25 déc.*

Visites guidées – *Quatre parcours possibles, certains incluant la visite de monuments.*

▶ SE REPÉRER

Carte de microrégion A3 (p. 182-183). Oñati se trouve au cœur d'une belle vallée, à 71 km à l'est de Bilbao, à 45 km au nord-est de Vitoria-Gasteiz et à 74 km au sud-ouest de St-Sébastien.

🅿 SE GARER

Dans le centre-ville : les parkings sont payants et les forces de l'ordre vigilantes !

😊 À NE PAS MANQUER

Le remarquable bâtiment de l'université du St-Esprit ; la grotte d'Arrikrutz.

👥 AVEC LES ENFANTS

La grotte d'Arrikrutz, le Laboratorium à Bergara.

3

Se promener

Partez de l'office de tourisme qui fait face à l'Ubao et à l'université du St-Esprit. Palais baroques et églises jalonnent la découverte du centre historique d'Oñati.

★ Universidad Sancti Spiritus (Université du St-Esprit)

℘ 943 783 453 - visite guidée (40mn) sur réserv. à l'OT au moins 24h à l'avance - tarif variable selon le nombre de participants ♿ ABC d'architecture p. 443.

Elle fut créée en 1545 par un prélat natif d'Oñati, l'évêque Rodrigo Mercado de Zuazola, et demeura en activité jusqu'en 1901. Elle est actuellement occupée par les services administratifs de la province de Guipúzcoa et l'Institut international de sociologie juridique. Unique université du Pays basque lors de sa fondation, elle eut un grand prestige culturel. Surmonté de pinacles, son **portail**★ de style plateresque, œuvre du Français Pierre Picart (artiste très actif dans La Rioja et en Navarre), est chargé de statues, parmi lesquelles on reconnaît, en haut, l'évêque fondateur, à droite, saint Augustin et, à gauche, saint Jérôme. La même décoration exubérante se retrouve aux angles des tours. Dans un style identique, le patio est d'une grande élégance.
Dirigez-vous à droite du bâtiment vers l'église.

Église San Miguel

℘ 943 783 453 - visite guidée (1h15) sur réserv. à l'office de tourisme au moins 24h à l'avance, combinée avec l'université - 25 €/visite ; 6 pers. ou plus : 3 €/pers.

UNE CITÉ PRIVILÉGIÉE

Le bourg s'est développé à la source du Deba, au pied de monts dont le plus élevé, l'Aizkorri, culmine à 1 549 m.

Les archives attestent son existence à partir du 14e s. D'abord seigneurie, il fut élevé au rang de comté et vécut sous l'égide de puissantes familles telles que les Vela, puis les Guevara de l'Álava. Les bourgeois essayèrent de se rebeller contre leur autorité. Ils demandèrent en 1540 le rattachement du bourg au Guipúzcoa, qui leur fut refusé en 1653 après plus d'un siècle de procès.

Ce n'est qu'en 1845, avec la suppression des droits seigneuriaux, que le village devint guipúzcoan. Pendant la première guerre carliste, il servit à deux reprises de quartier général à don Carlos, et la prise de la ville par le général Espartero obligea les carlistes à signer la convention de Vergara (aujourd'hui Bergara), mettant fin à la guerre. Quant à Espartero, il y gagna le titre de duc de Vergara.

Cette église d'origine gothique a été transformée à l'époque baroque. Dans le collatéral gauche, une chapelle Renaissance, gardée par de belles grilles, renferme un intéressant retable de bois doré et le tombeau en marbre, parfois attribué à Diego de Siloé, du fondateur de l'université. Avec sa galerie ajourée, ses arcs en accolade, ses niches à statues et la couleur dorée de ses pierres, l'extérieur du cloître se rattache au style platéresque isabélin. Détail inattendu : la rivière traverse le cloître !

Face à l'église, de l'autre côté de la rue, se dresse la **casa Hernani** du 16e s. Elle accueillit provisoirement l'université pendant les travaux de construction.

Contournez l'église. Vous arriverez face à la mairie.

Ayuntamiento (Hôtel de ville)

Dominant la plaza de los Fueros, ce bel édifice baroque fut construit au 18e s. par l'architecte Martín de Carrera. Sur la place ont lieu, le jour de la Fête-Dieu (Corpus Christi), d'étranges danses et des processions dont la tradition remonte au 15e s.

À sa gauche se déploie la plaza Sta Marina, bordée par trois grands palais du 18e s. : les maisons Madinabeitia, Antia et Baruenua.

Prenez la rue qui part à gauche de la mairie.

« LA COLÈRE DE DIEU »…

C'est près d'Oñati qu'a vu le jour le redoutable **Lope de Aguirre** (vers 1510-1561). Arrivé au Pérou en 1544, cet hidalgo réputé pour sa violence (et surnommé « el Loco » – le Fou – par ses contemporains) s'enrôle en 1559 dans l'expédition de découverte du mythique El Dorado après avoir pris part aux guerres civiles entre Espagnols. Mais bientôt, il prend la tête d'une mutinerie et entre en rébellion contre le roi Philippe II : il envisage en effet de fonder un royaume indépendant… Chemin faisant, il se débarrasse, sous des prétextes divers, de la plupart de ses compagnons et parvient à rallier au prix de mille épreuves la côte du Venezuela où il succombe à son tour, assassiné par l'un de ses derniers partisans. Cet extraordinaire destin lui a valu de devenir le personnage central de nombre de romans, tant en Espagne qu'en Amérique latine, mais c'est sous les traits de **Klaus Kinski** qu'il passe à la postérité grâce au film réalisé par **Werner Herzog**, *Aguirre ou la Colère de Dieu* (1972).

Oñati.
B. Boensch/imageBROKER/age fotostock

Église San Martín

Cet édifice du 15e s. porte une armature en bois et abrite un retable central de Pierre Picart.
La calle Patrue fait l'intersection avec Kalebarria par laquelle vous êtes arrivé. Remontez-la sur votre gauche jusqu'à la plaza Sta Marina.

Plaza Santa Marina

Elle est entourée du monastère de Bidaurreta, fondé en 1510 par Juan López de Lazarraga (haut dignitaire des Rois Catholiques), de la casa Otadui Jausoro, reconnaissable à son balcon en coin (fin 16e s.-début 17e s.), et de la tour Zubiaur.

★ Cueva de Arrikrutz (Grotte d'Arrikrutz)

Barrio Araotz auzoa - ☎ 943 082 000 - été : 9h30-14h30, 15h30-19h ; reste de l'année : lun. et tlj janv.-fév. sur réserv. - 9 € (-4 ans gratuit) - rens. et réserv. à l'office de tourisme.
Située dans le parc naturel d'Aizkorri-Aratz, cette grotte, site pionnier en matière d'exploration spéléologique, a été partiellement aménagée pour la visite. On y a découvert, fait exceptionnel, les empreintes d'un rhinocéros laineux, d'une hyène des cavernes, de cerfs géants, de nombreuses traces de la présence d'ours et des crânes de panthères. La visite guidée de la galerie 53 (seule ouverte sur 14 km de galeries souterraines étagées sur 6 niveaux) permet de voir des copies de certaines de ces trouvailles et d'admirer stalactites et stalagmites, sculptées par l'eau dans la roche au fil du temps. Les explications du centre d'interprétation complètent (ou précèdent) avec intérêt la découverte.

À proximité Carte de microrégion

Bergara A2

▶ *À 14 km au nord d'Oñati.*
Garez-vous sur le parking, face à l'église Sta Marina, car le centre est piétonnier.
🏛 *Palacio Errekalde, Koldo Eleizalde - ☎ 943 709 003 - www.bergaraturismo. eus - ouv. Sem. sainte, 1er juin-29 sept. et ponts : lun.-sam. 10h-14h, 16h-19h, dim. et j. fériés 10h-13h - visites guidées en français ou en anglais.*

Cette agréable bourgade a su conserver un centre historique cohérent, en dépit de son développement industriel du 19ᵉ s.

Église Santa Marina – Cette église haute et massive (16ᵉ-17ᵉ s.) est parfaitement représentative du gothique basque, si l'on excepte le clocher baroque. Elle renferme un impressionnant **retable★** baroque en bois sculpté, réalisé entre 1739 et 1742 par Martín de Irazusta.

Plaza San Martín Agirre – Elle constitue le centre du quartier historique et du bourg, et laisse voir les arcades de la mairie, un édifice du 17ᵉ s. arborant les écus : de la province à gauche, d'Espagne au centre et de la ville à droite. Le séminaire royal et la casa Jauregui bordent aussi la place.

Real Seminario de Bergara – Faisant face à l'hôtel de ville, cet édifice rappelle que Bergara accueillit à la fin du 18ᵉ s. un centre d'enseignement et de recherche scientifique comptant parmi les plus importants d'Europe.

Maison (Casa) Jauregui – Sa **façade★** présente sur presque toute sa largeur, au niveau du premier étage, un bas-relief délicatement sculpté, qui daterait du 16ᵉ s. Il mêle végétaux, personnages royaux ou galants (troubadour avec sa dame), et animaux fantastiques.

Église San Pedro de Ariznoa – Cette église dresse son clocher Renaissance derrière la mairie.

Kalea Barren – Partant de la plaza San Martín Agirre, c'est l'une des trois artères délimitant le vieux centre. À l'intersection avec la rue Arrese, à gauche, remarquez l'originale **fenêtre en angle**, décorée d'un blason et d'un balcon. En la suivant jusqu'au bout, vous parviendrez à la place **Egino Mallea** sur laquelle donne le palais du même nom, belle bâtisse de 1585.

Museo Laboratorium - *Juan Irazabal, 1 - ℘ 943 769 003 - www.bergara.eus/ es/laboratorium - mi-sept.-juin : merc.-jeu. 10h-14h, vend.-sam. 10h-14h, 16h-19h, dim. et j. fériés 10h-13h ; juil.-mi-sept. : lun.-sam. 10h-14h, 16h-19h, dim. et j. fériés 10h-13h - gratuit.*

👥 Ce musée abrite les collections du séminaire royal de Bergara, berceau de l'innovation au Pays basque. Fondée par les jésuites au début du 16ᵉ s., l'école fut au 18ᵉ s. l'un des pôles de recherche scientifique en Europe : c'est ici que fut découvert un nouvel élément chimique, le tungstène, ou encore inventé le procédé rendant le platine malléable. On découvre toutes sortes d'instruments, de planches et d'objets ayant trait à des domaines divers : géologie, médecine…

Revenez à Oñati par la GI 632, puis, après Elorregi, la GI 2630.

☺ NOS ADRESSES À OÑATI

HÉBERGEMENT/RESTAURATION

À Oñati

PREMIER PRIX

Arkupe – *Foruen Enparantza Pl. 9 -*
☏ *943 781 699 - menu 15 €*. Un
bar-restaurant de quartier pour
grignoter des *pintxos* ou un repas
plus consistant. Agréable terrasse
sur la place.

BUDGET MOYEN

Hôtel Torre Zumeltzegi –
Calle Torre Zumeltzegi, 11 -
☏ *943 540 000 - www.*
hoteltorrezumeltzegi.com - 🅿 *-*
12 ch. 77/115 € ☕ - menu 19/45 €.
Bâtiment restauré du 18ᵉ s.
avec jardin. Murs en pierres,
poutres apparentes, parquet
et mobilier en bois sont les
principales caractéristiques de
belles chambres douillettes et
fonctionnelles. Au restaurant,
cuisine basque traditionnelle. Une
belle adresse.

Etxe Aundi – *Torre Auzo Auzoa, 9 -*
☏ *943 781 956 - www.etxeaundi.*
com - fermé quelques jours à Noël
et dim. soir - menu 12/28 €, carte
env. 30/45 € - 11 ch. 54 €. Ancienne
maison familiale à l'ambiance
accueillante où est servie une
cuisine aux accents du pays.
L'établissement compte en outre
une salle de réception plus simple
et des chambres confortables.

Dans les environs

PREMIER PRIX

Hôtel Mauleon – *Nafarroa Kalea,*
16 - 20230 Legazpi - ☏ *943 730 870 -*
www.hotelmauleon.com - 🅿 *-*
12 ch. 52 € - 1/2 P 73 €- P complète
77 € - ☕ 3,65 € - menu du jour
7,80 € - menu w.-end 15 €. Ce
magnifique édifice du début

du 20ᵉ s. propose des chambres
personnalisées, parfois dotées de
meubles anciens. Le restaurant,
décoré dans le style des années
1920, sert des plats au goût du
jour et des pâtisseries maison.

Hôtel Ormazabal – *Barrenkale,*
11 - 20570 Bergara - ☏ *943 763 650 -*
https://ormazabal.dendari.com -
14 ch. 55 € - ☕ 5,50 €. Cette maison
du 18ᵉ s., très calme, donne le
sentiment de remonter le temps.
Salle pour le petit-déjeuner
décorée d'objets anciens,
accueillant salon commun et
chambres chaleureuses avec
mobilier d'époque.

POUR SE FAIRE PLAISIR

Lasa – *Calle Zubiaurre, 35 -*
☏ *943 761 055 - www.*
restaurantelasa.es - menus 29/48 € -
carte 42/78 € - fermé 24 déc.-3 janv.,
Sem. sainte, du 4 au 21 août, dim.
soir et lun. - 🅿. Déclaré monument
national, le Palacio de Ozaeta
abrite un restaurant composé
de plusieurs salons, dont l'un
est dédié aux réceptions et aux
commandes à la carte. Cuisine
traditionnelle enrichie de notes
actuelles, qui se distingue surtout
par ses produits fumés.

AGENDA

Corpus Christi à Oñati – *Mai-juin*.
Fête médiévale : procession de
la confrérie du Saint-Sacrement,
danses et musique traditionnelles.
Nombreuses festivités en
septembre à Oñati : concours
international de chiens de berger
(Concurso internacional de
perros pastor) ; « Herri Eguna »,
célébration de la culture rurale,
avec concours divers, artisanat et
dégustations.

3

Bilbao et la Biscaye 4

Carte Michelin Region n° 573 – Viscaya

BILBAO ET LA BISCAYE

0   10 km

N

SANTANDER

CANTABRIA

A 8

Gorrondatxe - Aizkorri

Costa

Armintza

San Juan de Gaztelugatxe

Machicha

BI 3101

BI 3152

Gorliz

Plentzia

BI 2122

BI 631

Arrigunaga

Getxo

BI 637

Río Butroe

BI 2121

Puente Bizkaia

Muzkiz

Gallarta

El Pobal

VIZCAYA

1

Pozalagua

Karpin Abentura

Ranero

Paúles

N.S. del Buen Suceso

Bilbao

N 637

Vallée de Karrantza

Biáñez

BI 630

Avellaneda

Río Cadagua

BI 360

Güeñes

BI 636

R. Ibaizabal

N 240

Balmaseda

BI 636

Las Encartaciones

BI 625

AP 68

BI 3524

Ar

Villaro/Areatza

2

Bilbao	★★	Mérite un détour
Elantxobe	★	Intéressant
Balmaseda		À voir

⇒ Ville de départ du circuit

→ Vers le Parc naturel de Gorbeia, la vallée d'Orozco

→ D'Ondarroa à la ría de Guernica

→ De Guernica à Bilbao

→ De Guernica à Marquina-Jeméin

→ La vallée de Karrantza/ Karrantza Harana / Valle de Carranza

Río Nervión

Orozko

BI 3513

Parc naturel

de Gorbeia

5

AP 68

N 1502

LOGROÑO

VITORIA-GASTEIZ

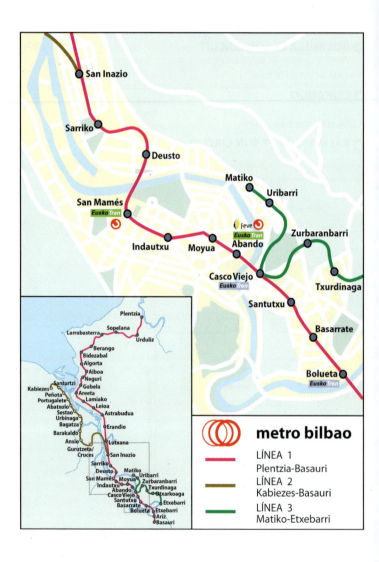

Bilbao

Bilbo

345 122 habitants - Province de Viscaya (Biscaye)

Dites Bilbao, on vous répondra Guggenheim ! La « fleur de titane », cet extraordinaire bâtiment imaginé par Frank O. Gehry en 1997, est devenue le symbole d'une ville parvenue en une vingtaine d'années à modifier son image et à faire oublier son passé de cité industrielle sans charme. Il faut dire que les Bilbaínos n'ont pas lésiné sur les moyens : ils ont fait appel aux plus grands architectes contemporains et ont mis en valeur les vestiges du passé dans la cité médiévale et les immeubles Art nouveau du quartier de l'Ensanche. À cela s'ajoutent un musée des Beaux-Arts parmi les plus riches du pays, et un passionnant Musée maritime. Vous comprendrez ainsi comment Bilbao a réussi l'exploit de dépasser Saint-Sébastien en termes de fréquentation touristique !

NOS ADRESSES PAGE 264
Hébergement, restauration, achats, activités, etc.

S'INFORMER

Office de tourisme – *Pl. Circular, 1 - ℘ 944 795 760 - www.bilbaoturismo. net - 9h-21h.* Un modèle du genre, en termes de services et de fonctionnalités.

Oficina Guggenheim – *Mazarredo Zumarkalea, 66/Alameda Mazarredo, 66 - juil.-août : 10h-19h ; reste de l'année : tlj sf dim. 10h-19h.*

Visites guidées à pied – L'office de tourisme propose deux circuits de visite guidée (anglais et espagnol, env. 1h30) : Casco Viejo *(w.-end à 10h)* et Ensanche-Abandoibarra *(w.-end à 12h).*

Visites guidées à vélo – *p. 264.*

Bilbao Bizkaia Card – *24/48/72h, respectivement 10/15/20 €. Disponible en ligne sur http://www. bilbaobizkaiacard.com. Transports et visites guidées gratuits, coupe-file pour les musées, et bien d'autres avantages…*

SE REPÉRER

Carte de microrégion B1 (p. 244-245) et plan de ville (p. 254). La capitale de la Biscaye est située à 102 km à l'ouest de St-Sébastien, de part et d'autre de la ría de Bilbao, l'embouchure du Nervión. Sa rive droite concentre les quartiers historique (Casco Viejo) et étudiant, la gauche, l'ancien quartier des affaires et le nouveau Bilbao. Ceinte par de nombreuses collines, la ville est surnommée « el Botxo » (le Trou).

SE GARER

Se garer en ville est très difficile… L'idéal est de laisser votre véhicule dans un parking de stationnement longue durée.

À NE PAS MANQUER

Le musée Guggenheim, le musée des Beaux-Arts et une promenade dans la vieille ville.

ORGANISER SON TEMPS

Comptez deux jours, *voir Programme p. 251.*

AVEC LES ENFANTS

Prenez le funiculaire d'Artxanda pour voir Bilbao de haut, visitez le musée Guggenheim et le Musée maritime, la forge d'El Pobal.

4

Découvrir Plan de ville

★★★ MUSÉE GUGGENHEIM DE BILBAO A1

Abandoibarra, 2 - ☏ 944 359 080 - ♿ - www.guggenheim-bilbao.eus - juil.-août : 10h-20h ; reste de l'année : tlj sf lun. 10h-20h (ferm. à 17h les 24 et 31 déc.) - visites guidées gratuites mar.-vend. 17h, sam.-dim. 12h30, 13h (30mn) ; mar.-vend. 12h30, sam.-dim. 17h (60mn) ; visites guidées spéciales payantes, se rens. sur le site - ateliers, conférences, rencontres et concerts - fermé 1ᵉʳ janv. et 25 déc. - 15 € (-12 ans gratuit), audioguide inclus - les tarifs du musée peuvent varier en fonction de la programmation artistique - Artean Pass : billet combiné avec le musée des Beaux-Arts 16 €. Deux restaurants (♿ Nos adresses).

Devant le musée, *Puppy*, l'œuvre végétale de **Jeff Koons**, est devenue la mascotte de la ville de Bilbao. D'autres pièces sont installées autour du bâtiment, dont, côté fleuve, *Maman* (1999), impressionnnante araignée de Louise Bourgeois, et *Fire Fountain* (1961) d'Yves Klein. Cette étoile architecturale, financée par le gouvernement basque, s'ajoute à la constellation de musées gérée par la Fondation Solomon R. Guggenheim, laquelle comprend le siège new-yorkais (bâtiment emblématique de Frank Lloyd Wright) et la collection Peggy Guggenheim de Venise.

Située derrière les caisses, une salle d'orientation, **Zero Espazioa**, propose des activités interactives qui aident à la visite.

Édifice

♿ *ABC d'architecture p. 445.*

L'architecte canadien **Frank O. Gehry** (né en 1929 ; prix Pritzker d'architecture en 1989, prix impérial japonais en 1992 et prix du Dorothy et Lillian Gish en 1994) a imaginé dans la zone industrielle au bord du Nervión une colossale sculpture de titane, de calcaire jaune et de verre. Il est parvenu à revaloriser l'environnement immédiat et à intégrer l'édifice dans le paysage, en faisant s'entremêler bassins, estuaire et mur de verre, et en incorporant le pont de la Salve. L'imposante silhouette, composée d'un enchevêtrement de courbes, dégage un extraordinaire dynamisme qui surprend et séduit. Les écailles de titane, qui recouvrent le musée, se jouent de toutes les nuances de la lumière. L'intérieur n'en est pas moins fascinant, avec ces courbes qui s'enlacent.

Le musée compte **vingt galeries** distribuées sur trois niveaux autour du monumental atrium central, haut de plus de 50 m. La plus grande galerie, longue de 130 m, se glisse sous le pont jusqu'à la tour-sculpture.

Pour une vue originale du bâtiment, louez un kayak ! ♿ *Nos adresses p. 264.*

Collection de la fondation Solomon R. Guggenheim

Fondée dans les années 1930 et consacrée à l'**art du 20ᵉ s.**, la collection de la fondation est l'une des plus riches au monde. Elle comprend des œuvres significatives de tous les mouvements, depuis les grands maîtres de l'avant-garde classique aux représentants des tendances les plus récentes, en passant par l'expressionnisme abstrait, le pop art, l'art conceptuel et le minimalisme. Elle inclut également des toiles d'artistes espagnols. Le fonds est présenté par roulement entre les différents musées Guggenheim qui organisent aussi de grandes expositions temporaires.

La collection propre du musée de Bilbao comprend des œuvres d'Eduardo Chillida, Yves Klein, Antoni Tàpies, Andy Warhol, Richard Serra, Anselm Kiefer, Anish Kapoor (pour ne citer que les artistes les plus renommés).

Le musée Guggenheim par l'architecte Franck O. Gehry.
R. Cintract/hemis.fr

Se promener Plan de ville

★★ Funiculaire d'Artxanda - Panorama B1

Pl. del Funicular, rue Castaños sur la rive droite de la ría, parallèle au Campo de Volantín - ☎ 944 454 966 - www.bilbaoturismo.net/BilbaoTurismo/fr/une-autre-maniere-de-visiter-bilbao-/a-journey-by-funicular - lun.-sam. 7h15-22h, dim. et j. fériés 8h15-22h (23h juin-sept.) ttes les 15mn - durée 3mn - 0,95 € (-12 ans 0,31 €).
Inauguré en 1915, il conduit au sommet de cette colline qui domine la ville depuis la rive droite. On y accède à partir du musée Guggenheim en suivant le Nervión que l'on franchit par la passerelle Zubizuri (« le pont blanc »), dessinée par Santiago Calatrava. **Panorama** à couper le souffle sur le Nervión, le Guggenheim et toute l'étendue de Bilbao !

★ CASCO VIEJO (LA VIEILLE VILLE) B2

Circuit ❶ tracé en vert sur le plan de ville (p. 254) - Comptez 1h30, sans les visites. Départ depuis le pont d'El Arenal. Ce quartier est surnommé par les Bilbayens les Siete Calles.

El Arenal

Cette vaste esplanade qui sert aujourd'hui de promenade doit son nom à la zone sableuse qu'elle a remplacée et qui s'étendait jadis jusqu'à la place Miguel Unamuno. Un élégant kiosque, en son centre, accueille chaque dimanche l'ensemble musical municipal.

Théâtre (Teatro) Arriaga *(visite guidée en espagnol et anglais, sam.-dim. 11h30-13h30 - 5 € - rens. sur place ou sur le site Internet pour le calendriers des visites)* – Il tire son nom du compositeur Juan Crisóstomo de Arriaga (1806-1826). Il fut construit en 1890 par Joaquín Rucoba dans un style résolument néobaroque, et restauré après les inondations de 1983.

Église San Nicolás de Bari – *9h30-13h, 17h-20h30.* Cette construction baroque (1756), dédiée au saint patron des navigateurs, se reconnaît à son dôme

4

octogonal, précédé par deux tours-clochers. À l'intérieur, les statues du maître-autel baroque (18e s.), représentant saint Nicolas, flanqué de saint Laurent et de saint Vincent, ont été réalisées par Juan Pascual de Mena.

Banco de Bilbao – Face à l'église, ce bâtiment opulent, signé par le Français Lavalle et inauguré en 1868, sert de centre de conférence et d'exposition.

Prenez Foru Kalea/calle de los Fueros et contournez la plaza Nueva par la gauche afin de rejoindre la plaza Miguel Unamuno.

★ Plaza Miguel Unamuno

Le buste de cet écrivain (1864-1936), dont la maison natale se trouve Erronda Kalea/calle de Ronda, trône sur une colonne corinthienne au centre de la place (🕐 p. 469).

Museo Vasco (Musée basque) B2 – *Pl. Miguel Unamuno, 4 - ℰ 944 155 423 - www.euskal-museoa.eus - ♿ - lun. et merc.-vend. 10h-19h ; sam. 10h-13h30, 16h-19h, dim. 10h-14h - fermé mar. et j. fériés - 3 € (-12 ans gratuit) - gratuit jeu.* Il est installé dans l'ancien collège San Andrés. Sa vaste collection ethnographique permet de découvrir les activités basques traditionnelles : pêche, tissage du lin, artisanat, forgeage. Admirez la remarquable **croix de procession** en bois polychrome (16e s.), dans la vitrine consacrée aux croyances et à la religion des marins. Elle provient de l'île d'Izaro, dans la ría de Guernica, et appartenait à une communauté franciscaine, dispersée au 17e s. Au centre du cloître classique se dresse la mystérieuse *Idole* de Mikeldi, sculpture zoomorphe datant du 2e âge de fer. Au dernier étage, s'étend une maquette en relief de la Biscaye. Au même niveau, vous pourrez admirer des armoires à archives de 1761. Derrière le musée s'élève l'église des Santos Juanes (17e s.).

Museo de Pasos de Semana Santa (Musée des Chars de processions de la Semaine sainte) hors plan – *Iturribide, 3 - ℰ 944 150 433 - www.museodepasosbilbao.com - mar.-vend. 11h-13h, 17h-19h30, w.-end 11h-14h (sam. 17h-20h) - fermé lun., j. fériés et une sem. avant et après Pâques - 2 € (-10 ans gratuit).* Il serait dommage de ne pas pousser jusqu'à cette vieille demeure jouxtant la plaza Miguel Unamuno. Elle abrite, dans un cadre soigné, les *pasos* (scènes sculptées représentant la Passion) qui sont portés en procession à l'occasion de la Semaine sainte. Ornements et patrimoine des confréries sont aussi exposés.

Les courageux prendront les escaliers de Mallona qui mènent à la **basilique de Begoña** et au **parc Etxebarria**, poumon vert de la ville et parmi les premiers exemples de sa reconversion industrielle à la fin des années 1980 : on peut encore voir une cheminée de l'ancienne fonderie qui se trouvait là autrefois.

Depuis la plaza Miguel Unamuno, gagnez la plaza Nueva par la Kapelagile Kalea/calle de la Sombrería.

★ Plaza Nueva

Entourée de portiques néoclassiques et de 64 arcades élevées au 19e s., elle accueille chaque dimanche un marché aux livres et aux oiseaux. Avec ses belles terrasses et ses nombreux bars, c'est un endroit parfait pour faire une pause.

Quittez la place par la Posta Kalea/calle del Correo et suivez-la en direction de la cathédrale.

★ Cathédrale Santiago

Pl. de Santiago, 1 - lun.-vend. 11h-13h, 17h-19h30 ; j. fériés 11h-12h - visite du cloître 2 €.

Érigé en cathédrale en 1950, l'édifice gothique, qui serait inspiré de l'église N.-D. de Caudebec-en-Caux (Normandie), date pour sa partie la plus ancienne du 14e s. Elle abrite notamment une statue de saint Jacques, patron de la ville, et de la Vierge de Begoña, patronne de la Biscaye. Les chapelles et le cloître

UN WEEK-END À BILBAO	
Jour 1	Plongez dans l'animation du Casco Viejo, la vieille ville. Boutiques et bars à *pintxos* jalonnent les ruelles piétonnes, qui débordent vite de monde. Visitez la cathédrale de Santiago et le Musée basque, bonne introduction à la région. Si vous en avez le courage, montez par les escaliers de Mallona à la basilique de Begoña et redescendez par le parc Etxebarria. Sillonnez les allées du marché de la Ribera, profitez-en pour faire quelques achats et goûter la gastronomie locale dans l'un de ses bistrots pour le déjeuner. Rejoignez ensuite l'Ensanche pour voir les palais Art nouveau et modernistes du quartier. Découvrez les nombreux artistes espagnols exposés au musée des Beaux-Arts. Terminez l'après-midi en faisant les boutiques… et la soirée en savourant des *pintxos*.
Jour 2	Vous resterez bien plusieurs heures au musée Guggenheim, partagées entre la découverte de son architecture et celle de ses collections d'art contemporain. Flânez le long de la berge aménagée de façon futuriste. « Bilbao Art District » n'est pas loin et compte galeries d'art et boutiques de designers. Faites une promenade en bateau et/ou prenez le funiculaire d'Artxanda. Le Musée maritime de la ría de Bilbao mérite aussi une visite pour ses belles collections et ses explications didactiques. Le soir, reprenez le chemin de la vieille ville. Sirotez un verre sur la charmante plaza Nueva, bordée d'arcades et dînez dans le quartier.
Conseils	Le tramway est un bon moyen pour prendre la mesure des transformations de l'ancien port de Bilbao, sans se fatiguer. Vous pouvez aussi traverser le Nervión par la passerelle Zubizuri afin d'observer les constructions depuis la rive opposée.

furent construits au siècle suivant dans un style flamboyant, et le grand portail Renaissance élevé au 17e s.

Engagez-vous dans la rue Alejandro de la Sota, qui touche au chevet de la cathédrale, pour aboutir Erronda Kalea/calle de Ronda. Cette dernière conduit, par la droite, au Nervión et à San Antón.

Église San Antón
Erribera Kalea - lun.-vend. 10h-13h, 17h-19h30. Son plan et sa silhouette gothiques sont complétés par une façade Renaissance et une tour baroque. Elle fut édifiée au 15e s. à la place d'une tour défensive. L'intérieur abrite un retable platéresque de Guiot de Beaugrant.

★ Mercado de la Ribera (Marché de la Ribera)
Erribera Kalea - lun. 8h-14h30, mar.-vend. 8h-14h30, 17h-20h, sam. 8h-15h.
Accolé à l'église, le marché de la Ribera occupe l'emplacement de la plaza Vieja. Construit en 1929, il compte 11 500 m² répartis sur deux niveaux, où les produits étaient autrefois regroupés par type, ce qui n'est plus le cas aujourd'hui. Sa surface en fait le marché couvert le plus important d'Europe. On y trouve aussi plusieurs « gastropubs » pour goûter sur place *pintxos* et en-cas de bonne qualité (🍴 *Nos adresses, p. 266*), ainsi qu'un club de jazz.
Nantis de leurs provisions de bouche, les amateurs d'art sacré peuvent alors remonter le Nervión en passant devant le pont de San Antón, où l'on prélevait autrefois le péage, pour rejoindre la plaza de la Encarnación.

Museo Diocesano de Arte Sacro (Musée diocésain d'Art sacré)
hors plan par B2
Pl. de la Encarnación, 9B - 🕿 944 320 125 - www.eleizmuseoa.com - ♿ -mar.-sam. 10h30-13h30, 16h-19h, dim. et j. fériés 10h30-13h30 - fermé lun., 1er et 6 janv., 24, 25 et 31 déc. - 3 € (-18 ans 1,50 €), gratuit mar.

Installé dans l'ancien couvent de l'Incarnation (16e s.), ce musée expose une remarquable collection d'orfèvrerie (admirez le calice en argent doré du 18e s. exposé dans un étui de 20 cm de haut) et un bel ensemble de Vierges à l'Enfant en bois du 12e au 15e s., dont une étonnante sainte Anne et la Vierge enfant en train de coudre. Le musée présente également des œuvres d'art religieux contemporain, comme le Christ Pantocrator en bronze de Vicente Larrea réalisé en 1973.

Regagnez le marché puis le quartier ancien par la Dendarikale/calle de la Tendería. Sur la plaza de Santiago, prenez sur la gauche et marchez jusqu'à l'intersection des rues Sta María et Pelota.

Palacio de Yohn o Edificio La Bolsa
(Palais de John dit aussi Bâtiment de la Bourse)
Pilota Kalea/calle de la Pelota, 10 - ☎ 944 163 188 - lun.-vend. 9h-21h30, sam. 9h-14h - fermé sam. en juil.-sept., Noël, Sem. sainte.

Aujourd'hui transformée en centre culturel, cette demeure baroque (18e s.) tire son premier nom d'un émigrant est-européen, Leandro Yohn. Son second lui vient de l'enseigne d'une entreprise de ferronnerie et de quincaillerie qui occupa un temps ses murs. Bref, jamais on n'y échangea la moindre valeur… Notez l'image de la Vierge de Begoña ornant la façade.

Sur la droite, la Txakur Kalea/calle del Perro mène à la **fontaine** du même nom construite, paraît-il, avec les pierres de l'ancien rempart.

À l'intersection avec la rue Bidebarrieta, tournez à gauche.

Bibliothèque Bidebarrieta
De style éclectique, ce bâtiment accueille aujourd'hui la bibliothèque municipale. Notez dans son hall la phrase interdisant l'entrée aux carlistes (🕒 p. 465), une façon de rappeler que Bilbao ne tomba jamais entre leurs mains !

Allez jusqu'au bout de la rue pour retrouver le théâtre Arriaga et El Arenal.

★ EL ENSANCHE (L'EXTENSION)

🕒 *Circuit ② tracé en vert sur le plan de ville (p. 254) – Comptez 2h30. Départ de la plaza Moyúa.*

★ Plaza Moyúa A1
Cette belle place, reconnaissable à son terre-plein fleuri, porte le nom d'un maire de Bilbao. Elle est traversée d'est en ouest par la grande artère commerçante de la ville, **Gran Vía** (de son nom complet Diego López Haroko Kale Nagusia/calle Don Diego López de Haro), du nom du fondateur de Bilbao. On la surnomme également la place elliptique du fait de sa forme. De là, on peut apercevoir les monts Artxanda et le Pagasarri qui dominent la ville.

Hôtel Carlton – À défaut de séjourner dans l'hôtel mythique de la ville, jetez un œil à la superbe verrière qui coiffe le hall.

Palais Chávarri – Dessinée par l'un des maîtres bruxellois de l'Art nouveau, **Paul Hankar** (1859-1901), cette demeure de style éclectique porte le nom de l'industriel pour lequel elle fut construite en 1894.

Prenez la deuxième rue à droite, Recalde Zumarkalea/Alameda de Recalde, et tournez à gauche à la première intersection, dans la rue Colón de Larreátegui.

Casa Montero – Parfois appelée « casa Gaudí » en raison de sa ressemblance avec certains immeubles conçus par le génial architecte catalan, cette maison fut réalisée en 1904 dans le style moderniste (appellation espagnole de l'Art nouveau) par un architecte très actif à Bilbao, **Luis Aladrén**. Vous ne manquerez pas d'admirer la richesse décorative des balcons.

Les métamorphoses d'une cité

UNE VILLE ET UN PORT

C'est au pied d'une colline portant le sanctuaire de Begoña, sur la rive droite du Nervión, que **Diego López de Haro**, seigneur de Biscaye, fonda Bilbao le 15 juin 1300. Surnommée *las Siete Calles* (les Sept Rues) en raison de son plan, la cité alors entourée de murailles se serre autour de la future cathédrale de Santiago. Dès sa fondation, Bilbao se lance dans le commerce maritime, qu'elle développe sous l'autorité du consulat instauré au 16e s. (et qui ne sera dissout qu'en 1829). Elle noue des relations avec l'Europe du Nord (France et Flandres, puis Angleterre), mais doit lutter au 17e s. pour son indépendance territoriale et décisionnelle. Au 18e s., sa population atteint les 10 000 habitants.

LA RÉVOLUTION INDUSTRIELLE

C'est la révolution industrielle qui assura à la cité son essor économique après les guerres carlistes. Elle prit de l'ampleur avec l'exploitation des mines de fer des montagnes environnantes. Les bateaux emportaient ce minerai vers l'Angleterre et revenaient chargés de houille, ce qui permit de mettre en place une importante industrie sidérurgique. Cet essor s'accompagna du développement, de l'autre côté du pont d'El Arenal, du quartier moderne El Ensanche, conçu à partir de 1876 sur un plan géométrique. Industriels, banquiers et armateurs y édifièrent des immeubles cossus répondant aux tendances architecturales alors en vogue : éclectisme ou Art nouveau.

LA « RÍA » ET LE GRAND BILBAO

La *ría* est un immense port fluvial, le premier d'Espagne pour le trafic de marchandises. Depuis 1945, ce que l'on nomme « le Grand Bilbao » réunit les communes qui la bordent jusqu'à l'Océan, de Bilbao à Getxo. Les industries se concentrent sur la rive gauche à Baracaldo, Sestao, Portugalete, d'où part le pont transbordeur construit en 1893, et à Somorrostro (raffinerie de pétrole). Santurtzi, port de pêche, est connu pour ses sardines. Sur l'autre rive, la ville d'Algorta, plus aérée, présente un caractère plutôt résidentiel, tandis que Deusto est célèbre pour son université.

L'ART DE RÉPONDRE AU DÉCLIN

Les années 1970-1980 entraînent une crise importante. Les usines ferment. Bilbao tente alors une reconversion inattendue : le musée Guggenheim en est le premier fleuron. À la suite de Frank O. Gehry, les architectes du monde entier exercent leur talent dans la capitale de la Biscaye : l'Argentin Cesar Pelli édifie une tour, l'Anglais sir Norman Foster dessine le métro (dont les stations ont reçu le surnom affectueux de *fosteritos*), l'Espagnol Santiago Calatrava conçoit une passerelle et le nouveau terminal de l'aéroport, le Français Philippe Starck rénove un vaste entrepôt pour en faire un centre de loisirs, Soriano et Palacios créent le palacio Euskalduna. Les friches industrielles sont réhabilitées, les espaces verts se multiplient tandis que l'économie évolue vers la haute technologie et les services.

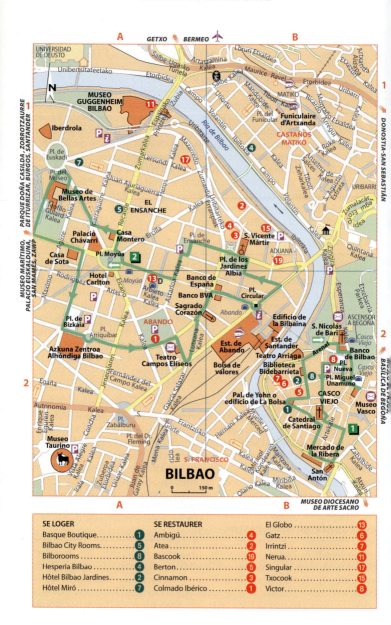

Continuez sur la rue Colón de Larreátegui jusqu'à l'intersection suivante et prenez ensuite la rue Elcano en direction du Nervión.

Admirez au passage la **vue** sur le musée Guggenheim dans la perspective de la calle Iparraguirre.

★★ Museo de Bellas Artes (Musée des Beaux-Arts) A1

Pl. del Museo, 2 - ℘ 944 396 060 - www.museobilbao.com - ⏦ - merc.-lun. 10h-20h (14h les 24 et 31 déc.) - fermé mar., 1er et 6 janv., 25 déc. - visite guidée se rens. - 9 € (12-25 ans 7 €) - merc. 10h-15h, dim. 15h-20h et -12 ans gratuit, audioguide 3 € - Artean Pass : billet combiné avec le musée Guggenheim 16 €.

Situé à l'orée du parc Doña Casilda de Iturrizar, le musée est né en 1945 de la réunion du premier musée des Beaux-Arts (1914) et du musée d'Art moderne (1924). Il comprend deux bâtiments reliés, l'un construit en 1945 et l'autre dans les années 1960, qui abritent une des plus grandes collections d'œuvres d'art du pays.

Au fil des salles réparties sur deux niveaux, le visiteur découvre l'art du 13e s. à nos jours selon un accrochage chronologique et thématique. Nombre d'**artistes espagnols** sont représentés : Le Greco (*Annonciation*, v. 1596, salle 8), Murillo (*Saint Pierre en larmes*, v. 1650, salle 9), Ribera (*Saint Sébastien*, v. 1621, salle 9), Zurbarán (*Vierge à l'Enfant*, 1662, salle 10), Goya (*Portrait de Martin Zapater*, 1797, salle 15). Le musée conserve aussi une importante collection de tableaux de **Sorolla**, proche des impressionnistes, dont les œuvres sont exposées par roulement (salle 25). Vous pourrez aussi voir des peintures d'**artistes basques** comme José Arrue (1885-1977), auteur de scènes basques typiques et d'une précision minutieuse (salle 30), ou de Aurelio Arteta (1879-1940), le premier directeur du musée d'Art moderne, intéressé par le réalisme social et la vie quotidienne (salle 28).

Parmi les peintres étrangers, découvrez Martin de Vos et son *Enlèvement d'Europe* (1590, salle 6), tableau où se lit l'influence du Titien qui a peint le même sujet en 1560 ; l'américaine Mary Cassatt et sa *Femme assise avec un enfant dans les bras* (v. 1890, salle 19), délicat portrait intimiste ; Paul Gauguin et ses *Laveuses à Arles* (1888, salle 22), aux couleurs vives et aux formes presque abstraites.

Vastes espaces sous de hauts plafonds, les salles dédiées à l'**art contemporain** (32-33), éclairées par d'immenses baies vitrées, sont particulièrement remarquables. Les œuvres sont exposées par roulement : peintures, sculptures et installations rendent compte du travail d'artistes espagnols, tels Solana, Vázquez Díaz, Jorge Oteiza, Chillida, Tàpies, Miquel Barceló, ou, pour la jeune génération, Gortazar par exemple, et également d'artistes étrangers (Delaunay, Léger, Bacon, Hockney, Alechinsky, Kapoor, etc.).

En un mot, il s'agit là d'une remarquable collection et d'un superbe musée à « taille humaine » que l'engouement justifié pour le musée Guggenheim ne doit en aucun cas occulter !

Parc Doña Casilda de Iturrizar hors plan par A1

Ce parc, dessiné entre 1912 et 1920, doit son nom à la veuve d'un banquier, connue pour ses bonnes œuvres. Ombragé et odorant, il ménage d'agréables surprises comme cette pergola, où sont régulièrement organisés des événements culturels en été, ou encore la fontaine cybernétique agrémentée d'un son et lumière.

Palacio Euskalduna de Congresos y de la Música

(Palais des congrès et de la musique) hors plan par A1

Abandoibarra, 4 (à l'extrémité ouest du parc, au-delà de l'avenue) - ℘ 944 035 000 - www.euskalduna.net - visite guidée du bâtiment sam. 12h, à confirmer avant - 2 € (enf. 1 €).

4

Dessiné par les architectes **Federico Soriano** et **Dolores Palacios**, et inauguré en 1999, ce bâtiment de verre, de béton et de métal est l'un des fleurons architecturaux du nouveau Bilbao. L'une de ses **façades**, tapissée de fer rouillé, évoque les constructions navales qui occupaient autrefois le site.

Autre souvenir des chantiers navals, vous ne pourrez échapper à **Carola**, la superbe grue rouge, qui s'élève de l'autre côté du pont.

Une promenade mène le long des berges du Nervión, aménagées en agréables jardins. En remontant vers le Guggenheim, vous passerez devant des sculptures contemporaines rendant hommage au passé maritime de la ville. En traversant le fleuve, vous aurez une magnifique **vue**★ sur la « fleur de titane ». *Descendez l'avenue Abandoibarra jusqu'au rond-point (Jesusen Bihotza Plaza/plaza del Sagrado Corazón de Jesus) et prenez vers le pont Euskalduna.*

★ Museo marítimo Ría de Bilbao
(Musée maritime de la ría de Bilbao) hors plan par A1

Muelle Ramón de la Sota, 1 - ☎ 946 085 500 - www.museomaritimobilbao.org - juin-oct. : tlj sf lun. 10h-20h ; reste de l'année : mar.-vend. 10h-18h, w.-end et j. fériés 10h-20h - 6 € (-6 ans gratuit) - sept.-juin. : mar. gratuit.

Fort de ses 7 000 m², ce musée aborde de façon didactique et parfois ludique (parcours dédié aux enfants) ce que fut l'activité maritime, commerciale et industrielle du port de Bilbao, sans oublier celle de ses chantiers navals (le musée donne d'ailleurs sur les digues des anciens chantiers navals – *astilleros* en espagnol – Euskalduna). Des explications en français apportent un intelligent contrepoint à la visite.

Le rez-de-chaussée se concentre sur le développement de la *ría*, avec un film en 3D *(plusieurs langues disponibles)* et le rappel du travail d'**Evaristo de Churruca** (1841-1917), ingénieur qui aménagea l'estuaire au 19e s. Remarquez les chaloupes de sauvetage, les photos aériennes, le mur lumineux dédié aux activités humaines et l'**épave d'Urbieta**★ (15e s.) mise au jour en 1998 dans l'estuaire de Guernica ; des panneaux expliquent sa restauration. Une **barge de parade**, longue de 13,92 m, telle celle du consulat de Bilbao au 17e s., a été fidèlement reconstituée. On peut monter à bord et, grâce à un écran vidéo, avoir l'impression de naviguer sur la *ría* dans le Bilbao d'aujourd'hui.

Le second niveau présente l'activité engendrée par les ports de commerce, industriel et le chantier naval. Le marché de San Antón et la salle du Consulat qui régentait l'activité marchande sont ainsi reconstitués. Une grande carte murale interactive permet de suivre les routes commerciales de différentes

---

BILBAO ART DISTRICT

Pas vraiment une zone délimitée, plutôt un concept, cette initiative semi-publique est née en 2013. Son objectif est de promouvoir l'identité artistique d'une ville qui se transforme encore et toujours et où ont poussé constructions modernistes, œuvres d'architectes tels que Pelli, Isozaki, Ferrater, Gehry, Calatrava Valls, et sculptures d'artistes comme Chillida, Koons, Kapoor. Cet « art district » comprend toute la partie située au nord du palais des Congrès et de la Musique, l'**Abandoibarra**, ancien site d'activités portuaires où se dessine le Bilbao de demain. Les rues au nord et à l'est de la place Euskadi, dominée par l'emblématique **tour Iberdrola** (César Pelli, 2012), abritent ainsi plusieurs galeries d'art et boutiques de design. N'hésitez pas à flâner pour y faire de stimulantes découvertes.

Manifestations tte l'année et programmation spécifique en mai et octobre.
♿ *www.bilbaoartdistrict.com.*

Façades typiques de Bilbao.
ultraforma/iStock

époques. D'autres espaces traitent de l'industrialisation de la ville, de la cartographie, de la navigation à voile, de la construction navale moderne, avec de belles maquettes et des rouleaux de plans.

À l'extérieur, le voilier *Euskadi* qui boucla le Vendée Globe en 1993, un bateau de sauvetage de 1980, un bateau de pêche en bois de 1958 *(Nuevo Antxustegui)* et un remorqueur de 1928 (ouvert au public) complètent la visite.

Revenez au rond-point et longez le parc par la rue José Anselmo Clavé, avant de gagner sa parallèle, la Gran Vía, pour marcher en direction de la plaza Moyúa.

Casa de Sota (Maison de Sota) A1

Gran Vía, 45. Après la calle Máximo Aguirre, jetez un œil (sur le trottoir de droite) à cet impressionnant ensemble d'immeubles, identifiables à leur avant-toit très basque et à leur style éclectique. Datant de 1919, ils furent dessinés par **Manuel María Smith** pour l'entrepreneur et homme politique Ramón de la Sota (1857-1936) qui voulait créer tout un pâté de maisons d'habitations destinées à la bourgeoisie. Les lieux abritent aujourd'hui bureaux, locaux commerciaux et logements.

Tournez à droite à l'intersection suivante et engagez-vous dans la rue Iparraguirre.

Plaza de Bizkaia A2

La place de Biscaye est bordée par l'Azkuna Zentroa Bilbao et des immeubles Art nouveau, à l'angle de la rue Poza Lizentziatuaren ainsi qu'au n° 42 de la rue Iparraguire. En face, les bâtiments de verre sont des édifices publics.

Tournez à gauche dans Urkixo Zumarkalea/calle Alameda Urquijo, jusqu'à la place Arriquibar où se trouve l'entrée principale d'Azkuna Zentroa.

Azkuna Zentroa Alhóndiga Bilbao A2

Pl. Arriquibar, 4 - ☎ 944 014 014 - www.azkunazentroa.com - lun.-vend. 7h-23h, w.-end et j fériés 8h30-23h ; terrasse juin-sept. : 9h-22h - fermeture de la piscine 3 sem. en août. Entrée libre dans le complexe (billet piscine, solarium, salle de sport : 1 j. 10,90 €), expositions temporaires : à partir de 3 €. Expositions, ateliers pour enfants, concerts…

Construits en 1909 par Ricardo Bastida dans un style éclectique, ces chais municipaux aux allures de château ont fait l'objet d'une somptueuse réhabilitation conduite par le designer français **Philippe Starck**. L'édifice prit ce nom en 2015, en hommage à l'ancien maire de la ville.

En sus des activités et expositions proposées, la vue d'ensemble de cette réalisation architecturale novatrice vaut le coup d'œil. Tout en conservant intacte la façade, l'intérieur a été intégralement vidé et aménagé comme un espace de vie urbain.

Éclairé par la lumière du jour, un soleil sur écran géant et d'intéressants jeux d'illuminations, le grand atrium de l'entrée est entouré de trois bâtiments indépendants en brique, soutenus par un ensemble de 43 colonnes représentant chacune une civilisation et une époque différente. En levant la tête, on peut voir les nageurs évoluer dans la piscine du dernier étage.

Le complexe abrite sur 43 000 m² plusieurs espaces d'expositions temporaires, une salle de sport, une médiathèque, deux restaurants et une cafétéria, un cinéma, une salle de spectacle, un auditorium, etc.

Continuez sur la rue Alameda Urquijo. Parvenu à l'Instituto Media (à gauche) et au bâtiment en brique (à droite), tournez à droite dans la calle de Bertendona.

Teatro Campos Eliseos (Théâtre des Champs-Élysées) A2

Appelé aussi « la Bonbonnière » *(Bombonera)*, ce théâtre, réalisé en 1902, arbore une belle façade Art nouveau aux détails de mosaïque.

Rejoignez la rue Alameda Urquijo par Lutxana Kalea/calle de Luchana.

Vous aboutirez devant l'église néogothique du **Sacré-Cœur** (Iglesia del Sagrado Corazón), de 1891.

Rejoignez Gran Vía.

Au n° 10 se dresse la façade néoclassique du **Banco de España** (1923), qui fait concurrence aux colonnes corinthiennes et au dieu Mercure du **Banco BVA** (1922) tout proche.

Prenez la direction du pont d'El Arenal, à droite.

Plaza Circular B2

Une colonne surmontée d'une statue en hommage à Don Diego López de Haro, fondateur de la ville, trône au centre de la plaza Circular.

Dans ses abords immédiats se trouvent quelques bâtiments parmi les plus importants d'El Ensanche mais également l'office du tourisme (au n°1, *voir p. 247*).

Estación de Abando-Indalecio Prieto (Gare d'Abando-Indalecio Prieto) – *Hurtado de Amézaga*. Un grand vitrail de 301 pièces illustrant les différentes activités économiques de la Biscaye égaie depuis 1948 le hall de cette gare. Elle devrait accueillir dans un avenir plus ou moins proche l'AVE (TGV) reliant les trois capitales du Pays basque espagnol, projet qui ne fait pas l'unanimité.

Bolsa de Valores (Bourse) – *José María Olavarri, entre la gare d'Abando et celle de Santander, près du Nervión*. Bâtiment inauguré en 1905 pour abriter la Bourse de valeurs. Ses sous-sols servirent de prison pendant la guerre civile.

Estación La Concordia (Gare La Concordia) – *Le long du Nervión*. Œuvre de Severino de Achúcarro (1898), elle témoigne des constructions de la Belle Époque qui incorporaient le fer dans leurs structures.

Édifice de la Bilbaina – *Juste avant le pont d'El Arenal, sur la droite, contre la gare de Santander*. Cet immeuble d'angle, édifié en 1913 d'après les plans d'Emiliano Amann y Amann dans un style inspiré de la Sécession viennoise, abrite un club privé très select, organisé sur le modèle anglais.

Depuis la plaza Circular, prenez la rue Buenos Aires, puis retrouvez la rue Colón de Larreátegui, deuxième à gauche.

Plaza de los Jardines Albia B1-2

Joliment arborée, cette place est ornée de la statue de l'écrivain biscayen Antonio de Trueba (1819-1889), auteur de contes populaires et de récits évoquant le monde paysan. Elle est bordée du palais de justice, de l'église de **San Vicente Mártir** (16ᵉ s.) où repose l'homme de lettres, et du fameux **café Iruña** à la décoration néomudéjare.

Revenez à la plaza Moyúa.

À voir aussi Plan de ville

Museo Taurino (Musée taurin) A2

Pl. de Toros de Vista Alegre, Martín Agüero, 1 - ℘ 944 448 698 - www.plazatoros bilbao.com - été : mar.-vend. 10h-18h, sam. et lun. 10h-14h, fermé dim. - janv. et fév. : lun.-vend. 10h-13h30 ; reste de l'année, lun.-jeu. 10h-13h30, 16h-18h - fermé w.-end, j. fériés et 3-5 déc. - 10 € avec audioguide.

La tauromachie est prise très au sérieux à Bilbao. Ici, on ne plaisante pas avec la présentation des taureaux et la série des « corridas générales » de la Semana Grande. Elles constituent, avec les ferias de Séville et de Madrid, l'un des trois rendez-vous majeurs de la saison espagnole. Installé dans les dépendances des arènes, ce musée retrace, à l'aide d'affiches et de documents, l'histoire de la tauromachie à Bilbao, et plus généralement en Biscaye, ainsi que celles des grands maîtres qui s'y sont distingués.

Basilique de Begoña hors plan par B2

Virgen de Begoña, 38 - ℘ 944 127 091 - lun.-sam. 8h30-13h30, 17h-20h30 ; dim. ouv. pdt la messe. Accès en voiture par la route de San Sebastián (avenida de Zumalacárregui) ou à pied, par les escaliers de la Mallona, depuis la plaza Unamuno (♿ p. 250).

La statue de Notre-Dame (Andra Mari) de Begoña, patronne de la Biscaye, est conservée dans un *camarín* (niche) en argent, au-dessus du maître-autel. Du sommet de l'église, érigée essentiellement au 16ᵉ s., panorama sur Bilbao.

Stade San Mamés hors plan par A1

Rafael Moreno Pitxitxi Kalea - Près de la gare routière - www.sanmames.org, www.athletic-club.eus.

Cent ans après la construction du premier stade San Mamés en 1913, la nouvelle arène de l'Athletic Bilbao voit le jour au même emplacement. Réalisée par l'architecte César Azcárate et d'une superficie de 21 000 m², « la cathédrale du football » peut accueillir plus de 53 000 spectateurs et se distingue par sa façade semi-transparente et perméable. Restaurants, boutique et musée de l'Athletic, club qui a remporté le plus de victoires avant d'être détrôné par Barcelone en 2009.

Zorrotzaurre hors plan par A1

L'ouverture du canal va transformer cette presqu'île artificielle, ancienne friche industrielle ancrée à l'ouest de la ville, en une île. Le projet, inspiré de celui de l'architecte britannique d'origine irakienne **Zaha Hadid**, disparue en 2016, prévoit une réhabilitation totale en quartier d'habitations, zones de commerces et de bureaux, à l'horizon 2018. Pour l'heure, des associations culturelles ont déjà investi les lieux et font vivre le site par leurs animations, spectacles et concerts : **ZAWP** (*www.zawp.org - adresses des différents lieux sur le site*) propose un espace alternatif avec théâtres, bars et concerts (salle Hacieria). Dans l'ancienne biscuiterie Artiach - Duquesa Maria sont organisés

4

des **vide-greniers** *(premier et dernier dim. du mois)*. Tous les 3 mois, on célèbre la **Fête de la bière** artisanale. Un **club de jazz et flamenco** *(fermé juil.-août)* propose un spectacle chaque week-end et organise des festivals *Zona Franca*.

À proximité Carte de région

GETXO B1

▶ *16 km au nord-est de Bilbao le long de l'estuaire. M° Areeta (ligne 1) ou Bizkaibus 3411.*
Attention : la circulation en fin de journée ressemble à celle du périphérique parisien aux heures de pointe.
🏖 *Playa de Ereaga - ☏ 944 910 800 - www.getxo.eus - juin-sept. : 9h30-14h30, 16h-19h ; reste de l'année : lun.-sam. 9h30-14h30, 16h-19h, dim. 9h30-14h30.*
Cinq quartiers composent cette commune accolée à Bilbao, sur la rive droite du Nervión. De son embouchure en direction de l'est et de Gorliz, vous traverserez ou longerez las Arenas, Romo, Neguri, Algorta et Andra Mari.

Plages

👫 Trois d'entre elles sont presque en ville : celle de **las Arenas**, la plus petite, à deux pas de l'embouchure (M° Areeta), celle d'**Ereaga**, plus vaste et déjà agréablement isolée du bâti (M° Neguri), et **Arrigunaga**, entre le vieux port et Andra Mari (M° Bidezabal). Les autres se trouvent toutes au-delà d'Andra Mari, dans un environnement plus naturel, comme celle de **Gorrondatze-Azkorri** (Bizkaibus 3411), entourée de falaises et de magnifiques dunes herbeuses, et celle de **Barinatxe-La Salvaje**, la « sauvage », connue pour sa forte houle et ses falaises abruptes (M° Larrabsterra).

★ Vieux port

Autrefois très actif, ce petit quartier blanc et tout en escaliers très pittoresque attire aujourd'hui les amateurs de *pintxo pote* (tournée des bars à *pintxos*) qui s'assoient à l'occasion sur ses marches pour contempler les avions en approche dans le soleil couchant.

Paseo (Promenade)

Garez-vous au-delà du vieux port ou au parking de la plage d'Ereaga - Comptez 2h AR.

🚶 Ce front de mer donne tout son sens au mot « promenade », en particulier en fin de journée, lorsqu'un flot élégant de passants l'envahit. Il commence (ou se termine) au vieux port, passe devant la plage d'Ereaga où se trouve l'office de tourisme, puis emprunte le boulevard Arriluze bordé par la casa de Náufragos (maison des Naufragés), avec sa **tour-phare** (1920), que surplombent des habitations modernes et trois villas de la Belle Époque : le palais Arriluze, le caserio Aizgoyen et le palais Lezama Legizamón (1902).
Tournant ensuite à angle droit, il longe encore l'eau et des maisons au genre un peu hétéroclite, dont la **casa Cisco** (1909-1911) de style nordique, signée Manuel María Smith, le palacio Kai-Alde (1925) du même architecte et le palais Itxas Begi (1927) aux influences basque et anglaise.
Le front de mer aboutit enfin à la plage de las Arenas et au **monument Churruca**, symbolisant le combat entre la mer et la terre. Réalisé en 1939, il a été érigé en hommage à l'ingénieur qui avait travaillé à l'aménagement du port extérieur. De là, on peut admirer le pont transbordeur et le dôme de **N. S. de las Mercedes** (1947), qui abrite l'orgue le plus imposant du Pays basque.

La promenade de Gexto avec la tour-phare.
J. D. Beldarrain/age fotostock

★ **Puente Colgante/Bizkaia** (Pont transbordeur de Biscaye)
*M° Areeta (ligne 1) - ☎ 944 801 012 - http://puente-colgante.com - barque : tlj,
24h/24 - ascenseurs : hiver 10h-19h, été 10-20h - barque : piéton 0,40 € AS (-3 ans
gratuit) ; voiture 1,60 € AS ; vélo 0,70 € AS - passerelle : 8 € (5-16 ans 5,60 €) ; audioguide 2 €.*
Enjambant le Nervión, l'ouvrage fait figure de porte d'entrée de la Biscaye.
Il s'agit du pont transbordeur le plus ancien au monde. Contemporain de
la tour Eiffel, cette œuvre d'**Alberto de Palacio**, réalisée en collaboration
avec Ferdinand Arnodin, fut inaugurée en 1893 et a transporté depuis plus
de 650 millions de personnes jusqu'à **Portugalete**, sur la rive opposée. La
récompense vint en 2006 quand l'édifice fut inscrit au Patrimoine mondial
de l'humanité par l'Unesco.
Une **passerelle panoramique** piétonne de 160 m de long *(accessible par
ascenseur)* permet de contempler tout l'estuaire d'une hauteur de 50 m. De
là, vous assisterez peut-être à des saut à l'élastique !

Aquarium
*Muelle de Arriluze - ☎ 944 914 661 M° Neguri (ligne 1) - www.getxoaquarium.es -
mar.-dim. 10h30-14h, 16h30-20h - visite guidée de 1h30 à 10h30 et 12h - 3,25 €
(4-14 ans 2,15 €).*
Les 26 aquariums du lieu présentent la vie marine des eaux atlantiques
et des eaux tropicales à travers la reconstitution de différents milieux et d'espaces thématiques

GALLARTA A1

▶ *20 km à l'ouest de Bilbao. Quittez la ville en suivant Balmaseda et Santander
pour rejoindre l'A 8. Roulez vers Santander. Sortez à Gallarta, puis suivez la signalisation. Parvenu au village (au stop, prenez à droite), traversez-le. Le musée se
trouve presque à sa sortie, dans la descente en virage qui mène à son pôle industriel (dir. Olluerta). En bus : Bizkaibus A 3336 depuis la gare de Bilbao-Abando.*

4

Museo de la Minería del País Vasco/Meatzaritzaren Museoa
(Musée de la Mine du Pays basque)

Campo Diego auzoa, 3 - ℰ 946 363 682 - www.meatzaldea.eus - mar.-vend. 9h-14h, 16h-19h (20h en juil.-août), sam. et j. fériés 11h-14h, 16h-19h (20h en juil.-août), dim. 11h-14h30 - fermé lun. - 3 € (8-12 ans 2 €, -8 ans gratuit) - audioguide gratuit - visite guidée sur demande une semaine à l'avance 4 €.

Ce musée est établi dans les abattoirs du bourg de Gallarta, attaché à l'ancienne mine à ciel ouvert de Bodovalle (fermée en 1993). Il illustre et explique par des photos, une myriade d'objets et des panneaux, les transformations techniques, environnementales et humaines que l'exploitation minière a opérées dans les communes qui en vivaient en Biscaye. L'activité employait dans la région jusqu'à 13 000 personnes par an. Un projet d'extension devrait relier, dans les années à venir, le musée à l'ancienne mine pour former un parcours thématique complet.

MUZKIZ A1

▶ *30 km à l'ouest de Bilbao. Quittez la ville en suivant la direction de Balmaseda et Santander pour rejoindre l'A 8. Roulez en direction de Santander. Prenez la sortie Muskiz, La Arena, Playa, Hondartza. Traversez Muskiz et prenez la direction de Santelices, puis de Rojadillo. Quelques kilomètres après Santelices, sur la gauche, se trouve un parking en bord de route (vous devrez faire demi-tour à une petite rocade aménagée une centaine de mètres plus loin). En bus : Bizkaibus A 3336 depuis la gare de Bilbao-Abando.*

Ferrería de El Pobal/El Pobaleko Burdinola (Forge d'El Pobal)

ℰ 629 271 516 - www.elpobal.com - de mi-avr. à mi-oct. : mar.-sam. 10h-14h, 16h-19h, dim. et j. fériés 10h-14h ; reste de l'année : tlj sf lun. 10h-14h - fermé 1ᵉʳ et 6 janv., 25 déc. - 3 € (12-26 ans 2 €, -12 ans gratuit) - visite guidée (1h) ttes les h, démonstration sam. 12h + visite guidée (1h30 au total) 5 €.

Un vallon verdoyant où coule une rivière, un sentier menant à des maisons de pierre et des salles ensoleillées : voilà le site poétique de l'ancienne forge de Pobal, construite au 16ᵉ s. par la puissante famille des Salazar.

👥 Fermée en 1965, elle a rouvert ses portes en 2004 après quatorze ans de travaux, qui ont permis de restaurer le corps de logis, le four à pain, le moulin et la forge. Tous ces bâtiments illustrent l'état des lieux à la fin du 19ᵉ s. Le barrage, le canal et le tunnel hydraulique datent, quant à eux, du 18ᵉ s. La forge produisait socs de charrue, armes, lames, etc. Les stocks de charbon et les outils sont toujours prêts à l'emploi pour les démonstrations. Si vous les manquez, guides et brochures éclaireront quand même votre visite.

Circuit conseillé Carte de microrégion

VERS LE PARC NATUREL DE GORBEIA, LA VALLÉE D'OROZCO B2

▶ *Circuit de 59 km au départ de Bilbao tracé en vert sur la carte de microrégion (p. 244-245) – Comptez 1h30. Quittez la ville par l'AP 68 en direction de Vitoria/Miranda de Ebro, bifurquez après 13 km à la sortie 3 (Artea/Orozko) et poursuivez sur la BI 2522.*

Orozko B2

🛈 *Pl. Zubiaur (dans le bâtiment du Museo Etnográfico) - ℰ 946 122 695 (OT) - ♿ - été : mar.-dim. et j. fériés 10h-15h, reste de l'année : mar.-vend. et j. fériés 10h-14h, w.-end 10h-14h, 17h-19h.*

Joli petit village connu pour ses haricots secs, où les maisons de pierre bien entretenues ont un petit air montagnard. Le vieux centre a conservé quelques demeures blasonnées ainsi que son hôtel de ville du 18e s.

Museo Etnográfico (Musée ethnographique) – *Face à la mairie - ☏ 946 339 823 - ♿ - mêmes horaires que l'OT (ci-dessus) - gratuit.* Maquettes, panneaux, reconstitutions et supports audiovisuels retracent sur trois niveaux la vie d'autrefois dans la vallée d'Orozko. Habitat, métiers (forge, travaux agricoles), pastoralisme, alimentation, productions, environnement : tous les aspects sont abordés.

Engagez-vous sur la BI 3513.

La route jusqu'à Ibarra et au-delà dévoile de beaux points de vue sur le verdoyant **Parc naturel de Gorbeia** *(voir ci-dessous).*

Après Gallartu, prenez la direction d'Areatza.

Areatza B2

Classé Monument historique, ce village fondé en 1338 cultive le charme de ses ruelles pavées, bordées de maisons de pierre remontant parfois au Moyen Âge. Certaines affichent un style plus récent mais non moins historique, comme le **palais Gortazar** de style baroque (16e s.), avec ses vestiges de fresque ornant sa façade de briques, sur la place de la Casa consistorial (mairie).

Centro de Interpretación (Centre d'interprétation du Parc de Gorbeia) – *À côté du palais Gortazar - ☏ 946 739 279 - ♿ - www.gorbeiaeuskadi.com - 10h-14h, 16h-18h. Informations pratiques sur les sentiers de randonnées sur www.mendiak. net.* Vous pourrez vous documenter sur ce parc naturel de 20 000 ha, à cheval sur la Biscaye et l'Álava, et riche de plus de 167 espèces animales vertébrées. De nombreuses activités sont proposées : devenir berger ou apiculteur pour un jour, faire de l'escalade, de la spéléologie, du kayak ou du golf, découvrir le cidre et la bière de Gorbeia, etc.

Église San Bartolomé – *Édifiée fin du 15e s.-début du 16e s., cette église présente une façade d'inspiration classique aux statues disproportionnées.*

🍃 Face à l'église, au niveau du panneau du parc, part une randonnée vers la sierra *(renseignez-vous au centre d'interprétation du parc).*

Artea B2

Ekomusea (Écomusée d'Artea) – *Herriko plaza, 1 (à 100 m derrière l'église et la mairie, première à gauche après la mairie en venant de l'église) - ☏ 946 317 086 - http://euskalbaserria.com - lun. et merc. 10h30-13h45, vend. 10h30-15h45, 17h-18h45, sam. 11h-13h, 17h30-19h, dim. 11h-13h - fermé 23 déc.-23 janv. - 3 € (enf. 2,40 €).* Ce petit musée situé au premier étage du **restaurant Hermo** *(fermé mar.)* donne à voir une série de reconstitutions qui retracent l'habitat et la vie traditionnelle des Basques, de la préhistoire jusqu'au 19e s. Intéressante section sur les métiers d'autrefois.

★ **Église San Miguel** – *Avant l'entrée du village, sur la droite (intersection en épingle à cheveux) en allant vers Bilbao.* De forme allongée, cette jolie église champêtre présente une belle façade de bois et des galeries extérieures sous auvent pavées de galets.

Revenez à Bilbao par la N 240.

4

😊 NOS ADRESSES À BILBAO

Voir le plan p. 254.

TRANSPORTS

🚇 *Plan du métro p. 246.*

Carte Barik – *www.ctb.eus - 3 €, vendue dans les stations de métro.* Cette carte rechargeable donne accès à des tarifs réduits pour le métro, le tramway, le Bilbobus, le Bizkaibus, l'ascenseur de la Salve, le funiculaire et le pont suspendu.

Métro – *www.metrobilbao.net - billet simple (1 zone) 1,50 €, AR 3 €; billet 1 j. 4,60 €, billet Barik 0,90 €.*

Bus (Bilbobus) – *www.bilbao. eus - billet occasionnel 1,25 €, billet Creditrans 0,64 €.*

Tramway (Tranvia) – *www. euskotren.es - billet simple 1,50 €; billet journée 5 € - à acheter avant de monter dans le tramway (distributeurs dans ttes les stations).* Ligne unique qui dessert notamment le musée Guggenheim.

Navette aéroport - Bizkaibus 3247 jusqu'à la place Moyua - *1,45 € - 6h15-0h, ttes les 15 à 30mn selon les jours et la saison - trajet 15mn - www.bizkaia.eus.*

Gare routière Termibús – *calle Gurtubay, 1 - www.termibus. es.* Souterraine, près du stade San Mamés, elle est connectée au métro, tramway et trains de banlieue C1 et C2.

VISITES

Bus touristique – *www. busturistikoa.com - dép. ttes les h devant le Guggenheim : Sem. sainte et juil.-août : 11h-18h ; reste de l'année : 11h-17h (sf dim. apr.-midi et lun. en juin, sept. et oct.) - 14 €, billet valable 24h (6-12 ans 6 €).*

Bateau – *Embarcadère au niveau du puente del Ayuntamiento, côté Ensanche - ☎ 644 442 055 - www. bilboats.com - 13/19 € (enf. 7/12 €).*

Bilboats propose une croisière d'1h sur le Nervión, et une de 2h jusqu'à l'embouchure de l'Abra. Fréquence et horaires variables selon la saison.

Kayak – Bilbao Kayak - *Uribitarte, 1 - ☎ 688 689 278 - www. bilbaokayak.com.* Une manière originale de découvrir la ville (🚶 *p. 248*) ! Location *(18 €/3h)* et promenades guidées en ville, de nuit ou jusqu'à Getxo *(à partir de 20 €).*

Vélo – Tourné Bilbao – *Villarías 1 - ☎ 944 249 465 - https:// tournebilbao.com.* Location de vélos, VTT, vélos pour enfant *(10 €/4h)* et promenades guidées thématiques *(à partir de 32 €).*

Excursions – Des compagnies d'autocars dont **Pesa** (*www.pesa. net*) et **Alsa** (*www.alsa.es*) relient les villes de la région *(Bilbao-St-Sébastien, 1h20, 12 €).* **La Unión** relie Bilbao à Vitoria-Gasteiz *(www.autobuseslaunion.com - 1h, ttes les 15mn).* 🚶 *Voir aussi* **Gare routière Termibús**.

À Getxo

Taxi – Deux « taxi-tours » *(1h/60 €; 20mn/35 €)* pour découvrir différents aspects de la ville à bord d'un taxi, avec commentaires.

À pied – En téléchargeant l'application Getxo Vieux Port, en suivant les panneaux de la promenade Magic Fly ou ceux de la promenade architecturale Les grandes villas.

En voilier – En journée ou au coucher du soleil, les sam. du 1er juil. au 24 sept. 17h-19h30, 49 €/ pers. (avec dégustation de vins) ; les dim. du 23 avr. au 29 sept. 11h30-14h, 45 €/pers.

HÉBERGEMENT

Le prix des hébergements grimpe pendant la Semana

Grande et parfois aussi en fin de semaine. Les hôtels ne possèdent qu'exceptionnellement des places de stationnement, mais il n'est pas rare qu'ils négocient des places avec des parkings proches.

PREMIER PRIX

Hôtel Bilbao Jardines – B2 - *Jardines, 9 - ☏ 944 794 210 - www.hotelbilbaojardines.com - 32 ch. 64/98 € - ☕ 6 € buffet continental - 🅿 12 €.* On apprécie cet hôtel pour la qualité de son accueil. Les chambres possèdent de grandes fenêtres qui ouvrent, pour les plus tranquilles, sur le patio et on aperçoit la bibliothèque de Bilbao.

Bilborooms – B2 - *Víctor, 3 - ☏ 944 793 591 - www.bilborooms.com - 7 ch. 50/70 € (checkin 14h, checkout 12h).* Située au 1ᵉʳ étage, cette petite pension charmante et sobre propose des chambres simples, calmes et confortables. Le petit-déjeuner est frugal, mais l'accueil chaleureux.

BUDGET MOYEN

Bilbao City Rooms – A1 - *Recalde Zumarkalea, 24 ☏ 944 256 050 - www.bilbaocityrooms.com - 19 ch. 80/100 €.* Tout proche du Guggenheim, cet hôtel très tendance est particulièrement abordable. Accueil charmant au 1ᵉʳ étage.

Basque Boutique – B2 - *Torre, 2, 1º - ☏ 944 790 788 - www.basqueboutique.es - 8 ch. 81/216 €.* Des chambres aux thèmes basques. On retrouve notamment la grue Carola, Guernica, le *txakoli* ou encore la forêt Oma dans le petit salon. Petit bémol néanmoins : situé dans le Casco Viejo, c'est assez bruyant le soir.

Hôtel Sirimiri – Hors plan - *Pl. de la Encarnación, 3 - ☏ 944 330 759 - www.hotelsirimiri.es - ♿ - 56 ch. 80/195 € - ☕ 6 € - 🅿.* Situé dans la vieille ville, près du musée d'Art sacré, cet hôtel (dont le nom rappelle le crachin qui sévit parfois dans la ville) dispose d'installations modernes et fonctionnelles. Chambres de belle taille et salles de bains spacieuses, bien équipées.

POUR SE FAIRE PLAISIR

Hesperia Bilbao – B1 - *Paseo Campo Volantín, 28 - ☏ 944 051 100 - www.nh-hoteles.es - 151 ch. 110/136 € - ☕ 14,90 € 24h/24.* On reconnaît cet hôtel à sa façade originale ponctuée de bow-windows colorées. Sa situation, à une dizaine de minutes à pied de la plupart des attractions, est parfaite, tout comme les chambres modernes et bien équipées, le copieux petit-déjeuner buffet et le très bon restaurant. Un excellent choix dans sa catégorie.

Hôtel Miró – A1 - *Alameda Mazarredo, 77 - ☏ 946 611 880 - www.mirohotelbilbao.com - 50 ch. 140/250 € - ☕ 15 €.* Dans le même genre que le précédent, il compte de belles chambres claires et design, donnant soit sur une cour, soit sur la ville et le Guggenheim à deux pas. Nombreux services (salle de sports, thalassothérapie, massages).

RESTAURATION

Bars à pintxos

Presque autant qu'à St-Sébastien, les **pintxos** règnent en maîtres. Les rues situées autour de la plaza de Moyúa et dans la vieille ville s'animent le soir, surtout en fin de semaine. D'un bar à l'autre, on savoure des *pintxos* autour d'un ou plusieurs *txiki* (petit verre de vin rouge) ou *sagarno* (sorte de cidre). Le prix des pintxos varie selon qu'ils sont servis chauds ou froids et selon les ingrédients ; comptez entre 1,50 € et 5 € la pièce. La plupart des bars à *pintxos* sont aussi de très bons restaurants.

4

😊 N'oubliez pas les stands du marché de la Ribera (♿ *p. 251*) pour manger sur le pouce des produits d'excellente qualité ; tables à l'intérieur et à l'extérieur avec vue sur la ría.

Berton – B2 - *Jardines, 11 - ☎ 944 167 035 - www.berton. eus - mar.-vend. 9h-0h, sam. 9h-1h, dim. 10h-16h.* Dans la vieille ville, une institution, fréquentée en leur temps par Hemingway et Orson Welles, et réputée pour ses spécialités à base d'anchois.

El Globo – A2 - *Diputación, 8 - Abando - ☎ 944 154 221 - www. barelglobo.es - 8h-23h (0h sam.) - fermé dim.* Dans une rue piétonne, un bar couru pour ses délicieux *pintxos*. Goûtez au crabe gratiné (*txanguro gratinado*) ou aux samossas de légumes (*verduras al curry*), inhabituels. À déguster sur la terrasse aux beaux jours.

Irrintzi – B2 - *Santa María, 8 - ☎ 944167616 - www.irrintzi.es - lun.-jeu. 9h30-23h, vend. 9h30-0h, sam. 11h-0h, dim. 12h-22h.* Ici, on vient entre amis déguster les succulents *pintxos* élaborés par Marian et son équipe. Dehors ou dedans, c'est toujours plein à craquer !

Gatz – B2 - *Santa María, 10 - ☎ 944 154 861 - www.bargatz. com - lun.-jeu. 12h30-23h, vend.- sam. 12h30-0h, dim. 12h30-16h.* Un autre lieu à découvrir, surtout pour ses *tortillas* variées. Ne manquez pas la *tortilla de morcilla* (boudin noir).

Singular – A1 - *Lersundi 2 - ☎ 944 231 743 - www.singularbar. com - lun.-jeu. 9h30-23h, vend. 9h30-1h, sam. 12h30-1h.* Bières artisanales et vins de la Rioja accompagnent des *pintxos* délicieux, dans un décor pierre, bois et béton.

Ambigú – B1 - *San Vicente, 5 - ☎ 944 242 343 - lun.-vend. 13h30- 16h, w.-end 21h30-23h - menu*

13,50 €*.* Dans ce café-bar très animé à la déco arty, vous dégusterez la tortilla du jour. Elles sont plus originales les unes que les autres ! DJ le w.-end.

Txocook – B1 - *Muelle Uribitarte, 1 - ☎ 944 005 567 - www. txocook.com - fermé lun. - 20/25 €.* Une cuisine délicieuse, dans une déco industrielle, c'est le petit dernier de Aitor Elizegi, chef de Bascook (♿ *p. suiv.*).

Cinnamon – B1 - *San Vicente, 3 - ☎ 944 657 801 - www.facebook. com/cinnamonbilbao - lun. 9h15- 16h, mar.-jeu. 9h15-21h15, vend. 9h15-23h, sam. 11h30-23h.* Un petit resto végétarien tout simple. Déco chinée.

Restaurants

PREMIER PRIX

Colmado Ibérico – A2 - *Alameda de Urquijo, 20 - ☎ 944 436 001 - www.colmadoiberico. com - fermé dim. - menus 10,90 €/14,50 €/19,90 €.* Le comptoir est bien garni en plats rapides, tandis que dans la salle de restaurant est proposée une carte spécialisée dans les produits ibériques, en particulier dans la viande de porc : *lomo* (filet mignon), *solomillo* (aloyau), jambon bellota, etc.

BUDGET MOYEN

Atea – B1 - *Paseo Uribitarte, 4 - ☎ 944 005 869 - www. atearestaurante.com - mar.- sam. 13h30-16h, 20h30-23h, dim. 13h30-16h - menus 16,50/39 €.* Un restaurant au décor moderne, avec vue sur la ría de Bilbao (terrasse couverte). Très « nouvelle cuisine » basque, la carte change au fil des saisons : *chipirones* aux oignons confits, confit de canard au vinaigre de Xérès, etc.

POUR SE FAIRE PLAISIR

Víctor – B2 - *Pl. Nueva, 2 - ☎ 944 151 678 - www.*

restaurantevictor.com - 8h30-23h - fermé dim. - menus 30/59 €. Un petit restaurant intime et familial fondé en 1940, situé dans le centre historique de Bilbao. Il est réputé pour sa cuisine traditionnelle et copieuse servie dans la salle du premier étage ; un bar à *pintxos* occupe le rez-de-chaussée. La cave est bien fournie en riojas.

Bascook – B1 - *Barroeta Aldamar, 8 - ℰ 944 009 977 - www. bascook.com - fermé dim. midi, lun.-merc. soirs - menu déj. (sem.) 30 €, menu dégustation 50 €/60 €.* Aitor Elizegi a installé l'un de ses restaurants dans un ancien entrepôt de sel réaménagé avec goût. Dans ce temple du « slow food » où les produits locaux sont privilégiés, on trouve des plats végétariens et on vous fera goûter aux vins pour faire votre choix !

UNE FOLIE

Nerua – A1 - *Abandoibarra, 2 - ℰ 944 000 430 - www. neruaguggenheimbilbao.com - fermé dim. soir, lun. et mar. soir - menus dégustation 110/170 € - réserv. indispensable.* Le restaurant du musée Guggenheim (accès indépendant, ♿ p. 248) est l'un des établissements étoilés Michelin de Bilbao. Derrière le piano, le chef Josean Alija privilégie « arôme, beauté, texture et saveurs ». La salle très moderne ne compte qu'une dizaine de tables et donne sur le Nervión. Si le moment n'est pas venu pour faire une folie, essayez la brasserie (2e étage du musée), même maison, pour un repas satisfaisant et plus abordable.

À Getxo

☺ Nombreux bars à *pintxos* et bonne ambiance dans le quartier de Romo (M° Areeta).

El Ancla – *Las Mercedes, 22 - M° Areeta - ℰ 944 643 842.* Un petit bar des plus traditionnels qui ne faillit pas à sa réputation.

POUR SE FAIRE PLAISIR

Sukam – *Pl. Zubiko - M° Areeta - ℰ 946 850 992 - www.sukam. es - fermé mar., merc. et dim. soirs, lun. - menu déj. sem. 22,50 €, carte 35/45 €.* Dans son restaurant avec vue sur le pont de Biscaye, Alvaro Martínez, formé à bonne école (El Bulli, Arzak…), prépare une cuisine méditerranéenne matinée de touches asiatiques. La carte est courte et change régulièrement.

UNE FOLIE

Cubita – *Galea Errepidea, 30 - M° Bidezabal - ℰ 944 911 700 - www.restaurantecubita.com - fermé dim. soir et merc. soir - menus 58/90 €.* Cet établissement construit autour d'un ancien moulin du 18e s. est une valeur sûre de Getxo. Les menus sont très complets (et chers) mais il est possible de manger à moindre frais à la carte. Cuisine traditionnelle et vue magnifique sur le Nervión.

BOIRE UN VERRE

Gran Café El Mercante – *Arenal, 3 - ℰ 946 084 669 - www. cafemercante.es - lun.-jeu. 8h-23h30, vend.-sam. 8h-2h - menu 7,90 €/8,90 €/12,90/19,90 €.* C'est l'ancien Café Boulevard, le plus vieux café de Bilbao (1871). On y sert des cafés, des tisanes, des churros, mais il est surtout connu pour la beauté de son cadre (hauts plafonds, stucs, marbres et miroirs) et les rencontres poétiques qui y ont eu lieu. Pub les w.-ends.

Pastelería Don Manuel – *Alameda de Urquijo, 39 - ℰ 944 438 672 - www.pasteleriadonmanuel.com - lun.-sam. 8h30-21h, dim. 8h30-15h, 17h-21h.* Une pâtisserie fort courue, parfaite pour le petit-déjeuner ou pour faire une pause en savourant le *bolso de mantequilla* (petit pain au beurre), grande spécialité des pâtisseries de la ville. On peut aussi emporter une tarta de Gernika, gâteau dont la recette reste secrète et qui se conserve longtemps…

Café Iruña – *Jardines de Albia* - 🕾 944 237 021 - *www. cafeirunabilbao.net - menu midi 14,50 € - menu soir 20,50 € - petit-déj. complet 3,90 €*. Situé sur une place agréable, ce café fondé en 1903 est devenu l'un des classiques de Bilbao. Sa décoration est surprenante (plafonds et éléments d'inspiration mudéjare). Grand choix de *pintxos* et ambiance animée en soirée.

Baobab – *Principe, 1 - Esquina ripa* - 🕾 946 534 115 - *baobabteteria.com - lun. 17h-23h, mar.-jeu. 11h-0h, vend. 11h-02h, sam. 12h-2h, dim. 12h-22h*. Un salon de thé pas comme les autres où l'animation est quasi quotidienne. Livres à disposition et soirées poésie. Les jeudis, la bière est à 1 €.

EN SOIRÉE

Vous arpenterez bien sûr les rues du Casco Viejo, mais également celles de l'autre côté de la *ría*, près du puente del Ayuntamiento dans les calles Ledesma, Villarias, del Principe et muelle del Ripa. 😊 Calendrier des manifestations sur www.bilbaoturismo.net. Voyez aussi ce qui se passe du côté des nouveaux quartiers de Bilbao, autour du projet ZAWP (🕭 p. 259).

Palacio Eskalduna Jauregia (Palais des congrès et de la musique) – *Abandoibarra, 4 - www.euskalduna.net*. Comédies musicales, danse, etc. C'est ici que se produit l'orchestre symphonique d'Euskadi.

Teatro Arriaga – 🕭 p. 249 - *www. teatroarriaga.eus*. Concerts, danse, opéra. Essayez de le visiter si vous en avez l'occasion.

El Teatro Campos Eliseos – 🕭 p. 258 - *www.teatrocampos. com*. Spectacles d'humoristes et théâtre mais ceux qui ne parlent pas espagnol pourront y écouter du jazz et voir du flamenco…

BEC (Centre des expositions) – *Ronda de Azkue, 1 - http:// bilbaoexhibitioncentre.com*. Grands concerts pop.

Cotton Club – *Alameda Gregorio de la Revilla, 25* - 🕾 944 104 951 - *www.cottonclubbilbao.es - mar.-merc. 20h30-3h, 5h jeu., 6h30 vend.-sam*. Dans ce lieu fréquenté par les trentenaires, on boit un verre en écoutant des chanteurs espagnols ou des groupes divers *(sf juil.-août)*. Un bel endroit !

Kafe Antzokia – *Done Bikendi, 2* - 🕾 944 244 625 - *www.kafeantzokia. eus - fermé le soir et dim. - menu en sem. 13,50 €, sam. 18 €*. Ce lieu polyvalent accueille des concerts (pop, rock, blues, reggae, etc.). En journée, le centre culturel organise des expositions et des conférences. Le w.-end, on danse le soir. Bon restaurant.

GM Nuit – *Areatza, 3/Arenal, 3 - 0h-4h - entrée gratuite*. C'est la version nocturne du Gran Café el Mercante, les vendredis et samedis soir pour déguster un cocktail ou danser…

ACHATS

Les boutiques sont généralement fermées entre 13h et 16/17h, mais souvent ouvertes le dimanche matin. On retrouve les boutiques de **mode** basques :

Minimil – *Alameda de Rekalde, 25* - 🕾 944 232 043 - *www.minimil.es - lun.-sam. 10h-20h - fermé dim*.

Skunkfunk – *Victor, 5* - 🕾 946 054 955 - *www.skunkfunk. com - été : lun.-vend.10h30-20h30, sam. 10h30-14h ; reste de l'année : 10h30-20h - fermé dim*.

Zergatik – *Víctor, 4 -* 📞 *943 332 987 - www.zergatik. com - 10h-20h - fermé dim.*

Serie B – *Loteria, 2 -* 📞 *944 155 404 - www.seriebshop.com.*

Loreak Mendian – *Rodriguez Aria, 4 2 -* 📞 *944 273 447 - www. loreakmendian.com.*

Matxi – *Bidebarrieta, 12 -* 📞 *629 482 869 - www.matxi.com.*

No Name – *Alameda de Urquijo, 82 -* 📞 *944 423 927 - www.nonamebilbao.com.* Cette boutique de streetwear multimarques accueille aussi des expositions et des concerts.

Arrese Gozotegia – *Gran Vía, 24 -* 📞 *944 234 052 - www.arrese.biz - 9h-21h sf dim.* Fondée en 1852, cette pâtisserie propose dans un décor de boiseries toutes sortes de sablés et de confiseries, dont des truffes fameuses.

Pastelería Martina de Zuricalday – *Ercilla, 43 -* 📞 *944 435 796 - www. martinazuricalday.com - lun.-vend. 9h30-14h30, 16h30-21h, sam. 9h30-15h, 16h30-21h, dim. 9h30-15h, 17h-20h30.* Une institution depuis 1830, réputée pour ses tourons au chocolat et deux spécialités locales : le *bolso de mantequilla* (petit pain au beurre) et le *pastel de arroz* (à la farine de riz).

La Bendita – *Santiago, 43 -* 📞 *946 523 623 - www.labenditabilbao. com.* Une boutique microscopique, accolée au portique de la cathédrale, où l'on trouve un grand choix de produits gastronomiques du Pays basque et d'autres régions d'Espagne.

Persuade – *Villarías, 8 -* 📞 *944 238 864 - www.persuade. es - 11h-21h - fermé dim.* Un lieu magique, ne serait-ce que par le site qui est un ancien entrepôt de céramique aménagé comme une maison, où chaque objet est mis en scène : porcelaine de Chine, vêtements de créateurs.

Sombreros Gorostiaga – *Víctor, 9 -* 📞 *944 161 276 - lun.-vend. 10h-13h30, 16h-20h, sam. 10h-13h30, 16h30-19h45 - fermé dim.* Depuis sa création en 1857, ce magasin vend des *boinas* (bérets) ainsi qu'une belle collection de chapeaux de fabrication artisanale.

AGENDA

Rens. : www.bilbaoturismo.net.

Basque FEST – *Déb. avr. - www. basquefest.com.* 4 jours de festivités autour de la culture basque : concerts, expos, sports et marchés.

Festival internacional de Organo (Festival international d'orgue) – *Mai - http:// diegoamezua.com/Bizkaia.* Concerts dans les églises.

Kalealdia (Festival international du théâtre et des arts de la rue) – *Fin juin-déb. juil. - http:// bilbokokalealdia.eus.* Spectacles dans la vieille ville et sur Gran Vía.

Festival Bilbao BBK Live – *Mi-juil. - www.bilbaobbklive.com -* Rock et musique pop.

Semana Grande/Aste Nagusia – *3e sem. d'août - www.astenagusia. com.* Célébration de la culture basque.

BAD - Festival de Teatro actual y Danza Contemporánea (Festival de théâtre et de danse contemporaine) – *Oct. - www. badbilbao.eus.*

À Getxo

Festival internacional de Jazz – *Fin. juin-déb. juil.*

4

Côte de Biscaye

Costa de Vizcaya/Bizkaia

Prolongement naturel de la côte de Guipúzcoa, la côte de Biscaye affiche une succession de plages et de ports, sur fond de collines verdoyantes. Plus sauvage que sa voisine, elle a su ménager de véritables petits coins de paradis comme la réserve d'Urdaibai. En la parcourant, vous découvrirez aussi des villes chargées d'histoire et de symboles comme Guernica ou Bilbao. En clair, la côte comblera tout à la fois les amateurs de grands espaces, les sportifs, les amoureux de farniente et les assoiffés de culture.

😊 NOS ADRESSES PAGE 274
Hébergement, restauration, achats, activités, etc.

S'INFORMER

Office du tourisme d'Ondarroa – *Erribera, 9 - ☎ 946 831 951 - www. ondarroa.eus - de mi-juin à mi-sept. : 10h30-14h, 16h30-19h30 ; reste de l'année : lun.-sam. 10h30-13h30, 17h-19h30, dim. et j. fériés 10h30-14h. Visites guidées de la ville et du port sur réserv.*

Pour les autres offices de tourisme, se reporter aux localités décrites.

SE REPÉRER

Carte de microrégion BC1 (p. 244-245). La côte de Biscaye relie Ondarroa, à 51 km à l'ouest de St-Sébastien, à l'estuaire du Barbadun/San Juan Muskiz, à 25 km à l'ouest de Bilbao. La ría de Guernica coule au milieu.

À NE PAS MANQUER

L'ermitage de Gaztelugatxe sur son éperon rocheux battu par la mer.

ORGANISER SON TEMPS

La découverte de la côte peut faire l'objet d'un long week-end itinérant.

AVEC LES ENFANTS

Le baleinier de Bermeo.

Se promener à Ondarroa C1

L'agglomération s'allonge entre la colline et la boucle du río Artibai, sur une langue de terre où une curieuse église surélevée ressemble à une figure de proue. Cernées par le fleuve, les hautes maisons, où pavoise le linge qui sèche, composent un tableau pittoresque.

Son histoire officielle débute en 1327, lorsqu'elle reçut les privilèges entérinant l'occupation du site. Presque abandonnée après l'incendie qui la ravagea en 1463, elle poursuivit néanmoins ses activités au travers de la pêche à la baleine et à l'anchois, du commerce et des chantiers navals. Aujourd'hui, la ville possède encore des conserveries et des usines de salaison de poisson. L'actuel cœur historique est relativement circonscrit du fait d'un autre incendie, provoqué en 1794 par les troupes françaises.

Église de Sta María

Fin 15e s. L'église affiche un style gothique tardif, à la décoration extérieure soignée (plinthes à thèmes floral et animal, rosaces et gargouilles). Notez l'alignement de 12 figures, les **kortxeleko-mamus**, évoquant les personnages d'une cour médiévale : le roi, le fifre, un musicien, le pèlerin, la pèlerine, des arbalétriers, une nourrice, la reine, un moine, un courtisan, un chevalier.

Lekeitio, sur la côte de Biscaye.
J. Larrea / age fotostock

Cofradía de pescadores (Confrérie des pêcheurs)

L'office de tourisme occupe cette demeure de pierre identifiable à son clocheton. Elle appartenait à la puissante confrérie des pêcheurs fondée au 14e s., dont le rôle principal consistait à appliquer la réglementation et assurer la vente de la pêche. La confrérie existe toujours mais elle a déménagé sur le port *(Egidazu Kaia, 4)*, où il est possible d'assister le matin à la vente à la criée.

La Antigua

Ancienne paroisse d'Ondarroa, cette église du 15e s. perchée sur l'une des collines de la ville associe styles gothique (d'origine), néoclassique et baroque. La **vue**★ est extraordinaire.

Circuits conseillés Carte de microrégion

D'ONDARROA À LA RÍA DE GUERNICA C1

🅞 *Circuit de 51 km au départ d'Ondarroa tracé en rouge sur la carte de microrégion (p. 244-245) – Comptez env. 1h. Quittez la ville par la BI 3438, qui offre de superbes dégagements sur la côte.*

★ Lekeitio/Lequeitio

🅱 *Independentzia Enparantza -* 🕾 *946 844 017 - www.lekeitio.org - mi-juin-mi-sept. : 10h-15h, 16h-19h ; reste de l'année : mar.-dim. 10h-14h - fermé 1er janv. et 25 déc.*

Outre sa superbe plage, Lekeitio comprend un vieux centre où rien ne manque. Arpentez donc les quelques rues de l'ancien quartier des artisans *(on y accède par la Berriotxoa Kalea depuis la mairie)*, à la recherche du **palais Uriarte** ou de la **tour Turpin**. Vous pourrez aussi prendre Espeleta Kalea pour découvrir le **quartier des pêcheurs**★ et rejoindre le port et ses quelques terrasses de cafés. Dans l'après-midi, les femmes reprisent parfois leurs filets.

4

Église de Sta María – 15e s. Impossible de manquer l'église, de style gothique tardif, à proximité du port. À l'intérieur, le magnifique **retable** gothico-flamand de 1512 est l'un des plus grands d'Espagne avec ceux de Tolède et de Séville.

Phare de Santa Katalina – *Rens. à l'office de tourisme*. Il offre une des plus belles vues sur la côte et accueille un centre d'interprétation, où l'on explique les techniques de navigation, et propose un voyage virtuel en bateau.
La route s'enfonce ensuite à l'intérieur des terres.

Ispaster/Ispáster C1

Cette bourgade conserve quelques bâtiments anciens, comme sa jolie église du 15e s., de style Renaissance, et le palais baroque Arana (1700), reconnaissable à ses deux corps de logis en forme de tour.

Plage d'Ogeia – *À la sortie du village, juste avant le cimetière, prenez la route à droite. Elle traverse la forêt qui surplombe la plage.* Insoupçonnable, cette plage se déploie dans une baie au sable ocre et aux rochers affleurant.

Ea C1

Enclavé dans le fond d'une calanque, ce charmant port miniature a disposé ses maisons anciennes le long de la rivière, enjambée par de petits ponts de pierre.

🐾 *Départ à gauche de l'église Nuestra Señora de Jesús, à l'entrée du bourg, avant la rivière ; suivez le balisage blanc-jaune ; comptez 1h20.* Agréable randonnée, très ombragée. Seul le début se révèle un peu sportif avec deux fortes pentes. La promenade se poursuit à travers bois et prairies. Attention, parvenu aux deux maisons donnant sur la route principale, prenez la voie de garage de la seconde : elle donne accès à la forêt. Revenu sur la route, suivez-la à gauche jusqu'aux maisons, où vous reprendrez le sentier. Il débouche sur la côte et le sanctuaire de Talako Ama, dévoilant une **vue★** magnifique sur la mer.
Jusqu'à Elantxobe, la route paraît flotter entre terre et mer, réservant de magnifiques points de vue sur le bleu des flots et le vert des collines.

★ Elantxobe/Elanchove C1

Obligation de garer sa voiture à l'entrée du village, en hauteur.

Village tranquille à l'écart des grands axes routiers. Les marins ont profité de l'ébauche naturelle d'une baie pour y construire leur port de pêche et y suspendre leurs maisons à l'abrupt cap Ogoño (300 m). Préparez-vous à descendre et à monter des marches !

🐾 **Cap (cabo) Ogoño** – *1h AR - départ du cimetière - accessible à pied par une forte pente, ou en voiture par le hameau qui précède Elantxobe, un panneau avec le symbole d'un appareil photo signalant le cap. Attention, n'empruntez pas la voie qui longe le mur du cimetière, très pentue, mais la route qui dessert les quelques maisons à flanc de colline. Le sentier commence après la dernière, à gauche.* Petits mollets s'abstenir ! Cette promenade demande en effet un effort constant, récompensé néanmoins par de très belles vues sur le littoral, notamment une magnifique échappée sur la plage de Laga et sur la côte vers Ea. Le cap, quant à lui, disparaît sous la végétation.
Reprenez la voiture et poursuivez en direction de Laida.

Plage de Laga – Tournant le dos à Elantxobe, elle déploie 575 m de sable rose jusqu'au pied du cap Ogoño.

Plage de Laida – À l'embouchure de la ría de Guernica, elle jouit d'un très beau cadre où contrastent l'eau limpide et le vert tendre de la campagne.
En remontant vers Guernica, se profilent sa calme **ría★**, l'île d'Izaro, la blanche Pedernales/Sukarrieta sur l'autre rive et l'île de Txatxarramendi.

LA FAÇADE ATLANTIQUE DE LA BISCAYE

Les 150 km de côtes découpées en falaises abruptes et vertes, en estuaires paisibles et en plages immenses de sable fin composent des paysages souvent sauvages et sans cesse renouvelés. La **réserve de la biosphère d'Urdaibai** (👣 p. 278) en est le meilleur exemple. Les hommes ne sont bien sûr pas absents de ces magnifiques paysages, mais hormis dans la ría de Bilbao, fortement urbanisée, ils s'y intègrent parfaitement. En suivant la côte, vous découvrirez des petits ports, comme ceux d'Elantxobe ou de Mundaka, plutôt que des grandes stations aux longues barres comme Bakio, qui a su tout de même conserver un quartier historique et un port encore actif. La pêche est en effet un élément essentiel de l'économie et de la culture locales. Que ce soit à Lekeitio, Ea, Elantxobe, Mundaka ou Bermeo, il n'est pas rare de voir les filets à même le quai, où l'animation engendrée par la pêche du jour bat son plein. Ainsi, les poissons servis dans les bars à *pintxos* et les restaurants de ces pittoresques ports sont des plus frais !

Guernica/Gernika-Lumo C1 (👣 p. 276)

DE GUERNICA À BILBAO BC1

▶ *Circuit de 60 km au départ de Guernica tracé en violet sur la carte de microrégion (p. 244-245) – Comptez env. 1h30. Quittez Guernica par la BI 2235 en direction de Mundaka. Au-delà de la réserve naturelle d'Urdaibai, poursuivez vers Mundaka.*

Reserva de la biósfera de Urdaibai (👣 p. 278)

Mundaka/Mundaca C1

🛈 *Joseba Deuna - ☎ 946 177 201 - www.mundaka.org - mar.-sam. 10h30-13h30, 16h-19h, dim. et j. fériés 11h-14h - fermé 1ᵉʳ janv., 25 et 31 déc.*

La vie se concentre autour de son petit port naturel, bordé de maisons traditionnelles de pêcheurs. La ville arbore de superbes plages de sable fin et une vague, réputée chez les surfeurs, l'une des plus longues au monde.

🚶 **D'un ermitage à l'autre** – *1h AR.* Deux ermitages côtiers encadrent Mundaka. La promenade passe par le port et l'église, offrant de très belles vues sur les plages et la côte.

Bermeo C1

🛈 *Lamera - ☎ 946 179 154 - www.bermeo.eus - juil.-août : lun.-sam. 10h-20h, dim. 10h-13h, 16h30-19h30 ; reste de l'année : lun.-sam. 10h-14h, 16h30-19h30, dim. et j. fériés 10h-14h - fermé 1ᵉʳ et 6 janv., 9 et 16 sept., 25 déc.*

Ce port important est spécialisé dans la pêche côtière. Dominant le vieux port (Puerto Viejo) et le quartier des pêcheurs se tasse le promontoire de l'*atalaya*, véritable tour de guet d'où émanaient les informations concernant les tempêtes, les bateaux à remorquer, l'arrivée des baleines, etc. Quelques murailles ainsi que la torre Ercilla, à la sévère façade de granit (15ᵉ s.), témoignent du passé de la ville. Les rois et seigneurs venaient autrefois jurer de maintenir les privilèges de Biscaye dans l'église gothique de **Sta Eufemia** (15ᵉ s.).

Museo del Pescador (Musée du Pêcheur) – *Torre Ercilla - ☎ 946 881 171 - lun.-sam. 10h-14h, 16h-19h, dim. et j. fériés 10h-14h - gratuit.* Bien que la muséographie date un peu, le contenu est fort intéressant. Tous les aspects de la vie des pêcheurs, depuis les techniques jusqu'à la religion, en passant par les fêtes, la construction navale, la confrérie et la vente du poisson, sont abordés.

4

Convento San Francisco (Couvent San Francisco) – Situé à l'opposé du port et du parc Lamera, il est le plus ancien couvent de moines de Biscaye (1357). On aperçoit le cloître à travers une épaisse grille.

★ **Baleinier Aita Guria** – *☏ 946 179 121 - www.aitaguria.bermeo.org - merc.-jeu., dim. et j. fériés 10h-14h, vend.-sam. 10h-14h, 16h-19h - fermé de nov. à la Sem. sainte - 2 € (enf. 1 €)* 👥 La reconstitution d'un baleinier du 17e s. transporte le visiteur au temps des grandes campagnes de pêche de Bermeo. Une voix off présente la cabine du capitaine, les cuisines et la cale, permettant de bien comprendre les conditions de vie à bord.
Suivez la route de la côte et, après 3 km, tournez à droite.

Faro de Machichaco/Matxitxako (Phare de Machichaco) B1

En s'écartant du phare vers la gauche, on bénéficie d'un joli panorama sur la côte très découpée à l'ouest. La route en corniche offre aussi de belles vues sur la mer.

★★ Gastelukatxeko Doniene/San Juan de Gaztelugatxe B1

Nombre de stationnements réduits. Parking au belvédère, dans la descente.
Un **belvédère★** domine la surprenante presqu'île de **San Juan de Gaztelugatxe**, creusée d'arches. Le sentier d'environ 240 marches monte à l'ermitage, attesté depuis le 11e s. où chaque année, pour la St-Jean, a lieu un pèlerinage. La coutume veut que l'on fasse sonner la cloche de la chapelle trois fois, tout en faisant un vœu. Autrefois, cela servait à apporter la fertilité et à éloigner les esprits maléfiques. Un geste auquel personne ne résiste, grands ou petits !
Après Bakio, prenez à droite la BI 3152.
Le parcours en **corniche★**, de Bakio à Armintza, est très dégagé. D'un autre belvédère, **vue★** sur la côte, Bakio, la vallée cultivée et l'arrière-pays boisé.

Armintza/Arminza B1

Unique havre, bien modeste, sur une partie de côte inhospitalière très abrupte.
Rejoignez la BI 3151 en direction de Lemoiz et suivez-la jusqu'à Gorliz.

Gorliz B1

Séduisante plage, logée dans une baie située à l'embouchure du río Butrón. Au nord se trouve un site de dunes pétrifiées vieilles de 6 000 ans. En poursuivant, vous atteindrez un sentier qui longe la côte. Un autre mène au phare.

Plentzia/Plencia (anciennement Plasentia de Butrón) B1

Accolé à la plage de Gorliz, ce centre ostréicole, jadis port de pêche et de commerce, s'est converti au tourisme grâce à ses plages.

Museo Plasentia de Butrón (Musé Plasentia de Butrón) – *Goienkale, 27 - ☏ 946 773 725 - http://museoplentzia.org - juin-sept. : jeu.-dim. 11h-14h, vend.-sam. 17h-20h ; reste de l'année : merc.-sam. 11h-14h, vend.-sam. 17h-20h - gratuit.* Installé dans l'ancien hôtel de ville (16e s.), ce petit musée retrace l'histoire maritime de Plentzia à travers maquettes, objets, peintures et archives.
La BI 2122 conduit à Getxo, puis Bilbao.

😊 NOS ADRESSES SUR LA CÔTE DE BISCAYE

TRANSPORTS

En train – *www.euskotren. eus.* EuskoTren assure une liaison régulière entre Guernica, Mundaka et Bermeo.
En bus – *www.bizkaibus.eus.* Le bus A 3513 relie Bilbao, Guernica et Lekeitio.

HÉBERGEMENT

À Bermeo

BUDGET MOYEN

Hôtel Txaraka – *Almike Bidea, s/n -* 🕿 *946 885 558 - www.hoteltxaraka. com -* 🅿 *- 11 ch. 80 € -* ☕ *10 €.* Petit hôtel familial un peu éloigné du centre. Agréable salle à manger avec cheminée. Chambres confortables et bien équipées.

À Lekeitio

BUDGET MOYEN

Hôtel Zubieta – *Portal de Atea -* 🕿 *946 843 030 - www.hotelzubieta. com -* 🅿 *- 23 ch. - 80/140 € -* ☕ *10 €.* La façade rustique dissimule une petite réception assortie d'un bar et d'un salon avec cheminée. Chambres chaleureuses, certaines sont mansardées.

RESTAURATION

À Bermeo

BUDGET MOYEN

Almiketxu – *Barrio Almike, 8 -* 🕿 *946 880 925 - http://almiketxu. com -* ♿ *- menu sem. 18 €, w.-end 33 € - carte 25/50 € - hiver fermé en nov. et lun. (sf j. fériés) -* 🅿*.* Établissement typique de la région, qui dispose de trois salles de restaurant d'une rusticité chaleureuse, aux murs en pierre nue et aux poutres de bois.

À Ondarroa

POUR SE FAIRE PLAISIR

Erretegi Joxe Manuel – *Calle Sabín Arana Tar, 23 bajo, -* 🕿 *946 830 104 - fermé dim. soir, lun., 25 déc. et janv. - 35/45 €.* Dressé face au fleuve, cet établissement est à deux pas du quartier historique. Sa spécialité : les poissons et les viandes de Cantabrie, cuisinés sur le grille. Les produits sont ultrafrais ; le chef possède même son propre vivier

de fruits de mer. Carte écrite en plusieurs langues.

À Mundaka

POUR SE FAIRE PLAISIR

Portuondo – *Barrio Portuondo -* 🕿 *946 876 050 - www. restauranteportuondo.com - menu du jour 19,80 € - carte 45/65 € - fermé mi déc. à mi janv., dim. soir et lun.* Cette belle ferme qui se distingue par ses agréables terrasses tournées vers la mer et les montagnes d'Urdaibai propose une carte traditionnelle de grillades.

ACTIVITÉS

Plages – Les plus importantes se trouvent entre Abra et Billano : Areeta, Ereaga, Arrigunaga… Celles dépendant de Sopelana sont sauvages ; celles de **Gorliz** forment un ensemble unique. Celle de Bakio est le rendez-vous des surfeurs.

Sports nautiques – Le littoral de Biscaye offre un grand choix de sorties en mer (bateau, surf, plongée, canoë-kayak, pêche, voile…) par le biais du programme « Côte basque Toutes voiles dehors ». Rens. dans les offices de tourisme.

Sports aériens – À Sopelana - 🕿 *607 213 431 - www. parapentesopelana.com - à partir de 50 €.* Vols en parapente.

Promenades en barque – *Bermeo -* 🕿 *666 791 021 - www. hegaluze.com - avr.-oct. - parcours et horaires sur le site Internet - sorties à Urdaibai et San Juan de Gaztelugatxe (1h) 12 € (enf. 7 €) ; observation de cétacées(4h) 40 € (enf. 28 €).*

AGENDA

Antxoa eguna (jour de l'Anchois) **à Ondarroa** – *2ᵉ sam. de mai.* Concours et dégustations de *pintxos…* à base d'anchois !

4

Guernica

Gernika-Lumo

16 869 habitants

Relevée de ses cendres, Guernica s'est muée en cité-métaphore de l'harmonie, avec son musée sur la paix, son centre-ville serein mais animé, et sa réserve naturelle riche en biodiversité. Un bel exemple d'équilibre entre développement urbain et préservation de l'environnement.

☺ NOS ADRESSES PAGE 280
Hébergement, restauration, achats, activités, etc.

🛈 S'INFORMER

Office de tourisme – *Artekalea, 8 - ✆ 946 255 892 - www.gernika-lumo. net - avr.-oct. : lun.-sam. 10h-19h, dim. 10h-14h ; reste de l'année : lun.-vend. 10h-18h, w.-end 10h-14h - fermé 1ᵉʳ et 6 janv., 24-25 et 31 déc.*

Visites guidées – *Sur réserv. à l'OT (10 pers. mini) - en basque, espagnol et anglais - 2,55 €/pers. Visite générale (1h), maisons du bombardement (1h30), église Sta María (1h30), marchés (45mn).*

▶ SE REPÉRER

Carte de microrégion C1 (p. 244-245). Guernica se situe au fond de l'estuaire du même nom, à 34 km à l'est de Bilbao.

🅿 SE GARER

En lisière de ville, le long de la rivière, ou bien en centre-ville : deux parkings publics gratuits. Attention à respecter les horaires de stationnement, car la police veille !

☺ À NE PAS MANQUER

Le musée de la Paix.

🕓 ORGANISER SON TEMPS

Une journée peut être consacrée aux douloureux souvenirs de la guerre civile, sans délaisser pour autant les beautés naturelles de la *ría*.

👫 AVEC LES ENFANTS

Le musée de la Paix, la réserve de la biosphère de Urdaibai et les œuvres d'Agustín Ibarrola à découvrir dans la forêt d'Oma.

Se promener

Le centre-ville se concentre autour du musée de la Paix, ouvert sur une place à arcades derrière laquelle se dressent les quelques maisons rescapées du bombardement de 1937. Jouxtant cet ensemble, le parc des Peuples d'Europe accueille des œuvres d'Eduardo Chillida et de Henry Moore dans le jardin attenant au palais Udetxea *(accès par une passerelle)*. De l'autre côté du parc des Peuples d'Europe, derrière le parlement, se trouve le couvent des Clarisses.

LA VILLE MARTYRE

Le 26 avril 1937, en pleine guerre civile, une escadrille allemande bombarde la localité, faisant plusieurs centaines de morts en ce jour de marché. Premier raid aérien massif sur des populations civiles, le drame marquera durablement les esprits. Aujourd'hui au musée Reina Sofía de Madrid, la célèbre toile de **Picasso**, *Guernica*, perpétue le souvenir des victimes de la barbarie. Une copie en céramique est visible dans la ville.

> ### PRIVILÈGES SOUS LE CHÊNE
> Les représentants biscayens se réunissent à Guernica, au pied du chêne tutélaire où ils y recevaient le serment des seigneurs de Biscaye qui promettaient de respecter les **fueros** (privilèges locaux). Les rois d'Espagne se plièrent jusqu'en 1876 à la coutume… qui fut rétablie en 1936 par José Antonio Aguirre, puis encore supprimée sous Franco. Adaptés et restaurés en 1979, ils régissent à nouveau l'ensemble du Pays basque espagnol. On peut toujours méditer devant l'arbre millénaire (ci-dessous)…

★★ Museo de la Paz (Musée de la Paix)
Foru plaza, 1 - ✆ 946 270 213 - www.museodelapaz.org - & - mars-sept. : mar.-sam. 10h-19h, dim.10h-14h ; reste de l'année : mar.-sam. 10h-14h, 16h-18h, dim. 10h-14h - fermé janv. - 5 € (-12 ans gratuit).

La visite, très émouvante, se divise en trois espaces : le premier tente de cerner la notion de paix au travers de citations de personnalités célèbres (Martin Luther King, Gandhi, Chateaubriand, etc.) ; le deuxième revient sur l'histoire tragique de Guernica (admirable mise en condition dans une pièce d'habitation reconstituée) ; et le troisième aborde la question de la paix aujourd'hui (conflit basque, politique pénitentiaire, torture, etc.).

Casa de Juntas (Parlement)
Allende Salazar - ✆ 946 251 138 - www.jjggbizkaia.eus - tlj sf jours d'assemblée - 10h-14h, 16h-18h - gratuit.

Toujours debout en dépit des bombardements de la guerre civile, ce bâtiment de 1826 abrite le parlement de Biscaye.

Salle du Vitrail – Ainsi nommée en raison du gigantesque vitrail posé en 1985 au plafond. Sa bordure présente les monuments les plus significatifs de chacune des villes de Biscaye. Des panneaux et des objets montrent et illustrent l'histoire de la province et de ses représentants.

Salle du Parlement ou Sta María la Antigua – Du Moyen Âge jusqu'au début du 19e s., les Biscayens se réunissaient autour du chêne et ils prêtaient serment dans un sanctuaire : Sta María la Antigua. Devenu trop petit, ce dernier a été remplacé en 1826 par l'actuelle salle qui occupe le centre du Parlement. Notez la disposition en ellipse, tout à fait adaptée pour des célébrations religieuses. Des portraits de différents seigneurs de Biscaye et des tableaux évoquant les serments des *fueros* (encadré ci-dessus) ornent les murs.

Arból de Guernica (Arbre de Guernica) – Le chêne actuel, mis en terre en 2005, se dresse face à la tribune et perpétue la tradition historique. Il a pris la place d'un arbre planté en 1860 qui déjà remplaçait l'Arbre Vieux. De ce dernier, il ne reste que le tronc, protégé par un petit temple construit en 1929, situé un peu à l'écart.

Palacio Alegria - Museo Euskal Herria
(Palais Alegria - Musée Euskal Herria)
Allende Salazar, 5 - ✆ 946 255 451 - www.bizkaia.net/euskalherriamuseoa - & - juil.-août : 10h30-14h30, 16h-19h30 ; reste de l'année : mar.-sam. 10h-14h, 16h-19h, dim. et j. fériés 10h30-14h30 - 3 € (-26 ans 1,50 €), gratuit sam.

Installé dans une demeure épargnée par le bombardement de 1937, le musée s'attache à expliquer l'histoire de la maison, puis celle de l'habitat basque (maquette à l'appui) et de la navigation. À l'étage, vous découvrirez les personnalités qui ont contribué à redonner un souffle à la culture basque au 19e s.

4

Du côté de la ría

Possibilité de garer sa voiture au parking du stade.

🐾 Cette promenade qui longe l'estuaire de Guernica débute au pont menant au centre-ville. Joggeurs, cyclistes et maîtres avec leurs chiens se partagent ce chemin qui devient de plus en plus sauvage au fur et à mesure que Guernica s'éloigne et que se rapproche Urdaibai.

À proximité Carte de microrégion

★ Cueva de Santimamiñe (Grotte de Santimamiñe) C1

▶ *6 km au nord-est de Guernica par la BI 2238 en direction de Lekeitio ; après 2,5 km, prenez à droite la BI 4244. Barrio Basondo - Kortezubi - ℘ 944 651 657 - www.santimamiñe.com - de mi-avr. à mi-oct. : 10h, 11h, 12h, 13h, 15h30, 17h et 17h30 ; reste de l'année : mar.-dim. 10h, 11h, 12h et 13h - visite guidée seult (env. 1h30), réserv. indispensable, possibilité de visite en français - 5 € (-26 ans 2 €, -6 ans gratuit).*

En 1917, on découvrit dans cette grotte une cinquantane de superbes peintures et gravures rupestres de l'époque magdalénienne (v. 14 500-12 000 av. notre ère). Dans un souci de préservation, les salles ornées de peintures sont aujourd'hui fermées au public, mais on peut désormais les admirer en visite virtuelle.

Bosque de Oma (Forêt d'Oma) C1

▶ *8 km au nord-est par la BI 2238 en direction de Lekeitio. Après 2,5 km, prenez à droite la BI 4244.*

🐾 *Comptez 45mn à partir du parking des grottes. Le chemin monte, bordé d'épineux puis de pins, et redescend sur 300 m pour mener au bois peint.*

👥 Des formes géométriques capricieuses, des silhouettes humaines qui se cachent derrière les troncs et d'immenses taches de couleur témoignent de l'union entre l'art et la nature qu'a voulu inscrire en ce lieu boisé le peintre **Agustín Ibarrola** (né en 1930).

Reserva de la biósfera de Urdaibai
(Réserve de la biosphère de Urdaibai) C1

▶ *Sur la rive gauche de l'estuaire en direction de Mundaka. Se rens. au Centre de biodiversité du Pays basque à Busturia - Torre Madariaga - ℘ 946 870 402 - www.ekoetxea.eus - ♿ - juil.-août : mar.-dim. 11h-19h ; reste de l'année : mar.-vend. 11h-14h, w.-end 11h-19h - 3 € (enf. 1 €) tour d'observation, activités et expositions ; 5 € avec visite guidée dans la réserve.*

👥 Déclarée réserve de Biosphère par l'Unesco, elle couvre 220 km², soit près de 10 % de la Biscaye. Elle s'étale sur les deux versants de l'estuaire, englobant aussi bien la côte sableuse que les zones marécageuses et les forêts de résineux et de chênes verts. Vingt-cinq milieux végétaux différents ont été répertoriés entre les forêts, les maquis et les landes, les rochers, l'eau douce et salée ainsi que les sables côtiers. Cette diversité n'est pas pour déplaire aux oiseaux migrateurs ni aux mammifères, ni même aux poissons et aux amphibiens qui vivent sur ce territoire.

Observatoire des oiseaux – *Dir. Mundaka, par la BI 2235. À Altamira, repérez sur la droite un panneau, juste après le petit pont, indiquant la réserve d'Urdaibai. La route mène à la gare ferroviaire. Garez-vous et traversez la voie, en faisant bien attention. Au bosquet, vous trouverez un panneau explicatif. Suivez le sentier à gauche - www.birdcenter.org. On accède à l'observatoire (15mn) par une vaste étendue herbeuse et parfois marécageuse, qui mord sur la ría s'écoulant entre* les collines. On a ainsi l'impression d'être au cœur de l'estuaire où s'ébattent spatules, hérons, aigrettes, etc.

Plages – Signalées par les panneaux « Hondartza », à droite de la BI 2235, elles sont finalement peu nombreuses. À **Sukarrieta**, la plage officielle, toute petite, se trouve face au jardin botanique, planté sur son rocher. La plupart des habitants profitent de la marée basse pour descendre à même le sable de la *ría* et se baigner éventuellement dans les mares.

Circuit conseillé Carte de microrégion

DE GUERNICA À MARQUINA-JEMÉIN C1

> *Circuit de 80 km au départ de Guernica tracé en orange sur la carte de microrégion (p. 244-245) – Comptez env. 2h. Quittez Guernica par la BI 635 au sud, en direction de l'A 8. À Zugaztieta, prenez à gauche la BI 3231. Traversez Aiuria, puis Urrutxua, et continuez vers Munitibar.*

★ Balcón de Bizkaia (Balcón de Vizcaya/Belvédère de la Biscaye) C1

Ce belvédère tourné vers les paysages montagneux dévoile, au-delà du faîte des arbres, une mosaïque de prés et de forêts.

Continuez jusqu'à Munitibar, puis tournez à droite vers Bolibar sur la BI 2224.

La route en descente vers Bolibar révèle par intermittence de très belles échappées sur le monastère de Zenarruza, isolé sur sa colline.

Juste avant Bolibar, prenez à droite en direction de Ziortza.

★ Monastère de Zenarruza/Ziortza C1

www.monasteriozenarruza.net. Sonnez à la boutique pour que l'on vienne vous ouvrir.

Charmant monastère (14e s.) regroupé autour de la collégiale. L'attrait du site tient autant à son environnement champêtre qu'à la sobriété de son architecture. L'histoire raconte que, durant la messe de l'Assomption célébrée à Sta Lucia de Garay en l'an 968, un aigle survola l'assemblée des fidèles pour s'emparer d'un crâne dépassant des sépultures de l'église. Depuis, les armoiries de Zenarruza représentent la scène. Vous pourrez en voir une illustration sur le mur extérieur de la porte est.

Collégiale – Jetez un œil à son petit cloître avant d'entrer dans l'église, d'une simplicité émouvante. Son seul luxe se concentre dans le petit retable polychrome de l'autel qui abrite le tombeau de l'abbé Irusta (1485-1563). En sortant, notez les sculptures réalisées sur les poutres de l'auvent, et tournez-vous vers la porte pour ne pas manquer les figures naïves qui la surmontent.

Revenez à Bolíbar.

Bolibar/Bolívar C1

L'église forteresse Santo Tómas, fondée au 10e s. et reconstruite aux 17e-18e s., paraît occuper le village d'où serait originaire **Simón Bolívar**. Un musée, installé dans une maison traditionnelle située derrière l'église, lui est consacré.

Musée Simón Bolívar – *Beko, 4 - ☎ 946 164 114 - www.simonbolivarmuseoa. com - juil.-août : mar.-vend.10h-13h, 17h-19h, w.-end et j. fériés 12h-14h ; reste de l'année : mar.-vend. 10h-13h, w.-end et j. fériés 12h-14h - entrée libre.* Après l'histoire du village médiéval, on suit, au second étage, présente la vie et la carrière de ce chef du mouvement indépendantiste latino-américain (1783-1830) au travers de panneaux et de documents d'archives.

Quittez Bolibar en direction de Markina-Xemein par la BI 633.

4

Markina-Xemein/Marquina-Jeméin C1

Mentionnée pour la première fois dans les textes en 1355, cette commune jouait un rôle défensif sur la frontière avec le Guipúzcoa.

Chapelle San Miguel de Arretxinaga – Chapelle excentrée dans le quartier d'Arretxinaga. À l'intérieur, trois gigantesques rochers se soutiennent mutuellement, faisant comme une grotte à la statue de saint Michel (16e s.).

Iglesia del Cármen – *Dans le village, en direction de Durango*. 18e s. L'église des Carmélites abrite trois magnifiques retables en bois doré.

Kalea Guen – Cette rue conserve encore deux maisons-tours aux nos 5 et 7. Voyez à côté l'hôtel de ville (16e s.) aux colonnes baroques de grès rose.

Place principale – Bel espace dégagé, sur lequel donnent l'église et des maisons anciennes, comme le palais baroque Solartekua (Hôtel de ville), repérable à ses blasons.

Revenez à Guernica par la BI 3448 jusqu'à Aulesti, à l'ouest, puis la BI 3242.

NOS ADRESSES À GUERNICA

HÉBERGEMENT

PREMIER PRIX

Pension Akelarre – *Barrenkale, 5 - ☎ 946 270 197 - www.hotelakelarre. com - 17 ch. 56 € - ☐ 6 € (sous conditions)*. Les chambres de cette coquette pension allient l'esthétique au confort. Salon terrasse au dernier étage, avec solarium et vue panoramique.

BUDGET MOYEN

Hôtel Gernika – *Carlos Gangoiti, 17 - ☎ 946 250 350 - www.hotel-gernika.com - 40 ch. env. 90 € - ☐ 6 €*. Établissement familial disposant d'un bar élégant et d'agréables parties communes. Climatisation et salles de bains en marbre dans certaines chambres.

RESTAURATION

PREMIER PRIX

Gernika – *Industria, 12 - ☎ 946 250 778 - www. gernikajatetxea.com - menu du jour 10,50 € - menu w.-end 20 €*. Murs en pierre, tables bien dressées et horloges anciennes forment un décor chaleureux. Savoureuses spécialités basques.

BUDGET MOYEN

Zallo Barri – *Juan Calzada, 79 - ☎ 946 251 800 - menu du jour 11 € - carte 38/51 €*. Établissement moderne de style minimaliste. Bien aménagé, il propose une cuisine contemporaine intéressante.

Lezama Taberna – *Calle Industria, 14 - ☎ 944 653 769 - 13h-16h, 20h30-23h - fermé merc., nov. - menu 16 € (en sem.) 22 € (w.-end), carte 35/40 €*. Restaurant familial sobre et lumineux. Les tables dressées en noir et blanc s'accordent aux plats de cuisine traditionnelle basque. Belle carte des vins.

AGENDA

Carnaval de Markina-Xemein – *Fév.-mars*. Le dimanche de Carnaval, insolite concours des rubans célébré à cheval, défilé d'un ours effrayant avec son dompteur chargés de faire fuir les fantômes et de faire peur aux enfants.

Fêtes patronales de Guernica – *9-18 août*. Andra Mari et San Roque.

Fête de San Miguel à Markina-Xemein – *26-29 sept*.

Marché à Guernica – *Tous les lun. et grande foire agricole dern. lun. d'oct*.

Durango

29 031 habitants

Bâtie au bord d'une rivière et entourée de montagnes, la cité industrielle de Durango abrite un joli quartier historique, ramassé autour de la magnifique basilique et de son porche. Aux alentours, découvrez les hectares protégés du parc d'Urkiola ; les palais d'Elorrio sont tout proches.

NOS ADRESSES PAGE 284
Hébergement, restauration, achats, activités, etc.

S'INFORMER

Office de tourisme – *Kurutziaga, 38 - 946 033 938 - www. turismodurango.net - lun., jeu.-vend. 10h-14h30, 16h-18h30, mar.-merc. et w.-end 10h-14h30 - fermé 1er, 6 janv. et 25 déc. Visite audioguidée de la ville disponible.*

SE REPÉRER

Carte de microrégion C2 (p. 244-245). Implantée sur l'axe St-Sébastien-Bilbao (A 8), Durango n'est qu'à 30 km à l'est de la capitale biscayenne.

SE GARER

Le centre étant piétonnier, garez-vous du côté de la gare, qui n'est pas loin du cœur historique.

À NE PAS MANQUER

Le porche de la basilique Sta María.

ORGANISER SON TEMPS

Visitez la ville le matin et randonnez dans le parc d'Urkiola l'après-midi.

AVEC LES ENFANTS

Les circuits pédagogiques partant de la Maison du parc d'Urkiola.

Se promener

Franchissez la Mañaria à la calle Andra Mari.

★★ Basilique Sta María de Uribarri

Cette église du 14e s. renferme un superbe **retable★** Renaissance en bois doré du 16e s. dédié à la Vierge (scènes de l'Annonciation, de la Nativité, de l'Assomption, etc.), mais elle mérite surtout le détour pour la magnifique **charpente★★** de son porche, dont la hauteur et les volumes impressionnent. *En poursuivant la calle Andra Mari par le chevet, vous atteignez Kurutziaga.*

Musée Kurutzesantu

Kurutziaga, 38 - 946 550 550 - juil. : mar.-vend. 16h-20h, sam. 18h30-20h30, dim. 12h-14h ; reste de l'année : vend.-sam. 18h30-20h30, dim. 12h-14h - gratuit. L'intérêt majeur de ce musée, installé dans l'office de tourisme, réside dans la **croix de Kurutziaga★** (cruz de Kurutziaga) qu'il conserve. Cette croix originale évoque un calvaire breton, car elle est sculptée sur ses deux faces (Paradis, Adam et Ève, les 12 apôtres). Elle fut érigée comme croix expiatoire en réparation de l'hérésie menée par le franciscain fray Alonso de Mella et propagée à partir de 1442. On ne sait pas grand-chose, faute de documents, si ce n'est que ce « religieux » critiquait l'église et prônait une société où tout serait partagé, les biens matériels comme les femmes… Ce « hippie » avant l'heure parvint à rallier à ses théories subversives nombre d'habitants de la ville dont une centaine fut brûlée en 1444, sous prétexte de sorcellerie, sur les lieux où avait été élevée la croix. *Revenez sur vos pas et prenez la calle Kalebarria à gauche.*

4

DURANGO DUR À CUIRE

Le toponyme Durango daterait du haut Moyen Âge. Pour certains, il dériverait du vocable Urazango, pour d'autres, il viendrait du nom Padurango ou d'un toponyme romain, Duranicus. Jusqu'à la fin du 11e s., le village dépend de Pampelune et de la Navarre puis, après 1095, passe à la Biscaye avant de devenir castillan à la fin du 12e s. Ce n'est qu'à cette période que le village reçoit ses lettres de fondation. Après avoir été dévastée par la peste en 1517 et 1597, par une inondation en 1544 et par un incendie en 1554, la ville dut supporter le coût des guerres castillanes contre la France au 17e s., puis l'occupation napoléonienne au début du 19e s. Pendant les guerres carlistes, elle fut le tribunal et le siège du prétendant Don Carlos. Fortement industrialisée par la suite, elle fut le théâtre de batailles et de bombardements lors de la guerre civile, notamment en mars-avril 1937, pour avoir choisi de demeurer fidèle au camp républicain.

Plaza Garitaonaindia

Jolies maisons basques, l'une traditionnelle, avec briques et pans de bois, et l'autre à colonnades.

Église Sta Ana

L'église se dresse sur la **place★** du même nom, au sol pavé de galets et décoré d'une croix tracée à l'aide de pierres. Un petit arc de pierre, aussi baptisé Sta Ana et construit vers 1750, complète le tableau. C'est l'unique vestige des anciennes portes de la ville. Autrefois, on l'appelait la « Porte du Marché », car c'est par là qu'arrivaient les marchandises assurant la survie de Durango. *Prenez la calle Arte.*

Ayuntamiento (Hôtel de ville)

Vous ne pourrez pas manquer ce bâtiment, car il arbore en façade une fresque rococo. Celle-ci fut refaite après la guerre civile selon le dessin d'origine réalisé en 1722 par un peintre originaire de Bilbao, Ignacio de Zumárraga.

Museo de Arte e historia (Musée d'Art et d'Histoire)

Sanagustinalde, 16 - ℰ 946 030 020 - www.turismodurango.net/fr/museo-de-arte-e-historia - été : lun.-sam. 11h-14h, 18h-21h, dim. 11h-14h ; reste de l'année : mar.-vend. 11h-13h30, 16h30-20h, sam. 11h-14h, 17h-20h, dim. et j. fériés. 11h-14h - fermé 10-25 août - gratuit.

Le magnifique palais baroque d'Etxezarreta abrite des objets intéressants, parmi lesquels une maquette de Durango au 15e s. Il renferme également le singulier **Centre d'histoire du crime** (Krimenaren Historia Zentroa), un centre de recherche, de documentation et de diffusion de l'histoire du crime en ligne.

À proximité Carte de microrégion

Parque natural d'Urkiola (Parc naturel d'Urkiola) C2

▶ *11 km au sud de Durango par la BI 623 en direction de Vitoria.*

🛈 **Maison du Parc naturel d'Urkiola Toki Alai** – *Puerto de Urkiola - ℰ 946 814 155 - www.urkiola.net - &- été : 10h-14h, 16h-18h ; hiver : 10h30-14h30, 15h30-17h30 - fermé 1er et 6 janv., 25 déc. - gratuit.* Des cartes de randonnées et des informations sur la biodiversité et la géologie du parc y sont disponibles.

👥 Itinéraires pédagogiques de 1h au départ de la maison du parc et aboutissant au sanctuaire de San Antonio.

Le marché d'Uribarri.
F. J. Fdez. Bordonada/age fotostock

Fondé en 1989, le parc couvre près de 6 000 ha du massif montagneux karstique du même nom, qui est à cheval entre la Biscaye et l'Álava. Il présente des paysages de prairies et de falaises austères où nichent des vautours fauves. Les forêts (un tiers de la superficie) sont en plein développement grâce à des plantations de pins et de mélèzes qui viennent s'ajouter aux chênaies, hêtraies et pinèdes d'origine.

Église de San Antonio – *Au col d'Urkiola*. Construite sur un sanctuaire du 7e s., l'église présente une façade murée, ornée simplement d'une porte et d'un vitrail en hauteur. Les restes d'un cloître lui servent de parvis.

À l'intérieur, l'absence de chœur donne une allure très contemporaine à l'ensemble.

Beaux **points de vue** sur le parc d'Urkiola depuis le belvédère aménagé dans les bois *(suivez le chemin de Croix, sur la gauche).*

Comptez une demi-journée de marche AR à partir du sanctuaire pour atteindre le mont **Anboto** qui culmine à 1 331 m… Mais attention, c'est sur l'un de ses versants que se trouve la grotte où réside la Dama de Anboto, la déesse de la nature qui détient le secret de la foudre et se nourrit des mensonges proférés par ses visiteurs.

★ Elorrio C2

▶ *12 km au sud-ouest de Durango par la BI 632 en direction d'Arrasate. Après Apatamonasterio, continuez sur 3 km, puis prenez à gauche en direction d'Elorrio.*

Ce village fondé en 1356 concentre un nombre impressionnant de **palais** des 17e et 18e s. sur seulement quelques rues, héritage des fortunes accumulées par les échanges avec le Nouveau Monde. La plus blasonnée est celle de Berriochoa (Berriotxoa), mais vous verrez aussi de belles façades dans les rues San Pio X, Gernikako, Erreka ou Urarka, pour ne citer qu'elles.

Ne manquez pas de faire un arrêt sur la charmante Herriko plaza, dominée par la basilique de la Purísima Concepción (15e s.). Elle conserve les reliques du saint patron de la Biscaye, saint Valentín de Berriochoa (1827-1861), missionnaire dominicain qui mourut en martyr au Vietnam. Il était né dans le palais d'Arriola.

4

Otxandio/Ochandiano C2

▶ *18 km au sud de Durango par la BI 623. Après Andaparaluzeta, faites quelques centaines de mètres et prenez à gauche la BI 3451.*

Ce petit village ne manque pas de caractère, avec ses ruelles étroites et sa place. Elle regroupe, comme il se doit, l'hôtel de ville (1742) et ses arcades, le fronton de pelote, le préau où se réfugier en cas de pluie, et l'église de Sta Marina du 16e s. dont le **portail**★, très simple, révèle l'existence d'un sanctuaire antérieur.

😊 NOS ADRESSES À DURANGO

HÉBERGEMENT/RESTAURATION

PREMIER PRIX

Bar Zero – *Andra Mari Kalea, 6 - ☎ 946 812 222 - lun.-merc. 7h30-23h30, vend.-sam. 7h30-2h, jeu. et dim. 7h30-0h.* Ambiance locale dans ce bar à *pintxos* situé en face de la collégiale.

POUR SE FAIRE PLAISIR

Grand Hôtel Durango – *Gasteiz Bidea, 2 - ☎ 946 217 580 - www. granhoteldurango.com - wifi - 68 ch. 120/190 € - ☖ 12 € - menu 30 € (fermé dim. soir et lun.).* Sorte de petit palais bien construit et décoré avec goût. Espaces communs élégants et chambres modernes. Le restaurant est bien tenu et propose des viandes de son propre élevage de bovins.

À proximité de Durango

PREMIER PRIX

Ermintxo – *Barrio Elejalde - 48311 Natxitua - ☎ 946 277 700 - www. euskalnet.net/ermintxo - 8 ch. 65 € - ☖ 5 € - formule déj. au bar 11 €, carte env. 50 € (fermé mar. sf en été).* Entouré de paysages verts et offrant une belle vue sur la mer, cet établissement propose des chambres accueillantes et confortables. Côté restaurant, on savoure les spécialités régionales.

ACTIVITÉS

Alluitz Natura – *Barrio Mendiola, 25 - Abadiño - 48220 Abadino - ☎ 688 875 120 - alluitznatura.com - 18 € (enf. 4 €).* Venez vivre une expérience inédite au cœur de la vie pastorale. Patxi Solana vous invite à partager une journée de sa vie quotidienne à travers la traite des moutons, la fabrication de fromage, une randonnée dans les pâturages, la tonte des moutons, pour finir sur la dégustation de fromage frais.

AGENDA

Romería de San Antonio à Urkiola – *13 juin.* Procession Romería au sanctuaire.

Fête patronale de San Fausto – *13 oct.* Les jours qui précèdent et qui suivent cette date sont synonymes de festivités dans toute la ville.

Durangoko Azoka (Foire du livre et du disque basque) – *1re quinz. de déc. - http://durangokoazoka.eus/eu.*

Balmaseda

Valmaseda

7 655 habitants

Tradition et inventivité, telle pourrait être la devise de la capitale des Encartaciones. Balmaseda a en effet su préserver ses coutumes, comme celle de la « Passion vivante », et mettre en valeur son patrimoine, en n'hésitant pas à reconvertir ses monuments en musée ou en centre culturel. Résultat : un cœur historique où vous aurez plaisir à flâner, et un point de départ idéal pour rayonner dans la région.

NOS ADRESSES PAGE 289
Hébergement, restauration, achats, activités, etc.

S'INFORMER

Office de tourisme – *Martín Mendía, 2 -* ℘ *946 802 976 - www. visitenkarterri.com - de mi-juin à mi-sept. : lun.-sam. 9h-14h, 16h-19h, dim. et j. fériés 9h-14h ; reste de l'année : lun.-vend. 10h-14h, 16h-19h, w.-end et j. fériés 10h-14h.*

SE REPÉRER

Carte de microrégion A2 (p. 244-245). À 30 km à l'ouest de Bilbao.

SE GARER

Les parkings sont situés pour la majorité à l'est de la ville, de part et d'autre de la rivière. Celui qui se trouve derrière la mairie est le plus central.

À NE PAS MANQUER

L'ancienne église de Sta Clara.

ORGANISER SON TEMPS

Balmaseda déploie tout son charme en fin de matinée ou de journée, lorsque l'animation des rues est à son comble. Le reste de la journée pourra être consacré à la vallée de Karrantza, avec un détour par le musée des Encartaciones.

AVEC LES ENFANTS

Le parc Karpin Abentura et la grotte de Pozalagua.

Se promener

Le vieux Balmaseda s'étend sur quatre rues parallèles le long du río Cadagua, encadré à l'ouest par l'ancienne église de Sta Clara, et à l'est par l'hôtel de ville et l'église San Severino.

Casa consistorial (Hôtel de ville)

La forêt d'arcades qui caractérise le rez-de-chaussée de la **mairie** du 18ᵉ s. n'est pas sans rappeler celle de la mosquée de Cordoue, d'où son surnom de « Mezquita ». Les piliers ne sont cependant pas aussi anciens et datent pour la plupart du début du 20ᵉ s.
Devant le bâtiment se déploie la vaste place St-Séverin.

Église San Severino

Jouxtant l'hôtel de ville, cette église gothique du début du 15ᵉ s. embaume l'encaustique. On peut y admirer un certain nombre d'ajouts comme la chapelle centrale, commandée en 1545 par Juan de Urrutia. Des sculptures maniéristes ornent son retable, attribué aux frères Beaugrant. Notez également les bas-reliefs de style Art nouveau dans la nef de droite. L'extérieur affiche un style baroque avec un clocher du 18ᵉ s., décoré d'un double balcon ornemental.
Engagez-vous dans la calle Correría aboutissant à la plaza de los Fueros.

4

Palais Urrutia
Maison du 17ᵉ s. au portail encadré de colonnes néoclassiques.
Prenez la calle El Cubo, puis le campo de las Monjas.

Conjunto monumental de Sta Clara (Ensemble de Sta Clara)
Occupé jusqu'en 1985 par des clarisses, ce couvent datant de 1675 abrite un hôtel. Le **Centre d'interprétation de la Passion de Balmaseda** (*℘ 946 801 438 - été : mar.-sam. 9h30-15h30, 17h30-20h30, dim. 10h-14h ; reste de l'année : mar.-sam. 10h-14h, 16h-18h, dim. 10h-14h)* occupe son **église★**. Ce lieu reconverti abrite un magnifique orgue rococo de 1770, de superbes retables baroques des 17ᵉ-18ᵉ s. ainsi que les vêtements utilisés dans la Passion vivante !
Revenez vers le vieux centre en longeant la rivière Cadagua.

Puente Viejo (Pont Vieux)
Ce pont médiéval, autrefois point de passage obligé sur la route de Castille, aurait été édifié au début du 13ᵉ s. Élevée ultérieurement, sa tour est devenue le symbole de Balmaseda. Elle faisait partie de l'enceinte fortifiée de la ville et en constituait l'une des principales entrées. En raison de son arche centrale surélevée qui rendait le charriage difficile, ce pont fortifié fut supplanté au 17ᵉ s. par un autre, construit plus en aval.
Peu après le pont, tournez à gauche vers la place St-Jean.

Plaza San Juan
Sur cette place très centrale se dressent deux églises. La plus moderne (début du 20ᵉ s.) a été transformée en centre culturel, le Klaret Antzokia, inauguré en 2005. La seconde, anciennement San Juan Bautista del Moral, fondée au 15ᵉ s., a été reconvertie en musée.

Museo de la Historia de Balmaseda (Musée de l'Histoire de la ville)
℘ 657 795 806 - ♿ - juin-sept. : mar.-dim. 11h-13h30, mar.-jeu. 17h-19h ; hiver : mar.-vend. 11h-13h, 17h-19h, w.-end 12h-14h - 1 € (-16 ans gratuit). La nef de l'ancienne église réunit une série d'objets et de panneaux illustrant l'histoire de Balmaseda, son patrimoine et ses traditions, parmi lesquelles la célèbre Passion vivante du Christ. D'autres sont consacrés aux personnalités de la ville, comme l'homme politique et historien local Martín de los Heros e Hita (1786-1859) ou les peintres Roberto Rodet (1915-1989) et María Francisca Dapena (1924-1995). La galerie supérieure présente quelques objets du 19ᵉ s., permettant de recomposer une sorte d'intérieur bourgeois typique de l'époque.
Suivez la rue Martín Mendia pour passer devant le palais Horcasitas.

Palais Horcasitas
La sobre façade sur rue de ce palais, construit à la fin du 17ᵉ s. ou au début du 18ᵉ s., arbore le blason de la famille Horcasitas. Celle donnant sur la ruelle voisine offre un bel exemple de style néoclassique.
La rue Martín Mendia vous ramènera à la place St-Séverin.

LA SEMAINE SAINTE
Le Jeudi et le Vendredi saints, la reconstitution de la **Passion du Christ** draine à Balmaseda des milliers de personnes. La tradition remonterait au 15ᵉ s. et à une épidémie de peste. Le rituel a sans cesse évolué, passant d'une simple procession à une véritable mise en scène vivante, laquelle comprend aujourd'hui neuf tableaux. Les spectateurs assistent donc à la Cène, à la prière du mont des Oliviers, à l'arrestation de Jésus, à sa confrontation avec le grand prêtre puis avec Ponce Pilate, à son chemin de Croix et à sa crucifixion, joués par les habitants.

UNE POSITION STRATÉGIQUE

Balmaseda s'enorgueillit de compter parmi les cités fondatrices de Biscaye, voire d'être la première puisque ses actes remontent à 1190. Elle se développa entre les collines et la rivière, à l'endroit le plus facile à fortifier. L'emplacement était aussi idéal d'un point de vue commercial, puisqu'il se trouvait sur la route menant en Castille. La ville n'eut qu'à réutiliser l'ancienne voie romaine pour assurer sa prospérité. Marchands, aubergistes et artisans développèrent leurs activités. Mais au 18e s., cette source de richesse se tarit, suite à l'ouverture d'une nouvelle voie de communication passant par Orduña. Au 19e s., Balmaseda dut aussi faire face aux différentes guerres (napoléoniennes, carlistes). Toutefois, à la fin du siècle, le chemin de fer relança son activité. Aujourd'hui, c'est sur son patrimoine et ses services que s'appuie la capitale des Encartaciones.

À voir aussi

Museo Boina La Encartada

(Musée du Béret et de l'Industrie textile basque)

Sortie côté Burgos, Bº El Peñueco, 11 - ℰ 946 800 778 - Sem. sainte et mi-avr.-mi-oct. : mar.-vend. 10h-14h, 16h-19h, sam. 10h30-19h, dim. 11h-15h ; reste de l'année : mar.-vend. 10h-14h, sam. 10h30-19h, dim. 11h-15h - fermé lun., 1er et 6 janv., 25 déc. - vis. guidée uniquement 5 € (enf. 3 €).

Le musée a pour cadre une ancienne usine de bérets fondée en 1892 qui a fonctionné pendant un siècle. Son architecture et ses machines sont encore en état.

À proximité Carte de microrégion

LAS ENCARTACIONES/ENKAITERRIAK A2

Cette appellation désigne le territoire occidental de la Biscaye, délimité par la Cantabrie, la Castille et le Nervión. C'est une région au relief accidenté, dont les vallées et les villages, encore tournés vers une économie pastorale et agricole, ont conservé toute leur authenticité.

Avellaneda A2

🔘 *7 km au nord de Balmaseda par la BI 630, puis la BI 2701 à Otxaran.*

Muséo de las Encartaciones (Musée des Encartaciones) – *Le musée se trouve sur la route de Muskiz, dans la montagne - ℰ 946 504 488 - www.enkarterri museoa.eus - &. - juil.-sept. : mar.-sam. 10h-14h, 17h-19h, dim. et j. fériés 10h-14h ; reste de l'année : mar.-sam. 10h-14h, 16h-18h, dim. et j. fériés 10h-14h - fermé lun., 1er et 6 janv., 25 déc. - gratuit.* Un bâtiment moderne, précédé de piliers bleus, marque l'entrée de ce musée qui occupe l'ancienne demeure fortifiée (15e s.) où se réunissaient jusqu'au 19e s. les représentants des villages de la région. Les différentes salles abordent chacune un thème ou une période historique, reconstituant la géographie et l'histoire de la région. Ainsi, la pièce d'exposition évoquant la romanisation présente-t-elle la coupe d'une voie romaine ; celle du haut Moyen Âge, la reproduction de tympans. Les tours défensives du bas Moyen Âge illustrent, quant à elles, les guerres d'influence que se livraient les seigneurs de l'époque. La démarche didactique est bien illustrée grâce à des maquettes, des costumes, des outils, des photos, des sculptures et de nombreux panneaux explicatifs.

4

Güeñes A2

▶ *10 km à l'est de Balmaseda par la BI 636 en direction de Bilbao. Après environ 7 km, tournez à gauche et traversez Aranguren pour rejoindre Güeñes par la BI 3631.*

Église Sta María – Intéressante église gothique du 16ᵉ s. au mobilier et à la décoration recherchés. Son **portail★** comprend de belles portes en bois clouté ainsi qu'une ornementation marquant la transition entre les styles gothique et Renaissance.

Circuit conseillé Carte de microrégion

VALLE DE CARRANZA/KARRANTZA HARANA
La VALLÉE DE KARRANTZA A1-2

▶ *Circuit de 80 km au départ de Balmaseda tracé en bleu sur la carte de micro-région (p. 244-245) – Comptez environ une journée. Quittez Balmaseda en direction de Castro-Urdiales, puis restez sur la BI 630 (direction Santander).*

🅸 ☏ *696 446 301 - www.karrantza.org.*

Église Nuestra Señora del Buen Suceso A1

L'église rendant hommage à la sainte patronne de la vallée présente une silhouette trapue, aux murs épais. Un beau jour de l'an 1670, la Vierge Marie apparut à María Rozas, une sage jeune fille du village de Campillos. Elle lui demanda de prévenir le curé et les habitants afin qu'ils élèvent une église pour sa statue, trouvée le 18 septembre. Les fidèles s'exécutèrent et le temple fut dressé à l'endroit de l'apparition. Depuis l'auvent et la porte principale, la **vue** est imprenable sur le magnifique retable baroque du 18ᵉ s. qui tapisse le fond de la nef, derrière l'autel. Ses trois panneaux encadrent la statue de Notre-Dame du Buen Suceso (67 cm) en bois polychrome du 17ᵉ s.

De petites **arènes** s'appuient contre l'édifice. Elles accueillent les corridas organisées le 18 septembre, à l'occasion de la **fête de la sainte patronne** (ce jour-là, une messe est célébrée chaque heure). Vous pourrez pique-niquer à proximité, des tables en bois étant dressées à cet effet près de l'église. Non loin de là, le **monument à la Vierge**, réalisé par le sculpteur Joaquín Lucarini Macazaga (1905-1969) en 1953, veille sur la vallée du haut de ses 14 m.

Reprenez la BI 630 en direction de Santander. Après El Cajello, tournez à droite en direction de Paúles.

Biañez A1-2

Église San Andrés – Mitoyenne du cimetière, l'église St-André des 14ᵉ et 15ᵉ s. occupe une petite éminence à l'entrée du village. L'un des murs intérieurs est entièrement recouvert de fresques mises au jour lors de la restauration d'un retable. Les peintures s'organisent en trois panneaux verticaux représentant de gauche à droite : la Passion, le martyr de saint André et la Cène.

Traversez le village et prenez la direction de Paúles.

Karpin Abentura/El Carpín A1

☏ *944 479 206 ou 946 107 066 - www.karpinabentura.com - ♿ - 1ᵉʳ juil.-15 sept. et Sem. sainte : 11h-19h ; 16 sept.-16 oct. et 1ᵉʳ avr.-30 juin : w.-end, j. fériés et vac. scol. 11h-19h ; reste de l'année : w.-end, j. fériés et vac. scol. 11h-17h - fermé 1ᵉʳ et 6 janv., 24, 25 et 31 déc. - 10 € (-14 ans 6 €).*

👥👤 Propriété estivale de l'ingénieur Urbano Peña y Chávarri au début du 20ᵉ s., ce parc de 20 ha a servi tour à tour de jardin d'enfants, de caserne et d'hôpital pendant la guerre civile. Depuis 1996, il accueille une cinquantaine d'espèces protégées parmi lesquelles des chouettes, des kangourous, des sangliers, des loups et des panthères noires. La plupart des animaux sont nés en captivité, les autres étant là en convalescence. Après avoir passé un moment avec eux, vous pourrez vous amuser à découvrir la faune préhistorique en parcourant un chemin inspiré de *Jurassic Park*. Bruitages, mannequins et explications se déclenchent automatiquement à votre passage. Attention au Tyrex !

Revenez sur la BI 630 et prenez à droite. Traversez Molinar. Juste avant Ríoseco, tournez à droite et montez jusqu'à Ranero. La grotte se trouve au-delà du village, au bout d'une route menant à une carrière et longeant la montagne sur la droite.

Cueva de Pozalagua (Grotte de Pozalagua) A1

🕿 649 811 673 - www.karrantza.org - ♿ *(partiellement) - visite guidée tte la journée - de mi-juin à mi-sept. : tlj sf lun. 11h-20h ; d'avr. à mi-juin et de mi-sept. à mi-oct. : w.-end et j. fériés 11h-20h ; reste de l'année : w.-end et j. fériés 11h-18h - fermé 1er et 6 janv., 18 sept., 24, 25 et 26 déc. - dernière visite 1h av. la fermeture - 7 € (8-16 ans 4 €).*

👥 Cette grotte a été découverte en 1957 par des ouvriers qui travaillaient à la carrière voisine. Comme eux, vous admirerez d'amples salles, hautes parfois de 30 à 50 m, ornées de gigantesques stalactites colorées et de gours, successions de petits barrages de carbonate.

La grotte contient aussi quelques orgues, mais sa véritable spécificité tient dans ses **stalactites excentriques★**, ainsi appelées en raison de leur orientation défiant les lois de la gravité. Elles se forment en effet en voile autour d'une goutte d'eau et peuvent ainsi être horizontales ou courbes. Particulièrement nombreuses à Pozalagua, elles tapissent une partie de la voûte, la transformant en une sorte de prairie fossilisée.

Revenez à Balmaseda par la BI 630.

🕿 NOS ADRESSES À BALMASEDA

HÉBERGEMENT/RESTAURATION

BUDGET MOYEN

À Artzentales

Amalurra – *Barrio de Raneja, 35 - à 13 km de Balmaseda par la BI 630 -* 🕿 *946 109 540 - www.amalurra. com - 17 ch. hôtel 76 € - auberge jeunesse 21 € - ⬜ 8 € buffet, 4 € continental - formules déj. - menu du jour 19 € - menu w.-end. 23 €. Cet hôtel rural garantit tranquillité et accueil chaleureux. Ses chambres sont confortables, et le restaurant* a une terrasse couverte. Pour vous relaxer, jardins spacieux, sauna naturel, jacuzzi, petite piscine d'eau froide, douche écossaise sont à votre disposition.

AGENDA

Mercado Medieval (Marché médiéval) – *W.-end de mai.* Toute la ville participe à cette reconstitution ; échoppes et étals de marchands et d'artisans envahissent les rues de la vieille cité.

4

Vitoria-Gasteiz et la province de l'Álava 5

Carte Michelin Région n° 573 – Álava

L'audacieuse architecture de Franck O. Gehry pour l'hôtel Marques de Riscal, près de Laguardia.
J. Frumm/hemis.fr

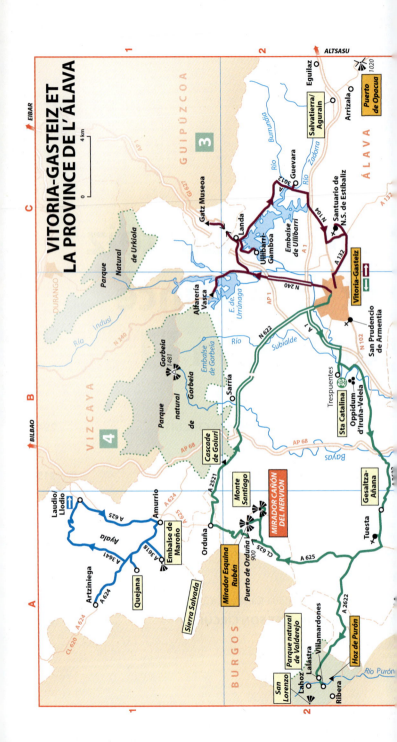

VITORIA-GASTEIZ ET LA PROVINCE DE L'ÁLAVA

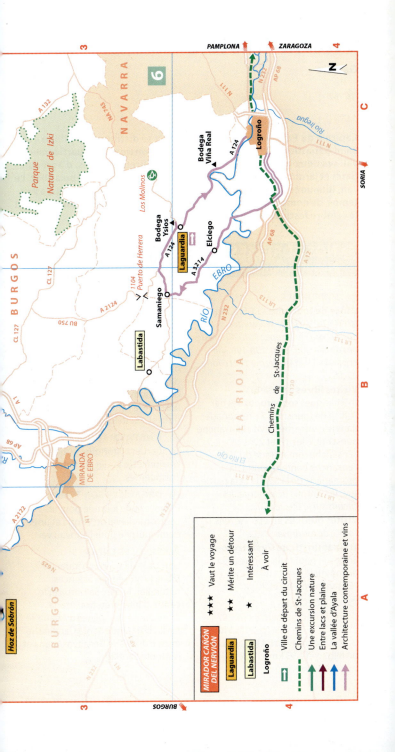

PAMPLONA   ZARAGOZA

SORIA

BURGOS

6

NAVARRA

Parque Natural de Izki

Los Molinos

A 132

A 743/A 74N

BURGOS

CL 127

CL 127

BU 750

A 2124

Puerto de Herrera

1104

Samaniego

Labastida

MIRANDA DE EBRO

A 2122

A 1

AP 68

N 1

N 232

N 625

BURGOS

Hoz de Sobrón

Bodega Ysios

A 124

Laguardia

Elciego

A 3214

RÍO

EBRO

N 232

LA RIOJA

Chemins de St-Jacques

N 120

RÍO Oja

LA 111

LA 111

LR 111

Bodega Viña Real

A 124

Logroño

Río Iregua

N 111

N 111

N 232

AP 68

A 12

A 68

LR 113

LR 113

N

MIRADOR CAÑÓN DEL NERVIÓN

Laguardia

Labastida

Logroño

★★★ Vaut le voyage

★★ Mérite un détour

★ Intéressant

À voir

Ville de départ du circuit

Chemins de St-Jacques

Une excursion nature

Entre lacs et plaine

La vallée d'Ayala

Architecture contemporaine et vins

Vitoria-Gasteiz

Gasteiz

244 634 habitants – Province d'Álava

Capitale du Pays basque, Vitoria-Gasteiz se distingue de Bilbao et de Saint-Sébastien par sa qualité de vie. Outre son singulier quartier médiéval, ses deux belles cathédrales et ses nombreux musées, d'agréables parcs et jardins l'ont promue capitale verte européenne depuis 2012. Le soir, illuminées, ses rues piétonnes et ses places s'animent. Dès le printemps, de nombreuses manifestations culturelles sont organisées, dont le célèbre festival de jazz en juillet, à ne pas manquer.

NOS ADRESSES PAGE 309
Hébergement, restauration, achats, activités, etc.

S'INFORMER

Office de tourisme – *Pl. España, 1 -* ℘ *945 161 598/99 - www.vitoria-gasteiz.org - juil.-sept. : 10h-20h ; reste de l'année : lun.-sam. 10h-19h, dim. et j. fériés 11h-14h - fermé 1er et 6 janv., 25 déc.*

Visites libres – Plusieurs thématiques sont proposées par l'office de tourisme : 7 promenades dans le centre médiéval ; l'Ensanche ouest entre les 17e et 20e s. ; l'Ensanche romantique du 19e s. ; l'Ensanche contemporain ; la promenade de la Senda et la partie sud, le Campus *(télécharger les circuits sur le site de l'OT).*

Visites guidées en été – *se rens. à l'office de tourimse.*

Train touristique Gasteiztxo – En été, le petit train permet de découvrir le centre historique et l'Ensanche du 19e et 20e s.

SE REPÉRER

Carte de microrégion B2 (p. 292-293) et plan de ville (p. 297). Vitoria-Gasteiz se trouve à 64 km au sud de Bilbao et à 93 km à l'ouest de Pampelune, au cœur de la Llanada Alavesa, ample plateau cultivé à 500 m d'altitude.

SE GARER

Le centre médiéval étant piétonnier, mieux vaut se garer en périphérie dans l'un des parkings publics (près de l'Artium par exemple ou de la plaza de la América), près de la nouvelle cathédrale.

À NE PAS MANQUER

Le quartier historique, le musée de l'Artium et le jardin Sta Catalina à Trespuentes.

ORGANISER SON TEMPS

Prévoyez une journée pour le centre médiéval de Vitoria et une demi-journée pour l'anneau vert.

AVEC LES ENFANTS

Le musée des Cartes à jouer du Bibat, le musée des Sciences naturelles, le parc Salburua et le centre d'interprétation Ataria. À proximité : les salines d'Añana, le jardin botanique Santa Catalina, le musée du Sel de Gesaltza-Anana et le Monte Santiago.

Place de la Virgen Blanca.
M. Ansaloni/hemis.fr

Se promener Plan de ville

★★ CASCO VIEJO (VIEILLE VILLE)

▶ *Circuit tracé en vert sur le plan de ville (p. 297) - Comptez 1h30. Partez de l'office de tourisme, plaza de España.*
La vieille ville est sillonnée par plusieurs rues curvilignes qui entourent la cathédrale (l'ancienne) et portent les noms d'anciens métiers *(voir aussi p. 299)*. Les vieilles maisons nobles à blason y abondent.

Plaza de España (ou plaza Nueva) B2

Aménagée à partir de 1791, la place d'Espagne a été conçue par l'architecte Justo Antonio de Olaguíbel (1752-1810) et devait à l'origine être plus vaste que les *plazas mayores* de Madrid et de Salamanque. Si l'ambition du départ n'a pas été véritablement respectée, cette place en forme de carré parfait présente une noble ordonnance néoclassique. Ses arcades abritent, entre autres, l'office de tourisme. La façade au pignon triangulaire est celle de l'ancien hôtel de ville (*Ayuntamiento*) ; les bureaux de celui-ci ont été déplacés fin 2015 dans un édifice moderne tout blanc, au sein du quartier San Martín *(calle Pintor Teodoro Dublang)*, à l'ouest de la ville.
Un passage permet d'accéder directement à la plaza de la Virgen Blanca, trait d'union entre les quartiers ancien et moderne.

★ Plaza de la Virgen Blanca B2

Dominée par l'église San Miguel, la place de la Vierge blanche est l'image la plus caractéristique du centre névralgique de Vitoria-Gasteiz. Le lieu honore la **Virgen Blanca** qui occupe une place à part dans le cœur des habitants et ce, depuis la fondation de la ville par Sanche VI le Sage. Cette dévotion s'est développée au fil des siècles, avec notamment la création de la confrérie de N. S. de la Virgen Blanca, devenue officiellement la sainte patronne de la ville

5

TOMBÉ DU CIEL

Tous les 4 août, à 18h, la marionnette de Celedón, suspendue à une corde, survole la foule, un parapluie ouvert à la main, depuis la tour de l'église San Miguel jusqu'à la place de la Vierge Blanche. Arrivée en bas de la place, Celedón entre par la fenêtre d'un appartement et ressort par la porte d'entrée, cette fois en homme, et traverse la foule qui lui ouvre le passage. Cet événement ouvre les fêtes patronales de Vitoria-Gasteiz en l'honneur de la Vierge Blanche le 5 août.

au 19e s., avant d'être couronnée « reine de la cité » en 1954. Le 4 août a lieu en son honneur le défilé des *faroles* (*❧ p. 312*).

Ses façades, éclairées de *miradores* (vérandas vitrées), encerclent un lourd **monument à la victoire** du 21 juin 1813, jour où Wellington mit en déroute les troupes napoléoniennes. D'anciens édifices des 18e et 19e s. abritent de très agréables cafés. Les rues les plus animées sont situées à gauche de la place, avec leurs boutiques et leurs commerces pleins de charme.
Montez jusqu'à l'église de San Miguel.

Plaza San Miguel B2

On domine la plaza de la Virgen Blanca. Ici se dresse la statue de **Celedón**, personnage célèbre des fêtes patronales de Vitoria-Gasteiz (*❧ encadré ci-dessus*).

Los Arquillos – Enfilade d'arcades reliant la ville haute à la ville basse, au départ de la place.

Église San Miguel B2

À l'extérieur du porche, une niche de jaspe abrite la statue polychrome, de style gothique tardif, de la Vierge Blanche, patronne de la ville. On entre dans l'église par un portail de la fin du 14e s., dont le tympan retrace des épisodes de la vie de saint Michel. À l'intérieur, on remarquera surtout le retable du maître-autel, dû à Gregorio Fernández (17e s.), et, à sa droite, un arc platesque (orné d'éléments baroques).
Remontez la petite rue située entre l'église San Miguel et los Arquillos.

Plaza del Machete B2

Une niche au chevet de l'église de San Miguel abritait autrefois le *machete*, coutelas sur lequel le procureur général jurait de défendre les libertés de la ville. C'est de ce couteau que cette place tranquille tire son nom. Aujourd'hui, les démonstrations et compétitions de jeux de force basques ont lieu ici. On aperçoit, derrière, le clocher de San Vincente (1871).

★ **Villa Suso** – Ce beau palais Renaissance construit sur l'ancienne muraille a dû s'adapter à la pente (25 m de dénivelé). Dans la salle principale, belle tapisserie flamande (16e s.). Aujourd'hui reconvertie en Palais des congrès, la villa accueille aussi des expositions temporaires.

★ **Remparts** (11e s.) – Visites en partant de la Villa Suso. En 2010, cette partie de la muraille a été reconstituée sur 3 niveaux, en bois de cèdre du Canada, une essence qui a la particularité en vieillissant de prendre la couleur grise de la pierre. Elle compose une sorte de treillis permettant de voir l'église San Miguel au travers. En contrebas, bel exemple, bien conservé d'une **glaciaire** (19e s.).

❧ On peut également voir la muraille et la glaciaire de la calle Fray Zacarias Martinez, à l'arrière de la Villa.
Quittez la place par l'escalier contigu au palais.

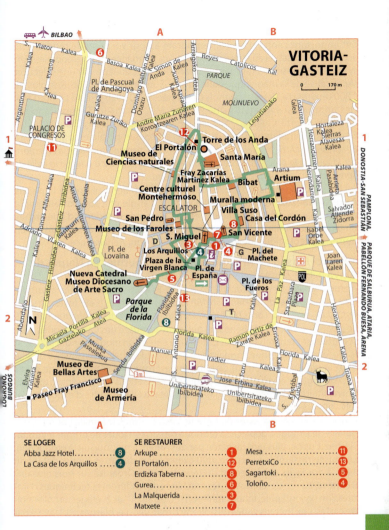

SE LOGER

Abba Jazz Hotel	**8**
La Casa de los Arquillos	**4**

SE RESTAURER

Arkupe	**1**	Mesa	**11**
El Portalón	**12**	PerretxiCo	**13**
Erdizka Taberna	**8**	Sagartoki	**5**
Gurea	**6**	Toloño	**4**
La Malquerida	**3**		
Matxete	**7**		

Vous passerez à proximité de l'église **San Vicente** de style gothique (15e s.).
Par la cuesta de San Vicente, rejoignez la Aiztogile Kalea/calle Cuchillería que
vous remonterez par la gauche.
Notez au n° 24 la **maison del Cordón** (Casa del Cordón) (B1), du 16e s., siège de
la Fondation Mejora *(lun.-jeu. 8h30-14h, 16h30-19h, vend. 8h30-14h - fermé w.-end)* ;
elle cache dans son emprise une tour (15e s.) qui servait à défendre la ville. Elle doit
son nom au cordon franciscain en pierre d'un des arcs d'entrée (porte de droite).
Le lieu abrite aujourd'hui une banque et accueille des expositions temporaires.
À l'intersection avec le cantón de San Francisco de Javier, prenez à droite et marchez
jusqu'à l'Artium.

★ **Artium** (Musée basque d'Art contemporain) B1
Francia Kalea, 24 - ☎ 945 209 020 - www.artium.org - ♿ - mar.-vend. 11h-14h,
17h-20h, w.-end 11h-20h - fermé lun., 30 août-1er oct. - 6 € (entrée du musée + expo-
sition temporaire) sf merc. : tarif à l'estimation des visiteurs - audioguide gratuit.

5

Cet important centre d'art contemporain a pour vocation de rendre plus accessible l'art actuel au travers d'expositions permanentes et temporaires. Un système d'expositions tournantes bisannuelles permet de voir une sélection significative de sa magnifique **collection★**. Son fonds est constitué de plus de 1 800 œuvres d'artistes espagnols des années 1920-1930 jusqu'à aujourd'hui. Des noms aussi évocateurs que Picasso, Miró, Gargallo, Tàpies, Canogar, Palazuelo, Oteiza, Chillida… mais aussi Barceló, Iglesias, Urzay, Badiola, Sicilia, Broto, etc., complètent ce panorama de l'art contemporain espagnol.

En sortant de l'Artium, prenez à droite la Francia Kalea/calle de Francia et remontez-la jusqu'à la prochaine intersection en croix. Là, prenez à gauche la calle de San Ildefonso, prolongée par la calle de Sta Ana.

À l'intersection de la Aiztogile Kalea/calle Cuchillería se dresse le **palais Arrieta-Maeztu**, reconnaissable à sa tour d'angle et à son portail simple encadré par un *alfiz* (corniche qui enclôt les bords extérieurs d'une arche). L'intérieur, qui abrite un singulier musée consacré aux cartes à jouer ainsi qu'un musée archéologique, dévoile aussi une belle cour Renaissance.

★ Bibat - Museo de Arkeologia, museo Fournier de Naipes de Álava (Bibat - Musée archéologique et musée des Cartes à jouer) B1

Aiztogile Kalea, 54/calle Cuchillería, 54 - ℰ 945 203 707 - www.alavaturismo. com - & - mar.-vend. 10h-14h, 16h-18h30, sam. 10h-14h, dim. et j. fériés 11h-14h - fermé lun., et 25 déc. - possibilité de visite guidée sur demande préalable - gratuit.

Le palais Renaissance de Bendaña, qui abrite le musée des Cartes à jouer, a été somptueusement réhabilité et doté d'une extension moderne pour accueillir le Musée archéologique, formant ainsi l'ensemble Bibat (en basque, *bi* signifie deux et *bat*, un : deux en un). Ce bâtiment est l'œuvre de l'architecte navarrais Patxi Mangado, que l'on apprécie pour ses réalisations au style épuré (piscine universitaire d'Ourense, Bodegas Marco Real à Olite, Centre d'exposition et des congrès d'Ávila).

Musée des Cartes à jouer de l'Álava – En 1868, la famille Fournier, originaire de Limoges, déplaça sa fabrique de cartes à jouer de Burgos à Vitoria-Gasteiz. L'usine, plus tard rachetée par des Américains, poursuit la production. Le musée rassemble plus de 20 000 exemplaires de cartes à jouer datant du 14e s. à nos jours et provenant du monde entier. Organisé sur trois niveaux, il expose, au rez-de-chaussée, les machines des différentes techniques d'impression (xylographie, lithographie, offset) et, aux 1er et 2e étages, la collection de cartes, aux thèmes variés (histoire, art, mythologie, blasons…), classée par dates, continents et techniques d'impression.

Musée d'archéologie – Baigné par une atmosphère tamisée, il abrite quelque 1 500 pièces issues des fouilles effectuées en Álava, couvrant une période

---

PEINTURES MURALES

Ces **peintures murales★**, réalisées par des artistes et des habitants en atelier et installées sur les murs des cantons de la vieille ville, peuvent être aperçues de la tour de la cathédrale. Chacune a son histoire, sa signification et ses secrets : celle de la calle Santa María, au n° 9, est inspirée du *Tricheur* de Georges de La Tour, tableau exposé au musée du Louvre. La peinture représente la grande Dame Vitoria en train de jouer aux cartes avec un homme (symbole de pouvoir) qui essaie de tricher en montrant ses cartes au public. La domestique, fidèle à Vitoria et en retrait, observe l'homme. Celle-ci symbolise la population de Vitoria, attentive, qui avertit sa dame. D'autres peintures explorent les thèmes du festival de jazz ou l'espoir…

Histoire de la ville

PLUSIEURS ORIGINES

Simple oppidum, construit sur une colline en surplomb de la voie romaine reliant Bordeaux à Astorga, Vitoria aurait été fondée, selon la légende, en 581 par le roi wisigoth Léovigild. Si l'on s'en tient à l'histoire, on attribuera son origine au roi de Navarre Sanche VI le Sage, en 1181, qui fait édifier des fortifications pour se protéger des Castillans. Il donne alors le nom de Nueva Victoria à la nouvelle cité, tandis que sur une colline voisine subsiste un hameau du nom de Gasteiz. Mais, assiégée en 1199 par le roi de Castille Alphonse VIII, Vitoria est prise et rattachée au royaume castillan dès l'année suivante, ce qui ne l'empêche pas de recevoir des *fueros* (privilèges) de ses nouveaux souverains.

PROSPÉRITÉ COMMERCIALE

De par sa position stratégique entre les sierras et La Rioja, et bénéficiant de l'ancien tracé de la voie romaine, Vitoria a pu développer une importante activité économique : artisanale bien entendu, comme en témoignent aujourd'hui encore certains noms de rues (Zapatería pour la cordonnerie, Cuchillería pour la coutellerie, etc.), mais aussi commerciale puisque le vin de La Rioja Alavesa, le blé de la plaine et le fer des montagnes convergeaient vers elle avant de gagner la Castille.

LA FIN DES AMBITIONS ESPAGNOLES DE NAPOLÉON

En 1813, Joseph Bonaparte est contraint de quitter précipitamment Madrid. Mais ses troupes, attaquées à Vitoria le 21 juin par une armée anglo-espagnole commandée par le duc de Wellington, sont battues à plate couture. Napoléon est contraint de restituer la couronne d'Espagne à Ferdinand VII et de renoncer définitivement à mettre la main sur l'Espagne. À Vienne, on commanda même une symphonie à Beethoven pour immortaliser l'événement... Plus tard, lors des guerres carlistes, la ville s'est attachée à conserver une certaine neutralité, mais cela ne l'a pas empêchée d'être occupée par les rebelles. La cité traverse donc tout au long du siècle une longue période de léthargie.

ARCHITECTURE DU CENTRE MÉDIÉVAL

Gasteiz, le petit hameau d'origine (10ᵉ s.) de forme ovale, est joliment surnommé l'*Almendra* (amande). À l'intérieur de son emprise, trois rues aux noms de métiers courent parallèlement de part et d'autre de la cathédrale Santa María ; elles sont coupées à angle droit par des *cantones* (cantons) qui s'étirent en rayonnant à partir du cœur médiéval. Dans chaque canton, un *caño*, ruelle de service et d'assainissement, ouvre entre les maisons une voie en pente raide, du pied au sommet de la colline. Le *cantón* San Roque, le plus étroit, témoigne de leur largeur courante au Moyen Âge. Tous les autres ont été agrandis après destruction des alignements de maisons.

CONSERVATION DU PATRIMOINE

La vieille ville a reçu trois fois le **prix Europa Nostra** (conservation du patrimoine), pour la préservation du tracé médiéval de ses rues (1987), la réhabilitation de la cathédrale Santa María (2002) et enfin pour la reconstitution moderne de ses remparts (2010).

allant du paléolithique au Moyen Âge. Remarquez les ensembles provenant de dolmens, ainsi que les sculptures et les stèles romaines.

Reprenez la calle Santa Ana, qui débouche sur la calle Fray Zacarías Martínez.

Calle Fray Zacarías Martínez B1

Vieilles demeures à colombages et anciens palais caractérisent cette jolie rue. La calle Santa Ana vous a justement amené devant le portail Renaissance du palais des Escoriaza-Esquivel, construit sur un pan de l'ancienne muraille. Avec un peu de chance, si ce dernier est ouvert, vous pourrez jeter un œil au joli patio couvert *(Pâques et été)*.

Suivez la rue sur votre droite en direction de la cathédrale.

★★ Cathédrale Santa María B1

☎ 945 255 135 - www.catedralvitoria.com - différentes possibilités de visite guidée : voir horaires et réservations sur Internet - visite cathédrale (1h) 8,50 € (6-12 ans 1 €) ; visite cathédrale + tour (1h15) 10,50 € (6-12 ans 1 €) ; visite cathédrale + enceinte (1h30) 10 € (6-12 ans 1 €) ; visites en français sur demande au 945 255 135. Départ des visites du Centro de Acogida al visitante (accès par la plaza Burullería ou par la calle Fray Zacarías Martínez) ; il faut arriver 10mn avant l'heure.

Commencée à la fin du 13e s., l'édification de cette église fortifiée ne fut réellement achevée qu'au 14e s. De style gothique et construite à l'emplacement d'un premier édifice bâti dans l'enceinte défensive, elle fait depuis plus de 20 ans l'objet d'un important processus de réhabilitation. Ouvert pour travaux, telle est sa devise depuis plus de 20 ans ! En raison de son emplacement et afin d'éviter les risques d'effondrement, la cathédrale est étayée depuis des siècles. En 2000, un projet de grande envergure a été lancé afin de restaurer ce monument d'une valeur historique et artistique inestimable. La visite permet d'apprécier l'ampleur des travaux réalisés et de contempler au plus près la restauration des œuvres (le circuit de visite évolue en fonction de l'avancée du chantier). Elle dévoile en outre des aspects méconnus de ce temple-forteresse dont l'histoire s'inscrit dans le développement et le tracé du quartier médiéval de la ville. On comprend ainsi les origines de Vitoria-Gasteiz, depuis les entrailles de la cathédrale jusqu'à sa tour, vigie de la ville.

Tour – Édifié entre la fin du 16e et le début du 17e s., la toiture a été remplacée au 19e s., de même que l'escalier, à cause d'un incendie. Le nouvel escalier aérien est dû à l'architecte des travaux qui gère les travaux actuels.

Portail – L'entrée principale compte trois portes et date du 14e s. Au siècle suivant, on construit un portique pour les protéger. Seule demeure du décor peint la polychromie représentant la Vierge, au centre. Le soir, en été, ont lieu des concerts dans la nef centrale et sous le portique ainsi que des spectacles de son et lumière illuminent la chapelle funéraire.

Statue de Ken Follett – Il fut le premier écrivain venu visiter le chantier de la cathédrale en 2002, pour les besoins de son livre *Les Piliers de la terre*. Mais c'est *Un monde sans fin* qui est dédié à l'édifice. En hommage à ces contributions, une statue à son effigie a été élevée en janvier 2008 ; depuis, il vient régulièrement voir l'avancement des travaux. Qui sait, peut-être aurez-vous la chance de le croiser ?

Face à la plaza de la Burullería qui lui est accolée, un ensemble de vieilles demeures donne une allure médiévale à la rue.

Tour des Andes (Torre de los Anda) – Sa partie inférieure était une tour de défense médiévale. Elle forme un triangle avec les deux édifices suivants.

El Portalón – *De l'autre côté de la rue.* Établissement de commerce typique de la fin du 15e s.-début du 16e s., aujourd'hui restaurant réputé *(🍃 Nos adresses p. 310).*

J. C. Muñoz/age fotostock

Peinture murale en l'honneur du festival de jazz.

Facto Foto/age fotostock

Le pont d'observation des oiseaux du Centre d'interprétation Ataria.

5

R. Jáuregui/age fotostock

Place d'Espagne.

De la plaza de la Burullería, rejoignez la Errementari Kalea/calle Herrería en empruntant le cantón del Seminario Viejo.

Au passage, observez au n° 35 de la Errementari Kalea/calle Herrería la noble façade baroque du **palais du marquis de Alameda** (1731).

Museo de Ciencias Naturales (Musée des Sciences naturelles) A1
Fundadora de las Siervas de Jesus Kalea, 24 - 𝄞 945 181 924 - mar.-vend. 10h-14h, 16h-18h30, sam. 10h-14h, dim. et j. fériés 11h-14h - fermé lun. (sf j. fériés), 1er janv. et 25 déc. - gratuit.

Le musée des Sciences naturelles a investi la torre de Doña Otxanda. Une salle entière dédiée à l'ambre occupe le rez-de-chaussée (écrans interactifs, jeux de lumière, crâne de *Tyrannosaurus rex*). Le 1er étage réunit, quant à lui, une vaste collection de fossiles, tandis que le dernier niveau, à la présentation un peu datée, se concentre sur les écosystèmes de l'Álava.

Église San Pedro A1
Cette église du 14e s. présente une intéressante façade gothique.

Empruntez les **escaliers mécaniques** couverts, aux airs de chenille, dans le cantón de la Soledad, en face de l'église (œuvre des architectes Roberto Ercilla et Miguel Angel Campo - 2007). Vous trouverez d'autres rampes du côté est de la vieille ville, dans le cantón de San Francisco Javier.

En haut, vous apercevez la façade du **palais de Montehermoso** (B1), qui occupe un palais Renaissance (1524), devenu aujourd'hui centre culturel.

Prenez les escaliers et empruntez la première ruelle à droite.

Museo de los Faroles (Musée des Faroles) (A1) – *Zapatari Kalea, 33/Zapatería, 35 - 𝄞 945 161 598 (OT) - lun.-sam. et j. fériés 11h-13h ; en été : se rens. auprès de l'OT - gratuit.* Il est repérable à sa très haute porte, nécessaire pour laisser passer les éléments du rosaire. La confrérie de N. S. de la Virgen Blanca prend soin des **faroles**, ces éléments en vitraux qui symbolisent les mystères du rosaire (joyeux, douloureux et glorieux), les Ave, les Pater et les Gloria. Tous sont portés en procession la nuit du 4 août, selon une tradition qui remonte à 1897.

Revenez aux escaliers et prenez la ruelle suivante, toujours sur votre droite. Poussez jusqu'à la plaza de la Virgen Blanca en marchant tout droit ou en prenant à droite le cantón de San Roque pour retrouver la Errementari Kalea/calle Herrería. Puis reprenez la El Prado Kalea/calle Prado.

Museo Diocesano de Arte Sacro (Musée diocésain d'Art sacré) A2
Catedral de María Inmaculada (Catedral Nueva) - 𝄞 945 150 631 - www.diocesis vitoria.org - ♿ - mar.-vend. 10h-14h, 16h-18h30, sam. 10h-14h, dim. et j. fériés 11h-14h - fermé lun. - gratuit.

Installé dans la nef contournant l'abside de la nouvelle cathédrale, ce musée expose des œuvres appartenant aux diocèses de Vitoria-Gasteiz et d'Álava. Outre les œuvres romanes avec lesquelles débute la visite, remarquez les belles images gothiques ainsi que les intéressantes œuvres flamandes de Van der Goes *(Descente de Croix)* et d'Ambrosius Benson *(Crucifixion)*. Plus loin, arrêtez-vous devant la belle collection de pièces d'orfèvrerie.

À voir aussi Plan de ville

Museo de Armería (Musée de l'Armurerie) A2
P° Fray Francisco de Vitoria, 3 - 𝄞 945 181 925 - mar.-vend. 10h-14h, 16h-18h30, sam. 10h-14h, dim. et j. fériés 11h-14h - fermé lun., 1er janv. - gratuit.

Agréablement présentée dans un bâtiment moderne, la collection, témoignant de la tradition militaire basque, présente l'évolution des armes, de la hache

préhistorique au pistolet du début du 20ᵉ s. On y remarquera des armures (15ᵉ-17ᵉ s.), japonaises notamment, du 17ᵉ s., et une maquette reconstituant la bataille de Vitoria qui, en 1813, scella le sort des ambitions espagnoles de Napoléon.

Museo de Bellas Artes (Musée des Beaux-Arts) A2

Pᵒ Fray Francisco de Vitoria, 8 - ☎ 945 181 918 - ♿ - mar.-vend. 10h-14h, 16h-18h30, sam. 10h-14h, 17h-20h, dim. et j. fériés 11h-14h - fermé lun., 1ᵉʳ janv., 25 déc. - gratuit. Le palais de Agustí, construction néo-Renaissance élevée au début du 20ᵉ s., abrite une collection d'art espagnol des 18ᵉ et 19ᵉ s. ainsi qu'un éventail très complet de la peinture basque (Iturrino, Regoyos, Zuloaga). Un étage est consacré au peintre local **Fernando de Amárica** (1866-1956), paysagiste qui fut un disciple du maître espagnol de l'impressionnisme, Sorolla. La visite permet d'apprécier les changements intervenus à cette période où la peinture académique et classique s'est tournée davantage vers le romantisme ou le réalisme.

Anillo verde (Anneau vert) hors plan

Autour de la ville, les nombreux parcs, reliés par des voies vertes, dessinent un anneau. On les rejoint à pied ou à vélo (57 km de piste cyclable), du centre vers la périphérie, en moins de trente minutes.

Parque de Judimendi (Parc de la Montagne juive) – La communauté juive, partie en 1954, a demandé à la mairie de ne pas construire sur son cimetière. Un parc y a pris place autour d'un monument dédié à *los Juderios*.

Parc de Salburua – *À 3 km du centre-ville.* C'est le plus grand et le plus attrayant. Terrain marécageux asséché en 1857 pour l'agriculture, il a été restauré à son état d'origine dans les années 1990 ; c'est maintenant un parc ornithologique abritant plus de 200 espèces et des postes d'observation. On y voit également des loutres, des cerfs et des biches.

Ataria – *Paseo de la Biosfera, 4 - ☎ 945 25 47 59 - www.ataria.es - mai-sept. : tlj sf lun. 11h-14h, 16h-20h ; oct.-avr. : tlj sf lun. 11h-14h, 16h-19h.* Le centre d'interprétation du parc est ludique et interactif. Si vous passez au bon moment, vous pourrez peut-être voir des naissances d'oiseaux en direct, des caméras étant branchées sur des nids. Une grande passerelle en bois suspendue au-dessus des marais fait office d'observatoire. Cafétéria.

Parc Arriaga – *Pl. America Latina - à 20mn à pied du centre-ville et à 3mn en tramway.* Certainement le plus beau parc de la ville avec ses arbres aux essences variées.

Parc de la Florida – Ce parc botanique est le plus ancien (1820) et le plus central aussi. À Noël, la grotte héberge une crèche, et des statues grandeur nature de personnages bibliques sont dispersées dans le parc. On aperçoit le parlement basque (1843) juste à côté.

Du parc, une belle promenade de 3 km débute sous une voûte végétale jusqu'à un virage depuis lequel on découvre les plus belles maisons de la ville (déb. 20ᵉ s.).

À proximité Carte de microrégion

Basilique San Prudencio de Armentia B2

3 km à l'ouest de Vitoria-Gasteiz.

Cet édifice du 13ᵉ s. se caractérise par un chevet roman, et un intérieur à la nef et aux arcs déjà gothiques. Son auvent conserve deux superbes **tympans et deux bas-reliefs★** du 11ᵉ s.

5

Oppidum de Iruña-Veleia B2

▶ *11 km à l'ouest de Vitoria-Gasteiz par la N 102. Le chemin d'accès en voiture se trouve juste à l'entrée de Villodas, à droite. Autre possibilité : venir à pied depuis Trespuentes.* ☎ *618 539 535 - www.veleia.com - été : mar.-vend. 11h-14h, 16h-20h, w.-end et j. fériés 11h-15h ; reste de l'année : mar.-dim. 11h-15h - visite guidée juin-sept. : dim. 12h, autres jours sur demande ; reste de l'année : sur demande préalable - gratuit ; visite guidée 3 €.* Vestiges de murailles des 3e et 4e s. d'une ville romaine tardive. Les fouilles menées entre 1949 et 1954 ont révélé une agglomération de 11 ha, mais seuls cinq contours de maisons, présentés par des panneaux, ont été mis au jour.

Circuits conseillés Carte de microrégion

UNE EXCURSION NATURE AB1-2

─────────────────────────────────

▶ *Circuit au départ de Vitoria-Gasteiz tracé en vert sur la carte de microrégion (p. 292-293) – Comptez une demi-journée. Quittez Vitoria-Gasteiz par la N 622 en direction de Bilbao, puis l'A 1 vers Madrid. Sortie 345.*

★ Jardin botanique Sta Catalina à Trespuentes/Tresponde B2

Accès depuis Trespuentes (fléchage) jusqu'à une sorte de carrière de pierre. Ne vous laissez pas impressionner et suivez encore les panneaux. Montez en voiture jusqu'à un portail que vous ouvrirez, puis un parking. De là, comptez 15mn à pied (ça grimpe !) pour accéder à l'entrée réelle du jardin. Visite env. 1 h - ☎ *688 897 048 - www.irunadeoca.eu - 1er mai-25 sept. : lun.-vend. 10h-14h, w.-end et j. fériés 10h-20h ; reste de l'année : mar.-vend. 10h-14h, w.-end et j. fériés 11h-15h - fermé déc.-mars - 3 € (-10 ans gratuit).*

👥 Ce jardin enchanteur, qui a ouvert ses portes en 2002, a été réalisé autour des ruines du monastère de Sta Catalina. Les sentiers aménagés serpentent dans les vestiges qui réservent de belles échappées sur le plateau de Vitoria-Gasteiz. Les essences sont toutes marquées et exhalent leurs senteurs, surtout le matin ou à la tombée du jour. La meilleure saison pour en profiter est la fin du printemps, vers mai ou juin.

Revenez sur l'A 3302 pour rallier Villodas, puis Nanclares de la Oca, qui permet de rejoindre l'A 2622, direction Subijana-Morillas. Le bourg et l'autoroute dépassés, poursuivez jusqu'à Gesaltza-Añana.

★ Salinas de Gesaltza-Añana (Salines de Gesaltza-Añana) A2

La réputation de ce village classé provient de ses salines à ciel ouvert, dont la présence est attestée depuis le 10e s.

La légende veut que ce soit une vache en quête de sel qui fit jaillir la Muera. En réalité, l'eau de la rivière se charge en sel au fur et à mesure de son écoulement jusqu'à la vallée d'Añana, où elle était distribuée vers les « fermes » (ensemble de 5 à 25 parcelles) par des canaux. Cette richesse a permis au village médiéval de multiplier les privilèges de la part des rois de Castille, qui touchaient leur part des bénéfices. Dans l'église, un tableau flamand aux visages délicats représente l'Annonciation.

👥 **Visites guidées** – ☎ *945 351 111 - www.vallesalado.com - 21 mars-21 oct. : ttes les h 10h-14h, 17h-20h ; reste de l'année : lun.-vend. 11h, 12h30 et 15h45 - fermé 25 déc.-1er janv. - 7 € (6 € en basse saison), -12 ans gratuit.* La zone d'exploitation se présente comme une succession de petites plateformes en escaliers, montées sur pilotis. Le sel en provenance de la Muera y séchait à partir d'avril.

Belvédère du saut du Nervión et le canyon de Delika, 300 m plus bas.
Quadriga Images/Look/age fotostock

Aujourd'hui, le site est en cours de restauration. La visite permet d'en comprendre l'histoire et l'évolution, de façon empirique.
Reprenez l'A 2622.

Tuesta A2

Le principal intérêt de ce petit hameau réside dans son église, N. S. de la Asunción, édifiée au 13e s. dans un style roman tardif. Fermée dans la journée, elle présente un magnifique **portail★★**, merveilleusement conservé. Admirez les détails de ses **voussures★** richement sculptées. Anges, personnages aux différentes attitudes, animaux plus ou moins fantastiques (oiseaux, griffons), végétaux et scènes de vie rendent vivants ces arcs, reposant sur des piliers aux **chapiteaux★** non moins travaillés. Remarquez le baiser, sur le deuxième pilier en partant du vantail de gauche. Au-dessus de l'archivolte, six statues entourent celle de la Vierge à l'Enfant. À gauche, vous reconnaîtrez les Rois mages.

Vous pouvez rentrer sur Vitoria-Gasteiz ou bien poursuivre en direction du parc de Valderejo ou encore vers le Monte Santiago. Dans le premier cas, prenez la direction d'Espejo, traversez le village et poursuivez plein nord sur l'A 625 jusqu'aux indications fléchées à gauche pour le parc de Valderejo et Lalastra. Pour y accéder, vous passerez par Villanañe, Villanueva de Valdegovía, San Millán de San Zadornil, San Zadornil et Arroyo de San Zadornil.

★ Parc naturel de Valderejo A2 (🐾 p. 313)

Le parc se situe à l'ouest de l'Álava. La municipalité de Valderejo est constituée de quatre villages aux églises bien conservées et de sites sauvages préservés.

Pour le Monte Santiago, empruntez la route en sens inverse jusqu'à Villanañe. Après le village, prenez plein nord sur l'A 625, direction Orduña. La route monte vers le plateau sauvage du Monte Santiago, en Castille-et-León. Après Berberena, roulez encore pendant environ 3 km avant de prendre à droite le chemin menant à la zone protégée du Monte Santiago.

★ Monte Santiago (Mont Santiago) A2

Avant le col d'Orduña, passez la clôture sur votre droite et prenez le chemin de terre caillouteux pour atteindre le centre d'interprétation. La route qui y mène est à peine carrossable, jonchée de nids-de-poule qui aident à respecter la vitesse imposée de 30 km/h. ℘ 666 189 079 - www.patrimonionatural.org - juil.-août. : mar.-dim. 10h-18h ; reste de l'année : se rens. sur le site Internet.

Classé Monumento Natural depuis 1996, cet espace situé aux confins de la province de Burgos réserve au promeneur de magnifiques points de vue, dont le **saut du Nervión** (*ci-dessous*) n'est pas le moindre.

La plupart des dix randonnées balisées partent de la **fontaine St-Jacques** (fuente Santiago), une source à côté de laquelle se dresse le centre d'interprétation, construit sur les ruines d'un monastère. Vous y découvrirez l'histoire et l'écosystème de la zone, qui abrite vingt espèces de mammifères, parmi lesquelles le chat sauvage, la fouine, la martre et le blaireau, ainsi qu'une soixantaine d'espèces d'oiseaux, dont les vautours, les choucas et les aigles. Tous profitent de la lande, des chênaies, des hêtraies et des pinèdes restaurées de cette zone protégée.

★★★ **Mirador cañón del Nervión** (Belvédère du saut du Nervión) – *Sentier 42, à quelques centaines de mètres du centre d'interprétation –* Il faut traverser un bois avant d'atteindre le plateau dans lequel s'encaisse une rivière, le Nervión. En suivant son lit, on aboutit au vertigineux **canyon de Delika★** dans lequel se précipitent ses eaux (lorsqu'il n'est pas à sec) d'une hauteur de 270 m. De la plateforme aménagée en point de vue, le regard plonge au fond de ce paysage minéral qui file vers la vallée entre des parois de plus en plus incurvées. Le plateau battu par les vents constitue également un belvédère naturel d'où l'on peut contempler la plaine à perte de vue : un **panorama★★** sur la sierra de Salvada à couper le souffle. Attention : aucune barrière de protection n'a été fixée à l'extrémité des falaises. Le sentier 45 longe les falaises et mène au belvédère d'**Esquina Rubén★★** qui dévoile une vue grandiose sur la vallée d'Arrastaria. Vous rentrerez au parking par le sentier 41, agréablement ombragé *(30mn)*.

Puerto de Orduña (Col d'Orduña) A2

Le col d'Orduña culmine à 900 m et dévoile des paysages d'une austère beauté. La **route** qui mène à Orduña révèle des **points de vue★** magnifiques. Au-delà des champs se dressent la silhouette de la sierra Salvada et l'extrémité du canyon du Nervión.

Orduña/Urduña A1

Foru Plaza (Pl. de los Fueros), 3 - ℘ 945 384 384 - www.ordunaturismo.com - Sem. sainte et de mi-juin à mi-sept. : 9h30-14h, 16h-19h30 ; de mi-avr. à mi-juin et de mi-sept. à mi-oct. : mar.-sam. 9h30-14h, 16h-19h30, dim. et j. fériés 9h30-14h ; reste de l'année : mar.-jeu., dim. et j. fériés 9h30-14h, vend.-sam. 9h30-14h, 16h-19h30.

Les fortifications de cette ville biscayenne ont en partie disparu, souvent dissimulées derrière des édifices plus récents. Orduña dispose tout de même d'une belle place centrale : la **plaza de los Fueros**, entourée des plus anciennes maisons du village (17e et 18e s.). Les bâtiments les plus remarquables sont le **collège des Jésuites**, construit en 1694 et jouxtant l'église de la Sagrada Familia (18e s.), ainsi que la **Maison de la douane** de 1782, reconnaissable à ses arcades. Elle porte l'écusson de l'Espagne. Deux autres églises dressent leur clocher dans le bourg : Sta María de la Asunción (16e s.) et Nuestra Señora de la Antigua du 18e s.

★ Cascade de Goiuri B1-2

À 12 km à l'est d'Orduña par l'A 2521. Dans le hameau du même nom, repérez sur votre gauche les containers d'ordures ménagères, ils marquent une intersection où vous tournerez. Roulez jusqu'à l'église.

Ce n'est sans doute pas un hasard si seul un panneau de bois, accroché au pied de l'église, indique la direction de la cascade. Son accès, au-delà de la voie de chemin de fer, ainsi que ses abords ne sont pas sécurisés et peuvent être dangereux : évitez de vous y rendre avec des enfants. Le spectacle vaut particulièrement le détour en période humide car une belle **chute** d'eau plonge dans un ravin profond. En revanche, en été, inutile de vous déplacer car la rivière est le plus souvent à sec…

ENTRE LACS ET PLAINE BC1-2

▶ *Circuit de 80 km au départ de Vitoria-Gasteiz tracé en violet sur la carte de micro région (p. 292-293) – Comptez une demi-journée. Quittez Vitoria-Gasteiz par la N 240 en direction de Durango.*

La route contourne le lac d'Urrúnaga tout en offrant de belles vues sur ses berges.

Museo de Alfarería Vasca (Musée de la poterie basque) B1

Bo Ollerías, 9 - Elosu (après le panneau Elosu, l'atelier de poterie se trouve sur la gauche, repérable à sa jarre géante) - ☎ 945 455 145 - www.euskalzeramika. com - lun.-vend. 10h-13h, 16h-19h, sam. 10h-14h - fermé dim. et j. fériés - gratuit.

Passionnée et accueillante, Blanka, la maîtresse des lieux, vous fera les honneurs de son atelier. Elle vous montrera le four tricentenaire (1711), classé Monument historique, où l'on cuisait autrefois les récipients traditionnels. Elle apprendra aux plus curieux quelques mots de basque et vous commentera les objets exposés dans le petit musée à l'étage (les céramiques bleues du 16e s., les vertes du 18e s., etc.) : une bonne occasion pour le visiteur de comprendre l'histoire et les coutumes de la province. Vente possible (♿ « Nos adresses »).

Revenez sur vos pas et, après Legutio, à la hauteur d'Urbina, prenez l'A 627 en direction de Mondragón afin de rallier, après le col d'Arlában, le village de Leintz-Gatzaga.

Gatz Museoa (Musée du Sel/Museo salino) C1

Dépassez le village de Leintz-Gatzaga et suivez le panneau. ☎ 943 714 792 - www. gatzmuseoa.com - visite guidée seult, merc.-dim. 13h en espagnol ; réservez sur le site Internet - 5 €.

👨‍👦 Vous verrez, sur la rive opposée du torrent, un charmant ensemble de petites bâtisses où les femmes extrayaient autrefois le sel. Elles présentent aujourd'hui les anciens mécanismes d'extraction du sel, dont un moulin hydraulique, ainsi que des maquettes et des panneaux explicatifs.

Repartez sur la GI 627 en direction de Vitoria-Gasteiz.

Landa C2

De ce hameau en bordure du **lac Ullíbarri-Gamboa** partent divers itinéraires dont une ancienne voie de chemin de fer reconvertie en voie verte. Longez donc la berge en direction d'Ullíbarri-Gamboa pour découvrir ce village ancré au bord des eaux, dont l'église domine le lac. Des bateaux tanguent au rythme du vent à deux pas de la petite base nautique et offrent une vision de carte postale au soleil couchant. Une terrasse de café permet d'apprécier pleinement cette vision…

5

Revenez à Landa et suivez la berge en direction de Marieta. Après le village et Larrinzar, roulez jusqu'à l'intersection avec l'A 3012 et tournez à droite pour rejoindre Maturana. Là, vous suivrez les panneaux « Guevara ».

Guevara C2

Les ruines d'un château se dressent un peu en dehors du village, derrière un rideau d'arbres

Prenez à droite derrière l'église et allez jusqu'aux dernières maisons.

🐾 *1h d'ascension*. En suivant le chemin de pierres qui s'élève à sa gauche, vous accéderez à la ruine qui domine Guevara du haut de son piton rocheux. Au cours de l'ascension, le chemin devient sentier, puis sente, et offre de beaux panoramas sur le lac Ullíbarri-Gamboa et la plaine en contrebas.

Retournez à Maturana et prenez la direction de Vitoria-Gasteiz en franchissant la N 1 et en ralliant la N 104. À Junguitu, prenez à gauche la direction de Zerio et d'Aragandoña. Parvenu à ce dernier village, suivez la direction Estíbaliz.

Sanctuaire de Nuestra Señora de Estíbaliz C2

📞 *639 310 779 -* ♿ *- 8h-20h.*

Ce sanctuaire est chez les Álavais, depuis le 10e s., un lieu de pèlerinage très populaire à la Vierge d'Estíbaliz, dont la statue préside les assemblées législatives et judiciaires de la province. La communauté compte encore une petite dizaine de moines.

Église – L'église romane conserve une Vierge du 12e s. Admirez ses **chapiteaux★** d'abord sobres, puis ornés de feuillages et de personnages expressifs. Notez aussi les motifs arabisants. Le portail extérieur, avec ses ornementations géométriques, mérite également votre attention. Sur la façade sud, joli clocher à peigne.

Crypte – Construite en 1995 selon une disposition en cercle avec une ouverture sur la verdure, elle n'est ouverte qu'aux heures d'office.

Tout près du sanctuaire se trouve le **Centre d'interprétation de l'art roman de l'Álava** *(été : mar.-dim. 11h-13h30, reste de l'année : sam.-dim. 11h-13h30 - 4 € avec la visite de l'église).*

Revenez à Vitoria-Gasteiz par l'A 132.

😊 NOS ADRESSES À VITORIA-GASTEIZ

Voir le plan p. 297.

TRANSPORTS

Tramway (Tranvia) – *www. euskotren.es - billet simple 1,45 €, billet journée 5 €.* Veillez à vous munir de votre titre de transport avant de monter dans le tramway (distributeurs dans toutes les stations).
Gare routière – *Pl. de Euskaltzaindia.* Plusieurs compagnies dont **Pesa** *(www. pesa.net)* et **Alsa** *(www.alsa. es)* relient Vitoria-Gasteiz à St-Sébastien et **La Union** *(www. autobuseslaunion.com),* Vitoria-Gasteiz à Bilbao toutes les heures.

Location de vélos
Capital Bikes – *Koldo Mitxelen, 7 bajo - ☎ 691 112 292 - www. capitalbikes.es - 4h 12 €, 24h 18 €.* Propose des location de vélo et des visites guidées à vélo.
Adbikers – *Cofradía de Arriaga 3, Bajo - ☎ 638 452 494 - norte@ adbikers.com.* Parcourez la ville en vélo-taxi.

HÉBERGEMENT

PREMIER PRIX
Abba Jazz Hotel – A2 - *Florida, 7 - ☎ 945 101 346 - www. abbajazzvitoriahotel.com - ch. 55 €/150 € - ☕ continental 6,50 € - wifi gratuit - parking 14 €.* Hôtel à la décoration moderne installé dans une maison qui a conservé son magnifique escalier ancien. Situation centrale et chambres agréables.

BUDGET MOYEN
La Casa de los Arquillos – B2 - *Paseo de los Arquillos, 1 - ☎ 945 151 259 - http:// lacasadelosarquillos.com - 8 ch. 85/89 €.* Dans un appartement duplex refait à neuf, ce B & B

ne manque pas d'originalité : la décoration des chambres, irréprochables, est inspirée d'œuvres d'art de l'Artium.

À proximité
PREMIER PRIX
Hotel La Casa del Patrón – *San Martín, 2 - 1130 Murgia - ☎ 945 462 528 - www. casadelpatron.com - 14 ch. 60/65 € - ☕ continental 5 € - 🍴 menu du jour 15 € - carte 23/50 €.* Derrière une façade avenante, l'intérieur rappelle celui d'une maison d'antan. Chambres douillettes, parfois mansardées, avec salles de bains en marbre. Restaurant au 1er étage et bar à tapas très prisé.

RESTAURATION

Bars à pintxos
😊 Ne manquez pas **pintxo-pote** chaque jeudi soir, initié par la ville depuis plus de 10 ans. Les établissements participants proposent un *pintxo* accompagné d'un verre de vin pour 2,50 €.
La Malquerida – B2 - *Correría, 10 - ☎ 945 257 088 - http:// lamalqueridavitoria.com - lun.-jeu.- 10h-16h et 18h30-23h30, vend. 10h-16h et 18h30-0h - sam. 10h-1h - dim. 10h-17h et 18h30-23h30 tapas et ración.* Un bar à *pintxos* (2,50/3,50 €) en rouge et noir, où la bière pression malquerida et le café sont à 1 €.
PerretxiCo – A2 - *San Antonio, 3 - ☎ 945 137 221 - www.perretxico. es - menu 33,95 €.* Ce bar, moderne aux détails rustiques, propose d'excellents *pintxos* traditionnels ou revisités au goût du jour.
Sagartoki – A2 - *Prado, 18 - ☎ 945 288 676 - www.sagartoki. com - 10h-2h - menu chuleton 45 €.* C'est ici que vous dégusterez la meilleure tortilla de patatas

de toute l'Espagne ! Les prix remportés par le chef Senén couvrent les murs de ce bar très sympathique. Au fond du bar traditionnel, on accède à une grande salle de restaurant tout de noir vêtue, illuminée par des paniers remplis d'œufs blancs : un décor inattendu où sont servis de délicieux cocktails et les célèbres *fritos huevos* à déguster sans modération !

Toloño – B2 - *Cuesta San Francisco, 3 - 𝄐 945 233 336 - www. tolonoseleccion.com - ⌨- fermé 16-23 août, dim. soir et lun. - pintxo 1,80 €, ración 14 €. Irlandés de hongos, milhojas de habitas sobre pisto de verdel, boletus con foie… Découvrez la cuisine en miniature de ce restaurant moderne et animé.*

Restaurants

PREMIER PRIX

Erdizka Taberna – B1 - *Cuchillería, 11 - 𝄐 945 283 418 - formule du jour 12,50 €.* Situé en face de la Casa del Cordón, ce charmant restaurant propose une formule du jour savoureuse. Par beau temps, profitez de la terrasse qui donne sur les ravissantes façades de la rue piétonne.

BUDGET MOYEN

Matxete – B2 - *Pl. del Machete, 4-5 - 𝄐 945 131 821 - www.matxete. com - fermé dim. et lun. - 26/48 €.* Ce restaurant dispose d'une grande salle au décor rustique à l'étage avec vue sur la place. La carte est gourmande et le service professionnel. Grand choix de vins.

POUR SE FAIRE PLAISIR

Gurea – A1 - *Pl. de la Constitución, 10 - 𝄐 945 245 933 - www.gurearestaurante.com - fermé en août, dim.-merc. le soir - carte 30/45 € - menu dégustation 26 €.* Sa façade, aux détails en bois, présente la carte. Salle de restaurant de style néorustique très soigné.

Mesa – A1 - *Calle Chile, 1 - 𝄐 945 228 494 - www. restaurantemesa.com - fermé merc. et 15 août-2 sept. - 30/40 €.* Établissement familial qui a réussi son intégration dans la communauté locale. Bar et salle à manger décorés de peintures murales.

Arkupe – B2 - *Mateo Moraza, 13 - 𝄐 945 230 080 - www. restaurantearkupe.com - 13h30-15h30, 20h30-23h - menus 38/63 € - menu dégustation 47 €, carte 35/52 €.* Situé derrière la plaza de España, il offre une cuisine basque traditionnelle composée de viandes et de poissons. Le bâtiment du 18e s. est classé Monument historique. Décoration de pierre et de bois.

El Portalón – B1 - *Calle Correría, 151 - 𝄐 945 142 755 - www.restauranteelportalon. com - fermé dim. soir - menus 35/99 €.* Ce restaurant se trouve dans un bâtiment du 15e s., très bel exemple d'architecture traditionnelle, avec un intérieur rustique dominé par la brique et le bois. La cave à vin, située dans les anciennes écuries, est aussi accessible à la visite.

À proximité

PREMIER PRIX

Sidrería Casa Areso – *Calle Domingo de Sautu, 35 - 1130 Murgia - 𝄐 945 430 220 - menu sem. 12,50 €, w.-end 28,50 €.* À peine arrivé, on se sent déjà bien. Le décor montagnard – bois, pierre et cheminée – est chaleureux. Dans l'assiette : plats traditionnels, spécialités locales et desserts maison.

POUR SE FAIRE PLAISIR

Gure Ametsa – *Alto de Arlaban - Salinas de Léniz - 20530*

Leintz-Gatzaga - ☎ 943 714 952 - www.gureametsa.es - *fermé lun.* - *carte 35 €.* Établissement familial situé non loin d'un col, composé d'un bar et de deux salles de restaurant, dont la plus accueillante dispose d'une cheminée.

ACHATS

Mercado Plaza Abastos Vitoria – *Calle Jesús Guridi, 1 -* ☎ 945 287 972 - www. fundacionabastos.com. Situé sur les anciens abattoirs, cet espace regroupe une multitude de boutiques auxquelles s'ajoutent des ateliers de cuisine.

Mercado de la Almendra – Chaque premier samedi du mois, les commerçants de la région exposent leurs produits dans les rues où se mêlent commerce, culture et gastronomie.

Mercado Medieval – *Casco Antiguo - dernier w.-end de sept. : vend. 18h-22h, w.-end 11h-14h30, 17h-22h.* Les rues, places et jardins de la vieille ville sont investis des métiers, artisanats, musiques, théâtre et jeux de l'époque médiévale.

Museo de Alfarería Vasca – *Bo Ollerías, 9 - 1170 Elosu -* ☎ 945 455 145 - www. euskalzeramika.com - *10h-13h, 16h-19h, sam. 10h-14h - fermé dim. et j. fériés - gratuit.* Vente de poteries copiées sur des modèles anciens et de pièces contemporaines. (♿ p. 307).

Guereñu – *Calle Cuchillería, 41 -* ☎ 945 260 033 - www.guerenu.net - *autre adresse : pl. general loma, 5 -* ☎ 945 134 673. Cette boutique de souvenirs vend les célèbres jeux de cartes Fournier, des objets, des bijoux et des santons à l'effigie du Pays basque.

La Peña Dulce – *Correría, 124 - 01001 Vitoria-Gasteiz -*

☎ 945 132 637 - *8h-14h, 16h30-20h30, w.-end 8h-15h, 16h30-20h30 - autre adresse : San Francisco, 6 -* ☎ 945 260 565 - *9h30- 13h30, 16h30-20h30, w.-end 8h-15h, 16h30-20h30.* Une pâtisserie traditionnelle où vous ne manquerez pas le *Vid & Vinci* ou l'*almendra medieval* à l'image de la vieille ville.

Goya – *Eduardo Dato, 20 -* ☎ 945 231 443 - www. confiturasgoya.es - *9h30-14h, 16h45-20h ; dim. 9h30-14h30 - autres adresses : avda Gasteiz, 78 -* ☎ 945 240 657 - *avda Gasteiz, 45 -* ☎ 945 224 849. Depuis 1886, cette boutique propose des confitures, bonbons, truffes et autres douceurs.

Sosoaga – *Calle Diputación, 9 -* ☎ 945 258 573 - www.sosoaga. com - *9h-14h, 17h-21h - fermé dim.* Ouvert en 1868, c'est le spécialiste du gâteau basque et de la *goxua*, dessert typique de la ville que l'on peut déguster dans la boutique.

Victofer – *Cuchillería, 14 -* ☎ 945 255 305 - *9h-14h15, 17h-20h30, sam. 9h-14h30 (en août seult le matin) - fermé dim.* Depuis 1922 cette conserverie artisanale confectionne des conserves (de légumes principalement) à partir de produits frais navarrais.

ACTIVITÉS

Ateliers de cuisine

Ateliers de cuisine 220° – *Calle Herrería, 78 -* ☎ 945 279 580 - www.220grados.com - *se rens. au* ☎ 634 540 220. Cours de cuisine de qualité (plats et pâtisseries) dans une ambiance décontractée.

Su Alai – *Calle Badaya, 15 -* ☎ 945 770 720 - www.sualai. com. Cours de cuisine très variés (brunch, cuisine pour enfants, cuisiner le riz, cuisine basque, pintxos, etc).

Cafés la Brasileña – *Independencia, 15 - www. cafeslabrasilena.es.* Dégustations de cafés le mercredi à 16h.

Artepan – *Jesús Guridi, 2 - ☏ 945 278 888 - www.artepan. com - lun.-vend. 8h-20h, sam.- dim. 8h-14h.* Cette boulangerie-pâtisserie prépare des délices à base de produits naturels et de qualité.

Toloño Selección – *Paseo de los Arquillos, 8 - ☏ 945 132 325 - www. tolonoseleccion.com - mar.-vend. 10h30-13h30, 17h-20h - sam. 10h30-13h30.* Ce bar à *pintxos* très réputé (☞ p. 310) propose aussi des produits pour les cuisiner dans l'atelier situé à l'étage.

Adbikers – *Calle Cofradía de Arriaga 3 - Bajo - ☏ 638 452 494 - www.adbikers.com.* Parcourez la ville en vélo-taxi.

AGENDA

Fiestas de San Prundencio (Fêtes de San Prudencio) – *27-28 avr.* Grandes festivités lors de la fête du saint patron de la capitale basque.

Festival Azkena Rock – *2-3 j. en juin - http://azkenarockfestival.com.* L'un des plus importants festivals de rock de la péninsule Ibérique.

Festival de Juegos (Festival international des jeux) – *Fin juin.* Les rues de la ville se métamorphosent en espace de jeux géant, pour les enfants comme pour les adultes.

Kaldearte (Muestra Internacional de Artes de Calle) – *Mi-juin.* Le salon international des arts de la rue investit le centre-ville de théâtre, musique, danse, cirque, humour et acrobaties.

Ruta del Txakoli – *6-13 juil.* C'est l'occasion de déguster un verre de *txakoli* accompagné d'un *pintxo* pour seulement 3 € dans l'un des établissements participant.

Jazz Vitoria – *2ᵉ sem. de juil. - http://jazzvitoria.com.* Né en 1977, ce festival est le plus important d'Espagne dans sa catégorie. Membre de l'IJFO (International Jazz Festivals Organization), il accueille chaque année les grands noms de la scène musicale internationale de jazz.

Procession de los Faroles – *4 août.*

Fiestas de la Virgen Blanca (Fêtes de la Vierge Blanche) – *4-9 août.* Processions, festivités diverses et corridas dans les arènes futuristes à toiture mobile *(vente des billets : Espacio Ciudad, San Prudencio, 30 - le jour de la corrida au guichet des arènes).*

Magialda – *Sept. - http:// magialdia.com.* Festival international de magie.

À Añana

Pâques – Le dimanche de Pâques, les sauniers descendent en procession pour la traditionnelle Quema de Judas.

Feria del Sal (Foire du sel) – *En juil. - www.vallesalado.com.*

À Orduña

Fêtes d'Otxomaio – *10 j. autour du 8 Mai.*

Parc naturel de Valderejo

Álava

Aux confins de la province d'Álava, vous apprécierez cette région sauvage et agreste, avec ses petits villages aux églises bien conservées et ses sites sauvages préservés sillonnés de sentiers de randonnée. Il ne vous reste plus qu'à bien vous chausser pour partir à l'aventure…

NOS ADRESSES PAGE 315
Hébergement, restauration, achats, activités, etc.

S'INFORMER

Maison du parc de Lalastra – *945 353 146 - mar.-dim. 10h-14h30, 16h-19h30 (fermé mar.-vend. apr.-midi hors saison).*

SE REPÉRER

Carte de microrégion A2 (p. 292-293). Le parc se situe à l'extrémité ouest de l'Álava, à 56 km de Vitoria-Gasteiz par la N 1, l'A 2622, puis la BU V 5532.

À NE PAS MANQUER

Le défilé de Sobrón et l'arrivée sur le village de San Zadornil à partir de San Millán (la route franchit une sorte de barrière naturelle qui ressemble à une porte gardée par des géants de pierre).

ORGANISER SON TEMPS

N'hésitez pas à consacrer plusieurs jours pour découvrir la vallée. En repartant, un détour par le défilé de Sobrón s'impose, ainsi que par Gesaltza-Añana pour les salines (*p. 304*).

Se promener Carte de microrégion

Lalastra A2

Cette agglomération est en quelque sorte la porte d'entrée du parc. Ne vous fiez pas à son premier abord, un peu négligé. Il suffit de dépasser les premières habitations pour découvrir un adorable village, où rien ne manque, depuis l'église du 11e s. jusqu'à l'ancien four à pain et le lavoir. Il dispose de structures d'agrotourisme qui permettent d'envisager un séjour de plusieurs jours dans les parages pour arpenter la vallée. Vous trouverez toutes les informations concernant la faune, la flore et l'environnement humain du site à la **Maison du parc**, qui vous fournira également cartes et conseils pour partir en randonnée.

Lahoz A2

On y accède par Lalastra, mais sans voiture puisque les visiteurs doivent se garer à l'entrée de Lalastra.

Villamardones et Ribera A2

Ces deux villages abandonnés constituent d'agréables buts de randonnée. On peut atteindre Ribera par le défilé de Purón ou par le hameau de Villafría de San Zadornil (comptez 4 km à pied, car la route n'est pas carrossable).

★★ **Hoz de Purón** (Défilé de Purón) A2

3h30 AR. Rivière la plus importante du parc, le Purón prend sa source au nord de Lahoz et se resserre au sud-ouest en un défilé ponctué de grottes

5

UN ÉDEN PRÉSERVÉ

Doyen des parcs naturels d'Álava, celui de Valderejo, créé en 1992, s'étend sur quelque 3 500 ha, qui attirent les amateurs de nature sauvage par leur grande variété d'essences et de faune. La forêt couvre plus de la moitié de la superficie avec des pins sylvestres, des chênes verts ou des chênes rouvres, ainsi que des hêtraies. Les sommets (dont le plus élevé, le mont Lerón, culmine à 1 235 m) concentrent pierre et rochers, tandis que les fonds de vallée sont consacrés à l'économie agropastorale (prés et champs). Dans cet environnement varié et protégé, les **espèces menacées** trouvent un espace à leur mesure.

L'une des grandes communautés de **vautours fauves** du Pays basque règne ainsi sur les cieux, qu'elle partage avec l'aigle royal, le faucon pèlerin, les choucas, le vautour percnoptère, le monticole de roche, etc. Bois et sous-bois abritent amphibies (salamandre, grenouille vermeille, triton), mammifères (chevreuil, sanglier, chat sauvage, fouine) et oiseaux (roitelet, faucon abeille) qui raviront les zoologues et ornithologues amateurs. Quant au papillon apollon ou à la vipère aspic, nul doute qu'ils trouveront aussi leurs connaisseurs.

lorsqu'il franchit le barrage des falaises qui clôturent Valderejo. On passe ainsi de la douceur des pâturages à la forêt de conifères et de feuillus, avant de découvrir dans les gorges une végétation plus méditerranéenne. La promenade passe au pied de **Ribera** dont seule subsiste l'église, en ruines. Elle conserve encore des **fresques** gothiques, inattendues !

★ San Lorenzo A2

🥾 *1h30 AR.* Cet oratoire dédié au saint patron de la vallée offre depuis sa falaise une **vue★** dégagée sur l'ensemble du parc et de ses prairies où paissent moutons et chevaux. En continuant sur le plateau, vers l'ouest, et en redescendant un peu (sentiers balisés), on parvient à l'abreuvoir **El Cubo**, à proximité duquel se trouve un observatoire ornithologique *(derrière le bosquet)*, tourné vers les falaises où évoluent les vautours.

Randonnées

🥾 Le parc a balisé neuf randonnées (de difficultés variables) et des sentiers permettant de passer de l'une à l'autre. Les plus belles partent près du centre d'interprétation, n'hésitez pas à en pousser la porte pour acheter une carte.

À proximité Carte de région

★★ Hoz de Sobrón (Défilé de Sobrón) A3

▶ *24 km au sud-est de Lalastra par la BU V 5532, puis la BU V 5530 à droite qui devient l'A 2622. Après Villanañe, prenez l'A 625 en direction de Bergüenda. Une fois dépassé le village, le défilé de Sobrón se déploie à droite, le long de l'A 2122, en direction de Tobalinilla et San Martín de Don.*

Le nom de ces gorges vient du hameau de Sobrón, posté en hauteur au-dessus de la route. On y accède par une route très sinueuse qui révèle de superbes points de vue sur le défilé et les monts alentour. L'accès au village est barré d'un portail qu'il faut ouvrir manuellement. En contrebas, le défilé de l'Èbre, long d'une vingtaine de kilomètres, déploie à fleur d'eau une nature rocailleuse

Paysages du Valdejero.
S. Lambert/Michelin

et boisée. La plus belle partie commence après le barrage, en direction de Tobalinilla, avec quelques goulets d'étranglement et une route qui donne l'impression de frôler le fleuve.

Museo del Agua (musée de l'Eau) A2 – *Presa, 1 - ✆ 945 359 235 - www.museoagua.com - fermé jusqu'à nouvel ordre.* L'eau, cet élément vital, est mise en scène dans un espace interactif ludique. Écrans tactiles et autres technologies vous permettront de tout connaître sur l'eau, depuis son origine jusqu'à ses fonctions thérapeutiques, en passant par l'apprentissage d'une consommation responsable.

NOS ADRESSES DANS LE PARC

HÉBERGEMENT/RESTAURATION

Sur le site **www.nekatur.net** de l'Association pour le tourisme rural en Pays basque *(Nekazalturismoa Elkartea)*, vous pourrez choisir et réserver votre logement dans le parc de Valderejo (entre autres), qu'il s'agisse de maisons paysannes ou de tourisme à la ferme. Site en diverses langues dont le français. Pour la région de Valderejo, sélectionnez la contrée des « Vallées d'Álava ».

PREMIER PRIX

Hôtel Agroturismo Valderejo Etxea – *Calle Real, 2 - 1427 La Lastra - ✆ 945 353 085 - www.valderejokoetxea.com - 6 ch. 48,50 € - ☕ 5 €.* Difficile de trouver plus tranquille que ce lieu au cœur du Parc naturel de Valderejo. Les chambres, associant poutres, armoires en bois et maints autres détails de décoration, sont d'une propreté exemplaire. Au restaurant, cuisine familiale, servie l'hiver devant la cheminée.

Laudio

Llodio

18 212 habitants

À première vue, simple bourg industriel allongé au fond d'une étroite vallée parcourue par le Nervión, la deuxième ville de l'Álava a su entretenir ses traditions agricoles et se découvre une vocation touristique grâce à ses fêtes. C'est aujourd'hui un excellent point de départ pour la découverte d'une région qui vit encore au rythme des saisons.

NOS ADRESSES PAGE 318
Hébergement, restauration, achats, activités, etc.

S'INFORMER

Office du tourisme d'Aiaraldea (vallée d'Ayala et du haut Nervión) – *Parque de Lamuza, s/n - 01400 Laudio - ☏ 944 034 930 - www. aiaraldea.org - juil.-août : 9h-14h, 16h-19h ; reste de l'année : mar.-sam. 11h-13h, 16h-18h, dim. et j. fériés 10h-14h - fermé 1er et 6 janv. et 25 déc.*

SE REPÉRER
Carte de microrégion A1 (p. 292-293). Porte septentrionale de l'Álava,

Laudio ne se trouve pourtant qu'à 20 km au sud de Bilbao. On la rejoint par l'A 68 reliant la capitale économique de la Biscaye à celle de La Rioja, Logroño.

SE GARER
Près de la mairie et du parc botanique de Lamuza.

À NE PAS MANQUER
Le panorama sur la sierra Salvada depuis Maroño.

Se promener

Église San Pedro de Lamuza
Cachée de la rue principale et de ses constructions modernes par un bâtiment bâti en fer à cheval, l'église San Pedro n'est pas visible. Il faut pénétrer dans ce demi-cercle où siègent mairie et commissariat de police pour découvrir sa silhouette, caractérisée par un auvent latéral édifié au 19e s. à partir d'une structure de métal.

Circuit conseillé Carte de région

LA VALLÉE D'AYALA (AIRALDEA) A1

Circuit de 56 km tracé en bleu sur la carte de microrégion (p. 292-293) – Comptez 2h30. Quittez Laudio vers le sud pour rejoindre l'A 625.

Amurrio A1
Ce n'est qu'en 1919 qu'Amurrio reçoit le titre de ville, mais le bourg a déjà plusieurs siècles d'existence puisque, au 15e s., il passe sous le contrôle des confréries d'Álava.

Église Sta María – Son portail date du 12e s., mais le reste de l'édifice a été retouché voire reconstruit au 16e s. Si vous avez la chance d'y entrer, vous aurez l'occasion d'admirer un beau retable du 17e s. en trois parties (celui du centre est doré).

Petit matin à Maroño.
G. Azumendi/age fotostock

Noyau historique – Il rassemble quelques maisons anciennes en assez mauvais état disposées autour de l'église. Parmi elles, vous reconnaîtrez le palacio-torre Urrutia (16ᵉ s.) à ses clés d'arc du rez-de-chaussée, ses deux blasons et ses angles de façade en colonnes.
En sortant d'Amurrio, prenez la direction Artziniega puis, après 2 km, tournez à gauche vers Izoria, que vous traverserez en suivant la direction de Madaria et de Salmantón. Après 2,5 km, dépassez le barrage et faites attention à ne pas manquer sur la droite, en angle aigu, l'intersection pour Maroño.

★ Embalse de Maroño (Retenue de Maroño)

Garez-vous devant le petit ermitage et admirez la retenue d'eau avec le panorama de la sierra Salvada en arrière-plan. La **vue★★** est magnifique !
Vous pouvez explorer les routes qui s'enfoncent vers Madaria, Salmantón ou Aguíñiga sans hésitation, car les **paysages★★** sont splendides, verdoyants et vallonnés, au pied de montagnes imposantes qui forment un cirque.
Rejoignez l'A 624 et prenez à gauche. Après Respaldiza, prenez à gauche vers Quejana.

★ Quejana/Kexaa A1

Cet ensemble médiéval impressionnant dresse sa silhouette massive dans la vallée d'Ayala qui a donné son nom aux seigneurs commandataires des différents bâtiments.
La place forte en elle-même (tour crénelée, tours carrées d'angle) date de 1300 et le couvent des dominicaines du 18ᵉ s. *(ne se visitent pas).*
Mais les bâtiments les plus remarquables sont la **chapelle de la Virgen del Cabello** *(accès par le patio de 1735)*, qui conserve les gisants en albâtre de Pedro López de Ayala et de son épouse ainsi que la reproduction d'un retable de 1396 (l'original est aujourd'hui à… Chicago), et l'**église San Juan Bautista**. Celle-ci a été construite à la fin du 15ᵉ s., puis décorée d'un superbe retable du 17ᵉ s. en bois doré, très bien préservé grâce à la stabilité thermique de l'édifice *(on ne peut a priori pas visiter les églises, mais demandez toujours au gardien du musée, ou à l'avance par téléphone).*

5

Musée – ☎ 945 399 264 - juil.-sept. : 10h-14h, 16h-19h ; reste de l'année : tlj sf lun. 10h-14h - *gratuit*. Deux salles présentent une rétrospective sur panneaux (en castillan) expliquant l'histoire du monastère, du bâtiment militaire et de la famille des Ayala. Exposition d'objets sacerdotaux dans la salle du fond, telle cette belle coupe en argent doré du 15e s.

Quittez Quejana vers Menagaray et reprenez votre route pour Artziniega.

Artziniega/Arceniega A1

Village autrefois fortifié dont s'enorgueillit la vallée. Les remparts n'existent plus. Les maisons de pierre souvent blasonnées qui bordent ses trois rues parallèles, selon le plan habituel des cités médiévales basques, remontent pour certaines à la Renaissance, tout comme l'église N. S. de la Asunción, reconnaissable à son fronton triangulaire. Notez toutefois que les demeures les plus importantes datent du 18e s., comme le palais baroque des Aranguren-Amezola, situé dans la « rue du milieu » *(Artekale)*.

Museo Etnográfico (Musée d'Ethnographie) – *Arteko Aldapa, 12 -* ☎ *945 396 210 - www.artziniegamuseoa.org -* ♿ *- mar.-sam. 11h-14h, 16h30-19h30, dim. et j. fériés 11h-14h - fermé 1er janv. et 25 déc. - 4 € (-12 ans 2 €).* Pas moins de 1 700 m² d'exposition pour comprendre les modes de vie traditionnels des habitants de la vallée. À l'extérieur, un amphithéâtre propose régulièrement des représentations culturelles.

Retournez sur vos pas. Peu après Menagaray, tournez à gauche dans l'A 3641 pour suivre la rivière Izalde jusqu'à Jandiola. Là, vous prendrez à droite la route menant à Laudio.

😊 NOS ADRESSES À LAUDIO

HÉBERGEMENT

BUDGET MOYEN

À proximité de Laudio

Hôtel Los Arcos de Quejana – *Route de Beotegi, s/n - 1477 Quejana - Kexaa -* ☎ *945 399 320 - www.arcosdequejana.com -* 🅿 *- fermé 23 déc.-5 janv. - 16 ch. 86,50/101,85 €* 🍽 *-* 🍴 *25/57 € - menu du jour 15,95 € - menu dégustation 39,90 €.* Dans un pittoresque paysage, ancien palais où s'illustrent toute la noblesse et la sobriété du Moyen Âge. Il dispose d'une annexe de construction récente qui abrite des chambres soignées mais peu spacieuses.

RESTAURATION

PREMIER PRIX

Palacio Anuncibai – *Bo Anuncibai -* ☎ *946 726 188 - www.palacioanuncibai.com - lun.-vend. 12h45-15h30 et sam. soir - menu du jour 12,90 € - fermé sem. Sainte, 10-30 août.* Installé dans un hôtel particulier moderne, entouré de jardins, il possède un bar et plusieurs salles classiques, celle du dernier étage étant réservée au service du menu.

Salvatierra

Agurain

4 985 habitants

Trois longues rues bordées de maisons blasonnées, délimitées aux deux extrémités par des églises fortifiées : cette petite cité pleine de charme, classée en 1975, est une ancienne étape du chemin de St-Jacques. Elle a su conserver une atmosphère intemporelle, qui ne manque pas de séduire les visiteurs sensibles au calme et à l'histoire médiévale.

NOS ADRESSES PAGE 321
Hébergement, restauration, achats, activités, etc.

S'INFORMER

Office de tourisme – *Mayor, 8 - ☎ 945 302 931 - www. cuadrillasalvatierra.org - Sem. sainte et juil.-août : 10h-14h, 16h-20h ; reste de l'année : mar.-dim. 10h-14h.*

Visite guidée – Visite guidée du centre-ville de Salvatierra et des peintures murales de Gazeo et Alaitza (en français). Possibilité avec audioguide.

SE REPÉRER

Carte de microrégion C2 (p. 292-293). Salvatierra se situe sur le tracé de la N 1, à 26 km à l'est de Vitoria-Gasteiz.

SE GARER

Au pied des remparts, dans le centre-ville moderne.

À NE PAS MANQUER

La petite porte de la casa de Diezmos, calle Carnicerías.

ORGANISER SON TEMPS

Comptez une bonne heure de flânerie dans la vieille ville.

Se promener

On entre dans le vieux centre-ville par la rue Portal del Rey, dont le nom évoque une porte détruite en 1841.

Plaza San Juan

Principale place de la vieille ville, elle accueille depuis le 13ᵉ s. le marché qui se tient aujourd'hui tous les mardis. L'église de St-Jean-Baptiste occupe sa face nord tandis que des maisons déploient leurs **arcades★** côté ouest.

Église San Juan Bautista – *(visites guidées uniquement, rens. à l'office de tourisme).* Construite de la fin du 15ᵉ au début du 16ᵉ s. en style gothique, l'église St-Jean-Baptiste présente un portique et un campanile baroques. Notez le chemin de ronde qui court le long de son mur. À l'intérieur, le retable, en partie réalisé par Mateo de Zabala, date de 1646.

Dirigez-vous vers les arcades qui font face à l'église et engagez-vous dans la rue Zapatari, à droite.

Calle Zapatari

Cette rue aligne quelques-uns des bâtiments les plus anciens de la ville, dont l'église St-Martin du 13ᵉ s., incorporée dans l'hôtel de ville des 17ᵉ et 18ᵉ s. situé après les maisons à arcades, sur la gauche.

5

ENTRE CASTILLE ET NAVARRE

Des documents de 1024 attestent l'existence du village d'Hagurahin, rebaptisé Salvatierra en 1256 par le roi de Castille, Alphonse X le Sage. Entré dans la sphère d'influence de Charles II le Mauvais, roi de Navarre, en 1368, il est à nouveau rattaché à la Castille à partir de 1371 et donné en fief aux Ayala.

Plus loin au n° 30, face à un carré de petits arbres aux branches tordues, se dresse la casa de los Bustamante, édifiée en 1564. Un magnifique **blason**, encadré de satyres et surmonté d'un heaume et d'un oiseau, orne sa façade. La rue aboutit à une sorte d'esplanade verdoyante occupée par l'**église Sta María**, dont la silhouette marque l'extrémité nord de la vieille cité.

Église Sta María

Même si son aspect austère ne le laisse guère supposer, cette église fortifiée du 16e s. abrite un chœur platéresque (nombreux éléments baroques) et un retable Renaissance réalisé par un sculpteur de la ville, Pedro Lope de Larrea (16e s.), achevé par Francisco Foronda après 1623.
Engagez-vous dans l'axe central de la vieille ville.

Calle Mayor

Principale artère de Salvatierra, elle concentre un grand nombre de maisons blasonnées, à commencer par la **casa Azkarraga (17e-18e s.)**, au n° 79, dont la façade arbore deux écussons ainsi qu'un joli balcon d'angle.
Après la plaza Sta María, remarquez les trois blasons du n° 46. Ne manquez pas non plus l'**écu** très ouvragé du n° 42, protégé par deux lions. Dans les volutes du bas apparaissent deux petits personnages aux couvre-chefs emplumés.
À sa suite, le **blason** du n° 40 (16e s.) déploie lui aussi une certaine magnificence de par sa taille. Remarquez le travail floral effectué au niveau du heaume et les deux guerriers qui le cernent.
Les n°s 30 et 28 ne formaient au 17e s. qu'une seule et même demeure. Notez les balcons et l'écusson (19e s.).
Au n° 23, la *casa cural* (presbytère), repérable à sa porte-fenêtre d'angle et à sa petite annexe tournée vers le jardin, date du 18e s. Presque à la fin de la rue, les balcons du n° 8 présentent des dessous joliment sculptés.
De retour sur la plaza San Juan, prenez, à gauche, la plaza Sta Clara, pour vous engager dans la calle de las Carnicerías.

Calle de las Carnicerías

Étroite et bordée de maisons construites en grosses pierres, la rue de la Boucherie débute par l'imposant couvent des mères clarisses au n° 2, suivi par la **chapelle San Pedro**, indécelable au premier coup d'œil.
Mais le détail le plus original de cette rue reste la minuscule **porte** précédant de peu, sur la gauche, la galerie habitée. Une tour encadrée d'épis marque son fronton, indiquant qu'ici se récoltait la dîme, d'où son nom de casa de Diezmos.

ÉPREUVES

Au cours de l'année 1564, la cité est ravagée par la peste et détruite par un incendie. La vieille ville actuelle est donc postérieure à cette date, ce qui n'ôte rien à son charme ! Quant à ses remparts, après avoir tenu bon face aux guerres provinciales, ils ne résistèrent pas aux guerres carlistes du 19e s. pendant lesquelles ils furent partiellement détruits.

Revenez à la plaza San Juan en passant par la porte nord-est de la ville, le portal de la Madura, et en longeant les remparts.

À proximité Carte de microrégion

Arrizala C2
▶ *4 km au sud-est de Salvatierra par l'A 2128, puis l'A 3110.*
Après l'église se dresse un mégalithe, le **dolmen de Sorginetxe**, entouré de quelques petits arbres malingres.

Eguilaz/Egilatz C2
▶ *6 km à l'est de Salvatierra par l'A 3100 jusqu'à la sortie 385.*
Dans le village, suivez le panneau « Aizkomendi ». Ce beau spécimen de dolmen, trouvé en 1831, serait le premier du genre à avoir été découvert dans le Pays basque.

★★ **Puerto de Opacua** (Col d'Opacua) C2
▶ *9 km au sud-est de Salvatierra par l'A 2128.*
Une belle route boisée franchit ce col sauvage d'où part une piste plus ou moins goudronnée qui s'enfonce à travers les bois et la lande. Vaches et chevaux portant clarines y paissent librement.

⌂ NOS ADRESSES À SALVATIERRA

HÉBERGEMENT/RESTAURATION

PREMIER PRIX
Jose Mari « El Gordo » – *Calle Mayor, 69 - Agurain - ☎ 945 300 042 - www. restauranteelgordo.com - menu du jour 11 € - menu sam. 13 € - carte env. 35 € - 10 ch. 25/30 € - possibilité auberge jeunesse 17 €.* Cette adresse ne paye pas de mine, pourtant elle connaît un grand succès grâce aux deux spécialités du chef : le poisson et le gibier. Côté chambres : style rustique, avec poutres, pierres apparentes et têtes de lit en fer forgé.
Casa rural Zadorra Etxea – *Calle Zadorra, 21 - ☎ 656 716 126 - www. zadorraetxea.com - pélerins 25 €*

⌑ *- touristes 55 € - ☕ 4 €.* Une superbe maison de pierres où beauté rime avec tranquillité.

À proximité de Salvatierra
BUDGET MOYEN
Hôtel Parador de Argómaniz – *Ctra. N-1, km 363, - 01192 Argómaniz - ☎ 945 293 200 - www. parador.es - 🅿 - 53 ch. 80/120 € - ☕ 15 € - rest. menu 29 €.* Palais de la Renaissance dont la façade conserve encore le blason de famille. Si les parties communes affichent la sobriété d'autrefois, les chambres ont un goût contemporain. Salle à manger au plafond de bois, aux murs blanchis à la chaux, dont la décoration inclut des détails anciens.

5

Laguardia

Biasteri ou Guardia

1 478 habitants

Dressée sur un promontoire adossé à la chaîne de Cantabrie, la capitale de la Rioja Alavesa, tournée vers le bassin fertile de l'Èbre, n'a pas à rougir de ses richesses : la ville est célèbre pour ses vins rouges que vous pourrez déguster dans les caves ou bodegas des environs. La bourgade médiévale mérite également le détour pour ses remparts, ses belles maisons de pierre et le magnifique portail de l'église Sta María.

NOS ADRESSES PAGE 326
Hébergement, restauration, achats, activités, etc.

S'INFORMER

Office de tourisme – *Casa Garcetas, calle Mayor, 52 - ☎ 945 600 845 - www. laguardia-alava.com - 1ᵉʳ juil.-15 sept. : 10h-14h, 16h-19h ; reste de l'année : lun.-vend. 10h-14h, 16h-19h, sam. 10h-14h, 17h-19h, dim. 10h45-14h.*

SE REPÉRER

Carte de microrégion C4 (p. 292-293). Comptez 47 km à partir de Vitoria-Gasteiz en prenant l'A 2124 vers le sud, ou 21 km de Labastida, à l'ouest.

SE GARER

Laissez votre voiture sur le parking aménagé devant les remparts.

À NE PAS MANQUER

L'église Sta María de los Reyes.

Se promener

Puerta de las Carnicerías

Datée du 15ᵉ s., la porte de la Boucherie marque l'entrée principale du village. *Prenez à droite la calle Sta Engracia.*

Calle Sta Engracia

La ruelle est bordée de vieilles maisons, dont certaines sont blasonnées. Celle du n° 19 en porte même deux, ainsi que de beaux balcons en fer forgé. Arrêtez-vous aussi devant le n° 16 pour admirer son blason et le travail des poutres du toit.
Au bout de la rue, tournez à gauche vers Sta María de los Reyes.

★ Église Sta María de los Reyes

☎ 945 600 845 - lun.-vend. 10h-14h, 16h-19h, sam. 10h-14h, 17h-19h, dim. 10h45-14h - ♿ - visite guidée sur demande à l'office de tourisme - 3 €.
Cette église, édifiée à partir du 12ᵉ s., présente différents styles architecturaux : roman pour certains piliers, gothique pour les voûtes et Renaissance pour le chœur, ce qui ne la distingue pas de beaucoup d'églises régionales. Même ses intéressants retables dorés du 17ᵉ s. n'expliquent pas son renom. Son originalité lui vient de son splendide **portail polychrome★★★**, véritable joyau de l'art gothique (*ABC d'architecture, p. 439*). Sculpté au 14ᵉ s., il doit son exceptionnel état de conservation à la construction d'un portique au 16ᵉ s., qui

Laguardia et ses vignes en automne.
I. Egibar/age fotostock

l'a protégé des intempéries. D'où l'éclat de sa décoration polychrome, refaite au moment de ces travaux (ce qui explique par exemple les motifs plutôt Renaissance de la robe portée par la Vierge). Elle n'a pas été retouchée depuis ! Outre ses couleurs soutenues, le portail affiche une grande richesse sculpturale. Son tympan retrace l'histoire de la Vierge avec, de gauche à droite et par « palier » : l'Annonciation, la visite à Élisabeth, l'Adoration des Mages, la Dormition de la Vierge (le Christ porte l'âme de la Vierge dans ses bras), puis la Vierge en gloire. Les voussures se parent d'anges musiciens et de personnages de l'Ancien et du Nouveau Testament, tandis que des statues des apôtres, à commencer par Pierre à gauche, et Paul à droite, encadrent les vantaux.

Au passage, essayez de compter le nombre de chevaux qui accompagnent les Mages. Au premier coup d'œil, on n'en distingue qu'un seul, mais si l'on compte le nombre de jambes et de rênes, on s'aperçoit alors que chacun des mages a bien son destrier !

Notez, à droite du portail, dans l'angle, deux petites statues polychromes : il s'agit des rois de la Navarre, que le nom de l'église honore.

Prenez face à l'église la calle Mayor.

Calle Mayor

Flânez le nez en l'air dans la rue principale pour étudier les façades : celles du n° 4 ou du n° 13 sont en briques rouges, simples et archaïques ; celle du n° 18 (du 17ᵉ s.) affiche un blason et des poutres sculptées sous le toit, tandis qu'au n° 25, à la façade ornée d'un écusson, les pans de bois sont travaillés.

Remarquez les balcons des nᵒˢ 34 et 36 et, au n° 54, le blason, le balcon et les fenêtres en avancée, représentatifs des maisons de la rue.

Au cours de votre promenade, vous passerez devant l'**église San Juan** (13ᵉ-16ᵉ s., agrandie au 18ᵉ s.). Prenez le temps d'admirer son portail et l'expressive Descente de Croix.

Au bout de la calle Mayor, tournez à droite deux fois pour vous engager dans la calle Paganos.

5

HISTOIRE DE LA VILLE DE LAGUARDIA

Son nom, tout comme ses remparts, lui vient de sa position stratégique sur la frontière navarro-castillane. Fondé en 1164 par Sanche VI le Sage, le village est fortifié au 13ᵉ s. avant d'être rattaché à l'Álava sur décision des Rois Catholiques, en 1486. Les guerres carlistes du 19ᵉ s. entament ses murailles sans défigurer néanmoins le bourg, qui a conservé tout son charme médiéval.

Calle Paganos

Plus tranquille que la calle Mayor, elle aligne des maisons moins cossues, mais tout aussi charmantes grâce aux chapelets de piments encadrant les fenêtres, ou aux portes de bois s'ouvrant à mi-hauteur.

Elle débouche sur une esplanade qui borde Sta María de los Reyes.

Là, postez-vous face à la tour abbatiale du 13ᵉ s. afin de contempler la finesse de son **portail en fer forgé★**.

À proximité Carte de région

★ **Labastida** B3

20 km à l'ouest de Laguardia par l'A 124.

Palacio Salazar, pl. de la Paz, s/n - 945 331 015 - www.labastida-bastida. org - mai-oct. et Sem. sainte : mar.-vend. 10h30-13h, 17h-19h30, sam. 11h-13h30, 17h-20h, dim. 11h-13h30 ; reste de l'année : vend. 10h30-13h, 17h-19h30, sam. 11h-13h30, 17h-20h, dim. 11h-13h30 ; fermé 1ᵉʳ janv.-15 mars - visites guidées : 1h30, 5 € ; 45mn, 3 €.

Cette ville-frontière, juchée sur son piton rocheux, se consacre, elle aussi, à l'activité viticole, comme en témoigne le nombre de bodegas. Elle tend d'ailleurs à obtenir le titre de capitale du vignoble de rioja alavesa.

★ **Calle Frontín** – On ne compte plus les maisons blasonnées qui jalonnent cette vieille rue.

Parvenu au bout, prenez n'importe quelle rue sur votre gauche, qui grimpe vers le barrio *(quartier) La Mota.*

★ **La Mota** – Ce quartier ancien domine N. S. de la Asunción. Petites maisons aux pierres délavées par le temps, belles portes cloutées et ruelles étroites dégagent un charme authentique. Elles mènent à l'ermitage qui trône au sommet.

Ermitage Santo Cristo – Vous vous trouvez devant le plus ancien monument de la ville : le temple-forteresse du St-Christ. Édifié au 12ᵉ s., il mêle les styles roman (portail, début de la nef) et gothique (chœur) derrière des murs massifs.

Depuis son parvis, le **panorama** se déploie à perte de vue sur la plaine de La Rioja et sur Haro (à droite dans le lointain).

Au chevet du sanctuaire, la pelouse plantée de quelques arbres constitue une pause idéale pour se reposer tout en contemplant la vue.

LA RIOJA ALAVESA

Le bourg doit sa prospérité au vin, la rioja alavesa, que l'on compare volontiers aux vins de Bordeaux. La relation s'explique par l'implantation dans la région, à la fin du 19ᵉ s., de vignerons bordelais ruinés par l'épidémie de phylloxéra. Ce puceron avait en effet ravagé des hectares de vignes en France. Le précieux liquide est élaboré à partir de *tempranillo*, un cépage que l'on taille ici en buisson.

Bodegas Ysios, par l'architecte Santiago Calatrava.
C.S. Pereyra/age fotostock/ADAGP, Paris, 2018

Circuit conseillé Carte de région

ARCHITECTURE CONTEMPORAINE ET VINS BC3-4

▶ *Circuit de 65 km tracé en rose sur la carte de microrégion (p. 292-293) – Comptez environ 1h30. Quittez Laguardia en direction d'Elvillar et suivez les panneaux de La Hoya. Tout de suite après les hangars et les entrepôts, prenez la route de gauche.*

Bodega Ysios C3-4

Parking sur le côté de la bodega - ℘ 902 239 773 - https://visitas.pernodricard bodegas.com - sur réserv. 24h à l'avance au moins : 11h et 13h (et 16h le sam.) - 15 € (avec dégustation de deux verres de vin).

Réalisé par l'architecte valencien **Santiago Calatrava**, le bâtiment évoque une vague qui reprendrait la courbe des monts Cantabriques tout proches. Son profil fait songer aux marquises, ces auvents de verre qui ornent les immeubles de la Belle Époque, ou bien à ces coiffes que les précieuses portaient à la fin du 18e s. et qui leur faisaient comme une visière. À l'intérieur, cuves et bouteilles sont entreposées en arc de cercle face à l'entrée. Aucun mur n'est fermé de manière à laisser l'air circuler.

La salle de dégustation, à l'étage, se caractérise par une hauteur de plafond incroyable et une double vue sur les fûts et sur le paysage alentour.
Revenez vers Laguardia et prenez la direction de Logroño.

Bodega Viña Real C4

℘ 941 625 255 - www.cvne.com - juil.-août : 9h-16h ; reste de l'année : se rens. - visites guidées (en espagnol ou anglais) sur réserv. (se rens. pour les horaires) comprenant visite, dégustation de 2 vins et apéritif (chorizo, olives, etc.) - 15 €.

Après une dizaine de kilomètres, vous apercevrez, au faîte d'une colline sur la droite, la forme discoïdale de cette bodega, propriété de la Compañía Vinícola del Norte de España (CVNE). Dessinée par l'architecte français Philippe Mazières, elle allie le cèdre rouge du Canada au béton et à l'acier.

5

Logroño (province de La Rioja) C4

Son **centre historique** animé présente des rues à arcades, des églises médiévales et une cathédrale à l'impressionnante façade baroque. La capitale de La Rioja, fièrement accrochée aux rives de l'Èbre, compte plusieurs bodegas dans les environs proches.

Quittez Logroño vers l'ouest, dir. Haro sur la N 232, et tournez à droite à Fuenmayor.

Elciego C4

🛈 *Casa de los Maestros, Norte, 26 - ☎ 945 606 632 - www.elciego.es.*

Autre village viticole ne comptant pas moins de 14 bodegas réputées pour leurs crus. Voyez la très belle **plaza Mayor**, plantée d'arbres et bordée d'une mairie (18e s.), dont le blason arbore l'aigle bicéphale, et de la basilique Virgen de la Plaza (18e s.).

À l'entrée se dresse la silhouette de l'hôtel-centre de vinothérapie **Marqués de Riscal**★★ dessiné par l'américano-canadien **Frank O. Gehry** (🔆 *photo p. 290*), architecte du musée Guggenheim de Bilbao (🔆 *p. 248*). On reconnaît ses courbes de métal emblématiques, traitées ici de différentes teintes pour évoquer la bouteille de vin (rouge pour le liquide, argent pour la capsule et or pour le filet).

Engagez-vous sur l'A 3214 en direction de Samaniego.

Samaniego B3

Bodegas Baigorri – ☎ *945 609 420 - www.bodegasbaigorri.com - visites guidées avec dégustation de 2 vins + 2 pintxos mar.-sam. 11h et 13h, 12 € - visite de la cave à 13h, suivie d'un déjeuner (6 plats et 4 vins), 40 € - sur réserv. - horaire boutique : lun.-sam. 8h-18h.* Dessinées par l'architecte basque **Iñaki Aspiazu Iza**, elles trônent à l'entrée du village, avec leur terrasse en espalier à flanc de colline et leur hall d'accueil tout en verre.

Revenez à Laguardia par l'A124.

🌀 NOS ADRESSES À LAGUARDIA

HÉBERGEMENT

PREMIER PRIX

Casa rural Aitetxe – *Pl. San Juan, 2 - ☎ 620 537 650 - www.aitetxe.com - 6 ch. 60 € (lit supp. 15 €).* Emplacement idéal pour visiter le quartier historique de la ville. Les chambres, situées sur deux étages, sont bien tenues et l'accueil est chaleureux.

Casa rural Legado de Ugarte – *Calle Mayor, 17 - ☎ 945 600 114 - www.legadodeugarte.com - 4 ch. 70 € - ⊑ 5 €.* Au cœur du quartier historique, cette maison rénovée dispose de chambres confortables et chic dont le décor surchargé en couleurs et dorures est étonnant.

BUDGET MOYEN

Villa de Laguardia – *Paseo de San Raimundo, 15 - ☎ 945 600 560 - www.hotelvilladelaguardia.com - 🅿 🏊 - 83 ch. 77/145 € - ⊑ 14 € - rest. menus 18/55 €, carte 35/48 €.* Cet établissement a pris le vin pour thème. Il est pourvu d'une vinothèque et d'une vaste cave, ainsi que d'un Spa « Wine and Oil ». Jolie piscine entourée d'une terrasse et de grands jardins. Les chambres ont été décorées avec soin.

POUR SE FAIRE PLAISIR

Castillo El Collado – *Paseo El Collado, 1 - ☎ 945 621 200 - http://hotelcollado.com - 🅿 - 10 ch. 125/185 € - ⊑ 10,50 € - rest. menus*

27/44 €, carte 36/50 €. Ce château de conte de fées construit au début du 20ᵉ s. est devenu un hôtel de charme. Les chambres sont toutes différentes et d'un grand confort. Jolie terrasse pour profiter de la campagne environnante. L'endroit abrite aussi une bodega, un bar et un restaurant de qualité.

RESTAURATION

À proximité de Laguardia

BUDGET MOYEN

Héctor Oribe – *Calle Gasteiz, 8 - 1309 Páganos -* 📞 *945 600 715 - www.hectororibe.es - uniquement déj. sf sam.* Un comptoir à l'entrée et une salle fonctionnelle où quelques petits paravents séparent l'espace « à la carte » de celui proposant un menu unique.

Amelibia – *Calle Barbacana, 14 -* 📞 *945 621 207 - www.restaurante amelibia.com - menu 18 € - carte 34/45 € - fermé mar. et 25 déc.* Géré avec passion et professionnalisme par un couple aimable, cet établissement d'esprit mi-classique, mi-actuel offre une carte qui remet au goût du jour la cuisine traditionnelle et un menu du jour soigné. Quelques tables offrent une vue sur la campagne et les vignobles.

Marixa – *Paseo de Sancho Abarca, 8 -* 📞 *945 600 165 - www.hotelmarixa.com - fermé dim. soir en hiver - menus du jour 22/46 € - menus 25/46 € - carte 38/52 € - 10 ch. 55/85 € -* 🍴 *4,95 €.* Ce restaurant familial est localement très réputé. De la salle à manger, vous pourrez admirer la vue et goûter à une cuisine traditionnelle. L'établissement possède quelques chambres très correctes, mais simples.

Biazteri – *Calle Mayor -* 📞 *945 600 026 - www.biazteri.*

com *- menu du jour 15 €, w.-end 20/25 €, dégustation 30/45 € - 8 ch. 60 €* 🍴. Très fréquenté, ce restaurant propose une carte traditionnelle. Au choix, deux belles salles décorées pour déguster les produits régionaux. Les chambres, à l'étage, sont sobres.

POUR SE FAIRE PLAISIR

Posada Mayor de Migueloa – *Mayor de Migueloa, 20 -* 📞 *647 212 947 - www.mayordemigueloa.com - carte env. 40 € - 8 ch. 92/112 €* 🍴 *- 162 € en 1/2 P.* La noblesse d'antan survit dans cet accueillant palais du 17ᵉ s. soigneusement aménagé et dont la cave est remarquable. Des chambres de style rustique sont proposées en complément.

ACHATS

Vinoteca – *Pl. Mayor, 1-2 -* 📞 *945 621 213 - www.tellevoelvinoacasa.com - 10h30-14h30, 17h-20h30, dim. 10h30-15h, 16h-19h.* Vous trouverez ici une belle sélection de produits régionaux. Outre des vins de La Rioja et des objets liés au monde vinicole (tire-bouchon, décanteur…), vous pourrez repartir avec quelques souvenirs gastronomiques typiques. Parmi les plus prisés : les piments, les asperges et les spécialités sucrées.

El Fabulista – *Pl. San Juan -* 📞 *945 621 192 - www.bodegaelfabulista.com - visite guidée + dégustation de 2 vins (sur réserv.) lun.-sam. à 11h30, 13h, 17h30 et 19h; dim. à 11h30 et 13h - 7 €.* Située sous le palais Samaniego, cette bodega élabore son vin de façon artisanale à l'aide d'une presse datant de 1903 et le vend sur place.

AGENDA

Cachimorro – *24 juin.* Fête de la St-Jean.

5

La Navarre 6

Carte Michelin Région n° 573 – Navarra

Pélerins sur le chemin de Saint-Jacques-de-Compostelle, en Navarre.
X. Forés/age fotostock

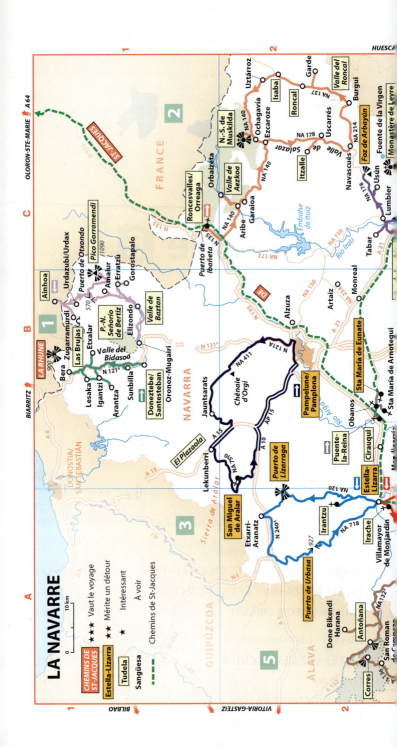

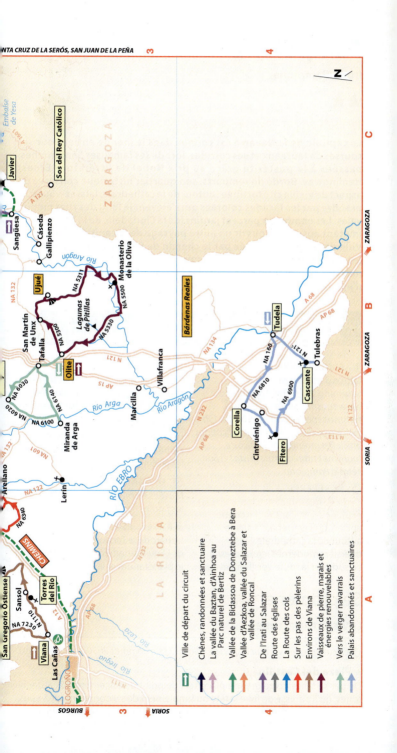

Pampelune

Iruña/Pamplona

195 650 habitants – Province de Navarra (Navarre)

La capitale de la Navarre est connue dans le monde entier pour ses courses de taureaux et ses corridas, lors de ses fameuses Sanfermines, passées à la postérité grâce au prix Nobel de littérature Ernest Hemingway. Bordé de remparts, son quartier historique conserve un aspect de vieille cité fortifiée : autour de la cathédrale, laissez-vous surprendre par les façades colorées qui s'élèvent le long des rues médiévales. Les nombreux parcs et jardins (de la Ciudadela, de la Taconera...) invitent aussi à découvrir un autre paysage de la capitale navarraise. Ville de culture traversée par le chemin de Compostelle, Pampelune est une cité de gastronomes : en soirée, arrêtez-vous dans les bars animés des rues Estafeta, San Nicolás ou Navarrería, vous y dégusterez d'appétissants cortèges de pintxos.

NOS ADRESSES PAGE 343
Hébergement, restauration, achats, activités, etc.

S'INFORMER

Office de tourisme – *San Saturnino, 2 - ☏ 948 420 700 - www.turismo.navarra.es ; www.turismodepamplona.es - 9h-14h, 15h-19h, fermé dim. apr.-midi. Applications officielles gratuites de l'office de tourisme Pamplona me gusta ! et San Fermín Pamplona.*

SE REPÉRER

Carte de microrégion B2 (p. 330-331) et plan de ville (p. 334). Le centre ancien, la Navarrería, s'articule autour de la cathédrale. Des quartiers modernes *(ensanches)* au sud part la route vers Roncevaux.

SE GARER

Privilégiez les parkings souterrains du centre-ville (plaza del Castillo, plaza de Toros, Rincón de la Aduana...).

À NE PAS MANQUER

L'ambiance des Sanfermines, la cathédrale Sta María La Real et les jardins de la Ciudadela (citadelle).

ORGANISER SON TEMPS

Musées en matinée, flânerie dans les jardins l'après-midi, *pintxos* le soir.

AVEC LES ENFANTS

Le parc de la Taconera, le musée de l'Environnement San Pedro, le planétarium et la chênaie d'Orgi.

Se promener Plan de ville

LE VIEUX PAMPELUNE

Circuit tracé en vert sur le plan de ville (p. 334) - Comptez 2h30 (sans les visites).

★ Plaza del Castillo B1

De par sa taille, cette grande place sert de point de ralliement aux autochtones, qu'il s'agisse de faire la fête ou simplement de s'y donner rendez-vous. Autrefois place d'armes du vieux château, elle assure maintenant la jonction entre le quartier historique et le premier *ensanche* (nouveau quartier).

Les fêtes de Pampelune.
mmeee/iStock

Des immeubles à arcades du 18e s. la bordent sur trois côtés, le quatrième s'ouvrant sur la grande avenida Carlos III qui débute avec le palais du Gouvernement de Navarre. À l'opposé de cet immense bâtiment du 19e s. s'étale l'enseigne Belle Époque du légendaire café Iruña, l'un des plus anciens d'Espagne, idéal pour prendre un verre le soir.
Empruntez l'avenida Carlos III et avancez jusqu'au monument de l'Encierro.

Monumento al Encierro (Monument de l'Encierro) D1

Réalisé en 2007 par Rafael Huerta Celaya, ce monument, qui mesure 11 m de long sur 4 m de large, est rapidement devenu emblématique de la ville de Pampelune. Sculpté en bronze patiné, il reproduit un instant de la course où s'expriment l'angoisse et le courage des coureurs (⌖ *p. 338*).
Quittez le monument en direction des arènes.

Plaza de Toros B1

Ouvertes au public uniquement durant les festivités des Sanfermines, les troisièmes plus grandes arènes tauromachiques du monde (après celles de Mexico et de Madrid), mesurent 22 m de diamètre et peuvent accueillir 19 700 spectateurs. Propriétés de la Casa de la Misericordia, institution caritative fondée en 1706, elles ont été inaugurées en 1922 puis agrandies en 1966.
À proximité de l'entrée du toril trône un buste de l'écrivain américain **Ernest Hemingway**, *aficionados* assidu *(Voir « Don Ernesto », p. 338)*.
Contournez les arènes par la droite et prenez la rue Arrieta à gauche. Avancez jusqu'au fortin de San Bartolomé.

6

Fortín de San Bartolomé (Fortin de San Bartolomé) D1

En 1726, l'ingénieur Jorge Próspero de Verboom (disciple de Vauban) propose de renforcer les fortifications de la ville en construisant des bastions sur les parties les plus exposées aux attaques d'après le modèle Vauban. Ces aménagements défensifs sont réalisés vers 1730. Aujourd'hui, le fortin de San Bartolomé est le point de départ idéal pour visiter les murailles qui entourent le quartier historique de Pampelune.

★ **Centro de Interpretación de la muralla de Pamplona** (Centre d'interprétation des fortifications de Pampelune) – *Arrieta (à l'angle de la calle Aralar)* - ☎ *948 211 554 - www.murallasdepamplona.com - Sem. sainte-oct. : mar.-dim. 10h-14h, 17h-19h ; reste de l'année : mar.-dim. 10h-14h, 16h-18h - visites guidées (réservez au min. la veille) mar.-dim. à 18h (5 pers. min.) - 3 € (-12 ans gratuit), 1,50 € jeu.* Installé au sein du fortin de San Bartolomé, le centre d'interprétation, composé de quatre salles, retrace l'histoire de l'évolution de la muraille de Pampelune. De manière interactive, vous parcourrez des siècles de stratégie défensive et découvrirez l'influence qu'ont exercée ces constructions sur la vie de la cité comme sur les places fortes des pays du monde entier.

★ **Ronda del Obispo Barbazán** -
(Chemin de ronde de l'évêque Barbazan) B1
Ce chemin de ronde, jalonné de petites guérites, offre de beaux points de vue sur la boucle de l'Arga et le quartier de la Magdalena, par lequel arrivent les

pèlerins. Il donne aussi l'occasion de voir l'arrière de la cathédrale et les fortifications en contrebas des murailles. La *ronda* aboutit au **baluarte del Redín**, un petit bastion de 1540 aménagé en un agréable jardin, depuis lequel on aperçoit, en contrebas et sur la gauche, la porte fortifiée de Zumalacárregui (ou de Francia) et une partie des murailles. La vue est dégagée sur le méandre du río Arga et le mont San Cristóbal.

Côté ville, au pied des remparts, se dresse la façade du **palacio Arzobispal** du 18ᵉ s., au double portail baroque, puis celle de la cathédrale.

Vous pouvez aussi poursuivre le chemin de ronde jusqu'à la porte de France et rejoindre l'itinéraire au niveau de l'ancien palais royal (Palacio Real).

★★ Cathédrale Sta María La Real B1

C/Curia, s/n - ☏ 948 212 594 - www.catedraldepamplona.com - ♿ - tlj sf dim. 10h30-19h - billet comprenant l'entrée à la cathédrale (visite guidée sam. à 12h), le musée et le cloître 5 € (-7 ans gratuit).

De l'église romane primitive subsistent quelques chapiteaux des portails et du cloître, exposés au musée de Navarre (🎧 p. 336). On reconstruisit aux 14ᵉ et 15ᵉ s. une cathédrale gothique puis, à la fin du 18ᵉ s., Ventura Rodríguez réédifia la façade principale dans les styles baroque et néoclassique alors à la mode. La nef ne compte que deux étages : grandes arcades et fenêtres. La sobriété des nervures et les grandes surfaces de mur nu lui donnent l'aspect dépouillé du gothique navarrais. Devant la grille ouvragée qui ferme le sanctuaire se dresse le **tombeau★** en albâtre, commandé en 1416 par le roi Charles III le Noble, fondateur de la cathédrale, pour lui-même et son épouse. Le sculpteur tournaisien Janin Lomme, instruit de l'art funéraire bourguignon, a su personnaliser les visages des gisants et varier les attitudes et les costumes des pleurants. Admirez également les **stalles★** Renaissance du chœur, réalisées entre 1531 et 1541, et le retable hispano-flamand (fin 15ᵉ s.) exposé dans une chapelle du déambulatoire à droite.

★★ Cloître

14ᵉ et 15ᵉ s. D'élégantes baies gothiques parfois surmontées de gâbles donnent à ce cloître une grande légèreté. Les tombeaux sculptés et les portes des dépendances sont intéressants. La **Dormition de la Vierge** figurant au tympan de la porte d'accès au cloître est d'une expression presque baroque. Dans l'aile est, la chapelle Barbazane (de Barbazán, l'évêque qui y a fait ériger son tombeau) présente une belle voûte en étoile du 14ᵉ s. Du côté sud, la porte de la « Sala Preciosa » est une pièce maîtresse de la sculpture de la même époque : le tympan et le linteau, consacrés à la vie de la Vierge, sont sculptés avec beaucoup de finesse ; de part et d'autre de la porte se répondent les deux statues d'une fort belle Annonciation.

★ Museo Diocesano

(Musée diocésain) – Il est installé dans le réfectoire et la cuisine attenante qui datent de 1330. Dans le réfectoire, grande pièce voûtée de croisées d'ogives, la chaire du lecteur est ornée d'une charmante *Chasse à la licorne*. La cuisine carrée comporte une cheminée dans chaque angle et une lanterne centrale haute de 24 m. Le musée expose de nombreux objets de culte précieux dont le reliquaire du St-Sépulcre (13ᵉ s.) offert par Saint Louis, des Vierges de bois polychrome et des Christs provenant de toute la région.

Prenez à droite la calle Navarrería et tournez au fond à droite puis à gauche. Vous aboutirez à une sorte de terre-plein. Contournez-le et grimpez jusqu'au sommet.

Palacio Real/Archivo general de Navarra

(Palais royal et archives générales de Navarre) B1

Au sommet de la petite éminence, jouxtant l'ancien couvent des adoratrices, trône l'ancien palais royal, demeure des vice-rois, puis des gouverneurs

6

militaires de Navarre. Le bâtiment du 12e s., construit sous le règne de Sanche VI, a été restauré par **Rafael Moneo**. Il accueille les archives de la province et allie vieilles pierres et aménagements modernes, où le verre domine.

Devant son entrée se dresse la **basilique San Fermín de Aldapa** (18e s.) à l'intérieur baroque. De l'esplanade, très belle **vue** sur le musée de Navarre et le quartier San Cernín dont on aperçoit le clocher de l'église.

Redescendez la butte et prenez la calle del Mercado.

Ayuntamiento (Hôtel de ville) B1

Remarquable **façade★** baroque de la fin du 17e s. (reconstruite) avec ses statues, balustrades et frontons.

Prenez la direction du musée de Navarre en remontant la calle Santo Domingo.

★ Museo de Navarra (Musée de Navarre) A1

Cuesta de Santo Domingo, 47 - ☎ 848 426 492 - www.cfnavarra.es/cultura/museo - ♿ - mar.-sam. 9h30-14h, 17h-19h, dim. et j. fériés 11h-14h - 2 € (gratuit -18 ans, sam. apr.-midi et dim. mat.), exposition temp. visite libre - possibilité de visite guidée.

Élevé à l'emplacement de l'hôpital de Nuestra Señora de la Misericordia (16e s.), il en a conservé la façade Renaissance et la chapelle qui abrite l'exposition d'art sacré. Parmi les chefs-d'œuvre exposés dans ce musée moderne, citons le **coffret★** hispano-arabe en ivoire sculpté à Cordoue (début du 11e s.) et provenant de San Salvador de Leyre (🔵 p. 364). L'époque romaine est représentée par des vestiges lapidaires *(sous-sol et 1er étage)* : stèles funéraires, inscriptions et pavements de **mosaïques★** de villas des 2e et 4e s., aux motifs noir et blanc essentiellement géométriques.

L'**art roman** est en vedette avec les **chapiteaux★** de l'ancienne cathédrale de Pampelune (12e s.) : l'artiste inconnu qui sculpta les trois scènes bibliques des chapiteaux – Passion, Résurrection et histoire de Job – se montre aussi minutieux dans les détails que puissant dans la composition et génial dans l'invention. Le musée compte aussi une importante collection de **peintures murales★** collectées dans toute la province : Artaiz (13e s.), Artajona et Pampelune (13e-14e s.), Gallipienzo (14e-15e s.), Olleta (15e s.). Les genres sont variés, mais on retrouve le trait légèrement appuyé, l'accumulation des personnages, le déhanchement prononcé, hérités de la miniature française et illustrés par Juan Oliver qui décora en 1330 le réfectoire de la cathédrale.

La peinture **Renaissance** est présente aussi avec la reconstitution de l'intérieur du palais d'Oriz, décoré de panneaux peints en grisaille (16e s.) relatant l'histoire d'Adam et Ève ainsi que les guerres de Charles Quint.

Une partie du 3e étage est consacrée à la peinture des 17e et 18e s. Une salle expose les œuvres de Luis Paret et de Francisco de Goya *(Portrait du marquis de San Adrián).*

Le musée abrite aussi des tableaux de peintres de Navarre des 19e et 20e s.

Redescendez la calle Santo Domingo jusqu'à l'église San Cernín.

Église San Saturnino o San Cernín AB1

Ansoleaga, 4 - ☎ 948 221 194 ou 948 224 522 - http://iglesiasansaturnino.com - lun.-vend. 9h30-12h30, 18h-20h, w.-end et j. fériés 10h-13h30, 17h30-20h - gratuit.

En plein cœur du quartier ancien de San Cernín aux rues étroites, cet édifice fortifié composite mêle le roman de ses tours de brique et le gothique de son porche et de ses voûtes (13e s.) à de nombreux ajouts postérieurs.

À l'intérieur, l'église présente deux nefs perpendiculaires : l'une gothique et l'autre de style classique. Le sol de la première se compose de grandes planches de bois cirées et numérotées. Elle occupe l'emplacement de l'ancien

Cathédrale Santa Maria la Real.
B. Merz/Look/Photononstop

cloître et est dédiée à la Virgen del Camino, l'une des patronnes de la ville, aux côtés de saint Sernin.

Museo Pablo Sarasate (Musée Pablo Sarasate) A1
Palacio del Condestable - Mayor, 2 - ☎ 948 420 100 - fermé pour travaux jusqu'à nouvel ordre.
Les objets personnels, récompenses, partitions et photos du violoniste et compositeur **Pablo de Sarasate** (1844-1908) y sont exposés.
Continuez jusqu'au bout de la rue.
À droite, au bout de la Cuesta de Sto Domingo s'élèvent le portail du **musée de Navarre★** et celui de l'**église Sto Domingo** (façade du 18ᵉ s.) qui servit de sanctuaire aux dominicains, puis d'université de 1630 à 1771. Retable et orgue du 17ᵉ s. Sur votre gauche se trouve le marché couvert.

Calle Mayor A1
Cette rue présente quelques belles façades dont la plus notable est, au nᵒ 3, le palais de los Redín y Cruzat (17ᵉ s.). Au nᵒ 65, le palais del Conde de Ezpeleta, du 18ᵉ s., est identifiable à sa façade baroque ornée de statues.
La rue débouche avenida Taconera. L'église de San Lorenzo fait l'angle à gauche.

Église San Lorenzo A1
Capilla de San Fermín - Mayor, 74 - ☎ 948 225 371 - www.capillasanfermin.com - lun.-sam. 8h-12h30, 17h30-20h, dim. et j. fériés 8h30-13h45, 17h30-20h - gratuit.
Cette église du 19ᵉ s. abrite la statue de saint Firmin (qui est promenée dans la ville à l'occasion des fêtes), exposée dans la chapelle de droite.
Traversez l'avenue pour rejoindre le parc de la Taconera.

Parc de la Taconera A1
👥 Ce parc, le plus ancien de Pampelune, a été conçu comme un jardin à la française avec des allées rectilignes. Il est bordé de fossés où s'ébattent cerfs, daims, chèvres, coqs, cygnes, tortues et poissons rouges.
Dirigez-vous vers la citadelle et contournez-la pour entrer par l'arrière.

Les Sanfermines

DE L'AUTOMNE À L'ÉTÉ

C'est le 25 septembre que le commun des mortels honore saint Firmin, ce Navarrais converti au christianisme par saint Sernin et devenu évêque d'Amiens. Depuis 1591, les Pamplonais préfèrent fêter leur saint en juillet, afin d'éviter les pluies de l'automne. Corridas et processions marquent l'événement comme partout en Espagne, mais ce sont les *encierros (voir ci-dessous)* matinaux qui font l'originalité des festivités de la ville.

« DON ERNESTO »

Ce qui était une *feria* locale a acquis une renommée universelle en grande partie grâce à **Ernest Hemingway**. L'écrivain américain s'y rendit pour la première fois en 1923 et en fit le cadre de son roman *Le Soleil se lève aussi*, où il évoque bien des lieux toujours en activité aujourd'hui. Visiteur assidu jusqu'à la guerre civile, il y revint par la suite en 1953 et 1959. Six ans après sa mort, un buste de l'écrivain a été inauguré devant les arènes, arborant fièrement au cou le foulard rouge des jeunes gens, les *mozos*.

NEUF JOURS DE FÊTE

« Uno de enero, dos de febrero [1er janvier, 2 février]
Tres de marzo, cuatro de abril [3 mars, 4 avril]
Cinco de mayo, seis de junio [5 mai, 6 juin]
Siete de julio, San Fermín ! » [7 juillet, saint Firmin !]
Le 6 juillet, à midi, un énorme pétard, le *chupinazo* (133 décibels !), est mis à feu du balcon de la mairie, devant une foule considérable (attention aux bousculades) : c'est le moment de nouer son foulard rouge autour du cou. La liesse s'empare alors de la ville, qui voit doubler le nombre de ses habitants. Dès lors, c'est parti pour neuf jours de festivités. Procession, *comparsa* (défilé de *gigantes* et *cabezudos*, géants et grosses têtes), animations diverses et bien sûr corrida quotidienne, le tout accompagné de force libations, composent l'essentiel du menu accompagné par la cacophonie des orchestres des quinze *peñas* (groupes de dizaines voire centaines de jeunes réunis par affinités politique ou géographique comme l'appartenance à un même quartier). Mais le 14 au soir, tout rentre dans l'ordre : reste à entonner le *Pobre de mí* (« pauvre de moi ») qui marque le retour à la vie quotidienne… jusqu'à l'année suivante.

L'ENCIERRO

La manifestation la plus spectaculaire est l'**encierro**, qui a lieu tous les matins à 8 heures quand retentit le bruit d'un pétard allumé au clocher de San Cernín. Encadrés de bœufs dressés (les *cabestros)*, les taureaux qui combattront l'après-midi quittent leur enclos et se rendent aux arènes en empruntant la Cuesta de Santo Domingo puis la calle Estafeta, soit un trajet de 825 m, parcouru en 3 minutes. Les *mozos*, vêtus de blanc avec béret, foulard et ceinture rouges et tenant un journal roulé pour dévier les coups de corne, courent devant les taureaux. Toute l'Espagne suit avec passion ce spectacle, retransmis en direct par la télévision, même si la pratique ancestrale de la corrida est aujourd'hui de plus en plus controversée.

La capitale de la Navarre

PAMPELUNE, DES ORIGINES À L'APOGÉE

C'est sur le site d'un village vascon, Iruña (la ville), que le général romain Pompée fonda, en 75 av. J.-C., la cité de Pompaleao. Au 8ᵉ s., les Maures occupent la ville ; ils en sont chassés avec l'aide des troupes de Charlemagne qui profite de la faiblesse de leurs alliés pour démanteler les remparts. Pour se venger, les Navarrais contribuent à l'écrasement de l'arrière-garde des armées impériales au col de Roncevaux (👁 *p. 355)*.

Au 10ᵉ s., Pampelune devient la capitale de la Navarre, appelée d'ailleurs « royaume de Pamplona ». La cité est alors gouvernée par ses évêques. Tout au long du Moyen Âge, sa vie sera troublée par des luttes entre les habitants du vieux quartier – la Navarrería –, les francs-bourgeois des faubourgs de San Cernín, peuplés par des immigrants de la région de Toulouse, et du faubourg de San Nicolás, créé à l'arrivée d'une autre vague d'immigration.

Chacun terré derrière ses propres murailles, les trois bourgs s'ignorent superbement quand ils n'entrent pas en conflit ouvert : les Navarrais sont partisans du rapprochement avec la Castille, tandis que les francs-bourgeois préfèrent une dynastie française. Ces luttes se terminent en 1423 avec le privilège de l'Union promulgué par Charles III le Noble. Les trois municipalités se fondent alors en une seule. Conquise et incorporée au royaume castillan en 1513, elle devient le poste avancé de la couronne espagnole face aux éventuelles incursions françaises. En 1571, sous le règne de Philippe II, débute la construction de la citadelle.

Au cours du 18ᵉ s., la ville, qui connaît une progression économique et démographique importante, se dote de nombreux bâtiments monumentaux comme le palais épiscopal (1732), la Casa consistorial (hôtel de ville, 1752) et la cathédrale, achevée au 16ᵉ s., puis agrémentée d'une façade néoclassique en 1783.

TEMPS TROUBLÉS

Au 19ᵉ s., Pampelune subit le passage des troupes françaises, puis, pendant les guerres de Succession, les sièges organisés par les carlistes comme par les partisans de la reine Isabelle II, elle-même soutenant la cause de Don Carlos, garant des *fueros* (franchises qui protègent les privilèges et libertés d'une ville ou d'une province) et des congrégations.

Soucieuse de ses intérêts et de ses privilèges, elle s'oppose à la réforme fiscale envisagée par le gouvernement de Madrid. Ses habitants manifestèrent massivement en 1893 contre l'abolition de leur régime fiscal, leur mouvement de protestation étant connu sous le nom de « Gamazada », du nom du ministre Germán Gamazo, auteur du projet de réforme qui ne fut jamais appliqué. Le **monument aux Fors** a été érigé en 1903 pour commémorer ces manifestations.

Toujours dans ce même souci de préserver au mieux ses acquis, la capitale navarraise soutient Franco pendant la guerre civile ; elle se démarque à nouveau des autres provinces basques lorsque, en 1979, elle refuse de se joindre à la communauté autonome basque (Euskadi).

Elle obtient un statut d'autonomie, conserve une administration issue directement des privilèges médiévaux et peut ainsi se prévaloir d'une identité bien marquée.

Ciudadela (Citadelle) A2

℘ 948 420 975 - *lun.-vend. 7h30-21h30, sam. 8h-21h30, dim. 9h-21h30 - gratuit.*
Le plan des fossés et des murailles encore debout permet de prendre la mesure
de cet ouvrage, construit entre 1571 et 1645 selon le modèle de la forteresse
d'Anvers, devenu depuis l'un des poumons verts de la capitale navarraise.
Ses fossés aménagés en promenade se couvrent au printemps de boutons
d'or et de coquelicots. En son centre, la citadelle conserve encore sa poudrière
et la **salle d'armes** (Sala de Armas), transformée en lieu d'exposition *(mar.-
vend. 18h30-21h, sam. 12h-14h, 18h30-21h, dim. 12h-14h).* Sur ses pelouses sont
présentées des œuvres contemporaines.
*Engagez-vous dans la calle Chinchilla qui fait face à l'entrée de la citadelle. Au bout,
prenez à droite pour atteindre le paseo de Sarasate.*

Paseo de Sarasate (Promenade de Sarasate) AB1-2

Église San Nicolás – *San Miguel, 15 -* ℘ *948 221 281 - lun.-sam. 9h30-12h30,
18h -20h30, dim. et j. fériés 9h30-13h30, 18h30 -20h30 - gratuit.* Construite sur un
ancien sanctuaire roman, l'église gothique, consacrée en 1231, présente une
façade très retouchée et abrite de fort belles **orgues**★★ baroques de 1769,
les plus belles de la ville avec celles de Sto Domingo.
La promenade aboutit au palais de Navarra, à côté duquel se dresse le monument aux Fors (& *p. 339).* Vous voilà de retour à la plaza del Castillo.

À voir aussi Plan de ville

★ **Museo Universidad de Navarra**

(Musée de l'université de Navarre) hors plan par A2

Campus Universitario - av. Navarra - ℘ *948 425 600 - http://museo.unav.edu -*
&. *- août : mar.-sam. 10h-14h, dim. et j. fériés 12h-14h ; reste de l'année : mar.-sam.
10h-20h, dim. et j. fériés 12h-14h - fermé 1er, 6 janv., 24-25 et 31 déc., jeu. et vend.
Saints - 4,50 € (-17 ans gratuit).*
Inauguré en janvier 2015, ce nouveau musée d'art contemporain, édifié par
l'architecte navarrais Rafael Moneo, sert d'écrin à la **collection Maria Josefa
Huarte Beaumont**★ et au fonds photographique de l'université. La première rassemble une cinquantaines de peintures et sculptures de Picasso,
Kandinsky, Chillida, Tàpies, Oteiza, Palazuelo, Rothko… tandis que le second
se compose d'environ 10 000 photos et 100 000 négatifs allant du 19e s. à nos
jours. Le musée, élément à part entière de ce campus privé (193 ha) dont il est
la propriété, dispose également d'une salle de 700 places, dotée d'une riche
programmation théâtrale, musicale et cinématographique.

Museo de Educación ambiental San Pedro

(Musée de l'Environnement San Pedro) hors plan par A1

Errotazar, s/n - ℘ *948 149 804 -* &. *- lun.-vend. 10h-13h, 18h-20h ; Pâques : jeu.-lun.
10h-13h - fermé w.-end et j. fériés, juil., 5 janv., 24 et 31 déc. - gratuit.*
Installé dans le cloître du monastère San Pedro (18e s.), cet espace a pour
but de sensibiliser le public à l'environnement, panneaux, chiffres et schémas
à l'appui. Soleil, ressources naturelles, biodiversité, territoire, consommation,
transports et bruit en composent les étapes. Bornes interactives. Tests sonores.

Planetario (Planétarium) hors plan par A2

*Accès à partir de la plaza de Juan XXIII par l'avenida de Bayona, puis dans le
prolongement l'avenida Barañáin. Sancho Ramírez, s/n -* ℘ *948 262 628 - www.
pamplonetario.org - mar.-sam. 10h-14h, 16h30-20h - 5 €.*

Les fêtes de San Firmin à Pampelune.
G. Azumendi/age fotostock

Dans le **parc Yamaguchi**, dessiné selon le modèle japonais, le planéta-rium, coiffé d'une coupole de 20 m de diamètre, dresse sa silhouette cylindrique, inspirée paraît-il par les panthéons de la vallée des Rois. Aire de jeux pour enfants à proximité.

À proximité Carte de microrégion

Fundación Museo Jorge Oteiza (Maison-musée Oteiza à Alzuza) B2

▶ *7 km à l'est de Pampelune. Prenez la direction de la France, par Roncevaux. À la hauteur de Huarte, suivez le fléchage « Aoiz ». Une fois sur la NA 150, rejoignez Alzuza par une petite route à gauche.*

Cuesta, 7 - Alzuza - ☎ 948 332 074 - www.museooteiza.org - ♿ - juin-août : mar.-sam. 11h-19h, dim. et j. fériés 11h-15h ; reste de l'année : mar.-merc. seult visite guidée sur RV à 11h et 13h, jeu.-vend. 10h-15h, sam. 11h-19h, dim. et j. fériés 11h-15h - fermé 1er janv. et 25 déc. - 4 € (vend. non fériés gratuit).

La visite nous fait pénétrer dans l'univers créatif de **Jorge Oteiza** (1908-2003), l'un des personnages clés de la sculpture espagnole contemporaine. Le musée, hébergé dans un bâtiment jouxtant la maison de l'artiste, est l'œuvre de son ami l'architecte Sáenz de Oiza (1918-1988). Après avoir abandonné l'art figuratif à la fin des années 1950, Oteiza entama une période abstraite d'expérimentation géométrique et métaphysique qui lui valut d'être reconnu comme le grand sculpteur du « vide ».

Monreal B2

▶ *20 km au sud-est de Pampelune par la N 240.*
Un village préservé avec son petit pont médiéval à double arche (écoutez les grenouilles coasser), sa placette, de vieilles maisons et une église.

Artaiz B2

▶ *24 km au sud-est de Pampelune par la N 240. Après env. 16 km, prenez à gauche la NA 234, puis roulez encore sur 6,5 km avant de prendre à droite la NA 2400.*

Charmant hameau doté d'une adorable petite église du 12ᵉ s. Si son état extérieur laisse à désirer, son **portail et ses corbeaux★★** romans n'en demeurent pas moins admirables pour la délicatesse et l'expressivité de leurs sculptures (lions, masque grimaçant, homme à trois têtes, musicien, guerrier, etc.). Petite fontaine romane du 13ᵉ s. (en fait, une sorte de réservoir) en sortant du village en direction de Zuazu *(sur la gauche, la route non carrossable, derrière les bâtiments longs en contrebas de la route, cachée dans un creux du terrain).*

Circuit conseillé Carte de microrégion

CHÊNES, RANDONNÉES ET SANCTUAIRE B1-2

▶ *Circuit de 120 km tracé en bleu foncé sur la carte de microrégion (p. 330-331) – Comptez environ 2h. Quittez Pampelune au nord en direction de la France par la N 121ᴬ. Parvenu à Ostiz après 14 km, prenez à gauche la NA 411 vers Gerendiain. Parcourez 8 km et, avant le village, suivez à gauche les panneaux Lizaso. Sur la route qui y mène, ne manquez pas, planté sur le bas-côté gauche, un panneau signalant le parking : il marque l'entrée de la chênaie d'Orgi.*

Chênaie d'Orgi (Robledal de Orgi) B2

Point d'information (horaires variables à vérifier sur Internet avant la visite) - ☎ 948 305 300 - www.bosquedeorgi.com - août : lun.-vend. 10h-14h, w.-end 10h-14h, 17h-19h ; juin-juil. : w.-end 10h-14h ; reste de l'année : dim. et j. fériés 10h-14h - 2 €/ voiture, visites guidées 5 € (calendrier sur le site Internet).

👥 Cette forêt de chênes centenaires couvre au total 77 ha, mais seule la moitié est accessible au public grâce à trois sentiers, jalonnés de panneaux explicatifs sur le développement et l'écosystème de la chênaie. Aire de pique-nique. *Traversez Lizaso et poursuivez dans la vallée d'Ultzama jusqu'à Jauntsarats.*

Jauntsarats B1

Ce hameau agricole compte sur son territoire deux **chênes pluricentenaires** classés Monumento natural de Navarra. L'un des deux se dresse à côté du terrain de sport de l'école, à l'entrée du village, derrière la haie qui cache les bois. *Continuez sur la NA 411 jusqu'à atteindre l'A 15 que vous suivrez en direction de Tolosa. Sortez à Lekunberri.*

Lekunberri B1

À l'entrée du village, ne manquez pas les panneaux indiquant Plazaola.

★ **Vía verde del Plazaola** – Certains tronçons de cette ancienne voie de chemin de fer qui reliait Pampelune à St-Sébastien, après avoir transporté du minerai de fer de Plazaola à Andoain, sont progressivement reconvertis en voie verte, accessible aux randonneurs, aux cavaliers et aux cyclistes. L'ex-station de Plazaola présente aujourd'hui le milieu naturel traversé par ces sentiers. Un wagon-jeux a été spécialement aménagé à l'intention des enfants.

🚶 **Lekunberri-Mugiro** – *2 km - 1h15 AR.* Cette portion suit une rivière jusqu'à un petit barrage, au-delà duquel la voie reste à baliser. Elle dévoile des paysages de prairies et de collines boisées, dont certaines se resserrent presque en gorge. *Quittez Lekunberri vers la sierra de Aralar (NA 7510) et le sanctuaire de San Miguel.*

★★ Santuario de San Miguel de Aralar

(Sanctuaire Saint-Michel d'Aralar) B2

L'**église**, construite à différentes époques – l'abside et une partie des murs sont wisigothiques (9ᵉ s.), le reste est préroman (10ᵉ s.) –, englobe une petite

chapelle romane. C'est là que l'on retrouva, au 18ᵉ s., le magnifique **parement d'autel**★★ doré et émaillé, œuvre capitale de l'orfèvrerie romane européenne, qui viendrait peut-être d'un atelier limousin de la fin du 12ᵉ s.
Revenez à Pampelune par l'A 10.

😊 NOS ADRESSES À PAMPELUNE

Voir le plan p. 334.

VISITE

Nombreux organismes et offres variées en saison. *Erreka - ℘ 948 221 506 - www.incomingnavarra. com ; Novotur Guías - ℘ 629 661 604 ou 617 348 844 - www. novotur.com.*

HÉBERGEMENT

Pendant les Sanfermines, les prix peuvent être multipliés par trois voire quatre.

PREMIER PRIX

Casa Ibarrola Albergue – B1 - *Calle del Carmen, 31 - ℘ 948 232 332 - www.casaibarrola.com - 20 lits : pèlerin 15 € ⌷ - touristes 18 € ⌷ (⌷ non inclus de déc. à mars).* Les frères polyglottes Iñaki et César proposent leurs lits capsule originaux, avec matelas qui s'adaptent à la forme du corps, au cœur du centre historique, à deux pas de la cathédrale. Vaste salon commun à l'entrée, avec cuisine à disposition et tablées où la convivialité est assurée. Rangements à chaussures et à sac à dos séparés, au sous-sol. Balades à cheval organisées par les gérants *(15 € pour 1h).*

Aloha Hostel – B2 - *Calle Sangüesa, 2 - ℘ 948 153 367 - www.alohahostel.es - 3 dortoirs de 4 à 10 lits et 1 appart. (6 pers., à partir de 100 €) - 15/18 €/pers. ⌷.* Cette charmante auberge occupe le 1ᵉʳ étage d'un bel édifice signé par le célèbre architecte pamplonais Victo Eusa, avec mosaïque à l'entrée, ferronneries dans l'escalier et portes classées.

Dortoirs spacieux et lumineux, salon d'angle avec échange de livres et petite terrasse verdoyante, décorée de plantes en pot. Soirée barbecue organisée chaque mois par le gérant Hugo.

Hotel Europa – B1 - *Espoz y Mina, 11 - ℘ 948 221 800 - www. hoteleuropapamplona.com - 25 ch. 72/82 € - ⌷ 10 € - menu 46 €.* Très central, cet hôtel propose des chambres petites mais bien équipées avec des salles de bains en marbre. Bon choix dans cette catégorie. Fait également restaurant.

Hotel Albret – Hors plan - *Ermitagaña, 3 - ℘ 948 172 233 - www.hotelalbret.com - 109 ch. 64/122 € - ⌷ 10 €.* Le hall-réception, bien aménagé, donne accès à des chambres peu spacieuses mais décorées de façon moderne. Caféteria.

BUDGET MOYEN

Sercotel Leyre – B2 - *Leyre, 7 - ℘ 948 228 500 - www.hotel-leyre. com - 55 ch. 75/82 € - ⌷ buffet 8 € - parking à vélo - salle de gym.* Un hôtel central aux chambres spacieuses et parquetées.

Hotel Yoldi – B2 - *Av. de San Ignacio, 11 - ℘ 948 224 800 - www. hotelyoldi.com - 50 ch. 88 € - ⌷ 12,10 €.* Rénové, le Yoldi constitue un bon choix dans le centre, pour son côté pratique et son confort. Il est situé près des arènes et, pendant les fêtes, on peut y côtoyer des toreros.

Hotel Maisonnave – A1 - *Calle Nueva, 20 - ℘ 948 222 600 - www. hotelmaisonnave.es - ♿ - 147 ch. 85/138 € - ⌷ 12 € - rest. 21/42 €.* Outre ses prestations haut de gamme et son emplacement central, cet hôtel dispose de chambres confortables, équipées de salles de bains modernes.

RESTAURATION

Bars à pintxos

Bar Gaucho – B1 - *Calle Espoz y Mina, 7 -* ☏ *948 225 073 - www.cafebargaucho.com - 7h-15h30, 18h30-23h*. Le plus raffiné des bars à *pintxos* concocte en particulier un excellent foie gras mi-cuit posé sur une tranche de pain grillé.

Cervecería La Estafeta – B1 - *Calle de la Estafeta, 54 -* ☏ *948 222 157 - tlj 11h-1h*. Cette petite brasserie est connue dans toute la ville pour ses *fritos de pimientos*, mais vous apprécierez aussi sa morue aux crevettes.

Vermouteria Río – B1 - *Calle San Nicolás, 13 -* ☏ *948 225 104 - http://riovermuteria.com*. Cette adresse, spécialisée dans le vermouth, propose de généreux *fritos de huevo* (croquette à base d'œuf).

Letyana – A2 - *Av. de Bayona, 2 -* ☏ *948 255 045 - fermé 15-31 juil. et dim. en été - tapa 3 €, ración 12 €*. Bar à *pintxos* surprenant ! Au rez-de-chaussée, d'innombrables et succulents *pintxos* ; à l'entresol, salle de restaurant ; à l'étage, menu dégustation.

Restaurants

PREMIER PRIX

La Mandarra de la Ramos – B1 - *San Nicolás, 9 -Bajo -* ☏ *948 212 654 - www.lamandarradelaramos.com - menu du jour 14,80 € (lun.-vend.), w.-end 20 €*. En plein cœur du quartier historique, ce bar à *pintxos* est incontournable : jambons suspendus au plafond et photos de l'Encierro projetées sur le sol accompagnent une grande variété de *pintxos* dans une ambiance chaleureuse.

BUDGET MOYEN

San Fermín – B1 - *Calle San Nicolás, 44-46 -* ☏ *948 222 191 - www.restaurantesanfermin.com - ouv. tlj sf merc. - menu du jour 20 €, menu w.-end 30 €*. Entrez sans frapper dans ce restaurant installé au 1er étage. Au menu, des spécialités régionales dont la fameuse *menestra de verdura*.

Anttonenea – A1 - *Calle San Antón, 48 -* ☏ *948 104 445 - www.restauranteanttonenea.com - 13h30-15h45, 20h30-22h30 - fermé lun., dim. soir et mar. soir - menu du jour 23 €*. Derrière une discrète entrée se dissimule cette jolie salle aux notes de bois clair et de béton blanc, avec vaste grill et baie vitrée sur la rue arrière. Viandes de choix braisées à la perfection. Ne manquez pas la formule déjeuner complète. Excellents pain de campagne et très bon mojito pour les amateurs.

Cocina de Alex Múgica – B1 - *Calle Estafeta, 24 -* ☏ *948 510 125 - www.alexmugica.com - mar.-sam. 13h-15h45, 19h-23h - fermé dim. soir et lun. - 22/40 €*. Avec ses coraux rouges et blancs au plafond, son paravent de carton et ses chaises en métal originales, le raffinement de la décoration du restaurant est à l'unisson de celui de la cuisine du chef Alex Múgica : vous tomberez sous le charme de son menu de *pintxos*, savoureux.

UNE FOLIE

Rodero – B1 - *Calle Emilio Arrieta, 3 -* ☏ *948 228 035 - http://restauranterodero.com - menu 65 € - menu dégustation 78 €*. Une table luxueuse. Bien situé juste derrière les arènes, cet établissement compte parmi les meilleurs de la région. Organisation familiale, mais offrant un service de très haut niveau. Cuisine créative, innovante et d'auteur. Prix élevés.

À proximité

BUDGET MOYEN

La Casona – *Pueblo Viejo - 31010 Barañáin -* 📞 *948 186 713 - www.asadorcasona.es - fermé dim. soir - menus 20/50 €, carte 30/53 €.* Ancienne bâtisse offrant une restauration de type rôtisserie avec cidrerie d'un côté et salle de restaurant de l'autre, avec grill apparent. Deux salles de réception au 1er étage.

PETITE PAUSE

Café Iruña – *Pl. del Castillo, 44 -* 📞 *948 222 064 - www.cafeiruna.com - menu du jour/soir 14,50 €.* Rendu célèbre par Hemingway, ce café de style Belle Époque est sans doute le plus populaire de Pampelune. Il bénéficie d'une grande terrasse et propose de nombreux *pintxos* pour accompagner les boissons.

ACHATS

Vinoteca Murillo – *San Miguel, 16-18 -* 📞 *948 221 015 - http://vinotecamurillo.com - lun.-vend.-9h30-14h et 17h-20h, sam. 9h-14h - fermé dim.* Ce bel établissement se transmet de père en fils depuis 1890. Son décor d'époque reste superbe et les produits proposés se remarquent par leur qualité. Vous trouverez, entre autres, une belle sélection de vins espagnols, des crus prestigieux en provenance du monde entier, des spiritueux et des spécialités de Navarre.

Las Tres Z.Z.Z. – *Ctra Puente Miluce, 6 - Bajo -* 📞 *948 252 629 - www.lastreszzz.com.* Cette institution locale fabrique des outres à vin artisanales depuis 1873. Vous découvrirez les matières utilisées dans la fabrication, son histoire et le rituel présidant à l'utilisation de l'objet.

ACTIVITÉS

Rocópolis – *Cañada Real, 20 - 31195 Berrioplano - Centro Empresarial Sarrió - Berrioplano (à 7 km au nord de Pampelune) -* 📞 *948 302 437 - www.rocopolis.com - lun.-jeu. 10h-22h, vend. 10h-21h, sam. 10h30-21h, dim. et j. fériés 10h30-20h - fermé 1er et 6 janv., 5-15 juil. et 25 déc. - 13,50 € (-18 ans 8,40 €).* Ce parc d'aventure couvert dispose de structures d'escalade (murs, tyroliennes, passerelles, ponts tibétains…) et propose des itinéraires adaptés pour tous les niveaux.

Parque Aventura-Artamendía – *Camino del Monte s/n - 31460 Aibar -* 📞 *948 877 005 - www.parqueartamendia.com - hors sais. 11h-14h, 16h-19h - de mi-juin à mi-sept. : tlj sf lun. 11h-20h dernière entrée à 17h30 ; de la Sem. sainte au 1er nov. : w.-end 11h-19h - adultes 13 € et -10 ans 9 €.* En Aibar, à moins d'une heure de route de Pampelune, aventurez-vous dans les arbres de la chênaie d'Artamendía en toute sécurité. Deux circuits avec tyrolienne sont proposés.

AGENDA

Los Sanfermines – *6-14 juil. - www.sanfermin.com -* ⏱ *p. 338.*
San Fermín txikito (Petites Sanfermines) – *3 j. fin sept. - www.sanfermin.com.*

6

Vallées du Baztan et de la Bidassoa

Valle de Baztan y valle del Bidasoa

De vertes prairies où chevaux et moutons paissent entre des murets de pierre, des pentes sèches où l'herbe se fait drue, des villages aux fiers blasons et des habitants attachés à leurs traditions… Pas de doute, vous êtes dans la vallée du Baztan, à découvrir également pour ses champignons et sa spécialité, le boudin d'agneau. Avis aux amateurs !

☺ NOS ADRESSES PAGE 352
Hébergement, restauration, achats, activités, etc.

ⓘ S'INFORMER

Office du tourisme Bertiz – *Oieregui - ☏ 948 592 421 - www. parquedebertiz.es.*

Mairie d'Elizondo/Baztan – *Pl. de los Fueros - www.baztan.eus.* Le site Internet de la mairie donne de nombreuses informations pratiques et touristiques sur la vallée.

Voir aussi **www.valledebaztan. com**, créé par un passionné de la région.

◑ SE REPÉRER

Carte de microrégion B1 (p. 330-331). Les principales voies d'accès à la vallée passent par Ainhoa au nord,

le col d'Izpegui à l'est en venant de St-Étienne-de-Baïgorry, ou bien par le sud *via* Elizondo, pour ceux qui arrivent de Pampelune.

◷ ORGANISER SON TEMPS

Comptez une journée pour découvrir toute la vallée, sachant que le Parc naturel de Bertiz constitue à lui seul une destination… et empruntez le lendemain la vallée de la Bidassoa.

👫 AVEC LES ENFANTS

Le centre d'interprétation du parc naturel de Bertiz, la grotte des Sorcières et les grottes d'Urdazubi.

Circuits conseillés Carte de microrégion

★ VALLÉE DU BAZTAN, D'AINHOA AU PARC NATUREL DE BERTIZ B1

▶ *Circuit de 42 km au départ d'Ainhoa tracé en rose sur la carte de microrégion (p. 330-331) – Comptez une journée d'excursion en partant de la frontière française sur la N 121ᴮ. Juste après le quartier frontalier de Dancharinea/Dantxarinea, tournez à droite vers Zugarramurdi par la petite NA 4401.*

Les villages de Zugarramurdi et Urdazubi constituent avec Sare et Ainhoa, du côté français, un territoire transfrontalier : le **pays de Xareta**, « vallée boisée ».

Zugarramurdi (♿ *p. 109*)

Urdazubi/Urdax (♿ *p. 109*)

★ Pico Gorramendi B1

Accès à partir du col d'Otxondo (570 m).

Une petite route mène en 15 km à ce sommet qui offre, du haut de ses 1 090 m, une belle **vue★** sur les Pyrénées et la vallée du Baztan. Roulez au pas car

Maisons en bordure du rio Baztan.
S. Lambert/Michelin

vous croiserez vaches, moutons et pottoks (race locale de poney, *p. 415*)
en chemin.
Revenez sur la N 121ᴮ et, après environ 10 km, tournez à gauche.

Amaiur/Maya B1

Un écrin de verdure enchâsse cette commune navarraise, la dernière à avoir
lutté pour l'indépendance de la province face à Charles Quint en 1522.
L'église se trouve en dehors du village, que l'on rejoint par une route bordée
de murets de pierre. Une fois franchie l'entrée marquée par une arche surmontée d'un toit, une rue unique se déploie, dévoilant une succession de
maisons blasonnées de grès rouge ou crépies de blanc.
Arrêtez-vous devant celle du n° 30 pour en admirer le hall ouvert et la belle
porte cloutée. Face à elle, une autre arbore des clous imposants. Presque en
bout de rue, au n° 47, se détachent les arcades du palacio Borda (17ᵉ s.). Admirez
au n° 51, face à la petite fontaine, la porte ornée de clous, les balcons et les
poutres sculptées de la maison blasonnée.
Un petit oratoire clôt le village. À sa gauche se détache un chemin
menant à un monument commémoratif, érigé en 1922 pour rappeler la
bataille de 1522 en faveur de l'indépendance navarraise. Il offre un beau
point de vue sur le village en contrebas, ainsi que sur la vallée *(comptez
10mn d'ascension)*.
*Rejoignez la N121ᴮ et prenez la première intersection sur la gauche, la N 2600 qui
vous conduira à Erratzu via Bozate.*

Erratzu/Errazu B1

Village de montagne dont les maisons anciennes et l'église sont construites
en **grès rosé**. Ne manquez pas d'admirer l'adorable petit cloître jouxtant
l'église. Ses galeries sont ornées de stèles. À proximité, le palais Apeztegia
du 17ᵉ s. déploie sa sobre façade derrière une sorte d'enclos de pierre ouvert
par un portique. De l'autre côté de la rivière, la rue Iturri-Zaharra présente
d'étroits trottoirs de galets.

6

La route menant au col *(puerto)* d'Izpegi/Izpegui s'enfonce parmi les feuillus et dévoile de très beaux points de vue sur la vallée.

Gorostapalo B1
2 km au sud d'Erratzu, en passant à droite de l'église et de son cloître.

🥾 *30mn AR - balisage blanc-vert.* Garez-vous dans le hameau aux ruelles pavées de grosses pierres rosées. Vous retrouverez les mêmes sur le chemin pentu qui part à droite de l'ermitage, posté à l'entrée du village, dans le virage. Attention, le pavage peut se révéler glissant par temps de pluie ! Le sentier descend vers un petit pont pour remonter ensuite légèrement à travers prairies et bois jusqu'à une cascade, que l'on entend entre les feuillages. *Revenez sur vos pas afin de gagner Elizondo, à l'extrémité sud de la vallée, par la N 121^B.*

Elizondo B1
Village le plus grand de la vallée, ce bourg abrite de belles demeures édifiées par les anciens gouverneurs et administrateurs des Indes occidentales, ou par les Indianos ou Americanos, ces Basques émigrés en Amérique du Sud, qui revinrent fortune faite. Certaines sont bien sûr blasonnées.

On y trouve le **Musée ethnographique Jorge Oteiza** (Museo Etnográfico Jorge Oteiza) (*📞 948 581 517 - vend.-dim. 11h-14h, 17h-20h - 4 €*), situé dans un surprenant cube de béton rougeâtre, accolé à la maison qu'il habita pendant 20 ans. Il accueille la collection personnelle du célèbre sculpteur (1908-2003) ainsi que des toiles du peintre navarrais Javier Ciga Echandi (1877-1960).

Elizondo donne accès à une myriade de hameaux comme Arraioz ou Ziga, où se pratiqua, paraît-il, la sorcellerie (l'Inquisition y organisa des procès en 1725). *Continuez sur la N 121^B pour atteindre Oronoz-Mugairi.*

★ Parque natural Señorío de Bertiz/Bertizko Jaurerriaren Natur Parkeak (Parc Naturel Señorío de Bértiz) B1
À Oronoz-Mugairi (à 45 km de Pampelune), accès à côté de la station-service, en limite du bourg - 📞 948 592 421 - www.parquedebertiz.es - accès libre - parking et office de tourisme à l'entrée du parc - centre d'informations et d'accueil de l'autre côté du parking - 10h30-17h30 (19h30 en été).

Parc naturel depuis 1984, ce domaine couvre 2 042 ha, dont 1 869 plantés de forêts (chênaies et hêtraies principalement). Ses bois et ses prairies abritent une faune diversifiée, de la salamandre jusqu'au desman des Pyrénées (sorte de taupe). Pedro Ciga en fut le dernier seigneur, dépositaire des terres autrefois données en cadeau par le roi Charles III (14e s.). Il planta les essences exotiques du jardin et construisit un nouveau palais, tout en restaurant l'ancien. Il fit don de l'ensemble à la députation de Navarre en 1949, à la condition de tout laisser en l'état. Le palais Aizkolegi le domine, en offrant au regard un large panorama sur le parc et les vallées alentour.

👥 **Jardin botanique** (jardín botánico) – *horaires variables, se rens. - 3 € (-18 ans gratuit).* Juste à l'entrée du domaine se trouve un magnifique jardin, riche de nombreuses essences et d'un tracé rappelant les parcs à l'anglaise. Le **Centre d'interprétation de la Nature** (Centro de Interpretación de la Naturaleza - *fermé lun., et 30mn avant le jardin, 1h en hiver*) donne les clés pour comprendre l'écosystème particulièrement humide de Bertiz, et présente une maquette du parc ainsi que des expositions temporaires.

🥾 Plusieurs circuits balisés partent de l'entrée du parc. Le plus court *(700 m)* et le plus facile s'engage tout de suite à gauche pour suivre la Bidassoa. Les autres s'enfoncent dans la forêt, à partir du chemin appelé Aizkolegi. Le dénivelé varie de 200 m à 680 m suivant le parcours retenu.

Arrivé à ce point, vous pouvez descendre vers Pampelune ou bien remonter en direction d'Irun en suivant la vallée de la Bidassoa. Pour cela, en quittant le parc naturel, gagnez Doneztebe/Santesteban (4 km plus loin au carrefour de la NA 170).

VALLÉE DE LA BIDASSOA, DE DONEZTEBE À BERA B1

Circuit de 48 km tracé en vert foncé sur la carte de microrégion (p. 330-331) – Comptez une bonne demi-journée en parcourant la vallée du nord au sud. Départ de Doneztebe/Santesteban que contourne la N 121A.

Côté français, vous pouvez rejoindre la vallée par Ascain, St-Jean-de-Luz ou Hendaye, *via* la D 4. Côté espagnol, la N 121 part de la frontière entre Hendaye et Irun pour remonter la rivière et aboutir à Bera. Par le sud, on y accède à partir de Pampelune par la N 121ᴬ.

À la frontière du Pays basque français, la Bidassoa s'engage dans les granits en un étroit sillon appelé gorge d'Endarlaza. Mais avant de s'y enfoncer, elle s'est aussi frayé un chemin entre les contreforts des Pyrénées-Atlantiques, caractérisés de grasses prairies et des champs de maïs entourant des villages aux maisons typiquement basques.

Il faut bien reconnaître qu'en dehors de chemins de traverse (comme celui de l'ancienne confédération des Cinco Villas composée de cinq charmantes cités situées sur de petites routes de part et d'autre de la N 121ᴬ : Etxalar, Arantza, Igantzi, Lesaka et Bera), le charme de la route est beaucoup moins prégnant que dans la vallée du Baztan en raison de l'intense trafic routier. Armez-vous de patience et profitez quand même des paysages verdoyants !

★ Doneztebe/Santesteban B1

De loin la bourgade la plus animée de la vallée, Doneztebe concentre son activité dans son cœur historique, autour de la rue commerçante qui passe devant l'**église**. Embaumant l'encaustique, celle-ci abrite trois retables baroques dorés. Notez la patine et l'usure du banc de maître, à gauche de l'allée centrale. Non loin de là, vous repérerez la mairie à ses arcades en grès et aux blasons ornant son avant-corps.

Quittez Doneztebe vers le nord et empruntez à 1,5 km la N 121A.

Sunbilla B1

En retrait sur la gauche de la route.

Un pont médiéval enjambe la rivière. N'hésitez pas à le parcourir afin de contempler la végétation se reflétant dans l'eau ainsi que les maisons bordant la Bidassoa. Celle qui fait l'angle à l'extrémité droite du pont présente des poutres très travaillées. Remarquez-vous le petit personnage sculpté sous le toit ? Après l'église, juste à côté de la maison blasonnée, monte une petite voie pavée de galets.

Revenez sur la N 121ᴬ et, après 12 km, prenez à droite la NA 4400 pour Etxalar.

Etxalar/Echalar B1

À 4 km. Imaginez un village rassemblé autour de son **église** en pierre rosée, elle-même précédée d'une pelouse où les **stèles discoïdales** sont disposées de manière à vous mener à l'édifice. Le tout baigne dans la lumière du soleil couchant, qui enflamme les façades des maisons immaculées et caresse leurs jardinets bien entretenus. Vous ne repartirez plus !

Reprenez la N 121ᴬ et traversez-la en direction de Lesaka.

Lesaka/Lesaca B1

Vous pouvez vous garer au pied de l'église.

Impossible de rester insensible au charme de ses maisons à pans de bois qui longent la rivière. Parmi elles trône une tour du 15ᵉ s., dont l'*alter ego* a

6

> **AU FIL DE L'EAU**
>
> C'est le fleuve Bidassoa qui a donné son nom à la vallée encaissée entre le massif du Bost Herri (commune des Cinco Villas) à l'ouest et le Pays Quint à l'est. Du nord au sud, le climat et le paysage changent une fois franchi le col de Belate (847 m). Ils deviennent alors plus secs, voire méditerranéens, proches en couleurs des jaune et ocre de la plaine navarraise.

été érigée du côté de l'église, près d'un calvaire. Elles auraient servi de QG à Arthur Wellesley, duc de Wellington (1769-1852) pendant les guerres napoléoniennes. Les demeures présentent les détails les plus intéressants se situent rue Albiztur. Au n° 23, ce sont les poutres qui sont remarquables ; au n° 2, les pans de bois ; au n° 12, la porte cloutée et, au n° 5, datant de 1578, le travail effectué sur les poutres du toit ainsi que sur les galeries des maisons voisines.

Église San Martín de Tours – Étonnant **portail**★ baroque caché par une tour-porche pour cette église édifiée au 16e s. L'entrée de droite est ornée de **sculptures** naïves représentant Dieu, des angelots, Adam et Ève, saint Jean-Baptiste (à gauche) et saint Paul (à droite). L'entrée de gauche, moins décorée, se contente d'une représentation de saint Pierre et d'angelots dans les voussures.

Gagnez Igantzi en suivant les panneaux.

Igantzi B1

Ses principaux centres d'intérêt résident dans l'**église**, que précède un petit porche crépi, et la plaza de los Fueros où se trouve une élégante maison blasonnée à colonnades.

Poussez jusqu'à Arantza en prenant à gauche la NA 4020.

Arantza B1

La façade de sa mairie à arcades affiche un blason encadré par deux petits personnages à robe rouge. Son église rassemble autour d'elle quelques vieilles maisons aux parements de pierre. Celle qui fait face au clocher arbore des poutres et une balustrade de bois travaillé.

Revenez sur la N 121ᴬ et prenez à gauche. Remontez vers Bera.

Bera B1

🛈 *Eztegara Pasealekua, 11 - ☎ 948 631 222 - http://bera.eus - Sem. sainte et de mi-juin à mi-sept. : mar.-sam. 10h-14h, 16h-19h, dim. 10h-14h ; reste de l'année : se rens. à Bertiz (🕐 p. 346).*

Cette bourgade se répartit en deux principaux quartiers. Les maisons les plus intéressantes se trouvent dans celui d'Alzate, comme celles des nᵒˢ 5, 23 et 25. Les façades sont caractéristiques de l'architecture basque avec leurs pans de bois, leurs poutres travaillées et, parfois, l'avant-toit abritant un balcon de bois à la fine balustrade.

L'autre quartier se concentre autour de l'église, en direction d'Irun. La plaza Herrikoetxea est entourée de maisons blasonnées et son **hôtel de ville** baroque arbore les fresques de quatre femmes symbolisant la Justice, la Prudence, la Tempérance et la Force. Il se trouve en contrebas de l'église.

😊 NOS ADRESSES DANS LES VALLÉES

HÉBERGEMENT

À Elizondo
PREMIER PRIX

Hostal Trinkete Antxitonea – *Calle Braulio Iriarte, 16 - 31700 Elizondo -* ☎ *948 581 807 - www.antxitonea.com - 23 ch. 64/77 € - lit supp. 13,50 €.* Grande bâtisse du 19e s. dont les fenêtres ouvrent sur le fleuve Baztan. Chambres décorées avec goût. Disposant d'un trinquet, des tournois de pelote basque sont fréquemment organisés.

À Doneztebe/Santesteban
PREMIER PRIX

Santamaría – *Calle Mayor, 28 - 31740 Doneztebe - Doneztebe/Santesteban -* ☎ *948 450 043 - www.hostalsantamaria.es -* 🅿 *- 11 ch. 45 € -* 🍽 *6 € -* 🍴 *menus 15/26 €.* Ce charmant hôtel rustique dispose de chambres fonctionnelles, dont quatre avec balcon, et d'une grande salle à manger. Dans le jardin, les enfants pourront s'amuser sur les balançoires.

Ameztia – *Calle Ameztia, 13 - Santesteban -* ☎ *948 450 028 - www.ameztia.com - 10 ch. 48 € et 60 €* 🍽*.* Cet hôtel-restaurant familial présente des chambres simples et confortables. Préférez celles avec terrasse. Non loin de la voie verte, l'établissement est aussi un centre VTT où vous pourrez louer des vélos *(15 € 1/2 j., 20 €/j.)* et découvrir les alentours de la ville.

À Erratzu
PREMIER PRIX

Chambre d'hôte Casa Kordoa – *31714 Erratzu -* ☎ *948 453 222 - www.kordoa.com - 6 ch. privées avec sdb - zones communes cuisine et salon - 48 € -* 🍽 *4,50 €.* Jolie ferme bâtie en pierre et dirigée par un ménage accueillant. Coquet salon et chambres correctes aux poutres apparentes, dotées de salles de bains complètes.

À Arraitz-Orkin
PREMIER PRIX

Juan Simón – *Ctra de Pamplona - 31797 Arraitz-Orkin - Ventas de Arraitz -* ☎ *948 305 052 - http://restaurantejuansimon.com - 8 ch. 53,50 € -* 🍽 *5,50 € -* 🍴 *13h30-15h30, 20h30-23h - 30/35 €.* Cet établissement centenaire se distingue par sa façade ornée de balcons fleuris. Son intérieur s'avère tout aussi séduisant : colonnes, poutres apparentes, cheminée, lampes en fer forgé, belle vaisselle… Dans l'assiette, petits plats maison pleins de saveurs, et spécialités basques et navarraises.

À Ainhoa
PREMIER PRIX

Hôtel Etchartenea – *Dancharia - 64250 Ainhoa -* ☎ *05 59 29 90 26 - www.hotel-etchartenea.com - 6 ch. 60 € -* 🍽 *- 90 € en 1/2 P -* 🍴 *19h30-21h - menu 18 €.* Une halte originale que cet hôtel-restaurant situé sur la frontière (♿ *Ainhoa*).

À Oieregi
BUDGET MOYEN

Hostal Berliz – *Calle San Juan Bautista, 16 - 31720 Oieregi -* ☎ *948 592 081 - www.hostalbertiz.com - 9 ch. 76 € - lit supp 25 € -* 🍽 *3/4,5 €.* La vénérable maison patinée de Kariñe, plusieurs fois centenaire, ravira les amoureux de vieille pierre : portes et volets anciens, parquet rustique craquant, escalier en marbre… Chambres claires et sobres, avec jolis dessus-de-lits et baignoire pour la plupart. Ravissant jardin latéral s'ouvrant sur la Bidassoa et parc naturel de Berliz à proximité.

RESTAURATION

À Elizondo

BUDGET MOYEN

Eskisaroi – *Calle Jaime Urrutia, 40 - 31700 Elizondo - ☎ 948 580 013 - www.restauranteeskisaroi.es - fermé jeu. sf juil.-août - formule déj. 11 € - 25/30 €.* Situé au bord du Baztan, ce restaurant vous accueille dans une grande salle dont les murs en pierre sont simplement décorés de photos d'époque. Vous y dégusterez, dans le calme, des spécialités régionales.

Santxotena – *Pedro Axular, s/n - 31700 Elizondo - ☎ 948 580 297 - www.santxotena.es - mar.-dim. seult à midi sf sam. et en été - fermé 1re quinz. de sept., 25 déc. et lun. - menu 20 €.* Dans ce restaurant où l'on propose une cuisine traditionnelle, le service est soigné et l'ambiance chaleureuse.

À Donamaria

BUDGET MOYEN

Donamaria'ko Benta – *Barrio de las Ventas, 4 - 31750 Donamaria - ☎ 948 450 708 - http://donamariako.com - fermé 10 déc.- 4 janv., dim. soir et lun. - menu 20/30 € - 5 ch. 80 € ⌑ - 1/2 P 100 €.* Cette charmante auberge du 19e s., entièrement rénovée, conserve son cachet rustique et vous propose une cuisine traditionnelle remise au goût du jour. Les chambres se trouvent dans un bâtiment annexe.

À Bera

BUDGET MOYEN

Lenkonea – *Pl. de los Fueros, 2 - 31780 Bera - ☎ 948 625 540 - http://hotelchurrut.com - fermé janv. - menu 25/28 € - 17 ch. 99/195 € ⌑.* Décor soigné, tables harmonieusement placées sous des poutres apparentes éclairées, assiettes bien présentées et service attentif : ce restaurant a tout pour séduire. Intéressant menu dégustation et délicieux desserts maison.

À Legasa

BUDGET MOYEN

Arotxa – *Calle Santa Catalina, 34 - 31792 Legasa - ☎ 948 456 100 - www.arotxa.com - 🅿 - fermé mar., 1 sem. en juil. et le soir sf vend.-sam. - menu 29 €.* Cette adresse discrète propose une table soignée, avec ses tissus agréablement parfumés, et une cuisine savoureuse, dont une viande de premier choix. Délicieux pain de campagne servi chaud.

EN SOIRÉE

😊 **Dancharia**/Dantxarinea est le lieu de la fête les soirs de fin de semaine ! Les habitants de la région s'y retrouvent dans les restaurants, bodegas, bars, salles de jeux, bowlings et dans la grande discothèque **La Nuba**.

AGENDA

Carnaval d'Ituren – *Derniers lun. et mar. de janv.*
Zaku zaharrak (Carnaval) **de Lesaka** – *Fév.-mars.*
Los Sanfirmines – *6-10 juil. à Lesaka.*

6

Roncevaux

Roncesvalles/Orreaga

34 habitants

Habité essentiellement par des religieux, le hameau de Roncevaux accueille à bras ouverts les pèlerins dans leur collégiale, après le passage des Pyrénées. Si vous souhaitez rejoindre les chemins de Compostelle, sachez que les trois vallées navarraises qui se déploient à l'est du monastère vous offrent une excellente occasion de découvrir toute la beauté préservée des contreforts navarro-pyrénéens.

> **NOS ADRESSES PAGE 361**
> **Hébergement, restauration, achats, activités, etc.**

S'INFORMER

Office de tourisme – *Antiguo molino - ℘ 948 760 301 - juil.-août : lun.-sam. 10h-14h, 15h30-18h, dim. 10h-14h ; hiver : lun.-jeu. et dim. 10h-14h, vend.-sam. 10h-17h ; reste de l'année : lun.-sam. 10h-17h, dim. 10h-14h.*
www.roncesvalles.es – Infos sur la collégiale et ses environs, ainsi que sur les services (logements, restauration, transports, visites).

SE REPÉRER

Carte de microrégion C1 (p. 330-331) - carte des environs de Roncevaux (p. 357). C'est le point de passage obligé pour tous ceux qui suivent le chemin de St-Jacques en partant de St-Jean-Pied-de-Port, à 20 km de la frontière française, au pied du col d'Ibañeta.

SE GARER

Parking en contrebas du monastère.

ORGANISER SON TEMPS

Comptez une journée d'excursion pour suivre l'itinéraire des trois vallées.

Découvrir

De vastes bâtiments aux murs gris et aux toits de zinc bleuté apparaissent, entourés d'épaisses frondaisons ; leur fondation remonte au 12e s. L'ensemble comprenait alors une importante hostellerie qui accueillait et réconfortait les pèlerins, une chapelle funéraire, de plan carré, actuellement Silo de Carlomagno, et une collégiale riche en reliques.

Visite guidée de l'ensemble monumental – *Auria Orreaga, Edificio Casa Prioral - ℘ 948 790 480 ou 670 289 997 - avr.-oct. : 10h-14h, 15h30-19h ; mars et nov. : 10h-14h, 15h-18h ; fév. et déc. : 10h30-14h30 - fermé 1er et 6 janv., 8 sept. et 25 déc. - dép. de la visite ttes les 45mn ou ttes les heures - 5 € (enf. 2,50 €) - visite guidée du musée, de l'église de St-Jacques, du Silo de Carlomagno, et entrées à la salle capitulaire et au cloître. Des audioguides sont disponibles en français, anglais, allemand et basque pour suivre la visite (1,10 €).*

Église de la Real Colegiata

9h-20h30 (la messe du soir détermine l'horaire de fermeture).
Édifice gothique très inspiré des églises d'Île-de-France, l'église de la Collégiale a été consacrée en 1219. Sous le dais du maître-autel, le symbole actuel du

Roncevaux.
J. Richter/Look / Photononstop

pèlerinage est une **Vierge à l'Enfant★** en bois recouvert de plaques d'argent, œuvre d'un atelier français du 13ᵉ ou 14ᵉ s.

Sala capitular (Salle capitulaire)

Horaires et tarifs de l'ensemble monumental - entrée salle capitulaire et cloître seult : 2,50 € (enf. 1 € ; 3,30 € avec audioguide).

Cette belle salle gothique abrite, sous une hauteur de voûte impressionnante, le tombeau du fondateur de l'église, le roi de Navarre **Sanche VII le Fort** (1154-1234), et de sa femme. Remarquez la scène de la **bataille de Las Navas de Tolosa** que le souverain remporta sur les Almohades en 1212, représentée sur le vitrail du début du 20ᵉ s.

UNE BATAILLE LÉGENDAIRE

Roncevaux est célèbre pour la déroute que les Vascons y infligèrent, en 778, à l'arrière-garde de l'armée de Charlemagne qui rentrait en France sous les ordres du préfet de la marche de Bretagne, **Roland**. De chaque côté des Pyrénées, la légende a idéalisé cet événement à sa façon, en s'éloignant facilement d'une réalité historique qui ne serait sans doute restée qu'un épisode peu connu si elle n'avait été ainsi magnifiée. La **Chanson de Roland**, première chanson de geste française écrite vers 1100, tout en faisant de Roland le neveu de Charlemagne, glorifie la résistance héroïque et désespérée de quelques preux chevaliers chrétiens face à des milliers d'ennemis, devenus Sarrasins pour les besoins de la cause. Composé en réaction contre cette interprétation, *Le Poème de Bernardo del Carpio* (fin 12ᵉ s.-déb. 13ᵉ s.) fait de ce jeune noble un héros national : à la tête de compagnons basques, navarrais et asturiens, il aurait vengé la violation du territoire espagnol (et en particulier la prise de Pampelune) par l'armée franque.

Silo de Carlomagno (Silo de Charlemagne)
Horaires et tarifs de l'ensemble monumental.
Partie la plus ancienne de l'ensemble monumental avec son plan carré et sa
voûte sur arcs diagonaux, le « silo de Charlemagne » date du 12e s. Sa crypte
servait d'ossuaire aux pèlerins qui mouraient à l'hôpital. La légende suppose
qu'elle est située à l'endroit même où Charlemagne a demandé de construire
la tombe de Roland. Selon la tradition, les dépouilles des soldats morts à la
bataille y seraient enfouis. À sa gauche se dresse l'**église Santiago**, petit édifice gothique du 13e s., et, de l'autre côté de la route, **Itzandegia**, autrefois
hôpital (18e s.) et aujourd'hui auberge pour pèlerins.

★ **Musée**
Horaires et tarifs de l'ensemble monumental.
Installé dans les anciennes écuries, il conserve de très belles pièces d'orfèvrerie ancienne : coffret mudéjar, évangéliaire roman, **reliquaire émaillé** du
14e s. qui, sans doute à cause de sa disposition en petits compartiments géométriques, a été surnommé « l'échiquier de Charlemagne ». À signaler aussi
un triptyque flamand du 16e s., une émeraude qui aurait orné le turban du
sultan (ou *miramolín*) Mohammed al-Nassir le jour de la bataille de Las Navas
de Tolosa, et une très belle Sainte Famille de Morales.

À proximité Carte des environs de Roncevaux

Puerto de Ibañeta ou de Roncevaux (Col d'Ibañeta)
▶ *2 km au nord de Roncevaux par la N 135. Parking derrière la petite chapelle.*
Une petite chapelle contemporaine et une stèle marquent le passage de ce
col (1 057 m), première halte des pèlerins de St-Jacques en Espagne. Derrière
l'édifice, notez le petit monticule hérissé de grossières croix de bois laissées
par de pieux randonneurs. À proximité, un monolithe rappelle que la bataille
de Roncevaux a eu lieu non loin de là, peut-être à **Luzaide**, dont le nom espagnol (Valcarlos) évoquerait Charlemagne.

Circuits conseillés Carte des environs de Roncevaux

▶ *Circuit de 200 km au départ de Roncevaux tracé en orange sur la carte des
environs de Roncevaux (ci-contre) – Comptez une journée, voire deux si vous vous
promenez dans le massif d'Iraty.*
À l'est de Roncevaux se déploient trois vallées pyrénéennes aux identités bien
marquées. Il y a d'abord celle d'**Aezkoa**, agricole et boisée, dont les greniers
traditionnels ont fait la renommée. Au-delà, celle du **Salazar** paraît plus austère, ponctuée de quelques villages isolés. Enfin, la plus orientale des trois
suit le cours de l'Esca, tout en prenant le nom du village le plus important de
son territoire : **Roncal**.
*De Roncevaux, suivez la N 135, traversez le village-rue d'Auritz/Burguete et prenez
la première à gauche, la NA 140 qui pénètre dans la vallée d'Aezkoa.*

★ **VALLÉE D'AEZKOA**

Juste avant Aribe, vous pouvez tourner à gauche et monter à Orbaizeta.

Orbaizeta/Orbaiceta C2
C'est le point d'accès à la forêt d'Iraty *(bosque del Irati).*
Le village conserve deux greniers à grains, sortes de petites maisons surélevées
que vous trouverez presque au chevet de l'église.

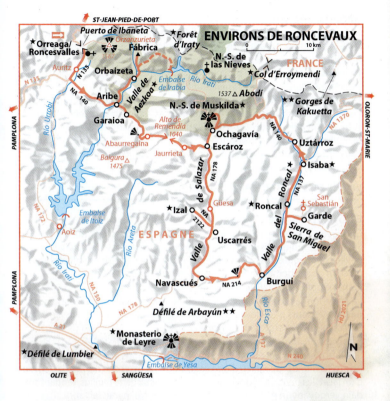

ENVIRONS DE RONCEVAUX

Au-delà du bourg, la NA 2032 continue à monter pour atteindre, 4 km plus loin, une fourche.

Fábrica – En tournant à gauche à la fourche, et après 2 km en fond de vallée sur une route étroite, vous déboucherez sur le quartier de Larraun, en contrebas duquel se dressent les **ruines** d'une fabrique d'armes construite sous Charles III et fermée en 1873. On peut les apercevoir en descendant l'escalier de fer qui s'ouvre sur la place, à gauche de l'église, reconvertie en hangar.

Prenez à gauche de l'église et, après quelques mètres, descendez vers la rivière et la bergerie. Passez devant le bâtiment et continuez sur la droite. Un panneau balisé marque le départ de la randonnée.

Arrazola et Irabia – En tournant à droite à la fourche, un fléchage indique les forêts d'Iraty et d'Irabia. La route passe par l'aire de pique-nique d'**Arrazola**, puis, 15mn plus tard, elle conduit au barrage d'Irabia, construit en 1922. *Garez-vous au parking du bas. Le barrage se trouve à 3mn de là.*

Balisage 53C - une demi-journée – Le chemin fait le tour du barrage. Vous pouvez le commencer par la rive sud et revenir par le chemin 52C, qui se contente de longer la même rive en surplomb (1h30 AR).

Revenez sur la NA 140.

Aribe/Arive C2

L'Irati traverse ce village qui conserve un grenier à céréales et un pont médiéval à double arche.

Continuez sur la NA 140.

6

Garaioa/Garayoa C2

Jadis connu pour ses « sorcières » qui furent emmenées par l'Inquisition en 1575, ce bourg au charme discret est dominé par sa tour-clocher. Notez le portail roman de l'église et la naïveté des chapiteaux, protégés par un auvent. Jouxtant le sanctuaire, un petit cimetière dissimule des stèles discoïdales.

Traversez Abaurregaina/Abaurrea Alta.

En sortie du village, magnifique **panorama**★★ sur les sommets enneigés des Pyrénées précédés de prairies moutonnantes. La route se révèle aussi particulièrement jolie à hauteur de Remendía, lorsque le contraste entre résineux et feuillus devient plus prononcé.

Vous arrivez ensuite à Escároz, après avoir traversé Jaurrieta, le village le plus haut de la vallée du Salazar.

VALLÉE DU SALAZAR (ZARAITZUKO IBAXA)

Escároz/Ezcaroze C2

Chef-lieu de la vallée du Salazar, Ezcaroze accueille aussi la Junta del Valle de Salazar, assemblée des sept villages du pays. Promenez-vous dans ses ruelles pavées pour goûter le charme de la place de l'église agréablement ombragée, ou celui de ses demeures aux massives pierres grises.

Prenez ensuite la NA 178 pour descendre la vallée.

La route longe le Salazar dans un fond de vallée relativement plat, encadré par des versants peu élevés. Mais après Güesa, leurs flancs se resserrent un peu comme à l'entrée d'un canyon.

Franchissez à droite le Salazar pour rejoindre Izal par l'étroite NA 2122.

La route menant à Izal est sauvage, avec un côté parfois méditerranéen lorsque la rocaille affleure au milieu d'une végétation sèche et chiche. Mais au détour d'un lacet, les pentes se couvrent aussi de résineux et de feuillus, rendant soudain verdoyant un paysage qui, un instant plus tôt, paraissait aride.

★ Izal/Itzalle C2

Rien ne manque à cet adorable village de montagne, ni les maisons traditionnelles aux toits de tuile, ni le fronton, et encore moins l'église. Le clocher de **San Vicente** dépasse à peine de l'ensemble trapu, à l'intérieur encaustiqué et décoré d'un petit retable. La maison de l'entrée, avant le pont, cache un grenier à blé sur pilotis (ou *hórreo*), le seul de la vallée encore bien conservé.

🍃 Peu avant l'entrée d'Izal *(env. 200 m)*, sur la droite, est signalé N. S. de Arburúa, un sanctuaire du 16e s. à 1 030 m d'altitude qui accueille un pèlerinage très couru chaque 1er Mai. On peut y monter à pied en laissant sa voiture sur l'aire de parking, nullement aménagée (véritable bourbier en cas de pluie).

Revenez sur la NA 178 et continuez à descendre la vallée.

Uscarrés C2

Petit village accroché à flanc de colline en surplomb de la route. Quelques maisons ornées de blasons bordent ses ruelles pavées. Admirez son adorable **église** au chevet roman. À l'intérieur, traces de fresques gothiques.

Navascués/Nabaskoze C2

Typique de la région avec ses grosses maisons de pierre grise, ce sympathique petit village était, avec Usún, l'une des deux places fortes de la vallée.

Après l'avoir traversée, suivez la NA 214 en direction de Burgui.

Le paysage se fait plus sec. À peu près à mi-chemin de Burgui, lorsque la route redescend, admirez la **vue** sur les Pyrénées.

★ **VALLÉE DE RONCAL** (ERRONKARIKO IBAXA)

Burgui/Burgi C2

Prenez le temps de flâner dans ses petites ruelles aux pavés irréguliers, où la pierre des maisons s'est noircie au fil du temps.

Remontez la NA 137 vers Roncal.

Des versants aux crêtes feuillues encadrent le fond rocailleux de cette vallée qui devient plus étroite une fois dépassé le sanctuaire de N. S. del Camino.

Prenez à droite la NA 176 en direction de Garde.

La route remonte la vallée du *barranco* (torrent) Gardalar.

Sierra de San Miguel

Garde est son seul village, accroché à flanc de montagne sous la protection de sa massive église avec galerie à auvent. Dans le bourg, la pierre domine, depuis les pavés jusqu'aux maisons dont les linteaux sont parfois travaillés.

🌿 400 m avant Garde, un sentier à gauche mène à l'ermite de Zuberoa.

Retournez sur la NA 137.

★ Roncal/Erronkari C2

L'office de tourisme et le centre d'interprétation de la vallée de Roncal sont au bord de la route, en contrebas du village.

🛈 Gayarre, s/n - ☎ 948 475 317 - www.vallederoncal.es - de mi-juil. à mi-sept. : lun.-sam. 10h-14h, 16h30-19h30, dim. 10h-14h ; reste de l'année : dim.-jeu. 10h-14h, vend. et sam. 10h-14h, 16h30-19h30.

Il faut se perdre dans les rues pavées de Roncal pour profiter de l'atmosphère du bourg, construit tout en pierre. Quelques demeures anciennes conservent de magnifiques portes cloutées, des linteaux sculptés, des blasons ouvragés et des encorbellements de bois (calles Iriandoa et Arana). Juchée sur la colline, son église, massive, offre un panorama sur la commune et la vallée.

Enfin, dans le centre du village se trouve la maison natale du ténor **Julián Gayarre** (1844-1890), enterré sous un mausolée rococo réalisé par Mariano Benlliure dans le cimetière. Une curiosité : ce mausolée a bien failli ne jamais arriver à Roncal. Il a en effet voyagé à Paris pour l'Exposition universelle de 1900, et aurait été installé à Madrid devant le Teatro Real, selon les désirs de la régente, une fan de l'artiste, si la famille de Gayarre n'avait fait valoir la volonté du chanteur de reposer dans sa terre natale. La demeure de Gayarre a été transformée en **musée** (Casa Museo Julián Gayarre), où sont exposés objets personnels, partitions, décorations et photographies. ☎ 948 475 180 - avr.-sept. : tlj sf lun. 11h30-13h30, 17h-19h (20h août) ; reste de l'année : sam. 11h30-13h30, 16h-18h, dim. 11h30-13h30 - 2 €.

Reprenez la route en direction du nord.

Près d'Isaba, le paysage devient plus accidenté, la vallée étroite et boisée.

★ Isaba/Izaba C2

Parking aux deux extrémités du village.

🛈 Barrio Izargentea, 28 ☎ 948 893 251 - mi-juil.-mi-sept. : mar.-sam. 10h-13h30, 17h-20h, dim. 10h-13h30. L'office de tourisme se trouve au rez-de-chaussée d'une ancienne bâtisse caractéristique de la région, la **Casa de la Memoria**, qui peut également se visiter. Cette maison traditionnelle abrite un petit musée ethnographique et présente sur trois étages des centaines d'objets anciens permettant de découvrir le mode de vie de la vallée *(3 €)*.

Reconnaissable à la grosse tour-clocher de **San Cipriano** (16e s.), le village regroupe ses maisons montagnardes (grosses pierres et bois) autour de son

> ### DRÔLE DE TRIBUT...
>
> Le 13 juillet n'est pas un jour anodin pour la vallée de Roncal. Ce jour-là, des bergers, accompagnés d'édiles et de représentants religieux, ainsi que de quelques touristes, montent dans la vallée de Belagua jusqu'à la borne frontière 262, dite pierre de St-Martin, où ils retrouvent leurs homologues français de la vallée béarnaise de Barétous. Ces derniers leur remettent trois génisses « sans défaut et identiques de couleur », en échange d'un droit de pacage de 28 jours dans la vallée navarraise. Ce tribut remonte à un arbitrage prononcé en 1375 pour mettre fin aux rivalités des deux communautés concernant leurs estives. En effet, l'eau fait défaut du côté français de la vallée, et les bergers ont l'habitude de faire paître leurs troupeaux côté espagnol. Cet accord, appelé la **junte de Roncal,** peut-être considéré comme le plus vieux traité européren encore en vigueur, même si aujourd'hui, c'est surtout le rituel qui est célébré, les Navarrais espagnols n'emmenant pas les trois bêtes offertes.

église fortifiée, qui abrite un retable plateresque et des orgues baroques du 18e s. Un belvédère en haut du village ménage une belle **vue** sur les toits du bourg et les montagnes environnantes.

Après Isaba, deux options se présentent à vous. Vous pouvez monter vers la vallée de Belagua (NA 1370) menant à la frontière française (🍃 *l'encadré ci-dessus*) et à la réserve de Larra, caractérisée par de profonds gouffres, ou continuer votre route vers Ochagavía et la vallée du Salazar par la NA 140.

Uztárroz C2

Jolie vue depuis la route sur ce hameau accroché à une colline en bordure de rivière. Ici aussi, l'église fortifiée domine les maisons.

Plus on approche du col *(portillo)* de Laza, plus la route devient montagneuse, avec parfois de beaux dégagements sur le paysage minéral et boisé.

Avant d'arriver à Ochagavía, ne manquez pas les panneaux indiquant sur la droite le sanctuaire de N. S. de Muskilda.

★ Église Nuestra Señora de Muskilda C2

📞 *948 394 060 - été : 11h-14h, 16h-20h ; reste de l'année : lun.-vend. 16h-19h30, w.-end et j. fériés 11h-14h, 16h-19h - gratuit.* Adorable sanctuaire perché face aux Pyrénées. Son clocher rond et sa nef toute simple abritent des restes de fresques, un retable de style classique et une voûte centrale dont les arcs présentent une brisure. Notez les piliers massifs, trahissant l'origine romane de l'édifice (12e s.) retouché au 17e s.

La tranquillité du site n'est troublée que par le son des clarines.

🐾 Un chemin de randonnée devenu chemin de Croix aboutit au bâtiment *(départ depuis Ochagavía).*

Ochagavía/Otsagabia C2

🛈 *Labaria, 21 -* 📞 *948 890 641 - www.otsagabia.net - mar.-jeu. 10h-14h, vend.-sam. 10h-14h, 16h30-19h30, dim. 10h-14h.* Autre point de départ pour la découverte du massif et du GR 11, c'est un beau petit village à cheval sur l'Anduña. Son vieux pont à double arche enjambe le cours d'eau pour relier l'office de tourisme et le **centre d'interprétation de la nature** au reste du bourg. Ce dernier est parcouru de rues irrégulièrement pavées et bordées de maisons anciennes aux toits pentus et aux façades bla-sonnées, convergeant vers l'église San Juan Evangelista du 16e s.

Boucles – Deux itinéraires partent du village : l'un derrière l'église *(2h, 6 km, facile)* en direction de Muskilda et l'autre du camping d'Otsate *(1h30, 4 km, facile)*. Renseignez-vous à l'office de tourisme. Pour des informations plus détaillées sur les randonnées dans les environs (forêt d'Irati), rendez-vous sur le site www.irati.org.

Nuestra Señora de las Nieves – *Comptez 45mn de voiture.* La route traverse la sierra de Abodí et passe devant un parking où vous pourrez vous garer pour rejoindre à pied la chapelle N.-D. des Neiges. Vers celle-ci convergent différents sentiers qui font simplement le tour du lac d'Irabia *(18 km)* ou bien longent le torrent Urtxuria.

Sierra de Abodí – *17 km au nord-est par les NA 140 et NA 2011, dir. France, col de Larrau - www.esquiescolar.com.* Un petit chalet-restaurant, à gauche dans le virage, marque l'entrée de la sierra de Abodí et de ses pistes de ski de fond. C'est aussi le point de départ de nombreuses randonnées.
Pour revenir à Roncevaux, rejoignez Ezcároz et reprenez la vallée d'Aezkoa.

☺ NOS ADRESSES À RONCEVAUX

HÉBERGEMENT/RESTAURATION

PREMIER PRIX

Casa rural Francisco Mayo – *Calle Burgiberria, S/N - 31417 Isaba -* ☎ *948 893 166 - www.casafranciscomayo.com - 5 ch. 33/45 € -* ☕ *3,75 € - dîner en sais. 12 € - wifi.* Dissimulée dans une venelle d'Isaba, cette vénérable maison datant de 1885 accueille ses hôtes avec un joli sol en galets d'origine. Idoia et sa mère Pascuala vous feront le plus bel accueil : les chambres, simples, sont tenues à la perfection et celles du 2e et 3e étages disposent d'une belle vue sur les montagnes. Petit-déjeuner complet.

Tapia – *Barrio Bormapea, 8 -* ☎ *948 893 845 - www.casasruralesnavarra.com - ch. 25 €.* Appartements coquets situés dans la vallée de Roncal. Dépaysement assuré.

Hôtel La Posada – *Carretera N-135, s/n -* ☎ *948 790 322 - fermé nov. -* 🅿 *- 20 ch. 65/75 € -* ☕ *5 € -* ✗ *menu du jour 15 €.* Installé dans une ancienne maison de ville, cet hôtel propose des chambres au décor rustique, dont certaines en duplex, qui vous offriront un bon confort.

Txiki Polit – *Av. Roncesvalles, 42 - 31640 Burguete - Auritz -* ☎ *948 760 019 - www.txikipolit.es - menu pèlerin 12 € - logement pèlerins 20 €.* Le prétendant au trône Don Carlos cacha ici son or lors de sa fuite en France (1876). En remerciement, il légua deux tableaux, toujours exposés. Aujourd'hui, le lieu est connu pour ses spécialités : le jarret d'agneau, le magret de canard et le gâteau de légumes.

BUDGET MOYEN

Hôtel Loizu – *San Nicolás, 13 - 31640 Burguete - Auritz -* ☎ *948 760 008 - www.loizu.com - fermé 15 déc.-15 mars -* 🅿 *- 27 ch. 77/87 € -* ☕ *- 1/2 P possible - menu 17,50 €, menu enf. 10 €, carte 30 €.* Un lieu conçu pour se reposer dans un cadre agréable. Installations accueillantes et rénovées, décor champêtre. Cuisine raffinée.

6

Sangüesa

Zangoza

5 002 habitants

Blottie sur la rive gauche du río Aragón, cette petite ville perdue au milieu des champs renferme des merveilles architecturales, telle l'église Santa María la Real. Fière de ses traditions, Sangüesa accueille des festivités tout l'été et c'est ici que vous pourrez assister à l'un des cinq drames religieux des Rois mages subsistant en Espagne. La ville est idéalement située pour la pratique du canoë-kayak, de l'équitation ou du parapente.

🐸 NOS ADRESSES PAGE 368
Hébergement, restauration, achats, activités, etc.

🛈 S'INFORMER

Office de tourisme – *Mayor, 2 - ☎ 948 871 411 - www.sanguesa. es - de la Sem. sainte à oct. : 10h-14h, 16h-19h, dim. et j. fériés 10h-14h ; reste de l'année : mar.-dim. 10h-14h (vend.- sam. 17h).*

▶ SE REPÉRER

Carte de microrégion C3 (p. 330-331). Sangüesa se trouve à 36 km de Pampelune par la N 240, à la limite orientale de la Navarre.

🅿 SE GARER

En périphérie du vieux centre.

🐸 À NE PAS MANQUER

Le magnifique portail de Sta María la Real et le monastère de Leyre.

🕐 ORGANISER SON TEMPS

Comptez 2-3h pour Sta María la Real et les rues alentour. Après, direction le défilé de Lumbier ou celui d'Arbayún.

👫 AVEC LES ENFANTS

Une excursion nature à la recherche des vautours aux gorges de Lumbier et au canyon d'Arbayún.

Se promener

★ Église Santa María la Real

Été : lun.-sam. 10h30-14h, 16h-18h30, reste de l'année : se renseigner à l'office de tourisme ; messes en sem. 20h, sam. 19h30, dim. 12h et 19h.

Près de la rivière, à l'entrée du bourg, cette église ouvre la calle Mayor. Édifiée au 12e s., elle est achevée au 13e s. par le splendide portail, la tour octogonale et sa flèche.

★★ **Portail sud** – Fin 12e-13e s. C'est un tel foisonnement de sculptures que l'on reste étonné devant la variété des sujets et leur richesse d'expression. Deux artistes connus y ont travaillé : Leodegarius, sculpteur que l'on pense d'origine bourguignonne (également auteur du portail de l'église San Esteban de Sos del Rey Católico), s'est chargé de la partie basse à la fin du 12e s. et a signé son œuvre ; la partie haute a probablement été réalisée par le Maître de San Juan de la Peña un siècle plus tard. Les statues-colonnes, déjà gothiques, s'inspirent de leurs modèles de Chartres et d'Autun. Au tympan, Dieu le Père encadré d'anges musiciens accueille à sa droite les Élus, tandis que, de son bras gauche abaissé, il accable les Réprouvés. On distingue, dans un coin, saint Michel pesant les âmes. Les voussures sont riches d'une multitude de motifs. Sur la deuxième en partant de l'intérieur, les métiers humbles sont illustrés :

Détail du portail de l'église Santa Maria la Real.
DEA/ W BUSS / De Agostini Editore/ age fotostock

sabotier, luthier, boucher. Plus anciennes et d'une austérité tout aragonaise, les arcades supérieures représentent Dieu entouré des symboles des évangélistes, de deux anges et des apôtres.

À l'intérieur du sanctuaire, notez le dôme octogonal, la croix processionnelle, chef-d'œuvre de l'orfèvrerie locale (15ᵉ s.), et le grand retable plateresque (Renaissance espagnole teintée de baroque) du chœur que préside Notre-Dame de Rocamadour.

Calle Mayor

Rue principale, autrefois empruntée par les pèlerins (certains l'arpentent encore), les cossues maisons de brique sont dotées du classique auvent en bois sculpté et de fenêtres aux riches encadrements gothiques ou plateresques. Leur allure contraste avec l'austère palais du Prince de Viana (Príncipe de Viana), résidence des rois de Navarre (aujourd'hui la mairie), dont on peut voir, en passant sous le porche, la façade flanquée de deux imposantes tours crénelées. *Tournez à droite dans la calle Santiago.*

Église Santiago

Lun. 17h-21h, mar.-sam. 10h-13h30, 17h-21h, dim. 10h-13h30; messes en sem. 20h, sam. 19h30, dim. 12h et 19h.

UNE PROSPÉRITÉ LIÉE AU PÈLERINAGE

Au 11ᵉ s., les habitants de Sangüesa, jusque-là repliés sur la colline de Rocaforte en raison du péril maure, sont incités par le roi d'Aragon et de Pampelune Sanche V Ramírez à descendre près du pont pour le défendre et faciliter le passage des pèlerins. Le souverain a en effet décidé de faire de la cité une des étapes principales du chemin de St-Jacques en Navarre. À la fin du Moyen Âge, Sangüesa connaît son apogée et d'élégantes demeures bourgeoises sont construites, que l'on peut encore admirer en flânant dans les rues du vieux centre. Quant au fameux pont, le puente Sta María, il a conservé quatre arches d'origine, la partie centrale ayant été remplacée par une structure métallique.

Débutée dans le style roman tardif et achevée avec une architecture gothique, cette église fortifiée abrite un retable platéresque du 16e s. Notez le portail roman et la statue gothique de saint Jacques Pèlerin *(Santiago Peregrino)*.

Face à elle se dresse une maison décorée de blasons. Il s'agit de l'ancien hôpital, reconnaissable aux coquilles St-Jacques sculptées.

Prenez la rue qui longe cette maison.

Église San Salvador

Cette église gothique du 14e s. est précédée d'un porche aux arcs impressionnants de hauteur. Notez la scène du Jugement dernier sur le tympan. À l'intérieur, retable italianisant de Juan de Berroeta.

Tournez à gauche et suivez la calle Enrique Labrit jusqu'à la prochaine intersection.

Palais Íñiguez-Medrano

Cette maison d'angle est surmontée d'un avant-toit traditionnel. Regardez-le bien et notez le personnage accroché aux griffes d'un aigle, sculpté dans la poutre d'angle.

Revenez sur vos pas et continuez dans la calle Alfonso el Batallador.

Palais Ongay-Vallesantoro

Ce palais aligne sa façade baroque sous un **auvent monumental★★** sculpté d'animaux chimériques crachant grappes et fruits.

La rue aboutit à la calle Mayor.

À proximité Carte de microrégion

★ **Monastère de Leyre** C2

▶ *À 5 km au nord-est de Sangüesa par la NA 127, puis prenez à droite la N 240 sur 10 km. Juste avant Yesa, prenez la NA 2113 à gauche en direction du monastère. Des parkings ont été aménagés en bout de route, près du site.*

☎ *948 884 150 - www.monasteriodeleyre.com - 10h-19h30 (10h30-18h en hiver) - 3 € (6-12 ans 1,50 €, -6 ans gratuit) - visite guidée ttes les h. en haute saison, selon l'affluence le reste de l'année (1h, 3,50 €) en espagnol, mais des dépliants en français sont à la disposition des visiteurs. Comptez 1h de visite.*

♿ *ABC d'architecture, p. 435.*

🏨 Le monastère abrite aussi un hôtel-restaurant (♿ *Nos adresses*, p. 368) et organise des concerts d'orgue et des récitals (programmation sur le site Internet). Les messes, à l'exception des mâtines (premier temps de l'office), sont accompagnées de chants grégoriens et il est possible d'y assister.

Le monastère est situé sur le versant sud de la sierra de Leyre (appelée aussi sierra de Errando), dominant la retenue de Yesa sur la route de Pampelune à Jaca. C'est ce site à la vue imprenable qu'ont choisi les moines navarrais pour y édifier ce qui deviendra l'un des plus majestueux monastères romans du territoire espagnol. Par sa simplicité et par la chaleur des tons ocre de ses murs qui se confondent avec les roches des alentours, comme par le silence qui règne sur les lieux, Leyre dégage une rare atmosphère de sérénité.

★ **Crypte** – Elle fut construite au 11e s. pour soutenir l'église romane supérieure dont elle épouse le plan, mais on la dirait plus ancienne, tant il s'en dégage une impression de rudesse et d'archaïsme. Les voûtes sont assez hautes, mais coupées d'arcs en claveaux énormes et parfois à double rouleau, qui retombent sur des chapiteaux massifs, incisés de lignes très simples. Curieusement, ces chapiteaux sont posés sur des fûts de hauteur inégale, presque au ras du sol.

> ### LE CŒUR SPIRITUEL DE LA NAVARRE
> Attestée dès le 9ᵉ s., l'abbaye San Salvador de Leyre s'affirme au début du 11ᵉ s. comme le grand centre spirituel de la Navarre, d'autant que les vicissitudes de la vie à Pampelune obligent plusieurs fois les souverains à se réfugier dans ce nid d'aigle inexpugnable. Le roi Sanche III le Grand et ses successeurs en font leur panthéon et permettent l'édification d'une église qui compte, avec sa crypte, parmi les tout premiers témoignages de l'art roman en Espagne (elle fut consacrée en 1057). Les évêques de Pampelune étaient alors traditionnellement choisis parmi les abbés de Leyre, dont le pouvoir s'étendait sur près de 60 villages et 70 églises ou monastères.

★★ **Église** – Le **chevet** (11ᵉ s.) compte trois absides de même hauteur. Avec le mur de la nef surmonté d'un clocheton et la tour carrée à triples fenêtres, ils forment un charmant ensemble. Les murs parfaitement lisses et l'absence de décoration, à part quelques modillons, dénotent l'ancienneté de la construction.

L'**intérieur**★ recèle bien d'autres curiosités. Lorsque les cisterciens réédifièrent au 13ᵉ s. une nef unique à la voûte gothique audacieuse, ils gardèrent de l'église romane les deux premières travées et le chœur avec ses absides semi-circulaires. Contemplez l'ogive, qui compte parmi les plus belles de la région. Côté nord, derrière une grille de style gothique, se trouve un coffre en bois sculpté qui abrite les ossements des premiers rois de Navarre. Tout près s'élève le monumental Christ de Leyre qui date du 16ᵉ s. Côté sud, derrière un portail roman ouvrant sur une petite chapelle, remarquez le retable du 17ᵉ s. qui raconte l'histoire des saintes Nulilo et Alodia. Un nouvel orgue a été inauguré par le roi Felipe VI et son épouse la reine Letizia en 2014.

Le portail ouest, ou **porta Speciosa**★ (12ᵉ s.), tient son nom de la richesse de son décor sculpté. Sur le tympan, des statues archaïques représentent au centre, le Christ, à sa droite, la Vierge et saint Pierre, à sa gauche, saint Jean. Les voussures fourmillent de monstres et d'animaux fantastiques. Au-dessus, dans les écoinçons, on reconnaît à droite l'Annonciation et la Visitation.

Fuente de la Virgen (Fontaine de la Vierge) C2
▶ *À 250 m par la route qui s'engage face au monastère, le long du petit parking.*
Fontaine de pierre sculptée de deux silhouettes de femmes. Touristes et pèlerins vont y remplir de petites bouteilles à son mince filet d'eau. Le site, ombragé mais peu entretenu, fait office d'aire de pique-nique pour nombre de visiteurs du monastère.

★ Château de Javier C3
▶ *7 km au nord-est de Sangüesa par la NA 5410.*
✆ *948 884 024 - www.santuariojaviersj.org - 10h-18h30 - possibilité de visite guidée juil.-août sur demande préalable, à 11h30 et 16h30 - 2,75 € (6-12 ans 1,25 €, -6 ans gratuit), 4,25 € entrée + audioguide (disponible en français).*
Saint François Xavier (Francisco de Javier), patron de la Navarre, est né ici en 1506. À Paris, il rencontre son compatriote Ignace de Loyola avec lequel il posera les bases de la Compagnie de Jésus (⏱ *p. 233 et 469*). Envoyé comme missionnaire à Goa par les Portugais, il accompagne ensuite ces derniers au Japon. Mort en 1552, juste avant d'arriver en Chine, il fut canonisé en 1622.

Visite – Cette forteresse, totalement restaurée, fut en partie démantelée en 1516 par le cardinal Cisneros, qui assurait alors l'intérim entre la mort de Ferdinand le Catholique et l'arrivée en Espagne du futur Charles Quint. Une fois franchis les fossés et la porte principale, on monte à la salle des blasons, suivie par la grande salle, au mobilier du 17e s. Parmi les pièces dont les murs datent des 10e et 11e s. se trouve la chambre du saint. Elle jouxte le donjon ou tour San Miguel (belle vue sur les environs). La visite s'achève par la **chapelle du Santo Cristo**, qui abrite un Christ en noyer du 13e s. et une **Danse macabre**, fresque du 15e s.

Cáseda C3

▶ *12 km au sud-ouest de Sangüesa. Quittez Sangüesa en direction de Sos del Rey Católico et bifurquez à droite après 1 km pour suivre la NA 5341.*

La route menant à Cáseda coupe à travers les champs, verts au printemps, brûlés en été et au repos l'hiver. Le village apparaît soudain, juché sur un flanc de colline, comme une vision de Méditerranée. Son église gothique le domine, ornée d'un portail de style classique et entourée des maisons les plus anciennes.

Gallipienzo/Galipentzu C3

▶ *20 km au sud-ouest de Sangüesa par la NA 132 en direction de Tafalla et Olite. Après 14 km (laissez à gauche Gallipienzo Nuevo), prenez à gauche la NA 5320.*

Vision impressionnante que ce village accroché sur une colline, couronné par une église massive. La route dévoile, au fur et à mesure de la montée, des vestiges de fortifications et de murs, rappelant que Gallipienzo se trouve dans la zone frontalière avec l'Aragon. Le village en lui-même paraîtrait presque à l'abandon s'il n'y avait du linge aux fenêtres. Les ruelles sont détériorées et les maisons battues par le vent. Mais l'ascension vers le sommet de la colline est récompensée par la **vue**★ sur la vallée, le patchwork des champs et les toits du village, sans oublier les éoliennes sur les crêtes.

Circuit conseillé Carte de microrégion

DE L'IRATI AU SALAZAR C2-3

▶ *Circuit de 44 km tracé en violet sur la carte de microrégion (p. 330-331) – Comptez environ 2h (hors balades à pied). Quittez Sangüesa en direction de Pampelune par la NA 127 puis l'A 21. Après 6 km, tournez à droite au grand rond-point sur la NA 178. Juste avant Lumbier, prenez à gauche la direction de Tabar, principal hameau de la commune d'Urraúl Bajo.*

Tabar, Urraúl Bajo C2

Garez-vous sur la place de l'église.

Église – On peut y admirer un adorable retable en bois.

Revenez sur la NA 150 pour rejoindre le défilé de Lumbier.

★ Hoz de Lumbier (Gorge de Lumbier) C2

Creusé par l'Irati dans les contreforts de la sierra de Leyre, le défilé, long de 5 km, situé entre Lumbier et Liédena, offre à ses extrémités l'aspect d'une mince coupure dans la falaise. Une belle vue sur cette gorge s'offre du belvédère aménagé sur la N 240.

L'accès au défilé est fléché à l'entrée de Lumbier (env. 1 km jusqu'au parking, le site est quelques centaines de mètres plus loin).

Comptez 1h AR pour 2,6 km, et env. 2h30-3h en passant par la montagne (5,5 km, 175 m de dénivelé) ; départ juste à gauche, à l'entrée du défilé, en venant du le parking.

L'ancienne voie de chemin de fer qui traversait la *foz* (gorge) a été transformée en chemin. Après avoir franchi un premier tunnel, on parcourt plus de 2 km en surplomb de la rivière tumultueuse, survolée par de nombreux vautours dont

> ## DÉCLIN, OUBLI ET RENAISSANCE
> Au 12ᵉ s., la Navarre ayant été rattachée à l'Aragon, la royauté délaisse Leyre pour San Juan de la Peña, tandis que l'évêché de Pampelune cherche à accroître son autorité sur les puissants moines. Un long procès s'engage, qui entame les finances et le prestige du monastère. Au 13ᵉ s., la réforme cistercienne est adoptée et Leyre devient une simple annexe de la Oliva (🚶 p. 393). Abandonné au 19ᵉ s., le couvent a été occupé à nouveau en 1954 par les bénédictins venus de Silos. Ils ont restauré les bâtiments des 17ᵉ et 18ᵉ s., et installé une hostellerie.

l'envergure dépasse le mètre ! Les falaises où ils nichent déploient une belle palette de couleurs, allant du gris au rouille, et des formes parfois torturées. La promenade débouche sur un second tunnel au-delà duquel se dressait autrefois le pont du Diable, sur l'embouchure de la *hoz*. Vous pouvez revenir sur vos pas ou rallier le sentier qui passe par la montagne pour retourner à votre point de départ.

Centro de Interpretación de las Hoces (Centre d'interprétation des gorges) - 📞 948 880 874 -www.focesdenavarra.es - de mi-juil. à mi-sept. : 10h-14h, 16h30-18h30, dim. 10h-14h ; reste de l'année : lun.-jeu. et dim. 10h-14h, vend.-sam. 10h-14h, 16h30-18h30 - gratuit. Situé sur la place derrière l'église, ce centre occupe un bâtiment moderne. Il fournit toutes les explications nécessaires à la compréhension géologique, géographique et écologique des défilés de Lumbier et d'Arbayún. Présentation de la faune et de la flore. Les moyens les plus didactiques et modernes sont ici employés !

Poursuivez sur la NA 178. Arrivé à Domeño, prenez à droite la NA 2161.

Usún C2

À 3 km de Domeño. Parking aménagé à l'entrée du hameau.

Cette petite localité donne accès à l'embouchure sud du défilé d'Arbayún, la plus grande *hoz* fluviale de Navarre.

🥾 *Sentier signalé par un panneau de bois dans le village (route non carrossable). Env. 3,4 km de promenade. 1h30 en passant devant l'ermitage St-Pierre. Attention, le terrain peut être glissant les jours de pluie en raison des rochers qui affleurent dans la descente vers le Salazar. Le sentier franchit le Salazar sur un pont moderne qui permet d'admirer toute la beauté sauvage du défilé.*

Revenez à Domeño et continuez votre route sur la NA 178.

★★ Foz de Arbayún (Canyon d'Arbayún) C2

Parking aménagé dans un virage, sur la droite : ne le manquez pas !

👥 Le Salazar est fortement encaissé dans les calcaires de la sierra de Navascués, mais la route s'éloigne du fleuve et il faut atteindre le belvédère aménagé au nord de l'alto de Iso pour avoir une **vue★★** splendide sur la sortie du canyon. Les falaises font place vers le bas à une végétation dense au milieu de laquelle scintille l'eau du torrent.

Excursion Carte de microrégion

EN ARAGON

Si vous disposez d'un peu de temps, il serait dommage de ne pas partir à la découverte de sites aragonais très proches de Leyre : le village et l'église romane de **Sta Cruz de la Serós★** ainsi que le monastère rupestre de **San Juan de la Peña★★**, accessibles par la route de Jaca (N 240), puis par une petite route à droite, l'A 1603, 10 km après Puente-la-Reina de Jaca lorsqu'on vient de Leyre.

Plus au sud en contournant le lac de Yesa, ne manquez pas de partir à la découverte de la ville médiévale perchée de **Sos del Rey Católico★** (C3). Vous pourrez ensuite rejoindre la Navarre en ralliant Sangüesa qui n'est qu'à 13 km de la cité natale du roi Ferdinand le Catholique.
(*Description de ces sites dans le Guide Vert Espagne Côté Est*).

NOS ADRESSES À SANGÜESA

VISITE

Visites guidées – *Calle Mayor, 1 trasera* - 620 110 581 - *http://sanguesaturismo.com*. Cet organisme propose des visites guidées des principaux monuments de la ville.

HÉBERGEMENT

PREMIER PRIX

Hôtel Yamaguchi – *Ctra Sangüesa a Javier, s/n* - 948 870 127 - *www.hotelyamaguchi.com* - P - 40 ch. 72,40 € - lit supp. 10 € - 7 € - menu du jour 12,95 € - menu w.-end 13,95 €/19,90 €. Cet établissement familial s'avère une bonne alternative dans sa catégorie. Chambres de confort variable, les individuelles sont au rez-de-chaussée, les plus modernes au 1er étage.

BUDGET MOYEN

Hospedería de Leyre – *Monasterio de Leyre* - 948 884 100 - *www.monasteriodeleyre.com* - P - 32 ch. 79,50 € - 9 € - menu du jour 18,15 € - w.-end 22,50 € - 10h-19h. Situé dans une aile du monastère (*p. 364*), cet hôtel a l'ambiance sereine propose des chambres simples et confortables. Plats régionaux servis dans un restaurant au charme rustique.

RESTAURATION

PREMIER PRIX

El Mesón – *Paseo de la Abadia, 14 - 31411 Javier* - 948 884 035 - *www.hotelmeson.com* - fermé 15 déc.-15 fév. - menu 18,90 €, menu enf. 12,50 € - 8 ch. 58 € - 7 €. Cette petite affaire familiale bénéficie d'une grande salle et d'une agréable terrasse. La cuisine est traditionnelle. Au 1er étage, 8 chambres fonctionnelles, dont certaines offrent une belle vue sur le château de Javier, sont à votre disposition.

BUDGET MOYEN

Mediavilla – *Alfonso el Batallador, 15* - 948 870 212 - *fermé 2e quinz. de sept.* - 22/29 €. Depuis presque trente ans, la famille Mediavilla, qui jouit d'une grande popularité, régale ses clients de petits plats régionaux. Parmi les spécialités : viandes et poissons rôtis à la braise, toasts frottés à l'ail.

AGENDA

Auto de los Reyes Magos (Drame religieux du mystère des Rois mages) – *6 janv.* Les habitants du village, déguisés, interprètent l'arrivée des Rois à Sangüesa pour l'Adoration de l'Enfant.
La Javierada – *Déb. mars*. Chaque année, au jour anniversaire de la canonisation de François Xavier, ils sont des milliers à se rassembler à Sangüesa pour entreprendre le pèlerinage de 8 km jusqu'au lieu de naissance du saint.
Fiestas de Sangüesa (Fêtes patronales) – *12-17 sept*. Foire aux bestiaux et *encierros* de taureaux.

Les chemins de Saint-Jacques

Caminos de Santiago (côté espagnol)

Expérience intense et inoubliable : c'est le sentiment de tous ceux qui ont marché, pédalé ou galopé vers Compostelle. Qu'ils soient partis par conviction religieuse ou par envie de grands espaces, tous reconnaissent avoir vécu une véritable aventure, à la fois physique et humaine. Le Camino francés et les chemins du nord de l'Espagne sont aujourd'hui inscrits au Patrimoine mondial de l'Unesco pour la beauté des paysages et l'intérêt des sites historiques. N'hésitez donc pas à prendre votre bâton et vos bottes de sept lieues pour les découvrir à votre tour !

☺ INFORMATIONS PRATIQUES PAGE 373

🔖 S'INFORMER

www.chemins-compostelle.com – *4 r. Clémence-Isaure - 31000 Toulouse - ☎ 05 62 27 00 05.* L'Association de coopération interrégionale « Les chemins de St-Jacques-de-Compostelle » fournit des conseils pratiques.
www.aucoeurduchemin.org – Le site de l'Association des amis du chemin de St-Jacques répond à toutes les questions (dates, logistique, itinéraires).
www.resa-camino.com – Pour réserver vos hébergements sur l'ensemble de votre parcours.
www.saint-jacques.info – À consulter pour le côté culturel.
www.webcompostella.com – Infos pratiques et aspects spirituels.

▶ SE REPÉRER

Carte de microrégion A3-C1 (p. 330-331) et carte des chemins de St-Jacques (p. 372). Le chemin côtier, dit aussi chemin du Nord *(camino del Norte),* haut chemin ou chemin cantabrique, longe la Côte basque. Le chemin français *(camino francés),* qui traverse la Navarre, est constitué de deux branches, selon le col choisi pour franchir les Pyrénées : le Somport ou Roncevaux. Ces deux branches convergent à Puente-la-Reina *(👣 p. 374).*

👣 TROUVER LES SITES

Voir Roncevaux, Pampelune, Puente-la-Reina, Estella-Lizarra et Viana, mais aussi, plus au sud de la Navarre, Sangüesa.

☺ À NE PAS MANQUER

En venant de Roncevaux (et de St-Jean-Pied-de-Port) : l'abbaye de Roncevaux, l'adorable église de Sta María de Eunate, près de Puente-la-Reina, les églises d'Estella-Lizarra (notamment celle de San Pedro) et celle de Viana. En venant du Somport : le portail de l'église de Sta María la Real à Sangüesa.

🕐 ORGANISER SON TEMPS

Si vous faites le vrai pèlerinage, c'est-à-dire à pied, comptez en moyenne 15 km par étape journalière.

6

Se promener

▶ Credencial *en poche, voici les principaux itinéraires à suivre.*

Camino de la Costa o del Norte (Chemin côtier)

Nommé ainsi parce qu'il longe la côte Atlantique espagnole à partir d'Irun, ville frontière avec la France, ce chemin était surtout fréquenté, autrefois, par les

Le pèlerinage de Saint-Jacques

Depuis des siècles, le chemin de St-Jacques-de-Compostelle rassemble des **jacquets** de plus en plus nombreux. Le long de l'ancienne voie romaine allant de Bordeaux à Astorga, en passant par St-Jean-Pied-de-Port, en Basse-Navarre, le pèlerinage reste chargé d'émotions.

L'APÔTRE ET SA POSTÉRITÉ

L'apôtre

Selon la légende, l'apôtre Jacques le Majeur aurait été chargé par Jésus d'évangéliser l'Espagne. De retour en Palestine, il fut décapité en l'an 42 sur l'ordre d'Hérode et son corps, placé dans une barque, aurait échoué sur la côte de Galice. Il aurait alors été enterré à Compostelle… puis oublié jusqu'au début du 9e s. Un ermite du nom de Pelayo (Pélage) vit soudain une mystérieuse étoile le guider vers l'emplacement du tombeau du saint. Il découvrit alors les saintes reliques dont un évêque local décréta qu'elles appartenaient à l'apôtre (Rome attendra 1884 pour officialiser cette identification). Le roi des Asturies Alphonse II ordonna alors d'élever une église sur le « champ de l'étoile », ou *Campus stellae* qui deviendra Compostelle. Le lieu attire aussitôt les pèlerins malgré un raid audacieux conduit par le futur calife de Cordoue, al Mansûr (997)… qui toutefois respecta le sépulcre de l'apôtre.

Entre-temps, lors de la bataille de Clavijo opposant en 844 le roi des Asturies aux Maures, Jacques serait apparu pour prodiguer ses conseils au roi chrétien. Il aurait même participé au combat sur un cheval blanc, et terrassé les Maures (d'où son surnom de « Matamore »). Bien que cette bataille et ce haut fait soient imaginaires, ils ont fait de l'apôtre le symbole de la Reconquête. Son image de saint batailleur lui valut même d'être « exporté » aux Amériques par les *conquistadores* sous le surnom de « Mataindios » ! Il est aujourd'hui le saint patron de l'Espagne.

LE CHEMIN DE LA FOI

Au Moyen Âge, le tombeau de saint Jacques le Majeur attire en Espagne une foule considérable de pèlerins venus de toute l'Europe. La dévotion envers « Monsieur saint Jacques » est si vivante que **Saint-Jacques-de-Compostelle** devient un lieu de rassemblement exceptionnel, d'autant que les deux grands lieux de pèlerinage de la chrétienté sont alors inaccessibles (Jérusalem) ou en plein déclin (Rome). Depuis le premier pèlerinage accompli par l'évêque du Puy en 951, des millions de jacquets, jacquots ou jacobits, ont pris la route pour aller vénérer les reliques de l'apôtre.

Une organisation très complète d'**hospices** facilitait le voyage et pourvoyait, le long des principaux itinéraires, à l'hébergement des pèlerins et au maintien de leur bonne santé spirituelle. Les itinéraires pour les pèlerins venus du nord convergeaient à Ostabat, en Basse-Navarre, avant le franchissement des Pyrénées, opérant leur jonction. St-Jean-Pied-de-Port représentait la dernière étape avant l'ascension vers le col frontière. Les pèlerins gagnaient Roncevaux par la route des hauteurs, section de l'ancienne voie romaine de Bordeaux à Astorga.

Chaque pèlerin portait une croix de feuillage faite de ses mains avant la montée. Au terme de la première escalade, au col de Cize (Ibañeta), près de la Croix de Charles, le jacquet priait, chantait et plantait sa croix. À l'ermitage voisin, la cloche sonnait par temps de brouillard et durant une partie de la nuit afin de rallier les égarés.

LE PÈLERIN

Au Moyen Âge, la pratique des grands pèlerinages fit du pèlerin un personnage familier des villages qui ponctuaient le chemin. Il était accueilli avec respect, voire enthousiasme, car il contribuait à la vitalité du commerce local. Son costume ressemblait à celui des voyageurs de l'époque : une vaste cape et un mantelet court (esclavine), une panetière (musette), une gourde, un couvert et une écuelle. En plus de cela, il était équipé d'un coffret contenant les papiers et les sauf-conduits ainsi que d'un gros bâton à crosse (bourdon). La route n'était pas sans dangers : des bandes de « coquillards », faux pèlerins, dont fit partie le poète **François Villon**, rançonnaient sans vergogne les jacquets en leur imposant des péages, quand ils ne les dépouillaient pas de leurs biens. De multiples trafics sévissaient : ainsi, à l'église de Villafranca del Bierzo (León), les pèlerins découragés par l'ascension du dernier col avant la Galice pouvaient se procurer de faux certificats contre monnaie sonnante et trébuchante.

Enfin parvenus à Santiago, ils se voyaient remettre les insignes du pèlerinage : coquille et médaille, ainsi que la **« compostela »**, attestation en latin, d'abord destinée à prouver que ceux qui avaient été condamnés à effectuer le pèlerinage avaient bien accompli leur peine, puis généralisée par la suite. À son retour, le fidèle qui avait pris la coquille et le bourdon était considéré comme un notable. Les confréries de St-Jacques avaient leur chapelle particulière dans les églises ; elles constituaient des fraternités (frairies ou *hermandades* en Espagne) et conservaient les comptes rendus de voyage, précieuse source d'informations pour les futurs pèlerins.

LA COQUILLE

Fréquente sur les côtes de Galice et en particulier au cap Finisterre, la coquille de *vieira* était donnée aux pèlerins qui la rapportaient en témoignage de leur équipée après l'avoir accrochée à leur manteau ou à leur chapeau. Devenue l'un des symboles du pèlerinage (et l'un des attributs du pèlerin avec le bourdon), elle prit bientôt le nom de coquille st-Jacques. Depuis lors, elle orne les façades d'églises et de demeures nobles, qui ne sont parfois liées que de loin au pèlerinage.

LE RENOUVEAU

Au 21e s., les nouveaux pèlerins de Compostelle prennent la route pour toutes sortes de raisons : démarche mystique, besoin de faire le point, simple désir de randonnée. Leurs motivations pour ce voyage sont diverses, mais toutes constituent une expérience personnelle forte. Ce n'est pas un hasard si, depuis 1993, les tronçons français figurent au Patrimoine mondial de l'humanité ; en 2015, le Camino francés et les chemins du nord de l'Espagne ont également été inscrits sur la liste de l'Unesco. Le bureau de St-Jean-Pied-de-Port a accueilli 54 218 pèlerins en 2014, soit 32,5 % de plus qu'en 2011. Autre signe qui ne trompe pas : de nouveaux gîtes ouvrent chaque année le long du chemin français, rendant vie à des villages navarrais autrefois désertés.

☝ *Voir aussi « Les chemins de Saint-Jacques » en France, p. 143.*

pèlerins qui arrivaient par bateaux sur les côtes basque et cantabrique. Établi plus tardivement que le « chemin français », et plus éprouvant, cet itinéraire a toujours été moins emprunté que son concurrent. Ce n'est d'ailleurs qu'à partir du 14e s. que les villes de la côte s'organisèrent pour accueillir les pèlerins, en construisant des églises et des hôpitaux. Toutefois, au 15e s., ce chemin continua de souffrir d'une mauvaise réputation, en raison des incursions côtières barbaresques. Le chemin côtier traverse des régions montagneuses et de nombreuses embouchures de rivières qui en rendent l'accès plus difficile. Par ailleurs, conséquence d'une fréquentation moins importante, les hébergements pour pèlerins se font plus rares sur cet itinéraire. Il offre, en revanche, à celles et ceux qui s'y aventurent, la découverte d'une nature sauvage, de belles criques et d'un riche patrimoine architectural d'époque préromane.

Camino francés (Chemin français)

C'est le plus connu et le plus emprunté de tous les chemins qui mènent à St-Jacques-de-Compostelle. On y accède par la Navarre, à partir du col de Roncevaux en partant de St-Jean-Pied-de-Port, ou par l'Aragon, à partir du col du Somport (un peu plus au sud de la chaîne pyrénéenne). Le premier itinéraire (le plus court) traverse Roncevaux puis le bassin de Pampelune ; le second passe par Sangüesa et le monastère de Leyre. Les deux branches se rejoignent à Puente-la-Reina. Au-delà, l'itinéraire conduit à Estella-Lizarra puis Viana avant de pénétrer dans La Rioja. Depuis 1993, le chemin français côté espagnol est inscrit au Patrimoine mondial de l'Unesco. Ce parcours est l'occasion de découvrir, outre de superbes paysages, des églises et des monastères à l'architecture souvent marquée par les influences françaises. La fréquentation de ce chemin, en constante augmentation, pose des problèmes d'hébergement, surtout pendant la période estivale.

🙂 INFORMATIONS PRATIQUES

HÉBERGEMENT

Rien ne vous empêche de recourir à l'**hôtellerie traditionnelle** (♿ *Nos Adresses aux localités concernées*), mais si vous faites le pèlerinage à pied, vous vous trouverez sans doute dans des lieux ne disposant pas d'hôtels. Sachez par ailleurs que le **bivouac** est interdit en Espagne.

Vous serez donc amené à recourir aux services de l'assistance aux pèlerins. Pour pouvoir en bénéficier, il est indispensable d'effectuer le pèlerinage de manière « traditionnelle » (à pied, à cheval ou à vélo) et d'être porteur de la **credencial « del peregrino »** (♿ *ci-après*).

On a recensé en Espagne quelque 300 auberges pour pèlerins (**albergues de peregrinos**, **refugios** ou **hospitales**) et lieux d'accueil (**lugares de acogida**), soit en moyenne un tous les 23 kilomètres.

Albergues

En dehors de certaines auberges privées qui pratiquent des tarifs raisonnables, l'hospitalité y est souvent gratuite, même si une participation à l'entretien des lieux est appréciée. Ces endroits disposent d'un coin cuisine, de douches et de toilettes. Aucune réservation n'est possible et les places sont attribuées au fur et à mesure de l'arrivée des pèlerins, les piétons bénéficiant de la priorité. En été, celle-ci s'étend aux pèlerins solitaires portant leurs affaires dans un sac à dos. Il est donc recommandé aux groupes dont les bagages sont acheminés à bord d'un véhicule d'y glisser une tente.

Lugares de acogida

Apposé dans un village, le panneau « acogida » signifie que la municipalité, la paroisse ou un particulier peuvent accueillir les pèlerins de façon très sommaire, c'est-à-dire offrir un toit, un peu de lumière et parfois même le luxe d'un robinet ! Prévoyez donc un sac de couchage. Vous trouverez une liste de ces hébergements classés par chemins sur le site www.caminosantiago.org.

Credencial

Indispensable pour se loger sur le chemin de St-Jacques en Espagne, elle permet en outre, grâce aux cachets qui y sont apposés à chaque étape, d'obtenir à Santiago la **compostela**, diplôme attestant que vous avez réalisé le pèlerinage (attention : vous devez avoir parcouru un minimum de 100 km à pied ou 200 km à bicyclette pour la mériter). Vous pouvez vous la procurer avant de franchir la frontière aux bureaux Accueil St-Jacques de St-Jean-Pied-de-Port *(39 r. de la Citadelle)*, à St-Palais *(ancien couvent des Franciscains)* ou à Bayonne ; en Espagne, au monastère de Roncevaux ou auprès des Asosiaciones de Amigos del Camino de Santiago, présentes dans certaines localités traversées par les chemins. Mais méfiez-vous ! Depuis 2009, seules les **credenciales oficiales** distribuées par les autorités ecclésiastiques donnent droit à l'obtention de la *compostela…*

6

Puente-la-Reina

Gares

2 807 habitants

Cette capitale du piment, organisée selon un plan typique de village-rue, est caractéristique des villes de pèlerinage. À la croisée des deux chemins qui traversent la Navarre, Puente-la-Reina (le Pont de la Reine) reste une étape-clé sur la route de Compostelle, même si une nationale a remplacé l'ancien chemin des pèlerins. Mais vous pourrez encore fouler de vos pieds le vieux pont jeté sur l'Arga et flâner à loisir le long de la calle Mayor.

NOS ADRESSES PAGE 376
Hébergement, restauration, achats, activités, etc.

S'INFORMER

Office de tourisme – *Casa del Vínculo, Calle Mayor, 105 - ℘ 948 341 301 - www.puentelareina-gares. es - de la Sem. sainte à mi-oct. : mar.- sam. 10h-14h, 16h-19h, dim. et j. fériés 11h-14h ; reste de l'année : mar.-vend. 10h-17h, sam. 10h-14h, dim. et j. fériés 11h-14h.*

SE REPÉRER

Carte de microrégion B2 (p. 330-331). Première étape importante sur la route de Compostelle en arrivant de Pampelune, à 23 km au sud-ouest de la capitale navarraise par la N 111.

SE GARER

Dans les contre-allées qui bordent la grande route.

À NE PAS MANQUER

Les statues des églises du Crucifix et de St-Jacques.

AVEC LES ENFANTS

La ville romaine d'Andelos à Mendigorría.

Se promener

Le vénérable **pont en dos-d'âne** qui enjambe le río Arga fut construit au 11e s. pour permettre le passage des pèlerins se rendant à St-Jacques. À l'entrée de la ville en venant de Pampelune, un pèlerin en bronze signale le point de rencontre des deux *caminos*.

Église del Crucifijo

De la Sem. sainte à mi-oct. : lun.-vend. 9h-20h, w.-end 10h-20h ; reste de l'année : 9h30-18h- messes lun.-sam. 19h30, dim. et j. fériés 12h et 19h30.

Premier monument pour les jacquets arrivant de Pampelune, l'église du Crucifix se trouvait hors les murs et communiquait par un porche avec l'ancien hospice des pèlerins. Accolée à la nef d'origine (12e s.), une nef postérieure (14e s.) abrite la fameuse croix en Y et son **Christ★** en bois d'un expressionnisme violent. Il aurait été rapporté d'Allemagne par un pèlerin du 14e s.

Engagez-vous à pied dans l'étroite **calle Mayor**, très élégante avec ses maisons en briques dorées, ses blasons (nos 27, 61, 66) et ses avant-toits de bois sculpté (nos 15, 19, 29, 33, 46, 80), qui mène au pont.

Église Santiago el Mayor

Lun.-sam. 10h30-19h30 (20h en été), dim. 9h30-14h - messes lun.-sam. 10h30 et 19h30, dim. et j. fériés 12h et 19h30 - visite guidée, contactez l'office de tourisme (ci-dessus).

> **L'IMPORTANCE DU PÈLERINAGE**
> Point de convergence des deux branches du *camino francés*, celle de Roncevaux et le tronçon toulousain, Puente-la-Reina doit son existence aux pèlerins. C'est Alphonse Ier qui en ordonna en 1121 la création, de façon à peupler l'itinéraire et à en tirer profit grâce aux péages et aux échanges commerciaux. Au 14e s., la cité compte cinq quartiers et s'est entourée de remparts. Après le déclin du pèlerinage, elle s'est reconvertie dans l'agriculture, et notamment le piment.

Son **portail roman★** fourmille de figures presque effacées. La nef, refaite au 16e s., a été décorée de retables. Remarquez, face à l'entrée, un **saint Jacques★** pèlerin en bois doré, et son pendant, le **saint Barthélemy★** (14e s.).
La calle Mayor aboutit au pont.

Église San Pedro
Avr.-oct. 10h30-13h, 17h30-20h - messes pdt les j. fériés 19h30.
Sur la gauche, les rues mènent à l'église St-Pierre (14e s.) qui conserve, depuis le 19e s., la **Vierge de Txori** (16e s.) autrefois postée sur le pont.

À proximité Carte de microrégion

★ Cirauqui/Zirauqui B2
◗ *7 km à l'ouest de Puente-la-Reina par la N 111.*
Le long des ruelles tortueuses bordées d'escaliers se pressent des façades à demi blanchies, ornées de portes arrondies, balcons, blasons et corniches sculptés. En haut du village (montée difficile), l'église de San Román possède un **portail★** du 13e s. polylobé, semblable à celui de San Pedro de la Rúa à Estella-Lizarra (◗ *p. 377*).

Mendigorría B2
◗ *7 km au sud de Puente-la-Reina par la NA 601.*
Ciudad romana de Andelos (Ville romaine d'Andelos) – *Suivez la route au sud de Mendigorría en direction de l'oratoire de Nuestra-Señora de Andión - ℘ 948 741 273 - juil. : vend.-sam. 10h-14h, 16h-20h, dim. 10h-14h ; août : merc.-sam. 10h-14h, 16h-20h, dim. 10h-14h ; juin et sept. : vend.-sam. 10h-14h, 15h-19h, dim. 10h-14h ; reste de l'année : se renseigner - 2 € (musée + visite des ruines).*
👥 La visite commence par le petit musée où sont exposés une maquette de la cité romaine et divers objets qui évoquent l'architecture et les modes de vie. Vous entrez ensuite sur le site dont le parcours est ponctué de panneaux informatifs sur l'histoire et la fonction des différents lieux de la cité (château d'eau, aqueducs, thermes…). À 3,5 km du site, prenez le temps de visiter le système d'approvisionnement en eau, ainsi que le réservoir régulateur de 7 000 m^3 de capacité. L'état de conservation de ces vestiges est surprenant.

Circuit conseillé Carte de microrégion

ROUTE DES ÉGLISES B2

◗ *Circuit de 20 km tracé en gris sur la carte de microrégion (p. 330-331) – Comptez environ 1h30. Quittez Puente-la-Reina par l'A 12 en direction de Pampelune, puis tournez presque immédiatement à droite dans la NA 601. Parvenu à la hauteur d'Obanos, prenez à droite la route qui monte vers les collines face à Obanos.*

6

Chapelle Santa María de Arnotegui B2

Comptez 1 km de piste à partir de la fin de la route goudronnée.

Protégée par un petit mur défensif, cette sobre chapelle se compose d'un simple narthex (portique élevé en avant de la nef) et d'une pièce qui accueille l'autel, encadré de retables baroques. Notez la statue de la Vierge en bois et respirez l'odeur de pin.

Du parvis, contemplez les alentours car elle est juchée au sommet d'une colline.

Revenez sur la NA 601, tournez à droite et dépassez Obanos. Au carrefour suivant, tournez à droite vers Campanas. Suivez les panneaux indiquant « Sta María de Eunate ».

★★ Église Santa María de Eunate B2

31152 Muruzábal - ☎ 628 872 835 - juil.-août : 10h30-13h, 17h30-20h ; sept. : sam.-dim. 10h30-13h, 17h30-20h ; reste de l'année : 10h30-13h30, dim. et j. fériés 16h-18h - fermé 9 déc.-9 janv. - gratuit.

L'origine de cette chapelle romane si harmonieuse de proportions reste énigmatique. La découverte d'ossements tend à accréditer la thèse d'une chapelle funéraire établie sur le chemin du pèlerinage qui, à l'époque, venait de Toulouse (la même thèse prévaut pour la chapelle de Torres del Río, ☙ *Viana, p. 386*).

On estime sa date de construction aux alentours de 1170. Sa structure octogonale intègre un petit chevet pentagonal proche du style cistercien. Quant à l'intérieur, il trahit des influences musulmanes avec les huit nervures à section carrée convergeant vers le centre à la façon mozarabe, sans clé de voûte. Admirez les 26 chapiteaux, sculptés pour beaucoup de motifs végétaux.

La galerie extérieure, aujourd'hui curieusement découverte, se rattachait à des bâtiments annexes ; elle servait d'abri aux pèlerins. *Eunate*, en basque, signifie « cent portes » ; ce surnom fait référence aux arcades entourant le sanctuaire.

Revenez sur la NA 601 et reprenez la direction de Puente-la-Reina.

Obanos B2

Église avec une fine tour-clocher. Un arc introduit le visiteur sur la plaza de los Fueros en forme d'entonnoir, sur laquelle se dresse un crucifix.

Revenez à Puente-la-Reina.

😊 NOTRE ADRESSE À PUENTE-LA-REINA

HÉBERGEMENT/RESTAURATION

PREMIER PRIX

El Cerco – *Calle Rodrigo Ximenez de Rada, 36 -* ☎ *948 341 269 - www.elcerco.es - 10 ch. 65/75 € -* ☕ *7,80 € - lit supp. 20 €.* Logé dans une tour datant du 12ᵉ s., ce charmant hôtel rural propose des chambres de style rustique et bien équipées. À table, les repas traditionnels navarrais sont préparés avec des produits de saison.

Estella-Lizarra

★★

13 668 habitants

Bâtie dans un cadre grandiose, Estella-Lizarra (Étoile) est une étape importante sur le chemin de St-Jacques. Son riche patrimoine lui a valu d'être surnommée « capitale de l'art roman navarrais ». Après avoir admiré les trésors de son centre historique, pourquoi ne pas faire une sieste sur l'herbe tendre des rives de l'Ega ou vous promener en humant l'odeur des essences d'arbres qui longent la rivière ? Ne repartez pas sans avoir goûté à la spécialité locale : le cochon de lait, réputé comme le meilleur de la région.

> **NOS ADRESSES PAGE 383**
> Hébergement, restauration, achats, activités, etc.

S'INFORMER

Office de tourisme – *San Nicolás, 1 - ℰ 948 556 301 - www.estellaturismo. com - d'avr. à mi-sept. : lun.-sam. 10h-14h, 16h-19h, dim. 10h-14h ; reste de l'année : lun.-vend. 10h-17h, w.-end 10h-14h.*

SE REPÉRER

Carte de microrégion A2 (p. 330-331). Estella-Lizarra se trouve sur le versant sud des sierras d'Andía et d'Urbasa, à côté de l'A 12 qui relie Pampelune (45 km au nord-est) à Logroño (48 km au sud-ouest).

SE GARER

Le long de la rivière, dans le parking jouxtant la station des autobus, plaza de la Coronación.

À NE PAS MANQUER

L'église de San Pedro et son cloître.

ORGANISER SON TEMPS

Prévoyez une journée et, en fin d'après-midi, prenez un verre sur la plaza de los Fueros.

Se promener

Plaza de San Martín

À l'origine, c'était le centre du quartier des « francos », tout bouillonnant de l'animation de ses échoppes et de ses auberges. Aujourd'hui, rien ne trouble le calme de cette harmonieuse petite place, si ce n'est le clapotis de la fontaine. Sur l'un des côtés, l'ancien hôtel de ville arbore une façade blasonnée du 18e s. *Prenez la calle San Nicolás.*

★ Palacio de los Reyes de Navarra

San Nicolás, 1.

Proche de la plaza de San Martín, le palais des Rois de Navarre est un exemple exceptionnel d'architecture civile romane du 12e s. Sa longue façade est percée d'arcades et de baies géminées remarquables par leurs chapiteaux.
Il abrite aujourd'hui le musée Gustavo de Maeztu y Whitney.

★ Musée Gustavo de Maeztu y Whitney – *ℰ 948 546 037- www.museogusta vodemaeztu.com - mar.-sam. 9h30-14h, dim. et j. fériés 11h-14h - gratuit.* Installé dans le palais des Rois de Navarre, ce musée rassemble sur deux niveaux les œuvres du peintre **Gustavo de Maeztu y Whitney** (1887-1947), né à Vitoria

6

en Álava, d'un père cubain (originaire de Navarre) et d'une mère anglaise. L'artiste grandit et étudia les arts à Bilbao, puis partit à Paris et voyagea à travers l'Espagne afin de fixer scènes et paysages. Il vécut entre Madrid et Barcelone. Après un séjour à Londres, il revint s'installer à Estella-Lizarra à partir de 1936, où il resta jusqu'à sa mort en 1947.

Le premier palier aborde la représentation de la femme, le second montre des dessins, des esquisses, des portraits et des scènes rurales. Travail de la couleur, souci du détail dans les paysages comme dans les personnages : son trait déborde de puissance et d'épaisseur.

★ Église San Pedro de la Rúa

De la Sem. sainte au 12 oct. : lun.-sam. 10h-13h30, 18h-20h, dim. 10h-12h30 - messes lun.-mar. à 19h - visite guidée 3,75 €.

Sur les contreforts de la falaise où se trouvait le château, l'église se dresse face au palais des Rois de Navarre. Le bâtiment garde des parties remarquables des 12e et 13e s.

Le **portail**★, au sommet d'un escalier monumental, ouvre sur le mur nord ; les chapiteaux et les voussures sont richement sculptés, mais son originalité réside dans l'arc d'entrée en tiers-point, bordé de petits lobes, qui témoigne de l'influence de l'art califal (🚻 *p. 434*). On peut voir des portails de même type dans la région, à Puente-la-Reina et à Cirauqui (🚻 *p. 375*), d'autres en Saintonge et dans le Poitou. À l'intérieur, remarquez les trois absides romanes : dans celle du centre, une Vierge à l'Enfant et un Christ gothiques ainsi qu'une colonne faite de trois serpents entrelacés ; dans l'abside gauche, un crucifix roman.

Le **cloître**★ roman a perdu deux galeries au 16e s. lorsque le château voisin fut détruit. La virtuosité technique et l'esprit inventif à l'œuvre dans les **chapiteaux**★★ font d'autant plus regretter les parties manquantes. La galerie nord représente des scènes de la vie du Christ et des saints Laurent, André et Pierre. Les thèmes végétaux et animaliers occupent la galerie ouest, où l'architecte facétieux a glissé un groupe de quatre colonnes obliques.

Au bout de la rue, un arc marque l'ancienne entrée de la cité.

Revenez sur vos pas et continuez dans la calle de la Rúa.

Calle de la Rúa

C'est le chemin qu'empruntent les pèlerins. Au n° 7, le palais de frère *(fray)* Diego de Estella-Lizarra présente une façade plateresque décorée d'un blason. Il abrite aujourd'hui la maison de la culture, l'occasion d'aller jeter un œil au patio intérieur à colonnades. Admirez au n° 6 le toit monumental du palais San Cristóbal, et les arcades gothiques des n°s 25, 27, 28 et 31, correspondant à d'anciennes boutiques et à des hospices jacobites.

ESTELLE LA BELLE

C'est ainsi que l'appelaient au Moyen Âge les pèlerins de St-Jacques-de-Compostelle. Étape importante, Estella possède plusieurs monuments de grande valeur artistique datant pour la plupart de l'époque romane. En 1076, le roi Sanche Ramírez lui attribua certains privilèges qui attirèrent des commerçants et des aubergistes, essentiellement des **francos**, souvent originaires du Puy-en-Velay. La plupart s'établirent sur la rive droite de l'Ega. Un siècle plus tard, les **Navarrais** obtinrent à leur tour les mêmes privilèges et s'installèrent de l'autre côté de la rivière. Les pèlerins venaient vénérer la Vierge du Puy ; son sanctuaire, reconstruit dans le style moderne, se dresse à l'emplacement où, le 25 mai 1085, selon la légende, des bergers, alertés par une pluie d'étoiles, découvrirent une statue de la Vierge.

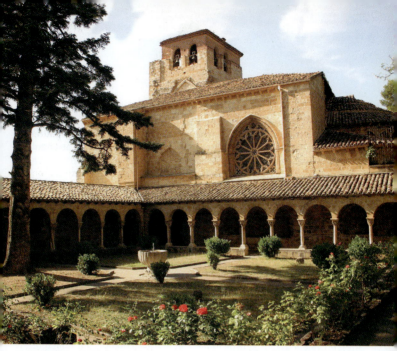

Cloître de l'église San Pedro de la Rua.
Tryon / Servicio de Marketing Turístico Gobierno de Navarra

★ **Museo del carlismo** (Musée du Carlisme) – ☎ *948 552 111 - www.museo
delcarlismo.navarra.es - mar.-sam. 10h-14h, 16h-19h, dim. et j. fériés 11h-14h - 2 €,
gratuit sam. apr.-midi, dim. et j. fériés.* Le palais du Gouverneur (nᵒˢ 27-29) abrite
ce musée, qui retrace de manière interactive l'histoire du mouvement carliste
depuis son origine (19ᵉ s.) jusqu'à la fin de la guerre civile espagnole (♿ *p. 465*).
Des écrans tactiles permettent de découvrir les périodes, les batailles ainsi
que les acteurs majeurs du carlisme. Une frise chronologique parcourt l'ensemble de la salle, et divers objets (armes, lettres, uniformes…) sont exposés.
La rue débouche sur les berges où se dresse l'église du Santo Sepulcro (*passez sous le pont routier*).

Église del Santo Sepulcro

Ne se visite pas.
L'église du St-Sépulcre vaut surtout pour son **portail**★ nettement gothique.
On reconnaît sur trois registres : la Cène, les trois Marie au Sépulcre et l'Enfer,
le Calvaire et la Résurrection. Les niches qui encadrent le portail abritent des
saintes et des saints traités avec un certain maniérisme.
*Franchissez le pont de la Cárcel (rebâti en 1973). Prenez à gauche la calle Ruiz
de Alda jusqu'à la ruelle Los Pelaires, puis les escaliers qui mènent à San Miguel.*

Église de San Miguel

*Printemps-été : lun.-sam. 10h30-13h, 18h-20h ; reste de l'année : ouv. 30mn av.
l'office, messes merc. et vend. 19h, dim. 11h30.*
L'église St-Michel se trouve dans un quartier qui était peuplé de Navarrais à
la fin du 12ᵉ s., et dont les rues étroites ont gardé un cachet médiéval. Son
portail nord★, appelé portail de l'Évangile, semble avoir été conçu comme
un défi lancé aux habitants de l'autre rive (♿ *encadré ci-contre*). Au tympan, le
Christ est entouré du tétramorphe (représentation zoomorphique des évangélistes) et de personnages énigmatiques. Sur les voussures, on distingue des
anges portant des encensoirs, les vieillards de l'Apocalypse, les prophètes
et patriarches, des scènes évangéliques et des martyres de saints. Sur les

6

chapiteaux, enfance du Christ et scènes de chasse. Sur les murs au registre du haut, huit statues-colonnes représentent des apôtres. Au registre du bas, deux **hauts-reliefs★★**, les plus achevés et expressifs du portail, montrent à gauche saint Michel terrassant le dragon, à droite les trois Marie au Sépulcre. Par la noblesse des attitudes, l'élégance des drapés et l'expression des visages, cette dernière scène est un chef-d'œuvre de la sculpture romane.

L'intérieur est très dépouillé à l'exception de retables dorés, baroques ou néoclassiques. Notez le retable peint dans le transept gauche.

À voir aussi

Basilique Nuestra Señora del Puy

Abárzuza, 1 - Printemps-été : 8h-20h ; reste de l'année : ouv. 30mn av. l'office, messes sam. 7h30, 19h, dim. et j. fériés 13h.

Située sur la colline qui domine San Miguel et la plaza de los Fueros, il s'agit d'une église moderne construite de 1929 à 1951 par l'architecte Víctor Eusa (1894-1990), très actif à Pampelune et dans la région. Une statue de la Vierge à l'Enfant, datée de la fin du 13e s., trône en son centre (beau travail d'orfèvrerie), mise en valeur par les jeux de lumière et le travail du bois qui caractérisent l'édifice. On y voit de nombreuses étoiles.

À proximité Carte de microrégion

Lerín B3

▶ *23 km au sud d'Estella-Lizarra par la NA 122 en direction de Calahorra.*

Église de la Asunción – *Ouv. aux heures d'office ou de neuvaine.* Un splendide **retable★** rococo, exécuté en 1762 par Diego de Camporredondo, occupe tout le chœur de l'église de l'Ascencion, qui possède une impressionnante hauteur sous voûte.

Circuits conseillés Carte de microrégion

LA ROUTE DES COLS A2

▶ *Circuit de 96 km au départ d'Estella-Lizarra tracé en bleu sur la carte de microrégion (p. 330-331) – Comptez environ 2h. Quittez la ville vers le nord par la NA 120.*

★ Monastère Santa María d'Iranzu/Irantzu à Abárzuza A2

À 9 km d'Estella-Lizarra, accès signalé de la NA 120, presque à la sortie d'Abárzuza, sur la gauche (ne manquez pas le panneau !) - ℘ 948 520 012 - monasterio deiranzu.com - mai-sept. : 10h-14h, 16h-20h ; reste de l'année : tlj sf lun. 10h-14h, 16h-18h - messes dim. et j. fériés 17h - 2,50 €, visite guidée (40mn) 3 €.

Isolé dans une **gorge★** sauvage, ce monastère cistercien, construit à la fin du 12e s., a été restauré à partir de 1942 après une longue période d'abandon, et abrite aujourd'hui une communauté de théatins. Cet ordre religieux catholique, dont les membres font vœu de pauvreté, chasteté et obéissance, a été créé en 1524 par saint Gaëtan de Thiène, prêtre de Rome, et par Jean-Pierre Carafa, évêque de Chieti et futur pape Paul IV, en vue d'une meilleure formation pour les clercs.

Ce monastère est un bon témoignage de l'architecture cistercienne à la transition du roman et du gothique. Les fenêtres du cloître – celles qui n'ont pas été décorées par la suite d'un remplage (armature de pierre entourant les vitraux des fenêtres polylobées) gothique très fleuri – sont caractéristiques

> **ENFANT DU PAYS**
> Estella-Lizarra est la ville natale du meilleur *rejoneador* (torero à cheval) de ces vingt dernières années (et, selon certains, de tous les temps), **Pablo Hermoso de Mendoza**, né en 1966. Son autobiographie *Au cœur des chevaux* est parue aux éditions Au diable vauvert en 2016.

du style : arcatures romanes, oculus et grand arc de décharge. Parmi les salles donnant sur ses galeries, en plus de la salle capitulaire, voyez la cuisine dotée d'une gigantesque cheminée intérieure. L'église est voûtée d'ogives assez frustes et son chevet plat décoré d'un « triplet », soit un ensemble composé de trois fenêtres symbolisant la Trinité, détail architectural qui est fréquent dans les édifices cisterciens.
Reprenez la NA 120.

★★ **Puerto de Lizarraga** (Col de Lizarraga) A2

Juste à la sortie du tunnel (alt. 1 090 m) et avant d'amorcer la descente rapide au milieu des prairies et des bois, arrêtez-vous un instant au **belvédère★ (mirador)** qui domine la verdoyante vallée d'Ergoyena.
Continuez jusqu'à Etxarri-Aranatz.

Etxarri-Aranatz (Dolmens d'Echarri-Aranaz) A2

Sortez d'Etxarri après le centre-ville, en direction de Beasain. Après le pont, au rond-point, suivez la signalisation du camping. Vous passerez devant une sorte de carrière-entrepôt et, plusieurs centaines de mètres plus loin, vous trouverez le camping. Vous pouvez vous garer à l'extérieur. Demandez une documentation à l'accueil ou bien suivez les panneaux d'orientation à l'entrée du parking.

Les deux randonnées *(de 1h30 et de 4h)* empruntent, à leur début, le même chemin, agréablement ombragé par des chênes et des hêtres, et qui longe le camping puis une rivière. Au bout d'une trentaine de minutes, les sentiers bifurquent, le plus court partant à droite et le plus long continuant tout droit. Ce dernier passe à proximité de nombreux dolmens (dix, contre deux pour l'autre randonnée).

Prenez la N 240^A vers l'ouest jusqu'à Alsasua/Altsasu et, là, tournez à gauche vers Estella-Lizarra sur la NA 718.

★★ **Puerto de Urbasa** (Col d'Urbasa) A2

L'ascension du col (927 m), assez raide et rythmée par l'alternance de rochers massifs et de bosquets, est d'une beauté sauvage. Par contraste, le grand vallon boisé que l'on traverse ensuite apparaît d'une aimable fraîcheur. À la descente, après le col, les vues sont embellies par de hauts escarpements calcaires ; vous cheminerez ensuite dans les gorges du río Urenderra aux eaux limpides.
La NA 718 vous ramène à Estella-Lizarra.

SUR LES PAS DES PÈLERINS A2-3

6

▶ *Circuit de 30 km au départ d'Estella-Lizarra tracé en rouge sur la carte de micro-région (p. 330-331) – Comptez environ 3h. Quittez Estella-Lizarra vers le village d'Ayegui, à la sortie duquel se trouve le monastère.*

★ **Monastère d'Irache**/Iratxe **à Ayegui** A2

☎ 948 554 464 - merc.-dim. 10h-13h30, 16h-19h - fermé lun. et mar. - gratuit.
Dès le 10e s., une abbaye bénédictine existait ici. Étape importante sur le chemin de St-Jacques (son hôpital accueillait les pèlerins), elle adopta la règle

---

QUERELLES DE CLOCHER

Le monastère d'Irache fut dirigé pendant la seconde moitié du 11ᵉ s. par un certain **Veremundo** (Bermond). Quelques miracles et la charité de l'abbé ont valu à ce dernier d'être canonisé et désigné patron des chemins de St-Jacques en Navarre. Seulement voilà : deux villages voisins, Villatuerta et Arellano, se disputent l'honneur d'être le lieu de naissance du saint homme. C'est pourquoi, tous les cinq ans, le 10 août (la prochaine fois en 2018), le coffret renfermant les reliques de l'abbé est transféré d'un village à l'autre dans une ambiance de kermesse.

---

cistercienne, puis devint au 16ᵉ s. un centre universitaire dirigé par les bénédictins. Le monastère a fermé ses portes en 1839 alors qu'il abritait encore quelques moines (les derniers sont partis en 1985).

★ **Église** – L'abside d'un roman très pur fait face à une nef où la croisée d'ogives reste primitive. À la Renaissance, la coupole sur trompes a été refaite et le *coro alto* ajouté. La façade, comme la plupart des bâtiments conventuels, a été reconstruite au 17ᵉ s. Admirez le beau travail de bois et d'orfèvrerie de la **statue de la Vierge★★**.

Cloître – D'architecture Renaissance et orné d'une fontaine moussue, le cloître est décoré de culs-de-lampe et de chapiteaux relatant la vie du Christ et de saint Benoît.

Avis aux amateurs de vin : les **chais** qui bordent le monastère jouxtent le chemin de St-Jacques. C'est donc d'abord à l'attention des pèlerins qu'a été aménagée, dans le mur même de la bodega, une fontaine… à vin, mais rien n'empêche de goûter au breuvage… avec modération.

Après le monastère, continuez la route pour rejoindre la N 111 en direction de Los Arcos. Villamayor de Monjardín sera à droite après 4 km.

Villamayor de Monjardín A2

Village-étape sur la route de Compostelle, il comporte une jolie église du 12ᵉ s., **San Andrés**, au portail roman et au clocher baroque (18ᵉ s.). L'édifice est censé être ouvert toute la journée, mais s'il pleut, la personne en charge de son entretien peut décider de le fermer pour limiter les empreintes boueuses des pèlerins sur le sol immaculé.

Légèrement en dehors de la commune, sur le chemin de St-Jacques (signalisation à l'entrée du village), se dresse une **fontaine gothique★**, dite « Fuente de los Moros » (fontaine des Maures), plutôt romantique avec son escalier qui descend jusqu'à une piscine d'eau pure.

Si vous voulez poursuivre sur la route de Compostelle, continuez sur la N 111 jusqu'à Los Arcos. Sinon, vous pouvez revenir sur Estella-Lizarra via Arellano. *À l'entrée de Villamayor (côté Estella-Lizarra), prenez la petite route de Luquín et dans ce village, à gauche, la NA 6340. Au-delà d'Arróniz, tournez encore à gauche dans la NA 6341 en direction de Dicastillo. Contournez ce village par la NA 6342 (toujours à gauche) qui conduit à Arellano.*

Arellano A3

Église San Román – *Demandez la clé à la mairie.* Jolie petite église close d'un muret contre lequel courent des bancs de pierre. L'intérieur abrite des grisailles et une fresque d'une hauteur de 3 m représentant saint Christophe portant l'Enfant Jésus (16ᵉ s.). De part et d'autre du retable, vestiges d'une fresque du 14ᵉ s. représentant l'Annonciation et un apôtre.

Villa romana de las Musas (Villa romaine des Muses)
À 13 km au sud d'Estella-Lizarra par la NA 122, puis la NA 6340 - 📞 948 741 273 - vend.-sam. 10h-14h, 16h-20h, dim. et j. fériés 10h-14h - 2 €.
Ce site archéologique couvert de 2 411 m² abrite les ruines d'une ancienne maison de campagne bâtie entre le 1er et le 5e s. apr. J.-C. Vous y découvrirez les pièces consacrées à l'élaboration du vin, dont la cave qui expose 15 jarres très bien conservées. Les autres salles sont ornées de mosaïques faisant allusion au culte de Cybèle et d'Attis, dont la mosaïque des Muses, qui prête son nom à la villa.
Revenez à Estella-Lizarra par Dicastillo, puis la NA 122.

😊 NOS ADRESSES À ESTELLA-LIZARRA

HÉBERGEMENT

PREMIER PRIX
Fonda san Andrés – *Pl. de Santiago, 50 -* 📞 *948 554 158 - 14 ch. 40 €.* La façade en brique ornée de balcons attire le regard. Plus modeste, l'intérieur compte des chambres meublées dans le style castillan. Certaines possedent une petite terrasse.
Hôtel Yerri – *Av. de Yerri, 35 -* 📞 *948 546 034 - www.hotelyerri. es - 🅿 - 28 ch. 64/69 € - 🍽 7,50 € - parking voiture 8 €, moto 4 €.* Cet hôtel pratique est situé a moins de 10mn à pied du centre-ville. Au restaurant : décor coloré, éclairage soigné et tables bien dressées.

BUDGET MOYEN
Jurramendi – *Calle El Puy, 56 -* 📞 *948 546 034 - www. apartamentosjurramendi.com - 3 appart. 75/90 €.* Au cœur de la vieille ville, ce petit immeuble avec ascenseur offre de spacieux trois-pièces, sobres et modernes, avec baignoire, cuisine équipée et grand salon.

RESTAURATION

BUDGET MOYEN
Casanova – *Calle Fray Wenceslao de Oñate, 7 -* 📞 *948 552 809 - www. restaurantecasanova.com - fermé lun. - 25/30 €.* Situé au 1er étage, ce restaurant sert une cuisine traditionnelle navarraise, dont la spécialité d'Estella-Lizarra : le postre de Ojaldre o de san Andrés, un délicieux millefeuille.

POUR SE FAIRE PLAISIR
Navarra – *Gustavo de Maeztu, 16 -* 📞 *948 550 040 - www.restaurante navarra.es - fermé lun. - menu du jour 15 € - menus 33/44 €.* À l'intérieur de cette ancienne villa avec jardin, à la décoration de style navarrais médiéval, aménagement soigné : tables en azulejos et linge de table raffiné.

À proximité d'Estella-Lizarra

PREMIER PRIX
Casa Faustina – *Calle Magdalena, 58 - 31272 Barindano -* 📞 *948 539 493 - www.casafaustina. es - août : tlj., reste de l'année : w.-end et j. fériés - menu dégustation 18 € (enf. 10 €).* Adresse sympathique au décor original. Dans l'assiette, une bonne cuisine familiale et, pour les grands soirs, le menu dégustation.

AGENDA

Carnaval d'Altsasu – *Mar. gras.* L'un des carnavals les plus terrifiants au monde, avec son défilé nocturne de *Momotxorros*, sortes de minotaures mi-hommes, mi-taureaux, tachés de sang, accompagnés de sorcières.

6

Viana

4 025 habitants

Niché derrière ses remparts, le bourg de Viana est la dernière étape du chemin de St-Jacques-de-Compostelle en terre navarraise. Goûtez à l'ambiance sereine qui règne au milieu des pèlerins au repos, sur le parvis de sa magnifique église.

😊 NOS ADRESSES PAGE 388
Hébergement, restauration, achats, activités, etc.

🛈 S'INFORMER

Office de tourisme – *Mairie, pl. de los Fueros, 1 - 📞 948 446 302 - www.viana.es - de la Sem. sainte au 12 oct. : lun.-sam. 9h-14h, 17h-19h, dim. 10h-14h ; reste de l'année : lun.-sam. 9h-14h.*

▶ SE REPÉRER

Carte de microrégion A3 (p. 330-331) et carte des environs de Viana (p. 387). En lisière de Navarre, Viana est à 39 km au sud-ouest d'Estella-Lizarra sur la NA 1110 et à 9 km au sud-est de Logroño, capitale de La Rioja.

🅿 SE GARER

En dehors des remparts, à côté de l'église de San Francisco, ou bien dans la vieille ville, sur la plaza del Coso.

😊 À NE PAS MANQUER

La chapelle romane d'El Santo Sepulcro de Torres del Río.

🕐 ORGANISER SON TEMPS

Partez de Viana pour rayonner une journée sur les contreforts des sierras d'Urbasa et de Santiago de Loquiz.

👫 AVEC LES ENFANTS

Le parc naturel d'Izki et ses oiseaux.

Se promener

Plaza de los Fueros

Passé l'arc séparant la vieille ville de ses anciens faubourgs, on pénètre sur cette petite place délimitée par l'hôtel de ville et le parvis clos de l'église, pavé de galets et planté d'arbres. La mairie occupe la **Casa consistorial** (17ᵉ s.), identifiable à ses arcades et au gigantesque blason qui orne la balustrade entre ses deux tours, et à sa belle façade Renaissance et platéresque.

★★ Église Santa Maria

Avr.-août : lun.-sam. 10h-13h, 19h30-20h30 ; reste de l'année : 30mn av. la messe : lun.-vend. 19h30, sam. 20h, dim. et j. fériés 11h et 12h30.

De style gothique et fortifiée, elle a été édifiée entre 1250 et 1312.

★ **Portail Renaissance** – Monumental, il représente différentes scènes des Évangiles, comme Jésus priant au mont des Oliviers à gauche de la porte, la Passion à droite, l'Annonciation, la Nativité. Surplombant le tympan, la Crucifixion et la Descente de Croix, surmontées d'un demi-dôme à caissons.

★ **Intérieur** – Retables baroques du 17ᵉ s. dans les chapelles encadrant le chœur (celle de droite expose une jolie Vierge du 14ᵉ s.). Admirez les fresques

Église Santa Maria.
X. Forés & J. Roncero/age fotostock

de José Bravo, les peintures de Partes, beau-frère de Goya, et notez les chaires baroques décorées d'angelots. Dans l'atrium, vous verrez la pierre tombale de César Borgia, fils du pape Alexandre VI, cardinal et frère de la célèbre Lucrèce, tombé en 1507 au pied des remparts de Viana alors qu'il combattait pour son beau-frère, roi de Navarre.

Calle de Sta María
Fondée en 1219 par **Sanche VII le Fort**, Viana s'est développée grâce à sa position stratégique sur le chemin de Compostelle. Les maisons de sa rue principale témoignent encore de l'importance des hospices et auberges qui la ponctuaient. Elle longe l'église et mène à la plaza del Coso.

Plaza del Coso
Le nom de cette place désignant l'enceinte où courent les taureaux rappelle qu'ici avaient lieu autrefois les corridas, que les autorités présidaient depuis le « balcón de toros », édifice élevé en 1683 et doté d'un avant-toit travaillé. Remarquez en chemin un autre avant-toit ouvragé (à caissons celui-ci).
Revenez sur la plaza de los Fueros et dépassez-la.
La rue principale est bordée de maisons blasonnées (nᵒˢ 2, 3 et 9) ou ornées d'un avant-toit sculpté (nᵒ 12). Elle aboutit à l'église de St-Pierre.

Église San Pedro
Ses ruines laissent entrevoir une architecture gothique (13ᵉ s.) et conservent un portail baroque de 1740.
Derrière l'église, on accède, par la ruelle de l'ancien cimetière et la muraille du 13ᵉ s., à un petit **jardin** aménagé sur les anciens remparts.
Ressortez de la vieille ville par la plaza de los Fueros.
Le couvent et l'église San Francisco (17ᵉ s.) font face à l'arche donnant accès au centre historique de Viana. Le premier a été transformé en résidence pour personnes âgées, la seconde paraît inemployée (17ᵉ s.).

6

À proximité Carte des environs de Viana

Embalse de las Cañas (Réserve naturelle de las Cañas)

▶ *5 km au sud de Viana par la N 111.*

Observatoire d'oiseaux El Bordón - ☏ 696 830 898 - www.lagunadeviana.es - 15 juil.-15 sept. : mar.-dim. 10h-14h, 17h-20h ; reste de l'année : w.-end et j. fériés 10h-14h, 16h-19h - gratuit.

🥾 *4,5 km - 1h30.* La lagune de las Cañas est aujourd'hui un barrage qui abrite différentes familles d'oiseaux. Passez d'abord par l'observatoire pour vous informer des possibilités de visite et découvrir, à l'aide de panneaux informatifs, la faune et la flore qui composent la réserve naturelle. Une paire de jumelles vous sera prêtée lors de votre excursion sur le sentier.

Circuit conseillé Carte des environs de Viana

ENVIRONS DE VIANA

▶ *Circuit de 110 km au départ de Viana tracé en marron sur la carte des environs de Viana (ci-contre) – Comptez environ 4h. Quittez le bourg par la N 111 en direction d'Estella-Lizarra.*

Torres del Río

Petit village blotti sur le sommet d'une colline couronnée par l'église paroissiale. Prenez le temps de vous asseoir dans le jardinet pour admirer la vue.

★ **Église del Santo Sepulcro** – *À mi-hauteur dans le village - 1 €.* L'église du St-Sépulcro est un curieux édifice roman tout en hauteur et de plan octogonal, construit vers 1200. S'agissait-il d'une chapelle funéraire ? C'est probable. Toujours est-il que vous remarquerez sûrement sa ressemblance avec la chapelle d'Eunate (🕙 *p. 376*). À l'intérieur, les lignes verticales dominent ; la magnifique **coupole**★ en étoile, d'influence mudéjare, est d'une géométrie parfaite. L'acoustique y est particulièrement bonne, comme vous pourrez le constater si certains pèlerins entonnent des chants. Les minuscules fenêtres disposées au bout des branches de l'étoile, les modillons et chapiteaux historiés sont les seuls éléments décoratifs.

Sansol

Quelques maisons anciennes en assez bon état entourent une petite église postée sur le haut d'une colline. Belle vue sur le village de Torres del Río.

La NA 1110 se dirigeant vers Los Arcos laisse derrière elle les collines douces pour un paysage plus âpre.

Reprenez la route vers Estella-Lizarra et prenez la direction Mués à Los Arcos. Dépassez le village et tournez ensuite à droite, vers Sorlada, que vous traverserez. La basilique est fléchée.

★ Basilique San Gregorio Ostiense à Sorlada

☏ *948 534 015 - été : sam. 10h30-13h30, 16h-19h ; reste de l'année : sonnez à la maison située face à la basilique (Hermanos peregrinos de la Eucaristía) ou appelez Jose Luis au ☏ 608 967 554.*

Depuis sa crête, ce temple baroque richement décoré domine à la fois la commune de Mués et les maisons de grès rose de Sorlada. Admirez son beau portail Renaissance. Le lieu est habituellement très tranquille, mais affiche complet les jours de fêtes religieuses. On fait alors la queue pour recevoir la bénédiction avant de partager le pique-nique.

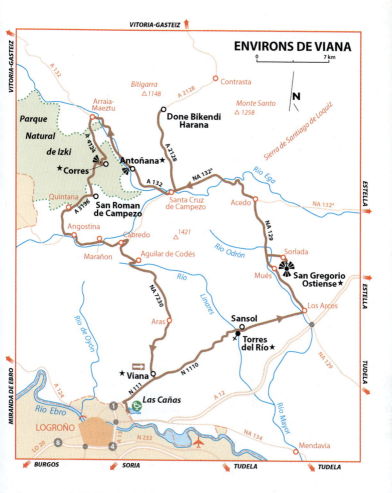

ENVIRONS DE VIANA

Revenez sur la NA 129 et poursuivez jusqu'à Acedo. Là, tournez à gauche en direction de Sta Cruz de Campezo. À l'entrée du village, prenez à droite l'A 2128.

Done Bikendi Harana

L'église **San Vicente** arbore un auvent et un portail Renaissance, tandis que son chœur abrite un superbe **retable**★★ polychrome de 1516 récemment restauré. Surélevé, il illustre richement quelques épisodes de la Passion du Christ comme la Cène ou son arrestation. Admirez la richesse des détails, l'expression des anges et des démons ainsi que la vivacité des couleurs de l'ensemble. *Retournez à Sta Cruz de Campezo pour emprunter l'A 132, vers Vitoria-Gasteiz.*

★ Antoñana

Hameau de la commune de Campezo/Kampezu accroché à flanc de colline. Les aînés vous diront qu'Antoñana est le plus vieux village de l'Álava et, de fait, il a conservé une très jolie maison-porche médiévale à pans de bois pour marquer son entrée. Les anciennes murailles servent de murs de soutènement aux demeures du bas et l'eau de son lavoir chante toujours à l'autre bout du bourg. *Poursuivez sur cette route jusqu'à Arraia-Maetzu et tournez à gauche dans l'A 4124.*

6

★ Corres/Korres

Le village mérite que l'on s'y arrête, non seulement parce que c'est l'un des points de départ de randonnées dans le **parc naturel d'Izki**, mais aussi parce que la **Maison du parc** vous renseigne sur les différents oiseaux à observer (℘ 945 410 502 - tlj sf lun. - été : 10h-19h ; hiver : 9h-15h ; j. fériés 10h-18h).

Le bourg se situe en surplomb d'un défilé. En sortie de village, essayez de vous garer sur le côté de façon à admirer le **panorama★**.

Des balisages de randonnées parsèment le village et débutent également au niveau de l'église.

Reprenez la route pour rallier San Roman de Campezo.

San Roman de Campezo

Hameau champêtre servant de point de départ à différentes randonnées.

Sanctuaire rupestre – *Comptez 45mn. Très bien balisé. Montez jusqu'au lavoir en haut du village et commencez l'ascension après l'église.*

La pente peut paraître parfois ardue, mais on est récompensé par la beauté du chemin qui laisse entrevoir les monts environnants pour déboucher ensuite sur un col ouvert au vent. La vue ne cache rien alors des champs de la vallée, des routes qui serpentent et des éoliennes sur les crêtes. On rallie le petit sanctuaire aménagé dans une grotte par une sente à flanc de montagne.

Revenez à Viana en prenant la direction de Quintana, puis d'Angostina et de Marañón. Après Cabredo, tournez à droite dans la NA 7200 en direction d'Aguilar. À la hauteur du bourg, dans le lacet, ne manquez pas sur votre droite la NA 7230 qui vous ramènera à Viana.

😊 NOS ADRESSES À VIANA

HÉBERGEMENT/RESTAURATION

Viana constitue la dernière halte navarraise pour les pèlerins qui ont tous suivi la même route depuis Pampelune ou Sangüesa. C'est pour eux un point de ravitaillement incontournable.

PREMIER PRIX

San Pedro – *Medio San Pedro, 13 - ℘ 948 645 927 - www.pension sanpedro.com - 7 ch. 50 €.*
Cette petite pension dispose, à l'étage, de chambres claires et fonctionnelles. Au rez-de-chaussée se trouve le restaurant où la cuisine traditionnelle est mise à l'honneur.

Casa Armendariz – *Calle Navarro Villoslada, 15 - ℘ 948 645 078 - www.sidreriacasaarmendariz. es - lun.-dim. 10h-0h- 7 ch. 44 € - menus 11/29 € - carte 30/36 € - fermé 24 déc.-3 janv.* Située dans le centre historique, cette pension propose des chambres propres et calmes. Elle possède deux salles de restaurant dont une bodega.

BUDGET MOYEN

Palacio de Pujadas – *Calle Navarro Villoslada, 30 - ℘ 948 646 464 - http:// palaciodepujadas.com - 28 ch. et suites 70/80 € - ☕ 10 € - menus 12,50/24 €.* Ici, vous passerez la nuit dans un palais du 16ᵉ s. superbement restauré et doté de vastes chambres.

AGENDA

Día de la Magdalena (Fête de la Madeleine) – *22 juil.* Défilé de vaches, concerts.
Fiestas de la Virgen de Nieva (Fête de la Vierge de la Nieva) – *9-13 sept.* Grand banquet et festivités de rue.

Olite

Erriberri

3 915 habitants

Résidence de prédilection des rois de Navarre au 15e s., Olite, la « ville gothique », vit dans l'ombre d'un château si démesuré qu'il a l'allure et les dimensions d'une cité médiévale. Autrefois fortifié comme en témoignent les quelques tours et portes de la ville, le centre est désormais réservé aux piétons. Vous pourrez déambuler dans les rues animées et apprécier les dégustations proposées par les bodegas, nombreuses dans cette cité éminemment viticole.

😊 NOS ADRESSES PAGE 395
Hébergement, restauration, achats, activités, etc.

🛈 S'INFORMER

Office de tourisme – *Pl. de los Teobaldos, 4 - ℘ 948 741 703 - juil.-sept. : lun.-sam. 10h-14h, 16h-19h, dim. 10h-14h ; reste de l'année : sam. 10h-14h, 16h-19h, dim. 10h-14h.*

▶ SE REPÉRER

Carte de microrégion B3 (p. 330-331) - carte des environs d'Olite (p. 393). De Pampelune, la N 121 comme l'AP 15 partent plein sud vers Olite. Comptez environ 40 km.

🅿 SE GARER

Le centre médiéval est piétonnier : laissez votre voiture près d'une porte du vieux quartier (parkings aménagés au pied des remparts).

😊 À NE PAS MANQUER

Les chapiteaux de Sta María la Real, à Ujué.

🕐 ORGANISER SON TEMPS

En matinée, la vieille ville et son château ; l'après-midi, les alentours avec Ujué, les lagunes et le monastère de la Oliva.

👥 AVEC LES ENFANTS

Le Palacio Real, pour son ampleur, et les lagunes de Pitillas, pour leurs oiseaux.

Se promener

Plaza de los Teobaldos

Occupant une place centrale dans le tissu urbain délimité autrefois par les murailles romaines, cette place, dont le nom honore la dynastie champenoise des rois de Navarre fondée en 1234 par Thibaud Ier, regroupe autour de ses arbres les principales curiosités de la ville, dont le parador (hôtel de luxe), l'**église Sta María** et le **musée du Vin★**. Des porches permettent de rejoindre la plaza de Carlos III.

Église Sta María la Real

Pl. de los Teobaldos - ℘ 948 740 056 - ♿ - été : 10h30-13h30, 16h-19h30 ; reste de l'année : se rens. à l'OT - fermé merc. - 1,50 €.
C'est l'ancienne chapelle royale. Un atrium aux fines arcades polylobées précède la **façade★** du 14e s., bel exemple de la sculpture gothique navarraise. Sur le magnifique portail, seul le tympan est historié (vies de la Vierge et du Christ). Remarquez l'attitude de Marie et Joseph dans le tableau de la Nativité : tous deux portent la main à l'oreille et semblent assez perplexes.

6

DE LA PLACE FORTE À LA VILLE ROYALE

Place forte romaine, Olite a vu son noyau d'origine tripler avec l'octroi du *fuero* d'Estella-Lizarra de García Ramírez en 1147. Le centre du bourg passe alors du *cerco de Dentro* au *cerco de Fuera*, enceinte médiévale nouvellement dressée au sud des anciens remparts. Des vestiges de ces murailles sont visibles à l'ouest du centre historique, le long de la rúa Romana et de la rúa Alcalde de Maillata, où se sont installées les bodegas. Au 13e s., la cité devient **siège royal** des rois de Navarre, mais c'est Charles III le Noble (1337-1425) qui en fait leur résidence principale (elle le restera jusqu'en 1512) et réutilise la forteresse romaine pour la transformer en château.

L'intérieur est également intéressant. Au-dessus du maître-autel, un très beau **retable★★**, peint en 1528 par Pedro de Aponte, encadre une Vierge gothique.

★ Museo de la Viña y el Vino de Navarra

(Centre d'exposition de la vigne et du vin de Navarre)

Pl. de los Teobaldos, 4 - ☎ 948 741 273 - www.museodelvinodenavarra.com - ⚹ - juil.-sept. : lun.-sam. 10h-14h, 16h-19h, dim. 10h-14h ; reste de l'année : contactez l'OT - fermé 1er, 6 janv. et 25 déc. - 3,50 €. Panneaux en anglais et en français.

Partageant le bâtiment de l'office de tourisme, ce musée a pris possession des étages et du sous-sol afin d'exposer de façon moderne et didactique toutes les étapes ainsi que le savoir-faire liés à l'élaboration du vin navarrais. Chacun des paliers correspond à une thématique : l'histoire du vin, la viticulture (entretien des vignes, outils), la vinification (embouteillage, conservation). Particulièrement intéressante, la section consacrée à l'œnologie donne quelques clés pour reconnaître et déguster les vins.

Plaza Carlos III

Tout en longueur, elle assure la jonction entre le quartier nord (ancien *cerco de Dentro*) et la partie sud de la vieille ville (auparavant *cerco de Fuera*). C'est par elle que l'on accède au **Palacio Real★**. À l'opposé du monument, sur la place, des escaliers donnent accès à des galeries souterraines *(Galerías subterráneas medievales - 1,50 €)* en fer à cheval, du 15e s., reconverties en salles d'exposition.

★★ Palacio Real (Palais Royal)

Accès par la plaza de Carlos III el Noble - ☎ 948 740 035 - www.olite.es/turismo/palacio-de-olite/- ⚹ - juil.-août : 10h-20h ; mai-juin et sept. : 10h-19h (20h w.-end) ; avr. et 1er-12 oct. : 10h-19h ; mars et 13-31 oct. : 10h-18h (18h30 w.-end) ; reste de l'année : 10h-18h - fermé 1er, 6 janv. et 25 déc. - 3,50 € (6-13 ans 2 €) ; billet visite guidée 4,90 € (enf. 3,50 €).

Tout droit sorti d'un conte de fées, le château se compose de deux éléments majeurs : le vieux palais, ou *palacio de los Teobaldos*, transformé aujourd'hui en parador, et le nouveau palais, dont Charles III le Noble ordonna la construction en 1399. Les origines françaises de ce prince – il était comte d'Évreux et natif de Mantes – expliquent le caractère élégant des fortifications, transition entre les lourdes maçonneries du 13e s. et les palais-résidences gothiques de la fin du 15e s., comprenant galeries et petites cours. Les architectes et certains des artisans maures qui y ont collaboré avaient du reste accompagné le souverain en France pour y puiser leur inspiration. Derrière la quinzaine de tours qui renforcent l'enceinte s'étendaient des jardins suspendus. Un décor d'azulejos (carreaux de céramique colorés), de stucs peints et de plafonds à marqueterie polychrome illuminait les salles. Parmi celles-ci, les plus remarquables sont la salle de la Reine et la galerie du Roi aux arcs élancés. Ne manquez pas le petit

Le palais royal d'Olite.
changered/iStock

cloître couvert de vigne vierge, ni la vue sur le toit de lauzes de l'église Sta María et la ville depuis la tour du Retrait. Notez la glacière en forme d'obus qui se dresse au pied des murailles du château.

Église San Pedro Apóstol

À l'extrémité sud-est du quartier médiéval, en bordure du paseo de Doña Leonor. Visible seult pdt les services religieux (avr.-sept. : sem. 19h, dim. et j. fériés 10h et 12h30 ; reste de l'année : dim. et j. fériés seult). Le cloître est fermé aux visiteurs.

C'est la plus ancienne de la ville, mélange de roman et de baroque. Dotée d'un clocher effilé octogonal, la façade de l'église offre, en effet, un aspect assez disparate. Les voussures du portail sont soulignées de boudins. De part et d'autre, deux aigles symbolisent l'un la Violence (à gauche, tuant un lièvre), l'autre la Douceur. À l'entrée, dans le bas-côté à gauche, une pierre sculptée au 15ᵉ s. représente la Sainte Trinité. L'église conserve en outre un beau cloître roman.

À proximité Carte de microrégion

Marcilla B3

▶ *29 km au sud d'Olite par l'AP 15.*
Seul monument digne d'intérêt, le château du 15ᵉ s. est construit en brique. Ses habitants aujourd'hui sont les cigognes, qui ont élu domicile sur ses tours

6

> ### UN PATRIMOINE EXCEPTIONNEL SAUVÉ DE JUSTESSE
> Classé Monument national en 1925, l'immense et fabuleux château d'Olite aurait pu ne pas parvenir jusqu'à nous. En 1813, un général espagnol, soucieux de le voir échapper aux Français, y mit en effet volontairement le feu. L'ouvrage perdit alors plusieurs tours, mais à la suite de campagnes de restauration, dont les dernières se sont achevées à la fin du 20ᵉ s., il a retrouvé toute sa majesté. La meilleure vue : le site se découvre de la route de San Martín de Unx. Celle de Beire offre aussi un beau panorama sur la ville.

et ses créneaux. Mais en dépit de son état de délabrement avancé, l'édifice a gardé fière allure et illustre encore, avec son fossé, ses tours d'angle et ses mâchicoulis, ce que pouvait être le système défensif de l'époque. L'ensemble a cependant été transformé en résidence dès le 16e s.

Villafranca B3

▶ *34 km au sud d'Olite par l'AP 15, puis la NA 660. Dirigez-vous vers la calle Mayor, proche du quartier historique.*

Une fois oubliée l'allure négligée de la ville, on peut apprécier les maisons de brique regroupées autour de l'esplanade sur laquelle donne l'église Sta Eufemia, de 1497. La couleur rosée des édifices, tels que le palais de los Obadina ou le couvent du Carmel, et les quelques cyprès plantés sur l'esplanade face à la sierra donnent une allure méditerranéenne à l'ensemble.

Circuits conseillés Carte des environs d'Olite

VAISSEAUX DE PIERRE, MARAIS ET ÉNERGIES RENOUVELABLES

▶ *Circuit de 70 km tracé en mauve sur la carte des environs d'Olite (ci-contre) – Comptez environ 3h30. Quittez Olite par la NA 5300 (face aux remparts, à hauteur du palais) à l'est.*

C'est à travers un paysage serein, sur lequel veille une armée d'éoliennes coiffant les crêtes, que vous allez évoluer. De-ci de-là, d'assez disgracieux champs de capteurs solaires rappellent que la Navarre a décidé d'investir assez massivement dans les énergies renouvelables.

San Martín de Unx

Garez-vous devant Sta María del Popolo et montez vers l'église San Martín (fléché).
Charme assuré dans ce village dont la rue principale est bordée de vieilles demeures de pierre. Elle mène à l'église des 12e-16e s.
La NA 5310 (sur la droite en direction de Sádaba) vous mènera à Ujué.

★★ Ujué/Uxue

Possibilité de se garer au pied de l'église.
Juché sur un sommet, dominant le pays de la Ribera, Ujué est resté tel qu'au Moyen Âge, avec ses rues tortueuses bordées de façades pittoresques qui conduisent au sanctuaire fortifié. Un village médiéval incontournable !
★★ Église Sta María la Real – *messes 19h (été 20h), j. fériés 11h30.* Une église, romane, avait été construite à la fin du 11e s. Au 14e s., le roi Charles II le Mauvais entreprit d'édifier l'église gothique, mais les travaux durent être interrompus et le chœur roman subsista. Dans la chapelle centrale est vénérée santa María la Blanca, statue romane en bois recouverte de plaques d'argent. Les murs extérieurs sont décorés de **chapiteaux** aux sculptures soignées, illustrant des scènes de la Bible (Annonciation, Nativité) et des personnages (musiciens, bergers, vignerons, etc.). Notez sur le tympan le poisson qui sort du cadre.
La fête patronale d'Ujué est célèbre : chaque année depuis le 14e s., le dimanche suivant la St-Marc (25 avril), se déroule la procession traditionnelle avec des pénitents.
Forteresse (Fortaleza) – Des tours de l'église, la **vue** s'étend jusqu'à Olite, le Montejurra et les Pyrénées. Ce poste d'observation avait un rôle militaire : du palais médiéval, il reste de hauts murs et un chemin de ronde couvert qui contourne l'église.

Revenez sur vos pas et prenez à gauche la NA 5311 jusqu'à Murillo el Fruto au sud. De là, allez à Carcastillo par la NA 124. En ville, prenez à droite vers Mélida par la NA 5500.

Monasterio de la Oliva à Carcastillo (monastère de la Oliva)

Fléché à partir de Carcastillo. On l'aperçoit à la sortie de la ville, sur la droite en direction de Mélida - ℘ 948 725 006 - ♿ - lun.-sam. 9h30-12h, 15h30-18h, dim. et j. fériés 9h30-11h30, 16h-18h - possibilité de visite guidée sur demande (1 sem. av.) - 2,50 €.

La Oliva est l'un des premiers monastères cisterciens édifiés par des moines venus de France, du vivant même de saint Bernard de Clairvaux. Son rayonnement intellectuel fut grand au Moyen Âge. Vidé de ses trésors, le monastère offre encore la remarquable pureté de son architecture cistercienne.

★ **Église** – Fin 12e s. Récemment restaurée, la façade, extrêmement dépouillée malgré le couronnement triangulaire et la tourelle dont on l'a affublée au 17e s., joue avec une rare élégance de la perfection des lignes de son portail et des deux rosaces. Le vaisseau surprend par sa grande profondeur.

Cloître – Fin 15e s. Les baies du cloître apparaissent d'une exceptionnelle légèreté. Cette architecture gothique fut plaquée sur la construction d'origine, comme en témoignent les retombées d'arcs qui masquent en partie l'entrée de la salle capitulaire du 13e s.

Quittez le monastère en direction de Mélida. Dans le village, prenez à droite en direction de Santacara que vous traverserez. Roulez ensuite environ 6 km sur la NA 5330 en direction de Pitillas. Vous verrez alors en bord de route une sorte de ferme, isolée ou presque, et un petit panneau qui indique les lagunes.

Lagunas de Pitillas (Lagune de Pitillas)

Cette zone marécageuse couvre 216 ha au pied de monts couronnés d'éoliennes. L'eau atteint une profondeur moyenne de 3 m, une digue maintenant

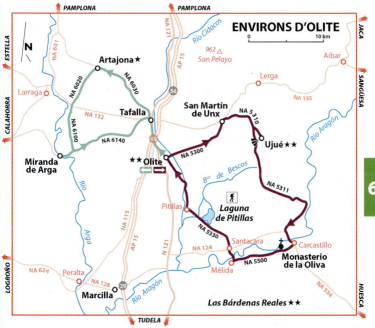

ce niveau en cas de besoin. Le site a été déclaré réserve naturelle en 1987 en raison de son importance écologique. Il se trouve en effet sur les axes migratoires de nombreux oiseaux qui viennent aussi s'y reproduire. La meilleure saison pour le découvrir est l'hiver.

Observatorio de Aves (Observatoire des oiseaux) – ☎ 619 463 450 - www. lagunadepitillas.org - avr.-mai et mi- juil.-août. : w.-end et j. fériés 11h-14h, 17h-19h ; reste de l'année : dim. et j. fériés 10h-14h - fermé 1ᵉʳ, 6 janv. et 25 déc. - entrée libre. 👥👤 Des longues-vues sont à la disposition des visiteurs pour regarder les marais et leurs habitants à plumes (canards, sarcelles, hérons, aigles, etc.). Explications sur l'origine des marais, de la faune et de la flore.

👣 Trois sentiers partent du centre d'observation, sans vraiment pénétrer dans les zones très marécageuses. Le premier fait 1 km (45mn) ; le deuxième s'étire sur 5 km (2h30) ; le troisième conduit, après 1 km de promenade, à un joli point de vue. Ils sont parfois déconseillés en période de nidification (de mars à juin).

Revenez à Olite par Pitillas, puis Beire, en empruntant la NA 5330 et la NA 5301.

VERS LE VERGER NAVARRAIS

▶ *Circuit de 58 km tracé en vert sur la carte des environs d'Olite (p. 393) – Comptez environ 2h. Quittez Olite par la N 121.*

Tafalla

En garant votre voiture près du centre-ville, vous pourrez mieux arpenter les rues du vieux Tafalla, dont les principaux monuments sont l'église Sta María (retable du 16ᵉ s. réalisé par un sculpteur originaire d'Azpeitia, Juan de Ancheta (1540-1588), et par l'un de ses disciples) et le couvent de la Concepción, qui communique par un arc avec la demeure des Mencos.

La NA 6030 vous conduit à Artajona.

La route dévoile un magnifique panorama sur la crête fortifiée d'Artajona.

★ Cerco de Artajona (Enceinte d'Artajona/Artaxona)

Pour atteindre le sommet de la colline depuis la route principale, prenez la calle Hospital dont l'agence CAN fait l'angle. Possibilité de monter en voiture.

Perchée en haut de la colline, **l'enceinte** d'Artajona dresse encore vers le ciel ses impressionnantes tours de défense et des portions de murs qui laissent deviner l'ampleur de cette fortification médiévale du 12ᵉ s., l'une des plus importantes de Navarre. Sur les 14 tours d'origine, 9 tiennent encore debout pour encadrer l'**église-forteresse de San Saturnino**, construite au 13ᵉ s. pour s'intégrer au système défensif de la forteresse. Dans un état proche du délabrement, elle sert aujourd'hui de lieu de réunion pour les habitants.

Suivez la NA 6020 prolongée au-delà de la NA 132 (route de Tafalla à Estella-Lizarra) par la NA 6100, puis tournez à droite dans la NA 6140 pour arriver à Miranda de Arga.

Miranda de Arga

Le village s'étage sur une colline, depuis l'hôtel de ville blasonné à mi-pente jusqu'à la plaza de la Cruz, reconnaissable à la tour de l'Horloge et à la tour mudéjare qui complète la iglesia de la Asunción.

👣 Un peu en dehors du bourg, au-dessus de l'église, se dressent un petit sanctuaire et les vestiges d'une tour depuis laquelle on jouit d'un beau panorama sur l'Arga en contrebas, le patchwork de champs et de carrés de vigne, ainsi que les rangées d'éoliennes dans le lointain.

Revenez à Olite par Tafalla via la NA 6140.

😊 NOS ADRESSES À OLITE

HÉBERGEMENT

PREMIER PRIX

Hostal Rural Villa Vieja – *Calle Villavieja, 11 -* ✆ *948 741 700 - www. hostalvillavieja.com - 11 ch. 65/85 € - lit supp. 20 € -* 🍴 *3/6 € (option sans gluten).* Bien situé, cet hôtel de charme propose des chambres colorées dans un style moderne.

Hôtel Merindad de Olite – *Rúa de la Judería, 11 -* ✆ *948 740 735 - www.merindaddeolitehoteles. com - 10 ch. 58/78 € -* 🍴 *8 €.* Établissement familial agréable, construit sur les vestiges d'une muraille romaine et décoré dans un style chaleureux. La famille tient un autre établissement, **El Juglar**, avec piscine - ✆ *948 741 855 - 9 ch. 105/115 € -* 🍴 *9,50 €.*

RESTAURATION

BUDGET MOYEN

Casa del Preboste – *Calle úa de Mirapies, 8 -* ✆ *948 712 250 - www.elpreboste.com - 12h-17h, 19h30-0h30 - fermé mar. soir - menu 12,50 € (en sem.), 22 € (w.- end), carte 25/35 €.* Les épais murs en pierre de ce restaurant datent du 15e s. Ils abritaient alors la maison du prévôt, représentant du roi chargé de récolter les impôts. L'établissement dispose de trois salles : l'une abrite (le soir) une pizzeria. Les deux autres (dont une au décor médiéval) sont réservées au service a la carte ou vous pourrez gouter a la roborative cuisine navarraise.

Gambarte – *Rúa del Seco, 15 -* ✆ *948 740 139 - www.restaurante gambarte.com - dim.-jeu. 13h-15h30, vend.-sam. 13h-15h30, 20h-22h30 - menu du jour 12 €, menu du soir 22 €.* Voici l'une des meilleures adresses de la ville. La salle à manger est vaste. À la carte, grand choix de plats de viande et de poisson.

Casa Zanito – *Rúa Mayo, 10 -* ✆ *948 740 002 - www.hotelolite. com - fermé. lun.-vend. en hiver et dim. soir et lun. en été - menu 25 €, carte 43/62 € - 16 ch. 68 € -* 🍴 *6 €.* Maison soignée dans la vieille ville. Dans la salle à manger au décor classique et élégant, vous pourrez déguster une cuisine locale. Les chambres, équipées de mobilier de qualité et confortables, sont un bon complément.

À Tafalla

POUR SE FAIRE PLAISIR

Túbal – *Pl. Francisco de Navarra, 4 -* ✆ *948 700 852 - www.restaurante tubal.com - fermé lun., dim. soir et mar.-merc. - formule déj. 39 € - menu 49 €, menu à partager 25 € - carte 35/40 €.* Signalée par une petite épicerie au rez-de-chaussée, cette institution de Tafalla dévoile deux vastes et somptueuses salles, desservies par un escalier lumineux, avec parquet luisant, miroirs et boiseries aux murs, tableaux de maître et sculptures. Le service est orchestré par l'élégante maîtresse de maison, madame Ascensíon, qui sait charmer ses hôtes. Privilégiez les formules et menus, composés d'un cortège de plats régionaux savoureux. Réservation recommandée.

Tudela

Tutera

35 170 habitants

Fondée au 9e s. par le calife de Cordoue, Tudela compte parmi les plus importantes villes d'origine islamique. C'est sa communauté juive qui lui apporta à l'origine sa prospérité. Un quartier maure (Morería) et juif (Judería) ainsi que d'anciennes demeures de style mudéjar ont été conservés. Aujourd'hui, la ville est un florissant centre agricole, pour le plus grand bonheur des restaurateurs locaux qui s'approvisionnent, selon la saison, en laitues, asperges, artichauts...

NOS ADRESSES PAGE 400
Hébergement, restauration, achats, activités, etc.

S'INFORMER

Office de tourisme – *Pl. de los Fueros, 5-6 - ☎ 948 848 058 - www. tudela.es - juil.-août : lun.-mar. 8h-15h, merc.-vend. 8h-15h, 16h-20h, sam. 9h-14h, 16h-20h, dim. 10h-14h ; reste de l'année : lun.-vend. 8h-18h30, sam. 9h-14h, 16h-19h, dim. et j. fériés 10h-14h.*

SE REPÉRER

Carte de microrégion B4 (p. 330-331). À 96 km au sud de Pampelune par l'AP 15, Tudela veille sur la frontière navarro-aragonaise. Campée au bord de l'Èbre, elle s'intègre à la Ribera, région de plaines ouvertes qui suit le cours de ce fleuve majeur.

SE GARER

Le vieux centre est en grande majorité piétonnier. Garez-vous en périphérie (payant) ou dans un parking proche de la plaza de los Fueros.

À NE PAS MANQUER

La cathédrale Sta María la Blanca.

AVEC LES ENFANTS

Parc de loisirs de Sendaviva.

Se promener

Plaza de los Fueros

Au moindre événement, festif ou politique, tous les habitants convergent vers cette place baroque (1687), trait d'union entre le quartier historique et la ville moderne.

Quittez la place par le Muro, large rue qui rejoint le paseo de Pampelune. À son extrémité, tournez à gauche pour rejoindre la plaza de la Judería.

Plaza de la Judería

Son nom rappelle que, jusqu'à son expulsion en 1498, la ville abritait une importante communauté juive dont les plus illustres représentants ont été le philosophe et mathématicien Abraham ibn Ezra et le poète Yehuda Ha Lévi. Le **palais** Renaissance **del Marqués de San Adrián** du 16e s. borde l'un de ses côtés. Notez à l'étage les arcs de style aragonais et l'avant-toit, œuvre d'Esteban de Obray, sculpteur d'origine franco-aragonaise installé à Tudela en 1519. L'intérieur abrite un patio Renaissance.

Prenez la petite rue qui longe le palais sur sa droite et marchez tout droit dans les rues Magallón puis Pontarrón pour aboutir à la plaza Vieja et à la cathédrale.

Plaza Vieja

Elle est bordée par l'*ayuntamiento* (hôtel de ville), bâtiment du 15ᵉ s., et le musée d'Art moderne qui a investi le palais d'une noble famille de Tudela, profondément remanié à l'époque baroque.

Musée d'Art moderne Muñoz Sola – *Pl. Vieja, 2 -* 🖉 *948 402 640 - merc.-sam. 10h-13h30, 17h-19h (20h en été), dim. 10h30-14h - fermé 1ᵉʳ et 6 janv., 24-30 juil., 25 et 31 déc. - 1 € (-18 ans gratuit).* Natif de Tudela, le peintre **César Muñoz Sola** (1921-2000) a réuni au cours de sa vie une collection d'œuvres picturales, pour la plupart françaises et datant de la seconde moitié du 19ᵉ s. (Girodet de Roucy, Hugard de la Tour, Julien Tavernier, Foubert…). Elle est aujourd'hui exposée dans ce musée, qui consacre également une salle aux peintures, particulièrement académiques, de l'enfant du pays.

Rejoignez la calle Roso, à l'opposé de la calle de Pontarrón, afin de découvrir le palais épiscopal.

Palacio Decanal y Museo de Tudela

(Palais épiscopal et musée de Tudela)

Roso, 2 - 🖉 *948 402 161 - www.palaciodecanaldetudela.com - lun.-sam. 10h-13h30, 16h-19h, dim. et j. fériés 10h-13h30 - 4 € (7-12 ans 2 €), le billet comprend la visite de la cathédrale.*

L'ancien **palais épiscopal** construit en brique au 16ᵉ s. abrite le **musée de Tudela** et donne accès à la **cathédrale★★** et au cloître. Avant de pénétrer dans le musée, installé en partie dans le cloître, admirez le superbe portique plateresque qui orne sa façade côté Roso. Dans le musée, vous découvrirez une collection d'art sacré. Ne manquez pas les **azulejos★** de la chapelle (16ᵉ s.).

★★ Cathédrale Sta María la Blanca

Accès par le musée (même conditions) - 🖉 *948 021 161 - www.palaciodecanal detudela.com - 4 € (billet combiné avec le musée).*

Construite aux 12ᵉ-13ᵉ s., c'est un excellent exemple de l'architecture de transition romano-gothique. Le **portail du Jugement★★**, surprenant ensemble sculpté, expose près de 120 personnages illustrant, parfois avec beaucoup de verve, le Jugement dernier.

L'intérieur, roman dans son élévation, est gothique dans les voûtes et les fenêtres hautes. Excepté la clôture du chœur et quelques chapelles latérales baroques, l'église est riche en œuvres gothiques : stalles du chœur (début 16ᵉ s.), retable du maître-autel (vers 1500), Notre-Dame la Blanche (vers 1200 – statue reliquaire d'allure byzantine) dans la chapelle absidiale droite. La **chapelle N.-D.-de-l'Espérance★**, juste à côté, renferme plusieurs

---

ORIGINE MUSULMANE

Fondée par les Arabes en 802, Tudela devient chrétienne après la conquête de Saragosse par Alphonse Iᵉʳ le Batailleur en 1119. Navarraise depuis 1134, elle fut la dernière cité à se soumettre au roi de Castille en 1512. Dès le 16ᵉ s., elle profite d'une certaine prospérité agricole et commerciale, comme en témoignent les édifices plateresques qui parsèment son vieux centre. Elle a entretenu et préservé tout au long des siècles ces atouts économiques (situation stratégique et agriculture) : à la fin du 19ᵉ s., céréaliculture et viniculture (asperges, haricots, piments, etc.) connaissent un développement sans précédent. Aujourd'hui, Tudela représente le grand centre de la Ribera, où industries agroalimentaires côtoient métallurgie et équipements lourds.

BELVÉDÈRES

Pour bénéficier des meilleurs points de vue sur Tudela, montez sur la **colline du Sagrado Corazón** qui surplombe la vieille ville, ou en haut de la **tour arabe Monreal** (11ᵉ s.) qui lui fait face, de l'autre côté de la plaza de los Fueros, dans la ville moderne. À l'intérieur de la **tour Monreal**, une *camera oscura* procure de magnifiques vues (⏱ *OT - visite sam. 11h et 18h, dim. 11h).*

chefs-d'œuvre du 15ᵉ s. : le sépulcre d'un chancelier du roi de Navarre et le **retable central** (1412) dédié à la Vierge. Dans l'abside gauche, l'une des chapelles abrite le **retable de Sta Catalina★★**, en bois doré polychrome (fin 14ᵉ s.).

★★ **Cloître** – Ensemble très harmonieux des 12ᵉ-13ᵉ s. Les arcades romanes reposent alternativement sur deux ou trois colonnes aux chapiteaux historiés relatant, pour la plupart, les épisodes du Nouveau Testament et de la vie des saints. Dans le mur d'une des galeries a été conservée une porte de l'ancienne mosquée. La **chapelle de San Dionis**, ancienne synagogue, retrace quant à elle l'histoire de la communauté juive de Tudela. Dans les galeries, des panneaux évoquent la cohabitation des trois religions monothéistes dans la ville.

En passant par la plaza San Jaime, engagez-vous dans la calle Rúa.

Calle Rúa

Cette rue comprend quelques-uns des plus beaux édifices civils du vieux Tudela. Voyez la magnifique façade de la **casa del Almirante★★** (1515) ornée de cariatides, d'un joli balcon plateresque et d'un avant-toit à caissons. Elle abrite des expositions d'art contemporain espagnol (collections privées) *(lun.-vend. 9h30-13h30 - gratuit, visite guidée 3 €)*. Plus loin se dresse la **casa Ibañez Luna** (16ᵉ s.), plus modeste mais aussi de style baroque. Admirez son tympan roman.

La rue mène à l'église San Nicolás.

Église San Nicolás

À l'angle de la calle de Serralta.

En la réédifiant au 18ᵉ s., on a replacé sur la façade en brique de style mudéjar le tympan roman d'origine, où figure Dieu le Père assis, tenant son fils et entouré des symboles des évangélistes.

Prenez à gauche la calle de Serralta, suivez-la jusqu'au bout, puis tournez à gauche pour déboucher dans la place Mercadal.

Plaza Mercadal

Cette place étroite est longée par l'édifice baroque de Castel Ruiz, ancien collège des jésuites construit en 1608 près de l'église St-Georges (San Jorge), qui abrite un centre culturel. N'hésitez pas à y entrer pour admirer les caves en pierre de taille, le patio et l'ornementation baroque de la voûte.

À son extrémité, prenez sur votre droite la rue qui débouche sur la rue Herrerías au terre-plein verdoyant.

Palais del Marqués de Huarte

Le palais du marquis de Huarte (18ᵉ s.), de style néoclassique, accueille aujourd'hui la bibliothèque.

Revenez par la calle Yanguas y Miranda à la plaza de los Fueros.

Circuit conseillé Carte de microrégion

PALAIS ABANDONNÉS ET SANCTUAIRES B4

▶ *Circuit de 75 km tracé en bleu pâle sur la carte de microrégion (p. 330-331) – Comptez 2h. Dans Tudela, suivez la direction de Logroño, puis Corella par la NA 160.* La NA 160 traverse des paysages de pinèdes, de rocailles et de buissons rachitiques, avec les éoliennes en toile de fond.

★ Corella B4

Bien que les palais baroques du quartier historique de Corella tombent en décrépitude, ils donnent à la vieille ville un charme suranné auquel on ne reste pas insensible. Allez voir le vieux palais de brique qui borde la plaza de los Fueros, avec son avant-toit sculpté, ses arcades au dernier étage et les vestiges de céramiques qui entourent encore sa porte.

Depuis la plaza de España où se trouvent l'*ayuntamiento* et le palais blasonné du marquis de Bajamar, un réseau de ruelles vous révélera des maisons anciennes aux murs tout juste droits comme ceux de la casa de los Sada ou encore ceux du palais Sopranis (18e s.).

Musée de l'Incarnation (Museo Arrese) – ✆ *948 780 825 - www.corella.es - visite guidée sur réserv. - 2 €.* Accolé à l'église, le cloître accueille désormais une intéressante collection d'art religieux des 16e, 17e et 18e s.

La NA 161 vous conduit à Cintruénigo.

Cintruénigo

Quelques palais au faste fané se fondent dans le vieux centre de Cintruénigo, notamment sur la plaza de los Fueros ou dans la calle Baron de la Torre.

Basilique de la Purísima – *Aux portes du bourg en direction de Fitero.* Sanctuaire de style maniériste de la première moitié du 17e s. À l'intérieur, l'un des premiers retables baroques de Navarre représentant l'Immaculée Conception.

Reprenez la NA 160.

Monastère de Fitero B4

27 km à l'ouest de Tudela. Pénétrez dans le centre, contournez le parvis de l'abbatiale et garez-vous sur la place ombragée de l'hôtel de ville.

🏠 *Iglesia, 8 - ✆ 948 776 600 - lun.-jeu. 11h-13h, 17h-18h30, vend.-sam. 11h-13h.* C'est à Fitero que s'est établi le premier couvent cistercien construit dans la Péninsule (1140). Fait rare, il est intégré au tissu urbain, car le village thermal s'est peu à peu développé autour du site. Sa mainmise sur le bourg provoqua de nombreuses révoltes jusqu'en 1836, date à laquelle la loi de sécularisation permit aux villageois de s'en émanciper. Une partie des bâtiments accueille aujourd'hui des institutions civiles (mairie, maison de retraite, bibliothèque), qu'un plan de réhabilitation prévoit à terme d'installer ailleurs. - *visite monastère, mar.-sam. 11h-13h30, 17h-19h, dim. et j. fériés 11h-13h30, visite guidée mar.-sam. 11h30, 13h15, 17h30, dim. et j. fériés 12h - visite guidée église lun.-sam. 12h, dim. et j. fériés 12h45 - 3 €.*

★ **Église** – Elle date du 12e s., comme en témoigne l'allure romane de son **chevet★**, auréolé de chapelles absidiales, visibles en contournant l'édifice. L'intérieur, représentatif de la sobre architecture cistercienne, conserve un retable majeur Renaissance (fin 16e s.), d'autres baroques, comme celui de sainte Thérèse (abside droite), et un orgue datant du 17e s.

Salle capitulaire et cloître – Soutenue par quatre colonnes centrales et douze pilastres, la salle capitulaire, couverte d'une belle succession de voûtes, s'ouvre directement sur le cloître Renaissance et ses deux niveaux de galeries.

6

Traversez le village et tournez à gauche dans la NA 6900 pour rejoindre Cascante. Jolis paysages de vergers au pied de collines arborées.

Cascante B4

★ **Église de Nuestra Señora del Romero** – Construite en brique à la fin du 17e s., elle domine le bourg du haut de sa colline, depuis laquelle se déploie un très beau **panorama**★ sur les plaines de Queiles, les Bárdenas, la frontière aragonaise et le massif du Moncayo. On y accède par une **rampe**★ irrégulièrement pavée que bordent 39 arcades de brique.

À l'intérieur, admirez le dôme Renaissance, la riche décoration du chœur, son retable baroque et celui, plus ancien, de la chapelle de droite.

Prenez la N 121 en direction de Tarazona.

Tulebras B4

Le monastère de brique abrite depuis 1149 une communauté de cisterciennes (la première implantée en Espagne).

Derrière le monastère et le hameau passent plusieurs voies de randonnée, comme la voie verte del Tarazonica ralliant Tudela à Tarazona sud, ou celle allant de Tulebras à Cascante *via* Ablitas.

Revenez à Tudela par la N 121.

NOS ADRESSES À TUDELA

HÉBERGEMENT

PREMIER PRIX

Hôtel Remigio – *Calle Gaztambide Carrera, 4 - ☏ 948 820 850 - www. hostalremigio.com - 32 ch. 52/60 € - ☖ 6 € - menu du jour 16 €.* Hôtel fonctionnel et point de départ idéal pour parcourir la ville à pied. Chambres d'une propreté exemplaire, desservies par un élégant escalier orné de verre. Restaurant au menu attractif. Spécialités locales à base de bons produits maraîchers.

Hôtel Pichorradicas – *Calle Cortadores, 11 - ☏ 948 821 021 - www.pichorradicas.es - 7 ch. 60/70 € - ch. supp. 20 € - ☖ 10 €.* Aucun doute, cet hôtel mérite plus que votre attention. Outre sa situation en plein quartier historique, ses chambres, personnalisées et bien équipées, sont très accueillantes. Les pièces mansardées sont plus vastes et sont équipées de baignoires hydromassantes.

Hôtel Santamaría – *Camino San Marcial, 14 - ☏ 948 821 200 - www. hotelsantamaria.net - P - 50 ch. 60/125 € - ☖ 6 €.* Situé à deux pas du quartier historique, cet hôtel accueillant propose des chambres claires et modernes avec vue sur le parc et la jolie fontaine.

POUR SE FAIRE PLAISIR

AC Marriott Ciudad de Tudela – *Calle Misericordia s/n - ☏ 948 402 440 - www.marriott. com - P - 42 ch. 83/120 € - ☖ 14,30 € - ✗ 35/40 € - salle de remise en forme.* Belles installations et fusion judicieuses entre le passé et l'avant-garde. Chambres équipées dans le pur style de cette prestigieuse chaîne d'hôtels. Salle à manger moderne et claire, où l'on déguste une belle variété de plats.

À Arguedas

PREMIER PRIX

Casa rural La Bárdena Blanca – *Calle San Francisco Javier, 11 - ☏ 636 286 265 - www.*

casarurallabardenablanca.com -
5 ch. 55/65 € - 🖵 7 € - location vélo
15 €/j. Cette charmante maison
d'hôte propose des chambres
fonctionnelles de style rustique
aux couleurs pastel et aux poutres
apparentes. Cuisine et garage
pour les vélos à disposition.

À Fitero

BUDGET MOYEN

Hospeda del Monasterio – *Calle
Garijo, 2 - 🕿 948 088 781 - www.
lahospederiadelmonasterio.
com - 5 appart./6 pers. 75/150 €.*
Beaux appartements avec pierre
et brique apparentes, situés
à deux pas du monastère. Les
propriétaires, Maria et Jésus, sont
aux petits soins pour leurs hôtes…
Réservation recommandée.

RESTAURATION

BUDGET MOYEN

Mesón Julián – *Calle de la
Merced, 9 - 🕿 948 822 028 - www.
mesonjulian.com - fermé mar., ts les
soirs sf vend.-sam. - carte 20/40 € -
menu 35 €.* Ce restaurant séduit
par sa situation en plein quartier
historique, par son décor où se
mèlent brique et bois et par ses
goûteux petits plats traditionnels.
Le chef utilise surtout des produits
de saison qu'il fait mijoter. Riche
carte des vins.

Treintaitres – *Calle Pablo
Sarasate, 7 - 🕿 948 827 606 - www.
restaurante33.com - 13h30-16h et
21h-23h - fermé mar., dim. soir et
lun. soir - menu 25 €.* Établissement
familial, avec un bar et deux salles
à la décoration minimaliste, l'une
sur le côté et l'autre à l'étage.

POUR SE FAIRE PLAISIR

Iruña – *Calle Muro, 11 -
🕿 948 821 000 - www.
restauranteiruna.com - 13h-16h
et 20h30-23h - fermé lun. - menus
15/30 € - carte 28/50 €.* Dans ce

restaurant familial, les produits
maraîchers régionaux sont
sources de créativité : goûtez
les délicieuses croquettes de
bourrache ou les poivrons farcis
aux légumes. Belle carte des vins.

Casa Ignacio (Pichorradicas) –
*Calle Cortadores, 11 -
🕿 948 821 021 - www.
pichorradicas.es - 7 ch. 60/70 € - rest.
fermé dim. soir et lun. sf férié - menu
39 €.* Ce restaurant intime est
installé dans le quartier historique.
Les deux salles de style moderne
sont ornées de poutres et de murs
en brique.

À Fitero

BUDGET MOYEN

Fiterana – *Calle Lejalde, 27 -
🕿 948 776 507 - www.lafiterana.
com - fermé lun. hors sais. et le soir
en sem. - menus 11/25 €.* Le chef
David González Antón mitonne
une cuisine créative et délicate,
où les poissons et les légumes de
la région sont en bonne place.
Service souriant.

ACTIVITÉS

Sendaviva – *Rte de la Virgen
del Yugo, s/n - 31513 Arguedas -
🕿 948 088 100 - www.sendaviva.
com - 11h-23h ; hors sais. 11h-20h
(vérifier les jours d'ouv. sur le site
Internet) - 25 €, 5-11 ans 18 € -
logement 54/88 €.* Situé à 15 km
de Tudela, ce parc de loisirs, qui
compte plus de 800 animaux
de 200 espèces, vous divertira
avec ses nombreuses attractions
(manèges, tyroliennes, bobsleigh,
etc.) et ses spectacles.

AGENDA

Santa Anna (Fêtes patronales de
Ste-Anne) – *25-30 juil.* À partir du
25 : feria, courses de taureaux,
encierros et la *revoltosa,* une danse
qui a lieu plaza de los Fueros.

6

Les Bárdenas Reales

Classé réserve de biosphère par l'Unesco, le Parc naturel des Bárdenas Reales présente d'extraordinaires paysages de vastes plaines, de ravins, de buttes et de steppes, à l'ambiance de western. Le parc s'étend du sud-est de la Navarre jusqu'au fleuve Aragón (au nord), sur une superficie de 42 500 ha. C'est le climat semi-désertique qui a modelé les sols en argile, en gypse et en grès, créant ces reliefs impressionnants, qui ont servi de décor pour la saison 6 de la série Game of Thrones. L'idéal est de les découvrir à vélo.

NOS ADRESSES CI-CONTRE
Hébergement, restauration, achats, activités, etc.

S'INFORMER

Centre d'information - *rte du Polígono de Tiro, km 6 - Finca Los Aguilares -* 🕿 *948 830 308 - www.bardenasreales.es - mars-sept. : 9h-14h, 16h-19h ; reste de l'année : 9h-14h, 15h-17h.* Vous y trouverez toutes les informations nécessaires pour votre excursion (cartes, propositions de visite guidée…).

BON À SAVOIR

Le Parc naturel des Bárdenas est accessible de 8h à 1h avant la nuit.

SE REPÉRER

Carte de microrégion B4 (p. 330-331). Les Bardenas Reales se situent à 15 km au nord de Tudela.

AVEC LES ENFANTS

Une balade à vélo (*voir Nos adresses ci-contre*).

Découvrir

🔘 *Deux accès permettent d'aborder ce territoire semi-désertique. L'un débute 800 m avant Arguedas, après le km 13 en venant de Tudela sur la NA 134, à droite. Vous verrez un petit panneau « Bárdenas Reales ». Ne manquez pas la route qui est très discrète ! L'autre accès, moins balisé, se fait au niveau de N. S. del Yugo, à 5 km au nord d'Arguedas.*

N'oubliez pas de vous munir d'eau, d'un chapeau, de lunettes de soleil et d'une bonne crème solaire.

Le parc compte trois réserves naturelles qui abritent une faune sauvage (aigles, vautours, renards, reptiles…) : Rincón del Bu, Caídas de la Negra et Vedado de Eguaras. Sur les cartes, vous le trouverez divisé en trois territoires distincts : La Bárdena Blanca, La Bárdena Negra et El Plano.

La Bárdena Blanca

C'est la plus visitée et la plus photographiée ; elle entoure la zone militaire, le Polygone de Tir. Si vous arrivez par la route, au départ du centre d'information, vous entrerez sur le site en contournant par la droite la caserne militaire. À moto, en voiture ou à vélo, vous parcourrez 31 km et contemplerez des panoramas à couper le souffle dont Pisquerra, Rallón ou encore Castildetierra, pour n'en citer que quelques-uns. Vous pourrez aussi continuer à pied votre excursion en grimpant, par exemple, les 200 marches qui mènent au belvédère de Cabezo de las Cortinillas. Une vue imprenable vous y attend ! Toutefois, ne

VOIE VERTE DU TARAZONICA

🚲 Aménagée sur les anciennes lignes ferroviaires, la voie verte du Tarazonica s'étend de Tudela jusqu'à Tarazona (Aragon). Bien balisée depuis la gare de Tudela, elle traverse, sur 22 km, les villes de Murchante, Cascante, Tulebras, Malón, Novallas et Vierlas. Tout au long de l'itinéraire, des panneaux indiquent le nombre de kilomètres à parcourir jusqu'à la prochaine ville et l'équivalence en temps pour les cyclistes et les piétons. Autour, vignes et vergers embellissent le paysage. Attention toutefois aux crevaisons fréquentes ! Pour louer un vélo, 🚲 *Nos adresses ci-dessous.*

vous laissez pas surprendre par le bruit des avions de chasse qui survolent la zone. Cela risquerait de vous déséquilibrer dans votre ascension.

La Bárdena Negra

Située plus au sud, elle se distingue par son relief formé de plateaux et de ravins. Son paysage, presque méditerranéen, dévoile champs de céréales, forêts de pins et de chênes kermès. Pour avoir la meilleure vue sur ce site, il faudra monter jusqu'au sanctuaire Sancho Abarca, accessible en voiture ou à vélo.

El Plano

Localisé au nord de la Bárdena Blanca, ce territoire bordé de chênes kermès et de champs de romarin est principalement une terre de production céréalière. Moins marqué par l'érosion, son relief ne forme qu'un plateau dont l'altitude ne dépasse pas les 100 m. La découverte de cette zone se fait essentiellement à vélo.

😊 NOS ADRESSES DANS LES BÁRDENAS REALES

HÉBERGEMENT/RESTAURATION

🚲 *Nos adresses à Tudela, p. 400.*

ACTIVITÉS

Bárdenas Aventure – *Arguedas - 31513 Arguedas -* ✆ *609 772 450 - www.bardenasaventure.com - 55 € - possibilité 1/2 P ou P complète.* Les Bárdenas Reales à travers diverses activités : VTT, randonnée pédestre, équestre ou en 4X4. Un guide vous proposera différents itinéraires.

Ciclos Martón – *Calle Real, 31 - 31513 Arguedas -* ✆ *948 831 577 - 9h-13h, 15h30-20h, sam. 9h-13h, dim. sur RV - 18/21 €/j.* Louez un VTT pour la journée et découvrez les paysages arides des Bárdenas Reales.

Chiquibike – *Calle de la Misericordia, 1 -* ✆ *948 825 201 - www.chiquibike. com - lun.-vend. 9h30-13h, 16h30-20h, sam. 9h30-13h - fermé de fin juil. à déb. août - 20 €/j.* Louez un vélo pour la journée et baladez-vous sur la voie verte qui s'étend de Tudela à Tarazona (22 km).

AGENDA

La Sanmiguelada – Tous les 18 septembre, le lieu-dit El Paso, situé au nord du parc des Bárdenas Reales, organise une transhumance qui dure plusieurs jours : des milliers de brebis quittent les vallées pyrénéennes de Roncal et de Salazar pour rejoindre les Bárdenas Reales afin d'y paître en automne et en hiver. Datant du Moyen Âge, ce rituel attire chaque année des milliers de visiteurs.

6

COMPRENDRE LE PAYS BASQUE (France, Espagne) ET LA NAVARRE

Le Pays basque et la Navarre aujourd'hui

Comment comparer l'ambiance de St-Jean-de-Luz à celle de Bilbao, le statut de la Navarre à celui du département français des Pyrénées-Atlantiques, le développement industriel d'Euskadi et le choix du tourisme vert du Labourd à la Soule ? Même la variété des paysages est extrême, entre la Côte atlantique battue par les vagues, l'arrière-pays verdoyant et le versant méridional au climat méditerranéen. De ces différences persistantes, la région tire ses richesses : les provinces y partagent une langue et une culture, terreau pour un développement commun dans le respect des spécificités.

Sur une surface réduite se télescopent l'Océan, une côte déchiquetée, des collines, des vallées plus ou moins encaissées, des sommets flirtant avec les 2 000 m… et même un désert. Soumis à des influences climatiques variables, ce pays montagneux est occupé par l'homme depuis des millénaires. Et celui-ci a, au cours du temps, façonné cet espace pour en faire une fantastique mosaïque de paysages.

Des paysages aux contrastes affirmés

La région s'étend de part et d'autre des Pyrénées, en France (Labourd, Basse-Navarre et Soule) et en Espagne (Álava, Biscaye, Guipúzcoa et Navarre). Charnière entre l'Europe continentale et la péninsule Ibérique, ce territoire de moins de 21 000 km², niché au creux du golfe de Biscaye (ou de Gascogne) et battu par l'océan Atlantique, traversé par les massifs montagneux (axe pyrénéo-cantabrique) est bordé au sud-ouest par la vallée de l'Èbre/Ebro, au nord par l'Adour qui se jette dans l'Océan, à l'ouest par la vallée de Karrantza et à l'est par le massif du pic d'Anie.

Les chaînes de montagne orientées est-ouest forment une ligne de partage des eaux sur l'**axe Gorbea-Orhi**. Le versant nord (Biscaye/Viscaya, nord de l'Álava, Guipúzcoa, Labourd, nord de la Navarre, Basse-Navarre et Soule), dont les eaux débouchent dans l'Atlantique, est soumis à un climat océanique, doux et pluvieux : c'est le **versant atlantique**, humide, verdoyant *(voir les microrégions 1, 2, 3 et 4 dans la partie « Découvrir »)*. Sur le versant sud (grande majorité de l'Álava et de la Navarre), les eaux arrivent à la Méditerranée, en suivant le cours majestueux de l'Èbre.

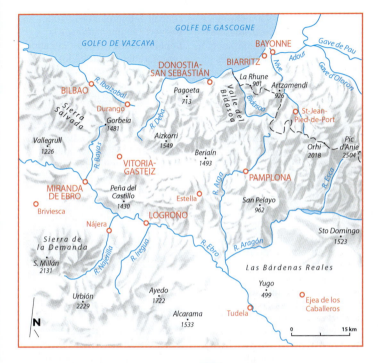

C'est un climat méditerranéen qui s'impose sur ce **versant méridional**, sec, de couleur ocre en été. 150 km suffisent pour passer d'un climat de haute montagne à un climat subdésertique (*voir les microrégions 5 et 6 dans la partie « Découvrir »*).

Des populations inégalement réparties

Avec 300 787 habitants (en 2014), le Pays basque français fait figure de nain démographique comparé aux 2 189 000 habitants du côté espagnol.

En France

CONCENTRATION SUR LE LITTORAL

Les principaux traits démographiques du Pays basque se sont accentués tout au long des 19e et 20e s. Aujourd'hui, le littoral du Labourd concentre plus des deux tiers des habitants. La croissance constante de la population (plus 15 % en 25 ans) est principalement due à l'attractivité touristique exercée par la côte. Le solde migratoire, largement positif, permet de couvrir et même de dépasser le déficit du solde naturel. Les nouveaux arrivants sont principalement de jeunes familles, même si la part des retraités attirés par le cadre de vie reste importante.

Ce phénomène qui s'amplifie ne va pas sans poser des problèmes de logement : l'offre est insuffisante et, comme dans de nombreuses régions françaises, certaines villes (St-Jean-de-Luz, Biarritz) connaissent une flambée des prix inquiétante pour les familles à revenus moyens et la jeunesse locale. La crise s'étend peu à peu vers l'intérieur des terres…

MIGRATIONS PENDULAIRES

La Basse-Navarre et la Soule voient leur population se stabiliser (respectivement plus de 31 000 et près de 16 000 habitants) après une longue phase d'exode rural. Certains cantons sont néanmoins toujours en crise, la part des plus de 50 ans représentant souvent 40 à 50 % des habitants. En revanche, les migrations pendulaires prennent de l'ampleur, entraînant l'installation des populations actives en périphérie de l'espace urbain (en Labourd intérieur et Basse-Navarre), le long des voies menant à l'agglomération Côte basque-Adour (ensemble Bayonne-Anglet-Biarritz-Bidart-Boucau).

En Espagne

LA NAVARRE

Hégémonie de Pampelune

Plus de 195 000 personnes (près d'un Navarrais sur trois) vivaient aujourd'hui à Pampelune, une ville dont l'emprise sur le territoire prouve le dynamisme. Depuis quelques années, les banlieues résidentielles sortent de terre à grande vitesse, englobant les villages proches dans une large ceinture périurbaine. La Navarre connaît depuis plus de quarante ans une forte augmentation de la population liée à l'industrialisation. Les migrations internes ont été importantes, favorisant le développement des espaces urbains : en cinquante ans, la population de Tudela (métropole du sud navarrais) est passée de 16 000 à 35 000 habitants en 2010 quand celle de Pampelune doublait. La capitale navarraise affiche aujourd'hui sa volonté hégémonique, se dotant d'un réseau autoroutier qui fait d'elle un carrefour de voies de communication.

Au sud, la vallée de l'Èbre reste une zone densément peuplée (environ 120 000 habitants) grâce à son agriculture productiviste et à sa proximité avec ses voisins d'Aragon et de Rioja.

Désertification des vallées pyrénéennes

Ces vallées, principalement au nord-est, subissent de plein fouet la crise du monde rural : l'attraction de Pampelune y est très forte et la désertification succède à l'exode rural : populations vieillissantes, activités déclinantes, villages abandonnés, plus rien ne retient les jeunes actifs dans les vallées d'Arce, d'Aezkoa et de Salazar. En revanche, la vallée du Baztan, plus dynamique, est parvenue jusqu'à aujourd'hui à conserver ses jeunes générations. À défaut de devenir la deuxième couronne de banlieues dortoirs de Pampelune, les vallées du nord espèrent trouver leur salut dans une route à grande capacité qui relierait le sud de la France à Pampelune, faisant de ce territoire une zone de passage du trafic international. Néanmoins, ce projet suscite de vives réactions de la part des associations écologistes et une opposition massive des populations et élus de Basse-Navarre, également très concernés par cette affaire.

**LA COMMUNAUTÉ AUTONOME
BASQUE (CAB) OU EUSKADI**

Impact de l'industrialisation

L'Álava, le Guipúzcoa et la Biscaye
sont inégalement peuplés.
La suprématie biscayenne
(1 152 000 habitants en 2014) est
un phénomène assez récent :
jusqu'à l'orée du 19e s., c'est le
Guipúzcoa qui, des trois, est le
plus peuplé. À partir de 1860,
le processus d'industrialisation
qui touche tout le littoral
affecte plus particulièrement
la région de Bilbao, qui connaît
alors une véritable explosion
démographique. Ce phénomène
est dû à la conjugaison de deux
éléments : d'une part, le fort
taux de natalité des campagnes
biscayennes et, d'autre part,
l'arrivée massive de main-d'œuvre

d'autres régions espagnoles
(d'Estrémadure et d'Andalousie)
pour travailler dans le secteur
industriel. En quarante ans, la
population augmente de 168 % ;
en 1900, un Basque sur deux vit en
Biscaye.

Le Guipúzcoa connaît aussi
une forte augmentation de sa
population, mais la croissance y est
moins spectaculaire qu'en Biscaye
(715 000 habitants en 2014).

L'Álava reste à l'écart du processus
d'industrialisation jusque dans
les années 1950, ce qui se ressent
du point de vue démographique
(322 000 habitants en 2014). Ce
territoire a longtemps gardé sa
vocation agricole traditionnelle (il
a joué pendant des siècles le rôle
de grenier à blé de la Biscaye et du
Guipúzcoa), même si Vitoria-Gasteiz
se développe rapidement à partir

ÉMIGRATION ET DIASPORA

L'émigration fut extrêmement importante au Pays basque et a concerné
quasiment toutes les familles. L'écrivain souletin Lhande va même jusqu'à
affirmer que pour être un véritable Basque, il faut notamment « avoir un
oncle en Amérique ».

Outre les départs classiques vers les régions parisienne ou bordelaise, le
Nouveau Monde est la principale destination des Basques qui quittent
leur terre : des étendues immenses s'offrent à eux ; ils y seront bergers,
producteurs de lait ou encore commerçants. Beaucoup s'y enrichissent et
retournent ensuite au pays, mais nombre d'entre eux y restent.

Les Basques ont joué dès le 16e s. un rôle prépondérant dans l'**histoire de
l'Amérique latine** : les Biscayens **Mendoza** et **Zabala** fondent respectivement Buenos Aires en 1533 et Montevideo en 1726. **Iturbide**, héros de
l'indépendance mexicaine, est originaire de la vallée navarraise du Baztan.
La famille du Libertador **Bolívar,** tout comme celle de **Che Guevara**, est
originaire de Biscaye.

Argentine, Uruguay, Cuba, Chili et Mexique sont les destinations favo-
rites des Basques en Amérique du Sud. Autre grande terre d'accueil, le
nord-ouest des États-Unis (Californie, Idaho, Montana, Nevada, Utah et
Wyoming), très prisé au début du 20e s.

Partout où ils s'installent, les Basques s'organisent en communauté : des
frontons sont construits, des « maisons basques » (centres de retrouvailles
et de fêtes) fondées, pour regrouper tous les Basques, quelle que soit leur
origine. La diaspora nord-américaine compte aujourd'hui quelques personnalités de renom telles que Paul Laxalt (né en 1922), sénateur du Nevada
de 1974 à 1987, et Robert (1923-2001), son frère écrivain, ou encore Pete
Cenarrusa (1917-2013), sénateur de l'Idaho de 1967 à 2003.

de 1960 (en 50 ans, elle passe de 75 000 à 242 000 habitants). Aujourd'hui, la Communauté autonome connaît les problèmes des pays industrialisés : une population vieillissante et un taux de fécondité parmi les plus bas d'Europe. L'immigration a aussi nettement ralenti dans les années 1980, sous le coup de la récession industrielle. La croissance démographique de ces territoires est donc négative sur ces vingt dernières années.

Enfin, le littoral touristique (de St-Sébastien à Mundaka) est victime de son succès : il souffre, comme la Côte labourdine, d'une flambée des prix rendant les logements inaccessibles aux jeunes actifs.

Les organisations politiques et administratives

LA COMMUNAUTÉ AUTONOME BASQUE (CAB) OU EUSKADI

Les premières années qui suivent le franquisme voient le pluralisme politique se remettre en place, dans un cadre institutionnel nouveau, celui d'une monarchie parlementaire. C'est ainsi que le **statut d'autonomie de Guernica**, adopté par référendum en 1979, s'applique à un territoire appelé « Communauté autonome basque » ou Euskadi, qui regroupe les trois provinces de **Guipúzcoa**, **Biscaye** (Vizcaya) et **Álava**. Administrée par une *diputación*, chaque province est représentée au Parlement autonome de Vitoria-Gasteiz par 25 députés.

Ce **parlement** est investi de compétences très larges, qui font de la province la communauté autonome la plus étendue d'Europe, même si toutes les compétences prévues par le statut de 1979 ne lui ont pas encore

été totalement transférées par le gouvernement espagnol. Depuis les premières élections libres et jusqu'en 2009, le gouvernement qui dirige la Communauté a été aux mains du **Parti nationaliste basque (PNV)**. En 2009, le socialiste **Patxi López** a mis fin à trente ans de gouvernement nationaliste en Euskadi. Le PNV revient au pouvoir en 2015.

LA COMMUNAUTÉ FORALE DE NAVARRE OU NAVARRA

La Navarre reste un cas particulier, extrêmement sensible. À l'origine intégrée aux premiers projets de statuts d'autonomie des années 1930, elle choisit de ne pas s'y associer lorsque le statut est finalement adopté en 1936. Très attachée à son passé foral, elle est également très religieuse et refuse tout lien avec les nationalistes basques qui soutiennent la République espagnole laïque, et qui, en outre, s'apprêtent alors à faire entrer des communistes au gouvernement. La Navarre est tellement hostile à la République qu'elle se soulève aux côtés de Franco, et s'éloigne toujours plus des autres provinces basques durant la dictature. Lorsque le statut de 1979 est voté, la Navarre choisit sa propre voie. Elle négocie en 1982 son **régime de communauté forale**. La collaboration de la Navarre avec la Communauté autonome basque, voisine, concerne essentiellement la mise en place de moyens communs de transports et de communication et le développement de la langue basque.

LE PAYS BASQUE FRANÇAIS

Au Pays basque français, le découpage administratif hérité de la Révolution française est resté inchangé : les trois provinces du **Labourd**, de la **Basse-Navarre**

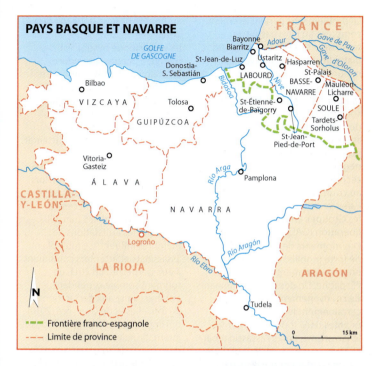

PAYS BASQUE ET NAVARRE

- - - Frontière franco-espagnole
- - - Limite de province

et de la **Soule** sont intégrées au département des **Pyrénées-Atlantiques** (anciennement Basses-Pyrénées). En parallèle à la naissance du nouveau nationalisme basque sous le franquisme durant les années 1960, le mouvement Enbata se crée au Nord. Pour lui, l'avenir du Pays basque passe par un fédéralisme européen et la revendication de la création d'un département Pays-Basque. En 1973, une nouvelle branche clandestine apparaît, Iparretarrak, qui privilégiera l'objectif d'un statut d'autonomie. En 1981, l'espoir d'une avancée significative naît avec l'avènement au pouvoir de François Mitterrand, qui s'était déclaré favorable au département et à l'officialisation de la langue basque. Mais il ne donnera jamais suite à ces propositions. La question du département reviendra au centre des débats à la fin des années 1990. La création en 2007 de la coalition de partis basques Euskal Herria Bai ou **EH Bai** (« Pays basque oui ») donne un nouvel élan à ces revendications, ses représentants obtenant 16 % des suffrages aux élections départementales de mars 2015.

En Espagne, une situation complexe…

Le statut d'autonomie exceptionnel obtenu en 1979 par la Communauté autonome basque (Euskadi) ne règle pas le problème du nationalisme.

Confronté à des demandes d'autonomie de plusieurs régions (Andalousie, Galice, et, la Catalogne en octobre 2016, qui demande son indépendance), l'État espagnol affirme sa vision d'une nation espagnole unique composée de provinces aux statuts différents.

Le problème est particulièrement complexe au Pays basque où le terrorisme de l'ETA envenime un dialogue déjà difficile avec les nationalistes.

Le passif humain s'alourdit rapidement : plus de 800 crimes sont commis par l'ETA au cours des dernières décennies. Pour sortir de cette crise, l'État espagnol utilise tous les moyens, alternant négociations et tractations secrètes, ouverture et fermeté ; au cours des années 1980, une « guerre sale » est menée par les Groupes antiterroristes de libération (GAL).

Des moments de grande tension et de forte mobilisation antiterroriste ont régulièrement agité toute l'Espagne. Un des points culminants de ces événements restera certainement les manifestations géantes dans tout le pays contre le terrorisme, après l'assassinat par l'ETA du jeune conseiller politique basque Miguel Angel Blanco en juillet 1997.

LES FORCES EN PRÉSENCE

On peut schématiquement distinguer les trois composantes suivantes dans la vie politique basque en Espagne : une frange espagnole représentée par le **Partido Popular (PP)**, de droite, et le **Partido Socialista (PSOE)**, de gauche, dont l'alliance a permis l'élection à la présidence du socialiste Patxi López en 2009 ; une frange nationaliste basque radicale ou « gauche abertzale », autour de l'**ETA** et de sa vitrine politique **Herri Batasuna** (Unité populaire) aujourd'hui interdits ; cette formation tenta de revenir sur la scène politique avec un nouveau parti en 2011, prohibé lui aussi ; enfin, une frange nationaliste modérée autour du **PNV** (Parti nationaliste basque) qui gouverne de nouveau la Communauté autonome basque (Euskadi) depuis 2012.

La vie politique basque est marquée par une alternance d'accalmies, de trêves et de reprises de tension entre les séparatistes et le gouvernement espagnol. L'espoir suscité par l'ouverture au dialogue du président Zapatero s'évanouit avec l'attentat à l'aéroport de Madrid qui fait deux morts le 30 décembre 2006. Les tensions s'avivent encore lors des élections de mai 2007. L'ETA annonce la rupture du cessez-le-feu permanent le 5 juin 2007. Alors que les arrestations de membres influents se multiplient, assassinats et attentats continuent à être perpétrés. En 2011, un tournant semble cependant s'opérer : suite aux déclarations de Bruxelles et de Guernica (2010) qui impliquent des organisations internationales et les formations de la « gauche abertzale » dans la mise en place d'un processus de paix, l'ETA annonce un cessez-le-feu « permanent et vérifiable » et l'abandon des extorsions de fonds auprès des entreprises basques.

UNE QUESTION D'IDENTITÉ

L'identité basque est fièrement revendiquée aujourd'hui par de nombreux Basques espagnols. Elle n'est cependant, pour la majorité d'entre eux, nullement antinomique avec un fort sentiment d'appartenance à la nation espagnole. En cela, les Basques sont proches des habitants de la plupart des autres provinces espagnoles qui assument et revendiquent également leur double identité, nationale et régionale.

Cette fierté d'appartenance permet, pour le plus grand bonheur des touristes, de maintenir aussi vivaces des traditions et une culture parmi les plus fortes et les plus originales d'Europe (p. 420 et 450).

Espelette, séchage des piments sur la façade des maisons.
J.-D. Sudres/hemis.fr

Les activités économiques

Des ports de pêche animés de barques colorées, des promenades fleuries et des plages de sable fin, des campagnes verdoyantes où paissent les brebis tandis que, aux fenêtres des villages, sèche le piment en grappes.

L'autre face de la carte postale, moins pittoresque, c'est la Biscaye industrialisée à outrance, avec ses mines, ses usines aux hautes cheminées crachant des nuages de suie…

DES SECTEURS TRADITIONNELS EN DIFFICULTÉ

Agriculture : entre résistances et modernité

Dans le Pays basque français, l'agriculture est en perte de vitesse : le nombre d'exploitations agricoles a chuté en 50 ans de 11 000 à environ 4 400. Activité agricole et pêche reculent devant les progrès de l'urbanisation et du tourisme. Les quelques résistances sont liées à un fort attachement culturel à la terre et à l'exploitation familiale : l'un des descendants finit par accepter de prendre la succession afin que le patrimoine ne soit pas démembré.

Ainsi, alors que le taux d'agriculteurs français de plus de 55 ans ayant une succession est de 27 %, il atteint 41 % en Pays basque. Même en recul, l'activité agricole en Pays basque présente des permanences. Sur les franges les plus septentrionales, c'est la production de maïs qui domine, ainsi qu'un élevage à viande et à lait. Vers les zones plus montagneuses de Cize, Baïgorry ou de Soule, c'est l'élevage ovin d'estive ou de petites exploitations encore consacrées à la polyculture. Sur toute la zone méridionale, c'est-à-dire en Navarre et en Álava, le paysage, plus aride, est propice à la culture du blé, de l'orge, de la vigne et de l'olivier. L'agriculture y est moderne et riche, et intègre même la riziculture irriguée aux portes du désert des Bárdenas. Enfin, en Guipúzcoa et en Biscaye, zones côtières à forte influence océanique et largement industrialisées, l'agriculture est marginale.

Pêche : une situation contrastée

La pêche est également en grande difficulté, alors qu'il s'agit d'un des secteurs d'activité traditionnels majeurs du peuple basque au cours de son histoire. La raison principale est l'appauvrissement des ressources. En outre, les relations entre pêcheurs se sont considérablement dégradées à cause des différentes pêches pratiquées (la guerre, parfois ouverte, oppose schématiquement pêcheurs traditionnels et chalutiers pélagiques). La pêche du Pays basque espagnol peut heureusement profiter de subventions européennes, et si les grands ports de pêche y sont moins nombreux que par le passé (les principaux sont Ondarroa, Lekeitio, Bermeo et Pasaia), ils sont florissants et modernes. On ne peut en dire autant de la pêche en France qui est en grande difficulté. Aussi ne reste-t-il qu'une seule criée, à St-Jean-de-Luz-Ciboure, dont la valeur des ventes a beaucoup baissé ces dernières années ; elle a été récemment au centre de débats virulents entre la Chambre de commerce et les pêcheurs voulant vendre directement leurs poissons aux consommateurs.

UNE MONTAGNE PASTORALE

Une longue tradition pastorale a profondément marqué la région. Les paysages, mais également la répartition de certaines espèces végétales ou animales, montrent que l'élevage fut une activité importante.

La transhumance : une tradition

Les plus vieilles nécropoles régionales se trouvent en montagne, sur les lieux de transhumance. Si les rituels et leurs significations ne sont pas connus, l'existence de ces sites prouve qu'il y a 4 000 à 5 000 ans, des éleveurs vivaient et mouraient dans ces lieux. Les conditions de vie et les activités économiques ont évolué, mais les traces de coutumes anciennes subsistent, telles les transhumances qui peuvent être importantes (les troupeaux de la vallée de Roncal paissent dans les Pyrénées en été, puis dans les steppes désertiques des Bárdenas pendant l'hiver).

Tous les **massifs pastoraux**, et ils sont nombreux (Gorbea, Andia, Urbasa, Aralar, Garazi, Arbailles, Haute-Soule, etc.), sont occupés à la belle saison par des milliers de brebis, vaches et chevaux. Les bergers utilisent alors de petites **cabanes** souvent très anciennes (*txabola*, *etxola* ou *kaiolar*) au confort assez rudimentaire. Les porcs aussi peuvent transhumer, consommant le petit lait issu de la fabrication du fromage et finissant de s'engraisser avec les faînes, glands et châtaignes à l'automne. Cette transhumance dans les pacages de montagne est une nécessité pour les éleveurs, puisque les prairies proches des fermes sont alors consacrées à la fenaison, qui constitue la réserve alimentaire des troupeaux en hiver.

Des races locales adaptées

Les éleveurs ont, au fil du temps, domestiqué et sélectionné brebis, chevaux et vaches.

Les **ovins** sont représentés par plusieurs races autochtones. Élevée pour sa viande, la **rasa navarraise** est très présente dans la zone méridionale. Extrêmement rustique et adaptée au climat sec, une brebis de cette espèce engendre chaque année deux, voire trois agneaux. Elle est également bonne laitière et son lait est utilisé pour la fabrication du

LE PAYS BASQUE ET LA NAVARRE AUJOURD'HUI

L'EMPREINTE DE L'HOMME SUR LES PAYSAGES

Les paysages actuels de la région découlent des activités d'une civilisation de paysans éleveurs qui existe ici depuis le Néolithique (env. 4 000 ans). Les sommets se sont dénudés sous la pression du feu des hommes et des besoins de leurs troupeaux. L'**industrie minière et métallurgique**, très ancienne (plus de 2 000 ans) comme en témoignent les mines à Aiako Harriak (Guipúzcoa), Banka (Basse-Navarre), Larrau (Soule), Goizueta (Navarre) et Gallarta (Biscaye), s'est accompagnée d'une importante déforestation due à la fabrication de charbon. Puis, au début du 19e s., l'exploitation massive du minerai de Biscaye enclenche le processus d'industrialisation qui a fait la richesse de la région.

La population rurale de Biscaye et du Guipúzcoa quitte ainsi la campagne pour la ville. Les terres agricoles y sont moins exploitées et les montagnes du Guipúzcoa et de la Biscaye sont envahies depuis les années 1950 par des plantations de pins de Monterey.

Plus à l'est, les provinces du Labourd, de la Basse-Navarre et de la Soule, mais également à l'ouest, la vallée de Karrantza (♿ *p. 288),* ont conservé leurs paysages de bocages et de montagnes pastorales, l'agriculture y étant toujours importante.

Aujourd'hui, les pratiques ancestrales sont toujours vivantes : transhumances de plusieurs dizaines de kilomètres, écobuages pour nettoyer et fertiliser les pâturages. Les paysans entretiennent les prairies grâce à leurs troupeaux ou laissent des parcelles en jachère traditionnelle dans les zones méditerranéennes.

fromage. Trois races laitières existent aujourd'hui : les **manech** (**manex** ou **latxa**), cornues ou pas, à tête rousse ou à tête noire, sont les plus productives. C'est essentiellement à partir de leur lait qu'est élaboré le fromage de brebis, connu par le grand public pour ses appellations d'origine contrôlée idiazabal, erronkari-roncal ou ossau iraty.

La deuxième race, la **basco-béarnaise**, se rencontre, comme son nom l'indique, en Béarn et à l'extrémité nord-est du Pays basque, en Soule. C'est une grande brebis cornue, à tête blanche, adaptée à la haute montagne.

La **karranzana**, grande brebis au nez busqué, à tête rousse ou noire, est concentrée à l'ouest de la Biscaye, dans la vallée de Karrantza.

Les montagnes de Navarre, du Guipúzcoa et du Labourd recèlent les derniers spécimens de **betizu**, littéralement la « vache insaisissable ». Extrêmement vives, ces petites **vaches** sauvages et rustiques de couleur rousse vivant au-dessus d'Hernani ou d'Espelette sont les dernières représentantes des races primitives européennes, aujourd'hui en voie d'extinction (moins de 200 têtes). Plus grande, robe blonde froment et cornes en forme de lyre, la **pyrénéenne** est encore très présente en Navarre et a été largement utilisée dans la création de la blonde d'Aquitaine, pour ses qualités maternelles et bouchères.

Une race de porc, le **pie noir du Pays basque**, a suscité un regain d'intérêt et permet aux éleveurs de la vallée des Aldudes en Basse-Navarre de produire une viande d'excellente qualité. Cette race s'étendait auparavant sur une zone plus importante et valorisait de manière conséquente les faînes, glands et châtaignes (♿ *p. 430).* Une race de **cheval** existe ici, le **pottok** (prononcez « pottiok »), petit poney à la robe généralement baie mais parfois pie, longtemps utilisé dans les mines et ayant aujourd'hui perdu son intérêt économique. En revanche, son rôle est capital dans le maintien du paysage et des prairies en moyenne montagne, en dessous des 1 000 m, ainsi que dans les landes à ajoncs et à fougères.

La trace des troupeaux

L'impact de ces élevages est visible, puisqu'ils ont été la cause principale de l'élimination des forêts d'altitude au profit des pâturages. Les plateaux d'Aralar, d'Andia et d'Urbasa, les montagnes de Garazi et de Soule sont de véritables gazons entretenus par des milliers de ruminants à chaque nouvelle saison. Si les grandes transhumances anciennes ont disparu, les troupeaux basques font encore à pied ou en camion des dizaines de kilomètres pour retrouver leurs pacages. Les *cañadas*, chemins publics réservés aux transhumances, existent encore par endroits, et une *cañada* était utilisée pour acheminer les taureaux de combat depuis leurs élevages au sud de la Navarre jusqu'à Deba sur la Côte atlantique, ce qui en faisait en quelque sorte un *encierro (voir glossaire p. 418)* à rallonge !

Le développement inégal de l'industrie

Si la tradition industrielle est ancienne en Biscaye et en Guipúzcoa (milieu du 19e s.), elle est récente en Álava et en Navarre, et reste très peu développée en Basse-Navarre, Labourd et Soule.

EN EUSKADI

Au début des années 1980, le Gouvernement autonome de Vitoria doit redresser l'économie d'Euskadi qui connaît une crise sans précédent. Il se fixe alors trois axes majeurs : parier sur la technologie de pointe, renforcer la qualité du produit et internationaliser l'activité. En 1990, le secteur sidérurgique traditionnel est intégralement reconverti : Euskadi reste le premier **producteur d'acier** d'Espagne, tandis qu'il consolide le secteur automobile et crée *ex nihilo* une nouvelle industrie aéronautique. Cette politique économique est fondée sur le **système des clusters** : des réseaux regroupant les entreprises d'un même secteur industriel ainsi que les représentants du gouvernement, dont le but est de travailler en commun dans la recherche et le développement de ce secteur pour le rendre toujours plus compétitif. C'est une véritable réussite, favorisant une croissance économique exemplaire ces quinze dernières années dans la Communauté autonome basque. La crise économique récente n'a pas délogé la Communauté autonome basque de sa place de leader de l'économie espagnole avec, en 2011, un PIB par habitant 30 % supérieur à la moyenne nationale (29 683 € contre 22 780 € par habitant pour l'Espagne) et un taux de chômage moins élevé (14,9 % en 2014 contre 22,7 %).

Le **modèle coopératif** est également en bonne santé : la MCC (Mondragón Cooperative Corporation, en Guipúzcoa), dont l'un des fleurons est le groupe électroménager Fagor, emploie près de 100 000 personnes aujourd'hui, dont 35 000 en Euskadi.

EN NAVARRE

Le développement industriel tardif (milieu du 20e s.) est essentiellement tourné vers l'agroalimentaire (30 % des emplois industriels), la chimie et les matériaux de construction. Le secteur automobile y est également puissant puisque le groupe SEAT-Volkswagen, installé aux portes de Pampelune, représente à lui seul 25 % de la production industrielle navarraise.

DANS LE PAYS BASQUE FRANÇAIS

Le développement industriel ne semble pas aussi brillant de ce côté des Pyrénées : les quelques grandes entreprises de la Côte basque sont en difficulté, d'autres ont fermé leurs portes ces dernières années. Si l'industrie de l'**espadrille** en Soule connaît les mêmes problèmes, la création en 2015 des indications géographiques (IG) pour les produits manufacturiers devrait lui offrir une nouvelle visibilité, tout comme pour le **béret** basque. Quelques entreprises telles que Turbomeca aux portes de Bayonne et Sokoa à Hendaye affichent quand même leur dynamisme. D'autres ont un rôle de soutien comme la société de capital-risque Herrikoa (fondée sur l'actionnariat populaire) qui aide, avec un certain succès, à la création et au développement des entreprises en Pays basque.

Tourisme balnéaire, tourisme vert

THERMES ET BAINS DE MER

Le tourisme s'est développé récemment au Pays basque et en Navarre. Certes, dès l'époque romaine, les **villes d'eaux** étaient prisées, telle Cambo-les-Bains, station de la chaîne thermale du Soleil, mais le véritable essor du tourisme balnéaire date du 19e s., largement circonscrit au littoral labourdin. Sous le Second Empire, Biarritz lance la **vogue des bains de mer**, laquelle gagne peu à peu la Côte basque. C'est l'impératrice Eugénie, épouse de Napoléon III, qui en fait la promotion. L'accès vers les plages basques est facilité par la construction du chemin de fer jusqu'à Hendaye au milieu du siècle. Du côté espagnol, St-Sébastien a profité de l'intérêt de la reine Marie-Christine d'Autriche, qui y a séjourné et fait construire le palais de Miramar. Avec les congés payés, le tourisme s'est démocratisé, prenant toujours plus de place dans les politiques locales. Actuellement, on estime à 20 % son poids dans l'activité économique du Pays basque français.

TOURISME RURAL

Le **tourisme vert** s'est également développé ces dernières décennies, autour de trois axes, côté français comme côté espagnol : la randonnée pédestre en montagne, la découverte de la gastronomie du Pays basque (organisée en labels, AOC) et l'accueil en gîte rural ou chez l'agriculteur. Il constitue un revenu complémentaire non négligeable pour le monde rural en quête d'un nouveau souffle.

Glossaire

Quelques termes essentiels pour bien comprendre la région

Aste Nagusia – *Semana Grande*, la « grande semaine », la fête par excellence.
Bertsu – Chant improvisé que les auteurs-interprètes (les **bertsolari**) adaptent aux réactions de l'auditoire.
Cesta punta – La plus spectaculaire des spécialités de la pelote.
Chahakoa – Gourde en cuir pour boire à la régalade.
Chistera – Panier d'osier à armature de châtaignier fixé à la main du *pelotari*. Il en existe plusieurs types : le petit chistera ou **joko garbi** (petit gant), le grand chistera et le **remonte**, à panier peu profond mais plus long que le *joko garbi*.
Chupinazo – Pétard mis à feu dans un bruit assourdissant au début de toute festivité qui se respecte. Le plus fameux, qui marque à Pampelune le coup d'envoi des Sanfermines, est retransmis à la télévision dans toute l'Espagne.
Compostela – Attestation délivrée aux pélerins à leur arrivée à St-Jacques-de-Compostelle.
Credencial – Le sauf-conduit indispensable pour se loger en Espagne sur les chemins de St-Jacques et pour obtenir la *compostela*.
Encierro – Lâcher de taureaux dans les rues sur un trajet balisé. Ceux de Pampelune sont les plus connus.
Etxe – La maison (prononcez « etché »).
Fors, fueros – Privilèges.
Francos – Littéralement les « Francs ». Pélerins venus de France et fixés dans les villes créées en Navarre à l'initiative des rois qui leur accordaient des privilèges.
Gaïta-dulzaïnera – Si le nom signifie en espagnol « cornemuse », cet instrument d'origine navarraise s'apparente plutôt au hautbois, et joue accompagné d'un tambour, l'**atabal**.
Hórreo – Grenier à blé sur pilotis.
Jacquet, jacquot ou jacobit – Surnoms donnés aux pélerins de Compostelle.
Jaï-alaï – Littéralement « jeu allègre ». C'est un fronton-mur à gauche, doté d'une **cancha** (terrain) de 55 à 60 m sur laquelle se pratique la **cesta punta**.
Laminak – Lutin légendaire, féminin ou masculin, plus ou moins bienveillant, indissociable des légendes de la région.
Lauburu – Croix basque, composée de quatre « virgules », qui orne les stèles discoïdales.
Mamia – Lait caillé de brebis, souvent dégusté avec du miel.
Makhila – Bâton de marche (mais aussi de défense) en bois de néflier, doté d'un pommeau en corne ou en métal. Dévissé, il révèle une pointe en fer forgé…
Mari – Principale divinité de la mythologie basque.

Marmitako – Le grand classique de la cuisine des pêcheurs basques : ragoût de poisson (en principe, de thon), pommes de terre, tomates épépinées et poivrons mijotant dans le vin blanc avec du piment (d'Espelette, bien sûr !).

Mozárabe – Le terme désigne d'abord les chrétiens ayant conservé leur religion sous la domination arabe. En histoire de l'art, ce terme désigne l'art aux influences islamiques (entrelacs de stucs) appliqué à des thèmes chrétiens.

Mudéjar – Ce sont les musulmans vivant sur des terres reconquises par les chrétiens. Le style mudéjar se caractérise par ses emprunts à l'art islamique (arcs outrepassés, *artesonados* – plafonds à caissons –, etc.).

Pastorale – Peut-être héritière des mystères du Moyen Âge. Attestée en Soule depuis 1580, cette représentation théâtrale sur des thèmes souvent religieux mais parfois historiques mobilise tous les habitants du village et peut durer plusieurs heures.

Pibale ou **civelle** – Alevin d'anguille, malheureusement en voie de disparition en raison de son succès en tant que spécialité culinaire basque.

Piment – L'incontournable spécialité d'Espelette. Attention : en Espagne, le terme **pimiento de piquillo** désigne en réalité un poivron navarrais.

Pinxtos – Tapas particulièrement élaborées, véritables petits plats miniatures (prononcez « pintchos »).

Pottok – Petit cheval sauvage, jadis utilisé comme animal de trait dans les mines.

Sagardoa – Cidre.

Soka tira – Le tir à la corde, épreuve reine des jeux de force basques.

Stèle discoïdale – Monument funéraire très présent dans les cimetières basques. Elle est constituée d'un disque de pierre souvent marqué de la croix basque *(voir Lauburu)*, et reposant sur un socle trapézoïdal.

Tobera – Pièce de théâtre, parfois polémique, liée à des questions locales et jouée sur la place des villages ; tradition toujours vivante en Basse-Navarre et en Labourd.

Trinquet – Fronton couvert.

Ttoro – Spécialité de Ciboure : soupe de poissons, langoustines et moules apprêtée au piment d'Espelette.

Txapela – L'indispensable béret, appelé *boina* en espagnol. Celui qui le porte est nommé **txapeldun** (prononcez « tchapela »).

Txarangas (ou **bandas**, ou encore **peñas**) – Fanfares chargées d'animer avec entrain et à grands renforts de grosse caisse les festivités (prononcez « tcharangas »).

Txikiteo – Activité incontournable : c'est l'art d'aller de bar en bar consommer des petits verres de vin et des *pintxos* (prononcez « tchikiteo »).

Txistu – Flûte basque à trois trous (prononcez « tchistou »).

Txotx – Du nom de la pièce de bois servant à fermer les tonneaux, c'est le rituel de dégustation du cidre nouveau (prononcez « tchotch »).

Traditions et art de vivre

Le « petit peuple qui danse et chante au pied des Pyrénées »… Combien de fois aura-t-on cité Voltaire pour s'enthousiasmer de la frénésie festive qui s'empare des villes et villages de la région aux beaux jours ? Pourtant, il ne faut pas sous-estimer le patrimoine culturel et artistique attaché à ces événements qui sont autant d'occasions de valoriser une appartenance identitaire, de dévoiler un attachement à des traditions riches et de célébrer le plaisir d'être ensemble.

L'art de faire la fête

La fête, un art de vivre en Pays basque et en Navarre, est parfois victime de son succès. Les fêtes patronales se succèdent toute l'année et s'intensifient l'été. Chants, danses, concours sportifs, **txaranga** (ensembles instrumentaux appelés aussi **bandas** ou **peñas**), rien ne manque pour que les fêtes soient réussies.

Bien entendu, rares sont ces festivités où le **taureau** ne tient pas une place de choix : de façon solennelle lors des corridas, plus ludique lors des courses landaises (au nord) auxquelles répondent les concours de *recortadores* au sud des Pyrénées. Et l'on n'hésite pas à se mesurer à l'animal-roi lors des courses de vachette, quand on ne préfère pas vaincre sa peur en participant aux **encierros** de Pampelune, de Tudela ou d'ailleurs.

Les fêtes locales

Chaque ville, chaque village, chaque quartier défend son originalité, même si aujourd'hui certaines fêtes sont en voie de « pampelunisation ».

La renommée internationale des **Sanfermines** (fêtes de Pampelune) n'est plus à faire : des milliers de personnes se pressent chaque année dans la capitale navarraise pour neuf jours de liesse, du 6 au 14 juillet (*p. 338*).

Les **fêtes de Bayonne** (ville jumelée avec Pampelune) attirent également la grande foule fin juillet. Le rouge et le blanc de Pampelune ont d'ailleurs été adoptés depuis des années par les Bayonnais… ainsi que par les villages voisins, au détriment parfois de l'ancienne « façon de faire la fête » du monde rural…

Certaines fêtes sont inaugurées par des personnages populaires. Ainsi **Célédon**, reconnaissable à sa blouse et à son parapluie, descend du clocher de l'église pour lancer les festivités de la Virgen Blanca à **Vitoria-Gasteiz**. À **Bilbao**, c'est **Marijaia**, une géante aux bras levés, qui inaugure la Semana Grande (*Aste Nagusia*).

On compte aussi de nombreuses fêtes thématiques : **carnavals** à la fin de l'hiver, foires diverses, **tamborradas** ou **alardes** (défilés) à Irun, Hondarribia et St-Sébastien…

Les fêtes religieuses

Elles sont nombreuses à marquer le calendrier, surtout côté espagnol. L'excentricité des carnavals précède les solennités de la **Semaine sainte**, qui peuvent être impressionnantes comme à Balmaseda ou Durango. D'autres manifestations traditionnelles sont réputées comme la procession du Corpus Christi ou Fête-Dieu (très beaux masques et danses) à Oñati, les fêtes de la Virgen del Carmen sur la côte de Biscaye, la fête de saint Ignace (Azpeitia, Getxo), où le profane se mêle sans complexe au sacré.

Musique, festivals

Les instruments de musique traditionnels tels que la *gaïta*, le *txistu*, la *txirula*, l'*alboka* ou la *txalaparta* sont de tous les événements. Mais il existe aussi des festivals internationaux qui dépassent le cadre de l'expression culturelle basque. Ainsi, en été, les **festivals de jazz** de Getxo (Biscaye), St-Sébastien et Vitoria attirent les mélomanes de toute l'Europe. Vitoria (Azkena), Biarritz (BIG) et surtout Bilbao (BBK) ont également leurs **festivals de rock** qui concentrent, durant la saison estivale, la crème du rock, de l'indie-pop et de l'électro rock. Enfin, le septième art n'est pas en reste avec le Festival de cinéma de St-Sébastien. De son côté, Biarritz organise depuis 1991 un grand festival de cinéma et de culture d'Amérique latine.

🌿 *Calendrier des principales fêtes, p. 502.*

Une culture vivante

Une intense activité culturelle se développe tout au long de l'année au Pays basque et en Navarre, même si l'été reste la saison la plus riche. En voici, à grands traits, les principaux aspects.

🌿 *Pour en savoir plus, consultez le site de l'Institut culturel basque et son portail de la culture basque : www. eke.eus/fr.*

AUX FONDEMENTS, LA LANGUE BASQUE

La langue basque, l'**euskara**, est à la base de l'originalité de la culture basque. C'est pour cela que des associations qui défendent cette langue sont à l'origine de nombreux événements festifs tout au long de l'année.

🌿 *Langue, littérature et mythologie, p. 450.*

Le bertsu

Le bertsolarisme est une exception culturelle basque, peu accessible aux touristes qui ne connaissent pas la langue : il s'agit en effet d'un chant versifié et improvisé en langue basque, dont les règles sont strictes. Selon le *bertsolari* biscayen Amuriza, le *bertsu* est le « sport national des mots ». Longtemps marqué par la ruralité, cet art est aujourd'hui porté par des représentants de la jeune génération, très prometteuse. Outre de nombreux tournois, un concours général rassemble tous les quatre ans les meilleurs versificateurs des quatre coins de la région, au cours d'une finale qui se déroule à St-Sébastien. Le vainqueur se voit remettre solennellement la *txapela* (béret).

LA DANSE

Le répertoire de danses traditionnelles est extrêmement riche ; chaque vallée, voire chaque village, a ses propres danses. Du **paloteado** (danse avec bâtons) d'Ochagavía/Otsagabia aux couleurs de la mascarade souletine, en passant par l'**inguruntxo** mixte dansé au rythme des castagnettes, le **zortziko** guipúzcoan réservé aux garçons, ou le **kaskarotak** féminin du Labourd, il est impossible de faire l'inventaire de toutes les danses et de leurs variantes locales. Les danseurs de toute la région se retrouvent régulièrement lors du **Dantzari Eguna**, journée en l'honneur de la danse. Chaque année, les enfants des écoles de danse du Pays basque français se rencontrent également lors du **Dantzari Ttiki** ou du **Dantzari Gazte** (pour adolescents).

LE THÉÂTRE DE PLEIN AIR

Le théâtre populaire est un peu en déclin au Pays basque. Si elle résiste encore au nord, la grande tradition des **tobera**, théâtre joué sur la place publique où l'on dénonçait les problèmes du village, est en voie d'extinction. Quelques auteurs présentent encore leurs pièces, mais ils sont de moins en moins nombreux.

En revanche, les **pastorales** rencontrent encore du succès en Soule où l'on organise des représentations en plein air, mettant en scène des personnages historiques.

C'est aussi en Soule que la **mascarade** (forme théâtrale très codifiée héritée du Moyen Âge, où bons et mauvais s'affrontent) connaît un regain d'intérêt depuis les années 1970. Les représentations, qui durent plusieurs heures, attirent des milliers d'amateurs chaque été dans une commune différente.

Musique

La musique et les chants font partie intégrante de la culture, comme en témoignent les sources les plus anciennes.

UN PATRIMOINE ANCESTRAL

De tradition orale, le patrimoine musical n'a été recensé et mis par écrit qu'au 19e s., sous l'impulsion de particuliers comme Antoine d'Abbadie, et surtout le père Donostia, Resurrección María de Azkue ou Salaberry. Ces derniers ont réalisé un colossal travail de compilation en parcourant les provinces basques pour noter et répertorier chants et mélodies. Leurs travaux ont ainsi permis d'identifier des morceaux remontant au 17e s. Le risque était que cette retranscription figeât les harmonies et les textes en leur donnant un cadre écrit. Il n'en a rien été. Dès le début, ces passionnés d'ethnologie et de musicologie ont adapté les morceaux anciens qu'ils répertoriaient, et leurs disciples et lecteurs ont pris la suite. Aujourd'hui, les bibliothèques des archevêchés, et avant tout le centre d'archives d'Eresbil, offrent aux chercheurs et aux artistes des sources inépuisables d'inspiration.

INSTRUMENTS

La musique basque s'appuie essentiellement sur les instruments à vent et les percussions.

Les plus répandus sont le **txistu**, flûte à trois trous déjà représentée il y a 22 000 ans dans la grotte d'Isturitz et dont l'une des variantes régionales est par exemple la **txirula** en Soule.

Vient ensuite la **gaïta-dulzaïna** d'origine navarraise qui, malgré son nom (*gaïta* signifie « cornemuse »), s'apparenterait à un hautbois à anche double, dont le son ressemble à celui d'une flûte arabe. Quant à l'**alboka**, c'est une corne dans laquelle on souffle pour produire une note continue. Le rythme est marqué par le **txalaparta**, formé de deux corbeilles et de planches sur lesquelles on frappe avec des bâtons et dont le rythme de base évoque le galop d'un cheval. Sa version en métal se nomme la **tobera**. Signalons aussi un tambour au son très sec, l'**atabal**.

Costumes traditionnels basques.
J. Larrea/age fotostock

Enfin, le **trikitixa**, un accordéon diatonique très apprécié des artistes contemporains, complète l'ensemble.

CHANTS ET MÉLODIES

Les chants

Chanter est une véritable institution en Pays basque. On chante partout, pour tout, avec ou sans accompagnement, avec ou sans livret, en amateur ou en professionnel. Vecteur de culture, le chant est omniprésent, depuis les offices religieux jusqu'aux fêtes patronales. Celles-ci donnent parfois lieu à des défis entre **otxote** (formation à huit voix) ou entre **bertsolari**, ces poètes qui improvisent en public des vers chantés. Même pendant les parties de pelote, les points sont psalmodiés ! On ne compte plus les festivals de musique et de chant, dont les principaux sont organisés au sud des Pyrénées.
Les chants les plus anciens se reconnaissent à leur caractère modal (à l'instar du grégorien), tandis que les musiques plus récentes sont au contraire tonales, et syllabiques pour les mélodies populaires, c'est-à-dire qu'à chaque note correspond une syllabe. L'une des formes mélodiques les plus répandues, le **zortziko**, adopte un rythme irrégulier de cinq croches par mesure pour accompagner les danses.

Au niveau du répertoire, chaque région a développé ses propres traditions musicales, comme celle des complaintes en Soule, mais certaines mélodies sont connues de tous. Elles correspondent généralement à des poèmes épiques. Le plus répandu est le **chant de Lelo**, relatant la résistance des Cantabres (supposés être les ancêtres des Basques) face aux troupes romaines conduites par Auguste. Il provient d'un manuscrit du 16e s. Celui de **Beotibar** nous est parvenu par des fragments de textes datant eux aussi des 16e et 17e s., et raconte la sanglante bataille de Beotibar qui eut lieu en 1321 entre Guipúzcoans et Navarrais. Autre chant arrivé jusqu'à nous, le **Jeiki jeiki** fait allusion à la rivalité qui opposa marins basques et hollandais à propos des zones de pêche à la morue à la fin du 18e s. Quant au **chant d'Altabizkar**, il s'inspire certes de *La Chanson de Roland*, mais a été écrit au 19e s. La Navarre a une forte tradition musicale, surtout chorale. Incontournable, la **jota navarra** est apparue, semble-t-il, au début du 19e s. Ce chant, sensiblement différent de la jota aragonaise, est un bref poème très expressif sous forme de quatrains. Raimundo Lanas (1908-1939), surnommé le « rossignol navarrais », est considéré comme le meilleur interprète de cette tradition. À noter : la jota est aussi une danse, distincte de la jota chantée en Navarre.

Chœurs

Aujourd'hui, le patrimoine musical est transmis et développé entre autres par le biais des **sociétés chorales** qui ont adapté les chansons populaires pour l'orphéon. Dans le Nord, on n'en compte pas moins d'une cinquantaine dont les plus renommées sont Oldarra de **Biarritz**, le chœur d'hommes d'**Arcangues**, Adixkideak, celui d'**Hendaye**, Gaztelu Zahar, et le chœur mixte Xaramela de **Bayonne**. Elles s'inspirent pour beaucoup du répertoire folklorique, contrairement à leurs homologues d'Euskadi et de Navarre, de plus grande ampleur, qui interprètent, pour la plupart, du classique lors de festivals comme celui de Tolosa. C'est le cas du très réputé **orphéon Donostiarra de St-Sébastien** (170 chanteurs des deux sexes), du Coro Caso également de St-Sébastien, qui regroupe quatre chœurs (l'un de 45 hommes, un autre de 70 garçons, un troisième de chant grégorien et un dernier mêlant hommes et enfants), du chœur mixte d'Andra Mari de Renteria et de la **société chorale de Bilbao**.

Interprètes

En plus de ces ensembles vocaux, des interprètes contemporains se font le relais de la tradition en arrangeant ou en créant textes et musiques à partir des mélodies d'antan. C'est ainsi que le groupe **Oskorri** adapte les chansons populaires en s'inspirant du folk. **Beñat Achiary** est connu pour la virtuosité de ses improvisations vocales. **Amaia Zubiria** prête quant à elle sa voix grave et chaleureuse à des textes aussi bien anciens qu'actuels. Native de St-Palais, la jeune **Anne Etchegoyen**, qui a débuté en compagnie du groupe Oldarra, se fait l'ambassadrice de la chanson basque en France. Enfin, l'auteur-compositeur **Benito Lertxundi** (né en 1942) est l'un des rares artistes contemporains à être chanté par tout le Pays basque de son vivant. Et la liste ne s'arrête pas là. Le basque chanté a aussi trouvé de nouvelles expressions, dans le rock notamment.

Rock basque

Des groupes comme **Kortatu**, fondé au sud des Pyrénées par les frères Muguruza au début des années 1980 et devenu Negu Gorriak en 1990, E. H. Sukarra, Sustraia ou Akelarre marchent tous sur les traces d'**Anje Duhalde** et **Niko Etxart** qui ont choisi, dans les années 1970, de faire du rock en langue basque. Le premier forme avec un autre guitariste, Mixel Ducau, un duo appelé **Errobi** qui fera la passerelle entre folk et rock, tandis que le second tournera pendant près de vingt ans avec son groupe **Minxoriak**. Dans un style différent, plus axé sur la musicalité, le groupe **Itoiz** (1978-1988) est devenu la formation culte des amateurs de musique pop. Revendicatif sur fond de crise économique en Euskadi dans les années 1980, le rock basque a su s'inspirer de courants extérieurs comme le courant punk, puis le rap, le reggae, et aujourd'hui le hip-hop, la techno, etc.

Sports et jeux

LA PELOTE BASQUE

Chaque village possède son fronton ou son trinquet, où des parties de pelote ont lieu régulièrement. C'est un sport régional, reconnu par le ministère de la Jeunesse et des Sports côté français. Vous pouvez tout aussi bien vous y initier qu'encourager les bons joueurs. En **été**, il est facile d'assister à un match.

Héritière de la **pila** pratiquée par les Romains, la pelote a connu bien des évolutions, surtout avec l'arrivée du caoutchouc au 19e s.

Alliant la rapidité au coup d'œil, l'intelligence stratégique à la finesse, la pelote, si elle n'est pas vraiment née au Pays basque, y est devenue un art de vivre au point d'être une référence en France et dans le monde. La pelote basque se pratique en effet dans les onze ligues françaises, mais aussi beaucoup en Amérique latine. Les règles du jeu et les compétitions internationales (notamment les Championnats du monde qui ont lieu tous les quatre ans) sont régies par la Federación Internacional de Pelota Vasca *(www.fipv.net)* reconnue par le Comité international olympique et qui regroupe vingt-sept fédérations nationales… Cependant, depuis les Jeux de Paris en 1900, la pelote n'est plus considérée comme une discipline olympique, bien qu'elle ait été invitée à certaines occasions pour des démonstrations.

Visite audioguidée de l'écomusée de la Pelote et du Xistera de Saint-Pée-sur-Nivelle, p. 99.

Lieux

On reconnaît quatre types de terrains, chacun accueillant un certain nombre de spécialités.

De forme très caractéristique, le **fronton place libre** se rencontre sur les places de village. Le mur, ou *frontis*, s'élève jusqu'à 10 m de haut pour 16 m de large. L'aire de jeu, ou *cancha*, peut atteindre 120 m de long.

Souvent couvert, le **mur à gauche**, ou « fronton 36 m », se distingue du précédent par la présence de murs sur la gauche et au fond.

Le **jaï-alaï** (« fête joyeuse »), ou « fronton long », mesure 50 m de long et peut avoir des dimensions variables, voire pas de mur du fond.

Salle à quatre murs, complètement fermée, le **trinquet** présente quelques spécificités : le *xilo*, un trou à droite sur le mur de face (à 1,20 m du sol), un toit incliné (sur la gauche et au fond), un filet…

Équipement

Tenue – Traditionnellement, elle est constituée de chaussures de tennis, d'un pantalon et d'une chemisette de couleur blanche. Seule tache de couleur, la ceinture, ou *cinta*, permet d'identifier les équipes. En pratique, et pour le haut niveau, la ceinture est abandonnée et les chemises sont de différentes couleurs, tandis qu'un casque est désormais de rigueur pour les spécialités pratiquées en intérieur avec une pelote de cuir.

Gants et raquettes – Même si la « main nue » est à l'origine de ce jeu, gants et raquettes ont fait leur apparition et déterminent différents types de spécialités. Le **chistera** est une prolongation du gant par une sorte de gouttière courbe en osier. Le **rebot** est une variante plus petite, tandis que la **pala** est une raquette en bois massif qui peut prendre différentes tailles et formes.

La pelote – Plus grosse qu'une balle de tennis, elle doit allier la dureté à l'élasticité. Elle comporte un noyau de caoutchouc serré et moulé, enrobé de coton et protégé d'une ou deux épaisseurs de cuir. Elle pèse un peu plus de 100 g et peut atteindre une vitesse de 300 km/h.

La pelote de gomme creuse est de plus en plus utilisée.

Spécialités

Difficile, pour le profane, de s'y retrouver dans les quelque 22 spécialités dont ne sont présentées ici que les plus célèbres. Dans les grandes parties, les *pelotaris*, en chemise et pantalon blancs, se distinguent par la couleur de leur ceinture, bleue ou rouge. Ils bondissent d'un bout à l'autre de la piste et renvoient la balle d'un puissant moulinet de bras. Le *txatxaria* (crieur) chante les points d'une voix sonore.

Le grand chistera – Depuis 1900, la formule la plus appréciée des touristes est le jeu au grand chistera, qui ne se pratique qu'en France. Ce « grand jeu », très rapide, à deux équipes de trois joueurs, fut popularisé par les prouesses de **Joseph Apesteguy** (1881-1950), devenu célèbre sous le nom de Chiquito de Cambo. La pelote, lancée contre le mur du fronton, est reprise de volée, ou après un premier rebond, à l'intérieur des limites tracées sur le terrain.

La cesta punta – Cette variante du jeu de chistera est aussi spectaculaire qu'athlétique, d'où son succès actuel. Elle se joue sur le *jaï-alaï* et le but se marque sur le « mur à gauche », entre deux des lignes verticales numérotées.

Et autres variantes… – Les connaisseurs basques préfèrent d'autres jeux, plus anciens et plus subtils : le « **jeu net** » *(joko-garbi)* au petit gant (chistera de petit format), le jeu à main nue. Le jeu de **rebot** se

joue à deux équipes se faisant face. Pour engager le point, le buteur fait rebondir la pelote sur un billot et la lance à la volée, vers le mur, dans le camp adverse.

On retrouve dans les jeux en trinquet, pratiqués en salle, le cadre des anciens jeux de paume. La pelote est lancée à **main nue**, avec une palette de bois (**paleta**, de plus en plus utilisée) ou la raquette argentine (jeu de **xare**). Dans le jeu de **pasaka**, pratiqué avec le gant, les murs sont utilisés comme les bandes d'un billard.

LES JEUX DE FORCE

Il s'agit de mettre en concurrence des équipes de douze colosses venus défendre l'honneur de leur village. Chacun des équipiers a sa spécialité parmi huit épreuves, inspirées des activités quotidiennes à la ferme. Ces jeux animent de nombreuses fêtes locales, dont la plus connue est celle de St-Palais.

L'**orga joko** (lever de charrette) consiste à faire tourner à bout de bras une charrette de 350 kg sur son timon en faisant le plus grand nombre de tours possible, tandis que l'**aizkolari** (bûcheron) doit couper à la hache des troncs de 35 à 60 cm de diamètre le plus vite possible, et que le **segari** (scieur de bois) scie dix troncs de 60 cm de diamètre, toujours le plus rapidement possible. Le **zakulari** (porteur de sac) court avec un sac de 80 kg sur les épaules.

Le **lasto altxari** (lever de bottes de paille) consiste à hisser à 8 m de hauteur une botte de paille de 45 kg le plus grand nombre de fois possible en deux minutes.

Pour le **harri altxatzea** (lever de pierres), on effectue une levée de pierres de 250 ou 300 kg le plus de fois possible. Les **esneketariak** (porteurs de bidons de lait) doivent parcourir la plus grande distance possible avec deux bidons de 40 kg.

LE VERT PARADIS DES SURFEURS

Depuis maintenant plusieurs décennies, la Côte basque s'affirme comme le berceau européen du surf. Ce succès s'explique par une série de coïncidences géographiques (♿ p. 472). Depuis son apparition à Biarritz en 1957, le surf connaît une popularité grandissante, au point de compter aujourd'hui plus de 30 000 licenciés et 150 000 pratiquants. Le surf a même fait son entrée dans les épreuves sportives du baccalauréat. Cet engouement a généré une véritable manne économique pour la côte. Anglet compte une zone d'activités spécialisées (Baia Park) dédiée aux sports de la glisse… À défaut d'affronter en direct les vagues, les plus frileux profiteront des festivals de film qui se tiennent chaque année à Anglet et à St-Sébastien pour découvrir les sensations hautes en couleur qu'offre ce sport grisant (♿ p. 53 et 202).

Enfin, la **soka tira** (tir à la corde), épreuve reine, oppose deux équipes de huit hommes tirant chacune de son côté une corde afin que le milieu de celle-ci (marqué par un foulard noué) franchisse un repère au sol.

LES COURSES DE TAUREAUX

Dans le moindre village, comme partout en Espagne (la Catalogne faisant seule exception), le taureau est le roi de la fête, quelle que soit la manière de l'approcher. Aujourd'hui, la corrida, bien que tradition ancestrale, est une pratique de plus en plus controversée.

Universellement connues grâce à Ernest Hemingway, les corridas des **Sanfermines (St-Firmin)** de **Pampelune** attirent une grande foule entre le 6 et le 14 juillet *(réserv. indispensable)*. Les taureaux qui combattent dans l'arène l'après-midi sont lâchés au petit matin dans la rue, encadrés de bœufs dressés : c'est l'**encierro** qui se déroule sur un trajet de 800 m délimité par de hautes barrières. Des jeunes gens courent devant eux, *templant* (tempérant) la charge à l'aide d'un journal plié. Mais on ne s'improvise pas *corredor* d'*encierro* et les accidents, parfois graves, affectent surtout les profanes (23 blessés dont un dans un état grave en 2013) : restez donc spectateurs de cette course (rendue encore plus dangereuse par la foule qui se presse sur le trajet dans le seul souci de se donner des émotions fortes), que ce soit derrière les barrières fermant les issues, ou sur les gradins des arènes où elle se termine.

Les vrais aficionados ne manquent sous aucun prétexte les **corridas générales de Bilbao** *(une semaine autour du 15 août)*, un des sommets de la saison taurine espagnole, ou celles de **Bayonne** *(juil.-sept.)*. Vous pourrez aussi assister aux ferias de **Tudela** *(juil.)*, d'**Azpeitia** *(autour du 1er août)* et de **Vitoria** *(feria de la Virgen Blanca, autour des 4-9 août)*.

Vous pouvez également suivre des **courses landaises** dans les arènes de Bayonne, écarts et sauts permettant d'esquiver les charges de la vache. Les concours de **recortadores** constituent un spectacle assez similaire et de plus en plus populaire en Espagne. Mais à la différence des courses landaises, le taureau sort cornes nues et n'est pas maintenu par une corde.

Programme détaillé des corridas de chaque feria sur www.mundotoro. com (rubrique « Carteles »). Les affiches sont rendues publiques environ un mois avant le début de l'événement. Vous pouvez généralement vous procurer des places à l'avance sur le site Internet de chacune des arènes ou au guichet le matin de la course.

LES TRAÎNIÈRES

Comme pour les autres jeux de force, les courses de traînières (*traineras* en espagnol) font revivre des gestes d'antan. Ces bateaux étaient autrefois utilisés pour pêcher les baleines ou pour le remorquage, à rames, des grands navires approchant des côtes. Aujourd'hui, le Kevlar et le carbone ont remplacé le bois, et les équipages (13 rameurs) se mesurent dans de mémorables courses, dont la plus célèbre a lieu dans la magnifique baie de St-Sébastien lors de la Kontxako Bandera.

BALLON OVALE OU ROND

Est-il besoin de rappeler que le Sud-Ouest est la patrie du rugby français ? D'**août à mai**, chaque rencontre du week-end prend l'allure d'une épopée, souvent contée avec beaucoup de verve. L'équipe locale est l'objet de toutes les attentions et de discussions interminables, avivées par la subtilité des règles du jeu et les décisions de l'arbitre. Vous pourrez vous procurer le calendrier des matchs d'amateurs auprès des offices de tourisme et des clubs. Le rugby basque compte parmi ses clubs le prestigieux **Biarritz Olympique**. Créé en 1898, le club a pris ce nom en 1913 et a rapporté cinq fois le fameux Bouclier de Brennus (trophée attribué au champion de France) au Pays basque : 1935, 1939, 2002, 2005, 2006. Le club, dirigé par le charismatique Serge Blanco, a pour grand rival l'**Aviron Bayonnais**, qui a quant à lui remporté trois fois le titre suprême (1913, 1934 et 1943), pour quatre finales perdues… Mais face à l'émergence d'équipes ambitieuses aux budgets conséquents, comme Toulon ou le Racing-Metro 92 (Hauts-de-Seine), et la constance affichée des ténors,

Toulouse et Clermont-Ferrand, l'élite du rugby basque marque le pas et l'idée d'une fusion entre les deux clubs fait doucement mais sûrement son chemin…

Au-delà de la frontière, c'est le **football** qui est le sport roi : fondé en 1898 par des travailleurs anglais œuvrant sur les chantiers navals et par des étudiants de la bourgeoisie locale ayant étudié au Royaume-Uni, l'**Athletic Bilbao**, qui s'enorgueillit de n'aligner que des joueurs basques, est son plus illustre représentant. Les duels avec la **Real Sociedad** de St-Sébastien sont épiques, tandis que l'**Osasuna** de Pampelune défend, plus modestement, les couleurs navarraises dans la Liga, le championnat espagnol. Mais s'il n'y a pas de club de haut niveau au Pays basque français, celui-ci a néanmoins donné des joueurs de talent comme le Luzien **Bixente Lizarazu** et le Bayonnais **Didier Deschamps**, champions du monde avec l'équipe de France en 1998.

LE MUS

Considéré comme le plus ancien au monde, ce jeu de cartes, dont on trouve une première mention au 18e s., serait originaire du Pays basque. Deux couples de joueurs s'opposent en faisant des paris, ou mises, avec un décompte de points variable suivant les options choisies. Le jeu se compose de 4 séries de 10 cartes chacune. Ce sont les ors, les coupes, les épées et les bâtons. Chaque série est constituée de trois figures (roi, cavalier, valet) et de sept cartes numérales.

Le pèlerinage de St-Jacques-de-Compostelle

🐾 *En France, p. 143.*
🐾 *En Espagne, p. 369.*

Terroirs et gastronomie

La gastronomie au Pays basque et en Navarre a été élevée au rang d'art, que ce soit dans les cuisines familiales où produits du terroir, poissons, gibiers et épices mijotent, dans les bons restaurants où se succèdent des générations de grands chefs, ou dans les txoko, ces lieux fermés où se rassemblent les hommes autour des fourneaux dans l'objectif d'exceller dans l'art culinaire, loin de leurs épouses !

Une grande variété de produits

POISSONS DE L'OCÉAN

Avec près de 200 km de côtes, depuis Bayonne jusqu'à l'estuaire du Nervión, il est normal que Labourd, Guipúzcoa et Biscaye aient tiré de la mer leurs principales ressources alimentaires. Autrefois, chaque saison apportait son poisson : au printemps, l'**anchois**, à partir du 29 juin, le **thon** et, pendant l'hiver, la **dorade**, sans oublier les pêches plus lointaines qui ramenaient de Terre-Neuve la morue.

Aujourd'hui, grâce au commerce mondial ou à la congélation, on trouve ces poissons toute l'année, mais dégustez-les de préférence en saison. La **morue** en risotto, en salade ou en ragoût n'en sera que meilleure. Le **marmitako guipúzcoan**, ragoût à base de thon, de pommes de terre, de tomates et de poivrons prendra toute sa saveur, et le **ttoro**, cette soupe de poissons préparée avec ail et piment à St-Jean-de-Luz, sera justement appréciée.

FRUITS DE MER ET COQUILLAGES

Autre spécialité venue de la mer et tout aussi délectable, les **chipirones** sont des petits encornets apprêtés dans leur encre ou avec de l'huile d'olive et de l'ail. Ce grand classique est servi dans de nombreux bars à tapas. En Guipúzcoa, les restaurants proposent également du **crabe farci**, tandis que ceux de Biscaye mettent à leur carte les **palourdes d'Urdaibai** et les **araignées de mer**.

POISSONS D'EAU DOUCE

Plus à l'intérieur des terres, la **truite** occupe une place de choix dans les assiettes ; fraîche ou fumée, elle est mise en valeur dans de nombreuses recettes.

Enfin, s'il est une spécialité aquatique incontournable et de plus en plus recherchée, c'est bien la **pibale**, alevin d'anguille qui remonte les cours d'eau à la recherche d'un endroit où grandir en paix. Mais la pibale se faisant rare, sa pêche est strictement réglementée aujourd'hui, ce qui en fait un mets de choix, notamment pour les fêtes. Frite dans l'huile et l'ail, elle se déguste dans une cassolette à l'aide d'une petite fourchette de bois.

VIANDES ET CHARCUTERIE

Outre la mer, les provinces basques et navarraises peuvent se prévaloir de vastes espaces montagneux où agneaux, veaux et porcs paissent en toute tranquillité. Leur viande se retrouve tout naturellement dans les menus des *etxekoandreak* (maîtresses de maison) ou des restaurants, qui vous proposeront de l'**axoa** du côté d'Espelette (sorte de ragoût d'agneau ou de veau avec du piment), du **boudin** vers Laudio (Biscaye) et, partout, du **jambon**.

Jambons

Le jambon de Bayonne est produit dans le bassin de l'Adour, aire géographique comprenant le département des Pyrénées-Atlantiques et quelques cantons limitrophes, à partir de porcs élevés dans tout le Sud-Ouest. Le **jambon Kintoa** a, lui, une aire de production beaucoup plus restreinte puisqu'elle se limite au Pays Quint (👆 *p. 163*) ; les porcs pie noir du Pays basque y sont élevés en plein air et les jambons affinés au séchoir naturel des Aldudes. Inscrit dans une démarche AOC, ce jambon confirme sa place parmi les jambons secs hauts de gamme. Côté espagnol, la palette est très large, allant du savoureux **jabugo** à la viande de cochon sauvage ou de sanglier au **serrano**, en passant par le délicieux **bellota**, préparé avec de la viande de cochon ibérique (*ibérico*) *pata negra* nourri de glands et de châtaignes. Vous ne verrez pas un bar à tapas ou un restaurant sans son cuissot prêt à la coupe !

Gibier

Des deux côtés des Pyrénées, la chasse est aussi à l'honneur, offrant en saison gibiers à plume et à poil,

dont les fameuses **palombes**, tirées à l'automne vers St-Jean-Pied-de-Port (👆 *p. 472*).

FRUITS, LÉGUMES ET ÉPICES

De par la surface importante de forêts et l'hygrométrie parfois élevée de certaines zones, les champignons, et plus particulièrement le **cèpe**, sont appréciés dans la cuisine basque. Ainsi, il n'est pas une fête en Álava où ce mets ne figure au menu. Chanterelles, morilles, russules et girolles lui font parfois concurrence. Rien ne manque dans le panier de la ménagère basque, et surtout navarraise, puisque la vallée de l'Èbre constitue un potager à ciel ouvert. On y produit asperges, fèves, bettes, artichauts, haricots verts, courgettes, betteraves, aubergines, petits pois, laitues, choux, poireaux, oignons… Autant de produits qui entrent dans la composition des tapas, ou de plats comme la piperade, sorte de ratatouille relevée au piment avec œufs brouillés et jambon. Certaines communes s'enorgueillissent d'une production bien particulière, comme Guernica pour le piment vert, Hondarribia pour le petit pois, Tolosa pour le haricot noir, Lodosa pour le *piquillo*, Espelette pour le piment (AOC depuis 2000) et Itxassou pour la cerise noire, dont la confiture accompagne si bien l'ossau iraty.

FROMAGES

Culture pastorale oblige, les Basques et les Navarrais utilisent le lait des brebis pour fabriquer des fromages. Le plus connu est l'ossau iraty, AOC depuis 1980, produit dans les Pyrénées-Atlantiques, et plus spécifiquement aux abords de la forêt d'Iraty dont il tire son nom. Il se fabrique à partir du lait entier de brebis manech à tête noire ou rousse, brassé, moulé

L'art du *poteo*

MODE D'EMPLOI

Pour goûter au meilleur des produits basques ou navarrais au sud des Pyrénées, et plus spécialement sur la côte, il suffit de *potear*! Cette pratique gustative hautement conviviale consiste à aller de bar en bar en fin de journée (c'est-à-dire vers 20h côté espagnol) pour vous délecter de *pintxos* accompagnés d'un verre de vin. Ne manquez pas *pintxo-pote*, chaque jeudi soir côté espagnol. À cette heure-là, les bars sont littéralement pris d'assaut par les jeunes, les retraités, les parents et les enfants. Chacun papote tout en se servant directement au comptoir, ou en désignant au serveur toutes les préparations dont il a envie avant de récupérer l'assiette qu'il aura composée. Le plus souvent, l'addition se règle après dégustation. Le serveur liste alors les consommations. La *Kutxa* (« cagnotte ») correspond au pot commun qui sert à payer la note, elle est souvent rassemblée dans un gobelet ou un verre posé sur le comptoir, le serveur n'ayant plus qu'à en extraire la somme correspondante.

Au final, l'endroit est aux Basques ce que le pub est aux Anglais et le café aux Français : un pilier incontournable de sociabilité. La gourmandise en plus ! En la matière, la réputation de Saint-Sébastien est inégalable, suivie de près par Hondarribia, Bilbao et Vitoria.

TAPAS OU PINTXOS ?

Aujourd'hui connues un peu partout, les **tapas** sont des mises en bouche, qui, au terme de votre balade, auront constitué de véritables repas. Le choix est vaste pour ne pas dire infini et va des **piquillos** (poivrons) et des **olives** marinées jusqu'à l'assiette de **jambon** à la coupe en passant par les fameuses **tortillas** (omelettes), les **patatas bravas** (pommes de terre sautées avec une mayonnaise ou une sauce tomate pimentée), les **chipirones** ou les **tranches de pain** garnies de thon, de crevettes, de poivrons, de champignons ou de tout autre produit dont le cuisinier aurait eu l'idée et la fantaisie. Certaines préparations élaborées renouvellent le genre.

Si les tapas sont d'origine médiévale, les *pintxos* ont vu le jour plus récemment, sans doute dans le premier tiers du 20e s. à Saint-Sébastien. Certains vont même jusqu'à préciser que c'est au bar de La Espiga de la calle San Marcial que sont apparus les premiers *pintxos* (ou *pinchos* selon la graphie espagnole). Ils n'existent d'ailleurs sous ce nom qu'en Espagne. Parfois présentés comme de mini-brochettes, tartinés sur des croûtons de pain ou servis dans de petites cassolettes, ils déclinent la tradition culinaire basque sous forme miniature. Là encore, le choix est considérable, et vous aurez peut-être la chance de tomber sur une noix de St-Jacques assaisonnée à l'ail et au pesto ou un foie gras poêlé à l'émulsion de mangue et au vinaigre balsamique, voire un *marmitako* ou un *ttoro* lilliputien.

et pressé puis salé au gros sel et affiné au minimum trois mois. Sur le versant navarrais, le fromage de Roncal, obtenu grâce au lait entier des brebis latxa, est travaillé puis salé et affiné entre décembre et juillet. Quant au délicieux fromage d'Idiazabal, il est produit à la frontière entre Navarre et Guipúzcoa. Il s'agit d'un fromage à pâte sèche, élaboré exclusivement avec du lait de brebis latxa et affiné entre deux mois et deux ans. Autre produit laitier que vous retrouverez sur les tables des deux côtés de la frontière : le **mamia**, du lait caillé de brebis que l'on déguste arrosé de miel.

DOUCEURS

Impossible de repartir du Pays basque sans avoir goûté à son **chocolat** ! Les meilleurs se dénichent à Bayonne, St-Sébastien ou Tolosa, selon une tradition remontant au 16e s. Les amateurs de sucreries apprécieront également les *vasquitos* et *nesquitas* de Vitoria, ou les spécialités à base d'amandes produites par les différentes congrégations religieuses du sud

des Pyrénées. Côté pâtisseries, les gourmands se régaleront des macarons de St-Jean-de-Luz, de *goxua* (une sorte de baba au rhum à la crème pâtissière et au caramel) et, bien entendu, de gâteau basque.

VINS

Cru côtier
Celui du **txakoli** demeure le plus confidentiel avec seulement 80 ha exploités du côté de Getaria et de Bakio, sur le golfe de Biscaye. Élaboré à partir d'un cépage local, il se caractérise par une légère acidité et une mousse à peine perceptible. La plupart du temps blanc et sec, il se déguste aussi en vin rouge dans les alentours de Bakio, devenant alors *txakoli ojogallo*. Consommé très frais, souvent en apéritif, il accompagne parfaitement les *pintxos*. 🌿 *p. 211.*

Irouléguy
Le vignoble d'Irouléguy (aujourd'hui 240 ha) fut planté par les moines de Roncevaux au 11e s., non loin de St-Étienne-de-Baïgorry. Déclaré AOC en 1970, il produit des vins rouges exclusivement à partir

GÂTEAU BASQUE À LA CRÈME OU À LA CONFITURE DE CERISE
Pour 5-6 personnes – *250 g de farine, 125 g de beurre, 125 g de sucre cristallisé, 2 œufs (+ 1 jaune pour dorer la pâte), 2 cuillères à soupe de rhum ou d'essence de vanille, une pincée de sel.*
Mélangez beurre et sucre, puis les œufs et enfin la farine, le sel et l'arôme. Malaxez le tout et faites durcir la pâte au frais le temps de préparer la crème, s'il s'agit d'un gâteau à la crème. Pour préparer celle-ci (1/4 l de lait, 2 jaunes d'œufs, 65 g de sucre semoule, 25 g de farine, 50 g de poudre d'amandes, 2 cuillers à soupe de rhum ou d'essence de vanille) : fouettez ensemble jaunes d'œufs et sucre, ajoutez la farine et mélangez. Versez ensuite la moitié du lait bouilli, tournez puis mettez le tout sur le feu jusqu'à ébullition, pendant 1mn. Ajoutez le rhum ou l'essence de vanille et laissez refroidir. Étirez votre pâte sur une épaisseur de 4 à 5 mm. Prenez-en 60 % pour en garnir votre moule, beurré et fariné. Répartissez au choix la crème refroidie à laquelle vous ajoutez la poudre d'amandes ou bien la confiture de cerise noire, puis appliquez la pâte restante pour fermer le moule. Abaissez les bords de la pâte, rayez-la à l'aide d'une fourchette. Passez-la à l'œuf pour la faire dorer et enfournez pendant 30 à 40mn, à feu doux (160 °C).

LES SOCIÉTÉS GASTRONOMIQUES

Ces provinces ont fait de la gastronomie un art de vivre, et ce n'est sans doute pas un hasard si la région concentre de part et d'autre de la frontière une quarantaine de restaurants étoilés. En Espagne, il existe, depuis le 19e s., des sociétés gastronomiques. L'Euskadi en répertorie plus de mille, dont au moins la moitié pour le seul Guipúzcoa, la palme revenant à St-Sébastien avec une centaine de sociétés, dont les plus prestigieuses et anciennes sont Gaztelubide et Euskal Billera. Elles étaient jadis l'apanage des hommes (des sociétés féminines se sont créées plus récemment) qui se réunissaient pour faire le marché, cuisiner, se transmettre les recettes et se retrouver dans un local réservé, le **txoko**. Dans les plus traditionnelles de ces sociétés, un « tour de cuisine » est établi entre les membres et scrupuleusement respecté. Il est toutefois douteux qu'en tant que touriste vous ayez accès à l'un de ces cénacles…

de tannat (*bordelesa* en basque), de cabernet franc *(acheria)* et de sauvignon. Les blancs s'obtiennent quant à eux à partir de courbu *(xuri cerratia)* et de manseng *(ixiriota xuri)*. Le rouge, à la robe pourpre foncée, possède un bouquet de fruits mûrs accompagné d'arômes de violette et de cannelle ; il accompagne les viandes rôties ou en sauce, le gibier et les fromages. Le blanc se boit sur les poissons, les fruits de mer, le pain d'épices, les confitures. Il existe aussi un rosé, qui se marie très bien avec les viandes et les poissons grillés.

Les vins de la Rioja alavesa

La Rioja alavesa (◔ *p. 324*) couvre quelque 8 000 ha, plantés essentiellement de *tempranillo*, un cépage qui donne un vin rouge généralement fruité et tannique. Les plus réputés sont élaborés dans les environs de Labastida. Côté blanc, le vignoble d'**Álava** en produit à partir de *viura*.

La Navarre

Avec 13 000 ha de *tempranillo* et de grenache, la région arrive en tête des productions, en volume comme en qualité. Les **navarra** produits

autour de Tafalla, Tudela, Olite et Estella comptent parmi les meilleurs vins d'Espagne. Ils sont rouges, rosés, blancs ou liquoreux.

CIDRE

Les Basques se revendiquent les premiers producteurs de cidre *(sagardoa)*, avant même les Bretons et les Normands. Traditionnellement, ce breuvage acidulé et pétillant se déguste directement au tonneau *(kupela)*. Un repas dans une cidrerie constitue un moment convivial et inoubliable.

◔ *Pour en savoir plus, visitez aussi, dans les environs de St-Sébastien, la Maison du cidre basque, p. 194.*

SPIRITUEUX

Le **patxaran** ou **pacharán**, parfois appelé en basque *basarana*, est une liqueur de prunelles élaborée en Navarre. Titrant à 25 °C, elle se déguste toute l'année, tout comme l'**izarra**, spécialité d'Hendaye. Concocté à partir de plantes aromatiques, de graines, d'écorces et d'Armagnac, cet alcool présente une couleur verte ou jaune selon que dominent la menthe poivrée ou l'amande amère.

Art et architecture

Depuis des siècles, les pèlerins traversent les Pyrénées pour se rendre à Compostelle. Ces voies plus ou moins fréquentées ont toujours été un lien, parfois très fort, entre des provinces bien différentes. Cette variété est plus que jamais d'actualité et il serait impossible de comparer St-Jean-de-Luz ou Biarritz à Bilbao, Bayonne à Pampelune. La culture n'est pas uniquement synonyme de passé ici, comme en témoigne l'importance de l'architecture moderne et de l'art contemporain, réveillés par l'incroyable succès du musée Guggenheim de Bilbao.

Art roman

À partir du 10e s., on assiste au repeuplement de la région et à la reconstruction d'églises : au nord des Pyrénées après la victoire des ducs de Gascogne sur les Normands ; au sud après la Reconquête sur l'Islam grâce aux rois d'Asturie-León, Castille et Navarre, et à l'aide légendaire de saint Jacques Matamoros lors de la bataille de Clavijo (844).

LE RAYONNEMENT DES CHEMINS DE ST-JACQUES

La diversité des chemins de St-Jacques à travers le Pays basque et la Navarre fait surgir quantité de monastères, lieux d'hospitalité et de prière, et de nombreuses églises et chapelles : route côtière à travers le Labourd (Lahonce), le Guipúzcoa, la Biscaye (Zenarruza-Ziortza) et l'Álava (Estibaliz) ; route du col du Somport, conduisant les pèlerins par Jaca, Leyre et Sangüesa ; enfin route d'Ostabat et Roncevaux, la plus fréquentée à partir du 11e s. Bâtisseurs et sculpteurs transmettent styles et motifs décoratifs d'une région à l'autre (Toulouse, Jaca, etc.). D'autres passent de Compostelle à Pampelune : ainsi, Pierre de Roda (Rodez), évêque de Pampelune et ancien moine de Conques, appelle maître Esteban sur le chantier de sa cathédrale. Des ouvriers, prisonniers arabes ou chrétiens mozarabes, introduisent, sur les murs et les fenêtres, des éléments décoratifs musulmans : entrelacs, rosaces, larges palmettes. Les coupoles à nervures sur plan octogonal à **L'Hôpital-St-Blaise**, en Basse-Soule, ou **Sta María de Eunate** et **Torres del Río**, en Navarre, témoignent de l'influence de l'art califal de Cordoue. Ces deux derniers édifices étaient peut-être des chapelles funéraires, car des escaliers, logés dans des tourelles adjacentes, permettent d'accéder au toit pour entretenir la lanterne des morts, toujours visible à Torres del Río.

Art de confluences, l'art roman est aussi un art populaire : dans les villages qui se créent et deviennent des étapes pour les pèlerins, des artisans locaux ornent les bâtiments religieux de sculptures, parfois assez frustes mais d'une grande force expressive. Ainsi à Villatuerta, en Navarre (1062), ou dans le groupe très curieux de la vallée d'Orba, au sud de Pampelune, deux églises, Orisain et Olleta, et

ABC d'architecture

Les dessins présentés dans les planches qui suivent offrent un aperçu visuel de l'histoire de l'architecture dans la région et de ses particularités. Les définitions des termes d'art permettent de se familiariser avec un vocabulaire spécifique et de profiter au mieux des visites des monuments religieux, militaires ou civils.

L'HÔPITAL-ST-BLAISE – Plan de l'église (12ᵉ-13ᵉ s.)

Cette petite église romane de Soule, située sur les chemins de St-Jacques, surprend par ses décors très révélateurs de l'influence hispano-mauresque.

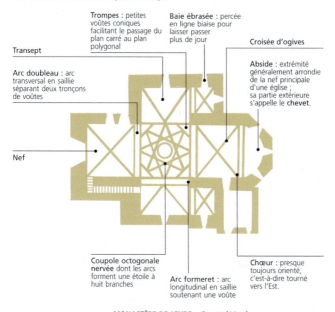

Trompes : petites voûtes coniques facilitant le passage du plan carré au plan polygonal

Baie ébrasée : percée en ligne biaise pour laisser passer plus de jour

Croisée d'ogives

Transept

Arc doubleau : arc transversal en saillie séparant deux tronçons de voûtes

Abside : extrémité généralement arrondie de la nef principale d'une église ; sa partie extérieure s'appelle le **chevet**.

Nef

Coupole octogonale nervée dont les arcs forment une étoile à huit branches

Arc formeret : arc longitudinal en saillie soutenant une voûte

Chœur : presque toujours orienté, c'est-à-dire tourné vers l'Est.

MONASTÈRE DE LEYRE – Crypte (11ᵉ s.)

Remarquable pour ces courtes colonnes et ses robustes chapiteaux, la crypte a été construite pour supporter l'église supérieure, de même plan.

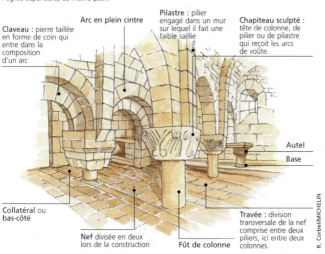

Pilastre : pilier engagé dans un mur sur lequel il fait une faible saillie

Arc en plein cintre

Chapiteau sculpté : tête de colonne, de pilier ou de pilastre qui reçoit les arcs de voûte.

Claveau : pierre taillée en forme de coin qui entre dans la composition d'un arc

Autel

Base

Collatéral ou **bas-côté**

Nef divisée en deux lors de la construction

Fût de colonne

Travée : division transversale de la nef comprise entre deux piliers, ici entre deux colonnes.

R. Corbel/MICHELIN

deux ermitages isolés, Echano et Catalain, présentent une très belle décoration sculptée, exécutée par la même équipe au 12e s. Un grand nombre de ces édifices comportent un porche méridional en appentis, supporté par des arcades ou des colonnes à chapiteaux.

Il ne subsiste que de rares vestiges d'hôpitaux et de monastères au nord des Pyrénées : en Labourd, Lahonce, en Basse-Navarre, Bidarray, en Soule, L'Hôpital-St-Blaise et, perdue au fond d'une vallée, la **collégiale Ste-Engrâce** (1075) aux superbes chapiteaux polychromes qui dépendait de la puissante abbaye navarraise de Leyre.

LA NAVARRE, TERRE ROMANE

Traversée par les deux branches du principal chemin, la Navarre devient tout naturellement une des terres d'élection de l'art roman. Cette floraison artistique commence sous le règne de **Sanche le Grand** (1004-1035), le fondateur du chemin des Français ou *camino francés* (Pampelune, Puente-la-Reina, Estella). Il domine un très vaste royaume où s'élèvent de nombreux monastères : Irache, San Millán et surtout Leyre, « cœur et centre du royaume », dont les abbés deviennent souvent évêques de Pampelune. Consacrée en 1057, la crypte, avec ses colonnes ramassées et ses énormes chapiteaux, décorés de simples volutes, soutient un chevet à trois vaisseaux, abside et absidioles, d'une hauteur audacieuse. Ce chevet est le prototype des grandes constructions romanes du 11e s. espagnol, car il est antérieur aux sanctuaires de Jaca, Léon et même St-Jacques-de-Compostelle. Près de deux siècles plus tard, l'ère romane s'achève avec **Sanche le Fort** (1194-1234), enterré à Roncevaux, grand champion de la

croisade contre les Maures (victoire de Las Navas de Tolosa en 1212). Les dernières réalisations romanes sont Ste-Marie de Tudela, bâtie sur une ancienne mosquée, et surtout les églises d'Estella, véritables synthèses de l'art du pèlerinage. Les influences musulmanes dans l'art chrétien après la Reconquête vont former le **style mudéjar**.

Art gothique

Après le succès du roman en Navarre, les souverains venus de Champagne vont faciliter le développement du style gothique qui s'étend dans les régions voisines.

LE ROYAUME DE NAVARRE

Le neveu et héritier de Sanche le Fort est **Thibaud Ier de Champagne**. Avec les rois champenois, suivis des capétiens, l'influence gothique pénètre le royaume. Premiers exemples : le monastère cistercien d'Iranzu, fondé en 1176, ceux de Fitero et de la Oliva (seconde moitié du 12e s.). Ces églises ont des croisées d'ogives et des piliers d'une sobre rigueur avec des éléments encore romans à la Oliva (le chevet). L'église romane d'**Ujué**, dont la vénérable statue de la Vierge sanctifie le rôle de forteresse face aux royaumes musulmans, fut enveloppée à la fin du 14e s. par la splendide église gothique construite par Charles II le Mauvais. La ville royale d'**Olite** connaît quant à elle une activité architecturale intense dès le 13e s. : San Pedro, Santa María la Real et une partie du château royal, agrandi aux 14e et 15e s.

À **Pampelune**, la cathédrale romane fut ravagée en 1277 lors de la guerre civile. La reconstruction gothique (1312) est amplifiée de 1387 à 1425 par Charles III le Noble : nef, bas-côtés et cloître sont de style flamboyant avec de remarquables sculptures (la « Puerta Preciosa »). Au 18e s., la façade sera détruite pour laisser place au néoclassique.

LES PROVINCES BASQUES EN FRANCE ET EN ESPAGNE

Le vif développement urbain du 13e s. favorise l'essor de l'architecture gothique. En témoignent quelques édifices civils et surtout les cathédrales des principales villes. À **Bayonne**, après l'incendie de 1258 qui ravagea la ville et la cathédrale romane Ste-Marie, l'évêque Raymond de Martres fit appel à des maîtres d'œuvre sans doute champenois. L'influence de Soissons et de Reims est frappante dans l'abside avec son déambulatoire dont les voûtes se prolongent vers les chapelles rayonnantes, la croisée du transept et les sculptures du portail sud. Les clefs de voûte polychromes de la nef datent du 14e s., époque de la domination anglaise ; le cloître et la façade ouest, avec les lys de France, sont du 15e s. Mais les flèches, en harmonie avec ce style gothique flamboyant, ne furent élevées qu'en 1877.

En Biscaye, il faut citer la cathédrale Santiago au cœur de **Bilbao**, la basilique de **Lekeitio**, le portail flamboyant de **Güeñes**… En Álava, à **Vitoria**, la cathédrale Santa María est l'objet d'un exemplaire chantier de restauration qui remet en valeur la nef et le portail du plus pur gothique français. À **Laguardia**, Santa María de los Reyes présente un admirable portail sculpté du 14e s. Bien protégées des intempéries, les élégantes statues gothiques conservent la polychromie exécutée sans doute au 17e s. En Guipúzcoa, les églises Santa María de **Deba** et San Salvador de **Guetaria** sont de beaux exemples du gothique des 14e et 15e s.

De la Renaissance au néogothique

Le développement économique s'accompagne d'une richesse décorative très marquée pendant la Renaissance en Espagne. Elle devient très ostentatoire dans le baroque qui se diffuse partout, du 16e au 18e s., en réaction à l'austérité de la Réforme, avant un retour vers le gothique au 19e s.

LA RENAISSANCE

Avec la richesse venue du Nouveau Monde, le 16e s. est une période de grandes constructions en Pays basque espagnol : les églises sont achevées avec des voûtes aux articulations très complexes en pierre ou en bois, marquées encore par le gothique. Le style Renaissance, avec la disposition harmonieuse, symétrique des corps de bâtiments et l'importance donnée aux portails sculptés, apparaît à partir de 1526 avec la chapelle et l'université du St-Esprit à **Oñati** en Guipúzcoa. Le séminaire royal de **Bergara** et l'église d'**Elorrio**, entre autres, sont des exemples d'églises-halles à trois nefs de même hauteur, créant un espace unifié sur un modèle nordique. Sous l'influence castillane, la décoration sculptée des portails est souvent de **style plateresque**, ce style d'ornementation architecturale de la Renaissance espagnole dont les motifs évoquent l'orfèvrerie (🅖 *Musée diocésain d'Art sacré à Bilbao p. 251*).

LE BAROQUE

De la fin du 16e au 18e s., le baroque marque profondément l'architecture, soit avec un style assez sobre mais imposant (églises d'Elgoibar et Segura en Guipúzcoa), soit avec un décor sculpté surabondant (basilique Santa María de **St-Sébastien**). Il a produit une œuvre grandiose en Guipúzcoa : le **sanctuaire de Loyola** en l'honneur de saint Ignace, fondateur de l'ordre des Jésuites, conçu par l'Italien Carlo Fontana (1634-1714), élève du Bernin. L'influence romaine est visible dans le spectaculaire coupole de 65 m de hauteur et le majestueux portique d'entrée.

Les églises à galeries en Labourd et Basse-Navarre

Pour faire face à l'accroissement de la population au 16e s., l'évêque de Bayonne conseille en 1556 aux villageois d'Ossès d'agrandir leur église en hauteur et de la garnir de galeries de bois. Cette disposition architecturale simple et peu coûteuse est adoptée presque partout, même dans les églises bâties après les destructions dues aux protestants. Les massifs **clochers-porches** abritent souvent une salle qui servait autrefois de lieu de réunion communal. Avec leur nef unique, leur plafond en bois, souvent peint, et leurs galeries sculptées et datées, les églises s'ouvrent largement sur le chœur, décoré d'un retable étincelant de dorures.
Les églises souletines comportent généralement des tribunes sans galeries latérales. Les tribunes, autrefois réservées aux hommes, témoignent des anciens rites funéraires effectués par les femmes dans la nef. Les églises offrent de curieux **clochers-calvaires** : murs pignons à trois frontons de hauteur inégale, surélevés de croix pour rappeler la Crucifixion et la Trinité (l'église de Gotein au sud de Mauléon-Licharre en est un exemple caractéristique).

Les retables

Déjà présents à la fin de l'époque gothique (retable flamand de Lekeitio en Biscaye), les retables prennent une importance considérable à partir de la Contre-Réforme lorsqu'ils servent l'enseignement religieux et l'exaltation de la foi catholique. Pour ces signes ostentatoires de la richesse d'une paroisse ou d'une ville, avec l'éclat des dorures, les sculpteurs rivalisent d'ingéniosité dans l'agencement des différents niveaux ou registres, des multiples volets, bas-côtés, autels latéraux. Outre les documents écrits, l'étude des styles des figures, des détails d'habillement, de la présence ou non d'éléments profanes permet de dater ces ouvrages et de reconnaître la marque d'un sculpteur ou d'une dynastie de sculpteurs.

En **Pays basque espagnol et en Navarre**, presque toutes les églises présentent de magnifiques retables, certains du 16e s. (Oñati, Bergara en Guipúzcoa, Galdakao en Biscaye, Artziniega en Álava, Arguiñano et Ciriza en Navarre), la majeure partie du 17e, du 18e et même du 20e s. (Arantzazu en Guipúzcoa).

En **Pays basque français**, le plus important est à St-Jean-de-Luz (1669), mis en place par le sculpteur Martin de Bidache après le mariage de Louis XIV. Les retables du Labourd et de Basse-Navarre datent presque tous du 17e s.

LE NÉOGOTHIQUE DU 19e S.

L'engouement pour le Moyen Âge, le sauvetage et la redécouverte des grandes cathédrales influencent, au 19e s., les nouvelles constructions religieuses. Ce style gothique revisité apparaît alors comme le mieux adapté à l'expression de la foi, suivant un courant artistique en vogue.
Parmi les édifices néogothiques, on peut citer St-André à Bayonne, Ste-Eugénie à Biarritz et, en zone rurale, les églises rebâties des chefs-lieux de canton : Ustaritz, St-Palais, Hasparren, Bidache, etc. En Guipúzcoa, la ville de St-Sébastien, très marquée par l'influence

LAGUARDIA – Portail de l'église Sta-Maria-de-los-Reyes (12ᵉ-17ᵉ s.)

Sculpté au 12ᵉ s., ce portail gothique impressionne toujours par la richesse de son décor polychrome restauré et protégé depuis le 17ᵉ s.

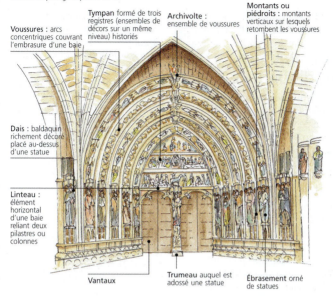

Tympan formé de trois registres (ensembles de décors sur un même niveau) historiés

Archivolte : ensemble de voussures

Montants ou piédroits : montants verticaux sur lesquels retombent les voussures

Voussures : arcs concentriques couvrant l'embrasure d'une baie

Dais : baldaquin richement décoré placé au-dessus d'une statue

Linteau : élément horizontal d'une baie reliant deux pilastres ou colonnes

Vantaux

Trumeau auquel est adossé une statue

Ébrasement orné de statues

ST-JEAN-DE-LUZ – Intérieur de l'église St-Jean-Baptiste (17ᵉ s.)

Transformées pour la plupart au 17ᵉ s., les églises basques se distinguent par une nef unique sur les murs latéraux de laquelle sont posées des galeries. Un retable monumental occupe le chœur.

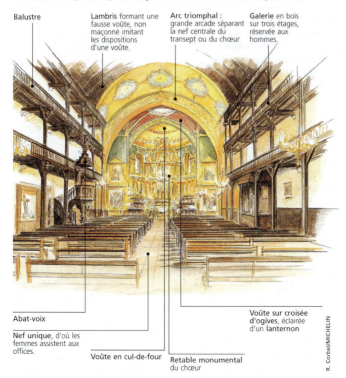

Balustre

Lambris formant une fausse voûte, non maçonné imitant les dispositions d'une voûte.

Arc triomphal : grande arcade séparant la nef centrale du transept ou du chœur

Galerie en bois sur trois étages, réservée aux hommes.

Abat-voix

Nef unique, d'où les femmes assistent aux offices.

Voûte en cul-de-four

Retable monumental du chœur

Voûte sur croisée d'ogives, éclairée d'un lanternon

R. Corbel/MICHELIN

française, se dote d'une nouvelle cathédrale de ce style.

Architecture traditionnelle

Une ferme aux murs blancs et aux boiseries rouges trônant dans un écrin de verdure… Dès le 19e s., la maison basque *(etxea)* est victime de ce cliché réducteur qui ne concerne que la maison rurale de la façade océanique, et qui ne résume pas la diversité de formes, de plans et de matériaux observable aujourd'hui. Voici quelques clés pour apprécier, loin des idées préconçues, cet art de bâtir.

LA MAISON RURALE

Inventaire rapide
Vers 1930, le géographe Théodore Lefèbvre, parcourant l'ensemble des provinces, établit plusieurs catégories de maisons rurales en fonction de leur implantation et des activités humaines qu'elles abritent. Ce travail permet encore aujourd'hui de distinguer les principaux types. Dans le **Pays basque atlantique**, l'habitat rural est généralement dispersé et les maisons blocs abritent à la fois les hommes, les animaux et les récoltes. Les maisons, blanchies à la chaux, font appel à des matériaux légers, permettant les encorbellements. Les **régions riveraines de l'Èbre** sont vouées au vin, au blé et à l'horticulture. Dans les « pays à vin », les maisons bâties au-dessus des caves se groupent sur des buttes ou des terrasses pour laisser les terres alluviales aux cultures ; dans les « pays à blé », l'habitat est plus dispersé et les maisons se développent en largeur pour abriter une étable et les récoltes ; une cour permet le battage. On trouve peu de bois dans ces édifices qui font largement appel à l'argile. Les **maisons de Haute-Navarre** sont regroupées sur les hauteurs. Le climat rude impose des bâtiments massifs, faisant appel au bois et à la pierre. Dans certaines vallées, on peut encore découvrir des greniers sur piliers *(hórreos)*. En **Basse-Navarre**, l'habitat est dispersé, mais les maisons souvent rassemblées en quartiers d'importance variable. Les constructions munies parfois de balcons possèdent souvent de beaux encadrements de portes et de fenêtres en grès, la pierre du pays. Dans la **vallée de la Soule**, les maisons réunies le long d'une route ou près d'un pont sont petites et peu profondes. Les murs en galets, la charpente dont la forte pente se termine par un ressaut *(coyau)*, la toiture couverte d'ardoises et percée de lucarnes sont les caractéristiques de ces maisons montagnardes qui peuvent posséder plusieurs dépendances encadrant une cour.

Des maisons très anciennes
Des recherches récentes ont permis de retrouver quelques maisons extrêmement anciennes qui, bien

---

LES LINTEAUX DES MAISONS NAVARRAISES
Beaucoup de maisons rurales, en particulier dans les provinces de Navarre et de Basse-Navarre, arborent des linteaux au-dessus de leurs portes d'entrée et parfois de leurs fenêtres. Ces pierres sculptées présentent des symboles solaires tels que rosaces, croix basques, ostensoirs… Mais on peut y lire surtout les noms de la maison et des propriétaires, parfois celui du « maître maçon », ainsi que la date de construction ou de reconstruction du bâtiment. Ces inscriptions témoignent de l'importance de la maison dans la société traditionnelle : l'*etxe* donnait son nom à ses habitants.

qu'ayant subi de nombreuses modifications au cours des siècles, témoignent d'un art de bâtir exceptionnel.

Certaines de ces maisons semblent remonter au 14e s. Elles sont constituées d'une ossature de bois dont les pièces principales sont des portiques assemblés par des queues d'aronde. La pierre ne s'est imposée qu'à partir des 16e-17e s. dans ces constructions dont les murs étaient eux aussi garnis de planches. Il s'agit là d'un type d'habitat vascon dont on trouve des traces jusque vers la Garonne.

L'évolution des habitations

Les constructions rurales n'ont jamais été des modèles figés, mais elles se sont continuellement adaptées aux modes de vie.

C'est ainsi qu'en Pays basque français, l'introduction du maïs au 16e s. a nécessité plus de place pour entreposer le matériel agricole et les récoltes, mais aussi pour accueillir l'augmentation de la population résultant de ce contexte économique favorable.

Les agrandissements en largeur et en hauteur, tout en s'intégrant dans la volumétrie traditionnelle, ont fait davantage appel à la pierre.

On peut encore lire ces évolutions sur les façades des maisons rurales en observant les murs pignons dont l'allure plus ou moins symétrique est soulignée par les jeux de lignes des pans de bois.

Les maisons fortes

L'architecture régionale comprend encore de nombreux types de constructions.

Parmi les plus typiques, citons les **maisons-tours** ou maisons fortes, connues principalement en Pays basque espagnol. Ce sont des constructions fortifiées et imposantes, généralement « posées comme des sentinelles au centre des vallées », tel que l'affirmait

l'architecte suisse Alfredo Baeschlin. Si l'épaisseur des murs et l'étroitesse des ouvertures indiquent leur destination défensive, il s'agit aussi d'exploitations agricoles. Elles furent bâties entre le 13e et le 15e s., quand les habitants des vallées se livraient des luttes fratricides, et servaient de refuge en cas de raid ennemi. Beaucoup portent un **blason** sur leur façade.

Les « palacios »

Connus seulement dans les provinces du sud, les *palacios* ont été construits entre le 15e et le 18e s., souvent sur d'anciennes maisons-tours, progressivement transformées en agréables résidences donnant plus d'importance à la décoration extérieure. C'est ainsi que les tours défensives placées aux angles des édifices militaires sont devenues des pinacles d'ornement.

LA MAISON ET LA SÉPULTURE

Dans la société traditionnelle, il existait un lien très étroit entre le monde des vivants et celui des morts. La maison était reliée à la sépulture par un chemin particulier *(hil bide)* que le cortège funèbre devait emprunter. On ne pouvait vendre la maison sans vendre la tombe s'y rapportant. Avant l'aménagement des cimetières, chaque maison possédait sa sépulture dans la nef de l'église. Lors des offices, les femmes de la maison prenaient place sur une dalle appelée *jarleku* pour accomplir les rites funéraires tandis que les hommes étaient relégués au fond puis, plus tard, dans des galeries. Ceci probablement pour des raisons pratiques : les travaux des champs les contraignaient à un va-et-vient peu propice au déroulement serein du culte.

Au cimetière, la sépulture familiale, orientée vers le soleil levant, était généralement signalée par une **stèle discoïdale** sur laquelle étaient sculptés le nom de la maison et différents signes dont certains renvoient à des conceptions très anciennes du monde et de la vie.

C'est le cas notamment de la fameuse **croix basque**, symbole solaire, souvent composée de trois éléments : le disque, représentant le ciel, le carré, la terre, et les quatre têtes, ou *lauburu*, orientées vers la droite, illustrant le mouvement, le passage.

LES MAISONS URBAINES

L'architecture basque traditionnelle ne se limite pas à l'habitat rural. Il existe de nombreux types de maisons urbaines, à l'origine, souvent construites selon les principes appliqués dans les campagnes : mêmes matériaux, mêmes techniques. Destinées aux activités des négociants, des artisans et des bourgeois, ces maisons s'adaptaient au parcellaire urbain. Citons par exemple les deux types existant à **Bayonne** dès le Moyen Âge : dans la haute ville, près de la cathédrale, les maisons possédaient de belles caves voûtées pour abriter les marchandises, tandis que, dans les quartiers gagnés sur les barthes (marécages), elles étaient construites sur pilotis avec un rez-de-chaussée muni d'arceaux donnant sur un canal. À l'origine, ces édifices ne possédaient que deux étages avant d'être rehaussés d'un ou deux niveaux lorsque les faubourgs furent rasés sur ordre de Vauban au 17e s.

Architecture urbaine

LES GRANDES ÉVOLUTIONS DU 19e S.

Des villes en pleine croissance

À partir du début du 19e s., l'architecture urbaine se démarque complètement de l'architecture rurale. Destinée à des édifices municipaux de prestige, elle emprunte le style officiel à la mode dans les années 1800-1840, le **néoclassicisme**. Portiques et frontons, alignements de colonnades ou d'arcades, tous ces éléments se retrouvent dans les grandes villes : en Biscaye, la Casa de Juntas de Guernica, les mairies de Bilbao et d'Orduña, à Vitoria le palais de la Diputación et à Bayonne, alors seule ville importante du Nord, un vaste édifice un peu hétéroclite construit en 1842. Mairie, théâtre, douanes, voire musée et bibliothèque sont logés dans un bâtiment inspiré du grand théâtre de Bordeaux élevé au siècle précédent.

Les aménagements de places

À Vitoria et Bilbao, les « **plazas nuevas** » sont de majestueux quadrilatères très centrés, quasiment fermés et souvent entourés d'arcades. À St-Sébastien, la place de la Constitution est enserrée dans un réseau de rues quadrillées à angles droits car la ville se rebâtit après les destructions du début du 19e s. Ce même plan régulier caractérise les nouveaux quartiers, les « **ensanches** » (extensions) de Pampelune, Vitoria et St-Sébastien. **Bayonne** est alors coincée dans ses fortifications de place forte. Elle ne peut qu'élever d'un ou plusieurs étages ses vieilles maisons, utiliser les arrière-cours et remblayer les quais sur la Nive pour loger le théâtre-mairie entre deux places anciennes agrandies. La ville s'ouvre sur les Allées marines, qui étaient à l'époque une large promenade ombragée de quatre rangées d'arbres majestueux. Ce nouvel ensemble urbain déplace le centre-ville des abords de la cathédrale vers le confluent Nive-Adour.

ART ET ARCHITECTURE

ZARAUTZ – Tour Luzea (15e s.)

Ce superbe palais-tour, sans doute le plus beau de la province, allie la solidité de sa construction et la beauté de son décor gothique.

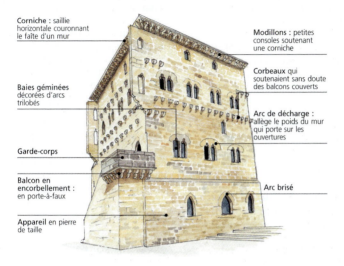

Corniche : saillie horizontale couronnant le faîte d'un mur

Modillons : petites consoles soutenant une corniche

Baies géminées décorées d'arcs trilobés

Corbeaux qui soutenaient sans doute des balcons couverts

Garde-corps

Arc de décharge : allège le poids du mur qui porte sur les ouvertures

Balcon en encorbellement : en porte-à-faux

Arc brisé

Appareil en pierre de taille

OÑATI – Université du Saint-Esprit (16e s.)

Dans cette université représentative de l'architecture Renaissance en Pays basque, la simplicité de l'appareil contraste avec la richesse décorative de son portail et des pilastres d'angle.

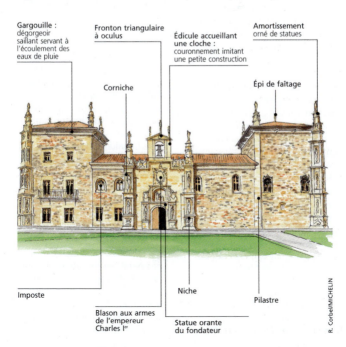

Gargouille : dégorgeoir saillant servant à l'écoulement des eaux de pluie

Fronton triangulaire à oculus

Édicule accueillant une cloche : couronnement imitant une petite construction

Amortissement orné de statues

Corniche

Épi de faîtage

Imposte

Niche

Pilastre

Blason aux armes de l'empereur Charles Ier

Statue orante du fondateur

R. Corbel/MICHELIN

L'explosion industrielle en Espagne

Le triomphe de l'industrie sidérurgique et la présence de manufactures au sud transformèrent les vallées du Guipúzcoa et de la Biscaye en « rues d'usines », entraînant de lourdes modifications urbaines. C'est le cas de Bilbao, qui se dota néanmoins d'un théâtre, d'un musée des Beaux-Arts et d'une université, Deusto, dirigée par les jésuites. Ces édifices furent bâtis dans un style éclectique assez pompeux, comme les villas cossues des beaux quartiers.

Une architecture balnéaire

Dès 1830, les **bains de Biarritz** sont à la mode et attirent des Basques venus affronter l'Océan à la fin de l'été, des Bayonnais tout proches et quelques étrangers, Espagnols ou Anglais. On se loge alors dans ces « maisons rustiques à contrevents verts et toits roux, posées sur la bruyère » (Victor Hugo, 1843). En 1855, la villa Eugénie de style Louis XIII, destinée au couple impérial, s'élève au-dessus de la Grande Plage et du premier pavillon de bains « à la mauresque ». Le seul témoignage, bien que remanié, de ce style balnéaire oriental est le **casino d'Hendaye**.
Avec l'arrivée spectaculaire de la haute aristocratie européenne naît une architecture balnéaire sophistiquée et variée, d'inspiration très « éclectique ». C'est le règne de tous les « néos », qu'ils soient historiques (néo-Louis XIII et XIV ; néogothique ou néo-Renaissance) ou géographiques (andalou, irlandais, anglo-normand). On retrouve aussi ces belles demeures à St-Sébastien devenu résidence royale d'été (palais Miramar).

Le style néobasque

L'architecture néobasque s'élabore à l'extrême fin du 19e s. avec deux villas à **Biarritz**, Toki Eder et Haïtzura, et surtout la superbe demeure d'Edmond Rostand à Cambo, la **villa Arnaga** (œuvre d'Albert Tournaire) voulue expressément par l'écrivain en style basque pour mieux s'intégrer « entre montagnes mauves et Nive bleue ». Au 20e s., les maisons blanches, aux boiseries rouges ou vertes, toits dissymétriques à deux versants et vastes porches d'entrée, se multiplient. D'abord dans les somptueuses villas début de siècle, dont Hendaye possède de beaux exemples, puis schématisées, réduites à un catalogue assez directif d'éléments identifiants du régionalisme basque dans la seconde moitié du siècle lorsque le tourisme de masse s'amplifie.

ARCHITECTURES MODERNE ET CONTEMPORAINE

En France

Pour les bâtiments collectifs, certains architectes n'hésitent pas à agrandir démesurément le volume de la maison labourdine, pour édifier d'énormes hôtels-résidences, quand d'autres préfèrent résolument le style Art déco : à **Bayonne**, les douanes (Benjamin Gomez, 1938), à **Biarritz**, le casino municipal (Alfred Laulhé, 1929) et l'Aquarium, anciennement musée de la Mer (Joseph Hiriart, 1932, également auteur de la superbe villa Leïhorra de Ciboure), et à **St-Jean-de-Luz**, le casino de Robert Mallet-Stevens. Ce dernier bâtiment a été défiguré depuis. Des villas particulières sont aussi de véritables manifestes des qualités décoratives et stylistiques de l'Art déco. Après la Seconde Guerre mondiale, ces recherches régionalistes, ou modernistes, se sont appauvries. À côté d'une véritable mise en valeur du patrimoine architectural, commencent à apparaître quelques réhabilitations et

CAMBO-LES-BAINS – Villa Arnaga (début 20ᵉ s.)

Cette imposante maison à pans de bois, construite par Tournaire pour Edmond Rostand, est un des plus célèbres exemples de style néobasque.

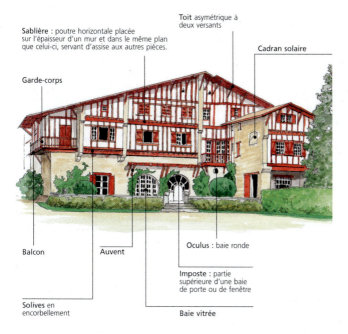

Toit asymétrique à deux versants

Sablière : poutre horizontale placée sur l'épaisseur d'un mur et dans le même plan que celui-ci, servant d'assise aux autres pièces.

Cadran solaire

Garde-corps

Balcon

Auvent

Oculus : baie ronde

Imposte : partie supérieure d'une baie de porte ou de fenêtre

Solives en encorbellement

Baie vitrée

BILBAO – Musée Guggenheim (fin 20ᵉ s.)

La spectaculaire «fleur de titane», que l'on doit à Frank O. Gehry, séduit par sa silhouette sculpturale aux formes audacieuses.

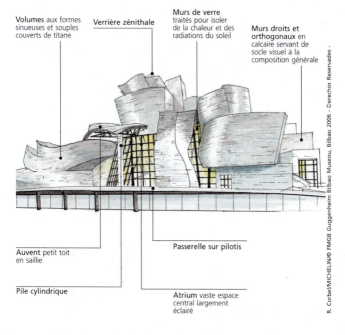

Volumes aux formes sinueuses et souples couverts de titane

Verrière zénithale

Murs de verre traités pour isoler de la chaleur et des radiations du soleil

Murs droits et orthogonaux en calcaire servant de socle visuel à la composition générale

Auvent petit toit en saillie

Passerelle sur pilotis

Pile cylindrique

Atrium vaste espace central largement éclairé

créations dignes d'intérêt : Foyer des jeunes travailleurs à Bayonne, Belambra d'Anglet, *ikastolas* (écoles associatives créées à partir des années 1960), médiathèque de Biarritz, etc.

En Espagne

On peut noter, avant la guerre civile, quelques réussites modernistes : club nautique de St-Sébastien (Aizpurua, 1929), constructions de Victor Eusa à Pampelune. Dans les années 1950, la **basilique d'Arantzazu**, s'inscrivant dans le renouveau de l'architecture religieuse, relance la collaboration entre artistes de renom, principalement basques.

Depuis les années 1980, le gouvernement basque d'**Euskadi** développe une politique ambitieuse en matière d'urbanisme et de création architecturale.

Vitoria-Gasteiz, devenue capitale politique, a été dotée d'un palais de justice, d'un palais du Gouvernement et d'un musée d'art moderne, l'Artium. À **St-Sébastien**, l'apparition des deux cubes de verre translucide du Centre culturel du Kursaal (Rafael Moneo, architecte navarrais né à Tudela en 1937), sur une nouvelle plage-promenade, a transformé l'ancien *ensanche* de Gros.

Symbole le plus célèbre du pari culturel de rénovation d'une ville administrative et industrielle, la Flor de Titanio (« fleur de titane ») de **Bilbao**, le musée Guggenheim. Depuis 1997, l'œuvre de Frank O. Gehry, véritable fleur futuriste sur les rives du fleuve, a fait entrer Bilbao dans les grands circuits touristiques internationaux. La ville est devenue le terrain de jeu privilégié des plus grands noms de l'architecture contemporaine. Parmi les créations les plus récentes : le métro de sir Norman Foster, l'aéroport de Sondika et le pont de Zubizuri par Santiago Calatrava, le palais des congrès et de la musique

Euskalduna, de Federico Soriano et Dolores Palacios, évoquant les anciens chantiers navals ; sans oublier les tours jumelles d'Arata Isozaki, la tour Iberdrola de César Pelli, la restructuration de l'Azkuna Zentroa AlhóndigaBilbao par Philippe Starck, avec sa piscine suspendue… En attendant l'aménagement des rives du fleuve, sur 2 km, par Zaha Hadid, l'architecte star iraquo-britannique.

La **Navarre** à son tour, grâce notamment au statut d'autonomie, se lance dans des constructions ou rénovations audacieuses : université Opus Dei, musée de Navarre, fondation Oteiza, sièges d'entreprises industrielles… Des aménagements urbains ont été réalisés en commun par le sculpteur **Eduardo Chillida** (© encadré ci-contre) et l'architecte Luis Peña Ganchegui (Peigne des Vents à St-Sébastien, plaza de los Fueros à Vitoria). Des chais et boutiques vinicoles sont édifiés dans la prestigieuse **Rioja alavesa** par Frank O. Gehry, Santiago Calatrava et Philippe Mazières. En dehors des villes, on note la renaissance de villages et de bourgs adroitement aménagés, équipés de mobilier urbain contemporain.

La peinture moderne et contemporaine

La peinture a longtemps reflété, tant au nord qu'au sud des Pyrénées, la volonté de décrire le charme des paysages et des maisons, le pittoresque des manifestations ludiques, sportives et religieuses, la beauté des rivages et des montagnes. Des « vues » quasiment cartographiques du 18e s., on passe au « pittoresque » des lithographies et tableautins romantiques. À partir de la fin du 19e s., l'évolution picturale

Le Kursaal à St-Sébastien, par l'architecte Rafael Moneo.
RandiNo/iStock

diverge entre les peintres français qui se fixent sur la côte et ceux des provinces du Sud où naît une véritable école basque, centrée sur Bilbao, « nouvelle Athènes ».

MULTIPLES TENDANCES DE L'ART MODERNE JUSQU'EN 1950

Le dynamisme espagnol

La **Navarre**, malgré son brillant passé artistique, reste très proche de l'enseignement académique madrilène.

Dans la riche **Biscaye**, les commandes affluent : décoration du palais foral de Biscaye à Bilbao ou de la Casa de Juntas à Guernica. Le musée des « Bellas Artes », fondé en 1914, s'ouvre largement aux artistes locaux. Dans les associations et cénacles divers, les discussions artistiques sont nombreuses. Faut-il suivre les directives nationalistes de Sabino Arana, au risque de tomber dans la très académique peinture d'histoire ? Faut-il revenir aux valeurs fortes de la peinture

CHILLIDA LE FORGERON

Enfant du pays, **Eduardo Chillida** (1924-2002) a acquis une reconnaissance internationale qui dépasse le cadre de St-Sébastien, sa ville natale. Sa notoriété tient aux commandes publiques qu'il a réalisées en collaboration avec l'architecte Ganchegui, et à la présence de ses œuvres dans divers musées du monde. Non figuratives, souvent monumentales, en fer, en pierre en béton, ses œuvres sont tantôt denses, refermées sur elles-mêmes, tantôt déchiquetées, tantôt inscrites dans l'espace en puissantes courbes. En 2000, l'artiste a ouvert à Hernani, à proximité de St-Sébastien, une **fondation** qui porte son nom (fondation Chillida-Leku), décrivant ainsi son projet : « Un jour, j'ai rêvé d'une utopie : trouver un espace où les sculptures pourraient reposer et où les gens pourraient se promener au milieu d'elles comme dans un bois. » Hélas, faute de moyens, la fondation a fermé ses portes début 2011… en attendant de retrouver des subventions ?

espagnole, aux couleurs austères, à la force expressive du dessin comme le voulaient les intellectuels de « la génération de 98 » ? C'est le chemin que choisit le meilleur représentant de cette génération, **Ignacio Zuloaga** (1870-1945), également le plus connu en France, car une partie de sa carrière s'est déroulée à Paris où il fréquente Toulouse-Lautrec et Gauguin. Il représente avec un réalisme parfois assez cru et un grand sens dramatique, annonçant déjà l'expressionnisme, les personnages et les lieux typiques de la Castille. Un musée lui est consacré dans sa maison de Zumaia.

D'autres préfèrent suivre la voie de l'impressionnisme. C'est le cas d'**Aurelio Arteta** (1879-1940), qui s'attache à capter la lumière sur les rives du Nervión industrialisé dans des toiles empreintes de mélancolie, ou du paysagiste **Dario de Regoyos** (1857-1913), formé à Bruxelles. **Francisco Iturriño** (1864-1924) est un adepte du fauvisme. **Nicolás de Lekuona** (1913-1937), également auteur de photo-montages, adhère aux idées des constructivistes avant d'évoluer vers le surréalisme. Il faut aussi citer le peintre, dessinateur et céramiste **Ramiro Arrue** (1892-1971), l'un des fondateurs du Musée basque de Bayonne. De tous ces artistes (bien représentés dans les musées des Beaux-Arts de Bilbao et de Vitoria) émerge la force d'une humanité solide, burinée par les travaux de l'usine et des champs, campée fièrement sur sa terre. Cette voie est poursuivie (et renouvelée grâce aux apports du cubisme) par **Menchu Gal** (1918-2008), première femme peintre reconnue en Espagne.

Le néobasque en France

Les peintres, souvent originaires d'autres régions de France, soulignent aussi la vigueur et la dignité du peuple basque tout en accentuant le côté intemporel, sinon archaïque, des paysages et des travaux agricoles. Une vision idyllique des paysages, des maisons, des activités sportives et religieuses. Une facture très classique à peine tintée parfois d'impressionnisme ou de cubisme. Au Musée basque de Bayonne figurent des œuvres célèbres de **Gustave Colin** (1828-1910), **Marie Garay** (1861-1953) et **Henri Zo** (1873-1933).

L'école bayonnaise, formée autour du peintre plus parisien que basque, **Léon Bonnat** (1833-1922), reste très académique : portraits et scènes de genre constituent leurs sources d'inspiration.

LES CRÉATIONS CONTEMPORAINES

La peinture se modifie profondément et suit les courants internationaux. La rupture avec le traditionalisme basque se fait dans la décennie 1960-1970. Elle est marquée en Espagne par l'apparition des peintres du groupe Gaur tournés vers l'abstraction : **Rafael Ruiz Balerdi** (1934-1992), **Juan Antonio Sistiaga** (1932) ou le muraliste **José Luis Zumeta** (1939). En France, il n'y a pas de véritable école. Aujourd'hui, les jeunes artistes s'orientent vers une expression beaucoup plus technologique en utilisant tous les médias possibles. Mais d'autres restent fidèles à la peinture, figurative ou abstraite : notamment **Lydie Arickx**, née dans la région parisienne en 1954.

Actuellement, les liens nord-sud se développent grâce au rôle de « passeurs » de certains musées (Bonnat à Bayonne, San Telmo à St-Sébastien, Artium à Vitoria). Grâce aussi aux centres culturels comme Arteleku en Guipúzcoa, la Tabakalera de St-Sébastien, les biennales d'art contemporain, etc.

La sculpture de l'art moderne à aujourd'hui

Le **groupe Gaur** renouvelle la sculpture au Pays basque espagnol. Profondément nationaliste, ce groupe, fondé en 1964 par le sculpteur charismatique **Jorge Oteiza** (1908-2003), veut mettre les nouvelles expressions de la sculpture et de la peinture à la recherche des racines profondes de l'identité basque. Les artistes les plus célèbres y adhèrent, mais chacun poursuit sa propre quête. Sculpteur sur bois, **Remigio Mendiburu** (1931-1990) s'inspire de formes organiques ; **Néstor Basterretxea** (1924), sculpteur, peintre mais aussi cinéaste, réfléchit sur la mythologie basque. L'évolution sculpturale de **Jorge Oteiza**, auteur de la très discutée frise des quatorze apôtres d'Arantzazu (⊙ *p. 235*), est bien représentée à la fondation Alsasua de Pampelune. Il est passé de formes figuratives primitivistes à une recherche approfondie sur le vide.

Un peu écrasés par ces rénovateurs, les artistes d'aujourd'hui peinent parfois à trouver leur voie, et les nombreuses sculptures abstraites en acier qui décorent les places ne révèlent parfois guère de personnalité. Certaines individualités émergent cependant. La diversité de leurs œuvres marque les places publiques de St-Sébastien : **Andrés Nagel** (1947) et la plaza de Europa, **Ricardo Ugarte** (1942) et le bâtiment de la Kutxa (mais aussi sa ville natale de Pasaia), **Aitor de Mendizabal** (1949) et la plaza d'Irun. Dans un autre genre, **Agustín Ibarrola** (1930) a transformé la forêt d'Oma, près de Guernica, en sculpture vivante.

En France, il faut citer une grande figure : **Jesús Echevarria** (1916-2009), né en Álava dans une famille de tailleurs de pierre mais fixé à Cambo-les-Bains à partir de 1944, célèbre pour ses séries narratives et symboliques. De nombreux autres artistes s'expriment de manières diverses : figurative (**Christiane Giraud**), abstraite (**Claude Viseux**, 1927-2008, **Jean Escaffre**), avec des matériaux et des techniques fort variés (**Killy Beall**, **Benoît et Jacques Lasserre**).

Comme partout ailleurs, d'autres jeunes artistes discutent le concept de sculpture, et adoptent les installations multimédias et les créations éphémères : **Cristina Iglesias**, **Txomin Badiola**…

Langue, littérature et mythologie

L'euskara est l'une des plus vieilles langues d'Europe. Elle compte aussi aujourd'hui parmi les langues régionales les plus vivantes, de par la richesse de sa production. Si les concours de « bertsu » célèbrent avec succès son oralité, la langue des Basques a gagné très tôt ses lettres de noblesse grâce à une littérature poétique originale. Comme toute langue régionale, elle aura servi des causes identitaires et politiques mais, depuis quarante ans, elle est surtout le vecteur d'une littérature reconnue internationalement, avec ses grands écrivains et poètes.

Une langue isolée au cœur de l'Europe

Objet de fascination pour les linguistes du monde entier, l'**euskara** fait partie, avec la famille des langues finno-ougriennes (le finnois, l'estonien et le hongrois), des seules langues non indo-européennes du Vieux Continent et l'on a coutume de la considérer comme la plus ancienne d'Europe. Elle possède, en outre, la particularité de n'être apparentée à aucune autre langue répertoriée, ce qui en fait une langue isolée. Son enracinement géographique actuel date de plusieurs millénaires, bien que la première mention écrite de son existence ne remonte qu'à la *Guerre des Gaules* de César (1ᵉʳ s. av. J.-C.).

DES ORIGINES MYSTÉRIEUSES

Les hypothèses concernant l'origine de la langue basque sont nombreuses. Pour la communauté scientifique internationale, cinq théories sont dignes d'intérêt, bien qu'aucune n'ait établi de certitude.

Le **basco-ibérisme** a voulu relier l'euskara à la langue des Ibères. Le **basco-chamito-sémitisme**, dans le prolongement de cette hypothèse, fait provenir la langue basque d'Afrique du Nord. Une troisième voie explorée au milieu du 20ᵉ s. est le **basco-caucasique** qui entend relier la langue basque aux langues non apparentées du Caucase. Selon la **théorie des substrats**, l'ancêtre de la langue basque aurait été parlé dans toute l'Europe occidentale avant la venue par vagues successives des peuplades indo-européennes. Cette hypothèse a été plus récemment élaborée à partir des données tirées de l'étude génétique des populations européennes actuelles. On y observe une concentration décroissante et régulière à partir du Pays basque vers le reste de l'Europe occidentale d'un certain type d'ADN, qui découlerait du repeuplement du continent à partir du Bassin aquitain et des Pyrénées après la dernière glaciation. Enfin, la thèse de l'**apparentement na-déné-caucasique** soutient que le basque ferait partie d'une plus vaste famille de langues qui aurait occupé le continent eurasien avant la venue des populations parlant l'eurasiatique (dont l'indo-européen).

LES SPÉCIFICITÉS DU BASQUE

L'originalité de la langue ne réside pas tant dans son **vocabulaire**, dont on estime qu'il provient à 75 % de langues géographiquement voisines, que dans sa grammaire. La langue basque (qui ne compte pas moins de 22 cas de **déclinaison**!) est agglutinante, c'est-à-dire que les mots sont formés en « collant » au radical des préfixes, suffixes, voire des infixes. Si l'on ajoute à cela un système de **conjugaison** fort complexe, cela explique la fréquence de mots relativement longs. Ainsi, *daramakizudalako* signifie « parce que je te l'apporte ». Le basque suit généralement une **syntaxe** sujet-objet-verbe. Le **genre** (féminin/masculin) n'existe pas, sauf attaché au verbe pour le tutoiement.

L'euskara se sert de l'alphabet latin et possède une gamme phonétique proche de celle du latin classique. Toutes les lettres se prononcent, l'écriture est donc **phonétique**. Ce qui donne à la lecture pour un mot comme *euskalduna* (le basque, littéralement, celui qui possède la langue basque) : *éouchcaldouna*. Vous voyez que c'est simple !

L'UNIFICATION DE LA LANGUE

Le 5 octobre 1968, l'**Académie de la langue basque** jette les bases de cette unification. L'abandon des diversités provinciales – le Pays basque compte **quatre dialectes** dotés d'une tradition littéraire écrite – est soutenu, voire précédé par les écrivains eux-mêmes. Ceux-ci contribueront par leurs œuvres à promouvoir l'**euskara batua** (le basque unifié), qui a aujourd'hui un rôle important dans l'enseignement et dans la vie culturelle.

UNE LANGUE MINORITAIRE MAIS DYNAMIQUE

Une présence contrastée

La langue basque est aujourd'hui parlée, écrite, audiovisuellement diffusée et enseignée aux enfants comme aux adultes. On dénombre un peu plus de 700 000 bascophones (dont plus de 51 000 côté français et environ 10 000 qui ne parlent que le basque côté espagnol) sur une population totale de 3 millions d'habitants. Son assise est fragile **côté français**, où la langue est en perte de vitesse et ne bénéficie d'aucune officialité, la France n'ayant pas ratifié la Charte européenne des langues minoritaires. En 2011, on estime que 21,4 % des habitants de plus de 16 ans de la région sont bascophones et que 9,1 % comprennent la langue sans la parler correctement. Mais depuis quelques années, une nouvelle dynamique semble s'imposer car on dénombre de plus en plus de bascophones bilingues chez les 16-24 ans, et plus encore chez les moins de 16 ans. C'est en Basse-Navarre et en Soule qu'ils sont les plus nombreux.

En Espagne, on doit distinguer la **Communauté autonome basque** dans laquelle le basque jouit de la co-officialité totale avec le castillan depuis 1979, et la **Communauté forale de Navarre** dans laquelle cette co-officialité (1982) se limite à certaines zones ; d'autres parties de la province sont pour des raisons historiques uniquement hispanophones, soit respectivement 32 % et 11,7 % de bascophones, des chiffres en constante progression.

Grâce à l'officialisation, l'euskara s'est hissé depuis un quart de siècle au rang de langue moderne et ouverte sur le monde (de la science, de l'administration, des médias, du droit, etc.). Sévèrement pénalisée sous le régime franquiste en Espagne ainsi que sous la IVe République française, la langue basque rattrape aujourd'hui son retard.

ⓘ *Office public de la langue basque - www.mintzaira.fr.*

L'enseignement

L'enseignement bilingue n'est plus le fait exclusif des **ikastolas** (écoles associatives créées à partir des années 1960).

Côté espagnol, depuis 1983, l'enseignement bilingue s'est rapidement développé dans le système d'éducation public de la Communauté autonome basque où l'on trouve trois modèles d'enseignement concurrents, selon le degré de bilinguisme proposé. Il s'est également développé, à moindre échelle, du côté français. Le **public** (depuis 1983), le **privé** et les *ikastolas* désormais sous contrat avec l'État proposent l'euskara tantôt comme matière, tantôt comme langue d'enseignement. Plusieurs réseaux d'enseignement de l'euskara pour les adultes ont vu le jour, afin de répondre notamment aux besoins d'un public qui – au Pays basque espagnol – doit maîtriser la langue pour postuler à des emplois publics.

Les médias

Le Pays basque espagnol est aujourd'hui doté d'un **quotidien** *(Berria)* entièrement rédigé en basque, d'une **chaîne de télévision publique**, ETB, qui émet exclusivement en euskara, de nombreuses **radios bascophones**, d'une presse locale variée et vivante, ainsi que d'une industrie culturelle (**édition** de livres, de musique) capable de produire 1 200 ouvrages par an. La Foire du livre et du disque basques de Durango, qui a lieu tous les ans au début du mois de décembre et réunit des dizaines de milliers de visiteurs et de professionnels autour de la production bascophone, constitue un des moments forts de la vie culturelle du Pays basque.

Littérature d'hier et d'aujourd'hui

LES PREMIERS ÉCRITS EN BASQUE

En 1545 paraît à Bordeaux le premier livre imprimé en langue basque, le *Linguae vasconum primitiæ* de **Bernat Etchepare**. Il s'agit d'un recueil de poèmes dans lequel l'auteur revendique la valeur littéraire et universelle de l'euskara et invite l'élite sociale de son temps à en prendre acte.

Jeanne d'Albret, reine protestante du royaume de Navarre et mère du futur roi Henri IV, finance la traduction du Nouveau Testament en langue basque en 1563. Il s'agit pour la reine esseulée et menacée autant par la Castille que par la France, toutes deux catholiques, de rallier par ce geste le peuple à sa cause politique. Cette tâche sera accomplie par le pasteur **Joannes Leizarraga**. L'œuvre aurait pu jouer un rôle aussi important que celui de la Bible protestante de Luther pour la constitution de l'allemand littéraire, mais l'Histoire en a décidé autrement.

DES LETTRES SANS LITTÉRATURE

Le démantèlement de la Navarre marque le début d'une longue ère de disette littéraire au cours de laquelle l'euskara sera au mieux asservi à des fins utilitaires (religieuses), au pire interdit… en français ou en espagnol. Ainsi le jésuite **Manuel Larramendi** (1690-1766) publie en 1729 une *Grammaire de l'euskara*, puis en 1745 un *Dictionnaire basque-castillan-latin* (1745). Cette période verra toutefois l'éclosion du premier génie littéraire basque, **Pedro Aguerre**, dit **Axular** (1556-1644), auteur de l'ouvrage d'ascèse *Guero* (1643), sommet de la prose classique.

UNE LITTÉRATURE IDENTITAIRE

Au 19e s., une inspiration profane s'impose sous l'impulsion des Lumières allemandes. Exhortés par le théoricien de l'« esprit de la nation », **Herder**, à puiser dans le trésor de la tradition orale l'essence de l'âme basque, les auteurs basques vont créer une tradition littéraire romantique et identitaire en accord avec l'esprit du temps. La disparition des **fors** ou coutumes écrites au Pays basque espagnol suite à la deuxième guerre carliste, en 1876, va donner à cette célébration identitaire une tonalité sombre. C'est dans ce contexte que le premier romancier basque, le Biscayen d'Ondarroa **Txomin Agirre** (1864-1920), va décrire sous un jour idyllique le monde rural traditionnel dans *Kresala (Eau de mer,* 1906*)* et *Garoa (Fougère,* 1912*)*, ouvrant la voie, avec de vraies qualités d'écrivain, au roman basque. Le point de vue de **Pío Baroja** (1872-1956) qui s'exprime, lui, en castillan, est bien différent : confronté à la misère, il se dresse avec vigueur contre toutes les règles religieuses et sociales. Ses héros sont volontiers révolutionnaires et aventuriers (*Mémoire d'un homme d'action*, 1913-1935).

Le changement de nature du projet littéraire des écrivains des années 1927-1937 accompagne l'avènement de la IIe République espagnole (1931), qui accorde son premier statut d'autonomie au Pays basque, ainsi que la montée en puissance du nationalisme basque. Une nouvelle génération de poètes entend mettre en avant sa connaissance de la littérature mondiale pour rompre avec le passé. Ils s'attachent essentiellement à recréer les principaux thèmes et motifs du symbolisme en les conformant à la pensée catholique et bien-pensante du nationalisme. **Esteban Urkiaga « Lauaxeta »** (1905-1937), fusillé par les franquistes, est le théoricien de cette modernité, tandis que **José María Agirre « Lizardi »** (1896-1933) écrit son chef-d'œuvre lyrique *Biotz begietan (Dans le cœur et dans les yeux)* en 1932.

LANGUE BASQUE ET MODERNITÉ

L'unification de la langue par l'**Académie de la langue basque** à partir de 1968 marque un tournant majeur soutenu par des écrivains comme le Souletin **Jon Mirande** (1925-1972), le Guipúzcoan José Luis Álvarez Enparantza, dit **« Txillardegi »** (1929-2012), ou le Biscayen **Gabriel Aresti** (1933-1975). En outre, ces auteurs « hétérodoxes », qui rejettent le catholicisme du Parti nationaliste basque et son réformisme politique, libèrent la littérature basque de ses principaux tabous – sexuels, politiques ou langagiers – et la mettent au diapason des courants littéraires en vogue en Europe. Existentialisme, poésie sociale, néopaganisme, érotisme et humour noir constituent les principales nouveautés introduites par ces auteurs. D'autres écrivains, plus jeunes, continueront d'élargir l'horizon de la littérature de langue

LA LITTÉRATURE POPULAIRE

La littérature de langue basque comporte un riche versant populaire, constitué de l'art des improvisateurs-poètes ou *bertsolari* et des diverses formes du théâtre souletin (p. 421 et 423).

basque. **Ramon Saizarbitoria** (né en 1944) introduit les formes du nouveau roman tandis que la romancière **Arantxa Urretabizkaia** (1947) explore les voies du monologue intérieur (*Zergatik Panpox*, 1979).

L'autonomie du fait littéraire

Dans le contexte de la « Transición » démocratique espagnole, un groupe de jeunes écrivains revendique l'autonomie du fait littéraire et le « désengagement » politique de l'écrivain. **Le groupe littéraire Pott (Désastre)**, constitué dès 1978 à Bilbao, comporte quelques-unes des figures les plus marquantes de la vie littéraire basque des années 1980 et 1990 : le poète et nouvelliste **Joseba Sarrionaindia** (1958), auteur d'une œuvre poétique raffinée et de quelques recueils de nouvelles, ainsi que **Bernardo Atxaga** (1951). Ce dernier obtient le prix national de littérature d'Espagne et une reconnaissance de la critique internationale inédite pour un auteur de langue basque avec le recueil de nouvelles *Obabakoak* (1988), traduit en vingt langues. Il y propose une relecture tragique du ruralisme littéraire de l'époque romantique. Les années 1990 sont marquées par l'arrivée à maturité du genre romanesque qui ose enfin le réalisme urbain et contemporain. Le génie ironique de **Ramon Saizarbitoria** éclôt en une série de romans où l'inconscient collectif basque contemporain est analysé avec autant de profondeur que d'humour : *Hamaika pauso* (*Les Pas incomptables*, 1995) ; *Gorde nazazu lurpean* (*Garde-moi sous terre*, 2000). Régulièrement traduite, légitimée par la critique universitaire et constituant désormais un véritable marché, la littérature basque vit sa période la plus faste. En témoignent des romans comme ceux d'**Iban Zaldua** (1966) (*Mentiras, mentiras, mentiras*, 2006) ou l'accueil fait à la compilation de contes : *Mende berrirako ipuinak* (*Pintxos. Nuevos cuentos vascos*, 2005).

Mythes et légendes

Les légendes basques constituent un patrimoine singulier qui, étant donné la facilité de passage qu'offre le territoire, s'est continuellement enrichi d'apports étrangers.

LE CIEL BASQUE

Dans le ciel des Basques, ou plus exactement dans le firmament, on ne rencontre guère que le **Soleil (Eguzki)** et la **Lune (Hilargi)** qui sont deux sœurs, filles de la Terre. Jadis, les bergers adressaient une

---

LES GROTTES, LIEUX MAGIQUES

Les légendes basques présentent les gouffres et les grottes comme les lieux de rencontre entre les êtres mythiques et les humains, ces derniers cherchant à dérober les immenses richesses de ces cavités.

À **St-Martin-d'Arberoue**, on racontait de génération en génération que la colline de Gaztelu abritait le trésor des **Laminak**. C'est précisément sous ce sommet que l'on a découvert les fameuses grottes d'Isturitz et d'Oxocelhaya !

Dans une falaise de **Bidarray**, une petite grotte abrite une stalagmite ressemblant à un tronc humain. La tradition veut que ce soit là le corps d'une jeune bergère pétrifiée, mais elle est devenue la grotte du saint qui « sue », dont les eaux sont réputées guérir les maladies de peau.

Stèles discoïdales.
X. Armendariz/age fotostock

invocation au soleil couchant :
« Soleil saint et béni, va rejoindre ta
mère ! » Cette absence de divinités
au-dessus des hommes est en
opposition avec les mythes indo-
européens pour lesquels les dieux
commandent aux hommes depuis
leur demeure céleste inaccessible.

LE MONDE SOUTERRAIN

Les légendes basques constituent
un ensemble de récits fortement
liés au paysage et mettant en scène
des personnages qui vivent dans les
profondeurs de la terre.

Mari, la Dame des grottes

Mari est le personnage central
de cette mythologie. Cet être
féminin est considéré comme
la personnification des forces
de la nature et, si son nom a été
probablement influencé par celui
de la Vierge chrétienne, on suppose
qu'elle doit beaucoup aux déesses
antiques : Cybèle, Isis, Mithra…
Mari traverse l'espace sous la forme
d'une tourmente, d'une faucille
de feu ou d'un vautour. Elle habite
les cavités souterraines dans

lesquelles elle enferme les filles
des hommes. Étrangement, ces
rapts ont pour but d'apprendre aux
jeunes captives certains travaux
domestiques, mais Mari les libère
toujours, non sans leur offrir des
présents. Souvent Mari est appelée
« la Dame » et on connaît dans
toute la chaîne pyrénéenne de
nombreuses grottes censées abriter
une « Dame Blanche ».

Des animaux… rouges

Dans ce monde souterrain
vivent des animaux surprenants :
Zezengorri (le taureau rouge),
Behigorri (la vache rouge)… Peu
de récits sont parvenus à leur
sujet, mais on reste surpris de la
coïncidence entre ce bestiaire
légendaire et les figures peintes
dans les grottes ornées entre
Lascaux, Niaux et Altamira (zone
par ailleurs riche en toponymes
basques).

DANS LA MONTAGNE

Des hommes forts

La mythologie basque nous
présente les **Gentils** (les païens)

comme le peuple des origines qui vit dans la montagne et possède le secret de l'agriculture et de la technologie. Les **humains** (que les légendes appellent « chrétiens ») s'emparent de ces secrets par ruse afin de les faire connaître dans les vallées. Plusieurs récits racontent que la race des Gentils s'est autodétruite après la chute de la première neige, signe qui annonçait l'arrivée d'une ère nouvelle, en l'occurrence le christianisme.

Dans la profondeur des forêts vivent les **Basajaun** et les **Basaandere** (seigneurs de la forêt) qui effraient les humains par leur aspect monstrueux : certains sont couverts de poils, d'autres n'ont qu'un pied, l'un d'entre eux est un cyclope. Cependant, les bergers respectent ces créatures frustes qui protègent les troupeaux en signalant l'arrivée des orages.

Les Laminak

La nuit, le long des ruisseaux, les femelles Laminak (ou Lamiñak) coiffent leur longue chevelure avec des peignes en or. Ces êtres de petite taille sont pourvus de pattes de canard ou de chèvre, et elles sont généralement bienveillantes avec les humains. Leurs époux sont nettement plus inquiétants. Si ces travailleurs infatigables peuvent construire un pont ou une maison en une nuit (leur entreprise est toujours interrompue par le chant du coq, car les Laminak ne peuvent vivre au soleil), ils ont une fâcheuse tendance à capturer d'innocentes jouvencelles.

On dit que les Laminak ont disparu lorsque le pays s'est couvert d'églises. 🌐 p. 177.

SUR LA CÔTE

Peu de légendes ont été recueillies sur les côtes du Pays basque, sans doute parce que les influences extérieures y ont été plus précoces. Cependant, on y retrouve les mêmes personnages à quelques variantes près : les Laminak ont l'apparence de sirènes.

L'influence du christianisme

La mythologie basque a progressivement assimilé des personnages fameux : on peut citer le **roi Salomon** qui parcourt le ciel à la poursuite d'un gibier ou encore **Roland**, le neveu de Charlemagne, qui marque son passage en lançant çà et là des rochers qui portent toujours le nom de « pierres de Roland ». Le « pas de Roland », lui, se trouve près d'Itxassou.

Olentzero

Ce charbonnier, solitaire et ivrogne, travaille dans la montagne mais, lorsqu'il apprend la naissance du Christ, il descend dans la vallée porter la nouvelle. Chaque année, au moment du solstice d'hiver, il réapparaît, noir de charbon, dans les villes et les villages où sa venue annonce le retour des beaux jours. Cette fête populaire rend manifeste le métissage entre le vieux mythe des Gentils et les traditions chrétiennes de Noël.

Les sorcières

Ici, comme ailleurs en Europe, on craint les sorcières. À l'origine, le terme de **sorgin** (sorciers) nomme les acolytes de Mari, mais ensuite, il a désigné les personnes accusées de jeter des sortilèges, celles-ci ne faisant néanmoins rien d'autre que de mélanger culte catholique et croyances païennes ancestrales… La chose fut à une certaine époque prise très au sérieux en Navarre par l'Inquisition, ainsi qu'au Labourd au début du 17e s. : nombre de malheureuses, accusées de sorcellerie, furent condamnées au bûcher.

Histoire

Il est difficile de retracer l'histoire des territoires basques et navarrais. Ils ont connu des évolutions politiques propres qui les ont parfois rapprochés, mais parfois aussi éloignés. Séparés par des frontières nationales ou régionales, ils ont surtout en commun la fameuse langue basque, plus ou moins présente selon les régions, et l'expérience des fors, une organisation politico-juridique originale qui a marqué profondément la société jusqu'au 19ᵉ s., avant de disparaître.

La préhistoire

L'Ouest pyrénéen conserve le témoignage d'un peuplement humain ancien. Entre 300 000 et 40 000 av. J.-C., une quarantaine de sites attestent la présence de l'homme de Neandertal.

Les scientifiques sont mieux renseignés sur le **paléolithique supérieur** : les grottes d'Isturitz (Basse-Navarre), de Santimamiñe (Biscaye) et d'Ekain (Guipúzcoa) sont des gisements importants de l'art pariétal. Les fouilles ont fait apparaître qu'à la fin de cette période et au Néolithique, la région était peuplée par un homme à la morphologie différente des autres types européens, que certains ont nommé le « type pyrénéen occidental », car on en a retrouvé la trace de Burgos à la Garonne. D'où venait-il et comment expliquer ses particularités ? Les chercheurs en biologie, sérologie ou linguistique proposent différentes réponses mais, à ce jour, aucune ne s'impose. Par la suite, les vagues successives de peuplement ont métissé ce type, tout en lui conservant des originalités que l'on retrouve aujourd'hui dans la région.

La **révolution néolithique** parvient jusqu'à l'homme pyrénéen puisque, entre 4 000 et 3 000 av. J.-C., des signes de domestication sont repérés et que faucilles ou meules attestent les débuts de l'agriculture. À cette période, les dolmens, premiers monuments funéraires, apparaissent le long des voies pastorales. Des noyaux urbains (La Hoya en Álava) s'organisent aussi, signes de sédentarisation. L'ère du métal débute : on travaille le cuivre, puis le fer au 1ᵉʳ millénaire.

Au 6ᵉ s. av. J.-C., **Celtes** et **Ibères** arrivent en Europe occidentale, apportant des innovations techniques. Les pratiques évoluent, le rituel de l'incinération s'impose : on dépose les cendres du défunt au cœur d'un cercle de pierre nommé *baratz* ou *cromlech*.

Ces nouveaux peuplements permettent un brassage des populations ; l'actuelle Navarre est alors le territoire des Vascons.

À l'époque romaine

Romanisation, christianisation

La Rome conquérante, qui a déjà envahi la péninsule Ibérique, fait irruption dans la région : la **vallée de l'Èbre** tombe entre ses mains au 2ᵉ s. av. J.-C. Prétextant une révolte en Hispanie, Pompée affermit son emprise sur le Nord : il fonde **Pompaelo** (Pampelune) en 75 av. J.-C. sur le site vascon de Iruña. Puis l'**Aquitaine** est conquise par César en 56 av. J.-C. Entre ces deux zones romaines, les Vascons tentent de résister. Il faut attendre l'avènement d'Auguste pour qu'ils intègrent l'Empire.

Provinces de l'Empire – Au 1er s. de notre ère, l'ensemble des territoires basques et navarrais actuels sont sous autorité romaine : le Sud relève de la province de Tarraconaise et le Nord d'une province d'Aquitaine qui s'étend jusqu'à la Loire. Une inscription découverte à Hasparren (Labourd) mentionne la création, au 3e s., de la province de **Novempopulanie** entre Pyrénées et Garonne.

Romanisation – Les peuples de l'Empire, notamment le plus important, celui des Vascons, subissent un processus de romanisation : les nouveaux maîtres tracent des routes et réaménagent les voies pastorales. Rome pénètre jusqu'au plus profond de la montagne : le trophée d'Urkulu, érigé non loin de la voie qui traverse les Pyrénées dans le pays de Cize, témoigne de la présence romaine. Le castrum de Lapurdum (Bayonne), le port d'Oiasso (Irun), le camp d'Imus Pyraeneus (St-Jean-le-Vieux), la grande villa de Comunión (Álava), le trésor monétaire de Barcus (Soule), ainsi que l'exploitation des mines de fer et de cuivre dans les montagnes navarraises et bas-navarraises, sont autant de preuves de la romanisation du peuple vascon.

Christianisation – Par ailleurs, le christianisme se diffuse dans la région dès les premiers siècles de notre ère. Le processus est long (des zones païennes existent toujours au 10e s.), mais il ne semble pas marqué par des luttes religieuses.

Fin de l'Empire, arrivée des Barbares

La crise qui frappe l'Empire au 5e s. a ici de graves répercussions : en 407, les **Barbares** entrent en Novempopulanie. Ils franchissent les Pyrénées en 409. Entre 451 et 454, de graves troubles se répandent dans la région de Pampelune : soulèvement des Vascons ou révolte des paysans appauvris ? Les rebelles sont néanmoins écrasés par une **armée wisigothe** au service de Rome. Alors que l'Empire disparaît, la puissance wisigothe tente de s'imposer en Tarraconaise et en Aquitaine. Repoussés par les Francs, les Wisigoths se replient sur la péninsule Ibérique, où ils fondent leur royaume. De nombreuses rivalités opposent les Francs, au nord, les Wisigoths, au sud, et les Vascons qui se replient entre les deux. Tout au long du 6e s., les **rois wisigoths de Tolède** interviennent en territoire vascon pour mettre fin aux troubles qui agitent la région. Les chroniques franques relatent des entreprises similaires au nord des Pyrénées. Le mythe des féroces **Vascons** descendant des montagnes et semant la terreur est en train de se forger.

Au 7e s., les Francs créent un duché de Vasconie pour surveiller ce peuple turbulent. Au sud, des expéditions militaires très dures sont lancées contre les Vascons qui s'allient maintenant à l'aristocratie régionale. En 710, une guerre civile éclate entre les partisans du roi de Tolède et son rival soutenu par les Vascons. C'est dans ce contexte difficile que les musulmans débarquent dans la péninsule.

Un royaume à Pampelune

Le royaume de Tolède, affaibli, s'effondre sous les coups des armées musulmanes. Pampelune tombe en 714, les Pyrénées sont franchies en 720. Les **Francs** stoppent leur avancée à Poitiers, en 732, et reprennent peu à peu le contrôle du territoire vascon. En 778, Charlemagne assiège sans succès les musulmans à Saragosse. Il ne peut se permettre un long siège et décide de regagner son royaume. Sur le chemin du retour, il fait raser les murailles de Pampelune, principale cité des Vascons dont la fidélité est incertaine. Lorsque l'arrière-garde de l'armée de Charlemagne, conduite par son neveu Roland, passe les Pyrénées près de **Roncevaux**, les Vascons lui tendent une embuscade, vengeant ainsi l'attaque contre Pampelune. Charlemagne confie alors à son fils la charge d'un royaume d'Aquitaine pour maîtriser la **Vasconie**. Ce terme, que l'on retrouve dans les textes médiévaux sous le nom de *Wasconia*, désigne le territoire dominé par les Vascons ; établis à l'origine dans l'actuelle Navarre, ils ont été repoussés, à partir du 6e s., au nord des Pyrénées (future Gascogne). Le terme « Navarros » apparaît, lui, dans les écrits des chroniqueurs carolingiens à la fin du 8e s. pour désigner les Vascons demeurant en dehors du royaume des Francs.

Naissance des principautés vasconnes

Les Vascons trouvent un allié de taille avec les Banu Qasi, une famille wisigothe convertie à l'islam. Ainsi, en 824, le Vascon **Eneko Arista**, soutenu par ce clan, s'empare de la vieille Pompaelo : le royaume de Pampelune est né.
Outre-Pyrénées, une dynastie locale prend le titre de **ducs des Vascons** au 9e s., car le pouvoir carolingien déclinant ne protège plus la région agressée par les incursions normandes (Bayonne est pillée vers 840). Les ducs se lient à la famille royale de Pampelune.

En 905, **Sanche Ier de Pampelune** amorce la **Reconquista** (campagne de reconquête des territoires pris par les musulmans) en récupérant la vallée de l'Èbre. Ses efforts sont ruinés par le calife de Cordoue qui attaque le petit royaume et brûle la cathédrale en 924. Une alliance entre chrétiens (Castille, León et Pampelune) permet de repousser le calife. Les attaques ne cessent pas pour autant : en 997, al Mansūr, nouvel homme fort de Cordoue, écrase les Navarrais et entre dans Pampelune, dont le roi se soumet.

L'apogée du royaume de Pampelune

La situation bascule au tournant de l'an mil : al Mansūr meurt, le califat plonge dans l'anarchie. En 1004, **Sanche III** (surnommé « le Grand ») devient roi de Pampelune. Se gardant d'intervenir dans les affaires musulmanes, il renforce ses possessions en réoccupant la Côte atlantique, l'Álava et la Rioja. Son entreprise majeure consiste à réunir les principautés chrétiennes sous un seul sceptre. Maître des comtés pyrénéens, il hérite de la Castille, pèse sur la destinée du royaume de León et s'allie aux Catalans. Sanche est proche de son cousin le duc de Vasconie (ou Gascogne) dont il revendique l'héritage dès 1022. Il offre la charge de vicomte de Labourd (Bayonne) à un parent et reçoit l'hommage du seigneur de Soule. À sa mort en 1035, Sanche III, maître de l'Espagne chrétienne, est appelé « el Mayor ».

Le Moyen Âge (11e-14e s.)

Les vicissitudes du royaume de Pampelune

Le patrimoine de Sanche le Grand est partagé entre ses fils : Garcia hérite du royaume de Pampelune, Ramiro reçoit l'Aragon et Fernando, qui obtient le comté de Castille,

LES CAGOTS

Durant le Moyen Âge, on recense au Pays basque français une population marginale dont on sait aujourd'hui peu de choses, les **cagots**. Ils firent l'objet de discriminations terribles : accès séparé à l'église et au cimetière, mariage interdit avec les autres citoyens, impossibilité d'exercer certains métiers ou toute charge publique, obligation de porter une marque distinctive… Les historiens sont partagés sur les raisons de cet ostracisme, certains y voyant le signe d'un handicap ou de la lèpre, d'autres évoquant leurs origines arabes ou wisigothes.

devient, par mariage, roi de León. Mais les ambitions de Fernando poussent les frères à la guerre. **Garcia III** est tué en 1054 ; son fils Sanche tombe à son tour, victime d'un complot familial. Les cousins se partagent son royaume. Rioja, Álava, Biscaye et Guipúzcoa vont à la Castille. Le roi d'Aragon s'attribue le Centre, autour de Pampelune. Désormais, le destin des Navarrais est lié à celui des rois d'Aragon qui se lancent dans la Reconquista : Saragosse tombe en 1118, puis Tudela en 1119. Mais à la mort d'**Alfonso Iᵉʳ d'Aragon**, les Navarrais reprennent leur indépendance et désignent leur nouveau roi : le comte Garcia, qui devient ainsi **Garcia IV le Restaurateur**.

Affirmation de la Navarre

Sanche VI, qui succède à Garcia IV en 1150, récupère temporairement l'Álava, le Guipúzcoa et la Biscaye. Mais ces territoires convoités ont maintenant leur personnalité propre. Le comté de Biscaye est favorable à la Castille. La seigneurie de Guipúzcoa suit peu à peu la voie biscayenne. Le comté d'Álava, terre stratégique, reste en bons termes avec Pampelune. Sanche VI développe les trois seigneuries, faisant de St-Sébastien et Vitoria de véritables noyaux urbains. Il est le premier monarque à abandonner le nom de « roi de Pampelune » pour prendre celui de « **roi de Navarre** » à partir de 1178. Il s'allie au roi d'Angleterre, devenu duc d'Aquitaine, se rapprochant ainsi des vicomtes de Labourd et de Soule qui sont sous domination anglaise.

Son fils, **Sanche VII le Fort**, perd définitivement Durango, le Guipúzcoa et l'Álava en 1200. Allié à la Castille lors de la croisade de 1212 contre les musulmans, il s'illustre toutefois à la bataille de **Las Navas de Tolosa**.

Des princes français en Navarre – Sanche VII s'éteint en 1234 sans héritier. C'est à son neveu, **Thibaud de Champagne**, que revient la couronne. Ce grand prince de France réorganise le royaume : le **fuero** de Navarre est mis par écrit et les *merindades* (circonscriptions), instituées. Son fils **Thibaud II** emmène les Navarrais en croisade à Tunis. En 1274, le trône passe à **Jeanne Iʳᵉ**, épouse du roi de France Philippe le Bel, qui considère alors la Navarre comme l'annexe de son royaume. Refusant ce second rôle, les Navarrais se choisissent une nouvelle reine. En 1329, ils proclament reine Jeanne, petite-fille de Philippe le Bel : avec son mari le comte d'Évreux, **Jeanne II** poursuit la modernisation du royaume.

Les autres provinces

Basse-Navarre, Labourd et Soule – Les territoires voisins de la Navarre connaissent des évolutions différentes : autour de St-Jean-Pied-de-Port, la future Basse-Navarre relève directement du royaume de Navarre. Elle s'est organisée en vallées.

En conflit permanent avec le duc d'Aquitaine, le vicomte de Soule perd sa seigneurie en 1307. En 1193, le vicomte de Labourd est chassé de Bayonne par les Anglais et le siège de l'administration est déplacé à Ustaritz. Au siècle suivant, c'est ce village qui accueille le Bilçar (assemblée régionale populaire).

Álava, Biscaye et Guipúzcoa – Malgré une résistance farouche, l'Álava est annexée, puis intégrée au royaume de Castille en 1332. En 1300, les comtes de Biscaye fondent Bilbao et, en 1379, la Biscaye est incorporée à la Castille. Les **rois de Castille** doivent jurer de respecter les *fueros* sous l'**arbre de Guernica**. Le Guipúzcoa est une « Merindad Mayor » du royaume de Castille en 1335. La Junte (assemblée) se réunit pour la première fois en 1397.

La crise de la fin du Moyen Âge

Les conséquences de la guerre de Cent Ans

Charles II de Navarre, qui est aussi comte d'Évreux, s'engage contre le roi de France lorsque débute la guerre de Cent Ans. Prétendant au trône de France, il s'allie aux Anglais. Labourdins et Souletins, vassaux du duc d'Aquitaine, se retrouvent aussi dans le camp anglo-navarrais. Il n'est pas rare de trouver dans les Grandes Compagnies (troupes de soldats pillards) des hommes surnommés « Bascot ».

À partir de 1387, **Charles III de Navarre** inaugure quarante ans de paix pour son royaume : il se réconcilie avec le roi de France. À sa mort, son gendre, le roi d'Aragon, usurpe le pouvoir à Pampelune. Alors que la France reconquiert l'Aquitaine sur les Anglais (la Soule est prise en 1449 et le Labourd en 1451), la Navarre sombre dans la guerre civile.

Fin du royaume de Navarre

Deux grandes familles navarraises, les **Gramont** et les **Beaumont**, se livrent une lutte acharnée, ruinant le royaume et entraînant dans leur sillage toute la noblesse navarraise. Les appétits français et castillan se réveillent : la Navarre, exsangue, est devenue une proie facile. En

LA NAVARRE AU XIVᵉ SIÈCLE

1479, la couronne passe aux **Foix-Béarn**. Catherine de Foix-Béarn a épousé Jean d'Albret, héritier d'une riche famille d'Aquitaine. Jean et Catherine tentent de redresser leur royaume, mais ils ne peuvent éviter le pire : en 1512, le roi Ferdinand d'Aragon envahit la Navarre. Les Albret s'enfuient.

Malgré une résistance parfois héroïque (**bataille d'Amaiur** en 1522), la Navarre perd définitivement son indépendance pour devenir une vice-royauté dans la couronne de Castille. Seul subsiste le petit territoire du nord des Pyrénées dans lequel les Albret règnent toujours : c'est le royaume de « **basse** » **Navarre**, dont le centre administratif se trouve à St-Palais. **Jeanne III d'Albret** devient reine en 1555. Elle essaie d'implanter la Réforme protestante dans son royaume et ravive ainsi les démons de la guerre civile. Henri III, son fils, est un temps chef du Parti protestant. Il se marie le 18 août 1572 avec Marguerite de Valois, fille du roi Henri II et de Catherine de Médicis, pour favoriser la réconciliation entre catholiques et protestants. Henri est d'ailleurs épargné lors du massacre de la Saint-Barthélémy, à Paris, quelques jours plus tard.

En 1589, **Henri III de Navarre** devient Henri IV, roi de France par le jeu des héritages dynastiques. En effet, son père est Antoine de Bourbon, prince du sang et descendant du roi Louis IX. L'indépendance de la Basse-Navarre est désormais en sursis.

L'époque moderne (1589-1789)

Le morcellement du royaume de Navarre

Avec le choix d'**Henri IV** de porter le titre de roi de France et de Navarre, le vieux royaume abattu au sud ne subsiste désormais que comme annexe du royaume de France. Il n'en conserve pas moins un statut à part, celui de royaume et non de province, distinction qu'il conservera jalousement jusqu'à la Révolution. Cette nuance étant acquise, le rattachement de la Basse-Navarre à la France est officialisé par l'**édit d'union**, signé par le fils de Henri IV, Louis XIII, en 1620. Les rois de France deviennent automatiquement rois de Navarre. Enfin, en 1659, le **traité des Pyrénées** confirme le partage de la Navarre entre les royaumes de France et d'Espagne, fixant peu ou prou les limites actuelles entre les deux États. C'est à l'occasion du **mariage de Louis XIV** avec l'infante Marie-Thérèse d'Espagne, mariage hautement politique puisqu'il scelle une alliance entre deux ennemis séculaires, que ce traité est signé sur l'île des Faisans, en plein milieu de la Bidassoa, fleuve désormais frontière.

Sous le régime des fors

À partir du moment où la Basse-Navarre est intégrée au royaume de France, l'État central tout puissant sous Louis XIV impose son organisation administrative, ses impôts et ses lois. Mais, comme cela avait été le cas durant l'occupation anglaise, la société parvient à maintenir ses modes ancestraux d'organisation communautaire. Ainsi, durant cette période, les territoires basques et navarrais vivent sous le **régime des fors**, c'est-à-dire qu'ils bénéficient d'institutions spécifiques et d'un système politique original où la gestion des affaires est assurée par des assemblées de pays. Ces institutions donnent aux provinces des autonomies particulières, assurant aux petits propriétaires des droits qui n'existent pas dans d'autres pays, ou qui y sont le monopole de la noblesse ou de l'Église. Les droits de chasse et de port d'arme, par exemple, sont généralisés à toute la société.

Les assemblées populaires – Au-delà de forts particularismes sociaux, la population dispose d'une organisation politique propre, qu'elle arrive à conserver sous différents règnes, même en plein absolutisme. Héritées des périodes antérieures, des institutions populaires encadrent la société. Ainsi, la vie publique est-elle régie de manière communautaire à plusieurs niveaux. Dans chaque **paroisse**, l'assemblée des maîtres de maison se réunit tous les dimanches sous le porche de l'église et débat à égalité de voix de la vie du village. Dans le Labourd, nobles et clercs en sont même exclus !

Tous les ans, chaque paroisse élit un représentant pour siéger à l'assemblée de pays, appelée selon les provinces *biltzar* (Labourd), *silviet* (Soule), états (Navarre) ou *juntas* (provinces du Sud). Cette assemblée débat de la loi régissant le pays de manière très autonome, puisque ni représentants du roi, ni noblesse, ni clergé ne sont admis. Les privilèges de l'assemblée varient selon les provinces mais ils peuvent être très étendus : levée et gestion de l'impôt (un forfait négocié avec le pouvoir lui est versé), privilèges judiciaires, militaires (propre police), autorité sur la coutume et ses modifications. Ces institutions, relativement démocratiques pour l'époque, garantissent le respect des particularismes locaux à tous les niveaux, et même au niveau du droit. La législation française en matière de succession ou de mariage ne s'est véritablement imposée en Pays basque qu'à partir du milieu du 20e s. Au fur et à mesure que le pouvoir royal tente de mettre ces particularismes au pas, surtout au 17e s., des révoltes

s'ébauchent et se développent. C'est le cas de la **révolte de Matalas** (1661), en Soule, soulèvement antifiscal.

Des particularismes forts – Enfin, de part et d'autre de la frontière, le Pays basque se caractérise aussi par la permanence de traits culturels et religieux propres, que l'État ou l'Église ont tolérés jusqu'au 20e s. Alors que le concile de Trente réglemente de manière précise le rôle des prêtres, leur formation et la doctrine religieuse, la société basque conserve une foi mêlée de paganisme, rendue encore plus suspecte par l'omniprésence de la langue basque. Au fil des siècles, cela motive des tentatives de répression sans pitié. Ainsi, par exemple, en 1609, une campagne d'Inquisition est menée au Pays basque français par **Pierre de Lancre** pour éradiquer la « sorcellerie ». Le procès qui s'ensuit marque une réelle reprise en main par l'Église qui se solde par de nombreuses condamnations au bûcher. À la même époque, des procès similaires se tiennent à Logroño, du côté espagnol.

La Révolution française

La révolution de 1789 entraîne la chute de la monarchie française et la fin des particularismes basques. Les députés de l'Assemblée nationale constituante votent l'abolition des privilèges le 4 août 1789. L'Assemblée constituante crée 83 départements pour remplacer les 34 anciennes provinces. Aucune partie du territoire français ne doit connaître de régime de faveur ou de statut particulier. Tout l'édifice politique de la société basque vole alors en éclats. Le Pays basque français est intégré au département des Basses-Pyrénées, futures Pyrénées-Atlantiques. « Ma province proteste » : c'est par ces mots que le député labourdin Dominique Joseph Garat fait part, à l'Assemblée nationale nouvellement créée, de son désaccord vis-à-vis de la création du département des Basses-Pyrénées. Le 8 février 1790, l'Assemblée nationale approuve la subdivision du département en six districts ainsi que la désignation de Pau comme chef-lieu.

Alors que la Révolution puis l'Empire imposent un modèle politique et social à l'ensemble des régions françaises, balayant les derniers vestiges de l'organisation sociale et politique du Pays basque français, les institutions perdurent côté espagnol jusqu'au milieu du 19e s.

C'est par deux **guerres dites « carlistes »** que les *fueros* disparaissent, faisant les frais de querelles dynastiques madrilènes (sur les trois guerres carlistes, deux seulement ont touché le Pays basque et la Navarre).

En effet, lorsque le roi Ferdinand VII meurt sans fils, sa succession est convoitée par deux camps opposés : celui, libéral, de sa fille Isabelle et celui, conservateur, de son frère Carlos. Ce dernier obtient le soutien des campagnes basques et de la Navarre en se posant comme farouche défenseur de la foi catholique et des *fueros*. Une première guerre éclate en 1833, qui aboutit à la défaite des partisans de Carlos (les carlistes).

Les Basques voient leurs autonomies provinciales considérablement réduites lors de la convention de Vergara en 1839. Une seconde guerre éclate en 1873, qui se solde par une nouvelle défaite des troupes carlistes. La loi du 21 juillet 1876 supprime cette fois totalement les fors, mais les Basques et les Navarrais obtiendront deux ans plus tard des avantages fiscaux (accords économiques).

Le 19e s., période charnière

La révolution industrielle

Entre-temps, le contexte européen a considérablement changé. L'industrialisation, qui bat son plein, profite à l'économie du Pays basque espagnol, où la construction navale et la production minière, en plein essor, dopent l'activité. Cela favorise le développement urbain, en particulier dans la région de Bilbao qui est propulsée au rang de grand centre industriel. Cet envol économique provoque une création massive d'emplois et l'arrivée de nombreux immigrants d'autres provinces espagnoles. La révolution industrielle s'accompagne également de progrès techniques, en particulier dans le domaine des transports, qui va aussi faciliter la traversée de l'Atlantique, à une époque où se développe l'émigration.

Côté français, l'industrialisation est quasiment absente. La véritable nouveauté se trouve plutôt dans l'apparition et le développement du tourisme balnéaire, promu à Biarritz par l'impératrice Eugénie, épouse de Napoléon III. Cette éclosion, qui se confirme tout au long du 20e s., va marquer l'ensemble du littoral de manière presque continue jusqu'à nos jours.

L'ère des nationalismes

En France

C'est dans ce contexte que le Pays basque est confronté à l'autre grand phénomène marquant du 19e s., l'apparition des nationalismes. En France, la République est proclamée après la chute du Second Empire en septembre 1870. Mais le nationalisme français reste un phénomène intellectuel, limité à la classe politique, car le peuple lui-même ne semble pas éprouver le sentiment d'appartenance nationale. La IIIᵉ République attribue cette carence de l'identité nationale à la méconnaissance généralisée du français. Elle met en place deux principaux moyens pour y remédier : l'école et l'armée. Tandis que le nouveau système éducatif, gratuit et obligatoire, répand la langue française tout en enseignant une histoire et une géographie nationales aux enfants, le service militaire se charge de transformer les jeunes adultes en citoyens soldats. Au lendemain des deux guerres mondiales, les Basques se sentent largement français.

En Espagne

De l'autre côté des Pyrénées, les choses sont radicalement différentes, car l'Espagne n'a pas une tradition d'État-nation comme la France. Affaiblie par des problèmes sociaux liés à son industrialisation rapide, en Biscaye notamment, l'Espagne doit faire face au développement des régionalismes. En 1895, le Biscayen Sabino Arana Goiri fonde le **Parti nationaliste basque (PNV)** et entraîne une partie de la population dans un nationalisme radical.

En 1923, une crise politique majeure contraint le roi **Alphonse XIII** à nommer **Primo de Rivera** « président du directoire militaire chargé du gouvernement », sorte de dictature qui va durer sept ans, de 1923 à 1930. Ce dernier remet en cause le statut particulier d'autonomie de la Catalogne. Il doit démissionner en 1930 ; sa chute entraîne l'exil du roi et la naissance de la IIᵉ République, le 14 avril 1931. Deux mois plus tard, comme les Catalans, les Basques proposent un projet d'autonomie incluant les trois provinces basques et la Navarre.

La guerre de 1936 – En juillet 1936, le **général Franco** entreprend de renverser le régime avec le soutien d'une partie de l'armée en Afrique du Nord et dans la péninsule même. La guerre civile éclate. La République a besoin du soutien des nationalistes basques et leur reconnaît un statut d'autonomie très étendu. C'est le **statut d'Estella**, plusieurs fois renégocié avec la jeune République espagnole avant qu'elle ne l'accepte, poussée par les circonstances. Si les premières négociations prévoyaient un statut intégrant la Navarre, celle-ci reste finalement à part après un vote très tendu des maires de la province. Ce nouveau statut donne au gouvernement basque dirigé par **José Antonio Aguirre** les droits de frapper monnaie, de posséder des ambassades et de lever une armée. En février 1937, l'offensive franquiste s'accentue sur le Pays basque.

Le 26 avril, Franco fait envoyer l'aviation de son allié Hitler, qui teste ses nouveaux bombardiers, sur la ville de **Guernica**, symbole des anciennes institutions populaires biscayennes. Le premier bombardement de populations civiles de l'histoire cause l'indignation internationale, mais l'armée basque capitule le 26 août à Santona. La guerre d'Espagne s'achève en 1939, mettant en place une dictature qui durera quarante ans.

L'apparition de l'ETA – La dictature s'attaque résolument au nationalisme basque, et le gouvernement basque est contraint à l'exil. Le président Aguirre meurt en 1960, laissant des cadres du PNV épuisés et impuissants. C'est une nouvelle génération de militants qui opère la mutation du nationalisme basque durant les années 1960.

Voulant rompre avec les schémas traditionnels du nationalisme basque hérités de la fin du 19ᵉ s.,

Manifestation pour la défense de la langue basque.
J. Larrea/age fotostock

une nouvelle mouvance apparaît, qui devient en 1959 **ETA** (*Euskadi Ta Askatasuna*, « Pays basque et liberté »). D'abord symbolique, l'action clandestine franchit un pas en 1968 avec l'assassinat du chef de la police de St-Sébastien, Melitón Manzanas.

Le Pays basque connaît alors plusieurs états de siège et des pics de tension, notamment lors du **procès de Burgos** en 1970. Pour servir d'exemple, le tribunal militaire y condamne six nationalistes basques à mort. Mais une campagne de soutien se crée et prend une ampleur internationale, contraignant Franco à commuer leur peine en réclusion à perpétuité.

L'escalade terroriste d'ETA atteint un sommet avec le spectaculaire attentat contre le Premier ministre espagnol Carrero Blanco, dauphin probable du dictateur, le 20 décembre 1973. Lorsque Franco meurt le 20 novembre 1975, c'est la dictature qui s'achève.

Juan Carlos Ier, petit-fils d'Alphonse XIII et chef d'État intérimaire depuis quelques mois, est proclamé roi d'Espagne dès le 22 novembre. Il prend très vite le contre-pied de la politique de Franco et choisit la mise en place d'une **monarchie parlementaire** et donc d'élections libres.

Si rien ne change en France, d'importantes évolutions ont lieu côté espagnol, avec les statuts particuliers de l'**Euskadi** (Communauté autonome basque) et de la **Communauté forale de Navarre**.

Cependant, cela ne suffit pas pour une partie des Basques dont certains veulent aller jusqu'à l'indépendance, ou au moins à l'autodétermination. Le fils de Juan Carlos Ier est devenu roi sous le nom de Felipe VI le 19 juin 2014. Et il a rappelé en 2017, lors de la crise catalane, l'importance de placer l'unité de l'Espagne par-dessus tout.

Voir aussi « Le Pays basque et la Navarre aujourd'hui », p. 406.

Quelques personnalités à travers les siècles

Voici quelques personnages qui ont eu une influence ou un rôle majeur dans le monde de la politique, des arts, des idées ou de la culture, bref, des hommes qui ont activement participé à la construction de la région telle que nous la connaissons aujourd'hui.

HOMMES POLITIQUES ET MILITAIRES

Sanche III le Grand – Roi de Pampelune entre 1003 et 1035, il est l'un des souverains occidentaux les plus puissants de son époque. Dominant la majorité des terres chrétiennes de la péninsule Ibérique, il ouvre les cols pyrénéens aux pèlerins de St-Jacques, permet la diffusion de la réforme monastique bénédictine et encourage le développement de l'art roman dans ses possessions.

Juan Sebastián de Elkano – Marin du village guipúzcoan de Getaria, il est le second de Magellan lorsque celui-ci entreprend son voyage. C'est lui qui accomplit le premier tour du monde en achevant l'expédition en 1522, après que le grand navigateur eut été tué.

Henri III de Navarre/Henri IV de France – Roi de Navarre par sa mère Jeanne d'Albret et prince de France par son père Antoine de Bourbon, Henri est le plus proche cousin du dernier Valois (Henri III, petit-fils de François Ier et fils d'Henri II). À la mort de ce dernier en 1589, il hérite du royaume de France, l'enrichissant de son patrimoine du Sud-Ouest, notamment la Basse-Navarre.

Les frères Garat – Dominique et Dominique Joseph Garat, avocats, sont originaires d'Ustaritz. Ils sont délégués par la province de Labourd à l'Assemblée nationale nouvellement créée en 1789. Dans l'enthousiasme de la nuit du 4 août, ils votent l'abolition des privilèges, mais s'opposent à l'intégration des provinces basques au nouveau département des Basses-Pyrénées. Dominique Joseph continuera sa carrière politique : ministre de la Justice en 1792 et de l'Intérieur en 1793, il sera sénateur sous l'Empire.

Maréchal Jean Isidore Harispe – Originaire de St-Étienne-de-Baïgorry, il s'engage dès la Convention (1793-1795) aux côtés des révolutionnaires. Organisateur d'un corps d'armée appelé « chasseurs basques », il participe aux guerres napoléoniennes et est nommé maréchal sous le Second Empire.

Sabino Arana Goiri – Né en 1865 à Abando, près de Bilbao, il est le fondateur en 1895 du Parti nationaliste basque, dont il est l'idéologue, formulant une pensée qui imprégnera le premier nationalisme basque. Son idéologie est religieuse, très conservatrice, voire xénophobe, et il réclame la restauration des anciens fors. Il crée le néologisme Euskadi, « patrie des Basques », ainsi que l'*ikurriña*, le drapeau basque, qui apparaît pour la première fois publiquement un 14 juillet ! Il meurt en 1903.

José Antonio Aguirre – Alors qu'il n'est qu'un avocat biscayen d'à peine plus de 30 ans, il devient successivement maire de Guetxo en 1931, puis député et enfin, en 1936, premier président d'Euskadi. Contraint à la fuite après la victoire franquiste, il dirige le gouvernement basque en exil jusqu'à sa mort en 1960.

HOMMES D'ÉGLISE… ET DE LETTRES

Ignace de Loyola – Ce noble guipúzcoan défend la cité conquise de Pampelune pour le roi de Castille lorsqu'un boulet navarrais le blesse gravement. Contraint à rester alité des mois entiers, il renie son passé militaire et fonde en 1537, avec son ami navarrais **François Xavier**, la Compagnie de Jésus (ou jésuites). Ignace se consacre à la consolidation de son ordre religieux à Rome tandis que François Xavier évangélise l'Asie (Inde et Japon). Saint Ignace devient le patron du Guipúzcoa et de la Biscaye, François Xavier celui de la Navarre.

Bernat Dechepare – Curé du village de St-Michel au 16ᵉ s., il est l'auteur du premier texte entièrement écrit en basque : *Contrapas*. Ce chant qui promet un bel avenir à l'euskara (langue basque) est aujourd'hui encore très populaire.

Bernard de Goyhenetche, dit Matalas – Curé du village souletin de Moncayolle, il prend en 1661 la tête d'une révolte antifiscale. Sa fin tragique (il est trahi, arrêté puis décapité) en a abusivement fait un mythe pour les nationalistes basques.

Louis Lucien Bonaparte – Petit-neveu de Napoléon Iᵉʳ, il fait partie du courant européen éclairé du 19ᵉ s. qui s'intéresse aux peuples primitifs de l'Europe, et notamment aux Basques. Il est l'un des piliers de ce que l'on appellera la « bascologie », ou études basques, et l'auteur notamment de la première carte des dialectes de la langue basque en 1863.

José Miguel de Barandiarán – Préhistorien, ethnologue et anthropologue guipúzcoan, prêtre de son état, il est l'auteur d'une œuvre scientifique colossale. Son attention principale est portée à l'approfondissement de l'étude des origines des Basques ainsi qu'au recueil des légendes et récits de la mythologie. Refondateur de la Société d'études basques Eusko Ikaskuntza, il n'en oublie pas pour autant son sacerdoce, enseignant l'histoire des religions au séminaire.

Jose Maria Iparraguirre – Considéré au début du 19ᵉ s. comme un véritable barde, poète et voyageur, il est l'auteur de l'hymne basque, *Gernikako Arbola*, chant universaliste teinté d'idéologie carliste.

Miguel Unamuno – Né à Bilbao en 1864, ce philosophe, mais aussi poète et écrivain, a compté parmi les hommes les plus influents dans la vie politique basque et espagnole au début du 20ᵉ s. Ses prises de position contre le pouvoir lui ont valu plusieurs destitutions de ses fonctions universitaires, et même un exil aux Canaries par Primo de Rivera. Socialiste, voire même marxiste et internationaliste à ses débuts, il fut un polémiste talentueux qui, face aux dures réalités sociales de l'époque, a évolué vers un certain pragmatisme avant sa mort en 1936.

Paysages et biodiversité

Cette terre entre montagnes et Océan fut un refuge pour les espèces aux temps des grands changements climatiques. Il en résulte un patrimoine végétal original, qui s'ajoute à la richesse de la faune. Lieu de passage des oiseaux migrateurs qui s'engouffrent dans ses vallées pour rejoindre d'autres latitudes, littoral d'un océan profond où passent les cétacés, elle accueille aussi mammifères et rapaces d'une beauté rare qui cohabitent avec les animaux domestiques peuplant les alpages. Mais la pression des activités humaines fragilise la pérennité de ce monde animal et végétal, et la cohabitation n'est pas toujours aisée. Si la chasse à la palombe, la disparition de l'ours des Pyrénées ou le déclin des ressources halieutiques ont des répercussions médiatiques, les pollutions et transformations agricoles questionnent aussi la préservation de ce patrimoine.

Le versant atlantique

Toute la partie nord de la région, du fond de la Biscaye aux confins souletins en passant par le Guipúzcoa et le nord des provinces d'Álava et de Navarre, constitue ce versant vert, humide, tempéré, océanique. Ici, les écarts de température sont faibles et les précipitations abondantes, allant de 1 200 mm à plus de 3 000 mm en haute montagne.

UN RÉSEAU DE MONTAGNES INEXTRICABLE

Les montagnes proches de la côte n'atteignent pas les 1 000 m, mais la plupart des massifs montagneux, souvent calcaires (du Crétacé, voire du Jurassique), mais également schisteux ou granitiques, culminent vers les 1 000-1 500 m. Leurs pentes abruptes sont souvent recouvertes de **forêts** naturelles (chênes pédonculés, châtaigniers) ou artificielles (pins de Monterey ou eucalyptus en Guipúzcoa et Biscaye, plantations qui appauvrissent considérablement la biodiversité). Dans les zones plus accessibles, les forêts laissent la place aux prairies ou aux landes à fougères ou à ajoncs, qui servent également de pacages aux troupeaux de brebis, vaches et **pottok** (🐾 p. 415). Ces reliefs peu élevés sont utilisés comme zones d'hivernage des troupeaux qui passent la belle saison sur les estives des montagnes.

C'est en s'éloignant encore de la côte à travers des **vallées étroites**, complètement occupées par les routes, agglomérations et zones industrielles, que les montagnes prennent plus d'importance et que les paysages ruraux caractéristiques dominent.

Différents trajets, comme ceux de Tolosa à Azpeitia par Errezil (en Guipúzcoa) et de Markina à Guernica par Aulesti (en Biscaye), permettent d'apprécier la diversité

Lekeitio, la côte de la Biscaye.
J. Larrea/age fotostock

et la complexité des paysages traditionnels de ce versant. La traversée du **col d'Osquich** offre une vue remarquable sur la Soule, province très agricole, dominée au loin par les Pyrénées. Prairies de fauche, prairies pâturées et maïs dominent ces espaces cultivés. Plus haut, d'énormes entailles faites par les eaux dans les épaisses couches calcaires du Crétacé sont visibles : ce sont les **gorges d'Ujarre**, **Kakuetta**, **Holçarté**…

L'altitude de 2 000 m est dépassée vers l'est dès le massif du Pic-d'Anie, près duquel se trouvent les exceptionnels paysages de la forêt subalpine de pins à crochets dans le **karst de Larra** (Navarre).

Le Guipúzcoa et la Biscaye sont dans une grande mesure industrialisés. Mais, curieusement, les marges occidentales de la Biscaye, à peu de kilomètres des mines de fer de Somorrostro qui marquèrent l'essor industriel du Pays basque aux 18ᵉ et 19ᵉ s., sont restées très agricoles. Néanmoins partout, l'horizon est réduit, parfois écrasé par les pentes.

Lorsque les montagnes ne retiennent pas les nuages chargés de pluie venant de la mer, elles apparaissent comme des sentinelles qui dominent les villages et les vallées : Txindoki, Anboto, Ernio, Béhorléguy, etc.

La douceur du climat est telle que la végétation reste verte toute l'année. De rares fougères subtropicales subsistent même dans quelques ravins encaissés, témoins de la flore d'avant la formation des Pyrénées.

UNE CÔTE SAUVAGE ET ABRUPTE

Cette côte est extrêmement découpée, comme on peut l'observer sur la corniche de Socoa ou autour d'Elantxobe en Biscaye. Les chaînes de montagne viennent se heurter directement à l'Océan. Ce sont essentiellement des falaises de **flysch** (formations géologiques prenant l'allure d'un empilement de couches de roches dures et tendres) qui plongent brutalement dans la mer, témoignant de la violence des éléments lors de l'émergence des montagnes. *p. 211.*

LE DÉCLIN DE LA PALOMBE

Les fameuses palombes monopolisent les esprits de beaucoup de chasseurs pendant un mois, de mi-octobre à mi-novembre. Les forêts, les cols et les montagnes sont alors pris d'assaut par des milliers de fusils et une pétarade incessante retentit dans tous les coins… Le **pigeon ramier**, également appelé **palombe**, est chassé depuis très longtemps. Une des méthodes traditionnelles consiste à rabattre le vol de palombes vers des filets à l'aide d'appelants, pigeons dressés à imiter les oiseaux sauvages, ou de raquettes lancées selon des trajectoires similaires aux vols de prédateurs. La pression de la chasse pèse sur l'espèce, et notamment sur sa population migratrice, à tel point que des voix s'élèvent depuis plus de trente ans pour la diminuer, en laissant par exemple des « couloirs » de migration que les oiseaux pourraient traverser sans risques… Les comptages effectués depuis la fin des années 1970 par l'association Organbidexka Col Libre sur une série de cols tels Organbidexka, Lindux et Lizarrieta confirment que cette population de palombes transpyrénéennes, se reproduisant en Europe du Nord et du Nord-Est et hivernant dans les *dehesas* (forêts ouvertes) ibériques, est en déclin.

Le haut des falaises est occupé par une végétation caractéristique de landes, parfaitement adaptée aux bourrasques et à l'excès de salinité. Ici, les arbres n'arrivent pas à se développer ; seuls des **arbustes** sculptés par le vent parviennent à s'élever un peu au-dessus du niveau de la lande à bruyère vagabonde ou de la pelouse littorale.
Curieusement, c'est proche de ces grandes falaises, en Biscaye près de Bakio ou en Guipúzcoa près de Getaria, que subsiste depuis le 13e s. un vignoble original donnant un vin blanc vif et pétillant, le **txakoli** (AOC). 🐾 *p. 211 et 432.*

Peu de plages…

Pour une distance à vol d'oiseau de 130 km, l'Océan longe le Pays basque sur plus de 200 km, dont moins de 30 km de plages ! Les rares plages, au sable généralement fin, se répartissent sur toute la côte (Laida, Arrigorri en Biscaye, Ondarreta, Hondarribia en Guipúzcoa, Hendaye, Bidart, Biarritz ou Anglet en Labourd), mais n'ont rien à voir avec l'étendue des plages landaises. Elles sont souvent surmontées par d'imposantes falaises de plus de 40 m comme Ogoño ou la Pointe-Ste-Anne à Hendaye.

… mais des vagues réputées

Mise au goût du tourisme grâce aux villes de Biarritz, St-Sébastien ou Lekeitio, la Côte basque est le berceau européen du surf (🐾 *p. 427*). La qualité de ses tubes est mondialement reconnue et s'explique par une succession de coïncidences géographiques : d'une part, le **golfe de Gascogne** forme une espèce d'entonnoir, où viennent s'écraser les vagues formées par les tempêtes et dépressions de l'Atlantique Nord ; d'autre part, le plateau continental est ici très court et les fonds marins plongent de manière extrêmement abrupte, ce qui permet d'obtenir ces **vagues puissantes et rondes** que recherchent les amateurs de sensations fortes. Les vagues les plus spectaculaires sont situées au large, entre Hendaye et Ciboure, sur un site appelé **Belharra**, où le fond rocheux fait que des vagues démesurées s'écrasent en pleine mer !

DES ZONES HUMIDES AUTOUR DES ESTUAIRES

L'**Adour**, qui prend sa source dans les Pyrénées centrales, est le seul « grand fleuve », avec un cours de plus de 300 km, qui se jette dans l'Océan, à Bayonne. Cette embouchure est récente, puisqu'elle fut définitivement stabilisée au 16e s., grâce à un canal creusé par Louis de Foix à travers les dunes. Des **barthes**, prairies humides inondables abritant des tortues d'eau douce comme la cistude d'Europe, longent encore l'Adour ou la Nive en Labourd. D'autres fleuves, aux cours plus rapides, se jettent dans le golfe de Biscaye par le biais d'estuaires, ici appelés *rías*.

La **zone d'Urdaibai**, estuaire du fleuve Oka près de Guernica, constitue un bel exemple d'harmonie entre l'homme et la nature. Elle est, à ce titre, classée Réserve de la biosphère par l'Unesco depuis 1984. Dans ses eaux saumâtres, ses vasières et ses prés salés, se reproduisent poissons et invertébrés jouant un rôle essentiel dans les chaînes alimentaires et les écosystèmes marins. Urdaibai est également un lieu de halte pour bon nombre d'oiseaux migrateurs.

Le versant méridional

Très différent du nord, ce versant est une région sèche qui, avant les phénomènes d'exploitation des mines puis d'industrialisation de la zone atlantique, constituait un véritable grenier pour les régions voisines.

LES COLS, LIMITES CLIMATIQUES

Il est très fréquent, notamment en été, lorsque l'on traverse les cols de Barazar, Urkiola, Etxegarate, Azpirotz, Belate, Izpegui ou Ibañeta, d'émerger soudain d'un brouillard dense enveloppant le versant atlantique et de découvrir un ciel bleu, le soleil et une visibilité extraordinaire, portant la vue à des dizaines de kilomètres. Sous nos

pieds et au-delà s'étend le versant méridional, qui fut très tôt voué à l'agriculture, aux céréales, à la vigne et à l'olivier. L'Èbre, qui prend sa source plus à l'ouest, au sud des monts Cantabriques, atteint ici son statut de grand fleuve et continue sa route vers la Méditerranée, après avoir reçu, sur son passage, les eaux des rivières descendant des principaux massifs : Zadorra, Ega, Arga, Aragon, etc.

MONTAGNES SAUVAGES ET BOISÉES

Les massifs montagneux, orientés principalement est-ouest, donnent un caractère très marqué au paysage. Ils reçoivent plus de précipitations et abritent l'essentiel des **forêts**. Hêtres, pins sylvestres et chênaies méditerranéennes (chênes verts, chênes kermès et pubescents) se partagent les pentes plus ou moins abruptes. Les plateaux et les sommets sont ici aussi devenus d'immenses **pâturages**.

Ces forêts et ces zones plus ouvertes abritent des milieux très différents, remarquables tant par leur faune que par leur flore.

Les montagnes, atteignant les 1 000-1 500 m d'altitude, étaient autrefois bien peuplées, mais de nombreux villages des austères vallées navarraises (Aezkoa, Urraúl Bajo, etc.) se sont vidés à partir des années 1950, et les forêts ont doucement reconquis une partie des territoires jadis défrichés par les habitants.

D'immenses **canyons** balafrent les montagnes qui barraient le passage aux puissantes rivières montagnardes, ce qui donne des paysages tout à fait extraordinaires, comme dans les **hoces** (de *hoz*, défilé) de Burgi, Arbayún, Lumbier et Irunberri.

L'une des originalités de ces montagnes est qu'elles sont, pour une large part, calcaires, certaines ayant des réseaux karstiques importants. Une multitude de gouffres, grottes et rivières souterraines minent ces massifs.

DES VALLÉES PRÉSERVÉES

Les vallées sont plus larges, plus fertiles, mais toujours sous le regard des montagnes. Sakana, large trouée reliant Irurtzun en Navarre à Vitoria-Gasteiz en Álava, est ainsi dominée par les massifs d'Aralar, Urbasa et Andia, mais aussi par le Beriaín, dont la silhouette évoque la formidable étrave d'un bateau perdu au milieu de la vallée.

Ici, il tombe entre 500 et 1 000 mm de pluie par an, souvent de manière brutale au printemps ou à l'automne. L'été y est chaud, l'hiver froid, donnant une touche continentale à ce climat méditerranéen. Les zones non cultivées sont recouvertes d'une végétation de type **garrigue**, avec des arbustes épineux, ou de pelouses desséchées en été, mais vertes et riches en fleurs ainsi qu'en odeurs au printemps. Les cigognes blanches font partie du paysage et établissent leurs nids imposants sur les églises, châteaux ou autres édifices.

Le long des cours d'eau, ce sont des **forêts « couloirs »** qui prédominent, extrêmement importantes puisqu'elles permettent de relier, par des biotopes adéquats, des lieux très éloignés les uns des autres.

Les ormes, peupliers et saules peuvent y atteindre des tailles considérables et les oiseaux en sont les rois.

Les rivières aux eaux froides et oxygénées des montagnes conviennent aux poissons nobles tels que les truites ; ces dernières laissent leur place, dans les eaux plus chaudes et plus calmes, à des espèces comme les barbeaux et les gardons.

DES PLAINES FERTILES

Les plaines de cette région méditerranéenne sont sèches, voire terriblement sèches en été. Mais elles sont également fertiles. La plaine d'Álava et la région entre Estella et Olite en Navarre constituent le domaine des cultures de blé, d'orge ainsi que de la pomme de terre ou de la betterave. L'olivier et l'amandier bénéficient du climat méditerranéen, et les huiles d'olive de Navarre et d'Álava sont réputées pour leur qualité. La **vigne** trouve ici des terroirs nobles (Rioja, vins de Navarre) et le vignoble de la Rioja alavesa, installé au pied du massif de Toloño, prend une coloration extraordinaire chaque automne.

L'un des plus curieux paysages de ces plaines se trouve à **Añana**, au sud-ouest de l'Álava, où depuis le Moyen Âge et jusqu'à une époque récente, les sources salées étaient exploitées sur des terrasses exposées au soleil. Le sel était récolté après évaporation de l'eau.

Plus au sud, l'irrigation à partir de l'Èbre permet une production importante de **légumes**. Dans ce jardin sont cultivés des artichauts, piments, tomates, haricots ainsi que les asperges de Navarre. On produit même du riz à l'extrémité méridionale de la Navarre !

UN DÉSERT PLEIN DE VIE AU SUD DE LA NAVARRE

Les Bárdenas reales, à l'extrême sud de la Navarre, sont en fait une steppe, ou un paysage qui s'en rapproche. Très peu de zones boisées subsistent ; il s'agit alors de pins d'Alep et de chênes verts. Les plantes sont ici particulièrement adaptées au climat méditerranéen : elles économisent l'eau grâce à leurs feuilles petites, charnues, parfois recouvertes d'une épaisse

LES PLANTES DU NOUVEAU MONDE

Les ports basques furent des entrées importantes de la plupart des plantes venant du Nouveau Monde. Maïs, pommes de terre, haricots, tomates, courges, potirons et piments sont cultivés depuis très longtemps au Pays basque et en Navarre, assez pour que les paysans aient, là aussi, utilisé leur savoir-faire pour sélectionner ces végétaux et produire des variétés adaptées aux conditions locales. Aujourd'hui, plusieurs variétés sont réputées, comme les **piments** d'Espelette, de Lodosa ou de Guernica, les **haricots** de Tolosa, ainsi que le grand roux basque, **maïs** remis au goût du jour ces dernières années. Plus de 600 espèces actuellement présentes dans la région proviennent de pays lointains. Si certaines ont été introduites volontairement à des fins alimentaires ou ornementales, d'autres sont rentrées « clandestinement » et se sont développées au point de devenir envahissantes et problématiques : **l'herbe des pampas** forme des fourrés impénétrables, empêche la végétation autochtone de pousser et rend stériles certaines zones humides…

cuticule, souvent avec une pilosité blanche permettant de refléter le soleil et d'éviter la transpiration… Elles ont aussi une singulière capacité à profiter des rares pluies pour fleurir et se reproduire. Ainsi, les cycles biologiques peuvent-ils être très courts, avec des périodes de plusieurs années à l'état de graine, dans l'attente de conditions pour pouvoir germer… Mais ce paysage de steppe aride est également lié à l'activité humaine, puisque depuis des temps très anciens, les troupeaux de la vallée de Roncal viennent y hiverner… Les Bárdenas Reales abritent une avifaune de steppe très particulière (🐾 p. 402).

Proches ou au cœur de ce désert, les zones d'eau sont de véritables oasis. C'est ici que viennent s'abreuver tous les oiseaux et les mammifères, et que vivent les amphibiens, grenouilles et autres reptiles. Les bosquets aussi forment des oasis et permettent aux oiseaux arboricoles de s'y reproduire.

Eguaras, en plein milieu de la Bárdena Blanca (sud de Murillo), est un véritable havre de paix, où la complexité et la diversité des milieux et des espèces atteignent leur apogée.

Une biodiversité extraordinaire

Avec ces climats, reliefs et paysages, le Pays basque et la Navarre sont d'une richesse extraordinaire au niveau des espèces animales ou végétales. Ici sont recensés des milliers de plantes, des centaines d'espèces d'oiseaux, des dizaines de mammifères, batraciens, reptiles et poissons, des dizaines de milliers d'insectes ou autres invertébrés…

QUELQUES ESPÈCES RARES

La nature réserve parfois des surprises, même pour les spécialistes qui observent attentivement les nombreux écosystèmes régionaux. Certaines espèces comme le **lagopède alpin**, la **dryade octopétale** ou le **pic à dos blanc** vivent ici en haute montagne ainsi que dans les Pyrénées, les Alpes, la taïga ou la toundra arctique. Cela s'explique par le retrait des glaciers vers le nord et en altitude, à la fin de la dernière glaciation, qui a permis à des espèces adaptées à ces rudes milieux de vivre sous nos latitudes, en se réfugiant dans les montagnes. D'autres espèces ne se retrouvent nulle part ailleurs ; il s'agit essentiellement de plantes et d'insectes ; parmi elles, l'**euprocte des Pyrénées**, sorte de triton, que l'on retrouve dans les torrents des Pyrénées basques.

En montagne, de curieuses et rares zones humides, les tourbières, abritent une plante carnivore se nourrissant d'insectes : la **drosera**.

UNE RICHE AVIFAUNE

La zone méridionale abrite des **oiseaux** hauts en couleur : huppe fasciée, guêpiers multicolores qui chassent les hyménoptères en vol, rollier au plumage d'un bleu intense. La garrigue est l'habitat de plusieurs espèces de **fauvettes** : orphée, passerinette, mélanocéphale, des jardins, à tête noire, grisette, pitchou… Une diversité impressionnante de petits oiseaux ! Tous ces insectivores migrent vers le sud du Sahara pendant la saison hivernale. Les bordures de **rivières** hébergent les rossignols, les loriots d'un jaune intense ou les discrètes mésanges rémiz qui y suspendent leurs nids délicats.

Les grandes zones humides

Outre leur rôle essentiel pour le repos et l'alimentation des oiseaux migrateurs, ces grandes zones hébergent aussi des oiseaux fort rares.

Ainsi le beuglement sourd du **butor étoilé** hante-t-il les nuits de printemps dans la lagune de Pitillas. Spatules, avocettes, limicoles en tout genre utilisent les marais et vasières des estuaires de la Bidassoa à Txingudi, Urola à Zumaia et Urdaibai vers Guernica. Vestiges d'une mer qui se déversa dans la Méditerranée, lorsque l'Èbre perça au Miocène la barrière catalane au sud de l'Álava et de la Navarre, les lagunes endoréiques abritent canards et limicoles. Ces zones humides, qui forment des écosystèmes originaux et très riches, sont pour la plupart classées dans la liste des zones humides d'importance internationale (sites Ramsar).

Les oiseaux des steppes

Tout à fait au sud de la Navarre, dans ses zones les plus sèches, ce sont des espèces africaines d'oiseaux qui sont les plus remarquables : dans les Bárdenas, le **sirli de Dupont**, petite alouette au bec légèrement recourbé caractéristique des steppes des bordures nord du Sahara, s'observe entre les touffes de graminées. Les gangas, œdicnèmes et autres oiseaux des steppes et déserts sont ici dans leur milieu de prédilection. C'est dans les plaines céréalières navarraises, près de Lerín, où se reproduisent les **perdrix rouges** et les **outardes canepetières**, que disparaissent les dernières grandes outardes, victimes de la chasse et de l'agriculture intensive.

Les grandes migrations

C'est une énorme proportion du patrimoine ornithologique européen qui se concentre sur l'ouest des Pyrénées, lors de sa migration d'automne. Ces barrières naturelles y sont plus faciles à traverser puisqu'elles perdent de l'altitude…

Nord-sud – Le spectacle commence dès le mois de **juillet** : les milans noirs et les martinets commencent leur voyage vers l'Afrique subsaharienne, à plus de 5 000 km ! **Août** est le mois des bondrées apivores, rapaces forestiers se nourrissant de nids de guêpes. C'est en **septembre** que l'on observe la plus grande diversité : aigles bottés, balbuzards pêcheurs, hirondelles, alouettes, bergeronnettes, pipits, verdiers, pinsons, cigognes blanches, cigognes noires… Pigeons ramiers et colombins, hirondelles, milans royaux et une multitude de petits passereaux migrent en octobre.

Butor étoilé.
E. Ayala-Santibañez/Biosphoto

En **novembre** et **décembre**, les vagues de migrateurs en route vers le sud s'achèvent avec les grues.
Sud-nord – La région est à nouveau survolée par les migrateurs qui, cette fois-ci, vont retrouver, au nord, leurs sites de reproduction. Les grues remontent dès **février**, les hirondelles et les palombes en **mars**… Cette migration prénuptiale, plus étalée dans le temps, l'est également dans l'espace. Moins spectaculaire, elle n'en reste pas moins indispensable pour la reproduction de ces espèces.

DES MAMMIFÈRES DISCRETS

Souvent difficiles à observer, ils laissent en revanche nombre de traces et d'indices pour les yeux avertis. On les trouve en grand nombre, de la minuscule musaraigne pygmée à l'ours, en passant par les chauves-souris, le cerf, le chevreuil ou l'isard et le rare **vison d'Europe**. Ce dernier fréquente les zones humides et les abords de ruisseaux ; il risque de disparaître à cause de la pollution de ses milieux de prédilection et de la concurrence des visons d'Amérique, échappés d'élevages…
En septembre, le majestueux et impressionnant brame du **cerf** s'entend aussi bien dans les hêtraies des Arbailles que dans la forêt d'Iraty ou le massif de Gorbea.
Le chevreuil voit ses populations croître et se développer vers l'ouest. Le sanglier, quant à lui, règne sur les forêts difficiles à pénétrer… Fouines et renards peuvent vivre très près des habitations.
La **genette**, que les Égyptiens apprivoisaient comme animal de compagnie, est présente partout en zone méridionale, alors que le chat sauvage hante les forêts montagnardes.
Le **loup** vit à l'extrémité occidentale de la Biscaye et il pourrait remonter vers l'est, dans les Pyrénées occidentales, à partir des proches sierras de la *meseta* (plateau) de Castille. L'**ours**, réintroduit, suit une tendance similaire. Il semble mieux coexister avec les paysans du sud de la frontière qu'avec ceux du nord. Selon la discrétion

de ces deux prédateurs, qui sera liée aux ressources qu'ils trouveront (animaux sauvages ou domestiques), leur cohabitation avec les éleveurs sera facile ou pas… L'avenir nous le dira.

LA RICHESSE DES RIVIÈRES

Les rivières, dont la qualité est inégale, recèlent encore bien des trésors comme le saumon, qui remonte toujours vers ses frayères de la Bidassoa ou de la Nivelle, mais également la truite, omniprésente dès que la qualité de l'eau le permet. Le **desman**, curieux mammifère endémique des Pyrénées, ressemblant à une souris palmée avec une petite trompe en guise de museau, peuple également les rivières basques. La **loutre** est présente dans la Bidassoa et surtout dans les affluents de l'Èbre comme l'Irati ou l'Arga. Le **castor**, illégalement introduit, est présent sur l'Aragon avant sa jonction avec l'Èbre. Les tortues d'eau douce, cistude d'Europe et émyde lépreuse, barbotent dans les bras les plus calmes de ces rivières.

LE RETOUR DES CHAROGNARDS

C'est dans les montagnes que l'on trouve les plus grandes colonies mondiales de **vautours fauves**, avec plus de 300 couples qui se reproduisent dans le défilé (hoz) d'Arbayún. Menacés de disparition il y a trente ans, ils ont su profiter de la protection légale dont ils font l'objet, ainsi que de l'augmentation conséquente des cheptels. Ils sont même visibles du centre de certaines grandes villes ! D'autres charognards comme le vautour percnoptère (qui hiverne en Afrique et vient se reproduire ici chaque année) ou le rare **gypaète barbu** (connu pour casser les os en les lançant sur des rochers afin de pouvoir les ingurgiter plus facilement) profitent de cette manne. L'**aigle royal**, chasseur de rongeurs et d'oiseaux, charognard à ses heures, est également présent, mais de manière plus discrète.

Un littoral sauvage

Le golfe de Gascogne – ou de Biscaye – est remarquable pour la variété de ses ressources sous-marines et ses écosystèmes côtiers. Ces richesses qui ne sont pas inépuisables ont été largement exploitées, parfois surexploitées.

LE BORD DE MER ET SES ESPÈCES

Sur les rochers et les plages

La zone battue par les vagues, notamment les rochers, abrite une vie intense de **crustacés** (crevettes, crabes, etc.) ou d'invertébrés (patelles, oursins, moules, étoiles de mer, etc.) et constitue un écosystème important. Les plages sableuses ou les vasières situées dans les estuaires abritent, quant à elles, des espèces fouisseuses comme des **annélides** (appelés communément « vers de vase ») et des **coquillages** comme les coques ou les tellines. Les prélèvements, au cours de pêches à pied, de nombre de ces animaux côtiers (oursins, moules, huîtres, crabes, etc.) sont tellement intenses qu'une réglementation a dû être mise en place sur les côtes du Guipúzcoa et de Biscaye.

La zone des marées est aussi le lieu de vie des **algues**, notamment algues rouges ou brunes, dont certaines espèces sont ramassées en période hivernale après les grandes tempêtes, pour fabriquer de l'agar-agar, un gélifiant alimentaire naturel.

La Côte basque, riche en falaises, est assez pauvre en colonies d'**oiseaux marins** qui y trouvent en revanche la tranquillité nécessaire à leur reproduction.

Le **cormoran huppé** y niche en petits effectifs et les **goélands argentés** se reproduisent en nombre dans l'île inhabitée d'Izaro, en Biscaye. Un curieux petit oiseau ne se posant sur terre que pour se reproduire, le **pétrel tempête**, niche dans des rochers face à la Grande Plage de Biarritz, ainsi que dans une grotte de la falaise d'Ogoño en Biscaye.

Sur les falaises

Hors d'atteinte des vagues, c'est le domaine des **pelouses** ou de la **lande à bruyère**, où des arbustes arrivent à pousser, comme l'arbousier, le tamaris ou le baccharis, espèce venant de régions tropicales. La flore locale compte de nombreuses raretés dont des espèces endémiques de **séneçon** et d'**armérie**. Les **dunes** ont quasiment disparu, conséquence des aménagements et implantations d'habitations… Seuls des vestiges subsistent, notamment du côté d'Anglet, où l'on peut observer le **lis des sables**. Très fréquentes sur la zone méridionale, les quelques **chênaies vertes**, forêts impénétrables, sont reléguées ici sur des pentes raides comme à Urdaibai, proche de Guernica, ou à Deba en Guipúzcoa. De même, si les forêts de **chênes-lièges** ont disparu, la race atlantique de cet arbre essentiellement méditerranéen existe toujours, surtout sur la côte, à la limite des Landes.

UN RICHE MILIEU OCÉANIQUE

Une grande variété de poissons

Le golfe de Gascogne est une sorte de « cul-de-sac » de l'océan Atlantique. L'effet du **Gulf Stream**, courant marin chaud, s'y fait sentir et explique la présence de poissons habituellement rencontrés dans des eaux subtropicales, comme les **murènes** ou des **balistidés**. Le réchauffement climatique a entraîné l'apparition de **poissons des eaux chaudes**, au détriment des espèces boréales comme le cabillaud, le lieu jaune ou le merlan. Ce sont les grandes profondeurs qui se trouvent à peu de kilomètres des côtes qui expliquent la présence de **poissons abyssaux**.

Dans les eaux douces soumises aux marées (pouvant atteindre quelques kilomètres en amont des embouchures) vivent des espèces adaptées à des niveaux de salinité faibles. L'**alose** fréquente ces milieux de même que d'autres espèces migratrices, comme l'anguille ou le saumon. En mer, les espèces pélagiques prennent le dessus.

Les cétacés

Des marsouins, des dauphins et, plus rarement, des **phoques gris** sont parfois visibles de la côte. Mais le golfe de Biscaye est l'un des meilleurs sites au monde pour l'observation de **cétacés** : rorquals, orques, globicéphales, cachalots, curieuses baleines à bec et dauphins s'y rencontrent. À peu de kilomètres de la côte, les fonds sous-marins passent brutalement de -200 à -4 000 m. Ces reliefs impressionnants sont à l'origine de courants marins remontants, propices à la prolifération du plancton dont ces grands mammifères marins se repaissent. En revanche, il est devenu quasiment impossible d'y observer la **baleine de Biscaye**, celle-ci étant proche de l'extinction.

Des poissons migrateurs

L'**anguille** a un comportement migratoire extraordinaire. Elle naît dans la mer des Sargasses (entre les Antilles et la Floride), puis traverse l'Atlantique au cours d'un long périple pour s'engouffrer dans les fleuves et rivières basques. C'est alors, en plein hiver, que les pêcheurs essaient, avec de plus en plus de difficultés, de capturer ces **civelles**, les fameuses pibales se vendant à prix d'or. Après quelques années passées à grandir en eau douce, les anguilles, terribles carnassières, repartent pour se reproduire dans la mer des Sargasses.

Les **saumons** aussi remontent les quelques rivières basques non polluées et vont frayer en hiver dans la Bidassoa, et dans l'Adour. Après trois ans de vie locale, les jeunes saumons, sujets à des modifications physiologiques importantes, migrent vers les mers lointaines et froides du Groenland, d'où ils reviennent au bout de quelques années, pour se reproduire et souvent mourir dans les rivières qui les ont vus naître.

La protection de la biodiversité en question

INDUSTRIALISATION ET POLLUTION

Certaines régions comme la Biscaye et le Guipúzcoa ont été longtemps montrées du doigt comme ayant les rivières les plus polluées d'Europe. Une absence d'intérêt pour l'environnement pendant des décennies explique que des **rivières** tels le Nervión, l'Urola et l'Oria étaient, il y a encore peu de temps, des cours d'eau sans vie, gravement pollués par des métaux lourds.

Si, depuis quelques années, de sérieux efforts ont été réalisés afin de réduire les émissions et les rejets, certains niveaux de polluants restent toujours préoccupants.

La **mer** a reçu pendant des décennies des tonnes de déchets industriels et elle est parfois souillée volontairement (dégazages) ou accidentellement (naufrages des pétroliers *Erika* et *Prestige*) par des hydrocarbures.

Loin de ces pollutions, certains sites miniers abandonnés, comme les fameuses salines d'Añana, sont en train de réussir leur reconversion.

En outre, passerelle entre l'Europe continentale et la péninsule Ibérique, le Pays basque est devenu une voie de passage pour laquelle d'immenses **infrastructures** ont

DE LA BALEINE À LA SARDINE : HISTOIRE D'UNE SURPÊCHE

Également appelée « baleine des Basques », la baleine de Biscaye est chassée depuis le 12e s. Bon nombre de ports et de villes côtières arborent son image dans leurs armoiries. D'une taille approchant les 15 mètres, elle s'identifie par l'absence d'aileron sur le dos et par la présence d'une excroissance sur la mâchoire supérieure, souvent infestée de parasites. Elle migrait à l'automne vers les eaux tempérées entre la péninsule Ibérique et les Açores pour s'y reproduire pendant l'hiver et était donc proche des côtes basques pendant cette saison. Avec l'évolution des techniques de chasse et de navigation, les prises augmentèrent jusqu'au déclin irrémédiable des populations à partir du 16e s. Les pêcheurs basques se retournèrent alors vers une espèce voisine dans les mers polaires avant d'abandonner également, faute de baleines ! Les efforts de pêche hauturière s'orientèrent vers la pêche à la **morue** dans les eaux de Terre-Neuve, d'Islande ou du Spitzberg dès le 15e s. Plus récemment, dans les années 1950 et 1960, les thoniers, notamment ceux des ports de St-Jean-de-Luz et de Ciboure, allaient pêcher le **thon** au large des côtes africaines, face au Sénégal et à la Côte-d'Ivoire. Vint ensuite la pêche à la **sardine**, à l'**anchois**, au **chinchard**… Éternel recommencement où s'affrontent nécessités économiques et préservation de l'écosystème.

Femme ravaudant les filets sur le port de pêche d'Hendaye.
N. Thibaut/Photononstop

été réalisées ou sont en projet (autoroute de Salies-de-Béarn à Pampelune, voies ferrées, zones portuaires, etc.) au détriment de paysages et de milieux naturels fragiles.

UN RÉSEAU D'ESPACES PROTÉGÉS

Comme dans nombre de pays industrialisés, la demande sociale de protection des espaces et des espèces fragiles a entraîné la création de réserves naturelles, parcs naturels ou réserves intégrales. Les contextes administratifs et les niveaux de protection sont très différents. Les provinces espagnoles ne comptent pas de réserves naturelles, juste un arrêté de biotope sur les vestiges des marais de Txingudi à Hendaye, et quelques sites classés.

En revanche, en Biscaye, près de 23 000 ha constituent la Réserve de la biosphère de l'Unesco à Urdaibai près de Guernica, protégeant ainsi un écosystème et un patrimoine exceptionnels. De grands **parcs naturels**, plus récents, existent à **Valderejo** (environ 3 500 ha à l'extrémité occidentale de l'Álava), **Urkiola** (5 000 ha) et **Gorbea** (20 000 ha) en Biscaye, et à **Aralar** (11 000 ha) en Guipúzcoa. Ces quatre parcs naturels concernent des massifs montagneux abritant une flore et une faune caractéristiques.

Enfin, un très important réseau de **réserves naturelles**, parcs recouvrant plusieurs dizaines de milliers d'hectares, protège légalement en Navarre des milieux aussi divers que des bordures de rivières, des fragments de forêts primitives de haute montagne, des zones humides, des montagnes pastorales ou des steppes arides. 42 espaces de diversité biologique (soit 24 % du territoire de la communauté) ont ainsi été intégrés dans le réseau **Natura 2000**.

ORGANISER
SON VOYAGE

Randonnée à VTT devant le pic d'Orhy (2017 m),
J.-D. Sudres/hemis.fr

Venir dans la région

Par la route

LES GRANDS AXES

Plusieurs autoroutes convergent vers le Pays basque : l'A 10 et l'A 62 relient respectivement Paris et Toulouse à Bordeaux, d'où l'A 63 conduit jusqu'à Bayonne puis à Hendaye. L'A 64 va de Toulouse à Pau. Le passage en Espagne se fait à Irun où l'A 8 prend le relais en direction de St-Sébastien et Bilbao. Juste après St-Sébastien, la E 5/E 80 permet de rejoindre respectivement Vitoria-Gasteiz et Pampelune.
Informations autoroutières – www.autoroutes.fr.

LES CARTES MICHELIN

Plans de ville : Bilbao 77, Donastía San Sebastían 84 et **Pamplona 88.**
Camino de Santiago 160 et **Chemins de Compostelle 161** au 1/150 000 : itinéraires des chemins de Compostelle, en France et en Espagne, avec auberges, refuges et informations pratiques.
Carte Zoom 144 (Pyrénées occidentales) au 1/150 000 avec index des localités, plans de ville et parcours pittoresques.
Carte Zoom 133 (Landes Sud, Côte basque) au 1/150 000 avec index des localités, plans de ville et parcours pittoresques.
Carte Départements 342 (Hautes-Pyrénées, Pyrénées-Atlantiques) au 1/150 000.
Cartes Région 573 (Pays basque et Navarre) au 1/250 000 et **524** (Aquitaine) au 1/200 000.
Carte de France 721 et carte d'Espagne-Portugal 734.
En ligne : calcul d'itinéraires sur **www.viamichelin.fr.**

En train

LE RÉSEAU GRANDES LIGNES

Le **TGV** relie Paris-Montparnasse à Bayonne en moins de 4h. Il continue jusqu'à Irun (4h56 pour les directs, 1/j), où la Renfe prend le relais pour conduire à St-Sébastien, Bilbao, Vitoria-Gasteiz ou Pampelune. Les autres liaisons ont un changement et se font en partie en train Corail.
Informations et réservations – ☎ 36 35 (0,34 €/mn) - www.voyages-sncf.com.

DISTANCES	Bayonne	Bilbao	Pampelune	St-Sébastien	Vitoria-Gasteiz
Bayonne		150	112	55	162
Bilbao	150		156	99	65
Pampelune	112	156		82	94
St-Sébastien	55	99	82		111
Vitoria-Gasteiz	162	65	94	111	

Iberrail France (Représentation des chemins de fer espagnols Renfe) - 14 r. Bruno-Coquatrix - 75009 Paris - ☎ 01 40 82 63 63 - www.iberrail-france.fr.

TRAINS EXPRESS RÉGIONAUX

Les **TER** sillonnent la région au départ de Bayonne direction Biarritz, Hendaye, Cambo-les-Bains, Ossès et St-Jean-Pied-de-Port. Ces lignes ferroviaires sont renforcées, voire dans certains cas doublées, par des lignes d'**autocars** (TER).

Informations et réservations sur le réseau régional

Ligne directe : ☎ 0 800 872 872 - www.ter.sncf.com/aquitaine
☺ Le **forfait Passbask**, utilisable tlj en juil.-août (le reste de l'année le w.-end seult), permet de voyager entre Bayonne et St-Sébastien : trajets illimités avec arrêts possibles dans les gares intermédiaires du jour du compostage au lendemain minuit en été, du samedi au dimanche minuit le reste de l'année. En vente dans toutes les gares SNCF d'Aquitaine et celles d'EuskoTren - 12 € (-12 ans 8 €, -4 ans gratuit).

EN ESPAGNE

La compagnie nationale **Renfe** assure les trajets sur les grandes lignes. Horaires, prix et réservations en ligne sur **www.renfe.com.**
En attendant la réalisation de l'« Y », liaison à grande vitesse reliant les trois capitales (Bilbao, St-Sébastien et Vitoria-Gasteiz), le chemin de fer est régi en Biscaye et dans la province de Guipúzcoa par une compagnie publique régionale.
Euskotren – Gare de St-Sébastien, plaza Easo - ☎ (+ 34) 902 543 210 - **www.euskotren.eus** : détail des lignes et des horaires.

☺ Le petit métro aérien Topo relie Hendaye à St-Sébastien en 35mn (♿ *p. 91*).

En avion

LES COMPAGNIES AÉRIENNES

Air France/Hop – La compagnie et sa filiale desservent depuis Paris les aéroports de Biarritz et de Bilbao. Renseignements et réservations : ☎ 36 54 (0,34 €/mn) - www.airfrance.fr.
Iberia – Renseignements et réservations : ☎ 0 825 800 965 (France)/901 111 500 (Espagne) - www.iberia.com.

LES AÉROPORTS DE LA RÉGION

Aéroport de Biarritz-Anglet-Bayonne – 7 esplanade de l'Europe - 64600 Anglet - ☎ 05 59 43 83 83 - www.biarritz.aeroport.fr. Vols directs de (et pour) Paris-Orly (Air France), Lyon, Nice et Genève (Hop), Paris-CDG et Lyon (Easyjet), Bruxelles-Charleroi (Ryanair), Strasbourg, Marseille et Lille (Volotea)…
Aéroport de Hondarribia/St-Sébastien – Gabarrari, 22 - 20280 Hondarribia - ☎ 902 404 704. Vols directs pour Madrid et Barcelone.
Aéroport de Bilbao-Loiu – 48180 Loiu - ☎ 913 211 000. Plusieurs vols directs depuis Paris opérés par Air France (Roissy) et Vueling (Orly), vols depuis Bruxelles (Brussels Air Lines et Vueling).
Aéroport de Vitoria-Gasteiz – 01196 Vitoria-Gasteiz - ☎ 902 404 704.
Aéroport de Pampelune – Ctra Zaragoza, km 5 - 31110 Noáin - ☎ 902 404 704.
Informations sur les aéroports espagnols : **www.aena.es.**

Avant de partir

Météo

Deux versants, l'un tributaire de l'Atlantique, l'autre plus méditerranéen, une barrière montagneuse… c'est dire si le climat peut être changeant dans la région.
En ligne : **www.meteofrance.com.**

ÉTÉ

La région a la réputation d'être souvent pluvieuse, mais la réalité ménage heureusement de très belles périodes ensoleillées, parfois troublées dans l'arrière-pays par des orages subits. Les températures peuvent grimper très vite, mais elles restent généralement assez douces. Dans la Ribera navarraise espagnole, c'est l'aridité et, parfois, la canicule qui règnent.

AUTOMNE

Le temps, généralement agréable, permet de profiter de la mer aussi bien que de la montagne… mais avec un parapluie ou un imperméable toujours à portée de main.

HIVER

Sur la côte, l'hiver est plutôt doux grâce à l'influence du *Gulf Stream*, mais attention aux sautes d'humeur de l'Océan qui peut s'emballer lors de grosses tempêtes… C'est l'époque idéale pour découvrir les Pyrénées sous la neige et skier du côté de la forêt d'Iraty.

PRINTEMPS

Les températures deviennent douces et, à St-Sébastien comme à Bilbao, on peut vite avoir l'impression d'être en été. Mais n'oubliez pas votre imperméable, car les pluies sont fréquentes, sur le littoral comme à l'intérieur des terres. En Álava et en Navarre (en particulier dans les vallées pyrénéennes), le temps se montre moins clément, les températures pouvant être très fraîches, surtout en montagne où la neige tient parfois jusqu'au mois de mai !

Adresses utiles

LES INSTITUTIONS

Offices de tourisme

Les adresses des offices de tourisme se trouvent dans ce guide à la rubrique « S'informer » dans la partie « Découvrir la région ». Nous y indiquons les adresses des sites officiels de ces localités. Mieux vaut néanmoins avoir, pour nombre d'entre elles, quelques notions d'espagnol.
Comité régional du tourisme d'Aquitaine – www.tourisme-aquitaine.fr.
Office espagnol du tourisme – www.spain.info/fr.
Comité départemental du tourisme Béarn-Pays basque – 2 allée des Platanes - 64100 Bayonne - ☏ 05 59 30 01 30 - www.tourisme64.com. Le comité publie un *Guide des loisirs*, une carte touristique, une brochure *Sites et musées en Pays basque*, une carte de circuits de randonnée en vélo, un guide hébergements pour les randonneurs à pied, un guide de la pêche et le *Carnet de Rando 64*. Le guide *Le Nez en l'air : découvrir le Pays basque avec des enfants* est vendu 6,50 € (www.lenezenlair-paysbasque.com).

**Communauté de communes
Sud Pays basque** – www.
terreetcotebasques.com.
Regroupement des offices de
tourisme du Pays de St-Jean-de-
Luz-Hendaye, soit Ainhoa, Ascain,
Biriatou, Ciboure, Guéthary,
Hendaye, St-Jean-de-Luz, St-Pée-
sur-Nivelle, Sare et Urrugne. Cette
structure publie de nombreuses
brochures disponibles en ligne ou
dans les offices de tourisme.

Euskadi – https://tourisme.euskadi.
eus/fr/.

**Département de tourisme
du gouvernement de Navarre** –
www.navarra.es et www.turismo.
navarra.es. Les deux régions
possèdent des sites Internet très
complets et publient toutes sortes
de brochures bien faites disponibles
dans les offices de tourisme et dans
certains hôtels.

**Programmation culturelle
Institut culturel basque** – Château
Lota - 64480 Ustaritz - ✆ 05 59 93
25 25 - www.eke.eus.

Maison basque de Paris *(Pariseko
Eskual Etxea)* – 59 av. Gabriel-
Péri - 93400 St-Ouen - ✆ 01 40 10
11 11 - www.eskualetxea.com.
Lieu de rencontre et de réunion,
cette adresse propose activités
et animations en accord avec le
calendrier et la culture basques.

Autres sites Internet
www.cotebasque.com (disponible
aussi en application).
www.cotebasque.net.

PERSONNES À MOBILITÉ RÉDUITE

Dans ce guide, les sites et
établissements qui peuvent
accueillir des personnes à mobilité
réduite sont signalés par le
symbole ♿.
Vous trouverez des renseignements
(hébergements, activités adaptées,
transports accessibles) pour
préparer votre séjour, ainsi que la
liste des sites labellisés **Tourisme et**

Handicaps, sur les sites des offices
de tourisme (en général avec le
mot-clé Handicap dans le moteur
de recherche).

Plages – www.handiplage.fr : liste
des plages adaptées et de leurs
équipements (en France).
Des renseignements sont aussi
disponibles sur les sites des
fédérations handisport, qui
proposent souvent des activités
de pleine nature : kayak de mer,
handbike, parapente…

Transports
SNCF Accès Plus – https://www.
accessibilite.sncf.com : liste des
gares adaptées en France.

Avion – Air France propose
le service d'assistance Saphir,
✆ 09 69 36 72 77 - www.airfrance.fr.

Formalités

PIÈCES D'IDENTITÉ

Pour aller en Espagne, munissez-
vous d'une carte nationale
d'identité en cours de validité ou
d'un passeport.

SANTÉ

Numéro d'urgence unique : **112**.
Les ressortissants de l'Union
européenne bénéficient de la
gratuité des soins avec la **Carte
européenne d'assurance maladie**
(valable deux ans) disponible
depuis le site Internet www.ameli.fr
(comptez 2 sem. pour l'obtenir).

VÉHICULES

Pour conduire en Espagne, il faut
le permis de conduire à trois volets
ou un permis international. Le
conducteur doit être en possession
d'une autorisation écrite du
propriétaire si celui-ci n'est pas
dans la voiture. Outre les papiers
du véhicule, il est nécessaire
de posséder la carte verte
d'assurance.

Pensez également à vous munir de deux **triangles de signalisation** et d'un **gilet fluorescent**, obligatoires en cas de panne.

ANIMAUX DOMESTIQUES

Pour les chats et les chiens, un certificat de bonne santé (datant de moins de 10 jours avant le départ), rédigé en espagnol, et un carnet de santé à jour (avec un certificat de vaccination antirabique) sont exigés. En outre, votre animal doit pouvoir être identifié à l'aide d'une puce électronique ou d'un tatouage clairement lisible.

Se loger

Retrouvez notre sélection d'hébergements dans « Nos adresses à… » située en fin de description des principaux sites de la partie « Découvrir le Pays basque et la Navarre ».

Les comités départementaux de tourisme et certains offices de tourisme proposent un service de réservation en ligne et, parfois, des formules thématiques de courts séjours et des offres promotionnelles.

Attention, en été, certaines chambres d'hôtes, des hôtels bien situés et la plupart des campings n'acceptent pas de réservation pour une seule nuit.

HÉBERGEMENT LOCAL

Hôtels

Hôtel, pension ou chambre d'hôte, à vous de choisir ! Les établissements sont classés par catégories de prix (*tableau p. 490*). Les tarifs communiqués, prix minimum et maximum pour une chambre double, sont ceux pratiqués en haute saison. En Espagne, le petit-déjeuner est pratiquement toujours facturé en supplément. À consulter aussi : **Le Guide Michelin France**, **Le Guide Camping Michelin France** et **Le Guide Michelin Espagne-Portugal**.

Paradores

Le luxe « à l'espagnole ». Anciens couvents, châteaux ou palais, devenus la plupart du temps propriété de l'État et transformés en hôtels de grand confort, ils occupent en général des sites idéalement placés en centre-ville ou sur des hauteurs avec vues imprenables. Comptez entre 80 et 170 € pour une chambre double (TVA en sus). Réservation conseillée.

Promenade de Zarautz.
Dosfotos/Axiom Photographic/age fotostock

Le guide MICHELIN

A dévorer d'urgence

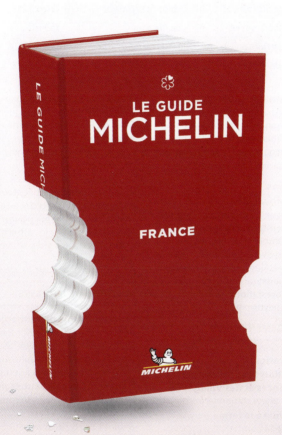

Plus de 8000 adresses dans toute la France.
Disponible dans toutes les bonnes librairies.

NOS CATÉGORIES DE PRIX		
	Hébergement	**Restauration**
Premier prix	jusqu'à 75 €	jusqu'à 20 €
Budget moyen	de 75 € à 100 €	de 20 € à 30 €
Pour se faire plaisir	de 100 € à 150 €	de 30 € à 50 €
Une folie	plus de 150 €	plus de 50 €

Sur le territoire couvert par ce guide, il existe trois paradores : à Argómaniz près de la sierra de Gorbea (Biscaye), à Hondarribia (Guipúzcoa) et à Olite en Navarre. Pour réserver : www.parador.es.

Pensions
Cette formule d'hébergement ne se pratique qu'au sud des Pyrénées. Formule intermédiaire entre l'hôtel et la chambre d'hôte, la *pensión* offre convivialité et confort pour un prix généralement correct. Le petit-déjeuner est rarement compris dans la prestation : renseignez-vous auprès de votre hôte.

HÉBERGEMENT RURAL

Côté français
Fédération des Stations vertes de vacances et des Villages de neige – www.stationverte.com.
Bienvenue à la ferme – www.alaferme64.com.
Fédération nationale des Gîtes de France – www.gites-de-france.com.

Côté espagnol
Asociación de Agroturismos y Casas Rurales de Euskadi – www.nekatur.net.
Casas rurales de Navarra – www.casasruralesnavarra.com.
Pensez aussi à vous renseigner auprès des offices de tourisme.

Pour les randonneurs
En ligne : **www.gites-refuges.com.**
Label St-Jacques – Il concerne les gîtes et chambres d'hôtes, situés à proximité des chemins de St-Jacques, s'étant engagés à valoriser ce thème. Renseignements : **Gîtes de France des Pyrénées-Atlantiques** – 20 r. Gassion - 64000 Pau - ☏ 05 59 11 20 64 - www.gites64.com.

Les pèlerins « purs et durs », munis de leur **credencial** (obligatoire en Espagne pour accéder à ce type d'hébergement), pourront être accueillis dans les **albergues et lugares de acogida**, souvent spartiates.
🌿 *Informations pratiques, p. 373.*

AUBERGES DE JEUNESSE

Fédération unie des auberges de jeunesse (FUAJ) – 27 r. Pajol - 75018 Paris - ☏ 01 44 89 87 27 - www.fuaj.org et www.hihostels.com (pour les adresses à l'étranger).
Ligue française des auberges de jeunesse (LFAJ) – 67 r. Vergniaud - bâtiment K - 75013 Paris - ☏ 01 44 16 78 78 - www.auberges-de-jeunesse.com.

Se restaurer
Retrouvez notre sélection de restaurants dans « Nos adresses à… » en fin de description des principaux sites de la partie « Découvrir la région ». Les prix indiqués correspondent aux menus proposés par l'établissement et/ou au prix moyen d'un repas à la carte incluant une entrée et un plat.
Sur les **côtes guipúzcoane et biscayenne**, les bars à tapas et à *pintxos* (🌿 *p. 431*) permettent de déguster une grande variété de

Pintxo à la seiche, typique de St-Sébastien.
G. Azumendi /age fotostock

produits locaux (asperges, anchois, fruits de mer, etc.) sous forme de canapés, de brochettes ou d'assiettes, accompagnés d'un verre du vin (ou de cidre).

Dans les **vallées pyrénéennes**, notamment du côté des Aldudes ou de Roncal, truites, jambons et fromages de brebis sont à l'honneur. Pour accompagner ces spécialités, n'hésitez pas à goûter le vin d'Irouléguy produit du côté de St-Étienne-de-Baïgorry.

En Basse-Navarre et Soule, foie gras et cèpes figurent immanquablement à la carte.

À consulter aussi : **Le Guide Michelin France** et **Le Guide Michelin Espagne-Portugal**.

En ligne : les fermes-auberges sur **www.bienvenue-a-la-ferme.com.**

⊙ Lorsque vous séjournez en Espagne, vous devez vous plier à la fameuse « heure espagnole » : ne comptez pas déjeuner avant 14h ni dîner avant 21h !

REPAS À L'ESPAGNOLE

De nombreuses options pour se restaurer s'offrent aux visiteurs qui ne manqueront pas de découvrir l'art de déguster les *pintxos*. Il ne faut pas pour autant négliger les restaurants plus classiques qui offrent souvent des menus avantageux le midi en semaine. Les *pintxos* apparaissent, quant à eux, sur les comptoirs dès le milieu de la matinée, puis sont renouvelés en fin de journée.

⊙ Le pain n'est pas toujours inclus dans le prix et il n'est pas d'usage de demander une carafe d'eau : on boit de l'eau minérale en bouteille.

Ċ *L'art du* poteo, p. 431.

Sur place de A à Z

BAIGNADE

Les **plages du littoral** sont en général surveillées durant les mois d'été. Il faut cependant faire attention aux vagues déferlantes et aux courants qui peuvent entraîner les nageurs loin des côtes.

Si vous préférez des eaux moins tourmentées, optez pour les **lacs intérieurs** comme Urrúnaga ou Ullíbarri, près de Vitoria-Gasteiz, en Álava. Attention, la baignade n'est pas autorisée partout : renseignez-vous dans les offices de tourisme ou sur **http://baignades.sante. gouv.fr/**.

COURSES DE TAUREAUX

Sports et jeux, p. 427.

CYCLOTOURISME

Le Comité départemental du tourisme **Béarn-Pays basque** met à disposition un guide *Vélo* regroupant informations et propositions d'itinéraires. La **montagne pyrénéenne** se prête également à des randonnées à VTT. La liste des loueurs de cycles est fournie par les syndicats d'initiative et les offices de tourisme.

Autre aventure à tenter pour les passionnés de vélo, la **Vélodyssée**, parcours de plus de 1 200 km, débute en Grande-Bretagne et s'achève pour le moment à Hendaye (elle doit aller à terme jusqu'au Portugal), en longeant la Côte atlantique - www. lavelodyssee.com.

GOLF

La région offre de beaux parcours, avec souvent des points de vue sur l'Océan. Parmi les plus connus : **Golf Le Phare** et **Golf d'Ilbarritz à Biarritz** – p. 73 - **Golf de Chiberta à Anglet** – p. 53 - **Real Golf Club de San Sebastián**, à 14 km de la ville en direction de Hondarribia - www. golfsansebastian.com - **Real Sociedad de Golf de Neguri**, Punta Galea, à 25 km de Bilbao (Vizcaya) - www.rsgolfneguri.com.

PÊCHE

Le Comité départemental du tourisme Béarn-Pays basque publie un *Guide pêche* qui répertorie les cours d'eau, liste leurs spécificités et informe sur les réglementations : www.peche64.com.

Pêche en eau douce

Les Pyrénées offrent aux pêcheurs un grand choix de rivières, lacs et étangs où l'on pêche salmonidés (truite, ombre, omble chevalier), cyprinidés (carpe, brème, ablette) et carnassiers (brochet, sandre, black-bass).

Quel que soit l'endroit choisi, il convient d'observer la réglementation en vigueur. En Espagne, il vous faudra obtenir un permis auprès des services officiels d'agriculture de chaque région, sur présentation de votre passeport.

Pêche en mer

Des sorties de pêche en mer sont organisées à la belle saison : pêche à la ligne, à la traîne, au « gros » (thon), pour une demi-journée ou une journée entière en fonction du temps, du nombre de participants et du poisson à prendre. Le matériel est fourni par l'équipage du bateau. Il est conseillé de s'inscrire à l'avance.

PELOTE BASQUE

🚶 *Sports et jeux, p. 425.*

PROMENADES EN BATEAU

Sur les fleuves et les rivières, la promenade en bateau constitue un agréable moyen de découvrir les paysages le long des berges. Le bassin de l'Adour est l'un des rares non assujetti à la vignette VNF (Voies navigables de France). Sa navigation actuelle est très réduite, se limitant aux couralins – nom local d'un bateau à fond plat – et aux pêcheurs professionnels. En été, quelques voiliers (estivants) et la flottille de l'école de voile de Lahonce y circulent, ainsi que des bateaux à moteur de plaisance et un bateau-mouche entre Bayonne et Peyrehorade *(Le Coursic).*

RANDONNÉE ÉQUESTRE

Un peu partout, des **clubs hippiques** proposent des programmes de promenades et de randonnées plus ou moins longues et difficiles. Dans un genre moins physique, vous pourrez effectuer des **balades à dos d'âne** à Irouléguy ou à La Bastide-Clairence. En revanche, grosse déception pour les amateurs de couleur locale : ne comptez pas enfourcher un **pottok** ! Ces sympathiques petits chevaux consentiront seulement à porter vos bagages…

RANDONNÉE PÉDESTRE

Principaux itinéraires

Deux sentiers de grande randonnée traversent le Pays basque français. Le **GR 10** débute à Hendaye et traverse les Pyrénées d'ouest en est, franchissant plusieurs cols de plus de 2 000 m d'altitude et croisant des villages basques et béarnais pittoresques. Le **GR 65** suit l'un des tracés traditionnels du pèlerinage de

St-Jacques-de-Compostelle (celui du Puy-en-Velay). Vous pouvez le rallier à St-Palais.

😊 Sauf pour les chemins de pèlerinage, le balisage au sud des Pyrénées laisse parfois à désirer. Renseignez-vous dans les offices de tourisme locaux pour obtenir une documentation précise.

Sentier littoral

Entre Bidart et San Sebastian, sur 54 km, le sentier littoral appelé **Talaia** a été aménagé pour découvrir la Côte basque. Interdit aux vélos, il est accessible à partir de Bidart, Guéthary, St-Jean-de-Luz, Socoa, Hendaye, Hondarribia et Pasaia.

Itinéraires et infos sur http://randonnee.tourisme64.com.

Les chemins de St-Jacques-de-Compostelle

Pour les pèlerins venant du nord, il existe **trois itinéraires** principaux et historiques (ceux qu'empruntent les pèlerins depuis le Moyen Âge), partant de quatre points différents et aboutissant tous à Ostabat ; après Ostabat, un chemin commun, le *camino francés,* conduit à Puente-la-Reina (Espagne) où le rejoint le chemin d'Arles, pour finir à St-Jacques-de-Compostelle : **Via Turonensis,** ou chemin de Tours, *via* Poitiers, Aulnay, Saintes, Blaye, Bordeaux et Dax ; **Via Lemovicensis,** ou chemin de Vézelay, *via* Bourges, Neuvy-St-Sépulchre, St-Léonard-de-Noblat, La Coquille, Périgueux, Ste-Foy-la-Grande, Bazas, St-Sever et Orthez ; **Via Tolosane,** ou chemin d'Arles, *via* Montpellier, St-Guilhem-le-Désert, Castres, Toulouse, Auch, Oloron-Ste-Marie et le col du Somport ; **Via Podiensis,** ou chemin du Puy-en-Velay, *via* Sauges, Aubrac, Conques, Cahors, Moissac, Lectoure, Aire-sur-l'Adour et St-Jean-Pied-de-Port. (🚶 *p. 143 et 369).*

Le chemin ignacien

Sur le modèle des chemins de St-Jacques-de-Compostelle, le chemin qu'emprunta Ignace de Loyola en 1522 dans l'espoir de se rendre en Terre sainte traverse cinq provinces espagnoles (Euskadi, Rioja, Navarre, Aragon et Catalogne) en 27 étapes qui conduisent d'Azpeitia à Manresa. L'ensemble s'effectue en 4 semaines à pied mais il est possible de suivre la route à vélo et même en transports en commun. Les pèlerins peuvent aussi obtenir une lettre de crédance. http://caminoignaciano.org. (♿ *p. 234*).

ROUTES HISTORIQUES

Pour découvrir le patrimoine architectural local, la **Fédération nationale des routes historiques** (www.routes-historiques.com) a élaboré des itinéraires thématiques. Tracés et dépliants sont disponibles auprès des offices de tourisme.

Sur les pas des seigneurs du Béarn et du Pays basque – Cette route fait étape dans quelques-unes des plus belles demeures du Béarn et du Pays basque, témoins de l'histoire de l'Aquitaine, du 12e au 18e s. : châteaux d'Arcangues, d'Urtubie, d'Antoine d'Abbadie à Hendaye, d'Andurain à Mauléon-Licharre, de Trois-Villes, de Camou et d'Iholdy ; maisons Louis XIV et de l'Infante à St-Jean-de-Luz, villa Arnaga à Cambo. Renseignements au **château d'Urtubie** (♿ *p. 79*).

ROUTES THÉMATIQUES

Route des bastides 64 – Les Pyrénées-Atlantiques comptent treize bastides que vous pourrez découvrir en vous procurant la plaquette *Bastides du Béarn et du Pays basque* ou en la téléchargeant sur le site http://patrimoine. tourisme64.com.

Route de la culture industrielle – Le Guipúzcoa édite une brochure (demandez-la auprès des offices de tourisme) détaillant les anciens sites industriels de la province. La route part de St-Sébastien (Musée naval et musée du Ciment) vers Tolosa et son musée de la Confiserie, puis se dirige vers l'écomusée du Sel de Leintz-Gatzaga en passant par le Parc culturel de Zerain. Viennent ensuite le musée de la Machine-Outil d'Elgoibar et celui du Chemin de fer d'Azpeitia. Le circuit aboutit à l'ensemble de la Forge et des Moulins d'Agorregi, à Aia.

Route gourmande des Basques – Comme son nom l'indique, cet itinéraire vous guidera de Bayonne à la vallée des Aldudes pour vous faire découvrir des producteurs et des écomusées qui vous mettront l'eau à la bouche. Miel, chocolat, cidre, gâteau basque, condiments, fromage, vin, truite et jambon… aucune spécialité basque ne manque à l'appel ! www. laroutegourmandedesbasques. com.

Route du fromage ossau iraty Pyrénées – Autre voie gourmande, elle s'étend sur 200 km entre le Pays basque français et le Béarn, à la découverte des producteurs de ce délicieux fromage local. www. ossau-iraty.fr.

Route du fromage idiazabal – Pendant espagnol de la précédente, cette route comprend 6 étapes et suit le GR 283. www.rutadelquesoidiazabal.com.

Route du vin et du poisson – Le gouvernement d'Euskadi édite une petite carte sur le thème du poisson et du vin, reliant la Côte biscayenne à la Rioja alavesa. Elle indique en fait les parcs naturels et les principaux sites touristiques et culturels des provinces traversées.

Route des saveurs – Cette brochure publiée par le Comité du tourisme d'Álava recense de façon succincte les sites de production viticole de la Rioja. Disponible dans les offices de tourisme. www.rutadelvinoderiojaalavesa. com.

Route du vin rouge – Elle englobe les bodegas de la Rioja alavesa. Renseignements à l'office du tourisme de Laguardia (🌿 *p. 322*).

Route du txakoli – Un parcours pour découvrir ce vin caractéristique de l'Euskadi (🌿 *p. 432*) : caves, boutiques, restaurants, hébergements… www.rutadeltxakoli.com.

Route des cidreries – Si elle n'a rien d'officiel, vous pouvez toujours l'entreprendre de votre propre chef à partir des informations de l'office du tourisme de St-Sébastien. Car c'est dans son arrière-pays, autour d'**Hernani**, que se concentrent les producteurs de cidre et surtout ces auberges où l'on peut boire le précieux breuvage. Certaines cidreries ont conservé la tradition de consommer boissons et nourriture debout, à la bonne franquette. www.sansebastianturismo.com.

RUGBY

🌿 *Sports et jeux, p. 428.*

SOUVENIRS

Produits gourmands

Les labels – Au nord des Pyrénées, le **label AOC** permet de repérer les produits typiques rattachés à un terroir, en l'occurrence le vin d'Irouléguy, le piment d'Espelette et l'ossau iraty. Il est complété par le label **Idoki**, attribué aux producteurs fermiers adhérant à la charte du même nom (culture bio, volume de production contrôlé, hygiène de transformation, utilisation de produits naturels, traçabilité). Informations : www.inao.gouv.fr. Côté espagnol, il existe également des productions portant la dénomination de **produits d'origine (DO)** : le fromage d'Idiazabal, le vin de la Rioja alavesa et le *txakoli* de Getaria, de Biscaye et d'Álava. D'autres portent l'**Eusko label** (miel du Pays basque, pomme de terre d'Álava, tomate du Pays basque, etc.). Ne manquez ni les **foies gras** ni les **jambons**, qu'ils soient de Bayonne, Kintoa ou espagnols, comme les fameux **bellota**. Outre ces labels nationaux, il existe également des produits estampillés **AOP** (équivalent au niveau de l'Union européenne de l'AOC) et **IGP**.

Fromages – Ne quittez pas les Pyrénées sans avoir fait provision de **fromage de brebis** : l'appellation ossau iraty vous garantit l'achat d'un produit de qualité. Il en va de même de son *alter ego* guipúzcoan, le **fromage d'Idiazabal**.

Douceurs – Miel, gâteau basque, macarons *(mouchous)* de St-Jean-de-Luz, chocolat de Bayonne et de Tolosa, confiture de cerise noire d'Itxassou et confiseries de Vitoria-Gasteiz…

Vins et eaux-de-vie – Les amateurs pourront goûter au **txakoli** en Guipúzcoa, aux vins de la **Rioja alavesa** en vente dans les bodegas proches de Laguardia, et à ceux de **Navarre** produits autour d'Olite. Côté liqueurs, vous disposez de l'**izarra** en France et du **patxaran**, eau-de-vie de prune de Navarre.

Sport

Chistera – Équipement indispensable à la pelote (au moins l'une de ses trois formes), c'est un long gant d'osier courbe, dans lequel la balle vient atterrir avant d'être immédiatement relancée. La maison Gonzalez, à Anglet, en fabrique depuis le 19e s.

Shopping, décoration

Le label IG – Le label Indication géographique (IG) pour les produits manufacturiers a été créé en 2015.

Le béret basque et l'espadrille de Mauléon devraient être parmi les premiers à recevoir leur appellation.

Béret – Originaire du Béarn, le béret (**boina** en espagnol ou **txapel** en basque) est aussi répandu au Pays basque. Les plus réputés sont fabriqués à Tolosa par la maison Elosegui. Ils peuvent également être confectionnés sur mesure à Bayonne.

Espadrille – Cousue en spirale, fermée par une toile de lin ou de coton, il s'agit de la chausse par excellence du Pays basque. C'est à Mauléon-Licharre qu'elles sont majoritairement fabriquées.

Gourde ou chahakoa – Savez-vous boire à la régalade ? C'est indispensable au Pays basque. Ici, faire couler le liquide directement dans le gosier s'apparente à un art. C'est du côté de Pampelune que vous aurez le plus de chance de trouver les derniers artisans à fabriquer des gourdes.

Laine – Dans les **Pyrénées**, la laine apportée par les bergers à la filature est tricotée, puis frottée sur un « métier de cardes ».

Linge basque – Vous en trouverez dans toutes les boutiques de linge au nord des Pyrénées. Lartigue 1910 à Ascain et Ona Tiss à St-Palais sont les deux derniers ateliers de tissage artisanal du Pays basque.

Makhila – Cette canne typiquement basque est plus qu'un bâton de marche car son pommeau cache une lame. Vous trouverez des ateliers spécialisés à Bayonne et Larressore.

SPORTS NAUTIQUES

En eaux vives
Canyoning, hydrospeed ou rafting se pratiquent fréquemment sur les cours d'eau de Basse-Navarre et de Soule, par exemple vers Larrau.

En mer
Sur tout le littoral, les écoles de planche à voile et les clubs nautiques offrent stages d'initiation et leçons, en particulier en haute saison. Une station comme Hendaye est particulièrement adaptée au jeune public.

Le **surf**, dont l'origine en France se trouve à Biarritz (🌀 p. 427), tient une place à part : on le pratique beaucoup et on le vit à travers un grand nombre de compétitions et de festivals.

TÉLÉPHONE (ESPAGNE)

Téléphone mobile
Depuis juin 2017, vous pouvez téléphoner et recevoir un appel de l'étranger avec votre portable sans coût supplémentaire.

Appels internationaux
De l'Espagne vers l'étranger
📞 00 + indicatif du pays (33 pour la France et Monaco, 32 pour la Belgique, 41 pour la Suisse et 01 pour le Canada) + numéro de votre correspondant sans le 0 initial.

De l'étranger vers l'Espagne
📞 00 + 34 (indicatif de l'Espagne) + numéro de votre correspondant à 9 chiffres.

Appels locaux
Indicatifs – Chaque numéro de téléphone fixe comprend 9 chiffres qui incluent l'indicatif provincial. Les numéros de portable commencent par un 6 et comportent également 9 chiffres.

Tarifs – Tarification spéciale selon que vous appelez dans la même ville, dans la province ou vers une autre province. En Espagne, les heures creuses courent du lundi au vendredi de 18h (20h pour un appel national) à 8h, et tout le week-end.

📞 Pour appeler en **PCV** (*llamada a cobro revertido*), composez le 900 99 00 et l'indicatif de votre pays.

THALASSOTHÉRAPIE

Les centres sont principalement localisés à Hendaye (👤 *p. 94*), Biarritz (👤 *p. 73*) ou St-Jean-de-Luz (👤 *p. 84*). En Espagne, les côtes guipúzcoane et biscayenne en comptent aussi plusieurs, dont celui de St-Sébastien, le plus réputé (www.la-perla.net).

THERMALISME

Connues depuis l'Antiquité, les eaux pyrénéennes offrent un large éventail de **propriétés thérapeutiques**. Les stations attirent des curistes venus se soigner pour des affections diverses, mais elles proposent également des formules de **séjour de confort** basées sur la « remise en forme ».

Les sources sulfurées

Elles se situent principalement dans la zone axiale des Pyrénées, notamment à **Cambo-les-Bains**. Leur température, généralement tiède, peut atteindre 80 °C. Sous forme de bains, douches et humages, ces eaux sont utilisées dans le traitement de nombreuses affections : oto-rhino-laryngologie, maladies osseuses, rhumatismales, rénales et gynécologiques. www.chainethermale.fr.

Les sources salées

Elles se trouvent en bordure du massif ancien. Les eaux dites « chlorurées-sodiques » de **Zestoa** (Guipúzcoa) sont utilisées sous forme de douches et de bains. Celles de **Fitero**, en Navarre, soignent entre autres les rhumatismes.

TOPONYMIE

Au Pays basque espagnol, on parle basque (il existe aussi une multitude de dialectes)… et castillan. Personne ne s'attend à ce que vous compreniez le basque et tout le monde parle castillan. Dans les rues de Bilbao et de St-Sébastien (et de la plupart des autres villes), l'affichage se fait dans les deux langues. Le nom des rues est ainsi donné soit sur le même panneau s'il ne change pas, soit sur deux plaques distinctes, figurant chacune d'un côté de la rue ou sur une portion différente de l'artère. Ainsi, vous pourrez voir un panneau indiquant Calle (rue en castillan) Ercilla (nom de la rue) et Kalea (rue en basque), ou deux panneaux séparés indiquant l'un Calle del Correo (castillan), l'autre Posta Kalea (basque)… pour la même rue.

URGENCES

En France
Police Secours – ☎ 17
Pompiers – ☎ 18 ou 112
SAMU – ☎ 15
SOS Médecins – ☎ 36 24 (0,12 €/mn)
Centre antipoison – ☎ 05 56 96 40 80 (Bordeaux)

En Espagne
Police – ☎ 091 (policia) ou 062 (guardia civile).
Pompiers (bomberos) et **urgences** (emergencias) – ☎ 11.

Chéquier et carte de crédit
En cas de perte ou de vol, portez plainte et faites opposition :
Chéquiers volés – ☎ 0 892 68 32 08 (0,34 €/mn)
Carte Visa – ☎ 0 892 705 705 (France, 0,34 €/mn)/900 991 124 (Espagne)
American Express – ☎ 01 47 77 72 00 (pour la France et l'Espagne)
Mastercard – ☎ 0 800 90 13 87 (France)/900 971 231 (Espagne).

La région en famille

Les nombreuses et belles **plages de la Côte basque** satisferont les envies de baignade et de châteaux de sable de vos enfants : privilégiez les baignades surveillées et méfiez-vous des rouleaux ! Côté français, les plages de St-Jean-de-Luz et la plage principale d'Hendaye sont moins dangereuses que celles d'Anglet.

Vous pourrez vous promener en famille sur les **sentiers** de la forêt des Arbailles, dans le bois de Mixe ou dans l'un des nombreux parcs naturels de Biscaye, de Guipúzcoa ou d'Álava. Certes, le terrain n'est pas plat, mais on peut toujours espérer y rencontrer un Laminak (🐚 p. 177 et 456) au détour d'un sentier !

Consultez « **Nos adresses** » à la fin de chaque chapitre : vous y trouverez des activités qui conviendront bien souvent à toute la famille.

Les sites les plus adaptés au tourisme en famille sont repérables tout au long du guide grâce au pictogramme 👫.

👫 SITES OU ACTIVITÉS À FAIRE EN FAMILLE				
Chapitre	**Page**	**Nature**	**Musées**	**Loisirs**
Ainhoa	107	Grottes des Sorcières de Zugarramurdi, grottes d'Urdazubi		
Anglet	48			Plages, parcours aventure dans la forêt du Pignada
Balmaseda	285	Grotte de Pozalagua		Parc Karpin Abentura
La Bastide-Clairence	126	Bois de Mixe		Asinerie de Pierretoun
Bayonne	30	Plaine d'Ansot, Muséum d'histoire naturelle, maison des Barthes	Musée basque, Atelier du chocolat	Journées du chocolat
Biarritz	54		Aquarium, Cité de l'Océan, Planète musée du Chocolat	Plages, surf
Bilbao	247		Musée Guggenheim, Musée maritime, forge d'El Pobal, aquarium	Funiculaire d'Artxanda, Plages
Côte de Biscaye	270		Baleinier *Aita Guria* à Bermeo	Plages, sports nautiques

Chapitre	Page	Nature	Musées	Loisirs
Côte de Guipúzcoa	203	Marais de Txingudi	Musée romain d'Oiasso, ensemble archéologique de Sta María La Real, Albaola La Faktoria maritime basque	Activités nautiques, plages : Getaria, Orio, Zarautz, Zumaia, etc.
Cambo-les-Bains	114	Forêt des Lapins à Itxassou	Musée de la Chocolaterie Puyodebat	
Durango	281	Parc naturel d'Urkiola		
Espelette	111		Atelier du piment	
Forêt d'Iraty	164	Randonnées		Sports de montagne
Le Goierri	225	Scierie Larraondo et mine d'Aizpea		
Grottes d'Isturitz	131	Grottes, ferme Agerria		
Guernica	276	Réserve de la biosphère de Urdaibai, forêt de Oma	Musée de la Paix	
Hendaye	87	Promenade en mer		Plages, voile, bouée tractée, parcours aventure, Semaines des enfants
Hondarribia	215			Bateau pour Hendaye
Larrau	167	Randonnées, gorges de Kakuetta		Ski alpin et ski de fond
Mauléon-Licharre	171			Rafting en eaux vives
Olite	389	Les oiseaux de la lagune de Pitillas	Palacio Real	
Oñati	239	Grotte d'Arrikrutz	Laboratorium à Bergara	
Ossès	135	Randonnées à cheval, sports d'eaux vives		Base de loisirs et petit train du Baigura
Pampelune	332	Parc de la Taconera, chênaie d'Orgi	Planétarium, musée de l'Environnement	Parcs d'aventures Rocópolis et Artamendía
Puente-la-Reina	374		Ville romaine d'Andelos à Mendigorría	

👤👥 SITES OU ACTIVITÉS À FAIRE EN FAMILLE

		👫 SITES OU ACTIVITÉS À FAIRE EN FAMILLE		
Chapitre	**Page**	**Nature**	**Musées**	**Loisirs**
La Rhune	96	Maison Ortillopitz	Écomusée de la Pelote et du Xistera de St-Pée-sur-Nivelle	Petit train de la Rhune, base de loisirs du lac de St-Pée-sur-Nivelle
St-Étienne-de-Baïgorry	156		Chocolaterie Laia	
St-Jean-de-Luz	74	Écomusée basque, promenade en mer		Tour de la ville en petit train, plages, voile, bouée tractée, stand-up paddle
St-Palais	140		Château de Camou	
St-Sébastien	184		Musée de la Science, aquarium	Petit train, parc d'attractions du mont Igueldo, tour de la baie, plages
Sanctuaire St-Ignace de Loyola	232		Musée de l'Environnement et Musée basque du Chemin de fer à Azpeitia	
Sangüesa	362	Gorges de Lumbier et canyon d'Arbayún		
Sare	103	Grottes	Musée du Gâteau basque	Parc animalier Etxola, sentier à la découverte du porc basque
Tolosa	219		TOPIC (Centre de la marionnette)	Parc aventures d'Abaltzisketa
Tudela et les Bárdenas Reales	396			Parc de loisirs de Sendaviva
Vallée des Aldudes	160	Randonnées, ferme aquacole, parcours découverte du porc basque		
Vallée du Baztan et de la Bidassoa	346	Parc naturel de Bertiz, grotte des Sorcières de Zugarramurdi, grottes d'Urdazubi		
Viana	384	Parc naturel d'Izki		
Vitoria-Gasteiz	294	Jardin botanique Sta Catalina, salines d'Añana, Monte Santiago	Musée des Cartes à jouer, musée des Sciences naturelles, musée du Sel	Anneau vert, parcs de la ville, centre d'interprétation Ataria

Ma route des vacances

18 cartes des Régions de France

J.-D. Sudres *hemis.fr*

524 REGIONAL France   INDÉCHIRABLE 524

MICHELIN

Aquitaine

Mémo

Agenda

Nous proposons ci-dessous une sélection de manifestations traditionnelles de la région.
Vous trouverez un complément d'informations pour chaque site traité dans la partie « Découvrir la région » (♿ *Nos adresses*).

EN FRANCE

JANVIER-FÉVRIER

Espelette – Foire aux pottoks (derniers mar. et merc. de janv.).
Hendaye – Fêtes de la Bixintxo (2e quinz. de janv.).

CARNAVAL

Bayonne – Carnaval des enfants (déb. mars).
Hendaye – Mi-février.
Sare – Carnaval des jeunes mi-fév.
St-Jean-de-Luz – Déb. février.
St-Jean-Pied-de-Port – En mars.

MARS

Bayonne – Foire aux jambons (fin mars-déb. avr.).
Gotein – Festival Xiru (fin mars-déb. avr.).
Hendaye – Festival international du film de la mer (fin mars-déb. avr.). filmar.hendaye.com.
St-Pée-sur-Nivelle – Fête de la confrérie de la truite.

AVRIL

Biarritz – Surf Maïder Arostéguy (w.-end de Pâques).
St-Étienne-de-Baïgorry – Journée de la Navarre (chants et danses).
St-Jean-de-Luz – Festiorgues (avr.-déc.).

MAI

Bayonne – Journées du chocolat.
Biarritz – Festival des Arts de la rue.
Cambo-les-Bains – Festival d'*otxote* (chant choral).
Hendaye – Mai du théâtre.

JUIN

Biarritz – Festival Biarritz Années folles.
Itxassou – Fête de la cerise (1er dim.).
St-Jean-de-Luz – Fête de la St-Jean, Udaberria Dantzan, festival de danses traditionnelles (vers le 11 juin).

JUILLET

Anglet – International Surf Film Festival (mi-juil.). http://surf-film.com.
Bayonne – Fêtes de Bayonne (fin juil.). www.fetes.bayonne.fr.
Espelette – Festival international de danse Gau Argi (mi-juil.).
Hendaye – Fête du *chipiron* (13 juil.).
Itxassou – Errobiko Festibala, festival de la Nive (3e w.-end). www.errobikofestibala.fr.
La Pierre-St-Martin – Junte de Roncal (13 juil.).
St-Étienne-de-Baïgorry – Festival musical de Basse-Navarre (fin juil.-déb. sept.).
St-Jean-de-Luz – Fête du thon (1er sam.).
St-Jean-de-Luz – Internationaux professionnels de *cesta punta*. www.cestapunta.com.
St-Jean-de-Luz/Ciboure – Régates de traînières (vers le 10 juil.).

AOÛT

Anglet – Surf de nuit (14 août).
Ascain – Concours de chiens de bergers et course de la Rhune (mi-août).
Bidart – Tournoi Pilotari Master à grand chistera – tous les mardis.
Cambo-les-Bains – Festival international de théâtre d'Arnaga.
Hendaye – Fête basque (2e w.-end).
Mauléon-Licharre – Fête de l'espadrille (15 août).
Zugarramurdi – Zikiro-Jate, fête patronale (14-18 août).

SEPTEMBRE

Biarritz – Le Temps d'aimer, festival de danse (1re sem.). www.letempsdaimer.com.
Bidart – Fêtes d'automne.
Bidart – Tournoi de pelote à main nue (3e w.-end d'oct.).
St-Jean-de-Luz – Concours de l'académie internationale de musique Maurice-Ravel. www.academie-ravel.com.
St-Jean-Pied- de-Port – Mois de la photo.

OCTOBRE

Ascain – Fête du pottok (déb. oct.).
Biarritz – Semaine des restaurants.
Espelette – Fête du piment (dernier w.-end d'oct.).
St-Jean-de-Luz – Festival des jeunes réalisateurs. www.fifsaintjeandeluz.com.
St-Jean-de-Luz, Ciboure, Urrugne, Ascain – Festival de chant choral (fin oct.).

NOVEMBRE

Biriatou – Fêtes de la St-Martin.

EN ESPAGNE
JANVIER-FÉVRIER-MARS

St-Sébastien – La Tamborrada, une des fêtes emblématiques de la ville, a lieu le 20 janv. de 0h à minuit.

Vitoria-Gasteiz – Festival international du cinéma.
Sangüesa – Javierada (canonisation de saint François-Xavier).

CARNAVAL

Altsasu – Mardi gras.
Mundaka – 1re quinz. de février.
Tolosa – Janv.-mars.
Vallée de la Bidassoa – Carnavals d'Ituren (fin janv.) et de Lesaka (fév.-mars).

AVRIL

Bilbao – BasqueFEST (début avr.).
Vitoria-Gasteiz – Fête de San Prudencio (27-28 avr.).

SEMAINE SAINTE

Balmaseda – Chemin de croix vivant.

MAI

Bilbao – Festival du cinéma fantastique (1re quinz.).
Errenteria – Musikaste : semaine dédiée aux compositeurs basques (3e quinz. de mai).

JUIN

Pampelune – Concours international de violon Pablo-Sarasate (fin juin-déb. juil.).
Bilbao Kalealdia – Festival international du théâtre et des arts de la rue (fin juin-déb. juil.).
Getxo – Festival international de jazz (fin juin-déb. juil.).
Vitoria-Gasteiz – Festival Azkena Rock.

JUILLET

Vitoria-Gasteiz – Festival international des jeux.
Festival de jazz – (mi-juil.).
La Antigua – Fête de la Sainte-Isabelle (2 juil.).
Pampelune – Fêtes de la St-Firmin (los Sanfermines) avec les fameux encierros (6-14 juil.).

Pampelune – Concours international de violon Pablo-Sarasate (fin juin-déb. juil.) - www.sarasatelive.com.
Markina-Xemein – Fêtes patronales de Markina-Xemein (16 juil.).
Bermeo – Fête de la Magdalena (22 juil.).
Hondarribia – Fête de la Kutxa (25 juil.).
Tudela – Fête de la Sainte-Anne (24-30 juil.).
Azpeitia – Fête de la Saint-Ignace (fin juil.-déb. août).
Espelette – Course des Crêtes du Pays basque – déb. juil. - www.coursedescretes.com.

AOÛT

St-Sébastien – Festival de jazz (dernière sem.).
Vitoria-Gasteiz – 4 août, nuit de los Faroles, procession du rosaire.
Bilbao – Semana Grande.
Guernica – Fête de San Roque (15-18 août).
St-Sébastien – Semana Grande (2e sem.).
St-Sébastien – Quinzaine musicale.

SEPTEMBRE

Hondarribia – Alarde (défilé d'armes, 8 sept.).
St-Sébastien – Kontxako Bandera, régates de traînières (déb. sept.).
St-Sébastien – Euskal Jaiak, fêtes basques (1re quinz.).
St-Sébastien – Festival international du cinéma (fin sept.).
Pampelune – Petites Sanfermines (fin sept.).
Tudela – Sanmiguelada.

OCTOBRE

Durango – Fête de San Fausto (13 oct.).
Bilbao – BAD - Festival de théâtre et de danse contemporaine (fin oct.).
Segura – Championnat de danse traditionnelle.

NOVEMBRE-DÉCEMBRE

Tolosa – Concours international de chorale (autour de la Toussaint).
Bilbao – Concours international de chant.
Bilbao – Zinebi (festival international du documentaire et du court-métrage).
Tolosa – Festival international de marionnettes (fin nov.).

Bibliographie

CULTURE, GÉNÉRALITÉS

L'Archipel basque, C. Dendalteche, Éd. Privat, 2005.
Les Basques, J. Allières, PUF, 2003.
Les Basques, peuple de la montagne, Koldo San Sebastian, Éd. Elkar, 2007.
Chocolat de Bayonne et du Pays basque : chocolatiers du XVIIe au XXe siècle, Marcel Marc Douyrou, Éd. CPE, 2010.
La Côte basque, de Bayonne à Bilbao, N. Dupuy, Éd. Atlantica, 2004.
Dictionnaire insolite du Pays basque, É. Piveteau, Éd. Cosmopole, 2015.
Fêtes et traditions du Pays basque, O. de Marliave, Éd. Sud-Ouest, 1998.
La Force basque : de paille, de bois et de pierre, Jean-Louis Guidez, Éd. Princi Negue, 2004.
Jeux et sports basques, B. Zintzo-Garmendia, Éd. J & D/Deucalion, 1997.
Le Pays basque vu d'en haut, J. Pattou, J.-Ph. Ségot, Éd. Atlantica, 2007.
La Pelote basque, É. Blazy, Éd. Futur luxe nocturne, 2010.
Que disent les maisons basques ?, G. Moutche, Éd. Atlantica, 2010.

GASTRONOMIE

Bar à tapas, Saint-Sébastien : guide, S. Guérin, Éd. Artza, 2010.
La Cuisine basque : recettes fondamentales des 7 provinces, Juan José Lapitz Mendia, Éd. Elkar, 2009.

ITINÉRAIRES

Balades nature au Pays basque, collectif, Éd. Dakota, 2010.

Chemins pour découvrir le Pays basque, Ibon Martín Álvarez, Alvaro Muñoz Gabilondo, Éd. Travel Bug, 2007.

Le Guide de la Rhune, B. Caminade, Éd. La Cheminante, 2010.

PR/Le Pays basque à pied, topoguide de la Fédération française de randonnée pédestre, 2010.

Randonnées sur les sentiers du Pays basque, A.-M. Minvielle, Éd. Glénat, coll. Rando-Évasion, 2005.

JEUNESSE

Bataklon et la sorcière Karameloux, Sylvet Marko Caro, Éd. Lutin Malin, 2008.

La Petite Danseuse de Maurice Ravel, Jean-Philippe Biojout, Éd. Bleu Nuit, 2011.

Légendes et récits populaires du Pays basque, J.-F. Cerquand, Éd. Aubéron, 2006.

Makila, F. Lorient, Éd. Oskar Jeunesse, 2011.

Téodosio et *Olentzero*, C. Labat, Éd. Elkar, 2004. Ces deux ouvrages sont des contes basques adaptés pour petits et grands enfants…

LANGUE/TOPONYMIE

Le Basque pour les nuls, J.-B. Coyos, J. Salaberria, Éd. First, 2009.

Dictons, sagesses et proverbes basques, P. Oyhamburu, Éd. De Borée, 2011.

Euskara, la langue basque, P. Oyhamburu, Éd. De Borée, 2011.

La Grammaire basque, P. Lafitte, Éd. Elkar, 2002.

Noms de lieux du Pays basque et de Gascogne, M. Morvan, Éd. Bonneton, 2004.

LITTÉRATURE/ROMANS

Les Enfants de la Nivelle, J.-P. Royo, Éd. Atlantica, 2007.

Le Goût du Pays basque, S. Baumont, Éd. Mercure de France, 2011.

Laminak : carnets extraordinaires d'un explorateur en Pays basque en 1840, G. Kerloc'h, Éd. Gascogne, 2008.

Légendes basques, W. Webster, Éd. Aubéron, 2005.

Le Pays basque, P. Loti, Éd. Aubéron, 2007.

Ramuntcho, P. Loti, Éd. Aubéron, 1999.

Sorcières et sorcellerie au Pays basque : légendes & histoires à dormir debout, J. Patlapin, Éd. Pimientos, 2011.

La Villa Belza, B. Pécassou-Camebrac, Éd. Libra Diffusio, 2009.

Docteur, un cheval vous attend. Mémoires d'un médecin du Pays basque, André Dufilho, Éd. Aubéron, 1995.

Zalacain l'aventurier, P. Baroja, Éd. Aubier-Montaigne (bilingue), 1979.

Discographie

Vous trouverez un grand choix de disques chez **Agorila** (13 r. Montalibet, 64100 Bayonne, www.agorila.com), spécialisé dans l'édition musicale du Pays basque. Il en va de même d'**Elkar**, maison d'édition (www.elkar.com) qui propose des disques en plus de son catalogue de livres.

Musiques et promenades en Pays basque (compilation), Éd. Elkar.

Tatoo, fêtes du Sud-Ouest, Agorila.

Chœurs basques, Argileak, Agorila.

Euskal Herriko Musika, compilation de musiques basques, Éd. Elkar.

Desertore, Oskorri, Éd. L'Autre Distribution.

Hitaz Oroit, Benito Lertxundi, Éd. Ihl/Elkar.

Bizi Bizian, Errobi, Éd. Import 3/Elkarlanean.

Haatik, Amaia Zubiria, Éd. Elkar.

Oldarra – *Lu et approuvé* (2007), compilation des principaux titres du groupe choral de Biarritz.

Santiago de Compostela/mélodie du silence, un nouvel album enregistré en 2009, né de l'expérience du voyage du groupe sur les chemins de St-Jacques.

Oskorri – Considéré comme le meilleur groupe folk péninsulaire, sa musique s'enracine dans les mélodies populaires tout en se nourrissant de sonorités nouvelles.

Michel Etcheverry – Originaire de Basse-Navarre, il chante le répertoire basque - www.micheletcheverry.com.

Sur Internet

Sites répertoriant chansons et musiques basques :

www.badok.eus – Plus de 300 titres en écoute libre. Site en langue basque mais on y apprécie photos et vidéos.

www.elkarargitaletxea.eus – Maison d'édition d'œuvres musicales basques ; répertoire de plus de 500 titres.

www.euskalmusika.com – Site en basque et en espagnol.

http://esoinuak.izar.net – Site de promotion et diffusion des groupes basques par le gouvernement autonome basque.

www.eke.eus/fr – Site culturel basque.

Presse

Vous pouvez consulter tous ces titres dans leur version en ligne.

Sud-Ouest

Sud-Ouest ; Le Journal du Pays basque ; La Semaine du Pays basque ; La République des Pyrénées ; Berria (en langue basque).

En Navarre

Diario de Navarra ; Diario de Noticias.

En Euskadi

El Correo (Biscaye-Álava).

Filmographie

RÉALISATEURS D'EUSKADI ET DE NAVARRE

Montxo Armendariz – *Tasio*, 1984.
Julio Medem – *Vacas*, 1991 ; *Lucía et le sexe*, 2001 ; *La Pelote basque* (documentaire), 2003.

FILMS TOURNÉS AU PAYS BASQUE

Ander, Roberto Castón, 2010.
Chéri, Stephen Frears, 2009.
Le Cou de la girafe, Safy Nebbou, 2004.
Les Derniers Jours du monde, les frères Larrieu, 2009.
Hors de prix, Pierre Salvadori, 2006.
Hôtel des Amériques, André Téchiné, 1981.
Mes nuits sont plus belles que vos jours, Andrzej Zulawski, 1989.
Mortelle randonnée, Claude Miller, 1983.
Le Rayon vert, Eric Rohmer, 1986.
Le Refuge, François Ozon, 2010.
La Vie au Pays basque, Orson Welles, 1955.
Vacas, Julio Medem, 1992.
Voir la mer, Patrice Leconte, 2011.

Sites Internet

www.cinespagne.com.
www.basquefilms.com.
http://bascoblog.hautetfort.com.

RCS 433 677 721 00030

LISBONNE **DANS LA POCHE**

SE RESTAURER   FAIRE UNE PAUSE   SHOPPING   SORTIR

SÉVILLE   LISBONNE   BRUXELLES   PORTO   BERLIN   ERDAM   DRES   YORK   NISE   ME   NE

LES GRANDES VILLES FORMAT POCKET
LISBONNE . BRUXELLES . PORTO . BERLIN . AMSTERDAM . LONDRES .
NEW YORK . VENISE . ROME . BARCELONE . PARIS . MARSEILLE .
SÉVILLE . MADRID . FLORENCE . MILAN

MICHELIN INNOVE SANS CESSE POUR UNE MEILLEURE MOBILITÉ PLUS SÛRE, PLUS ÉCONOME, PLUS PROPRE ET PLUS CONNECTÉE.

Les pneus s'usent plus vite sur les petits trajets en ville...

?

VRAI !

La fréquence des freinages et des accélérations en ville use davantage vos pneus ! Dans les embouteillages, armez-vous de patience et conduisez en douceur.

La pression des pneus agit uniquement sur la sécurité...

?

FAUX !

Au-delà de la tenue de route et de la consommation de carburant, une sous pression de 0,5 Bar diminue de 8 000 km la durée de vie de vos pneus. Pensez à vérifier la pression environ une fois par mois, surtout avant un départ en vacances ou un long trajet.

Si vous êtes confrontés à des **conditions hivernales occasionnelles**, allant de la pluie soudaine, aux chutes de neige ou au verglas, vous pouvez opter pour **un seul type de pneu.**

VRAI !

Le pneu révolutionnaire **MICHELIN CrossClimate** vous garantit mobilité et praticité quels que soient les aléas climatiques. C'est le tout premier pneu été avec une certification hiver !

Équiper ma voiture avec *2 pneus hiver* me garantit une sécurité maximum...

?

FAUX !

En hiver, en dessous de 7°C notamment, pour une meilleure tenue de route, vos quatre pneus doivent être identiques et changés en même temps.

2 PNEUS HIVER SEULEMENT = la tenue de route de votre véhicule n'est pas optimale.

4 PNEUS HIVER = c'est le choix d'une **meilleure sécurité** dans les virages, en descente et en cas de freinage.

Si vous êtes régulièrement confrontés à la pluie, à la neige ou au verglas, optez pour un pneu de la gamme **MICHELIN Alpin**. Cette gamme vous offre confort et précision de conduite pour affronter les obstacles de l'hiver.

MICHELIN S'ENGAGE

▶ MICHELIN EST
LE **N°1 MONDIAL
DES PNEUS ÉCONOMES
EN ÉNERGIE** POUR
LES VÉHICULES LÉGERS.

▶ POUR **SENSIBILISER
LES PLUS JEUNES
À LA SÉCURITÉ ROUTIÈRE,**
MÊME EN DEUX-ROUES :
DES ACTIONS DE TERRAIN
ONT ÉTÉ ORGANISÉES
DANS **16 PAYS** EN 2015.

QUIZZ

1 **POURQUOI BIBENDUM, LE BONHOMME MICHELIN, EST BLANC ALORS QUE LE PNEU EST NOIR ?**

Le personnage de Bibendum a été imaginé à partir d'une pile de pneus, en 1898, à une époque où le pneu était fabriqué avec du caoutchouc naturel, du coton et du soufre et où il est donc de couleur claire. Ce n'est qu'après la Première guerre mondiale que sa composition se complexifie et qu'apparaît le noir de carbone. Mais Bibendum, lui, restera blanc !

2 **SAVEZ-VOUS DEPUIS QUAND LE GUIDE MICHELIN ACCOMPAGNE LES VOYAGEURS ?**

Depuis 1900, il était dit alors que cet ouvrage paraissait avec le siècle, et qu'il durerait autant que lui. Et il fait encore référence aujourd'hui, avec de nouvelles éditions et la sélection sur le site MICHELIN Restaurants dans quelques pays.

3 **DE QUAND DATE « BIB GOURMAND » DANS LE GUIDE MICHELIN ?**

Cette appellation apparaît en 1997 mais dès 1954 le Guide MICHELIN signale les « repas soignés à prix modérés ». Aujourd'hui, on le retrouve sur le site et dans l'application mobile MICHELIN Restaurants.

Si vous voulez en savoir plus sur Michelin en vous amusant, visitez l'Aventure Michelin et sa boutique à Clermont-Ferrand, France : **www.laventuremichelin.com**

Une meilleure façon d'avancer

INDEX GÉNÉRAL

Biarritz : villes, curiosités et régions touristiques.

Chillida, Eduardo : noms historiques ou termes faisant l'objet d'une explication.

Les sites isolés (châteaux, abbayes, grottes, etc.) sont répertoriés à leur propre nom.

Nous précisons, entre parenthèses, l'organisation administrative à laquelle appartient chaque ville ou site.

LÉGENDE DES CARTES ET PLANS

Curiosités et repères

- Itinéraire décrit, départ de la visite
- Église
- Mosquée
- Synagogue
- Monastère - Phare
- Fontaine
- Point de vue
- Château - Ruine ou site archéologique
- Barrage - Grotte
- Monument mégalithique
- Tour génoise - Moulin
- Temple - Vestiges gréco-romains
- Temple : bouddhique - hindou
- Autre lieu d'intérêt, sommet
- Distillerie
- Palais, villa, habitation
- Cimetière : chrétien - musulman - israélite
- Oliveraie - Orangeraie
- Mangrove
- Auberge de jeunesse
- Gravure rupestre
- Pierre runique
- Église en bois
- Église en bois debout
- Parc ou réserve national
- Bastide

Sports et loisirs

- Piscine : de plein air - couverte
- Plage - Stade
- Port de plaisance - Voile
- Plongée - Surf
- Refuge - Promenade à pied
- Randonnée équestre
- Golf - Base de loisirs
- Parc d'attractions
- Parc animalier, zoo
- Parc floral, arboretum
- Parc ornithologique, réserve d'oiseaux
- Planche à voile, kitesurf
- Pêche en mer ou sportive
- Canyoning, rafting
- Aire de camping - Auberge
- Arènes
- Base de loisirs, base nautique ou canoë-kayak
- Canoë-kayak
- Promenade en bateau

Informations pratiques

- Information touristique
- Parking - Parking - relais
- Gare : ferroviaire - routière
- Voie ferrée
- Ligne de tramway
- Départ de fiacre
- Métro - RER
- Station de métro (Calgary, ...) (Montréal)
- Téléphérique, télécabine
- Funiculaire, voie à crémaillère
- Chemin de fer touristique
- Transport de voitures et passagers
- Transport de passagers
- File d'attente
- Observatoire
- Station-service - Magasin
- Poste - Téléphone
- Internet
- Hôtel de ville
- Banque, bureau de change
- Palais de justice - Police
- Gendarmerie
- Théâtre - Musée
- Université
- Musée de plein air
- Hôpital
- Marché couvert
- Aéroport
- Parador, Pousada (Établissement hôtelier géré par l'État)
- Chambre d'agriculture
- Conseil provincial
- Gouvernement du district, Délégation du Gouvernement Police cantonale
- Gouvernement provincial (Landhaus)
- Chef-lieu de province
- Station thermale
- Source thermale

Axes routiers, voirie

- Autoroute ou assimilée
- Échangeur : complet - partiel
- Route
- Rue piétonne
- Escalier - Sentier, piste

Topographie, limites

- Volcan actif - Récif corallien
- Marais - Désert
- Frontière - Parc naturel

Comprendre les symboles utilisés dans le guide

LES ÉTOILES

★★★ **Vaut le voyage** ★★ **Mérite un détour** ★ **Intéressant**

HÔTELS ET RESTAURANTS

9 ch.	Nombre de chambres	🛜	Wi-Fi
🍴 7,5 €	Prix du petit-déjeuner en sus	⌐	Piscine
50 € 🍴	Prix de la chambre double, petit-déjeuner compris	CC	Paiement par cartes de crédit
bc	Menu boisson comprise	⌿	Carte de crédit non acceptée
▤	Air conditionné dans les chambres	P	Parking réservé à la clientèle
✕	Restaurant dans l'hôtel	Tram	Station de tramway la plus proche
♆	Établissement servant de l'alcool (à l'étranger)	M	Station de métro la plus proche

SYMBOLES DANS LE TEXTE

👪	À faire en famille	🛈	Organisme de tourisme
☝	Pour approfondir	☺	Astuce, conseil
🚶	Promenade à pied	😀	Adresse coup de cœur
🚴	Randonnée à vélo	**A2 B**	Repère sur le plan
♿	Facilité d'accès pour les handicapés		

CARTES ET PLANS

Notes

Collection sous la direction de Philippe Orain

Responsable d'édition et rédactrice en chef du guide : Lucie Fontaine

Secrétaire d'édition : Émilie Vialettes

Rédaction : Ur Apalategi, Marie-Claude Berger, Lucie Dejouhanet, Iker Elosegi, Alexandra Forterre, Serge Guillot, Claude Labat, Pakea, Sarah Parot, Pierre Plantier, Jean-Emmanuel Sceau, Catherine Zerdoun

Remerciements : Xabi Belain (Bayonne Tourisme), Christiane Bonnat Delahaie (CDT Béarn-Pays basque), Itziar Herrán (LUR Publicaciones), Marie-Laure Parrent (OT St-Jean-de-Luz)

Ont contribué à ce guide : Theodor Cepraga, Karina-Andreea Gruia, Thierry Lemasson (**Cartographie**), Véronique Aissani, Carole Diascorn (**Couverture**), Maria Gaspar, Marie Simonet, Sophie Roques, Pierre-Olivier Signe (**Iconographie**), Bénédicte Lathes, Isabelle Foucault, Marion Desvignes-Canonne, Estelle Sauvignier (**Données objectives**), Bogdan Gheorghiu, Cristian Catona, Hervé Dubois, Pascal Grougon (**Prépresse**), Dominique Auclair (**Pilotage**)

Plans de ville : © MICHELIN et © 2006-2016 TomTom. All rights reserved.

Conception graphique
Christelle Le Déan, Sandro Borel (maquette intérieure)
Laurent Muller (couverture)

Régie publicitaire et partenariats
business-solutions@tp.michelin.com
Le contenu des pages de publicité insérées dans ce guide n'engage que la responsabilité des annonceurs.

Contacts
Michelin
Guides Touristiques
27 cours de l'Ile Seguin, 92100 Boulogne Billancourt
Service consommateurs : tourisme@tp.michelin.com

Parution 2018

Que pensez-vous de nos produits ?

Déposez votre avis

satisfaction.michelin.com